中国学术档案大系

主编　陈文新

袁枚研究学术档案

严明　陈清云　编著

WUHAN UNIVERSITY PRESS
武汉大学出版社

图书在版编目(CIP)数据

袁枚研究学术档案/严明,陈清云编著.—武汉:武汉大学出版社,2013.9
中国学术档案大系/陈文新主编
ISBN 978-7-307-10681-9

Ⅰ.袁… Ⅱ.①严… ②陈… Ⅲ.袁枚(1716～1798)—人物研究
Ⅳ.K825.6

中国版本图书馆 CIP 数据核字(2013)第 070139 号

责任编辑:朱凌云　　责任校对:黄添生　　版式设计:马　佳

出版发行:**武汉大学出版社**　(430072　武昌　珞珈山)
(电子邮件:cbs22@whu.edu.cn　网址:www.wdp.com.cn)
印刷:武汉中远印务有限公司
开本:720×1000　1/16　印张:44　字数:650 千字　插页:2
版次:2013 年 9 月第 1 版　　2013 年 9 月第 1 次印刷
ISBN 978-7-307-10681-9　　定价:88.00 元

目　录

20 世纪以来袁枚研究述评(代序)

袁枚(1712—1798)，在清代诗坛是一个颇为特异的存在。从诗学观上看，他所倡导的“性灵”诗说，促进了文学观念的解放，使诗歌创作向其本原表现人的性情回归。这不仅使翁方纲肌理说、沈德潜格调说、厉鹗浙派宋诗说等诸多诗派主张成为乾嘉诗坛的点缀与陪衬，而且还形成一股强力的冲击波，在此后的道、咸、同、光、宣诗坛上，不时得到异代回响，从而有力地推动了清代诗歌的发展，从而在清诗史上占有举足轻重的地位。

从开宗立派上看，袁枚创立的性灵派是清代中叶众多诗派中参与追随者众多、影响力最大，并最能鲜明表现出时代进步思潮的诗歌流派，亦是中国古代声名显著的自觉型文学流派之一。

从创作实践上看，袁枚在诗、文、小说等方面均有建树。他一生创作了至少六千三百余首诗，选成《小仓山房诗集》三十七卷、《补遗》两卷；《小仓山房文集》三十五卷；骈文成《小仓山房外集》八卷；《随园诗话》十六卷、《诗话补遗》十卷；《子不语》二十四卷、《续子不语》十卷；《小仓山房尺牍》十卷；《随园随笔》二十八卷等著述。袁枚不但著作内容丰富，体裁多样，卷帙浩繁，其编辑校定付梓的他人著作亦种类众多。这从江苏古籍出版社 1993 年出版的八巨册《袁枚全集》校点本即可看出。

从文坛影响上看，“随园弟子半天下”①，“上自公卿下至市井

① 王英志主编：《随园诗话补遗》卷八第六十则，《袁枚全集》叁，江苏古籍出版社 1993 年版，第 760 页。

负贩，皆知其名。海外琉球有来求其书者”。① 因此，《续修四库全书总目提要》中赞道：“乾嘉诗人著述之富、声气之横，无过于枚。”②

袁枚名重一代，生前身后研究者、批评者甚夥。学界对于袁枚在清代乾嘉诗坛的宗主地位大都承认，但由于论者审美趣尚、思想认识和所处时代的不同，一旦涉及对袁枚诗作、诗论乃至其人品的评价时，观点分歧很大，“宠之者奉之为‘诗佛’，恨之者欲火焚其书”。③

本书通过对20世纪至今袁枚研究的著述及论文进行全面的梳理，勾勒其发展演变轨迹，总结其成败得失，为深入研究清诗及袁枚的学者提供探索途径及文献基础。综观20世纪以来有关袁枚的研究，大致可分为三个时期，以下分别论述之。

一、发轫期(1900—1948)

清代的袁枚研究基本采用“风雅”为衡诗标准的传统批评模式和随笔式的诗话评点体例，这种批评方法，使得袁枚研究呈现出一种过于直观、不成体系的状态。而且，道德评判占据比重较大，致使袁枚研究很难进入纯文学的深层开拓。

20世纪初，西方的一些文学研究方法陆续传入中国。而经历了“五四”新文化运动洗礼后，颇具离经叛道色彩的袁枚，自然吸引了学者们的关注视线。民国后出版的各种中国文学史、批评史中，均为袁枚单列章节加以评述；而有关袁枚研究的单篇论文也在20篇以上，并且还出版了两部影响颇大的研究专著，即杨鸿烈《袁枚评传》与顾远芗《随园诗说的研究》。本期袁枚诗歌的系统化、理论化研究不断涌现，袁枚研究真正进入发轫期。

① 《清史稿·文苑二·袁枚传》卷四百八十五，中华书局1977年版，第13383页。

② 中国科学院图书馆整理：《续修四库全书总目提要》稿本第四册，齐鲁书社2000年版，第646页。

③ 郭沫若：《读随园诗话札记》，作家出版社1962年版，第19页。

(一)否定袁枚风流放荡之为人，肯定其性灵诗论与诗作价值的总体评价

晚清及民国初年，尽管王国维“境界”说中不难看出《随园诗话》论诗歌意境的痕迹，梁启超强调诗歌创作应抒发真情实感因其“是生活的原动力”①，也明显汲取了“性灵”说的精华，但他们对袁枚却都持严正的否定态度。梁启超所言：“乾隆全盛时，所谓袁(枚)、蒋(士铨)、赵(翼)三大家者，臭腐殆不可向迩。”②主要是从道德人格和政治指向性的角度否定乾隆三大家的创作成就，虽有其在当时破旧立新的革命用意，但算不得严格意义上的文学批评。

本时期多数学者对袁枚持颇为客观的褒贬互见的态度，既贬斥其风流放荡人格之缺陷，同时对其于乾嘉诗坛的积极作用和影响以及诗作诗论的成就也给予肯定。如张振镛《中国文学史分论》论及乾嘉诗坛时，谓“至袁枚独标性灵之论，而从学者众，清诗之风为之一变”。③ 相对而言，陈子展《中国文学史讲话》④对袁枚其人其诗的分析更为详尽。

本期对袁枚诗作及诗论分别予以肯定而不置咎词者也不乏其人。推崇者如林钧的《樵隐诗话》，把袁枚诗与其性灵说区别对待，别具只眼，与徐世昌《晚晴簃诗汇》卷七十六称颂袁枚“论诗雅有深识”⑤正相契合；称誉袁枚诗作者，王文濡《清诗评注读本》(文明书局 1918 年版)和《袁蒋赵三家诗选》(文明书局 1917 年版)则颇具代表性。

(二)袁枚生平思想研究

受“五四”新思潮的影响，袁枚思想中反封建伦理的方面受到了格外的关注。作为袁枚的第一部评传，1927 年杨鸿烈《袁枚评传》的

---

① 梁启超:《人生观与科学》,《梁启超选集》,上海人民出版社 1984 年版，第 845 页。

② 梁启超:《清代学术概论》(31)，中华书局 1954 年版，第 75 页。

③ 张振镛:《中国文学史分论》(一)，商务印书馆 1934 年版，第 223 页。

④ 陈子展:《中国文学史讲话》(下)，北新书局 1937 年版，第 306 ~ 307 页。

⑤ 徐世昌:《晚晴簃诗汇》卷七十六，中国书店 1988 年影印本第 2 册，第 389 页。

出现，标志着袁枚研究与评价的新的转折，从而成为袁枚研究史上里程碑式的著作。

杨鸿烈称“袁子才是一位中国罕有的大思想家”①，对其褒扬不已。杨著认为袁枚思想的立足点是为了打破道统，其人生哲学是情欲主义，而且袁枚运用了科学家求知求理的态度作为应付人生问题的方法。

但该书摭拾袁枚零言片语，套用西方学科的分类方法探讨袁枚在文学、史学、政治经济学、法学、教育学、民俗学甚至食物学领域的贡献，论述结构零散，主观臆想过浓，因此该书虽然在考订袁枚生平事迹等方面做出不少功绩，但对袁枚思想的深层开拓格局不够大。

（三）袁枚诗论研究

1. 袁枚诗学总论

晚清时期，由于受西方学科观念和研究方法的影响，中国文学史的编纂蔚然成风。1904 年出版的林传甲《中国文学史》重点在于探讨文体的演进变化，对具体作家及作品较少涉及。因此对于袁枚，仅在第十六篇之十八“国朝骈文之盛”中有所提及，认为“钱塘袁简斋氏枚，能于骈体中独抒所见，辨论是非”。② 1918 年出版的谢无量的《中国大文学史》，基本上沿用关于袁枚的传统评价，认为“其诗文甚富，兼长四六，而诗体有时流于谐谑。不无轻佻之弊”。③

20 世纪前半期关于袁枚诗歌理论的研究，当推日本学者铃木虎雄的《中国诗论史》为最早、最有影响的系统专论。该书早在 1925 年即由日本京都宏文堂书房刊行，比中国最早的批评史专著陈中凡的《中国文学批评史》问世还要早出两年。况且，作为该书主要内容的《论格调、神韵、性灵之诗说》、《周汉诸家的诗说》、《魏晋南北朝时代的文学论》三篇系列论文早在 1911 年、1919 年和 1920 年即分别发表于《艺文》杂志，可见其对袁枚研究、中国诗论史乃至中国文学批评史的研究，尤具创建性功绩。该书第三篇《格调、神韵、性灵三诗

① 杨鸿烈：《袁枚评传・导言》，商务印书馆 1927 年版，第 1 页。

② 林传甲：《中国文学史》，上海科学书局 1914 年版，第 209 页。

③ 谢无量：《中国大文学史》卷十，上海中华书局 1924 年版，第 22 页。

说》第五章专论袁枚《性灵说》。本期日本学者的中国文学史、诗学史和批评史等著作大都论及袁枚。

中国学术界对中国文学批评史的研究，早期的当以陈中凡《中国文学批评史》（中华书局 1927 年版）、郭绍虞《中国文学批评史》（商务印书馆 1934 年版）、罗根泽《中国文学批评史》（人文书店 1934 年版）、方孝岳《中国文学批评》（世界书局 1934 年版）、朱东润《中国文学批评史大纲》（开明书店 1944 年版）为代表。这几部中国文学批评史著作，对袁枚的文学理论大都作了较系统的阐述。

郭绍虞 1938 年发表在《燕京学报》第二十三期上的《性灵说》一文，后被收入他的《中国文学批评史》下卷（1947 年商务印书馆出版），称袁枚性灵说为"修正的性灵说"①的研究同样具有开创性功绩，后代学人关于袁枚性灵说的研究很多都是参照郭文的见解或在郭文的基础上立论的。

1948 年出版的钱锺书的《谈艺录》亦有多处讨论袁枚，所谈切近而精深，尤其指出袁枚立论"每为取快一时，破心夺胆，矫枉过正"，洵为的论。

本期发表的关于袁枚诗论研究的论文约有 20 余篇，主要有李振东《袁枚文论类抄》（《燕大月刊》1929 年第 4 卷第 2 期）、方珍《袁子才的文学观》（《复旦学报》1936 年第 3 期）、朱东润《袁枚文学批评论述评》（《文哲季刊》1936 年第 2 卷第 3 号）、顾远芗《性灵诗说的臆解》（《天籁》1937 年第 2 期第 22 卷）、白衣香《袁子才之文学与思想》（《民治月刊》1937 年第 13 期）、郭绍虞《性灵说》（《燕京学报》1938 年第 23 期）、唐景崧《关于随园诗话丛考》（《国文月刊》1944 年第 31 期、第 32 期）等。

其中白衣香的论文，对袁枚诗论和文论进行了全面的探讨，研究视野较之本期其他论文更为开阔。该文论述重点为其第三部分对袁枚诗文评论的研讨，力赞袁枚的四点"卓识"，即文学独立论、爱情为诗之生命、论诗原则和论诗之功用。认为"袁子才在文学上之贡献……不在其文学创作，而在其文学批评"。白氏看法虽不乏偏颇，

---

① 郭绍虞：《性灵说》，载《燕京学报》1938 年第 23 期。

但确有道前人所未道处，尤其是以现代意识观照袁枚的阐释视角，是颇富新意的。

2. 对《随园诗话》全面、深入和系统地开掘

《随园诗话》是本期研究者注目的焦点，这既与此前学界于《随园诗话》重视不够、开掘不深有关，也与《随园诗话》在袁枚诗论中的核心地位有关。

全面系统研究袁枚诗论的奠基之作是1936年出版的顾远芗《随园诗说的研究》。该书运用西方文学理论的研究方法，详细探讨了袁枚性灵说的意义、源流、背景，以及性灵说的内容论、形式论、创作论、赏鉴论等内容，第一次系统地梳理了性灵说的意义和内涵，提出袁枚的"性灵"是"浓厚的感情和灵敏的感觉"、是"内性的灵感"，为之后研究性灵说者开辟了道路。

本期的袁枚研究已由传统评介人物的感悟式、考证式变为运用西方文艺理论与方法对袁枚思想体系和性灵诗说进行审视与梳理。同时，本期的袁枚研究虽然对袁枚叛逆性思想和袁枚的诗论主张进行了较为深入的挖掘，但对袁枚文学文本的阐释却很少关注。因此本期与上一时期相比，论者聚焦的视点已由袁枚的文学创作转向袁枚的思想和诗论。

二、停滞期(1949—1978)

新中国成立后三十年间，文学研究呈现出重思想内容、轻艺术形式的批评倾向。对于强调独创意识、追求自我性灵的袁枚诗作，研究稀少，基本处于停滞状态。1949—1980年，学界关于袁枚的专题研究论文仅有13篇。①

此期出版的各种中国文学史、文学批评史的清代部分，虽然提及袁枚，但持论多片面僵化，显示出"一分为二"的批评范式——既肯定其对封建正统诗学观念的冲击作用，又贬斥其诗作中漠视民生疾苦的思想倾向。

---

① 据中山大学中文系资料室编：《1949—1980中国古典文学研究论文索引》统计，广西人民出版社1984年版，第681~682页。

既然袁枚诗作“缺乏重大的思想内容”,《随园诗话》便成为本期学界关注的重点。与民国初年学界多着眼于袁枚“性灵”说诗学体系建构和诗学内涵开掘不同，本期学界着重阐发的是袁枚“性灵”说反抗儒家诗教的叛逆精神以及批判复古思想的进步意义。而在对袁枚诗学渊源的追溯上，与顾远芗只是将袁宏道“公安派”视为袁枚诗学的“旁系”不同，本期论者几乎都认为“公安派”直接开启和影响了袁枚“性灵”说的形成。总之，仅从是否具有人民性、叛逆性的角度解读《随园诗话》，便带有强烈的政治倾向性，这不但对袁枚有失公允，而且已失去文学批评的理性，这就使得本期的袁枚诗学研究流于简单化和概念化。

1962年出版的郭沫若的《读随园诗话札记》一书，用文学的阶级性来对袁枚进行评价，既有显著的时代特点，同时也揭示出了袁枚诗学的某些精神实质，成为本期中最有影响的袁枚研究专著。

另外，本期在袁枚著述整理方面，取得突出成绩的是顾学颉校点的《随园诗话》(人民文学出版社1960年版)和郭绍虞辑注的《诗品集解　续诗品注》(人民文学出版社1963年版)，它们分别是本期中国刊印的第一部《随园诗话》校点本和《续诗品》注本。

与大陆的沉寂局面相反，本期港台的袁枚研究方兴未艾。研究专著有王纮久《袁枚诗论研究》(台北政治大学中文所1973年版)，该书为作者1961年同题硕士学位论文；各种著作中列专章介绍袁枚的有吴宏一的《清代诗学初探》(台北牧童出版社1977年版)等；相关硕士、博士学位论文也为数不少，如彭国强《袁枚的诗论》(香港大学1978年硕士学位论文)、张简坤明《袁枚与性灵诗论研究》(中国文化大学1974年博士学位论文)等。

本期日韩的袁枚研究成果有，[韩]李汉祚《〈随园诗话〉之妇女子诗》(国立汉城大《文理大学报》1967年)、[韩]许世旭《清诗话之类别与其渊源研究》(《省谷论丛》1972年第3辑)、[韩]崔奉源《袁枚论诗文之研究》(《中国学报》1977年第18辑)、[日]船津富彦《有关〈随园诗话〉的几点特殊性》(《东方学》1973年46号)等。

三、繁荣期(1979—2012)

20世纪70年代末开始的改革开放使人们从尘封中再次发现了袁枚，研究成果日益增多。1979年至今的30多年无疑是袁枚研究史上最为辉煌的时期。其标志有四：

第一，研究论文、专著大量涌现。百花齐放、百家争鸣的袁枚研究涉及袁枚及其诗论、著述的各个方面。据笔者统计，30多年来共发表袁枚研究论文800余篇，出版研究专著30余部。王英志《性灵派研究》(辽宁大学出版社1998年版)、《袁枚评传》(南京大学出版社2002年版)二书，堪称本期的标志性成果，袁枚研究得到了全面而深入地拓展。

第二，诗集、文集、小说集整理成绩显著，普及性的选注本及其他著作亦大量出版。1988年周本淳标校的《小仓山房诗文集》、1993年王英志主编的《袁枚全集》校点本的问世，均为本期学界的一大创获。普及性的诗文、诗话，选、注、译本更是层出不穷。之前很少被学界关注的袁枚小说集《子不语》和食谱《随园食单》的注译本等如雨后春笋般地涌现，相关出版物的兴盛显示出社会对袁枚关注热潮的形成。

第三，硕士、博士学位论文不断增多。近年来，大陆和港台地区高校、研究机构学位论文选题，以袁枚作为研究对象的明显增多，出现了一批高质量的硕士、博士学位论文。其中，博士学位论文十多篇，硕士学位论文八十多篇。日韩欧美关于袁枚研究的学位论文也为数不少。这些论文体例规范，不乏学术创见，对于深化袁枚研究具有不同程度的学术贡献。

第四，研究疆域不断拓展，除了传统的诗学、诗文、小说研究之外，本期学界对于袁枚的饮食观、画艺观、书法艺术、楹联艺术、判牍艺术等文化活动均有所涉及，并出现了不少新颖可喜的硕士学位论文。如，陈法强《明清"性灵说"对作文教学的启示》(首都师范大学2007年硕士学位论文)、王璐《袁枚旅游研究》(上海师范大学2008年硕士学位论文)、尤青松《清代民间法律意识的一种解读——以〈子不语〉为中心的考察》(中山大学2008年硕士学位论文)、肖桃《太平风景供诗才——论袁枚笔下的民俗与文学》(南京大学 2008 年硕士学位论文)、张慧姝《袁枚与饮食文化研究》(山东师范大学 2010 年硕士学位论文)等，这些都标志着袁枚研究范围正在趋向全面。

以下从六个方面概括袁枚研究繁荣期的进展情况。

(一)袁枚著述整理、考证和注释研究

1988 年上海古籍出版社出版了周本淳标校的《小仓山房诗文集》，江苏古籍出版社又于 1993 年出版了王英志主编的《袁枚全集》校点本。《袁枚全集》由正编、副编、外编、附录四部分组成。正编收袁枚本人著作。副编收经袁枚编选或编辑审定而作序付梓的他人著作。外编收作者署名袁枚，但基本可断定为伪托却有较高价值的著作，以备参考；明显伪托又无价值者不收。附录收清代、近代关于袁枚年谱、传记、评论、轶事的资料。① 以上二书为袁枚研究提供了极大的便利。另外，王英志又发表了系列文章对并非袁枚的著作进行了考证。②

对全集校补提出独到见解者为陈正宏的《袁枚全集校补》(《中国文学研究》第 3 辑，江西教育出版社 2000 年版)和《从单刻到全集：被粉饰的才子文本——〈双柳轩诗文集〉、〈袁枚全集〉校读札记》，后者以袁枚早年别集《双柳轩诗文集》和源自袁枚晚年所编《小仓山房全集》的王英志整理本《袁枚全集》的校读为例，指出“传统全集所收作品由于时经作者晚年粉饰删改，而大多存在历时性面貌不无缺失之憾，故研究单个古代著名作家创作的历时性问题，应当重视比全集更切近当时实况的作家生前行世的单刻别集”③。

除了全集整理以外，这一时期还出版了多种袁枚诗文和小说选、

---

① 王英志主编：《袁枚全集 · 凡例》，《袁枚全集》壹，江苏古籍出版社 1993 年版，第 1 页。

② 王英志：《袁枚与〈袁枚全集〉》，载《苏州大学学报》1993 年第 3 期；《袁枚著编考辨》，载《宁波师院学报》1994 年第 2 期；《〈怪异录〉非袁枚作考论》，载《明清小说研究》2004 年第 4 期；《〈诗学全书〉非袁枚作考论》，载《文艺研究》2005 年第 10 期。

③ 陈正宏：《从单刻到全集：被粉饰的才子文本——〈双柳轩诗文集〉、〈袁枚全集〉校读札记》，载《中山大学学报》2008 年第 1 期。

注、译本，如周舸岷选注《袁枚诗选》(江苏古籍出版社1989年版)、高路明选注《袁枚文选》(作家出版社1997年版)、陈铭选译《子不语》(浙江古籍出版社1985年版)等，也为袁枚研究提供了很多的便利。

单集整理成绩卓著者为，顾学颉校点《随园诗话》(人民文学出版社1982年再版本)；刘衍文、刘永翔合注《袁枚〈续诗品〉详注》(上海书店出版社1993年再版本)；范寅铮校注《小仓山房尺牍》(湖南文艺出版社1987年版)；朱纯点校《子不语》、《续子不语》(岳麓书社1985年版、1986年版)；申孟、甘林点校《子不语》(上海古籍出版社1986年版)；关锡霖校注《随园食单》(广东科技出版社1983年版)等。

进入21世纪，袁枚的佚文、佚诗、佚札不断地被发现。2006年10月，王英志将新发现近四万字的手抄本《袁枚日记》，标校后陆续在《古典文学知识》上刊出，对于袁枚全集的增补工作功莫大焉。

(二)袁枚生平、交游和思想研究

本期有多部袁枚传记问世，其中王英志的《袁枚评传》是新中国成立以来第一部全面、深入地研究袁枚生平与思想的学术专著。该书把袁枚定位为思想学术批评家，认为其思想不仅高出世俗，而且时时惊世骇俗，对封建传统思想具有极大的破坏性。但袁枚的思想不无矛盾之处，又表明他是一个过渡时期的思想家。① 相关学位论文有，沈金浩《袁枚思想行为系统研究》(杭州大学1987年硕士学位论文)、张军刚《袁枚的反传统思想初探》(内蒙古大学2000年硕士学位论文)、曹柯新《论袁枚的思想及创作》(苏州大学2001年硕士学位论文)、刘希《论袁枚的人生哲学及文学观念》(四川大学2002年硕士学位论文)等。

1. 生平研究

清人记载的袁枚传记资料甚详，袁枚诗文又详载了其生平行迹。清人方濬师有《随园先生年谱》，民国杨鸿烈《袁枚评传》中也附有其年谱，对袁枚生平情况的记载已经较为详细。本期傅毓衡的《袁枚年谱》(安徽教育出版社1986年版)较之此前方谱多错讹、杨谱多谀词

① 王英志：《袁枚评传》，南京大学出版社2002年版，第311～312页。

而后出转精，其长处则在于对袁枚生平事迹和诗文纪年的考释详明而持说公允；其不足处是对袁枚的交游涉及较少，而这却是杨谱之所长。因此，三谱交互参看，袁枚生平行实则更为清晰。

郑幸《袁枚年谱新编》可谓对古人年谱编纂方式的一种全新尝试。该谱试图剔除袁枚晚年在盛名之下以修订早年著述、重述早年经历等方式对其生平所作的粉饰，因此，该谱不仅首次采用诸旧谱未曾利用的袁枚早年单刻别集《双柳轩诗文集》，也注重捕捉其晚年数次修订《小仓山房诗文集》、《随园诗话》等著述时所作的微妙文字改动。这一追索谱主著述尽可能早的文本并将其作为年谱编纂基础文献的方式，为文学文献的整理与研究作了新的尝试。①

关于袁枚的生平行实，除了王英志系列的考述论文，杜贵晨《“为天强派作诗人”——袁枚散馆外放的“前因”及其婉拒乾隆临幸随园考论》(《华中师范大学学报》2005 年第 3 期)、郑幸《户部档案中所见袁枚欠征案考》(《历史档案》2009 年第 2 期)、王正兵《耻：袁枚辞官原因新论》(《名作欣赏》2009 年第 4 期)等均是就袁枚辞官原因及思想心态进行的深入思考。

郑幸《随园藏书考略》则从藏书家的角度，不仅对随园书籍的聚散经过、收藏数量、内容分类等基本情况作了全面考述，亦通过乾隆三十八年(1773)随园散书一事所展示的袁枚曲折隐晦的复杂心境，揭示出乾隆四库馆征书对江南私人藏书家造成的极大压力及负面影响。②

相对于袁枚长寿的一生，袁枚壮年辞官后的漫长而多彩的生活及多次壮游经历，还需学人进一步探讨辨析。

2. 交游研究

作为乾嘉文坛盟主、性灵派主将，袁枚的南北交游甚广。王标《城市知识分子的社会形态：袁枚及其交游网络的研究》一书不失为这方面视角新颖的研究专著。该书从前近代中国城市知识分子社会形态的角度来论述袁枚及其交游网络，着重研究处在前近代城市空间网

---

① 郑幸：《袁枚年谱新编·前言》，上海古籍出版社 2011 年版，第 16 页。

② 郑幸：《随园藏书考略》，载《中国典籍与文化》2012 年第 2 期。

络中的知识分子如何应用各种文化策略，以适应城市空间这个充满激烈竞争的社会，是文学社会学研究的一次成功范例。①

本期的硕士、博士学位论文，大多列有专章介绍袁枚其人及其交游活动。本期袁枚的交游研究主要关注点为：袁枚与乾嘉文坛名家以及性灵派成员的交游，特别注意到了袁枚与诸多女弟子、非性灵派女性诗人的交往以及袁枚对于女性文学的提倡和引导。袁枚交游的考述文章仍以王英志为最多。② 对袁枚与农工商各色人等的交游，本期也有所涉及。与盐商的交往，如王振忠《袁枚与淮、扬盐商——十八世纪士、商关系的一个考察》(《盐业史研究》1993 年第 4 期)等；与非汉族诗人的交往，如李淑岩《袁枚序法式善诗集考——兼论袁、法二人的忘年之谊》(《文艺评论》2012 年第 4 期)等。

但总体来说，相对于与袁枚交往有名姓的就有一千多人这一事实，目前尚未有一部考论结合的袁枚交游研究专著，这应该是袁枚研究中亟待开垦的一块园囿。

3. 思想研究

本期袁枚的思想研究，基本涉及了袁枚思想的各个层面。

从总体评价来看，蔡尚思《一位被冷落的大思想家——袁枚》从思想史的角度，认为“袁枚是一位伟大的思想家”，其在哲学、美学、经济、政治、法律、史学、文学、教育等方面，均有颇多创见。③ 而陈伯海主编的《近四百年中国文学思潮史》提出蔡氏对“袁枚的思想中

---

① 王标：《城市知识分子的社会形态：袁枚及其交游网络的研究》，上海三联书店 2008 年版，第 32 ~ 33 页。

② 王英志：《袁枚与蒋士铨——袁枚纪事之一》，载《文史知识》1998 年第 4 期；《袁枚与赵翼——袁枚纪事之二》，载《文史知识》1998 年第 7 期；《袁枚与吴门闺秀——袁枚纪事之三》，载《文史知识》1999 年第 1 期；《结交扬州八怪——袁枚纪事之四》，载《文史知识》1999 年第 2 期；《袁枚与蒋士铨交游考述》，载《江淮论坛》2001 年第 2 期；《袁枚提携后学考述》，载《西北师大学报》2001 年第 4 期；《袁枚神交张问陶》，载《古典文学知识》2002 年第 1 期；《袁枚与扬州八怪交谊考述》，载《扬州大学学报》2002 年第 1 期；《袁枚与赵翼交游考述》，载《徐州师范大学学报》2002 年第 1 期。

③ 蔡尚思：《一位被冷落的大思想家——袁枚》，载《文史哲》1988 年第 5 期。

充满着一种反传统的人文精神”的评价过当，而认为“袁枚及其性灵文学思潮中闪烁着若干富有近代倾向的人文思想色彩”①则比较符合实际情况。继而，李泽厚《华夏美学》认为，“袁枚大概就是最能代表明中叶以来这股以男女情欲的解放（所谓‘导欲宣淫’）为基础，来突破儒家传统的近代倾向了”。② 石玲《袁枚诗论》还进一步指出袁枚思想的意义在于他对程朱理学的批判符合历史前进的要求，而对晚明“狂禅”、“异端”的扬弃，则是对晚明兴起的人文思潮做历史的修正、调整。③ 王英志《袁枚评传》则通过“述”和“评”结合的方式把袁枚具体定位为“思想学术批评家”④。

本期关于袁枚的美学思想有较深入的探讨，这既与 80 年代美学大讨论的思想潮流有关，又与进入 21 世纪学人对袁枚思想内涵作全面深入挖掘有关。主要论文有，姚文放《论袁枚的诗文美学》（《扬州师院学报》1988 年第 3 期）；阳晓儒《袁枚美学理论之我见》（《辽宁大学学报》1991 年第 6 期）；黄南珊《二袁性灵论的情感美学内涵》（《人文杂志》1997 年第 6 期）；樊美钧《袁枚美学思想管窥》（《广东社会科学》2000 年第 3 期）；沈玲《袁枚的生态美学思想研究》（《云南行政学院学报》2006 年第 6 期）、《从随园看袁枚的园林美学思想》（《三峡大学学报》2010 年第 3 期）；陈国雄《情感的内涵转换与审美提升——袁枚性情理论研究》（《社会科学家》2008 年第 12 期）、《袁枚园林美学思想研究》（《学术论坛》2007 年第 7 期）等。

关于袁枚的人生观、价值观、男女两性关系观、反封建意识和经济思想等，本期学界也有颇多分析。其中较突出的有，黄爱平《袁枚经学观及其疑经思想探析》对袁枚提倡的“六经皆文”的经学观及其疑经思想进行了深入地探析，充分揭示了袁枚经学思想在有清一代学术

① 陈伯海主编：《近四百年中国文学思潮史》，东方出版中心 1997 年版，第 260 页。

② 李泽厚：《华夏美学》，天津社会科学院出版社 2002 年版，第 248 页。

③ 石玲：《袁枚诗论》，齐鲁书社 2003 年版，第 216 ~ 222 页。

④ 王英志：《袁枚评传》，南京大学出版社 2002 年版，第 311 页。

思想领域的意义和价值①；而石玲《袁枚诗歌的禅影踪迹》则从诗作解析的角度探讨了袁枚对禅宗思想的吸收与扬弃。② 另外，日本学者野田善弘《袁枚的圣人观——探索他与彭绍升的往来书简》论述了袁枚在其享乐主义态度的背后，存在着以圣人面目出现的执政者信念，因此他对当时士大夫于国家、人民漠不关心是持批判态度的。③

与此前学界对袁枚的男女两性关系观一味贬斥不同，本期学人大都能客观公允评价袁枚，肯定袁枚提倡女子教育的实践活动。如，陶继明《袁枚和妇女诗歌》(《上海师范大学学报》1989 年第 1 期)、石玲《袁枚与清中叶妇女诗歌创作》(《中华女子学院山东分院学报》1997 年第 3 期)、沈金浩《论袁枚的男女关系观及妇女观——兼谈两者与其文学活动、文学创作间的关系》(《深圳大学学报》2001 年第 3 期)、高歌《试论袁枚的妇女观及其女子教育实践》(中央民族大学 2009 年硕士学位论文)和宋燕《袁枚两性关系观与女性观研究》(首都师范大学 2007 年硕士学位论文)等。

另外，沈金浩《袁枚人论述评——"性灵说"相关要素研究之一》归纳总结袁枚人论思想的两个主要方面：人本思想和人性论。该文详细解读了袁枚追求个性解放的人性论，并深入思考了袁枚人性论中的妇女观。该文也注意到袁枚人性论的矛盾之处以及其人性论与其文学思想的关系等问题。④

但迄今学界关于袁枚思想的研究，大多仅从单一视角或侧重于袁枚思想的一个方面进行立论，致使读者难以掌握袁枚思想的全貌。因此，有待今后的论者，在结合袁枚性灵诗论以及诗歌、散文和小说等创作实绩，在归纳总结已有研究的基础上，继续深入开掘和展现袁枚的整体思想体系。

---

① 黄爱平：《袁枚经学观及其疑经思想探析》，载《清史研究》2004 年第 3 期。

② 石玲：《袁枚诗歌的禅影踪迹》，载《文史哲》2002 年第 1 期。

③ [日]野田善弘著，林章文译：《袁枚的圣人观——探索他与彭绍升的往来书简》，载《江苏社会科学》1995 年第 6 期。

④ 沈金浩：《袁枚人论述评——"性灵说"相关要素研究之一》，载《浙江学刊》1991 年第 5 期。

（三）袁枚诗学和诗作研究

本期的袁枚诗学研究主要是展开对《随园诗话》、《续诗品》以及袁枚整个诗学思想体系的研究。

此方面的研究专著主要有胡明《袁枚诗学论述》（黄山书社 1986 年版）；简有仪《袁枚研究》（台北文史哲出版社 1988 年版）；司仲敖《随园及其性灵诗说之研究》（台北文史哲出版社 1988 年版）；王英志《袁枚与随园诗话》（上海古籍出版社 1990 年版）、《性灵派研究》（辽宁大学出版社 1998 年版）、《袁枚暨性灵派诗传》（吉林人民文学出版社 2000 年版）；王建生《袁枚的文学批评》（圣环图书股份有限公司 2001 年版）；石玲《袁枚诗论》（齐鲁书社 2003 年版）；沈玲《随心随性　随情随缘——袁枚诗学研究》（南京大学出版社 2010 年版）等。吴兆路《中国性灵文学思想研究》（台北文津出版社 1995 年版）、《性灵派研究》（甘肃教育出版社 2001 年版）二书有部分章节分别论析了袁枚诗学。

李然《乾隆三大家诗学比较》（华东师范大学 2005 年博士学位论文）辨析了袁、蒋、赵诗学观的异同，孔燕妮《袁枚诗歌理论与实践研究》（复旦大学 2011 年博士学位论文）旨在分析袁枚的诗歌理论与创作实践之间的具体关系。相关学位论文还有，［韩］崔日义《袁枚诗学理论研究》（国立汉城大学 1995 年博士学位论文）、李秋霞《袁枚与唐宋诗关系研究》（江西师范大学 2009 年硕士学位论文）等。陆海明《袁枚的文学批评论》从袁枚的文学功利观念、批评标准两个方面剖析了袁枚文学批评论的核心思想，并指出袁枚没有对文学作品提出“善”的审美要求的缺憾。① 本期的中国文学史、文学批评史、诗学史、诗歌流派史等对袁枚诗歌理论和诗歌创作都进行了全面的评介。

虽然袁枚性不喜填词，但本期学界也注意到了他所参与的词学活动，谢永芳《略论乾隆词坛的词学面貌——以袁枚词学活动考论为中心》指出，袁枚的词学活动及与之相关联的词学观主要见载于其《随园诗话》，其中词学活动大致包括以词交游酬赠、搜罗词作并录入载

---

① 陆海明：《袁枚的文学批评论》，载《文艺理论研究》1983 年第 1 期。

籍、创作与词有关的序文等三个方面。考索袁枚的词学活动及灌注其中的词学观念，可以为从一个侧面揭示乾隆词坛的词学面貌提供帮助。① 宁夏江《真情真性　率尔自然——袁枚词赏析》在赏析了袁枚的两首词作后指出，“可惜袁枚很少作词，在乾嘉词坛上的影响不大，否则有性不耐沉寂的袁枚的参与，沉寂的乾嘉词坛又该增添如何一番热闹的景象?”②关于袁枚词学活动的学位论文有，杜娟《论清代中叶的“性灵词派”》(中国人民大学2004年硕士学位论文)等。

1.“性灵”说研究

对袁枚“性灵”说的研究仍然是本期袁枚研究的重点，袁枚文艺理论的核心“性灵”说的研究也由此逐步深入。

新中国成立后第一篇全面、系统地研究袁枚“性灵”说的论文，当推王英志1982年撰写的硕士学位论文《袁枚“性灵说”新探》，后分三部分公开发表。相继涌现的学位论文还有，沈金浩《性灵诗与明清文化》(1990年苏州大学博士学位论文)、刘珍龙《袁枚性灵说及其评唐诗》(厦门大学1993年硕士学位论文)、丁俊玲《性灵说研究》(复旦大学2001年博士学位论文)、封万超《春墨写性灵：袁枚的人生与诗学》(山东大学2004年硕士学位论文)、赵波《析袁枚论“性情”》(西北大学2004年硕士学位论文)、于洪江《袁枚性灵说之“真情”观探幽》(曲阜师范大学2010年硕士学位论文)等。

另有多篇学位论文，从美学的角度考察了袁枚的性灵说。如，冯运军《袁枚“性灵说”研究》(四川师范大学2001年硕士学位论文)、朱述超《袁枚“性灵”美学思想研究》(重庆师范大学2006年硕士学位论文)、邹华秀《袁枚性灵说之美学研究》(湖南师范大学2006年硕士学位论文)、冯辰《袁枚“性灵”美学精神的反叛性及其影响》(辽宁大学2010年硕士学位论文)等。陈国雄《艺术与人生的性灵之舞：袁枚“性灵论”研究》(湖南人民出版社2010年版)是在其2008年武汉大学博

---

① 谢永芳:《略论乾隆词坛的词学面貌——以袁枚词学活动考论为中心》,载《江西师范大学学报》2009年第4期。

② 宁夏江:《真情真性　率尔自然——袁枚词赏析》,载《古典文学知识》2009年第5期。

士学位论文《袁枚“性灵论”研究》的基础上修订而成，该书主要从艺术与人生两个方面切入，具体分析和研究了袁枚的“性灵论”美学思想。

(1)“性灵”说的内涵

本期学人关于袁枚“性灵”说的内涵，主要有五种界说：

一是性情说。王运熙、顾易生主编《中国文学批评史》①；敏泽《中国文学理论批评史》②；朱东润《中国文学批评史大纲》③；日本学者青木正儿《清代文学评论史》④、松下忠《袁枚“性灵说”的特色——主张“性灵的性情”》⑤等主此说。

二是灵感说。叶嘉莹《迦陵论词丛稿》⑥、羊春秋《历代论诗绝句选》⑦等主此说。

三是性情灵感并重说。郭绍虞主编《中国历代文论选》⑧；邬国平、王镇远《中国文学批评通史 · 清代卷》⑨；简有仪《袁枚研究》⑩等主此说。

---

① 王运熙、顾易生主编：《中国文学批评史》(下)，上海古籍出版社 1985 年版，第 220 页。

② 敏泽：《中国文学理论批评史》(下)，人民文学出版社 1981 年版，第 926 页。

③ 朱东润：《中国文学批评史大纲》，上海古籍出版社 2001 年版，第 359 页。

④ [日]青木正儿著，杨铁婴译《清代文学评论史》，中国社会科学出版社 1988 年版，第 115 页。

⑤ [日]松下忠著，卢永璘译：《袁枚“性灵说”的特色——主张“性灵的性情”》，载《文艺理论研究》1981 年第 2 期。

⑥ 叶嘉莹：《人间词话境界说与中国传统诗说之关系》，《迦陵论词丛稿》，上海古籍出版社 1980 年版，第 314 页。

⑦ 羊春秋：《历代论诗绝句选》，湖南人民出版社 1981 年版，第 292 页。

⑧ 郭绍虞主编：《中国历代文论选》(三)，上海古籍出版社 1980 年版，第 471 页。

⑨ 邬国平、王镇远：《清代文学批评史 · 清代卷》，上海古籍出版社 1996 年版，第 479 页。

⑩ 简有仪：《袁枚研究》，台北文史哲出版社 1988 年版，第 127 页。

四是才、性、情三要素说。王英志《袁枚“性灵说”新探》①首创此说。

五是才性说。张健《清代诗学研究》②首创此说。

以上五说虽阐释视角各有侧重，但均有独到心得。因此可见，袁枚的“性灵”说作为宏观开放的诗学体系是客观存在的，对其接受与研究可以与时俱进，至今尚未穷尽，因此能够吸引更多的学人以新材料、新方法投入到对它的诠释中去。众多硕博士学位论文关于袁枚“性灵”说内涵的持续探究，也可以说明这一点。

(2)“性灵”说的源头及成熟完备的动因

追溯袁枚“性灵”说的源头有五说，具体如下：

其一，佛教思想影响说。

本期不少学者认为“性灵”说受佛教思想的影响，在南朝已初具规模并渐成思潮。这方面突出的论文有，新加坡学者王力坚《性灵·佛教·山水：南朝文学的新考察》(《海南师范学院学报》2000 年第 1 期)、龚贤《性灵说溯源》(《衡阳师范学院学报》2008 年第 1 期)等。论述最为详尽者为普慧《佛教思想与文学性灵说》一文。该文认为：“性灵说最早由南朝刘宋时期著名的崇佛文人范泰、谢灵运、颜延之、何尚之等提出。其思想渊源众多，先秦以来的本土思想、以及佛教的佛性论思想和“识神”说，都对性灵说的提出产生了重要影响。其中，佛教思想或为主要源头。谢灵运等的性灵说，更多地在佛教意义下使用，但已蕴涵了丰富的文学审美意蕴。梁代刘勰、钟嵘等将其广泛运用于文学理论与诗学批评之中，北周庾信则将其贯穿于文学创作之中。”③就“性灵”一词的主要思想来源而言，普慧《南朝性灵说与大乘涅槃学：文学“性灵说”探源之一》(《古代文学理论研究》第 22 辑，华东师范大学出版社 2004 年版)、龚贤《性灵说溯源》(《衡阳师范学院学报》2008 年第 1 期)、曾明《“性灵”语源探——兼论〈诗品〉

---

① 王英志：《清人诗论研究》，江苏古籍出版社 1986 年版，第 200 页。

② 张健：《古典与近代之间：袁枚的性灵说》，《清代诗学研究》，北京大学出版社 1999 年版，第 726 页。

③ 普慧：《佛教思想与文学性灵说》，载《文学评论》2012 年第 2 期。

重“天才”》(《文学评论》2009 年第 3 期)都认为是深受大乘佛教涅槃学说佛性论的启发和影响。

其二，钟嵘《诗品》说。

之前学界于袁枚“性灵”说的源头大都追溯至杨万里，本期学人则多认为影响“性灵”说者尚有钟嵘。张少康《论钟嵘的文学思想》①；王运熙、顾易生主编《中国文学批评史》②；王英志《袁枚“性灵说”探源》③；吴兆路《中国性灵文学思想研究》④；吴宏一《清代诗学初探》⑤；司仲敖《随园及其性灵诗说之研究》⑥等主此说。曾明《“性灵”语源探——兼论〈诗品〉重“天才”》虽主此说，但又提醒学界，“对袁枚‘性灵说’的探源研究，应持‘多元论’”⑦。这方面的学位论文有，罗刚《论杨万里和袁枚诗歌的相近性及其文学史意义》(北京师范大学 2008 年硕士学位论文)等。

其三，刘勰《文心雕龙》说。

王英志《〈文心雕龙〉与袁枚性灵说》(《文学评论》2008 年第 5 期)一改旧说，认为袁枚“性灵”说“振叶寻根、观澜索源之根源是《文心雕龙》”⑧。吕斌《是谁首倡“性灵”说》(《广西师院学报》1999 年第 4 期)等亦主此说。

其四，老庄、杨朱说和李商隐说。

吴兆路《性灵文学思想探源》“更倾向于把庄子、杨朱视为中国性

---

① 张少康:《论钟嵘的文学思想》，载《文艺理论研究》1981 年第 4 期。

② 王运熙、顾易生主编:《中国文学批评史》(下)，上海古籍出版社 1985 年版，第 320 页。

③ 王英志:《袁枚“性灵说”探源》，载《云南师范大学学报》1982 年第 4 期。

④ 吴兆路:《中国性灵文学思想研究》，台北文津出版社 1995 年版，第 49 ~ 50 页。

⑤ 吴宏一:《清代诗学初探》，台北牧童出版社 1977 年版，第 234 页。

⑥ 司仲敖:《随园及其性灵诗说之研究》，台北文史哲出版社 1988 年版，第 89 页。

⑦ 曾明:《“性灵”语源探——兼论〈诗品〉重“天才”》，载《文学评论》2009 年第 3 期。

⑧ 王英志:《〈文心雕龙〉与袁枚性灵说》，载《文学评论》2008 年第 5 期。

灵文学思想的真正源头”①，王红蕾《性灵说的缘起与发生》亦认为“老庄虚静美学思想对性灵说的渊源、发展的影响是无法抹去的”。②

受铃木虎雄《中国诗论史》的影响，杨有山《性灵诗派源头考辨》把袁枚“性灵”说的源头视为李商隐。③

其五，王学说。

“性灵”说近源为袁宏道等公安派是毫无疑问的，本期学界在此基础上又进一步溯源王阳明学说、整个晚明时代思潮以及清前期颜李实学思想对袁枚“性灵”说的影响。较突出的论文有，陈居渊《清代性灵说与王学》(《文史哲》1994 年第 6 期)、吴兆路《性灵文人与阳明心学》(《文史知识》1995 年第 5 期)、钱竞《袁枚诗论与明清学术思想史的关系》(《文学评论》2001 年第 2 期)、沈玲《袁枚的王学批判述论》(《扬州大学学报》2005 年第 2 期)等。

关于“性灵”说至袁枚成熟完备的动因，本期学界虽持三类观点：内因说、外因说及内外因综合说，但论述深刻、视角新颖之作不多。但陈书录《士商契合与明清性灵思潮的演变》一文，找到了士商契合这个关捩点，认为士商契合引起了明清性灵思潮三个阶段的发展演变，从而促进了袁枚“性灵”说的成熟与完备。因此，“士与商的相互交流、相互影响，是袁枚等人集明清性灵文学思想之大成的重要动因”④。

(3)“性灵”说的影响

追踪袁枚“性灵”说的影响，大约有两条途径。

首先，“性灵”说对清乾嘉诗坛及后代文坛的影响。

与此前学界仅强调袁枚诗坛盟主地位对乾嘉诗风的影响不同，钱仲联、严明的《袁枚新论》(《文学遗产》1994 年第 2 期)及《袁枚和陈衍——论诗坛盟主对清诗发展的积极影响》(《江海学刊》1995 年第 1

① 吴兆路：《性灵文学思想探源》，载《学术月刊》1993 年第 12 期。

② 王红蕾：《性灵说的缘起与发生》，载《社会科学辑刊》2007 年第 1 期。

③ 杨有山：《性灵诗派源头考辨》，载《中国文学研究》2009 年第 2 期。

④ 陈书录：《士商契合与明清性灵思潮的演变》，载《南京师范大学学报》2004 年第 6 期。

期）除了强调袁枚诗坛盟主地位对当时诗风的号召力，又进一步探析了其对后世诗歌发展的影响力。石玲《承递与开启：袁枚诗歌的过渡意义》更深一层拓展到袁枚在“晚明个性思潮与五四新文化运动的中间环节”①所起的承递与开启的过渡作用。继而，李勇《“性灵说”的现代学术境遇》从中日学术史发展的角度认为，“性灵说”之所以在现代被肯定，是因为“性灵说”所潜含的诗学理念与人性解放观念与五四新文化精神是契合的。② 崔秀霞《从“性灵”到“尊情”——启蒙思潮在文学上的一次跃进》（山东师范大学 2000 年硕士学位论文）叙述了启蒙思潮从袁枚“性灵”文学到龚自珍“尊情”文学的发展演变过程。而王英志《袁枚性灵派在近代的影响》则认为，道光以后，时移世易，产生于乾隆盛世的袁枚性灵派，已不适合时事政治的需要，对近代的影响以负面为主。③

张蕊青《〈燕山外史〉与性灵文学思潮》认为陈球的《燕山外史》作为中国小说史上惟一的一部长篇骈文小说，在形式和思想上显然受袁枚性灵文学思潮的影响。④

韩胜《南北随园诗论对比研究》（河北大学 2002 年硕士学位论文）重点比对了清代乾隆年间分处南北方的“南北随园”边连宝和袁枚诗论系统的差异及其在诗学史上的意义。

石玲《袁枚与高密派：乾隆时期诗学流派的交融与分野》（《文艺研究》2004 年第 6 期）、《清中叶山左诗人与性灵说》（《齐鲁学刊》2009 年第 5 期）则分别论述了袁枚“性灵”说与高密派及山左诗人的关系。解旬灵《高密李怀民论袁枚及其诗作》进而认为，李怀民日记以及所论诗歌文字之中，“对于袁枚诗歌的点评，其中就蕴涵了‘高密

---

① 石玲：《承递与开启：袁枚诗歌的过渡意义》，载《山东师范大学学报》2002 年第 5 期。

② 李勇：《“性灵说”的现代学术境遇》，载《商洛学院学报》2012 年第 3 期。

③ 王英志：《袁枚性灵派在近代的影响》，载《文史哲》1998 年第 4 期。

④ 张蕊青：《〈燕山外史〉与性灵文学思潮》，载《江海学刊》2003 年第 6 期。

诗派'与'性灵派'在诗歌理论思想上的根本分歧"①。

其次，"性灵"说在性灵派内部的传承。

着眼于"性灵"说内在承传关系的研究，成就卓著者首推王英志《性灵派研究》(辽宁大学出版社 1998 年版)一书。该书作为第一部全面研究性灵派的专著，重点在于勾勒以袁枚为中心的性灵派的构成，具体分析性灵派重要成员的思想、个性、创作得失及其在性灵派中所处的地位和价值，使性灵派不再是一个笼统、模糊的流派概念。该书不仅填补了袁枚研究领域的一项空白，对随园女弟子创作的评介，也填补了我国妇女文学史上的一大空白。

而作为该书姊妹篇的王英志的《袁枚暨性灵派诗传》(吉林人民文学出版社 2000 年版)，卷首长文《论袁枚暨性灵派》从六个角度对袁枚性灵派作了纲要式的导读，正文部分又选注了性灵派主要成员的 200 多首诗歌，给读者提供了了解性灵派群体及其诗歌创作的具体鲜活的感性材料，从而填补了该研究领域的又一个空白。继而，陈敏《论性灵派诗话》(湖南师范大学 2006 年硕士学位论文)着重论述了以袁枚为首的性灵派诗话的诗学文化体系和文化内涵。

另外，本期学者围绕张问陶是否属于袁枚性灵派，展开了激烈的论争。除了王英志把张问陶视为性灵派殿军以外，赵伯陶《张问陶与"性灵"说》(《宁夏社会科学》1987 年第 3 期)、丁集之《"性灵"巨擘张船山》(《天津师范大学学报》1989 年第 1 期)、李朝正《张船山诗歌理论对性灵诗派的贡献》(《贵州社会科学》1989 年第 10 期)、温秀珍《张问陶性灵诗论兼与袁枚、赵翼性灵说之比较》(《苏州大学学报》2007 年第 5 期)等均认为，张问陶继承并发展了袁枚"性灵"说。

但郑家治的系列论文《张问陶袁枚诗论异同简论》(《四川师范大学学报》2006 年第 6 期)、《张问陶与袁枚诗文交往论考——兼论张问陶的诗学渊源》(《四川职业技术学院学报》2009 年第 4 期)、《张问陶袁枚诗风异同初探》(《四川职业技术学院学报》2010 年第 2 期)则认为张问陶不属于性灵派传人。

① 解旬灵：《高密李怀民论袁枚及其诗作》，载《文艺评论》2011 年第 4 期。

邹鹏继反对把张问陶划入袁枚性灵派之后,① 又认为在所谓袁枚“性灵派”谱系存在理论缺陷，清代性灵诗人个案研究不充分的情况下，不应贸然就宗派立论。可以把这一时期提倡自由抒写，反对形式主义诗风的诗人统称为“性灵诗人”。②

(4)“性灵”说与明清其他诗说

首先来看，其与对立派的论争。

袁枚“性灵”说与王士禛神韵说、沈德潜格调说、翁方纲肌理说以及清代其他诗说的论争，一直是学界关注的焦点，此期也不例外。

本期有关中国文学史、文学批评史、诗学史的论著对此焦点均有所阐发。如袁进从文学史观的角度认为“性灵”说与清代其他诗说此消彼长的发展态势主要是由于，“清代中期的‘神韵’、‘格调’、‘性灵’、‘肌理’代表了清代具有自己调和特点的诗学理论，其中显示了清代诗学的文学史观”。“‘唐宋之争’、‘古今之争’等一系列对文学史看法的争论，往往都源于他们各自不同的出发点。”③

蒋寅《“神韵”与“性灵”的消长——康、乾之际诗学观念嬗变之迹》则从梳理康熙末到乾隆初这段诗学史线索的角度，指出从康熙经雍正至乾隆这三朝之间的诗学嬗变，显示为王渔洋神韵诗学逐渐被扬弃而袁枚性灵诗学逐渐被接受并主导诗坛的过程。其间重要的契机是叶燮诗学由其门人沈德潜和薛雪传播、发挥，在江南诗坛产生重大影响。这些人物都与袁枚有着不同程度的关系，其诗学也为袁枚所熟悉，作为性灵诗学的前驱，有必要从诗学史的角度对其历史意义加以重新认识。④

陈文新《中国古代四大诗学流别的纵向考察》，从汉以降古典诗

---

① 邹鹏:《张问陶与袁枚诗派传承关系之慎论》，载《求索》2010 年第 4 期。

② 邹鹏:《“性灵派”谱系的理论缺陷及就宗派立论的误区》，载《社会科学家》2011 年第 11 期。

③ 袁进:《试论清代中期“神韵”“格调”“性灵”“肌理”诸说消长中的诗史观》，载《社会科学》2003 年第 4 期。

④ 蒋寅:《“神韵”与“性灵”的消长——康、乾之际诗学观念嬗变之迹》，载《北京大学学报》2012 年第 3 期。

流别与题材、风格等的对应入手，揭示了格调派、神韵派、性灵派和肌理派四大诗学流别相继衍生、发展的学理依据、相互之间的内在联系以及流别之争的本质所在，并指出，“清代的格调派、神韵派、性灵派和肌理派，则将一个历时态的创作现象转化为一个大体上共时态的理论问题，戏剧性地完成了历史与逻辑的统一”。①

王英志《袁枚与清代诗学批评》指出：“袁枚以其‘性灵说’为批评依据，于清代康乾诗坛重点批评了神韵派王、浙派厉鹗、格调派沈德潜以及肌理派翁方纲等重要诗家的诗学，对其不符合‘性灵说’的观点与创作予以批判，而对与‘性灵说’暗合之处予以肯定。其目的是为倡导‘性灵说’诗论扫除障碍。”②王英志《袁枚批评浙派》(《浙江大学学报》2002 年第 3 期)还细致探讨了袁枚对浙派的批评。

袁枚写给沈德潜的两封书信所引发的性灵与格调之争，更成为学人们激烈争鸣的中心话题。郑幸《袁枚、沈德潜诗学论争缘由新考》认为，袁枚三妹袁机的诗作能否入选《国朝诗别裁集》是袁、沈二人交往过程中的一个重要分界点。郑文进一步推断，乾隆二十六年(1761)前后，袁枚相继撰写了与沈德潜的两书信等文章，初步构建起“性灵”论的基本框架，并与代表“格调”论的沈德潜有了第一次理论上的正面冲突。③ 王炜《沈德潜、袁枚的交往及诗学观略论》一反以往学者把沈德潜格调说与袁枚性灵说截然对立的观点，提出己见：“沈德潜高扬‘格调’，同时也不否认‘性灵’的重要性；袁枚排斥‘格调’，但他对‘格调’的不满多指向明七子，而非沈德潜。沈德潜与袁枚诗学观念的分歧是，关于情的源泉何在，诗主要表达什么样的感情，以何种方式表达情感等问题，二人存在根本的差异。”④耿传友《艳诗该如何对待——由袁枚、沈德潜之争谈中国艳诗的历史命运》

---

① 陈文新：《中国古代四大诗学流别的纵向考察》，载《文学评论》2003 年第 3 期。

② 王英志：《袁枚与清代诗学批评》，载《文艺研究》2001 年第 6 期。

③ 郑幸：《袁枚、沈德潜诗学论争缘由新考》，载《古代文学理论研究》第 29 辑，华东师范大学出版社 2009 年版，第 326～335 页。

④ 王炜：《沈德潜、袁枚的交往及诗学观略论》，载《长江学术》2011 年第 3 期。

捕捉到了袁枚研究者观点与行为不一的矛盾现象,“袁枚、沈德潜因王彦泓的《疑雨集》产生了激烈论争”,“目前学界在评述袁、沈之争时,虽赞成袁枚者成了主流,但在实际文学史书写中,似仍站在沈德潜一边”。① 张毅《唐诗“格调”论与诗人“性灵”说》从接受美学的角度切入,探讨了《唐诗别裁集》的选评与当时流行的诗学理论——沈德潜格调说、袁枚性灵说的关系。②

另外,李瑞豪《不一样的“性情”——洪亮吉与袁枚“性情”观的差异》认为,洪亮吉和袁枚虽然保持了一生的友谊,但“袁枚努力摆脱儒家诗教的束缚,洪亮吉则坚守着儒家诗学的伦理主义倾向”。因此,“在诗学发展史上,袁枚的性灵说占据着重要位置,洪亮吉的观点则淹没在众多声音之中”。③

其次再看,其与同路人的异同。

这主要体现在袁枚“性灵”说与袁宏道公安派主张的异同上。

日本学者横田辉俊《袁枚的文学观》论述了袁枚以性灵为基础的文学观与袁宏道“性灵说”的差异以及袁枚不提袁宏道的三个原因。④ 廖文婷从明清时代背景、学术思潮等方面入手,论述了二袁“性灵”之不同。⑤ 黄南珊《二袁性灵论的情感美学内涵》则从情感美学的视角分析了二袁性灵论的基本内涵和性质特征,两者的共同性和差异性;讨论了二袁对情理、情形关系的新识,以及它在明清情感美学思想发展中的历史作用和独特贡献。⑥ 学位论文探讨二者之间关系的甚

---

① 耿传友:《艳诗该如何对待——由袁枚、沈德潜之争谈中国艳诗的历史命运》,载《文艺理论研究》2011 年第 4 期。

② 张毅:《唐诗“格调”论与诗人“性灵”说》,载《文学与文化》2012 年第 2 期。

③ 李瑞豪:《不一样的“性情”——洪亮吉与袁枚“性情”观的差异》,载《文艺理论研究》2008 年第 4 期。

④ [日]横田辉俊著,乔力译:《袁枚的文学观》,载《江西社会科学》1995 年第 1 期。

⑤ 廖文婷:《“盖天盖地”与“蕴藉风流”——浅析袁宏道与袁枚“性灵”之不同》,载《上海大学学报》1998 年第 3 期。

⑥ 黄南珊:《二袁性灵论的情感美学内涵》,载《人文杂志》1997 年第 6 期。

多，如廖文婷《“盖天盖地”与“蕴藉风流”——析袁宏道与袁枚“性灵”说之不同》（华东师范大学 1998 年硕士学位论文）、吴杰《袁宏道和袁枚“性灵说”之比较》（北京师范大学 1999 年硕士学位论文）、郑艳玲《公安三袁与袁枚性灵说的比较研究》（新疆大学 2002 年硕士学位论文）等。

本期的学者还关注到了袁枚与同期海外学者诗学观的异同，如，侯敏《试论袁枚的“性灵说”与杨格的“独创论”》指出，袁枚的“性灵说”与同为 18 世纪的英国学者杨格的“独创论”有惊人的相似性，它们属于世界美学领域的同质异构现象。①

（5）“性灵”说与明清学术

其一，章学诚指责袁枚的一段公案，亦是本期学界引人瞩目的焦点，郭绍虞《中国文学批评史》指出，章、袁之争还是中国学术上的问题，不是他们此是彼非的问题。理学心学之分歧到清代以后复演成各不相同的流变，一方面成为偏重史学的章学诚，一方面成为偏重文学的袁枚，于是两人虽有冲突，而一般人也不易察知其冲突之关系与原因了。章学诚攻击袁枚不外二点，一是议其无德，一是讥其不学。章学诚所言虽大放厥辞，可谓对于袁枚的思想全未得其要领。②

同样地，申屠炉明《论章学诚对袁枚的学术评价》有感于章学诚对袁枚不遗余力地诋毁，首先分析了章学诚痛斥袁枚为“倾邪小人”的原因及缺陷，进而指出，章学诚由于鄙薄袁枚其人，对袁氏的学术也采取了全盘否定的态度。③ 杨遇青《章学诚的袁枚批评考述——以乾隆六十年至嘉庆三年为中心》在此基础上，以时间为序，动态地考察了章学诚对袁枚批评所涉及的文学与伦理两个层面，且认为章学诚

① 侯敏：《试论袁枚的“性灵说”与杨格的“独创论”》，载《求索》1998 年第 1 期。

② 郭绍虞：《中国文学批评史》下卷，百花文艺出版社 1999 年版，第 568 ~ 570 页。

③ 申屠炉明：《论章学诚对袁枚的学术评价》，载《烟台师范学院学报》2000 年第 3 期。

把文学问题推本溯源于伦理基础。①

而邓伟龙《浅谈章学诚对袁枚的批评》认为，章氏批袁并非出于“卫道”或“门户之见”，而是由于对诗歌、考据和古文等学术观点的不同。②

陆德海、李学辰《章学诚与袁枚诗学差异发微》则选取章、袁诗学思想的差异这个视角，考察了章学诚批判袁枚的原因。③

其二，袁枚“性灵”说与明清学术思想史的关系亦是本期学者关注的热点。

对于袁枚与王学的关系，钱竞指出，袁枚文艺学思想与颜李之学的关系实为袁枚诗学“内在理路”研究一大关捩点，而袁枚思想相通于颜李之学上溯于阳明之学有两个途径，即颜元学说的自然流变过程和袁枚思想与阳明学的暗合之处。④ 陈居渊《清代性灵说与王学》(《文史哲》1994年第6期)、沈玲《袁枚的王学批判述论》(《扬州大学学报》2005年第2期)亦对此进行了专门的论述。

对于袁枚与理学、汉学的关系，黄珅把袁枚“性灵”说与沈德潜“格调”说、翁方纲“肌理”说三者之争放在汉学、理学双峰并峙，始终存在着重义理考据、轻词章倾向的清代学术背景下进行考察，认为诗人袁枚从文学的角度，对理学、汉学之弊展开了也许是最彻底的批判。⑤ 讨论袁枚批评理学、汉学之弊的还有王英志的系列论文《袁枚对汉学的批评》(《宁波大学学报》2002年第1期)、《袁枚批评理学与佛教》(《苏州大学学报》2002年第2期)。

对于袁枚与乾嘉考据学的关系，本期学者大多赞同袁枚批评乾嘉

---

① 杨遇青:《章学诚的袁枚批评考述——以乾隆六十年至嘉庆三年为中心》，载《西北大学学报》2011年第6期。

② 邓伟龙:《浅谈章学诚对袁枚的批评》，载《中国文学研究》2007年第2期。

③ 陆德海、李学辰:《章学诚与袁枚诗学差异发微》，载《中南大学学报》2009年第1期。

④ 钱竞:《袁枚诗论与明清学术思想史的关系》，载《文学评论》2001年第2期。

⑤ 黄珅:《清代学术中的性灵说》，载《文艺理论研究》2009年第6期。

考据学所持的客观公允的态度，如，邓瑞全、张振利的《袁枚论考据——从〈神仙不解考据〉说起》(《广州城市职业学院学报》2008 年第 1 期)等。宁夏江、魏中林的系列论文《袁枚的“诗”“学”观》(《贵州文史丛刊》2009 年第 4 期)、《袁枚批判乾嘉考据诗风的反封建意义》(《中州学刊》2010 年第 2 期)、《袁枚对乾嘉诗坛学问化风气批评的矛盾性和妥协性》(《湖北民族学院学报》2010 年第 4 期)指出袁枚在乾嘉诗坛既批判考据又不废学问，但沾染时代风气使其批评具有不彻底性。梁结玲的《乾嘉学派与袁枚的诗学观念》进而指出，在与乾嘉主流学术的论辩中，袁枚的诗学观念独树一帜，文学观念出现了脱离经学的端倪。①

通过上述梳理可以得知，“性灵”说虽然一直在袁枚研究史上享誉盛名，成为众多研究者孜孜矻矻耕耘的田地，但仍有不少被忽略的角落。譬如，相关基础资料的汇编整理工作，即对从清代至今关于“性灵”说源头、成因、内涵、影响、与其他诗说的关系、与学术发展的关系、在诗学史学术史上的地位变化等观点的全面归纳整理。只有在涸泽而渔收集整理已有成果的基础上，才可能对袁枚“性灵”说展开新的认知，以利于当今的文学创作与研究。再如，袁枚诗论与文论、诗歌和散文创作的互动关系，无疑也应该是考察袁枚诗论时不可或缺的一部分。

2.《随园诗话》研究

《随园诗话》虽然一直是袁枚研究的重镇，但自从 1936 年出版了第一部研究专著顾远芗的《随园诗说的研究》以来，除了王英志《袁枚与随园诗话》(上海古籍出版社 1990 年版)有三章涉及《随园诗话》，至今仍没有其他关于《随园诗话》的专著问世。学位论文除了罗永青《略论袁枚诗歌美学——从〈随园诗话〉入手探讨》(武汉大学 2006 年硕士学位论文)和忻凌辰《从〈随园诗话〉看乾隆时期的江南诗坛》(上海大学 2008 年硕士学位论文)外，也较少有人专门论及。

有关《随园诗话》的研究论文按内容可以分为以下五类：

---

① 梁结玲：《乾嘉学派与袁枚的诗学观念》，载《文艺评论》2011 年第 4 期。

其一，总论《随园诗话》的论诗、作诗、采诗和记事。

如，吴蕴章《袁子才论诗——读〈随园诗话〉札记》（《徐州师范学院学报》1980年第3期》；谭再励《〈随园诗话〉初论》（《湘潭师范学院学报》1996年第2期）；王英志《袁枚〈随园诗话〉简介》（《古典文学知识》2000年第1期）、《袁枚〈随园诗话〉述评》（《井冈山师范学院学报》2000年第3期）、《〈随园诗话〉的记事》（《浙江师范大学学报》1987年第4期）等。

陈炎、邓东《〈随园诗话〉中的儒、道、屈、禅》从美学视角认为，袁枚实际上是将中国传统诗学的四大主脉儒、道、屈、禅融会成了一个有机整体。当然，这一有机整体是散落在《随园诗话》全书之中的，是以他所追求的诗的理想境界为中心，而向着儒、道、屈、禅四面衍射、扩展的。①

其二，《随园诗话》的版本研究。

《随园诗话》的版本研究多与《红楼梦》有关，这方面突出的论文有：欧阳健《明义〈题红楼梦〉的辨伪和袁枚〈随园诗话〉的认真》（《红楼梦学刊》1998年第1辑）；包云志系列论文《〈随园诗话〉有关〈红楼梦〉一段话及其版本考释》（《明清小说研究》2003年第3期）、《从袁枚佚札佚文看〈随园诗话〉版本及刻书时间》（《古籍整理研究学刊》2004年第1期）、《〈随园诗话〉中有关〈红楼梦〉一段话的前后变化——兼谈〈随园诗话〉的版本》（《红楼梦学刊》2005年第4辑）等。

另外，罗惠予《浅谈〈批本随园诗话〉》（《中国韵文学刊》1999年第2期）、潘荣生《今钞本〈随园诗话稿本〉述略》（《古籍整理研究学刊》2003年第6期）涉及了《随园诗话》的批本和稿本。蒋寅《清诗话考》（中华书局2005年版）则全面考索了《随园诗话》及其删节本、摘抄本等的版本演变情况。

其三，《随园诗话》的采诗标准。

这方面主要的论文有，单锦珩《简论袁枚选诗——读〈随园诗话〉》（《浙江师范学院学报》1982年第2期）、王英志《论〈随园诗话〉

① 陈炎、邓东：《〈随园诗话〉中的儒、道、屈、禅》，载《理论学刊》2002年第4期。

的采诗》(《中州学刊》1988 年第 2 期)、沈玲《袁枚的诗歌采录标准探究》(《牡丹江师范学院学报》2006 年第 6 期)等。石旻《阻隔的一时双璧——关于〈随园诗话〉忽略清溪吟社之分析》，通过分析吴中清溪吟社和随园女弟子之间的差异，指明了《随园诗话》未曾提及吴中闺秀结社之事的原因。①

其四，《随园诗话》的评杜诗。

关玉林发表了《论〈随园诗话〉评杜诗》和《评袁枚〈随园诗话〉论杜诗》(《重庆广播电视大学学报》1996 年第 3 期)，前文认为，“数百年来震于老杜诗名，几乎无人敢提出批评，而袁枚独能公开表示异议，又并非标新立异以哗众取宠，此亦足以说明袁枚在理论批评中的真诚和胆识，是一位富有个性有创见的诗论家”。②

其五，对郭沫若《读随园诗话札记》的评论由全面肯定逐步走向理性批评。

代表性的论文有，张志烈《吮精去粕　破卷取神——学习郭老〈读随园诗话札记〉》(《四川大学学报 1979 年第 4 期)、杨胜宽《郭沫若与袁枚诗论的比较研究——兼评〈读《随园诗话》札记〉》(《郭沫若学刊》1990 年第 1 期)、汤国铣《一种非科学的批评——读郭沫若〈读随园诗话札记〉》(《贵州社会科学》1993 年第 3 期)等。

除此之外，徐萍《袁枚与儿童文学》(《云南民族大学学报》2004 年第 4 期)、任先大《袁枚〈随园诗话〉中的“联话”研究》(《云梦学刊》2009 年第 3 期)、范功《诗评书论两相宜——袁枚〈随园诗话〉书学解读》(《文艺生活》2010 年第 9 期)还分别关注到了此前学者未曾涉足的《随园诗话》与儿童文学、楹联学、书法学之间的关系。

另外，本期《随园诗话》的选、注、译本等层出不穷，各种阐释《随园诗话》的图文本、白话本、文白对照本等也纷纷面市，既为研究者提供了便利，也为一般读者了解《随园诗话》敞开了大门，但遗憾的是粗制滥造者也不少。为引起学界重视，净化袁枚研究的学术环

---

① 石旻:《阻隔的一时双璧——关于〈随园诗话〉忽略清溪吟社之分析》，载《苏州大学学报》2007 年第 5 期。

② 关玉林:《论〈随园诗话〉评杜诗》，载《杜甫研究学刊》1994 年第 2 期。

境，洪肇然专门撰文探讨了这一问题的严重性。①

3.《续诗品》研究

本期出版了郭绍虞辑注《诗品集解　续诗品注》(人民文学出版社1981 年再版本)；钟法、毛翰著《袁枚〈续诗品〉译释》(宁夏人民出版社 1988 年版)；王英志著《续诗品注评》(浙江古籍出版社 1989 年版)；刘衍文、刘永翔合注《袁枚〈续诗品〉详注》(上海书店出版社1993 年再版本)等四部《续诗品》的注译本。此外还有一些论文，主要从以下三个方面对《续诗品》展开了论析：

第一，综论《续诗品》的诗学理论与论诗特点。

主要论文有，凌云《袁枚〈续诗品〉简论》(《苏州大学学报》1985年第 1 期)、《袁枚〈续诗品〉阐释》(《苏州大学学报》1989 年第 Z1期)；钟法、毛翰《袁枚"续诗品"简论》(《沧州师范专科学校学报》1987 年第 1 期)；李家骧《袁枚的〈续诗品〉》(《湘潭大学学报》1986年 S1 增刊)等。

第二，探讨《续诗品》关于诗歌审美的艺术观。

如，王英志《袁枚论诗之形式美——〈续诗品〉译评之一》(《盐城师专学报》1986 年第 2 期)、陈国雄《袁枚〈续诗品〉新论》(《中国韵文学刊》2008 年第 1 期)等。

第三，分析《续诗品》的创作理论与方法。

吴宗海《试论袁枚〈续诗品〉对写作理论的贡献》(《镇江师专学报》1985 年第 2 期)、王英志《袁枚论创作态度——读〈续诗品〉札记》(《扬州师院学报》1986 年第 2 期)以及杨子才系列论文，《袁枚〈续诗品三十二首〉译说》(《新闻窗》1998 年第 2 期)、《袁枚〈续诗品〉译释——兼谈文章写作技巧》(《新闻爱好者》1999 年第 1—6 期)为这方面的代表。

总体来看，学人对袁枚《续诗品》的关注较之《随园诗话》少之又少，不但近年来很少有论文涉及，硕士、博士学位论文相关选题也难得一见，关于《续诗品》的研究专著更是凤毛麟角。关于《续诗品》的研究，学界亟待开垦的不仅是它本身的丰富内涵，还要兼论到它在袁

① 洪肇然:《〈随园诗话〉译文指谬》，载《读书》2010 年第 3 期。

枚“性灵”诗学大厦中的分量，乃至其在中国诗学史中的地位。

4. 诗作研究

相对于袁枚诗论研究的兴盛，对袁枚诗歌文本的解读、阐释和评论一直是袁枚研究的薄弱环节。这种情况在本期大有改观，各种相关著述中不乏对袁枚诗作尽力开掘者。其中堪称有独到心得的，当推王英志《性灵派研究》(辽宁大学出版社 1998 年版)、朱则杰《清诗史》(江苏古籍出版社 2000 年版)、严迪昌《清诗史》(浙江古籍出版社 2002 年版)、石玲《袁枚诗论》(齐鲁书社 2003 年版)、沈玲《随心随性　随情随缘——袁枚诗学研究》(南京大学出版社 2010 年版)等专著。

相关学位论文有，林彬晖《真情、灵机与个性的展现——论袁枚诗歌创作的特色》(湖南师范大学 1997 年硕士学位论文)、孙红梅《论袁枚的山水诗》(中央民族大学 2005 年硕士学位论文)、张绍华《诗人之诗：性灵主题与袁枚诗歌的审美特征》(安徽师范大学 2007 年硕士学位论文)等。

本期袁枚诗作研究的特色为：

首先，王英志、石玲关于袁枚诗歌研究的系列论文是本期相关研究中的佼佼者。

王英志的论文关注到袁枚诗歌的艺术特征和山水景物诗、真性情诗、讽谕诗三大类诗歌的思想与艺术，主要有《袁枚“性灵诗”的特色》(《学术月刊》1984 年第 6 期)、《袁枚性灵诗的艺术特征》(《江苏社会科学》2001 年第 4 期)、《山水的性灵化——论袁枚的山水诗》(《安徽师范大学学报》1997 年第 2 期)以及《袁枚的真性情诗》(《苏州大学学报》1987 年第 1 期)、《袁枚的讽谕诗》(《齐鲁学刊》1987 年第 2 期)、《袁枚的山水景物诗》(《浙江学刊》1986 年第 6 期)。后三文又被收入王英志《性灵派研究》(辽宁大学出版社 1998 年版)第六章《性灵派主将袁枚》第三节《袁枚的诗歌创作》。

石玲的研究论文涉及袁枚诗歌的诗体选择、美学风格、诗歌思想和诗歌渊源等方面，如《论袁枚古体诗创作》(《文史哲》1999 年第 2 期)、《袁枚诗歌的美学特征》(《兰州大学学报》2000 年第 5 期)、《袁枚诗歌的禅影踪迹》(《文史哲》2002 年第 1 期)和《袁枚诗与白居易诗之“貌类”及内在成因》(《文学评论》2005 年第 3 期)。

另外，刘世南《论袁枚思想及其性灵诗》是一篇从市民阶层的审美情趣和通俗小说写作手法的角度来看待袁枚和他的“性灵”诗的重要论文。该文认为袁枚重情欲，具有市民阶层的审美情趣，运用通俗小说的手法写作“性灵”诗，使他的诗作代表了历史的前进走向，真正体现了迥异于唐、宋的“清诗”特色。① 李剑波《袁枚诗略论》同样认为：“袁枚诗歌内容的根本特点和主要价值，在于对世俗精神的表现。”②

其次，涌现出一大批赏析袁枚咏物、山水景物等类诗歌的优秀之作。

主要有，王英志《袁枚“性灵说”诗例一则——简析〈陇上行〉》(《名作欣赏》1983 年第 4 期)、连波《行神如空　行气如虹——读袁枚〈题柳如是画像〉》(《殷都学刊》1987 年第 4 期)、刘敬圻《析袁枚〈苔〉》(《名作欣赏》1989 年第 2 期)、尹芳林《解用何尝非俊物：袁枚〈咏钱〉诗赏析》(《名作欣赏 1994 年第 6 期)、张慧《独任性灵　自具韵味——袁枚〈独秀峰〉赏析》(《文史知识》1995 年第 9 期)、李金坤《即景成趣　独抒性灵——袁枚〈苔〉诗品读》(《文史知识》1997 年第 12 期)、石玲《绚丽奇诡　腾踔万千——袁枚〈同金十一沛恩游栖霞寺望桂林诸山〉诗赏析》(《名作欣赏》1998 年第 4 期)、倪其心《古典诗歌的新鲜感——读李白〈蜀道难〉和袁枚〈游栖霞寺望桂林诸山〉》(《文史知识》1999 年第 8 期)等。

通过上述归纳总结可以看出，袁枚诗作研究虽然取得了不少的成就，但面对袁枚现存四千四百多首的丰厚诗歌遗产，仍有不少可供开垦深究的角落。

(四)袁枚的文论和散文研究

为袁枚诗论和诗人盛名所淹，对于袁枚文论和散文创作的研讨一直是袁枚研究史上的短板。本期的中国文学史、散文史论著虽然或多

---

① 刘世南：《论袁枚思想及其性灵诗》，载《江西师范大学学报》1996 年第 1 期。

② 李剑波：《袁枚诗略论》，载《中国韵文学刊》1999 年第 1 期。

或少地提到了袁枚的散文，但或语焉不详或乏善可陈，使人难以把握袁枚散文的总体成就。对于袁枚骈文成绩的专论，仅见昝亮、李丹博《袁枚骈文试论》(《广西师范大学学报》1998 年第 2 期)一文。介绍袁枚尺牍成就的，也仅有邵江天《真火隐于石——袁枚〈牍外馀言〉振襞》(《名作欣赏》2000 年第 3 期)。因此，石玲 1999 年发表的《袁枚研究的回顾和思考》(《兰州大学学报》1999 年第 2 期)和汪龙麟的《20 世纪后 20 年袁枚研究述评》(《苏州大学学报》2005 年第 1 期)，完全没有提到袁枚的散文研究。

王英志《袁枚评传》的面世，打破了袁枚散文研究的沉寂。该书专列《古文观与古文创作》一章，全面论述了袁枚的古文观和散文创作成就。① 学位论文也取得可喜成绩，如，杨艳华《袁宏道与袁枚文变观论略》(内蒙古师范大学 1999 年硕士学位论文)、周新道《袁枚文论初探》(南京师范大学 2002 年硕士学位论文)、张丽华《论袁枚的性灵散文》(内蒙古师范大学 2003 年硕士学位论文)、车振华《论袁枚散文》(山东师范大学 2004 年硕士学位论文)、陈斋亮《袁枚的古文理论及其古文创作》(深圳大学 2008 年硕士学位论文)等。

本期袁枚散文研究着力点在以下三个方面：

第一，袁枚的古文观。

郭绍虞《中国文学批评史》中较早论述了袁枚的古文观，后此学者大多借鉴郭说。郭文认为，袁枚为求致用的颜、李派中的文人。袁枚的古文观主要体现在三个方面，其一，袁枚论诗论文，不仅态度不同，即主张也不一样。论诗合时，而论文则主复古；论诗主性灵，而论文则重在有本。他正以为古文足以翼赞圣人之道，其功也正与穷经讲学者相同。其二，袁枚认为古文与考据的关系为，古文必有本而后可放为波澜，学问见识即所以培植其本，不过不同考据家之骛于博杂而已。其三，袁枚与桐城派的异同在于，袁枚正因为要吃得住大题目，所以尚奇峭而不尚平钝，主宗唐而不言法宋。这可谓与桐城派的论调一样。然而其入手不同，桐城由时文入，而袁枚则最反对功令之文；其归宿又不同，袁枚兼取六朝骈俪，而桐城则只尚散行而远绝骈

① 王英志：《袁枚评传》，南京大学出版社 2002 年版，第 523 ~ 557 页。

偶。袁枚远绝时文，故不言法。袁枚不远绝骈文，故又不废骈。清代文人之主骈散合一者，实以袁枚之论启其先声。袁枚因为欲矫桐城作风之庸弱，所以主张字字能立，这才是袁枚论文通于论诗之处。①

周本淳《袁枚与“桐城派”》既关注到了袁枚与桐城派的关系，又辨析了袁枚的古文观，“袁枚的文论和桐城相通处是主体，相异处可以说是枝节。原因是桐城的文论，从方苞、刘大櫆到姚鼐，日臻完密，可以融合各家的长处，袁枚也不例外”。“袁枚在诗方面是性灵派的领袖，在古文方面却是不立宗派的”，但“袁枚非常重视古法，不过根据自己的需要变化以出之。从大范围讲，仍然不出‘言有物’‘言有序’的‘义法’的范围。姚鼐《与张阮林》那段话，也可为袁枚论学古法的注脚”。该文借用郭绍虞《中国文学批评史》第七十五节的说法，认为“袁枚也可算是‘桐城派’的羽翼”，“从袁枚和‘桐城派’的异同，我们也可以看出‘桐城派’的影响”。②

周新道《袁枚文论初探——兼论与桐城派的关系》在郭文与周文的基础上，更强调了袁枚在散文“义法”上与桐城派的趋同性，“袁枚论文与论诗有很大不同，他把古文看作是‘代圣人立言’之事，反复阐释了六经与古文的源流关系。由于注重古文创作，他对散文的组织结构和叙事方法作过认真的探讨，在一定程度上显现出对桐城派‘义法’理论的受容。这样，他在创作中自然追求一种澄明雅洁的境界，与桐城派的古文旨趣并无二致”。③

与前说不同的是，王英志《袁枚的古文观》认为，袁枚对于古文艺术的要求与其性灵说诗论具有一致性，“袁枚对于古文创作主张取法乎上，复古拒今，以北宋以前的古文为圭臬，批判南宋以后古文为误于南宋理学、前明时文以及清代考据。于古文艺术则要求具有独创精神，讲究结构曲折跌宕，语言活泼、典雅、有文采，与其性灵说诗

---

① 郭绍虞：《中国文学批评史》，百花文艺出版社 1999 年版，第 511 ~ 520 页。

② 周本淳：《袁枚与“桐城派”》，载《淮阴师专学报》1985 年第 4 期。

③ 周新道：《袁枚文论初探——兼论与桐城派的关系》，载《江淮论坛》2001 年第 6 期。

论精神相通”。①

另外，胡明《袁枚古文观试探》从袁枚疑经、疑道的思想；古文与时文的关系；古文与考据的关系三个角度论述了袁枚还原古文面貌的理论宗旨。② 陆德海《论袁枚“形而上”的古文观》从袁枚的古文文体论及文法修辞论两方面入手，集中探讨了袁枚“形而上”的古文观。③ 赵杏根《袁枚文章理论研究》则从尚文、务纯和尊骈三个方面宏观考察了袁枚的文章理论。④

第二，袁枚散文的创作特点。

王英志《论袁枚的散文创作》重点论述了袁枚人物传记、自然山水、抒怀与尺牍四类散文的创作成就。⑤ 而周舸岷《独树一帜的袁枚游记文》（《浙江师范大学学报》1989 年第 4 期）、苗宝明《抒性灵的袁枚山水游记》（《学术交流》1999 年第 1 期）则分别从四个角度着重突出了袁枚山水游记文的独特之处。

另外，顾震《袁枚判牍论析》对现存袁枚判牍的形式和特点进行了分析，并对其所显示的艺术技巧和思想倾向进行了初步归纳。⑥

第三，袁枚传记文、山水游记文赏析。

突出的论文有，王立《文以情生　情以文存——袁枚〈祭妹文〉浅议》（《殷都学刊》1984 年第 1 期）；曾一书《袁枚〈祭妹文〉中的悲》（《西南民族学院学报 1985 年第 4 期）；王英志《人化的自然　旷达的性灵——读袁枚〈游黄山记〉》（《名作欣赏》1990 年第 4 期）、《字字是

---

① 王英志：《袁枚的古文观》，载《江海学刊》2002 年第 3 期。

② 胡明：《袁枚古文观试探》，载《古代文学理论研究》（第十一辑），上海古籍出版社 1986 年版，第 296 页。

③ 陆德海：《论袁枚“形而上”的古文观》，载《古代文学理论研究》（第 27 辑），华东师范大学出版社 2009 年版，第 274 ~ 289 页。

④ 赵杏根：《袁枚文章理论研究》，载《江苏理工大学学报》2001 年第 3 期。

⑤ 王英志：《论袁枚的散文创作》，载《西南民族学院学报》1998 年第 2 期。

⑥ 顾震：《袁枚判牍论析》，载《南京师范大学文学院学报》2006 年第 4 期。

血，声声是泪——读袁枚〈祭妹文〉》(《名作欣赏》1993 年第 1 期)；王子宽《好山好水好文章——读袁枚〈游武夷山记〉》(《文史知识》1995 年第 4 期)；王新霞《仙亭飞瀑　奇趣盎然——袁枚〈峡江寺飞泉亭记〉赏析》(《名作欣赏》2003 年第 12 期)；吴功正《“性灵”说的经典之作——解读袁枚〈峡江寺飞泉亭记〉》(《名作欣赏》2004 年第 10 期)等。

由上述评述可以见出，面对袁枚《小仓山房文集》、《小仓山房外集》、《小仓山房尺牍》、《袁太史稿》等留下的众多文学遗产，我们关于袁枚散文的研究，无论是整体文论思想还是散文创作本身以及文论与诗论的关系、文论和散文创作在散文史上的地位与价值等课题，都是任重而道远。对袁枚骈文、八股文、尺牍的研究更是急需开掘的领域。

(五)袁枚《子不语》研究

袁枚创作的文言短篇小说集《子不语》(又名《新齐谐》)问世后，评价一直不高，在清代甚至几度被禁毁。改革开放后也没有引起学人的高度重视，直到进入 21 世纪，《子不语》研究才取得了不菲的成绩。具体表现为一大批研究论文、学位论文的出现，拓展了《子不语》研究的深度与广度，并出现了《子不语》研究专著——王正兵的《含笑看泰华　请各立一峰——袁枚〈子不语〉研究》(南京大学出版社 2010 年版)。另有将人物介绍与作品评介相结合的《子不语》普及读物——阎志坚的《袁枚与子不语》(辽宁教育出版社 1992 年版)。《子不语》一直是 21 世纪以来学位论文选题的热点，如，安莉《袁枚的人文主义思想在〈子不语〉中的体现》(北京师范大学 1999 年硕士学位论文)、朱爱梅《人性的真实与艺术的怪诞——论〈子不语〉的思想特征和艺术风格》(曲阜师范大学 1999 年硕士学位论文)、赵健《〈子不语〉初探：袁枚照世之哈哈镜》(复旦大学 2004 年硕士学位论文)、何懿《〈阅微草堂笔记〉与〈新齐谐〉的比较研究》(四川大学 2007 年硕士学位论文)、张灵《〈子不语〉研究》(湖南师范大学 2007 年硕士学位论文)、晏萌芳《社会批判与游戏笔墨——袁枚〈子不语〉研究》(湘潭大学 2007 年硕士学位论文)、杨海凤《袁枚〈子不语〉研究》(扬州大学 2008 年硕士学位论文)、杨倩《袁枚〈子不语〉研究》(山东师范大学

2008年硕士学位论文)、刘芸《摘掉鬼神的面具〈子不语〉中的神鬼形象分析》(中国海洋大学2008年硕士学位论文)、张申《〈子不语〉研究状况及资料价值考证》(东北师范大学2008年硕士学位论文)、尤青松《清代民间法律意识的一种解读——以〈子不语〉为中心的考察》(中山大学2008年硕士学位论文)、贾婷婷《袁枚〈子不语〉鬼小说研究》(首都师范大学2009年硕士学位论文)、周静《袁枚〈子不语〉研究》(东南大学2011年硕士学位论文)、刘慧慧《"才子之笔"与"才子之书"——〈聊斋志异〉与〈子不语〉比较研究》(山东师范大学2012年硕士学位论文)等。此外，各出版社纷纷出版发行的各种选、注、译、评等版本的《子不语》，既为研究者提供了便利，也扩大了《子不语》在社会上的影响。

1.《子不语》的版本、创作与成书时间

《子不语》版本纷繁复杂，一直不为学界所重，申孟、甘林《子不语·前言》(《子不语》上海古籍出版社1986年版)对乾隆戊申本略有考证，但对《子不语》其他版本的情况未能作进一步介绍。

王正兵《从"小说之禁"看袁枚〈子不语〉的版本流变》一文论述清代"小说之禁"与《子不语》刊刻的密切相关，细致梳理了由乾隆至光绪年间《子不语》屡经刊刻的版本流变轨迹。①

《子不语》的著书时间，袁枚在著作中没有明确的记载，此后偶有论及者也大多只言片语，直至80年代以后才有研究者撰文考证，不过至今仍未有定论。

1981年，薛洪勣等在《明清文言小说选·前言》中认为《子不语》的创作时间晚于《阅微草堂笔记》②，正纶则在《〈新齐谐〉著作时间应先于〈阅微草堂笔记〉》一文中提出了不同的见解。他根据《阅微草堂笔记》中多次提到《子不语》，认为《新齐谐》的著书时间早于《阅微草堂笔记》；而针对《子不语》续集中多则明显抄袭《阅微草堂笔记》的小

---

① 王正兵：《从"小说之禁"看袁枚〈子不语〉的版本流变》，载《南京师范大学文学院学报》2011年第4期。

② 薛洪勣、李伟实、王粹刚选注：《明清文言小说选·前言》，载《明清文言小说选》，湖南人民出版社1981年版，第7页。

说，他又认为《子不语》续集的创作晚于《滦阳消夏录》、《如是我闻》、《槐西杂志》，但也不可能晚于《阅微草堂笔记》结集印行。可惜的是，正纶的分析没有明确提出《子不语》的成书时间。①

申孟、甘林根据现在所能见到的《子不语》的最早版本乾隆戊申(五十三年)刻本，在《子不语·前言》中明确了《子不语》的具体著书时间为，袁枚从青年时期即已着手搜集素材，并陆续汇编成集，至乾隆戊申(五十三年)以前已有二十四卷之多。关于《子不语》续集中的部分和《阅微草堂笔记》相似的篇目，他们也认为是抄袭了《阅微草堂笔记》。②

王英志则据袁枚给友人的书信《与裘叔度少宰》(《小仓山房尺牍》卷二)，认为《子不语》正集在乾隆三十年已编成。③

杨海凤《袁枚〈子不语〉研究》第一章第三节《〈子不语〉的编撰与传播》，不仅对《子不语》的编定时间提出了“应在乾隆四十四年之后”的推断，还对王英志的“误解”作了订正④，具有一定的参考价值。

王正兵《含笑看泰华　请各立一峰——袁枚〈子不语〉研究》第二章也对王英志《袁枚评传》中关于《子不语》、《续子不语》编定年代的考辨提出不同看法⑤，这些论辩有益于此问题的探究真相。

2.《子不语》的创作态度和袁枚的小说观

由于袁枚自己在《子不语》序言中强调这是一部游戏之作，其生前及后代学者大多继承了这种观点，如，鲁迅《中国小说史略》(人民文学出版社 1958 年版)；傅璇琮、蒋寅《中国古代文学通论·清代

---

① 正纶：《〈新齐谐〉著作时间应先于〈阅微草堂笔记〉》，载《浙江学刊》1984 年第 2 期。

② 申孟、甘林：《子不语·前言》，上海古籍出版社 1986 年版，第 2 ~ 5 页。

③ 王英志主编：《袁枚全集·前言》，《袁枚全集》壹，江苏古籍出版社 1993 年版，第 13 页。

④ 杨海凤：《袁枚〈子不语〉研究》，扬州大学 2008 年硕士学位论文，第 14 ~ 18 页。

⑤ 王正兵：《含笑看泰华　请各立一峰——袁枚〈子不语〉研究》，南京大学出版社 2010 年版，第 66 ~ 68 页。

卷》(辽宁人民出版社 2005 年版);申孟、甘林(《〈子不语〉·前言》(上海古籍出版社 1986 年版)等亦持此论。

进而,王英志《袁枚〈子不语〉的思想价值》(《明清小说研究》2002 年第 1 期)、杨倩《袁枚〈子不语〉研究》(山东师范大学 2008 年硕士学位论文)等认为,袁枚的小说观为轻视小说地位、赞同小说运用虚构的艺术手法。而杨海凤《袁枚〈子不语〉研究》在"肯定了小说的虚构"之后,提出了截然相反的观点:"袁枚虽仍未完全脱离视小说为'小道'的正统观念,却肯定了小说的地位和作用。"①

相对而言,王正兵《从〈子不语序〉看袁枚的小说思想》论述袁枚的小说思想较为全面,该文认为袁枚的小说思想包括肯定小说的地位、重视小说的"自娱"功能、强调"戏编"为主的创作方法三个方面。同时亦指出,袁枚的"性灵"理论对其小说思想的形成有重要影响,而"性灵说"理论上的缺失也导致了其小说思想上存在着不足。② 因此,该文既充分肯定了袁枚小说观的进步性,又认为袁枚的小说创作有太过随意之病。

3.《子不语》的思想内涵

刘大杰《中国文学发展史》(上海古籍出版社 1982 年版)、游国恩等《中国文学史》(人民文学出版社 1964 年版)等均对《子不语》思想内容的评价不高。相比而言,章培恒、骆玉明《中国文学史》(复旦大学出版社 1996 年版)对《子不语》思想内涵的评价较为中肯。

本期对《子不语》思想内涵的探讨主要表现在以下两个方面。

首先,肯定《子不语》蕴含多方面的积极思想。

余雷《〈新齐谐〉与袁枚的尊重个性思想》是第一篇全面评价袁枚《子不语》尊重个性思想的文章。该文指出《子不语》有指责宋学、汉学、八股文之弊;批判封建礼教、反对禁欲主义、否定封建贞节观;

---

① 杨海凤:《袁枚〈子不语〉研究》,扬州大学 2008 年硕士学位论文,第 6~9 页。

② 王正兵:《从〈子不语序〉看袁枚的小说思想》,载《扬州大学学报》2009 年第 1 期。

蔑视鬼神存在等尊重个性思想方面的贡献。① 进而，李莉《浅析〈子不语〉卷五之〈奉行初次盘古成案〉》具体分析了袁枚对当时存在状态的否定、对个体价值的强调，探讨袁枚在对传统的继承和超越中的生命关注。② 张灵《〈子不语〉研究》概括《子不语》的内涵为，“关注个体生命，强调个体价值”、“对理学的批判，对传统观念的修正”、“矛盾的鬼神观”③。其中的“个体”说与前述二文一脉相承。

宗鸣安《平常之中蕴奇崛——读袁枚〈子不语〉》(《唐都学刊》1987 年第 3 期)；顾之川、顾大功《论〈子不语〉的思想意义》(《青海民族学院学报》1993 年第 1 期)；时志明《以妄驱庸，以骇起堕——论袁枚的志怪小说〈新齐谐〉》(《苏州职业大学学报》2001 年第 4 期)；王英志《袁枚〈子不语〉的思想价值》(《明清小说研究》2002 年第 1 期)亦总结肯定了《子不语》多方面的思想内涵。

吴兆路《性灵派研究》附论三《袁枚的异端思想及〈子不语〉的价值取向》一文认为，“性灵”说是袁枚文学思想的核心内容，而其大量的诗文作品，正是这一思想指导下的具体实践。至于小说《子不语》，实际上也可视为“性灵”说的某种散文化、形象化的体现，也是袁枚的异端思想和文学观念的重要组成部分。④

王正兵《从〈子不语〉看袁枚的重情思想》同样结合“性灵”说来论述《子不语》的思想内涵。该文不但分析了《子不语》重情思想的三个方面，还把袁枚的重情思想和他的“性灵说”诗论相联系，认为《子不语》中的重情思想既是袁枚“性灵说”在小说领域中的一种表现，更是袁枚欲挽救人心、淳化世风的一种努力。⑤ 而王正兵、许建中《从

---

① 余雷：《〈新齐谐〉与袁枚的尊重个性思想》，载《浙江学刊》1983 年第 2 期。

② 李莉：《浅析〈子不语〉卷五之〈奉行初次盘古成案〉》，载《青海民族学院学报》2003 年第 1 期。

③ 张灵：《〈子不语〉研究》，湖南师范大学 2007 年硕士学位论文，第 30 ~ 47 页。

④ 吴兆路：《性灵派研究》，甘肃教育出版社 2001 年版，第 241 ~ 267 页。

⑤ 王正兵：《从〈子不语〉看袁枚的重情思想》，载《社会科学辑刊》2009 年第 3 期。

〈子不语〉看袁枚的吏治思想》则认为《子不语》中传达的袁枚吏治思想的四个方面，说明袁枚受儒家思想影响较大，其吏治思想是对传统民本思想的诠释和补充。①

张泓《〈阅微草堂笔记〉与〈子不语〉反理学倾向之异同》着重阐释了两者对理学批判的同中之异以及造成这种差异的主要原因。②

赵维平《〈子不语〉鬼怪故事与作者鬼神观今解》(《小说评论》2006年2期)、孙雪梅《另一个世界——〈新齐谐〉所构建的鬼神世界》(《社会科学家》2006年3月增刊)、刘芸《摘掉鬼神的面具——〈子不语〉中的神鬼形象分析》(中国海洋大学2008年硕士学位论文)等从分析鬼神形象、解读袁枚的鬼神观入手来辨析《子不语》的思想内涵，不仅有助于正确理解袁枚笔下独特的"鬼神世界"，对解读其他志怪小说作品也提供了借鉴意义。为达到这个目的，张泓《〈子不语〉中的狐仙形象及其文化意蕴》(《佳木斯大学学报》2012年第2期)专门选取了《子不语》中的狐仙形象为考察视角。

包蕾《清代民间果报信仰中反映的三教关系——以志怪小说〈子不语〉为例》则从果报观的角度，分析了《子不语》所反映的清代民间果报信仰中三教杂糅的复杂关系。③

赵健《〈子不语〉初探：袁枚照世之哈哈镜》则从四面"哈哈镜"，"一照三界——神、鬼、怪"、"二照官场——官、吏、民"、"三照文坛——腐儒、鼎甲、秀民"、"四照孔学——宋儒、汉学、心学"④，来观照《子不语》的思想内涵，论述角度较为新颖。

其次，分析《子不语》多以"丑恶"为观照对象的缘由及其思想价值。

---

① 王正兵、许建中：《从〈子不语〉看袁枚的吏治思想》，载《明清小说研究》2009年第1期。

② 张泓：《〈阅微草堂笔记〉与〈子不语〉反理学倾向之异同》，载《沈阳师范大学学报》2010年第4期。

③ 包蕾：《清代民间果报信仰中反映的三教关系——以志怪小说〈子不语〉为例》，载《内蒙古农业大学学报》2012年第2期。

④ 赵健：《〈子不语〉初探：袁枚照世之哈哈镜》，复旦大学2004年硕士学位论文，第26~46页。

与以上从正面肯定《子不语》的思想意蕴截然相反的是，韩石《恶的展现：论袁枚和〈子不语〉》认为，袁枚抱着怀疑主义的态度和否定传统的精神，冷酷地表现恶，把丑作为主要的审美对象。并指出造成这种现象的原因是袁枚家世和早年生活的影响，其思想根基是袁枚的怀疑主义精神。①

无独有偶，李志孝《审丑：〈子不语〉的美学视点》同样认为，《子不语》多以"丑"为表现对象。在列举了《子不语》中的众"恶"之后指出，"以丑为美"是《子不语》的审美取向。《子不语》的思想价值就在"于荒诞中揭示深刻的人生哲理，于虚幻中反映丰富的社会内容"。②

4.《子不语》的艺术特色及与《阅微草堂笔记》、《聊斋志异》的比较研究

郭箴一《中国小说史》认为，《子不语》可与《阅微草堂笔记》、《聊斋志异》相颉颃，但艺术形式各具特色。③

鲁迅在《中国小说史略》中充分肯定了《子不语》的艺术形式，之后游国恩等《中国文学史》(人民文学出版社1964年版)，章培恒、骆玉明等《中国文学史》(复旦大学出版社1996年版)等也大致采用了鲁迅的观点。

侯忠义、刘世林《中国文言小说史稿》从语言特点、叙事风格等方面概括了《子不语》作为叙事文学的基本艺术特征。④ 陈文新《通脱真率　以文为戏——论袁枚的志怪小说》以《子不语》中的大量例证，

---

① 韩石：《恶的展现：论袁枚和〈子不语〉》，载《南京师范大学学报》1995年第1期。

② 李志孝：《审丑：〈子不语〉的美学视点》，载《甘肃高师学报》1999年第1期。

③ 郭箴一：《中国小说史》，上海书店1984年3月据商务印书馆1939年版影印，第445页。

④ 侯忠义、刘世林：《中国文言小说史稿》下，北京大学出版社1993年版，第294页。

归纳总结出袁枚“以文为戏”三方面的重要艺术特征。①

近年来，又有学者认为《子不语》之所以能和《聊斋志异》、《阅微草堂笔记》并驾齐驱，主要是由于《子不语》独特的语言艺术和幽默的语言风格。如，王正兵《简而有法　率中寓谐——袁枚〈子不语〉的语言艺术》，认为《子不语》的语言艺术为“简而有法”和率中寓谐两大特点②；侯丽杰《论袁枚〈子不语〉的语言风格》指出平实、简约、诙谐是《子不语》的基本语言风格③；程敬《袁枚〈子不语〉的幽默艺术》则认为《子不语》的幽默艺术是通过语言形成各种积极修辞格展现的。④

受时代风气的影响，晚清学人往往是为了赞许《阅微草堂笔记》而把《子不语》当作一个反面陪衬。究其缘由，除了封建保守的观念以外，还有以人废文的成分在内。今人对《子不语》、《聊斋志异》和《阅微草堂笔记》评价则较为客观全面、具体深入。

李志孝《〈聊斋志异〉与〈子不语〉比较研究》(《天水师专学报》1998 年第 1 期)、《言鬼述异　各具情怀——《聊斋志异》与《子不语》比较三题》(《蒲松龄研究》2000 年第 1 期)着重从思想内容上探讨这两部文言小说集三方面的不同之处，并指出，蒲松龄和袁枚不同的人生经历、思想观念和创作动机等是造成这种差异的主要原因。

高玉海《“游戏谰言”与“孤愤之书”——袁枚与蒲松龄小说观比较》抓住学界对于袁枚《子不语》是否为蒲松龄《聊斋志异》的模拟之作看法不一这个问题，从袁枚和蒲松龄的个人经历、《子不语》和《聊斋志异》各自序文以及两部小说集所表现出的迥异的艺术风格三个方面展开论证，从而提出《子不语》与《聊斋志异》是截然不同的两部文言

---

① 陈文新:《通脱真率　以文为戏——论袁枚的志怪小说》，载《明清小说研究》1988 年第 4 期。

② 王正兵:《简而有法　率中寓谐——袁枚〈子不语〉的语言艺术》，载《长城》2009 年第 2 期。

③ 侯丽杰:《论袁枚〈子不语〉的语言风格》，载《沈阳大学学报》2009 年第 3 期。

④ 程敬:《袁枚〈子不语〉的幽默艺术》，载《修辞学习》2000 年第 2 期。

小说集的观点,① 纠正了学界对《子不语》和《聊斋志异》小说风格评价的偏颇,为此后这两部文言小说集的研究廓清了道路。

王正兵《"孤愤之书"·"消遣岁月"·"游戏澜言"——蒲松龄、纪昀、袁枚小说创作心态之比较》(《社会科学辑刊》2010 年第 1 期)、《含笑看泰华　请各立一峰——〈子不语〉与〈聊斋志异〉、〈阅微草堂笔记〉关系辨析》(《社会科学辑刊》2011 年第 2 期)即在此基础上,进一步指出《子不语》与《聊斋志异》、《阅微草堂笔记》在清代文言小说史上并驾其驱的地位以及迥异的科举之路是造成蒲松龄、纪昀、袁枚小说创作心态明显有别的主要原因。

张泓《纪昀对〈聊斋志异〉和〈子不语〉的态度》指出纪昀厌恶《聊斋志异》、偏爱《子不语》,主要是因为《聊斋志异》是以抒发孤愤为创作目的,而《子不语》则是游戏之作。②

综上所述,《子不语》研究虽然取得了不小的成绩。但横向对比,据曲金燕《20 世纪清代文言小说研究述评》统计,近 15 年来,研究清代文言小说的论文为 848 篇,其中《聊斋志异》有 705 篇,《阅微草堂笔记》有 51 篇,《浮生六记》有 50 篇,而《子不语》仅有 11 篇。③ 纵向对比,与袁枚诗论诗歌所引起的关注热潮相比,对《子不语》的关注也显得微不足道。作为"清代三大文言小说"之一,对于《子不语》的研究,还有待进一步地拓展和深掘。

(六)袁枚在海外的接受与影响研究

由于海外资料不易获得,前此学界对袁枚在海外的影响甚少关注,到本期有较大改观。

首先来看中国学者在这方面的研究。

探讨日、朝对袁枚诗歌与诗学接受的重要论文有,王晓平《江户折衷诗派的论诗诗》(《中国诗学》第 4 辑,南京大学出版社 1995 年

---

① 高玉海:《"游戏谰言"与"孤愤之书"——袁枚与蒲松龄小说观比较》,载《明清小说研究》2009 年第 4 期。

② 张泓:《纪昀对〈聊斋志异〉和〈子不语〉的态度》,载《太原师范学院学报》2010 年第 3 期。

③ 曲金燕:《20 世纪清代文言小说研究述评》,载《甘肃社会科学》2006 年第 4 期。

版)、李鹏《性灵派与江户后期汉诗诗坛——以袁枚、赵翼诗歌及诗话在日本的传播为中心》(《中国典籍与文化》2004 年第 2 期)、刘芳亮《袁枚与日本江户汉文学——以与广濑淡窗诗论的比较为中心》(《晋阳学刊》2008 年第 3 期)、王英志《清乾嘉时期日朝对袁枚诗学的批评》(《文艺研究》2008 年第 12 期)等。

辨析袁枚诗歌对欧美文坛影响的主要论文有，侯敏《试论袁枚的"性灵说"与杨格的"独创论"》(《求索》1998 年第 1 期)关注到了袁枚与同期英国学者杨格诗学观的异同。林和生《卡夫卡的中国文化情结及其深层心理内涵——以卡夫卡对袁枚〈寒夜〉一诗的"着迷"为例》(《中华文化论坛》2005 年第 3 期)指出，卡夫卡中国文化情结的突出表现，见于他对清代诗人袁枚《寒夜》一诗的"着迷"。他对《寒夜》一诗的"图像学"解读，充分反映了卡夫卡文学斗争的艰巨、微妙和复杂。

另外，专著中的相关章节也有所涉及，如钱林森《中国文学在法国》上编第二章《中国古典诗歌在法国》第一节《对东方文化奇葩的探究——中国古典诗歌在法国流布略述》(花城出版社 1990 年版)；张弘《中国文学在英国》第四章《诗之魂——中国古代诗人在英国》第四节《袁枚》(花城出版社 1992 年版)；宋柏年主编《中国古典文学在国外》第六编《清代文学在国外》第五章《清代戏曲和诗文》第二节《清代诗文》(北京语言学院出版社 1994 年版)；王英志《袁枚评传》(南京大学出版社 2002 年版)第十五章认为袁枚对清代诗坛以及东亚各国汉诗文皆有深远影响；王晓平《近代中日文学交流史稿》第二章《袁枚〈随园诗话〉与广濑淡窗〈淡窗诗话〉》(湖南文艺出版社 1987 年版)等。邝健行等选编《韩国诗话中的论中国诗资料选粹》(中华书局 2002 年版)节选了韩国诗话关于袁枚诗歌的评价。张伯伟《清代诗话东传略论稿》(中华书局 2007 年版)有关章节讲述了袁枚《随园诗话》、《续诗品》东传朝鲜、日本的时间及反响，并比较了袁枚诗话在朝鲜和日本的不同反响及其原因。

其次再看海外学者对于袁枚的研究。

日本作为我国一衣带水的邻邦，对于袁枚的研究进行得较早，成果也较为突出。日本第一部中国文学史——古城贞吉著《支那文学史》(日本经济出版社1897年版)已论及袁枚。嵩山堂1900年铅印了近藤元粹评订的吴应和、马洵选《小仓山房诗》一卷本。到了铃木虎雄1925年出版的《支那诗论史》(京都宏文堂书房刊行),已有专章详论袁枚及其诗学。随后日本论述中国文学史的著作均列有专门的章节讲述袁枚。其中著名的有青木正儿《清代文学评论史》(中文版有中国社会科学出版社1988年版)、松下忠《江户时代的诗风诗论:兼论明清三大诗论及其影响》(中文版有学苑出版社2008年版)等。

专门论述袁枚的论文也颇多,如,船津富彦《有关〈随园诗话〉的几点特殊性》(《东方学》1973年46号)、《袁枚小说论:关于建前与本音》(东洋大学文学部纪要《东洋学论丛》1982年第7期);松下忠《袁枚"性灵说"的特色——主张"性灵的性情"》(《文艺理论研究》1981年第2期)、《袁枚的性灵说》(《常德师范学院学报》1995年第2期);竹村则行《论诗绝句中的王士祯的神韵说与袁枚的性灵说》(《德岛大学教养学部纪要》1984年第18期)、《袁枚论诗绝句与赖山阳论诗绝句》(《中国典籍与文化》1992年第2期);横田辉俊《袁枚的文学观》(《江西社会科学》1995年第1期);野田善弘《袁枚的圣人观——探索他与彭绍升的往来书简》(《江苏社会科学》1995年第6期)等。

韩国的袁枚研究也取得了不菲的成绩,不但李家源《韩国汉文学史》(韩国民众书馆1976年版)、许世旭的《中国古代文学史》(韩国法文社1986年版)和柳晟俊《中国诗歌和韩国汉诗的交融》(香港东亚文化出版社2005年版)等专著涉及袁枚,而且还出现了袁枚研究博士学位论文——崔日义《袁枚诗学理论研究》(国立汉城大1995年博士学位论文)。崔日义还发表了《袁枚〈续诗品〉的诗论体系考察》(《中国诗与诗论》1993年)、《袁枚〈续诗品〉的创作原理论考察》(《中国文学》1993年第20辑)、《韩国朝鲜后期诗坛接受袁枚诗学之状况》(《苏州大学学报》2010年第2期)等论文。

柳晟俊关于韩国清诗研究成果的系列文章,展现了解韩国学界关于袁枚研究的发展概况。其中有《清代雍正以后诗话要解》(韩国外大中国研究所《中国研究》1998年第22卷)、《韩国国内中国诗歌研究之概况》(南京大学《中韩文化研究》第2辑,1999年1月)、《韩国的中国宋明清诗歌研究现状》(《北京教育学院学报》1999年第2期)、

《解放而后到1990年代的中国诗研究概况图表》(《韩国学术资料》人文社会科学编第2辑，首尔大韩民国学术院出版社2001年版)、《朝鲜朝后期以来清代诗学研究概况》(《中国韵文学刊》2005年第2期)、《朝鲜王朝后期清诗研究概况——以王士祯为中心》(《苏州大学学报》2007年第3期)、《半世纪来韩国国内清代诗学研究概况》(《武汉科技大学学报》2008年第2期)等。另外，柳晟俊三部关于中国诗话的专著，《清诗话研究》(韩国国学资料院1999年版)、《中国诗话的诗论》(韩国青思想社2003年版)和《中国诗话的理解》(韩国玄学社2006年版)，也涉及了评论袁枚。

亚洲其他国家的袁枚研究，如[新加坡]王力坚《性灵·佛教·山水——南朝文学的新考察》(《海南师范学院学报》2000年第1期)、[越南]胡志明市执行班、胡志明共产青年团《〈随园诗话〉——对越南古代文学的影响及其价值》(越南2006年第八届EURÉKA)均是关注到袁枚诗学的研究成果。[越南]张庭芝译《随园诗话》(胡志明市文艺出版社2002年版)、[越南]高自清译《子不语》(胡志明市西贡文化出版社2009年版)为扩大袁枚著作在越南的影响作出了贡献。

前苏联研究袁枚较突出的汉学家是费施曼，她编著了《十七—十八世纪的三位中国短篇小说家：蒲松龄、纪昀、袁枚》(莫斯科1980年版)。苏联汉学家李福清《中国古典文学研究在苏联》(书目文献出版社1987年版)和中国学者李明滨《中国文学俄罗斯传播史》(学苑出版社2011年版)分别评述了费施曼(编者注：或译为"费什曼")关于袁枚《子不语》的研究成果。

英国学者阿瑟·韦利著有《十八世纪的中国诗人袁枚》(伦敦阿伦与昂汶出版社1956年版)，1993年，以阿赛·瓦别为作者译名，安徽文艺出版社出版了李福德等译注的该书——《袁枚》。加拿大汉学家施吉瑞《随园：袁枚的生平、文学批评及其诗歌》(伦敦路特勒支出版社亚洲研究分部2003年版)也是有独到见解的袁枚研究专著。

20世纪以来，尽管学界对于袁枚文学理论和文学创作的研究已经取得了辉煌成就，但在研究深度和广度上并非尽如人意，就一直以来学界关注的热点来说，《随园诗话》的研究专著，至今仅有1936年出版的顾远芗《随园诗说的研究》一书；就袁枚的其他著述来说，《子不语》的研究专著目前仅有一部，《续诗品》、《小仓山房尺牍》、《随园随笔》、《随园食单》等研究专著至今尚未问世。《随园诗话》、《子不语》繁复的版本问题更是值得深入研究的园囿。而在袁枚研究比较薄弱的诗歌与散文创作领域，任务更加难巨，亟待深入开掘。另外，对于袁枚诗学和著述在海外的影响和接受，也将是学界下一步钻研的着力点。同样期待关于袁枚的文化活动与文学理论、文学创作之间关系的研究，嫁接出新的硕果，譬如饮食观与《随园食单》；画艺观与书法、楹联创作；美学观与园林、民俗与文学以及壮游与山水诗文等。王英志是当代袁枚研究史上当之无愧的大家，如何在整理研究王英志已有袁枚研究成果的基础上"接着说"，也是现今学者需要仔细思考的问题。目前学位论文大多集中在"性灵"说与《子不语》上，如何深化拓展袁枚研究学位论文选题，也是学子们必须警醒的问题。例如，袁枚研究史的研究就是一个尚未开垦的处女地；再如，运用语言学的方法研究袁枚诗文、书牍及小说中的语言，利用历史学、统计学的方法探究《随园诗话》、《子不语》以及袁枚诗文中涉及的人和事，将会在跨学科的交叉研究中为袁枚研究繁衍出新的学术增长点。相对于江西对蒋士铨以及四川对张问陶的重视，作为乾嘉公认的文坛盟主、江南文学巨擘的袁枚，至今仍没有专门的研究学会与研究年鉴，这也是一个缺憾。为了加快清代文学研究的步伐，建议以袁枚故居南京小仓山随园为基地，建立袁枚研究中心，成立袁枚研究学会，联合国内外清诗及袁枚研究专家，编纂出版《袁枚研究资料汇编》、《袁枚研究辞典》等著作，把袁枚及清代文学研究推上一个新台阶。

编纂说明

一、《袁枚学术档案》的材料范围

1. 时间范围：1900 年 1 月—2012 年 10 月。

2. 著作范围：全部以“袁枚”、“性灵”和袁枚著述命名的学术论著，各种清代文学史、诗学史、批评史、理论史、小说史中有关袁枚研究的部分，袁枚著述的各种选、译本和标点校注整理等成果。

3. 论文范围：与“袁枚”、“性灵”和袁枚著述有关的各种袁枚研究成果，包括会议论文、期刊论文、硕博士学位论文和重要报纸文章。

二、《袁枚学术档案》的体例设置

按照陈文新先生主编的《中国学术档案大系》丛书的整体部署，考虑袁枚研究的具体情况，本书大致分为四个部分：

第一部分：袁枚研究重要论著评介

选择部分袁枚研究经典论著进行评价，每篇评介有四部分组成，具体格式为“引文”后进行“评介”（未经授权者存目，只有评介部分），“评介”后列举与该文内容相关连的“引申阅读”论著和该作者“袁枚研究主要作品目录”。

第二部分：袁枚研究论著提要

以出版年月为序，对袁枚研究论著进行提要介绍。

第三部分：袁枚研究大事记

对与袁枚研究相关事件、学术会议、重要论著出版等信息作出编年记录。

第四部分：袁枚研究期刊论文和学位论文索引

分期刊论文和硕博士学位论文两大类，以正式发表年代和期号为序，对1900—2012年有关袁枚研究的全部论文和重要报纸文章作出索引。

第一部分 袁枚研究重要论著评介（1900—2012）

1.［日］铃木虎雄著，许总译《性灵说》

【引　文】

第五章　性　灵　说

一、渔洋殁后的诗论家

王渔洋殁于康熙五十年(1711)，其后在诗论界为世所重者是沈德潜与袁枚。沈、袁二人的年龄相差四十余岁，但却同为乾隆四年(1739年)进士。

二、沈德潜及其诗说

沈德潜，字确士，号归愚，江南长洲人，生于康熙十三年(1673)卒于乾隆三十五年(1769)。

沈氏诗论的立足点可以说是温和的格调派，是兼采格调、神韵二说的精华部分而成。其在所选《唐诗别裁集》(时在康熙五十六年)中有“大约去淫滥，以归雅正”之语，即为明代陈子龙《明诗选》序中之语。另外，在其所著《说诗晬语》(时在雍正九年)中有云：

> 司空表圣云：不著一字，尽得风流；采采流水，蓬蓬远春。严沧浪云：羚羊挂角，无迹可求。苏东坡云：空山无人，水流花开。王阮亭本此数语，定《唐贤三昧集》。

接着又云：

木玄虚云：浮天无岸。杜少陵云：鲸鱼碧海。韩昌黎云：巨刃摩天。惜无人本此定诗。(《说诗晬语》卷下)

极为明显，前者所据为神韵说，而对后者，与其说是崇尚雄大之力，还不如说是本于格调派之论。沈德潜对这两方面的参酌兼取，在其重订《唐诗别裁集》(时在乾隆二十八年)序中亦可看到。此外，其于乾隆三年选《明诗别裁集》，于乾隆二十四年选《清诗别裁集》，自《说诗晬语》以来的选录标准皆未变化。

沈氏在乾隆四年六十七岁时始中进士第，十年晋詹事，后以历代诗歌源流兴衰召对，称为老名士，命值上书房。其以自作诗集进献，乾隆帝为之赐序，并在其辞官还乡后仍屡屡赐诗，又赐礼部尚书衔，加太子太傅。其晚年作为诗人之宠荣，已可谓无以复加。沈氏诗论，亦犹如其人，倡温柔敦厚之说，并以之标举于诗坛，趋附者甚众。也就是在这一时期，作为后辈的钱塘人袁枚，起而力倡反对王士祯、沈德潜之说。

三、袁枚及其生活状态

袁枚，字子才，号简斋，又号随园，浙江钱塘人，生于康熙五十五年(1716)，卒于嘉庆二年(1797)。其以乾隆四年进士为庶吉士，后仅以不娴满洲文字而出为江南溧水、江浦、江宁等县知县，这大概正是导致其终身有不平之气的重要原因。

袁枚在乾隆二十年以后，筑随园于江宁城西小仓山下，辞官居此，不复出仕。对其居随园以后的状况，王昶《湖海诗传》记云：

疏泉架石，厘为二十四景。窗牖皆用五色琉璃，游人阗集。时吴越老成凋谢，子才来往江湖，从者如市。太邱道广，无论贵郎蠢夫，互相酬唱。又取英俊少年，著录为弟子，授以《才调》等集，挟之游东诸侯。更招士女之能诗画者十三人，绘为授诗图，燕钗蝉鬓，傍花随柳，问业于前。而子才白须红舄，流盼旁观，悠然自得，亦以此索当途题句，于是人争爱之。所至延为上客，适馆授餐。而子才又择其精馔，汇作食单，梓以行世。故三十年中，扫门纳屦，为向来名人所未有。

由此可见其放荡生活之一斑。

四、袁枚性灵说大要

随园诗说，大体可以归纳为：任凭性情流露并加以自由地叙述，不受一切形式法则之束缚，弃去古人糟粕而行之以清新机巧，是为真诗。这种诗论主张，被称之为“性灵”说，大概是取其以能使性情灵妙活用为贵之意。

孙星衍尝赠随园诗云：

等身书卷著初成，绝地通天写性灵。
我觉千秋难第一，避公才笔去研经。

孙氏初以文学著称，后专力于经史文字训诂音韵之学。在这里，孙氏自云是为了躲避随园诗锋而逃入考证之学，同时，以孙氏之才学，称随园为“才笔”，为“绝地通天写性灵”，则袁枚之诗学成就已不难推察。

五、袁枚诗学观渊源

随园曰：

诗有音节清脆，如雪竹冰丝，非人间凡响，皆由天性使然，非关学问。在唐则青莲(李白)一人，而温飞卿(庭筠)继之。宋有杨诚斋(万里)，元有萨天锡(都剌)，明有高青邱(启)。本朝继之者，其惟黄莘田(黄任，永福人，康熙四十一年举人)乎?(《随园诗话》卷九)

由此，可以略窥其好尚之所在。

杨诚斋七绝如《初夏午睡起》诗云“梅子留酸软齿牙，芭蕉分绿与窗纱。日长睡起无情思，闲看儿童捉柳花”，《游翟园》诗云“柳条老去尚青鲜，下有清渠逵野田。波面落花相趁走，避风争泊岸傍边”，又如《探梅》诗有句云“一树梅花开一朵，恼人偏在最高枝，”《松阴小憩》诗有句云“青松数了还重数，只是从前八九株”，《暮行田间》诗有句云：“露珠走上青秧叶，不到梢头便肯休”，略举数端，已可见其诗中环境之平近而辞意之奇巧。随园云“余不喜黄山谷而喜杨诚斋”（《随园诗话》卷八），又云“诚斋一代作手，谈何容易哉”（同上），从其如此推服的程度，已可知性灵之说实由诚斋生发而来。

六、性灵说与杨万里

随园尝引诚斋之言云：

> 杨诚斋曰：“从来天分低拙之人，好谈格调，而不解风趣。何也？格调是空架子，有腔口易描，风趣专写性灵，非天才不辨。”

在这里，随园明白表示“深爱其言”，并接着发表自己的见解：

> 须知有性情，便有格律；格律不在性情外。三百篇半是劳人思妇率意言情之事，谁为之格？谁为之律？而今之谈格调者，能出其范围否？况皋、禹之歌，不同乎三百篇；国风之格，不同乎雅、颂。格岂有一定哉？许浑云：“吟诗好似成仙骨，骨里无诗莫浪吟。”诗在骨不在格也。（《随园诗话》卷一）

读者对此，须避免其中用语混同，因为风趣、兴趣等语在渔洋以之论神韵时可以看到，而所谓性情也是用于与学问相对的情况，所以往往会对其加以同样的解释。在这里，诚斋以风趣作为写性灵的手段，随园则承之曰性灵，或又称性情。性情一词，在各处运用中，表面上看是同一个词，但其所包含的意义则由于不同的角度和认识而完全不同。格律即所谓格调，而由于其意在打破格调之说，因而又必然强调“除性情则无格调”。所谓骨，从词义上看，也是如同通常所说的有力之意，但在此场合，随园则似乎称其为所谓性情的根本基础，并认为诗中必须具有这一根基。至于以格与之相比，则自然非为所重了。

七、性灵说其他渊源

杨诚斋对随园的影响，可以看作是宋诗中的性灵渊源。如果进一步上寻其渊源，则有晚唐诗人温庭筠。庭筠与李商隐并称温李，作诗以典赡秾丽为特色。五代之时，蜀有韦縠编《才调集》，其中多收有关闺房之作，温李之诗亦被选入。其所选之诗，一般皆为风调翩翩者，王渔洋在《十种唐诗选》中，为该集作序即称其“专尚风调”。明末时，排斥李王格调的冯舒、冯班兄弟对《才调集》加以评点，意在以之作为对宋初学温李的西昆派的继承，并作为对当时学江西派者的贬抑。随园以《才调集》教授其弟子，实亦体现出对才调翩翩之诗的主观选择和趣好倾向。

随园对萨都剌、高启、黄任的推崇，显示了对其轻俊而不庄重的诗风的喜好，这也几乎是以与喜好《才调集》完全一样的眼光予以观照的结果。

八、性灵说与袁宏道

随园在其所著《随园诗话》中，对其所崇奉的前代作者及自己诗说之所由来，都有详细的记述。然其中有未及一言但实为其诗说的一个重要来源者，是明末的袁宏道(中郎)。

中郎兄弟排斥李王之肤廓并兼取中晚唐与宋元之诗。中郎驳李何李王的“文笔秦汉，诗必盛唐”之说云：

> 文准秦汉矣，秦汉人曷尝字字学六经欤？诗准盛唐矣，盛唐人曷尝字字学汉魏欤？秦汉而学六经，岂复有秦汉之文？盛唐而学汉魏，岂复有盛唐之诗？唯夫代有升降，而法不相沿，各极其变，各穷其趣，所以可贵，原不可以优劣论也。(袁宏道《序小修诗》)

又认为各个时代及个人，都不可以其前代及前人为模拟，其言云：

大抵物真则贵，真则我面不能同君面，而况古人之面貌乎？唐自有诗也，不必《选》体也。初、盛、中、晚自有诗也，不必初、盛也。李、杜、王、岑、钱、刘，下迨元、白、卢、郑，各自有诗也，不必学李、杜也。赵宋亦然，陈、欧、苏、黄诸人，有一字袭唐者乎？又有一字相袭乎？至其不能为唐，殆是气运使然，犹唐之不能为《选》，《选》之不能为汉、魏耳。（袁宏道《与丘长孺书》）

而作为一个时代之文学，中郎则极为推崇宋、元并排斥其余，其云：

世人喜唐，仆则曰唐无诗；世人喜秦、汉，仆则曰秦、汉无文；世人卑宋黜元，仆则曰诗文在宋、元诸大家。（袁宏道《与张幼于书》）

其对宋代苏东坡，即称为“诗之神也”（《与李龙湖书》）。

中郎以上所说，固然有失之过激之处，但其推崇宋元，意在改变一味摹拟汉魏盛唐的状况，是极为明显的。其所谓历代法不相沿、各穷其趣、原不可以分优劣以及各代各人自有其诗、一字不相袭之论，可以说已经包含了随园论诗不论时代、不受形式束缚以及主张发挥自我等见解。宏道在《序小修诗》中称誉其弟袁中道之诗云：

独抒性灵，不拘格套，非从自己胸臆流出，不肯下笔。

即以“性灵”与“格套”相对使用，并加以明确的区别和轩轾。随园论诗，多言善辩，但却一言未及袁宏道，原因何在，尚待探考。

对于袁宏道与性灵的关系，在日本的汉学界也曾有论及。在日本，崇奉李王格调的有物徂徕，其门下弟子山本北山则崇奉袁宏道。北山尝云：

清新性灵四字为诗道之命脉。无模拟剽窃则必有清新性灵，无清新性灵即为模拟剽窃。故以于鳞（李攀龙）、中郎（袁宏道），

可分诗道一大鸿沟。(《作诗志彀》坤卷)

由此可见其对袁宏道与性灵关系的明确认识，以及袁氏诗论与格调派的区别之所在。

九、随园诗说要点

(一)诗本于性情。

随园认为，诗的生命唯在性灵，古今佳作的成功也只以得性灵所致，其曰：

> 自三百篇至今日，凡诗之传者，都是性灵，不关堆垛。(《随园诗话》卷五)

作为自身性灵的抒发，则不必求之于高远，而可取之于卑近之处，故曰：

> 诗者，人之性情也。近取诸身而足矣。(《随园诗话补遗》卷一)

借古代圣贤之说以显示自己的见解，是中国人的通常习惯，随园在阐述其诗论时即借用虞舜之语曰：

> 千古善言诗者，莫如虞舜，教夔典乐曰："诗言志。"言诗之必本乎性情也。曰："歌永言。"言歌之不离乎本旨也。曰："声依永。"言声韵之贵悠长也。曰："律和声。"言音之贵均调也。知是四者，于诗之道尽之矣。(《随园诗话》卷三)

对《诗经》之中先《国风》而后《雅》、《颂》，随园亦认为"以国风近性情故也"(《随园诗话补遗》卷二)。其编诗集三十二卷，以七绝冠首，也正是本于此意。

(二)诗中须有自我。

充分发挥性灵的主张，也就是强调人须各有其个性。随园认为"凡作诗者，各有身分，亦各有心胸"(《随园诗话》卷四)，又云"诗，有人无我，是傀儡也"(《随园诗话》卷七)，实为卓见。他对通过在艺术上的锻炼之功而形成自身个性与特色的赞赏，随处可见，如曰：

> 人闲居时，不可一刻无古人；落笔时，不可一刻有古人。平居有古人，而学力方深；落笔无古人，而精神始出。(《随园诗话》卷十)

又如：

> 为人不可以有我，有我则自恃佷用之病多，孔子所以"无固"、"无我"也。作诗不可以无我，无我则剿袭敷衍之弊大，韩昌黎所以"唯古于词必己出"也。北魏祖莹云："文章当自出机杼，成一家风骨，不可寄人篱下。"(《随园诗话》卷七)

其又于《续诗品》中云"竟似古人，何处著我"，并皆同于此意。

(三)诗只论工拙不论朝代。

眼中无视古人成法，悉由自己性情出发，是性灵说的一个重要特征。随园所谓"诗无一定标准，唯取其工"，正是基于以上的思想。故其引徐嵩之言曰：

> 论诗只论工拙，不论朝代。(《随园诗话》卷十六)

又引苏东坡之言曰：

> 东坡云："作诗必此诗，定知非诗人。"此言最妙。然须知作此诗而竟不是此诗，则尤非诗人矣。其妙处总在旁见侧出，吸取题神，不是此诗，恰是此诗。(《随园诗话》卷七)

可见，随园认为诗之妙是不可偏执一端的，也就是说，对于诗，是不应以朝代而论，不可以拘守于一格的。

(四)诗的作法与要求。

随园论诗，有关创作方法与要求，主要有以下数端：

一曰以意为主，以辞采为奴。随园尝云："吴西林云：诗以意为主，以辞采为奴婢。苟不以意思作主，则主弱而奴强。"(《随园诗话》卷二)其拟唐代司空图《二十四诗品》而作《续诗品》(其中有三十二品)中的"崇高"条亦云："何今之人，多辞寡意，意似主人，辞如奴婢，主弱奴强，呼之不至"含义全然如一。

二曰意须精深，语须平淡。其云："《漫斋语录》曰：'诗用意要精深，下语要平淡。'余爱其言，每作一诗，往往改至三五日，或过时而又改。何也？求其精深，是一半工夫；求其平淡，又是一半工夫。非精深不能超超独先，非平淡不能人人领解。"(《随园诗话》卷八)其于《续诗品》"灭迹"条称赏白居易云："白傅改诗，不留一字，今读其诗，平平无异，意深词浅，思苦言甘，寥寥千年，此妙谁探。"又引姜白石语云："姜白石云：'人所易言，我寡言之，人所难言，我易言之，诗便不俗。'"意皆如出一揆。

三曰要消化素材，不可囫囵吐枣。如其云："或问'诗不贵典，何以少陵有读破万卷之说？'不知'破'字与'有神'三字，全是教人读书作文之法。盖破其卷，取其神，非囫囵用其糟粕也。蚕食桑而所吐者丝，非桑也；蜂采花而所酿者蜜，非花也。读书如吃饭，善吃者长精神，不善吃者生痰瘤"(《随园诗话》卷十三)

四曰用典故要无痕迹，不可用僻典。其云："宋人好附会名重之人，称韩文、杜诗无一字没来历。不知此二人之所以独绝千古者，转妙在没来历。"(《随园诗话》卷三)又云："用典如水中着盐，但知盐味，不见盐质。用僻典如请生客入座，必须问名探姓，令人生厌。"(《随园诗话》卷七)

五曰写景易言情难。其云："凡作诗，写景易，言情难。何也？景从外来，目之所触，留心便得；情从心出，非有一种芬芳悱恻之怀，便不能哀感顽艳。然亦各人性之所近。"(《随园诗话》卷六)这里对言情之难的强调，实际上就是强调其在诗歌创作中的重要性，也是本于性情之说的。

十、随园对其他诸派的抨击

随园由性灵之说出发，对诗坛上与自己主张不同者皆给予排斥与抨击。其抨击的目标大体有五：一曰格调派，二曰神韵派，三曰温和的格调派，四曰典故派，五曰声调派。此外，还有不足称之为一派者，姑且不太妥当地称其为矢口派。

(一)对格调派。

这里所说的格调派，即主要对明七子而言。随园认为，七子学唐，仅得皮相而尽失精神，其曰：

> 人悦西施，不悦西施之影。明七子之学唐，是西施之影也。(《随园诗话》卷五)

随园又以七律为例，取宫室之譬，认为盛唐只是定下大体规模，而室房装饰，由中晚唐至宋元始为完备，并由此论及明七子，其曰：

> 七律始于盛唐，如国家缔造之初，宫室粗备，故不过树立架子，创建规模；而其中之洞房曲室，网户罘罳，尚未齐备。至中、晚唐而始备，至宋、元而愈出愈奇。明七子不知此理，空想挟天子以临诸侯，于是空架虽立，而诸妙尽捐。(《随园诗话》卷六)

格调派虽承认朝代特色，也承认个人特色，因而有某朝代的格调与某人的格调之说。随园则认为“诗有工拙而无古今”，取消朝代之间的区别，其尝云：

> 夫诗无所谓唐宋也。唐宋者，一代之国号耳，与诗无与也。诗者，各人之性情耳，与唐宋无与也。若拘拘焉持唐宋以相敌，是子之胸中有已亡之国号，而无自得之性情，于诗之本旨已失矣。(袁枚《答施兰垞论诗书》，《小仓山房文集》卷十七)

可见拘泥于朝代与自得性情是无法相容的。其又由针对或有批评赵翼之诗不合唐格之说而抨击格调派，其云：

> 或惜云松诗虽工，不合唐格。余尤谓不然。夫诗宁有定格哉？国风之格不同乎雅颂，皋禹之歌不同乎三百篇，汉魏六朝之诗不同乎三唐。谈格者将奚从？善乎杨诚斋之言曰："格调是空间架"，拙人最易藉口。周栎园之言曰："吾非不能为何李格调以悦世也，但多一分格调者，必损一分性情，故不为也。"(袁枚《赵云松瓯北集序》)

这一段话对格调派进行了有力的抨击，但其自身却稍有矛盾之处，其所谓"国风之格不同乎雅颂"、"汉魏六朝之诗不同乎三唐"等语，不正是说国风、雅、颂各有其格，汉魏、六朝、三唐亦各有其格吗？其所谓"无定格"、"谈格者将奚从"，客观上也恰恰是承认了不同的时代有不同之格。而以此作为对奉汉魏盛唐之格的格调派的抨击，实已成为无关痛痒之言。不过，随园此论是作为由其"诗有工拙而无古今"之说的衍化引申而在疏忽中出现的破绽，其所谓"多一分格调者，必损一分性情"，才是其主旨所在。其又有"自格律严，而境界狭矣；议论多，而性情漓矣"(《随园诗话》卷十六)之语，明确认为诗中性情流露被阻塞窒息的原因正是由于格调由严格而至于狭窄所致。

随园进而要求诗中性情的表现必须灵活，而所谓"一种芬芳悱恻之怀"，就是真之所在，亦即一切外部形式的主宰。也就是说，诗歌创作若不由此真处出发，则为伪，则为佯。故其曰：

> 笔性灵，则写忠孝节义，俱有生气；笔性笨，虽咏闺房儿女，亦少风情。(《随园诗话补遗》卷二)

又曰：

> 古人文章，俱非得已。伪笑佯哀，吾其优矣。画美无宠，绘

兰无香，揆厥所由，君形者亡。（袁枚《续诗品·葆真》）

这实际上正是对其所认为的明七子摹拟古人、如同倡优、尽失真处的抨击。

（二）对神韵派。

这里所说的神韵派，即主要对王渔洋而言。随园认为，渔洋既乏气魄，又乏性情（随园所谓的性情即为性灵），唯主修饰而无真情，只过如“一良家女”而已。故其曰：

七子如李崆峒（梦阳），虽无性情，尚有气魄。阮亭（渔洋）于气魄、性情，俱有所短。（《随园诗话》卷四）

又曰：

先生（指渔洋）才本清雅，气少排奡，为王、孟、韦、柳则有余，为李、杜、韩、苏则不足也。（《随园诗话》卷二）

又曰：

阮亭主修饰，不主性情，观其到一处必有诗，诗中必用典，可以想见其喜怒哀乐之不真矣。（《随园诗话》卷三）

对于渔洋的态度与评价，随园曾作论诗绝句云：

清才未合长依傍，雅调如何可诋諆。
我奉渔洋如貌执，不相菲薄不相师。

不相菲薄不相师，公道持论我最知。
一代正宗才力薄，望溪文集阮亭诗。

可见，随园视方望溪（方苞）为桐城派文章之正宗，视阮亭为诗坛之正宗，但却同时指出二人皆失于气魄贫弱之弊。对于宋荔裳将渔洋比作美女的“绝代消魂王阮亭”之语，随园则认为：

> 阮亭先生非女郎，立言当使人敬，使人感且兴，不必使人消魂也。然即以消魂论，阮亭之色，亦并非天仙化人，使人心惊者也。不过一良家女，五官端正，吐属清雅；又能加宫中之膏沐，熏海外名香，倾动一时，原不为过。其修词琢句，大概捃摭于大历十子，宋、元名家，取彼碎金，成我风格，恰不沾沾于盛唐，蹈七子习气，在本朝自当算一家数。奈归愚(沈德潜)、子逊(许廷镕)奉若斗山(译者按：原作误以“归愚子”为沈德潜，以“逊奉”联为一词)，玙沙(钱琦)、心余(蒋士铨)弃若刍狗，余以为皆过也。(《随园诗话》卷三)

在这段话中，随园明确指出当时对渔洋诗的评价或失之于过高、或失之于过低，而其自身对渔洋诗的评说，或视为持平之论。

随园进而认为，神韵可备诗中一格，适用于近体短章，但至若七言长篇、五言长律等形式则必然是不适用的(详见《随园诗话》卷八)。是亦可谓切实之言。

从总体上看，随园对神韵派的抨击，只是限于对渔洋的能力、创作以及神韵说的应用场合适应不适应的范围，并未对神韵说本身加以否定。而即使其中含有否定之言，也并未明确说明否定的理由。

(三)对温和的格调派。

这里所谓的温和的格调派，主要是对沈德潜而言。沈德潜认为格调与神韵各有所长，因而对二者皆有所采纳。

沈德潜尝讥诮当时浙江诗人之诗沿袭宋习、败坏唐风者，由厉樊榭(厉鹗)为厉阶(译者注：厉阶，意为祸端。《诗·大雅·桑柔》：“谁生厉阶，至今为梗。”《传》：“厉，恶。”又《大雅·瞻卬》：“妇有长舌，维厉之阶。”《笺》“阶，所由上下也。”)。随园亦为江浙人，其于答沈氏书中针对沈氏之论，以“尝谓诗有工拙而无古今”阐明自己论诗不以朝代为区别的主张，其言曰：

唐人学汉、魏变汉魏，宋学唐变唐，其变也，非有心于变也，乃不得不变也。使不变，则不足以为唐，不足以为宋也。子孙之貌，莫不本于祖父，然变而美者有之，变而丑者有之，若必禁其不变，则虽造物有所不能。先生许唐人之变汉、魏，而独不许宋人之变唐，惑也。

又曰：

变唐诗者，宋、元也；然学唐诗者，莫善于宋、元，莫不善于明七子。何也？当变而变，其相传者心也；当变而变，其拘守者迹也。鹦鹉能言而不能得其所言，夫非以迹乎不哉？（袁枚《答沈大宗伯论诗书》，《小仓山房文集》卷十七）

宋、元之诗是否确实是已弃唐诗之迹而得其心者，是一个需要专门讨论的问题，但是，随园却正是这样认为的，或者说，从这段话中已充分体现出了这样的意向。由于沈德潜只重唐之诗，所以随园在这里以不分朝代论对其加以驳难。

随园对沈德潜其他方面的论辩，主要是认为沈德潜选诗过于拘泥名教之论。

德潜在其所选《清诗别裁集》凡例中云：

诗之为道，不外孔子教小子教伯鱼数言，而立其言，一归于温柔敦厚，无古今一也。

又云：

诗必原本性情，关乎人伦日用及古今成败兴坏之故者，方为可存，所谓其言有物也。若一无关系，徒辨浮华，又或叫号撞搪以出之，非风人之旨矣。尤有甚者，动作温柔乡语，如王次回《疑雨集》之类，最足害人心术，一概不存。

对此，随园在《答沈大宗伯论诗书》中针锋相对地指出：

所云诗贵温柔，不可说尽，又必关系人伦日用，此数语，有褒衣大祒气象。仆口不敢非先生，而心不敢是先生。

沈德潜固然并非以道学之诗作为佳作，然而其所谓只有“关乎人伦日用”、“古今成败兴坏之故者”始为可存的选诗标准，在随园的眼中，无疑仍然是极为狭隘且不免道学气味的。

对于这一点，随园只是采用口是心非的态度，而至于沈氏对王次回（名彦泓，明末清初人）诗的评价问题，则终于连口头上也以之为非了。王次回的《疑雨集》，多为有关闺房的艳诗，即德潜所谓的温柔乡之语。德潜从名教论的立场出发，以其为害人心术者，故不仅不加选录，且极予斥责。但是，所谓艳诗，所谓温柔乡里语，正是随园甚为喜好者，因而随园对此，自然不仅不能缄默不言，而且借圣人之言行对德潜进行指责，其曰：

艳诗，宫体，自是诗家之一格。孔子不删郑、卫之诗，而先生独删次回之诗，不已过乎？（袁枚《再答沈大宗伯书》）

又曰：

夫《关雎》即艳诗也，以求淑女之故，至于展转反侧。使文王生于今遇先生，危矣哉！（同上）

对于随园这种以文王、孔子等儒家圣人作为论辩前阵的手段，想必德潜也只能不禁苦笑而已。

随园以《关雎》为艳诗，固有强辩之嫌，但儒家的名教论却实在是过于狭隘的。其实，作为儒家的最重要人物的孔子，就在《诗经》中保存了很多情歌。对于孔子究竟删诗与否，是另一个问题，但可以肯定其中大部分被保存下来，即使有所删除，也只是对一些过于鄙亵者。况且孔子本人也曾坦然的引用情歌作为讲道的譬喻。（如《论语·子罕篇》之引“唐棣之华”)。假若凡是情歌皆废之，则势必使整个诗歌中的一大部分从诗歌史上消失。自《诗经》以后，从《古诗十九首》到后汉及魏之诗，皆有情歌之艳者，而明确称为“艳诗”、“宫体”之名，则是至南朝梁代的萧纲(梁简文帝)、徐摛父子时才形成的。这一过程，是由对男女相思之情的诚挚歌咏逐渐发展成为以有关闺房之事设题玩弄游戏的绮艳文字的倾向。在唐代，写作此类诗的有元、白、温、李及韩偓，尤以韩偓有《香奁集》而被称为“香奁体”，亦即“艳诗”。艳诗至韩偓，虽益发如同游戏，但其诗品格尚不至过分卑劣，而后世之学韩偓者则往往陷入浮薄鄙亵之境。

沈德潜以王次回之诗为“害人心术”的“温柔乡语”而加以斥责，与此相反，随园则云“香奁诗，至本朝王次回，可称绝调”(《随园诗话补遗》卷三)而予以激赏。王次回诗究竟如何，为便于说明，现举其《个侬》诗如下：

昨夜香迷画烛楼，并头双影在银瓯。
枕稜坠髻教郎绾，衣扣零珠倩姊收。
酒晕暗腾烘玉颊，睡情才上滟星眸。
晓堂重见矜严甚，回忆狂欢是梦游。

这首诗大概是宿于妓馆的翌日所写。其此类诗句如“难藏靥晕依微笑，已露眉湾黯澹愁”、“柔肠拼与冠缨断，密绪原先履舄交”、“杯行醉按红酥手，烛灭狂探软玉钩”、“风度枕函闻暗麝，月穿衫缕见凝酥”、“邻娘瞥见移灯景，侍女遥疑动钏声”、“残烛解衣教缓缓，重帷低语嘱轻轻”、“未形猜妒思犹浅，肯露娇嗔爱始真”等，皆无非是对偎香倚玉、猜妒娇嗔的冶态柔情的细致描摩，而这也正是随园所称誉的“绝调”。

另外，随园认为作香奁诗可与王次回“抗手”的唯有其家弟袁香亭(袁树)，如其《无题》诗云：

惺惺最是惜惺惺，拥翠偎红雨乍停。
念我惊魂防姊觉，教郎安睡待奴醒。

香寒被角倾身让，风过窗棂侧耳听。
天晓余温留不得，隔宵密约重叮咛。

其此类诗句如“依烛笑看屏背上，角巾钗索影先交”、“枕衾先自留虚席，衣扣迟郎解内重”、“亲举纤纤偎颊看，分明不是梦中逢”、“形迹怕教同伴妒，嘱郎见面不相亲”等，实如一幅幅洞房春色之图画，与王次回诗相比，色彩无疑更为浓艳，而这也正是随园所称誉的“皆妙”。

当然，对于所谓情歌与艳诗，既不应一概加以排斥，也不可一味沉迷其中，而必须根据各种不同的实际情况，分析其感情抒发的诚挚程度以及艺术表现的形式特点，然后判定其在文学上的价值如何。有时某种作品在道德风教方面不足为训，而在文学方面却颇有价值，这在古今中外都是不乏其例的。在这方面，如果说沈德潜之见可谓“不及”，那么袁枚之见则可谓“过”了。但若仅就王次回的艳诗看，我倒宁可赞同沈氏之见。

(四)对典故派。

随园对于典故派，如前已略述一端，主要是排斥堆垛材料者，当然也并非绝对排斥用典。

随园认为，用典失之于多，是唐代李商隐以来形成的弊病。其对清代诗人受考证学风的影响所作如同类语字典之诗尤其加以排斥。随园尝论诗之三病，其中第一就是“填书塞典，满纸死气，自矜淹博”(《随园诗话补遗》卷三)。此外，其又引严冬友之言“凡诗文妙处，全在于空”(《随园诗话》卷十三)，借以表明自己的主张；同时还引范景文《对床录》之言“李义山《人日》诗，填砌太多，嚼蜡无味”(同上)，也正是借以指出自己所排斥的此类作品的具体例证。

(五)对声调派

这里所谓的声调派，主要是指赵执信(饴山)之徒。

赵执信著《声调谱》，是被称为受传于冯班、王士祯之法的有关古诗声调(平仄)之说。现对其主要内容略述及之。

赵氏认为，对于古体诗声调，五言古诗、七言古诗须分别而论。就七言古诗说，根据押韵的种类，可分为平韵到底格(只用一种平声韵通押全篇者)、仄韵到底格(只用一种仄声韵通押全篇者)、平仄换韵格(平声韵与仄声韵交互使用者)。凡诗皆以二句为一联，其出句(第一句)称为单句，又称出句，紧接之句(第二句)称为双句(与单句相对而言)，也称落句或对句。

以七言古诗平韵到底格为例：出句第二字平声，第五字须用仄声；第四声仄声，第五字亦不妨用仄声；若第五字用平声，则第六字须用仄声。图示如下：

a)㊀○㊀㊀△㊀㊀
| | | | | | |
一二三四五六七
(○为平声，△为仄声，㊀为可平可仄)

b)㊀○㊀△△㊀㊀

c)㊀○㊀㊀○△㊀

另外，作为例外的一种情况为：

㊀①㊀△○㊀㊀
(①为平仄有异说者)

该格的落句，第四字仄声，第五字须用平声；第三字仄声，第四字亦不妨用仄声。至若第二字则有异说，未能遽定是非。图示如下：

a)㊀①㊀△○㊀○(平韵)

b)㊀①△△○㊀○(平韵)

另外，或者为：

㊀①㊀△○○○(平韵)

出句、落句大要如此，若不能完全遵照上述格式者，也要尽量避免运用律句(指遵照近体诗平仄规则运用于律诗、绝句诗中之句，如二四不同、二六相对之类)，只是在万不得已的情况下才不得不用律句。

由最通行的出句的第二字与第五字平仄相反、落句的下三字三平相连为例来看，以出句落句两者配合为一联的最通行的范式可以表示为：

出句：㊀○㊀㊀△㊀㊀(通常用仄声字)
落句：㊀①㊀△○○○

七言古诗仄韵到底格，以出句与落句的第二字与第五字平仄相反为通行范式，不过有时也不妨杂以律句，其图式为：

a) 出句：⊖△⊖⊖⊖⊖⊖
　 落句：⊖○⊖⊖⊖⊖△(仄韵)

b) 出句：⊖○⊖⊖⊖⊖⊖
　 落句：⊖△⊖⊖⊖⊖△(仄韵)

c) 出句：⊖⊖⊖⊖△⊖⊖
　 落句：⊖⊖⊖⊖○⊖△(仄韵)

d) 出句：⊖⊖⊖⊖○⊖⊖
　 落句：⊖⊖⊖⊖△⊖△(仄韵)

七言古诗平仄换韵格也不妨用律句。

对于五言古诗，赵执信将平韵格的正体定为：

出句：⊖⊖△○△
落句：⊖⊖○○○

或为：

出句：⊖⊖○⊖⊖
落句：⊖⊖△○○

五言古诗其他方面的规则主要有二：一是避忌用律句；二是对出句与落句的平仄声用拯救之法(所谓拯救，是指单双两句相对应的字用异声，同时视各句平仄字的多寡而进行互为补救之法)以使音节和谐。

赵氏古诗平仄论大略如此，但至于歌行或长短句之体，则决不可以此规则而论。同时，在五言古诗方面，翁方纲强调随着感情的发泄而形成自然之音节，也绝不是以赵执信之说为根据的。

随园诗说，可谓近乎自由主义，因而对古诗声调之说，即认为毫不足取并加以嘲笑。其言曰：

> 近有《声调谱》之传，以为自得阮亭，作七古者，奉为秘本。余览之，不觉失笑。夫诗为天地元音，有定而无定，到恰好处，自成音节，此中微妙，口不能言。试观国风、雅、颂、离骚、乐府，各有声调，无谱可填。杜甫、王维七古中，平仄均调，竟有如七律者；韩文公七字皆平、七字皆仄；阮亭不能以四仄三平之

例缚之也。倘必照曲谱排填，则四始六义之风扫地矣。此阮亭之七古，所以如杞国伯姬，不敢那移半步。(《随园诗话》卷四)

这里认为，自古以来诗、骚、赋、乐府，皆自有声调，但却无谱可填，也就是说，只要恰到好处地自然形成音节，而不是照曲谱排填。随园所指出的当时诗坛三病，其中之一即为：

近又有讲声调而圈平点仄以为谱者，戒蜂腰、鹤膝、叠韵、双声以为严者，栩栩然矜独得之秘。(《随园诗话补遗》卷三)

也正是指的这种现象。

(六)对矢口派。

所谓矢口派，并不是一个自成体系的流派，而只是指在诗歌创作中随口而出如同文字胪列的现象。随园所说的诗坛三病中的“全无蕴藉，矢口而道，自夸直率”(《随园诗话补遗》卷三)就是指此。

通观以上由对格调派直至对矢口派的议论，可见随园对其他诸派的抨击，不仅时有精妙之论，而且皆能切中各派之弊。但是，随园眼中的真正佳作究竟如何，则须求之于其谈诗的实例了。

十一、随园谈诗实例

随园尝引苏东坡“作诗必此诗，定知非诗人”之句，极表赞同，认为作诗不可偏执一端，并以具体诗句为例云：

古梅花诗佳者多矣。冯钝吟云：“羡他清绝西溪水，才得冰开便照君。”真前人所未有。余《咏芦花》诗，颇刻划矣。刘霞裳云：“知否杨花翻羡汝，一生从不识春愁。”余不觉失色。金寿门画杏花一枝，题云：“香骢红雨上林街，墙内枝从墙外开。唯有杏花真得意，三年又见状元来。”咏梅而思至于冰，咏芦花而思至于杨花，咏杏花而思至于状元，皆从天外落想，焉得不佳？(《随园诗话》卷七)

这里是以意匠巧妙者为佳。

随园称安庆诗人李啸村（葂）、鲁星村（瑸）二人为“二村”，誉之为安庆诗人之最。其举鲁之五言佳句如“久客神常倦，还家似在舟”、“鸟散雪辞竹，烟消山到门”、“风竹不留雪，冰池时集雅”、“雀浴乘冰缺”等，七言佳句如“舟行忽止冰初合，窗暗还明月未沉”、“避雪野禽低就屋，忌机小鼠渐亲人”等，举李之七言佳句如“马齿坐叨人第一，蛾眉窗对月初三”、“卖花市散香沿路，踏月人归影过桥”、“春服未成翻爱冷，家书空寄不妨迟”等，并对鲁、李二人此类诗句评之云：

> 皆独写性灵，自然清绝，腐儒以雕巧轻之，岂知钝根人正当饮此圣药耶？（《随园诗话》卷六）

观此类诗句，皆绝无或雅奥或幽深可言，而是取之于卑近之境，行之以平易之语。其有关自然写景者虽取之于日常所见现象，但多少还可见一些锻炼工夫，如“雀浴”、“鼠亲”之句即过于雕巧；其有关人事情感者，如“久客”、“还家”以及“春服”、“家书”等联，则完全是人的日常经历与共同感受，因而这样的诗句是极易为人所喜爱的。

沈德潜在《清诗别裁集》中选有李啸村的《忆秦淮》七律，其中有云“杨柳晚风深巷酒，桃花春水隔帘人”。对此，随园则举啸村《却人写真》诗“有影正嫌无处匿，不才尚觉此身多”，并评之云：

> 此是啸村最佳诗。而归愚别裁集只选上巳忆白门一首云：“杨柳晚风深巷酒，桃花春水隔帘人。”不过排凑好看字面，最为下乘。舍性灵而讲风格者，往往舍彼取此。（《随园诗话》卷十三）

从以上两者看，沈氏所选为品描秦淮酒色繁华的写景之句，袁氏所举则为婉言辞却写真的有关人事之句，虽然由于性质不同而难于比较，但从袁氏对沈氏独选此句的指斥看，大概可以说正是对此句言词雕巧的不满。

沈德潜在《明诗别裁集》中选有刘永锡的《行路难》诗，其仅为二句之诗，诗曰：“雪漫漫兮白日寒，天荆地棘行路难。”德潜评之为：“只此数字，抵人千百。”随园则针锋相对地加以辩驳：

> 先生评“只此数字，抵人千百。”嘻！异矣。上句直袭《荆轲传》之唾余，下句“行路难”即题也，永锡苦凑，得“天荆地棘”四字耳，三尺村童，皆能为之。而先生登诸上选，蒙实不解，愿教之。（袁枚《再与沈大宗伯书》）

可见，沈氏所称赞的是在字面上也基于古人成句而加以组合者，袁氏所称赞的则是在诗意方面足以感人者。在这里，袁氏主要是针对凑泊古语这一点的，但问题并不在于可否用古语，而是在于用古语的结果能否足以感人，袁氏指责沈氏所称赞者无趣味可解，正是由于其仅仅以字面凑泊古语。本来，利用古语以寓我意，不仅无可指责，且甚至可视为袁枚诗学主旨之一。然而袁氏对此的指责，主要是因为其中毫无才智意匠之巧。而在穷天局地、无所容身之境遇中抒发衷情而产生机智灵感，实为袁氏得以体味诗之内蕴的主观条件与素质，其所谓指责者，也正是认为此类诗中没有作者诚挚的“性情”相伴随。但其究竟以什么样的机智、意匠为最佳境界，由其对诗篇的具体评论似可窥见约略。

以随园将之与李白、温庭筠并称，誉为“冰丝雪竹”的黄任（莘田）诗为例，沈德潜在其《西湖杂书》中选入二首：

> 珍重游人入画图，亭台绣错似茵铺。
> 宋家万里中原土，换得钱塘十顷湖。
>
> 珠襦玉匣出昭陵，杜宇斜阳不可听。
> 千树桃花万条柳，六桥无地种冬青。

随园所取者则为：

> 画罗纨扇总如云，细草新泥簇蝶裙。

孤愤何关儿女事，踏青争上岳王坟。

前二首，一为对南宋偏安的感伤，一为对忠臣之少的慨叹，其言皆可谓婉曲而稳重。虽然不免怀古诗的陈习旧套，但其中诗人忠厚之旨可见。随园所取者，则为描写妓女们在早春踏青时，甚至不知所游览之处是宋代著名忠臣岳飞之墓而争相登临嬉戏的情景。如果说，结句是对实境的描摹，难么，所谓“孤愤何关”之虚拟又有何意义呢？盖随园正是以此为奇拔崭新、摆脱陈套者。其奇拔固然，但性情何在？从随园所谓的此类性情看，结合其有关性情的诗说及举例，这种性情与一般意义上的性情是不同的，而有着特定的含义和范围。因此，从某种意义上看，与其对其掩饰或美化，倒不如直接指出随园是否以近乎“妓女嫖客之性情”为其所谓的“性情”这一疑问。

十二、随园与格调派

前述随园对格调派的抨击，只是认为其空疏处不足取，况且其所说的空疏也仅限于对倡格调者的创作的摹拟处的指责。可以说，随园所谓“格调说无价值”之论，并不是对格调说立论之根本加以否定和抨击，因此，其有取于格调派处似亦隐有线索可寻。有关随园对诗歌的评论，只是在前述的其与沈德潜的论争中较为具体。而可以视为格调派的诗句，实并未在前述二例中全部举出，况且即以前述二例看，随园之论也不是非常有力的。因此，仅以此观之，已可知随园对什么是格调之精华的领会尚为浅薄，仅可视为提供了一些研究的线索和材料而已。

我在前面论述格调派专章中，已曾略举其诗例，现在此再举其七绝若干首，以作对照比较的材料，并试图通过这种比照不仅进一步显示出格调派的特点，而且也使其他两派的特点在相形中明确显现。

对一个创作丰富的诗派，如果预持党同伐异之见，那么，作为其敌对的诗派，必定会举出其中已经陷入明显弊病的劣作以作对其抨击之资，这种态度无疑是不可取的。因此，这里举出的格调派诗例，即尽量选取其中优秀的作品。

李梦阳诗如《正德元年郊祀歌》云：

坛官秉笏候金钟，月出西南照雪峰。
不向蓬莱看五色，那知天子是真龙。

《圣节闻驾出塞》云：

千官北首望龙旂，万国车马集凤围。
人骏穆王秋色远，几时亲拥白狼归。

《云中曲》云：

白登山寒低朔云，野马黄羊各一群。
冒顿曾围汉天子，胡儿惟说李将军。

《塞上》云：

天设居庸百二关，祁连更隔万重山。
不知谁放呼延入，昨日杨河大战还。

《汴中元夕》云：

中山孺子倚新妆，郑女燕姬独擅场。
齐唱宪王春乐府，金梁桥外月如霜。

《夏口夜泊别友人》云：

黄鹤楼前日欲低，汉阳城树乱乌啼。
孤舟夜泊东游客，恨杀长江不向西。

何景明诗如《别相饯诸友》云：

双井山边送客时，满林风雪倍相思。
西行万里遥回首，太华终南落日迟。

《送韩汝庆还关中》云：

华岳云台万里情，高秋落日眺秦城。
黄河一线通沧海，身在仙人掌上行。

李攀龙诗如《送子相归广陵》云：

广陵秋色雨中开，系马青枫江上台。
落日千帆低不度，惊涛一片雪山来。

《送刘户部督饷湖广》云：

锦帆南入楚云重，江上遥看衡岳峰。
落日苍茫秋不断，青天七十二芙蓉。

《寄送方山人归歙州》云：

河水悠悠雁影长，长安回首泪成行。
可怜三十年前客，明日扁舟是故乡。

《塞上曲送元美》云：

白羽如霜出塞寒，胡烽不断接长安。
城头一片西山月，多少征人马上看。

《和聂仪部明妃曲》云：

天山雪后北风寒，抱得琵琶马上弹。

曲罢不知青海月，徘徊犹作汉宫看。

王世贞诗如《从军行》云：

踢臂归来六博场，城中白羽募征羌。
相逢试解吴钩看，已是金河万里霜。

《西宫怨》云：

点点莲花漏未央，乍寒如水透罗裳。
谁怜金井梧桐露，一夜鸳鸯瓦上霜。

《正德宫词》云：

窄衫盘凤称身裁，玉靶雕弓月样开。
红粉别依回鹘队，君王新自虎城来。

《饮欧阳镇朔即事有赠》云：

旌旗春偃白龙堆，教客休停鹦鹉杯。
歌舞未残飞骑出，月中生缚左贤来。

从以上诸例看，李梦阳之作，雄丽沉劲者，可置唐人集中，其高华凄婉者，即以李白、王昌龄、高适、岑参，当亦不耻与之为伍，何况绝句在梦阳诸体中还是较为逊色者。何景明“双井”、“华岳”二首，可谓用意高深，托兴微婉，得王龙标、李供奉之佳境。李攀龙诸作，有高朗秀华者，亦有幽婉凄丽者，用工虽不同，但其所得之格调则甚为一致。王世贞“旌旗春偃”一首，其所得格调已广为人知，而“踢臂”、“点点”、“窄衫”三首之绝佳风调，即以嫌弃李王的钱谦益亦皆选取。以摹拟、肤廓、粗豪为理由而试图一扫李、何、李、王者，对于此类诗，不知会作何解说？随园虽抨击格调派，但于其佳妙处实是有所汲取的。

十三、随园与渔洋及其选诗之不同

如前所述，随园对渔洋的能力、创作的评论或能切中肯綮，但是如果不是无视渔洋的特色与长处，一味以所谓“神韵之说不足取”的态度对神韵说的理论本身加以攻击，则是不足以证明性灵说比神韵说要更为优越的。当然，随园并没有对神韵说本身直接驳难，也没有对具有神韵的作品的激烈诋諆。现试从随园与渔洋论诗的具体事例中揭示端倪。

渔洋在其诗话中认为晚唐人“布谷啼春雨，杏花红半村”之句不如盛唐人“兴阑啼鸟缓，坐久落花多”之句，随园则在引述后指出：

> 余以为真耳食之论。阮亭胸中，先有晚、盛之分，故不知两诗之各有妙境。若以浑成而言，转觉晚唐为胜。(《随园诗话》卷七)

从所引两诗来看，一为纯写景之句，一为在写景中含有人事意味之句，虽然随园以之比较意在指出渔洋之误，但是如果一定要比较两者的优劣，我倒认为渔洋之说更为合理。“兴阑”、“坐久”一联，可谓极得悠闲之致。“布谷”、“杏花”一联，诗句虽佳，但如“红半村”则颇见刻画之力，这一点正是与随园气味相投之处，但决不能称之为普遍意义上的“浑成”。要说“浑成”，其实倒是应当作为“兴阑”二句的评价。即使将这二诗的作者所处的盛唐、晚唐时代颠倒过来，对于这二诗本身也不能这样评价。从对这两联诗的评论，也可看出随园主张运用才智意匠的创作倾向。

随园认为，七言绝句是最适宜表现性情的体式。恰恰渔洋与随园两家都有对七绝的评论与选取，而这也足以体现出其诗学观之不同。

渔洋尝仿朱彝尊(竹垞)之例选宋人七绝佳作数十首，见于《池北偶续》，《带经堂诗话》卷九引之。现将其中我认为尤为出色且近于渔洋平生所倡诗趣者，抄录于下。苏舜钦诗如《淮中晚泊犊头》云：

春阴垂野草青青，时有幽花一树明。
晚泊孤舟古祠下，满川风雨看潮生。

《初晴游沧浪亭》云：

夜雨连明春水生，娇云浓暖弄微晴。
帘虚日薄花竹静，时有乳鸠相对鸣。

寇国宝诗如《题阊门外小寺壁》云：

黄叶西陂水漫流，籧篨风急滞扁舟。
夕阳暝色来千里，人语鸡声共一邱。

苏轼诗如《陌上花》云：

陌上花开蝴蝶飞，江山犹是昔人非。
遗民几度垂垂老，游女长歌缓缓归。

《读开元天宝遗事》云：

琵琶弦急滚梁州，羯鼓声高舞臂韝。
破费八姨三百万，大唐天子要缠头。

王安石诗如《乌塘》云：

乌塘渺渺绿平堤，堤上行人各有携。
试问春风何处好，辛夷如雪柘冈西。

张耒诗如《怀金陵》云：

曾作金陵烂漫游，北归尘土变衣裘。

芰荷声里孤舟雨，卧入江南第一州。

《雨中题壁》云：

去年此日泊瓜洲，衰柳萧萧客系舟。
白发天涯叹流落，今宵听雨古宣州。

晁补之诗如《扬州杂咏》云：

皂荚村南三四里，春江不隔一程遥。
双堤斗起如斗角，知是隋家万里桥。

黄庭坚诗如《题阳关图》云：

断肠声里无形影，画出无声亦断肠。
想得阳关更西路，北风低草现牛羊。

《雨中登岳阳楼望君山》云：

投荒万死鬓毛斑，生入瞿塘滟滪间。
未到江南先一笑，岳阳楼上对君山。

陆游诗如《重阳》云

照江丹叶一林霜，折得黄花更断肠。
商略此时须痛饮，细腰宫畔过重阳。

《小雨极凉舟中熟睡至夕》云：

舟中一雨扫飞蝇，半脱纶巾卧翠藤。
残梦未醒窗日晚，数声柔橹下巴陵。

姜夔诗如《姑苏怀古》云：

夜暗归云绕柁牙，江涵星影雁团沙。
行人怅望苏台柳，曾与吴王扫落花。

随园亦仿渔洋之例选宋人绝句数十首，现将其中若在渔洋必不选者数首抄录于下，以资比较(见于《随园诗话》卷十一，随园在此，未注明诗题及作者姓名，并非忘却所致，而是出于其论诗只论工拙不论时代的考虑而有意为之，现虽知道这些诗的作者，但为遵循随园本意，此亦不注明)：

昨日厨中乏短供，娇儿啼哭饭萝空。
阿娘摇手向儿道，爷有新诗上相公。

金针刺破南窗纸，偷引寒梅一阵香。
蝼蚁也知春富贵，倒拖花瓣上宫墙。

嘱咐花香莫过墙，隔墙人正绣鸳鸯。
闻香定要停针线，绣不成双不寄将。

春风永巷闭娉婷，长使青楼误得名。
不惜卷帘通一顾，怕君着眼未分明。

雾里江山看不真，只凭鸡犬认前村。
渡船满板霜如雪，印我青鞋第一痕。

月团新碾瀹花甆，饮罢呼儿课楚词。
风定小轩无落叶，青虫相对吐秋丝。

从以上两类诗例看，渔洋所选者虽首首有议论，但却闲远清淡、风神婉约，可谓宋诗之佳境。渔洋所谓“耳食纷纷说开宝，几人眼见宋元诗”，主张对宋元诗不可全废之论，就绝句方面而言，在其所引诸诗中已经得到充分的体现和证明。从神韵说对诗歌创作的要求看，其所引诸诗也完全具备得神韵者的几种基本因素。再看随园所选之诗，“昨日”一首，描写的是贫妇将其丈夫试图通过以新诗投赠宰相而期望得到擢用之事向饥饿而啼哭的小儿叙说的情景。“嘱咐”一首，是将花香拟人化，意为恐绣花之女停针赏花，因而嘱咐花香不要越过墙来。“春风”一首，是写青楼娼妓欲得嫖客之一顾而自卷帘的情景(原作别有寓意)。这三首诗皆为写人事、世情者，题材本身即为随园所喜好，所以“昨日”一诗与性灵派无涉，但却仍被选取，至若另两首中所描写的景物，则更是随园所喜好的了。另外，“金针”、“雾里”、“月团”三首皆为写景之作。在“金针”诗中，以针刺破窗纸而引入梅香以及蝼蚁倒拖花片等语，皆纤巧过甚，也就是如略无顾忌之言，遂成为“纤巧而俗”。诗人固不废纤巧，但却须保持品格，如杜甫诗“圆荷浮小叶，细麦落轻花”、“细雨鱼儿出，微风燕子斜”、“芹泥随燕觜，花蕊上蜂须”等，即纤巧而不俗。渔洋认为“人迹板桥霜”之句已近俗谛，而“雾里”一诗所云“印我青鞋第一痕”无疑比“人迹”之句更俗，其句品也几乎与日本俳句“落梅人不归，犬迹印痕多”(日文原句为“犬の足迹梅の花”，此为译者所译)之类相伯仲，然而随园却居然以之为清新。“月团”一诗，实全同村学究气味，虽然从声调看，如此诗转结二句尚无不可，但从全篇看，即不免野俚粗俗之气，然而随园亦竟然以之为足以发挥性灵者。对这三首写景诗的感受，大体可以说，其所描写的景物取之于卑近之处，其构思与联想近乎粗俗之气，而所遣之词又务求机巧。若仅将此与渔洋所选取之诗相较，其相异之处即已敻然可辨。

总之，对于格调、神韵、性灵三诗派的总体特征，从王、袁所举诗例以及我所举诗例来看，如果说格调派长于雄浑高华，神韵派喜好闲远清淡，性灵派则倾心于机巧轻妙，我想是可以为大多数学人所认可的。

十四、随园的诗歌创作

在对诗论的阐述中，本来是不必对诗歌创作加以评论的，因此虽然尽量避免引用创作之例，但是为了便于证明某种诗论，仍然不得不稍稍言及其创作情况。对于随园，也是如此。

随园《咏落花》诗有句云："春在东风原是梦，生非薄命不为花。"《春柳》诗云："骤开青眼如相识，抛得黄金便少年。"又云："绿影自遮南北渡，春痕分护短长桥。"《咏雪》诗云："方圆不定原无我，去住何心只问云。"《咏钱》诗云："解用何尝非俊物，不谈未必定清流。"《咏杖》诗云："年来孤往常无路，海内相扶尚有君。"《春兴》诗云："愁践落花时让路，爱生春水独凭栏。"《鬓边》诗云："会须自爱生前酒，难信人传死后诗。"《哭聪娘》诗云："羹是手调才有味，话无心曲不同商。"如此之类，皆如笔舌两用，才气横溢，与其诗说相对照，可谓基本一致的。另外，能体现清代诗风浅淡温润特点的如"汉水澹含三楚白，君山分作几船青"、"海色夜凉双雁语，江心人静一灯来"、"山馆夜凉分听雨，水窗花落共伤春"、"两度秋光来白下，一生风味爱南朝"；只以实字组合犹能具有优婉之致的如"杨花风定春堤雪，水面灯凉日暮云"、"四面云山新水榭，六朝歌管旧春愁"、"白下孤云芳草渡，龙门高浪夕阳天。"至若"水边花淡春将暮，山里梁空燕独归"，或"萧寺萤声何处听，栖霞山色谁为苍"，则可谓深得中晚唐之妙境。

随园为人不修操行，恣纵淫荡，即对前人有关男女艳色之事亦津津乐道，如云"卓氏酒垆三月断，鄂君翠被十年违"，但这里虽涉亵事，文辞尚雅。其又有人老亦可涉风情艳事之说，如云"若到风情老无分，夕阳不合照桃花"，不仅立意，即连措词亦全陷入说理之弊，但是随园本人却对这种诗中说理的方式甚为得意，在《随园诗话》中就可见到此意。洪亮吉尝评随园诗"如通天神狐，若醉即露尾"，日本评论家赖襄则将其比为"黠妓"。"黠妓"、"神狐"，就其智巧及妖冶柔媚方面而言，并非酷评。

随园有《马嵬》诗云："莫长当年长恨歌，人间亦自有银河。石壕村里夫妻别，泪比长生殿上多。"杜甫有《石壕吏》之作，是写在天宝之乱中，石壕村的老妇为官吏所迫代老夫从军之事。随园所谓民间老夫妇之泪比长生殿上玄宗与贵妃别离之泪还多，实全无诗情，空逞议论；遣词也仅小有巧妙，略无诚意动人。其中第二句“人间亦”的说法已使人生厌，而三四两句转结，也仅说流泪而已。随园强调作诗要语浅意深，但如此议论却决无动人之处。杜牧名句“东风不与周郎便，铜雀春深锁二乔”，固然意趣遣词皆佳，但仍以其过于议论而受到指责，更何况随园此诗！当然，对此诗也有赞赏者，但赞赏者亦必为在诗中好说理议论之人。

随园诗中亦甚好拟人之法。在中国的诗歌中，拟人之法虽屡屡为人所用，但若要运用得当，却甚为困难。其善者融汇自然并助人感兴，其不善者则不仅牵强凑泊，且时有滑稽甚至野俚之弊。宋人对此法好之，而宋诗亦即最为野俚。随园运用拟人之法的诗句如“山上春云如我懒，日高犹宿翠微巅”、“明月有情还约我，夜来相见杏花梢”，与宋代苏轼诗句如“岭上晴云披絮帽”、“东风知我欲山行”等一样，皆不免滑稽之嫌。然与此相比，同为东坡所作的“平淮忽失天远近，青山久与船低昂”，则可谓自然而顺当。随园由其追随宋诗的主张出发而屡用拟人手法，并对此法特别赞赏。如果说这其中也稍有可取之处的话，那么，则在于通过随园对此的论说而可以看出古人在这方面的糟粕所在。

要之，随园诗之长处，主要在于如前所举的笔舌两用、才气横溢，其浅淡温润处亦佳。然其喜好妖冶柔媚，甚至不厌浮薄鄙亵，在诗中发表议论，运用滑稽乃至野俚的拟人手法，则皆为不可取者。

十五、对性灵说的臆解

对于有关性灵的随园诗说，并结合其所推崇的诗例看，这一诗说的主要特点大略有以下十一条。

一曰贵清新避陈腐。清新是比较而言，如在六朝时文章雕馈满眼之际，北周的庾信创作出一种新鲜的诗风，后人即称庾信诗为清新，终究是与旧时陈腐的相对之辞。随园的清新则主要是针对李王格调派，因而李王等人倡汉、魏、盛唐，随园即取中晚唐、宋、元而与之相对抗。此外，渔洋的神韵说，亦非不取中晚唐、宋、元之境，但与随园所取者相比，性质上却有差异，比如“清”字，渔洋所取颇重此义，随园所取则将“清新”二字视为一义。确实，随园所取诗境，在格调派与神韵派所弃之不顾处作努力开掘之功，但也正因此，其在创作中，对自己认定为清新的中晚唐、宋、元的某种诗境致力摹拟，又不免有陈腐之感。不过尽管如此，其除去陈腐之气者还是有激赏价值的。

二曰贵轻妙弃庄重。格调派以庄重为贵，性灵派则以庄重为朴素且无巧妙可言，故采取弃置态度。

三曰贵机巧不喜典雅。所谓机巧，通俗的讲，就是动作灵巧，比之于人，则如才智充足，具有一触即发的思维和灵感。而轻妙即由机巧而生。与此相反，典雅若比之于人，则如老实而温顺的模样，与机巧截然不同。但从深层意义看，其实典雅之中却往往有大机巧存乎其间。

四曰以意匠运用为贵，以发挥自己性情为贵。凡是由自己艺术功夫中创造而出者皆为可贵，而模仿别人者最为禁忌。

五曰诗境取之于眼前卑近之处。在这一点上，与格调、神韵两派取自高远显然不同。

六曰以由自然风景咏及人事者为贵。尤其是以由人们日常有所经验之事揭示其间共通规律者为贵。

七曰以由风景咏及人情者为贵。由其所谓“写景易而言情难”之语，可见其偏重言情的主张。但是，这里并不是为了说明诗人对景与情的描写孰难孰易，而是试图说明写景流于平易的现象是由于在写景中苦心不足所造成。

八曰在人情之中，尤喜所谓“世话物”(译者注：世话物，指以日常生活为题材的“歌舞伎”等演剧)式的作品。这种倾向的发展，甚至达到本能主义的程度，不仅不弃浮薄鄙亵，反而以之作为对性灵的发挥。其所谓“清脆”、“芬芳悱恻”等语，表面上是就广义的性情而言，但实质上仍然主要是就情中的这一部分而言的。同样，在情的方面，性灵说也是与格调派贵诚实、神韵派贵兴趣完全不同的。

九曰与形式相比内容为贵。这从所谓“以意为主以辞彩为奴”之语已可明见。此语本身，固至为精当，但是这种主张体现于创作实际中时，形式究竟应当如何为佳，则成为一个问题了。我认为，文学的形式与内容必须同等重视，如果不管形式，只重内容，则不能构成真正的文学。但是，若从此语的背景看，则可知是随园试图与格调派、神韵派的重形式相对抗的产物。

十曰时与道德相背离。从与道德的关系看，格调派以道德为无理，以情的抒发为贵；神韵派与道德无涉；性灵派则进而敢于与道德相背离，并极文字游戏之能事。

十一曰善用虚字。从文字运用的角度看，如果说，格调派善用实字，神韵派善用叠字，那么，性灵派则可谓善于以虚字为斡旋。盖以虚字之斡旋，是最便于显露其才华锋芒的。但是，虚字斡旋得当，则意调流畅；而若失当，则难免靡弱之弊。

以上诸项，其中或有某些重复之处，然对于性灵派之宗旨，已可谓大抵如此。总之，性灵派长处，一言以蔽之曰“才”。

在此，余试对专逞才之诗派献上一言，曰：

> 逞才之诗，予读者以反省之余地；予反省之余地者，即同时予批评之余地。故唯可玩赏，而不能使人感动。

【评　介】

日本汉学家铃木虎雄1925年出版的《支那诗论史》(日本京都宏文堂书房刊行)，为三篇长篇论文，即《论格调、神韵、性灵之诗说》、《周汉诸家的诗说》和《魏晋南北朝时代的文学论》的合集，三文在1911年、1919年和1920年即分别发表于《艺文》杂志，应视为铃木虎雄对中国古代文学批评系统研究的开端。此书被孙俍工用《中国古代文艺论史》的书名译出，分上下册，由上海北新书局在1928年和1929年出版，1993年重刊影印本。广西人民出版社1989年9月出版了许总的新译本，名为《中国诗论史》。

铃木虎雄(1878—1963)，字子文，号豹轩，别号药房，被称为日本近代“中国文学研究的第一人”(《日本汉文学大事典》，明治书院1985年版)。他以《中国诗论史》获文学博士，这是日本第一部研究中国古代诗史的著作。1928—1931年参加《国民文库》的编辑，翻译《杜少陵诗集》，这是日本第一次全部译出杜甫诗歌的作品。1936年出版《赋诗大要》，探讨中国诗歌的体裁形式的发展历史。1948年出版《陶渊明诗解》，1950年出版《陆放翁诗解》，1953年出版《玉台新咏集》。创作汉诗数千首，辑为《豹轩诗钞》(6卷)。著有《支那文学研究》、《禹域战乱诗解》、《白乐天诗解》等。

中国学术界对中国文学批评史的研究，早期的当以陈中凡《中国文学批评史》(中华书局1927年版)、郭绍虞《中国文学批评史》(商务印书馆1934年版)、罗根泽《中国文学批评史》(人文书店1934年版)、方孝岳《中国文学批评》(世界书局1934年版)、朱润东《中国文学批评史大纲》(开明书店1944年版)为代表。但就论述中国诗史的丰富内涵及其价值的系统专著而言，铃木虎雄的《中国诗论史》最早刊行，其为中国文学批评史研究筚路蓝缕之功自不待言。况且，作为该书主要内容的《论格调、神韵、性灵之诗说》、《周汉诸家的诗说》、《魏晋南北朝时代的文学论》三篇系列论文早在1911年、1919年和1920年即分别发表于《艺文》杂志，可见其对中国诗论史乃至中国文学批评史的的创建性功绩。对此，当代著名汉学家吉川幸次郎早已指出："作为文学批评研究者，先生著有《中国诗论史》，这是一本不仅早于日本的学者，甚至还早于中国学者罗泽根、郭绍虞等人的批评史著作的划时代的创造性成果。"(吉川幸次郎《继承与开创——铃木虎雄先生的学术业绩》，《吉川幸次郎全集》第17卷)

细察陈中凡先生的《中国文学批评史》，其以铃木此书为架构借鉴，是有迹可寻的。但是，从中国学术界的总体看，铃木此书问世后并未得到清楚的了解和足够的认识，则不能不说为憾事。

该书第三篇《格调、神韵、性灵三诗说》第五章为《性灵说》，要旨如下：

一、渔洋殁后的诗论家

该节指出王渔洋殁后在诗论界为世所重者是沈德潜与袁枚。

二、沈德潜及其诗说

该节指出，"沈氏诗论的立足点可以说是温和的格调派，是兼采格调、神韵二说的精华部分而成"。"沈氏诗论，亦犹如其人，倡温柔敦厚之说，并以之标举于诗坛，趋附者甚众，也就是在这一时期，作为后辈的钱塘人袁枚，起而力倡反对王士祯、沈德潜之说。”

三、袁枚及其生活状态

该节指出，袁枚“仅以不娴满洲文字而出为江南溧水、江浦、江宁等县知县，这大概正是导致其终身有不平之气的重要原因”。袁枚在乾隆二十年以后筑随园后辞官闲居，过着舒适而放荡的生活。

四、袁枚性灵说大要

该节指出，“随园诗说，大体可以归纳为：任凭性情流露并加以自由地叙述，不受一切形式法则之束缚，弃去古人糟粕而行之以清新机巧，是为真诗。这种诗论主张，被称之为‘性灵’说，大概是取其以能使性情灵妙活用为贵之意”。这样就将性灵的意义延伸至了诗歌本体和诗歌创作两个维度。

五、袁枚诗学观渊源

该节举杨万里诗例指出，杨诚斋“诗中环境之平近而辞意之奇巧。随园云‘余不喜黄山谷而喜杨诚斋’(《随园诗话》卷八)，又云‘诚斋一代作手，谈何容易哉’(同上)，从其如此推服的程度，已可知性灵之说实有诚斋生发而来”。

六、性灵说与杨万里

该节举《随园诗话》卷一引杨万里之言并发挥之，指出，“诚斋以风趣作为写性灵的手段，随园则承之曰性灵，或又称性情。性情一词，在各处运用中，表面上看是同一个词，但其所包含的意义则由于不同的角度和认识而完全不同。格律即所谓格调，而由于其意在打破格调之说，因而又必然强调‘除性情则无格调’”。

七、性灵说其他渊源

该节指出，“杨诚斋对随园的影响，可以看作是宋诗中的性灵渊源。如果进一步上寻其渊源，则有晚唐诗人温庭筠”。

八、性灵说与袁宏道

该节指出，“随园在其所著《随园诗话》中，对其所崇奉的前代作者及自己诗说之所由来，都有详细的记述。然其中有未及一言但实为其诗说的一个重要来源者，是明末的袁宏道(中郎)。中郎兄弟排斥李王之肤廓并兼取中晚唐与宋元之诗”。

然而让作者困惑不解的是，“宏道在《序小修诗》中称誉其弟袁中道之诗云：‘独抒性灵，不拘格套，非从自己胸臆流出，不肯下笔。’即以‘性灵’与‘格套’相对使用，并加以明确的区别和轩轾。随园论诗，多言善辩，但却一言未及袁宏道，原因何在，尚待探考”。

九、随园诗说要点

(一)诗本于性情。

该节举《随园诗话》为例指出，“随园认为，诗的生命唯在性灵，古今佳作的成功也只以得性灵所致”，“作为自身性灵的抒发，则不必求之于高远，而可取之于卑近之处”，“对《诗经》之中先《国风》而后《雅》、《颂》，随园亦认为‘以国风近性情故也’(《随园诗话补遗》卷二)。其编诗集三十二卷，以七绝冠首，也正是本于此意”。

(二)诗中须有自我。

同样举《随园诗话》例指出，“充分发挥性灵的主张，也就是强调人须各有其个性”，“他对通过在艺术上的锻炼之功而形成自身个性与特色的赞赏，随处可见”。

(三)诗只论工拙不论朝代。

以《随园诗话》为例指出，“眼中无视古人成法，悉由自己性情出发，是性灵说的一个重要特征。随园所谓‘诗无一定标准，唯取其工’，正是基于以上的思想”。

(四)诗的作法与要求。

袁枚论诗，有关创作方法与要求，主要有以下五点：一曰以意为主，以辞采为奴。二曰意须精深，语须平淡。三曰要消化素材，不可囫囵吐枣。四曰用典故要无痕迹，不可用僻典。五曰写景易言情难。

十、随园对其他诸派的抨击

(一)对格调派

该文指出，“这里所说的格调派，即主要对明七子而言。随园认为，七子学唐，仅得皮相而尽失精神”，“格调派虽承认朝代特色，也承认个人特色，因而有某朝代的格调与某人的格调之说。随园则认为‘诗有工拙而无古今’，取消朝代之间的区别”。

(二)对神韵派

该文指出，“这里所说的神韵派，即主要对王渔洋而言。随园认为，渔洋既乏气魄，又乏真情”。“随园明确指出当时对渔洋诗的评价或失之于过高、或失之于过低，而其自身对渔洋诗的评说，或视为持平之论。”“随园进而认为，神韵可备诗中一格，适用于近体短章，但至若七言长篇、五言长律等形式则必然是不适用的。”

作者最后进行了小结，“从总体上看，随园对神韵派的抨击，只是限于对渔洋的能力、创作以及神韵说的应用场合适应不适应的范围，并未对神韵说本身加以否定。而即使其中含有否定之言，也并未明确说明否定的理由”。

(三)对温和的格调派

该文指出，“这里所谓的温和的格调派，主要是对沈德潜而言。沈德潜认为格调与神韵各有所长，因而对二者皆有所采纳”。

进而指出，袁枚在《答沈大宗伯论诗书》中以“尝谓诗有工拙而无古今”阐明自己论诗不以朝代为区别的主张，反对沈德潜只重唐之诗；“随园对沈德潜其他方面的论辩，主要是认为沈德潜选诗过于拘泥名教之论。”

针对“沈德潜以王次回之诗为‘害人心术’的‘温柔乡语’而加以斥责，与此相反，随园则云‘香奁诗，至本朝王次回，可称绝调’(《随园诗话补遗》卷三)而予以激赏”。作者指出，“有时某种作品在道德风教方面不足为训，而在文学方面却颇有价值，这在古今中外都是不乏其例的。在这方面，如果说沈德潜之见可谓‘不及’，那么袁枚之见则可谓‘过’了。但若仅就王次回的艳诗看，我倒宁可赞同沈氏之见”。

(四)对典故派

该文指出，“随园对于典故派，如前已略述一端，主要是排斥堆垛材料者，当然也并非绝对排斥用典”。因为，“随园认为，用典失之于多，是唐代李商隐以来形成的弊病。其对清代诗人受考证学风的影响所作如同类语字典之诗尤其加以排斥。随园尝论诗之三病，其中第一就是‘填书塞典，满纸死气，自矜淹博’”。

(五)对声调派

该文指出，“这里所谓的声调派，主要是指赵执信(饴山)之徒。赵执信著《声调谱》，是被称为受传于冯班、王士祯之法的有关古诗声调(平仄)之说”。“随园诗说，可谓近乎自由主义，因而对古诗声调之说，即认为毫不足取并加以嘲笑。”袁枚认为，“自古以来诗、骚、赋、乐府，皆自有声调，但却无谱可填，也就是说，只要恰到好处地自然形成音节，而不是照曲谱排填”。讲声调而圈平点仄以为谱者正是袁枚所指出的当时诗坛三病之一。

（六）对矢口派

该文指出，“所谓矢口派，并不是一个自成体系的流派，而只是指在诗歌创作中随口而出如同文字胪列的现象。随园所说的诗坛三病中的‘全无蕴藉，矢口而道，自夸直率’（《随园诗话补遗》卷三）就是指此”。

总之，“通观以上由对格调派直至对矢口派的议论，可见随园对其他诸派的抨击，不仅时有精妙之论，而且皆能切中各派之弊”。

十一、随园谈诗实例

作者首先以《随园诗话》为例说明袁枚眼中的佳作，“观此类诗句，皆绝无或雅奥或幽深可言，而是取之于卑近之境，行之以平易之语”。

又以沈德潜《清诗别裁集》中所选诗与袁枚对某些诗的评价为例，说明“沈氏所称赞的是在字面上也基于古人成句而加以组合者，袁氏所称赞的则是在诗意方面足以感人者”。随后“以随园将之与李白、温庭筠并称，誉为‘冰丝雪竹’的黄任（莘田）诗为例”，说明“从随园所谓的此类性情看，结合其有关性情的诗说及举例，这种性情与一般意义上的性情是不同的，而有着特定的含义和范围。因此，从某种意义上看，与其对其掩饰或美化，倒不如直接提出随园是否以近乎‘妓女嫖客之性情’为其所谓的‘性情’这一疑问”。

十二、随园与格调派

该文指出，“前述随园对格调派的抨击，只是认为其空疏处不足取，况且其所说的空疏也仅限于对倡格调者的创作的摹拟处的指责。可以说，随园所谓‘格调说无价值’之论，并不是对格调说立论之根本加以否定和抨击，因此，其有取于格调派处似亦隐有线索可寻。有关随园对诗歌的评论，只是在前述的其与沈德潜的论争中较为具体”，“因此，仅以此观之，已可知随园对什么是格调之精华的领会尚为浅薄，仅可视为提供了一些研究的线索和材料而已”。

十三、随园与渔洋及其选诗之不同

该节指出，“随园认为，七言绝句是最适宜表现性情的体式”，因此，该文以王渔洋与袁枚所选诗例进行对比，并指出，“总之，对于格调、神韵、性灵三诗派的总体特征，从王、袁所举诗例以及我所举诗例来看，如果说格调派长于雄浑高华，神韵派喜好闲远清淡，性灵派则倾心于机巧轻妙，我想是可以为大多数学人所认可的”。

十四、随园的诗歌创作

该文指出，“随园诗之长处，主要在于如前所举的笔舌两用、才气横溢，其浅淡温润处亦佳。然其喜好妖冶柔媚，甚至不厌浮薄鄙亵，在诗中发表议论，运用滑稽乃至野俚的拟人手法，则皆为不可取者”。

十五、对性灵说的臆解

该文认为，对于有关性灵的随园诗说，并结合其所推崇的诗例看，这一诗说的主要特点大致有以下十一条，

一“贵清新避陈腐”。二“贵轻妙弃庄重”。三“贵机巧不喜典雅”。四“以意匠运用为贵，以发挥自己性情为贵”。五“诗境取之于眼前卑近之处”。六“以由自然风景咏及人事者为贵。尤其是以由人们日常有所经验之事揭示其间共通规律者为贵。”七“以由风景咏及人情者为贵”。八“在人情之中，尤喜所谓‘世话物’式的作品”。九“与形式相比内容为贵”。十“与道德相背离”。十一“善用虚字”。

统观全文，该文结尾处对性灵派进行了总结，“性灵派长处，一言以蔽之曰‘才’”。“逞才之诗，予读者以反省之余地；予反省之余地者，即同时予批评之余地。故唯可玩赏，而不能使人感动。”

据上述可知，该文不但在日本汉学界而且在国内也为较早详细阐释袁枚诗学的专文。该文以五大类十五个小类论述了袁枚所处的诗坛生态环境、生平经历及个性特征；袁枚性灵说的渊源及其与袁宏道性灵说的关系；袁枚性灵说的内涵、要点、对诸派的攻击、谈诗实例；与七子格调派、王渔洋神韵派的关系及其选诗的不同、袁枚诗歌创作特点；对袁枚性灵说的理解等有关内容。

该文论述逻辑层次清晰、内容简明扼要，一直把袁枚性灵说放在明清诗论史的宏阔背景下，并在与格调派、神韵派诗学观的比较中凸

显袁枚的性灵说，纵横对比视野开阔地论述，很有说服力。而且，除了运用袁枚诗论进行说理以外，还注意到袁枚的选诗、谈诗及其诗歌创作实践等一切与诗论有关的活动，这样综合全面的考察，就加深了对袁枚性灵说内涵的挖掘。

当然，该文的一些结论也有值得商榷之处，譬如，第十一《随园谈诗实例》中认为袁枚性灵说的“性情”近乎“妓女嫖客之性情”就为后来的学者所诟病。再如，文中显示的沈德潜格调说与袁枚性灵说对比过程中，作者对沈德潜格调说的过于热衷，也并非客观评价的正确态度。但瑕不掩瑜，该文作为较早论述袁枚性灵说的专章，在袁枚研究史上筚路蓝缕的作用功不可没。

引申阅读：

1. 胡明：《论袁枚诗性灵说》，载《文学评论》1982 年第 6 期。

2. 顾远芗：《随园诗说的研究》，北京：中国书店 1988 年 3 月据商务印书馆 1936 年版影印。

3. 郭绍虞：《照隅室古典文学论集（上编）》，上海：上海古籍出版社 1983 年第 1 版，2009 年第 2 版。

4. [日]青木正儿著，杨铁婴译：《清代文学评论史》第六章《格调、性灵两诗说的对立》第二节《袁枚（随园）的性灵说》，北京：中国社会科学出版社 1988 年版。

5. 王英志：《袁枚评传》第十一章《诗论与诗学批评》，南京：南京大学出版社 2002 年版。

6. [日]松下忠著，范建明译：《江户时代的诗风诗论：兼论明清三大诗论及其影响》，北京：学苑出版社 2008 年版。

铃木虎雄袁枚研究主要作品目录：

铃木虎雄 1925 年出版的《支那诗论史》被孙俍工用《中国古代文艺论史》的书名译出，分上下册，由上海北新书局在 1928 年和 1929 年出版。广西人民出版社 1989 年 9 月出版了许总的新译本《中国诗论史》，其第三篇《格调、神韵、性灵三诗说》第五章为《性灵说》。

2. 顾远芗《随园诗说的研究》【存目】

【评　介】

顾远芗《随园诗说的研究》，中国书店1988年3月据商务印书馆1936年版影印。

顾远芗，理学士。1937年抗战初期，以理化实验室人员的身份被聘为编辑在上海商务印书馆辞源增订处参与汇编《辞源》正续编合订本的工作。1940—1942年为沪江大学助教。除著有《随园诗说的研究》外，还发表《性灵诗说的臆解》(《天籁》1937年第2期第22卷)、《陆放翁的恋爱悲剧考》(《小说月报》1942年第22期)等论文。译著为《有机化合物之系统鉴定法》(上海商务印书馆1946年8月初版)、《浣洗化学》(商务印书馆1951年4月版)。

该书堪称对袁枚诗论进行全面系统研究的第一部专著。该书对性灵诗说的意义、源流和性灵说的内容论、形式论、创作论、鉴赏论等分别予以探讨，认为性灵是“浓厚的感情和灵敏的感觉”，亦即“内性的灵感”，成一家之言。

该书共分十章，第一章《倡性灵诗说者袁枚》；第二章《性灵诗说的意义》；第三章《性灵诗说的源流》；第四章《性灵诗说的时代背景与当时的诗派》；第五章《性灵诗说底诗的概观》；第六章《性灵诗说底诗的内容论》；第七章《性灵诗说底诗的形式论》；第八章《性灵诗说底诗的创作论》；第九章《性灵诗说底诗的赏鉴论》；第十章《结论》。

该书关于袁枚性灵论的观点有三，一是对袁枚所标举“性灵”一词涵义的探讨。前此学界或从语源学上着眼于杨万里、袁宏道等人所言“性灵”对袁枚的影响，或从语义学角度注目于《随园诗话》中使用“性灵”一词之意义，该书则详细考察了古代诸多诗论、画论以及诗文创作中对“性灵”一词的不同解释。作者对“性灵”一词的着力探讨，无疑是十分有意义的。倘连“性灵”之涵义都甚朦胧，对随园诗学的评价也就难免有蹈空之嫌了。

对于性灵说的意义，作者说：“前人所用的性灵的意义，很不一致；有作情感解，有作灵悟解，有作智慧解，有作天趣解。”他以为这种种解释，都与袁枚所谓“性灵”不全同。因此，他举了袁枚《钱玙沙先生诗序》中“既离性情，又乏灵机”一语，以为是性灵的意义。并指出这里的“性灵是作内性的灵感讲”，“所谓内性的灵感，是内性的感情和感觉的综合。”

另外，该部分还探讨了袁枚在中国文学史上的身份和地位，“称他为大思想家则似属太过；称他为大诗人，还不如称他为诗论家。在中国讨论诗的原理的人不多，而且多半是很浅肤，或很荒谬的。像随园这样的人，就很不易找到。他爱好诗，所以能够有精确的见解。”

二是对“性灵说”之溯源。作者着重探讨袁枚、杨万里两者之同，以力证袁枚受杨万里影响最大，把杨万里看作性灵说的直系，并对铃木虎雄以袁枚诗学源于温庭筠的说法表示异议。关于《随园诗话》中暗袭杨万里之说的地方，该书列举出了三点：(一)推崇晚唐，(二)新和翻案，(三)反对和韵。

除杨万里外，该文认为对袁枚诗学极具影响的是袁宏道，该文总结了袁枚、袁宏道诗学的三点相似之处。作者于此对“性灵说”渊源的探析，尤其是将前人不甚注意而袁枚又多持贬词的袁宏道作为“性灵说”之“旁系”，是具有创见的。

另外该部分还思考了袁枚为什么极口称道杨万里而绝不提及袁宏道的缘故。“宏道兄弟，在袁枚那时最被人看不起。所著的书，亦便在这时禁止和焚毁。因此他在诗话里便很少说到袁宏道。”

该书把袁枚性灵诗说产生的原因归结为：(一)国家的升平；(二)袁枚生活的舒适和天才的卓越；(三)格调派、神韵派和考证诗的反动。

三是对“性灵说”理论体系的内在观照。该书第六章至第九章关于“性灵说”的内容论、形式论、创作论、鉴赏论的阐说，显然是对“性灵说”理论体系的内在观照。该书关于袁枚性灵论的三个观点，前两点一直是学界探讨的热点，该书虽间有发明而多袭陈说。第三点学界虽偶有论及而开拓不深，该书又是以现代批评理论笼括袁枚诗学，故其中多有发明和创造。

仅以第六章“内容论”为例，以“情感”为袁枚诗学“内容论”之中心命题，抓住了袁枚论诗之根本所在，而且对前人陈说多有澄清。例如，对铃木虎雄说袁枚所谓性情，殆是近于“妓女嫖客的性情”，“性灵派所贵的一言以蔽之曰才”，“任才的诗……只是玩弄，不能使人感动”。对于这些误解，作者通过大量例证指出，“随园所说的情，原包有人道的，恋爱的，审美的，和解悟的情，决不是像铃氏所说的那样的狭小。”“才智或想象，不过是独在的领会，而独在的领会即是诗的真，所以愈重视才智，诗也愈‘真实’。”

因此，关于诗之“真”，顾远芗认为，袁枚所主张的“真”不是指理智的实在(Actuality)，而是指情绪的真实(Reality)。也为独到见解。在形式论、创作论、鉴赏论诸章节中，该书亦颇多独创之论。

该文结论部分还举例指出袁枚的诗对袁枚诗论的襄助之功，袁枚的诗论“之能改一时的风气，实赖他的诗的成功。一个学理，若无事实的佐证，很难得使人信服，他因为一方面是负有盛名的诗坛盟主”，“所以他能将其诗说广布”。“同样地，随园的诗，于其诗说之成功，是大有关系。”“随园集中，尤其是五七古，游戏之作太多。是其缺点。”“但大体多纵横如意，情感洋溢之作。乾嘉之间实少其匹。”

总之，该书对袁枚“性灵说”诗学体系的这种颇具现代批评意识的独特观照，不独为学界切入古典诗学批评领域提供了一个崭新的理论视角，而且使颇为零散、随感式的袁枚诗学批评获得了条理化、系统化的理性生命。

该书作为对袁枚诗论进行全面系统研究的第一部专著，作为采用新方法对古典诗学研究的首次尝试，难免会出现一些不尽如人意的地方，譬如，该书认为袁枚性灵说产生的原因之一是由于对“格调派神韵派和考证诗的反动”，就有些不太准确。另外，该书借鉴日本学者铃木虎雄关于袁枚研究的成果和方法较多，并且指出了铃木虎雄有关袁枚诗论的不当之处，但对于有些原因却语焉不详。还有，该书用现代批评理论的内容论、形式论、创作论、鉴赏论来阐释袁枚诗学未必能够完全囊括袁枚“性灵说”的内涵。

引申阅读：

1. 胡明：《论袁枚诗性灵说》，载《文学评论》1982 年第 6 期。

2. [日]铃木虎雄著，许总译：《中国诗论史》第三篇《格调、神韵、性灵三诗说》第五章《性灵说》，南宁：广西人民出版社 1989 年版。

3. 郭绍虞：《照隅室古典文学论集(上编)》，上海：上海古籍出版社 1983 年第 1 版，2009 年第 2 版。

4. 王英志：《袁枚评传》第十一章《诗论与诗学批评》，南京：南京大学出版社 2002 年版。

5. [日]松下忠著，范建明译：《江户时代的诗风诗论：兼论明清三大诗论及其影响》，北京：学苑出版社 2008 年版。

顾远芗袁枚研究主要作品目录：

1. 顾远芗：《随园诗说的研究》，北京：中国书店 1988 年 3 月据商务印书馆 1936 年版影印。

2. 顾远芗：《性灵诗说的臆解》，载《天籁》1937 年第 2 期第 22 卷。

3. 郭绍虞《性灵说》

【引　文】(节选)

四、袁枚

(一)与当时诗坛之关系

随园诗论颇为一般人所误解。误解的原因，我想约有几种：(一)由于他的为人，放诞风流，与旧礼教不相容，于是轻视其诗，于是抹煞其诗论。章实斋便可算是这方面的代表。不仅如此，即在与随园齐名的赵瓯北，犹且有不满的论调。不过章实斋说得严正一些，而瓯北则以游戏笔墨出之，多少带些幽默风味而已。(二)由于他的为诗，淫哇纤佻，与正统派不相容，于是以其诗为野狐禅，而诗论遂也连带遭殃了。王兰泉等又可说是这方面的代表。沈归愚所以与之往复辩难者也在这一点。(三)由于他的诗话，收取太滥，不加别择。梁章钜《退庵随笔》卷二十亦称其“所录非达官即闺媛，大意在标榜风流，颇无足观”。此也是招实斋攻击的一点。因此，论诗之语亦不复为人所注意。(四)由于他的为学，随园虽喜博览，也谈考据，然不免芜杂，不免浮浅。孙志祖《读书脞录》中订正其诗话谬误之处，便有好几条。在清代考据学风正盛之时，此类书籍，当然不易为人所推重。

有了上述的几种原因，所以随园诗论，在当时虽也曾披靡一时的诗坛，然而到了身后，非惟继起无人，即求不背师说者已不可多得了；非惟不背师说，即求不至入室操戈者也不可多得了。吴嵩梁《石溪舫诗话》中称“攻之者大半即其门生故旧”。恽敬《孙九成墓志铭》，称“天下士人名子才弟子，大者规上第冒膴仕；下者亦可奔走形势，为囊橐酒食声色之资，及子才捐馆舍，遂反唇睽目，深诋曲毁以立门户"(《大云山房文稿》二集卷四)。此中关系，我以为决不是很简单的势利问题。世固有以捧先师为文坛登龙之术者矣！假使他的学说，并不为人误解，决不致如此的。虽则，这也脱不了一些势利的关系。

我尝以为一个人的诗论，与其诗的作风，固然有关系，然也不必一定有太密切的关系。《沧浪诗话》之论诗，其所见到的，未必即是《沧浪吟卷》中所做到的。因此，我们看《小仓山房诗集》中的诗，他所做到的，未必全是《随园诗话》中所论到的。一般人不满意于他诗的淫哇纤佻，遂以为性灵说只是为此种作风之护符而已。以这种关系去看性灵说，于是也减低了性灵说的价值。随园之门生故旧，生前则喜其标榜，身后则反唇相讥，恐怕全从这种误解上来的。

然则在他生前，何以不便早立门户呢？那又有所不能。恽敬在《孙九成墓志铭》中说过："子才以巧丽宏诞之词动天下，贵游及豪富少年，乐其无检，靡然从之。其时老师宿濡与为往复，而才辨悬绝，皆为所摧败，不能出气且数十年。"这话是很确实的。他有绝大的天才，利用这天才，所以他有"言伪而辨，记丑而博，顺非而泽"的本领。横说竖说，反正全是他的理由。老师宿儒犹且为所摧败不能出气，一般少年，尤其所谓聪明的少年，还不投其门下为小喽啰吗？待至"规上第冒膴仕"，地位确定，一方面没有随园的才气，一方面又恐为正统派所指摘，于是向之趋附随园者，转以攻击随园指斥随园为能事。"声气盛衰至于如此，亦可叹也"，恽敬的感喟也不是徒然的。胡适之先生的《章实斋年谱》即称章实斋的攻击随园，也在随园死的那年。不敢攻之于生前，而大放厥辞于死后，这种态度固然不足取，然而一方面却正可反证出随园在生前虽则遭到一般人的嫉视，而不能不承认他有自己辩护他自己的本领。

我们须知随园的天分既高，其所持论也确能成立系统。论其诗的作风，诚不免有纤佻之弊，卖弄一些小智小慧，有使诗走上魔道的危险，至于由其诗论而言，则四面八方处处顾到，却是无懈可击。所以我说随园的诗论埋没在他的《诗话》中间，而被误会于其诗的作风。

所以我们对于他的诗论，应当注意两点：(一)为什么在其身后避到后人的攻击，诋諆？这即是我们上文所论述的。除了这点，我们更应注意(二)为什么在他生前却又遭到时人的拥护，却不见当时的论难，却只见他的摧败他的论敌？“笔阵横扫千人军”，在当时，整个的诗坛上，似乎只见他的理论，其他作风，其他主张，都成为他的败鳞残甲。这更是值得注意的一点。

近人每谓他的诗论是格调派神韵派和考证诗的反动(顾远芗《随园诗说的研究》页七十)，实则随园对于神韵说还相当的推崇，而且王渔洋的时代较早，神韵一派在当时已成强弩之末，只有沈归愚所创导的格调派，却正在幸运的时期，假使说他对于当时诗坛的反抗，那么无宁指格调一派为较为近理。格调派很有些像明代的前后七子，有褒衣大袑气象，立论不可谓不正，而所得在肤廓形貌之间；随园则又有些公安、竟陵的派头，好与正统派反抗。然而沈归愚的论诗主张，既搀以温柔敦厚的成分，袁随园的论诗主张，也不全是公安的话头。所以公安、竟陵之诗论，犹易为人所垢病，而随园之诗论，虽建筑在性灵上面，却是千门万户，无所不备。假使仅就诗论而言，随园的主张却是无可非难的。

随园的诗论，除了对格调派表示反抗外，其次便是对于浙派的反抗。格调派执了当时诗坛的牛耳，浙派则执了随园本乡诗坛的牛耳。此二种诗风，恐怕给予随园的不快之感为最深一些。他说：“七子击鼓鸣钲，专唱宫商大调，易生人厌。”(《诗话》卷四)他说：“明七子貌袭盛唐，而若辈(浙派)乃皮傅残宋，弃鱼菽而啖豨苓，尤无谓也。”(《文集》卷十一《万柘坡诗集跋》)受了这种刺激，所以他要标举性灵二字，以为当时诗流的针砭。

这些都是指诗人之诗。又当时诗坛，实在再有一派是学者之诗。清代学者既以淹博自矜，那么作诗当然要填书塞典，一字一句自注来历了。这些诗，也是随园所反对的。一言性灵，这些诗全在打倒之列。他在诗坛，既四面八方的树敌，当然也须建立四平八稳的诗论，才足以应付他的诗敌。

所以随园诗论由好的方面说，是面面顾到，成为一种比较完善的纯粹诗人的诗论。由坏的方面说，则正因如此关系，所以《随园诗话》中又多攘窃昔人诗论的地方。他可以吸收，接受或征引昔人的诗论，但是他不应盗袭或攘窃昔人的诗论。《随园诗话》中引他人之说，而加以说明者，不是我们所应指摘的地方。至如论诗有力量犹弓之斗力，见《彦周诗话》，论元遗山《有情芍药》一首出《归田诗话》；此外采冯班《钝吟杂录》、叶燮《原诗》，及李重华《贞一斋诗说》者也有好些条，都不曾注明出处，则是随园为要建立四平八稳的诗论，为要善取人长，而不免取他人之说为己有了。

朱东润先生《袁枚文学批评论述评》谓“随园论诗亦言变，其说实承横山之遗蕴”，实则，随园不仅接受横山之遗蕴，也且接受以前一切诗论之遗蕴。他接受以前一切诗论，同时又破除以前一切诗论。这是他性灵说所以能组成系统的主要原因。沈归愚自谓承横山遗教，实则所得至浅，横山《原诗》所论，也是多方面的，而归愚则仅得其一端而已。千秋论定，横山知己，乃在随园，是亦至堪惊异之事矣。

（二）性灵与神韵

我于一九二七年旧作《中国文学批评史上之神气说》一文，以为沧浪论诗拈出神字，渔洋论诗更拈出韵字。论神，如画中之神品；论神韵，则如画中之逸品。神品难到，故前后七子为沧浪所误，只成肤廓之音；而逸品之入妙者自然也入神境，所以渔洋之诗风神独绝，自成一格。因此，再论到超尘绝俗之韵致，自有个性存在着，所以能肖其为人。因此，再说到性灵之说，即从神韵说转变而来。

这话，说得不很详尽，或者犹易引起误解。我以为神韵说中所以能流露个性，即在神韵境界多出于情与景的融浃。王船山的诗论，即因指出这一点，所以虽不曾标举神韵之目，实已含有神韵之义。因此，在神韵诗中虽不易见其个人强烈的情感，却易见其个人的风度。神韵说与性灵说同样重在个性，重在有我，不过程度不同，神韵说说得抽象一些，性灵说说得具体一些而已。

在这一点上，随园与渔洋是并不反对的。其《再答李少鹤尺牍》云：“足下论诗讲体格二字固佳，仆意神韵二字尤为要紧。体格是后天空架子，可仿而能；神韵是先天真性情，不可强而至。”这即是我谓神韵说所以必须有我的原因。讲格调可以离性情，讲神韵却不能离性情。所以他的《续诗品》论神悟云：“鸟啼花落，皆与神通，人不能悟，付之飘风；惟我诗人，众妙扶智，但见性情，不著文字。”神韵诗之妙，正在“但见性情，不著文字”，使无性情可见，则神韵也流为空格调耳。不过神韵诗之见其性情，是在情景融浃之中，所以说来不着迹象，不呆相，不滞相。须于鸟啼花落之中皆与神通，然后才见诗人之能事。所以我说神韵说之于性情，不过说得抽象一些而已，不过是间接的关系而已，却并非可以不顾性灵也。渔洋之失，正在拈出神韵二字，所以落了王、孟格调。王船山便比他聪明，只讲情景融浃之妙，却不肯建立门庭。随园诗说中于这一方面恐怕未加注意，否则他对于船山诗说，一定可有相当的发挥。

我们明白了上文所述，然后知道随园对于渔洋的批评，所谓“清才未合长依傍，雅调如何可诋諆，我奉渔洋如貌执，不相菲薄不相师”云云(《论诗》)，所谓“本朝古文之有方望溪，犹诗之有阮亭，俱为一代正宗，而才力自薄，近人尊之者诗文必弱，诋之者诗文必粗”云云(《诗话》卷二)，所谓“阮亭于气魄性情俱有所短”云云(《诗话》卷四)，这些话若由性灵说的立场而言，不能不说是极公允的评论。

(三)怎样建立他的性灵说

先一言在旧礼教观念下一般人对于随园的批评。

我们不能不承认袁子才是性情中人。赵瓯北说：“有百金之赠辄登诗话揄扬。”(《两般秋雨盦随笔》卷一《赵翼戏控袁简斋词》)这在随园也并不讳言的。人家虽诋为“斯文走狗”，然而他于生平受恩知己念念不忘，这即是其性情厚处。① 又章实斋说：“诬枉风骚误后生，猖狂相率赋闲情，春风花树多蝴蝶，都是随园蛊变成。”(《题随园诗话》十二首之一)这在随园也是承认的。他并不自讳其短，所以他不欲删去集中被一般人所认为轻薄的华言风语(见《答朱石君尚书》)。这也即是其性情真处。前一点是他的为人，与诗论无关；后一点是他的为诗，正是他诗论的出发点。

冯钝吟与袁随园的诗论，实在都是为艳体诗找到根据。钝吟无艳行，不致像袁枚这样被洪亮吉称为通天神狐，故其论诗以温柔敦厚为旨。以温柔敦厚为旨则美人香草别有寄托，所以不妨为艳体。随园则不然。“占人间之艳福，游海内之名山”、“引诱良家子女，蛾眉都拜门生”，这都是赵瓯北戏控文中所定的罪案。他为这种关系，受到赵

---

① 见《批本随园诗话》页六十九，又李元度《先正事略》中所述袁简斋事亦屡言其孝友天性，待人接物忠厚诚恳之处。

瓯北游戏态度的骂，受到章实斋严肃态度的骂。生前受到骂，死后还挨着骂。然而随园却并不介意。他要“暴生平得失于天下，然后天下明明然可指可按，而后以存其真”(见《小仓山房尺牍》卷三《答家惠缵孝廉》)。“掩不善以著其善”，“先已居心不净”(见《答朱石君尚书》)。所以，他于《国风》所有男女慕悦之诗，不主风刺之说，而以为男女自述淫情；他不必再讲有什么寄托，他不妨大胆地说这是自述淫情。因此，他在这方面便建立他的性灵说。

然而，假使他仅仅在这方面建立他的性灵说，似乎犹觉得无谓。我们须知他是一个独来独往的人，他是一个思想解放的人。他做古文，不归附桐城派，他讲考据不附和吴派或皖派，因此，他做诗更不喜欢集于沈归愚的旗帜之下。他处处在表现自己，他有他自己一贯的思想。因此，他不讲理学，不讲佛学，以及不信任何阴阳术数。他在《答朱石君尺牍》中说得好：“枚今年八十一矣，夕死有余，朝闻不足，家数已成，试称于众曰，袁某文士，行路之人，或不以为非；倘称于众曰，袁某理学，行路之人，必掩口而笑。”(《小仓山房尺牍》九)他要成他自己的家数，所以不为传统思想所束缚，所以不随时风众势为转移。于是，随园在众人的心目中，便几乎成为叛徒了。

“三代后无真理学，六经中有伪文章”，这是杨用修的话，而随园却最称赞这两句(见《诗话》卷二)。本于这种见解以论诗，所以他重在“着我”。“竟似古人，何处着我”，这虽是他《续诗品》中的话，实在也可以算是随园的中心思想。盖他处处重在自我表现，所以要着我以存其真。“举生平得失于天下”，所以他不自讳其跅弛之处；“惟其无所愧于心，是以无所择于口”(见《答朱石君尚书》)。所以，一方面不是假道学，而一方面也不是奖励轻薄。人家看他是礼教的叛徒，他却有他自我的人生观。易言之，也即可说是真理学。由这一点看来，所以他的性灵说，还并不是专为艳体诗辩护。照他这一套思想理论推衍下去，当然不废艳体，但是须注意，却不是奖励艳体。随园是一个极通达的人，我们研究随园的思想，假使拘泥着看，假使偏执着看，也不会得随园之真的。所以冯钝吟的诗论我们可以说他为艳体诗找到了根据，袁随园的诗论虽也近似而其实不然。

他是在这种思想上面建立了他的性灵说。

何以说他是个极通达的人呢？他有两句很幽默的话。他在七十三岁的时候，以腹疾不愈作歌自挽，在那时，他曾有《答钱竹初》，解释所以自挽之故。他说："闲居无理，不善饮，不工博弈，结习未忘，作诗自挽，邀人共挽，借游戏篇章聊以自娱，不自知其达，亦不自知其不达也。"(《尺犊》卷七)"不自知其达，亦不自知其不达"，正是他的通达之处。他绝对不肯执着一端的。正因他不肯执着一端，所以我上文说他，四面八方树立诗敌，而却能四平八稳建立诗论。我们看他的为人，看他的思想，看他的学问，都应着眼在这一点。

所以他这样主张"真"，却是真而不率。他也曾说过当时诗坛的流弊，而"全无蕴藉，矢口而道，自夸真率"者，也是他的所谓三弊之一(见《诗话补遗》卷三)。随园论学，本不赞成陆象山、王阳明的良知之说。其书《大学补传后》云："孟子所谓良知者，即言人性善之绪余耳。扩充四端，正有无穷学力，非教人终身诵之，肫然如新生之犊也。"(《小仓山房文集》卷三十)他虽重在天才，但是他不废后天的学问经验。知道他这一点思想，然后知道他的性灵说，虽重在真，而并不废学。我总觉得偏执着一端以窥测随园，总如盲人扪象，难见其全。

(四)性灵说的意义

于是，我们可以讲到他性灵说的意义。近人顾远芗《随园诗说的研究》，曾有一章讨论过这问题。他说："前人所用的性灵的意义，很不一致；有作情感解，有作灵悟解，有作智慧解，又作天趣解。"(页三五)他以为这种解释，都与随园所谓"性灵"不全同。因此，他举了随园《钱玙沙先生诗序》中"既离性情，又乏灵机"一语，以为是性灵的意义。因说：

> 在人的内性包括感情和感觉；感情是由于刺激，感觉则属于理智。随园所说的性情，即是指感情和从感觉得来的独见，有人名之曰，独在的领会。所以随园的话，就是说，他们缺乏浓厚的感情，和灵敏的感觉。简单地说缺乏内性的灵感。
>
> 由此可见性灵诗说的性灵，是不能用前人的几种解择来解释。这里的性灵是作内性的灵感讲。所谓内性的灵感，是内性的

感情和感觉的综合。(页五一)

他以性灵为内性的感情和感觉的综合，也未尝不是。不过我的看法，也是上文所说在他人可以偏执一端者，在他却融会贯通之以另成一种新说。所以可以说是诸种近于矛盾观念的综合。

假使说“性”近于实感，则“灵”便近于想象。而随园诗论也即是实感与想象的综合。《诗话》卷十云：“予最爱言情之作，读之如桓子野闻歌辄唤奈何。”这即是重在实感说的。他不肯和他友人的《扈从纪事诗》，他以为“目之所未瞻，身之所未到，勉强为之，有如茅檐曝背，高话金銮”(《尺牍》卷四《答云坡大司寇》)。即是说想象也须从实感引起。由想象言则可以说：“星月驱使，华岳奔驰”(《续诗品·用笔》)，由实感言则毕竟是“心为人籁，诚中形外”(《续诗品·斋心》)，所以说“诗难其真也，有性情而后真”(《诗话》卷七)。

因此，假使说“性”是情的表现，则“灵”便是才的表现，而随园诗论也可说是情与才的综合。他说：“才者情之发，才盛则情深。……苟非弇雅之才，难语希声之妙”(《外集》卷二《李红亭诗序》)，即是说情的表现有藉于才。他批评“东坡诗有才而无情”(《诗话》卷七)，是又说才的表现也有藉于情。《诗话》卷九云“诗有音节清脆，如雪竹冰丝，非人间凡响，皆由天性使然，非关学问”，此所谓“天性”，固有才的成分，而似重在情。《诗话》卷十五云“诗文自须学力，然用笔构思全凭天分”，此所谓天分，也有情的成分，而似重在才。至性出于天赋，灵机亦本天成。

假使说“性”近于韵，则“灵”便近于趣。随园诗论又可说是韵与趣的综合。他说：“诗如言也，口齿不清，拉杂万语，愈多愈厌；口齿清矣，又须言之有味，听之可爱方妙。若对妇絮谈，武夫作闹，无名贵气，又何藉乎。”(《诗话》卷三)“口齿不清”，即由无韵，生就俗骨，便强托风雅不来。“言之有味，听之可爱”，即由有趣。谈笑风生，便是趣的表现。他批评“东坡诗多趣而少韵”(《诗话》卷七)，东坡虽不能谓为俗物，以口齿不清相拟，然而他不足于东坡者乃在其“近体少蕴酿烹炼之功，……绝无弦外之音，味外之味”(《诗话》卷三)。则是由于才掩其情，所以有此情形。不解风趣，固是不妙，太讲风趣，似乎觉得风光狼藉，也有些煞风景。

因此，由情与韵的表现则重在真；由才与趣的表现则重在活，重在新。《诗话》卷三引王阳明说云："人之诗文先取真意。譬如童子，垂髫肃揖，自有佳致，若带假面，伛偻而装须髯，便令人生憎。"又引顾宁人说云："足下诗文非不佳，奈下笔时胸中总有一杜一韩，放不过去，此诗文所以不至也。"所以他论诗处处重在一"真"字。真，是性分的事，然而仍不能不涉及笔性，"笔性灵则写忠厚节义俱有生气；笔性笨虽咏闺房儿女，亦少风情"（《诗话补》卷二），所以要重在活。《诗话补遗》卷五云"一切诗文总须字立纸上，不可字卧纸上，人活则立，人死则卧，用笔亦然"，立即活的表现。《诗话》卷十五云"人可以木，诗不可以木"，木即是不灵，即近于死。所以引陆放翁诗云："文章切忌参死句。"（《诗话》卷七）不参死句参活句，这便是灵分的事。活句如何参？在戛戛生新，在超隽能新。《诗话》卷四引姜白石云："人所易言，我寡言之；人所难言，我易言之，诗便不俗。"所以他论作诗之法，常讲到进一步着想，常讲到从翻案着想。这样，自然新也自然活。惟活能创造新，也惟新能显出活。

看到他"真"与"活"和"新"这几点意义，然后知道他的性灵说，处处在这几点阐发。《诗话补遗》卷九引左兰城说云："凡作诗文者宁可如野马，不可如疲驴。"又卷十云："诗不能作甘言，便作辣语荒唐语亦复可爱。"这是真，然而真中带着活气。《诗话》卷六谓"诗情愈痴愈妙"，因举红兰主人《归途赠朱赞皇》句"此宵我有逢君梦，梦里逢君见我无"等为例。这也是真，然而真中有新意。《诗话补遗》卷十云："左思之才，高于潘岳、谢朓之才，爽于灵运，何也？以其超隽能新故也。"这是新，然而新中有活气，有真意。《诗话》卷一云："熊掌豹胎，食之至珍贵者也，生吞活剥，不如一蔬一笋矣；牡丹芍药，花之至富丽者也，剪彩为之，不如野蓼山葵矣。味欲其鲜，趣欲其真，人必知此而后可与论诗。"这即是他的性灵说。

（五）修正的性灵说

如上文所述，仅仅可以说明性灵说的意义，然而尚不能窥见随园诗论之全。我们须知如上文所述，是杨万里、袁宏道诸人所同具的见解，随园似乎更进乎此。后来一辈人，对于性灵诗的误解，对于性灵诗论的误解，全由于只见到这一点。最明显的例，如铃木虎雄的《中国古代文艺论史》中说随园所谓性情，殆是近于以妓女嫖客的性情为性情，这即是误解了性灵诗论。他再说：“性灵派所贵的一言以蔽之曰才。”“任才的诗是给与读者以反省的余地的。给与以反省的余地的，同时也给与以批评的余地。一面读，一面批评，故只是玩弄，不能使人感动。”这实在又是误解了性灵诗。这种解释的错误，顾远芗氏已经指摘过。然而顾氏却没有指出为什么他会有这种误解？

大概随园也就恐怕人家会有这种误解，所以他不赞成“矢口而道自夸真率”的诗(《诗话补遗》卷三)。所以他要分别淡之与枯，新之与纤，朴之与拙，健之与粗，华之与浮，清之与薄，厚重之与笨滞，纵横之与杂乱(见《诗话》卷二及《续诗品·辨征》)。我们须知随园论诗虽重天分，然而却不废工力；随园作诗虽尚自然，然而却不废雕琢。他正因要防范这种真而带率，新而近纤的流弊，故其论诗，天分与学力，内容与形式，自然与雕琢，平淡与精深，学古与师心，举凡一切矛盾冲突的观点，总是双管齐下，不稍偏畸的。这样讲性灵诗，然后有性灵诗之长，而没有性灵诗的流弊。

性灵诗的流弊是什么？即是滑，即是浮，即是纤佻。纤佻之弊，由于卖弄一些小聪明，尽管小涉风趣，而总嫌其露，总嫌其薄，读过数首以上便不免令人生厌了。欲医此病，端赖学力。有学力才能生变化，才能耐寻味。生变化则不觉其单调，耐寻味则不觉其浅薄。所以说：“万卷山积，一篇吟成，诗之与书，有情无情。钟鼓非乐，舍之何鸣！易牙善烹，先羞百牲。不从糟粕，安得精英！曰‘不关学’，终非正声。”(《续诗品·博习》)这是为初学说的。“初学者正要他肯雕刻方去费心，肯用典方去读书”(《诗话》卷六)。初学不怕没有才，只怕没有学。到了晚年，学问成就，但是老手颓唐，所谓“老去诗篇浑漫与”，即杜老也不能免此。所以不怕没有学，只怕不肯精思。于是又有浮与滑之病。随园为此，又屡为老年人说法。其《人老莫作诗》一首云：“莺老莫调舌，人老莫作诗，往往精神衰，重复多繁词。香山与放翁，此病均不免，奚况于吾曹，行行当自勉。”(《小仓山房诗集》卷二十五)《诗话》卷十四亦中此意。《续诗品》中论《精思》云：“疾行善步，两不能全；暴长之物，其亡忽焉。文不加点，兴到语耳！孔明天才，思十反矣。惟思之精，屈曲超迈，人居屋中，我来天外。”

因此，由随园之诗言，或不免有浮滑纤佻之作；由随园之诗论言，实在并未主浮滑纤佻之旨。不仅如此，并且有力戒浮滑纤佻之意。谓予不信，再观下论。

他以为诗有先天，有后天。“诗文之作意用笔，如美人之发肤巧笑，先天也；诗文之征文用典，如美人之衣裳首饰，后天也”(《诗话补遗》卷六)。作意用笔关于才，征文用典关于学，天分学力两不可废。于是再以射喻：“诗如射也，一题到手，如射之有鹄，能者一箭中，不能者千万箭不能中。能之精者正中其心，次者中其心之半，再其次者与鹄相离不远，其下焉者则旁穿杂出，而无可捉摸焉。其中不中，不离天分学力四字。孟子曰：‘其至尔力，其中非尔力。’至是学力，中是天分。”(《诗话补遗》卷六)据此，他何尝偏重在天分方面！“诗难其真也，有性情而后真；否则敷衍成文矣；诗难其雅也，有学问而后雅；否则俚鄙率意矣”(《诗话补遗》卷六)。提出一雅字为目标，所以他并不反对师古，也不反对用典，因为这是后天的事。《续诗品·安雅》云：“虽真不雅，庸奴叱咤，悖矣曾规，野哉孔骂。君子不然，芳花当齿，言必先王，左图右史。沈夸征栗，刘怯题糕，想见古人，射古为招。”论诗到此，几疑随园诗论，自相凿枘了。“诗以真性情为标榜，势不得不搁置学问”(语见朱东润《袁枚文学批评论述》)，但是随园的诗论，却正要以学问济其性情。

诗既有先天后天之别，于是也有天籁人巧之分。《诗话》卷四云：“萧子显自称凡有著作，特寡思功，须其自来，不以力构。此即陆放翁所谓‘文章本天然，妙手偶得之’也。薛道衡登吟榻构思，闻人声则怒。陈后山作诗，家人为之逐去猫犬，婴儿都寄别家。此即少陵所谓‘语不惊人死不休’也。二者不可偏废，盖诗有从天籁来者、有从人巧得者，不可执一以求。”天籁人巧也难偏废，所以随园论诗也并不偏重在天籁方面。不仅如此，他正要以人巧济天籁。《诗话》卷一云：“人称才大者如万里黄河与泥沙俱下，余以为此粗才，非大才也。大才如海水接天，波涛浴日，所见皆金银宫阙，奇花异草，安得有泥沙污人眼界耶?”“才人胆大”，所虑的便是恃才奔放，不加检点。

《诗话》卷五引叶书山语云:“人功未极则天籁亦无因而至,虽云天籁,亦须从人功求之。”这即是我所谓以人巧济天籁的意思。

以学问济性情,以人巧济天籁,然后有篇有句,方称名手。《诗话》卷五云:“诗有篇无句者,通首清老,一气浑成,恰无佳句,令人传诵;有有句无篇者,一首之中非无可传之句,而通体不称,难入作家之选。二者一欠天分,一欠学力。”以学问济性情,以人巧济天籁,然后用的虽是名家的工夫,而到的却可以是大家的境地。《诗话》卷一云:“余道作者自命当作名家,而使后人置我于大家之中,不可自命为大家,而转使后人屏我于名家之外。”这般注意,然后大家才气与名家工夫可以合而为一。《诗话》卷三云:“诗虽奇伟,而不能揉磨入细,未免粗才;诗虽幽俊,而不能展拓开张,终窘边幅。有作用人,放之则弥六合,收之则敛方寸,巨刃摩天,金针刺绣,一以贯之者也。”我所谓他于矛盾观念中而得到调和者便是如此。

现在,索性再讲一些关于诗的后天的事。

他不反对藻饰。《续诗品·振采》云:“明珠非白,精金非黄。美人当前,烂如朝阳。虽抱仙骨,亦由严妆。匪沐何洁!非熏何香!西施蓬发,终竟不臧。若非华羽,曷别凤凰!”又《答孙俌之》云:“诗文之道总以出色为主,譬如眉目口耳,人人皆有,何以女美西施,男美宋朝哉!无他,出色故也。”(《尺牍》卷十)《诗话》卷七亦有此说,并引韩昌黎、皇甫持正之语,以伸色采贵华之说。他以为“圣如尧舜,有山龙藻火之章;淡如仙佛,有琼楼玉宇之号。彼击瓦击,披裋褐者,终非名家。”然而我们假使根据这些言语便以为随园论诗,重在藻饰,那便大误。《诗话》卷十二又引宋诗话云:“郭功甫如二十四味大排筵席,非不华侈,而求其适口者少矣。”以为此喻当录之座右,然则随园岂肯仅仅在藻饰上用工夫的。《诗话补遗》卷四云:“今之描诗者东拉西扯,左支右捂,都从故纸堆来,不从性情流出。”可知词藻原应以性情为根本。

他不反对音节。他以为音韵风华都不可少(见《诗话》卷五)。“同一著述,文曰作,诗曰吟”(《诗话》)。便可知诗之音节不可不讲。因此,凡“但贪序事毫无音节者”不能谓为诗之正宗。“落笔不经意,动乃成韩、苏”,这正是彼之所戒(《诗话》卷二)。不过他虽重音节而对于“开口言盛唐，及好用古人韵者”，他讥谓木偶演戏(《诗话》卷五)；对于“讲声调而圈平点仄以为谱者，戒蜂腰鹤膝叠韵双声以为严者”，他也认为诗流之弊(《诗话补遗》卷三)。那么他又何尝专在音节上作考究!

他也不反对用典。他自谓每作咏古咏物诗必将此题之书籍无所不收(《诗话》卷一)，可知他也不废獭祭的工夫。他以为“用典如陈设古玩，各有攸宜，或宜堂，或宜室，或宜书舍，或宜山斋”(《诗话》卷六)，可知他又何尝一定要废典不用。“不从糟粕，安得精英”！他对于初学，正以为“肯用典方去读书”呢！然而他又以为杜诗韩文无一字无来历，乃宋人之附会，二人妙处正在没有来历。“怜渠直道当时事，不着心源傍古人”，这是元微之称杜甫的话。“惟古于词必己出，降而不能乃剽贼”，这是韩愈铭樊宗师的话。二人之诗文何尝以来历自豪(《诗话》卷三)。其《仿元遗山论诗》云：“天涯有客太(《诗话》卷五太作号)诊痴，错(《诗话》作误)把抄书当作诗，抄到钟嵘《诗品》日，该他知道性灵时。”(《小仓山房诗集》卷二十七)则又显然的以为“诗之传者都自性灵不关堆垛”了(《诗话》卷五)。“用一僻典，如请生客，如何选材，而可不择”(《续诗品·选材》)，则僻典不宜用也；“人有典而不用，犹之有权势而不逞”(《诗话》卷一)，则即普通之典亦不宜多用也。用典虽如陈设古玩，然而明窗净几，正有以绝无一物为佳者。那么，专想以用典逞能者，又适为随园之所笑了。

他也不反对学古。《诗话》卷五谓“古来门户虽各自标新，亦各有所祖述”；又谓“古人各成一家，业已传名而去，后人不得不兼综条贯，相题行事”。由前一义言，是标新立格，全由学古得来；由后一义言，是各种风格各种体制，都可研习以猎取精华。然而才说学古，便又说学古之弊。“不学古人，法无一可；竟似古人，何处着我!”(《续诗品·着我》)所以说：“人悦西施，不悦西施之影，明七子之学唐，是西施之影也。”(《诗话》卷五)这样，所以要得鱼忘筌，不要刻舟求剑(《诗话》卷二)，要与之梦中神合，不可使其白昼现形(《诗话》卷六)，要字字古有而言言古无(《续诗品·着我》)，所以说：“人闲居时不可一刻无古人，落笔时不可一刻有古人，平居有古人，而学力方深，落笔无古人，而精神始出。”然则他的主张还是以性灵为根本。

此外，他不主理语，而又以《大雅》“于缉熙敬止，不闻亦式，不谏亦人”诸语，为何等古妙！(《诗话》卷三)谓考据家不可与论诗，然又谓太不知考据者，亦不可与论诗(《诗话》卷十三)。类此诸例，多不胜举，总之他关于诗的后天诸事，是才立一义便破一义，才破一义复立一义的。为什么要如此？他即怕人家执着，即怕人家不达。扶得东来西又倒，为诗说教，他不得不有这番苦心。

我们须认清，他所讲的许多诗的后天的事，仍是以性灵为根本。惟其以性灵为根本，所以不要在这些问题上，充分讲究以别立一格。他盖以一般讲性灵者，只重在先天的方面而不注意后天的方面，所以颇有流弊。他便想矫正这些流弊，所以兼顾到诗的后天的事。由其不欲在这些问题上充分讲究以别立一格言，所以他才立一义便破一义，才破一义复立一义者，不为矛盾自陷。由其不欲只重在诗之先天的方面而兼顾到后天的方面言，所以他一方面讲性灵，而一方面讲音节风华等，也不为自相凿枘。

所以我们称他为修正的性灵说。

一般性灵说所标榜者为自然，为浑成，为朴，为淡。随园所论，也是如此；不过他较人家为多用一番工夫。“诗宜朴不宜巧，然必须大巧之朴；诗宜淡不宜浓，然必须浓后之淡”(《诗话》卷五)。大巧之朴，朴而不拙，浓后之淡，淡而不枯。毫厘之差，失以千里，其分别在是，其所以欲辨别者也在是。《诗话》卷七引陆钱语云：“凡人作诗，一题到手，必有一种供给应付之语，老僧常谈，不召自来，若作家必如谢绝泛交，尽行麾去，然后心精独运，自出新裁，及其成后，又必浑成精当，无斧凿痕，方称合作。”《诗话》卷八引《漫斋语录》云：“诗用意要精深，下语要平淡。”总之都是深入显出之义。“得之虽苦，出之须甘，出人意外者，仍须在人意中”(《诗话》卷六)。这两句，真是至理名言。论及随园诗论，不可不注意及此。

惟然，所以他要勇改。《续诗品》云：“千招不来，仓猝忽至；十年矜宠，一朝捐弃。人贵知足，惟学不然。人功不竭，天巧不传。知一重非，进一重境，亦有生金，一铸而定。”惟然，所以他于勇改之后更要灭迹。《续诗品》又云：“织锦有迹，岂曰蕙娘；修月无痕，乃号吴刚。白傅改诗，不留一字。今读其诗，平平无异。意深词浅，思苦言甘，寥寥千年，此妙谁探。”

这即是所谓以学问济性情，以人巧济天籁的意思。《诗话》卷三云：“诗不可不改，不可多改。不改则心浮，多改则机窒。要像初搨黄庭，刚到恰好处。”不可不改者指人巧言，不可多改者指天籁言。从人巧再还到天籁，这是随园与一般主性灵说者不同的地方。

随园论诗，何以会如此呢？这有二因。其一，即我们以前屡屡提及的清代文学批评共同的风气。他们都想于调和融合之中以自成其一家之言。其二，我们更须知道随园诗论与其诗的作风有关。舒铁云《瓶水斋诗话》有云：“袁简斋以诗古文主东南坛坫，海内争颂其集，然耳食者居多。惟王仲瞿游随园门下，谓先生诗惟七律为可贵，余体皆非造极。余读《小仓山房集》一过，始叹仲瞿为知言。尝论七律至杜少陵而始盛且备，为一变；李义山瓣香于杜而易其面目为一变；至宋陆放翁专工此体，而集其成为一变；凡三变而诸家之为是体者不能出其范围矣。随园七律又能一变，虽智巧所寓，亦风会攸关也。”我觉得此论颇具卓识。论随园诗，论随园的诗论，都应看出这一点。随园正因长于七律，所以他论诗之谈，真将此中甘苦，和盘托出者，也在七律的方面。《诗话》卷五有一节便论到这问题。

> 作古体诗，极迟不过两日，可得佳构；作近体诗或竟十日不成一首。何也？盖古体地位宽余，可使才气卷轴，而近体之妙须不着一字自得风流。天籁不来，人力亦无如何。今人动轻近体而重古风，盖于此道未得甘苦者也。叶庶子书山曰，“子言固然，然人功未极则天籁亦无因而至，虽云天籁亦须从人功求之”，知言哉！

这一节话很有关系。他所谓天籁不来人力亦无如何，即是他的性灵说。叶氏所谓人功未极则天籁亦无因而至，即是他的修改的性灵说。一般主性灵说者不一定长于律诗，所以可以搁置学问；而随园却欲于七律之中讲究性灵，则安得不顾到学问，安得不注重人巧！因此，其非自相凿枘明甚。

【评　介】

该文1938年发表在《燕京学报》第23期，后仍以“性灵说”为题收入郭绍虞《照隅室古典文学论集》(上编)(上海古籍出版社，1983年第1版，2009年第2版)和《郭绍虞说文论》(上海古籍出版社，2000年第1版)。该文的第四部分《袁枚》还收录在郭绍虞《中国文学批评史》(百花文艺出版社，1999年第1版，2008年第2版)。

郭绍虞(1893—1984)，原名希汾，字绍虞，江苏苏州人。中国语言学家、文学家、文学批评史家、书法家、教育家。20世纪20年代初，与茅盾、叶圣陶等创立文学研究会。新中国成立后任复旦大学中文系主任、上海文联副主席、上海作协副主席、上海语文学会副会长、《辞海》副主编、同济大学文学院前院长、复旦大学首批博士生导师之一。主要致力于中国古典文学、中国文学批评史、中国语言学、音韵学、训诂学、书法理论等方面的研究。著有《中国文学批评史》、《沧浪诗话校释》、《宋诗话考》、《宋诗话辑佚》。以照隅室为斋名，晚年刊有《照隅室古典文学论集》、《照隅室语言文字论集》、《照隅室杂著》三种。郭绍虞为中国文学批评史学科的创建和发展做出了贡献，同时旁及古今语法修辞。书法也有精深造诣，为海内外学者所尊崇。

该长文由四部分组成，一、序言；二、杨万里；三、袁宏道；四、袁枚。

该文序言部分认为，《虞书》、《诗序》、《文赋》、《诗品》、《文心雕龙》、《颜氏家训》等中的有关论述都可以说是性灵说的滥觞和雏形，但不能称此为性灵说，“因为性灵说的特点之一，在发现有我”。李白、白居易和邵雍等人的有关诗句抒写了自我，但我们也不能称此为性灵说，因为性灵说的又一特点，“乃在对于正统派或格调派的反抗”。杨万里、袁宏道、袁枚三人足为性灵说的代表，然而有些分别：“杨万里之诗论重在前一义，而袁宏道与袁枚之诗论则重在后一义。由前一义言，所以犹近于神韵说；由后一义言，所以只成为格调说的反动。”

第二部分《杨万里》认为，杨万里论诗颇带禅味，“以禅论诗的结果，总偏于悟”，“禅悟的结果归于自得，禅悟的结果发见自我”。因此，杨万里从江西诗派入，不仅不从江西诗派出，并且树起了反江西诗派的旗帜。正因这一点，杨万里论诗虽亦以禅相喻，而其结论却不同严羽一样，又适为以后袁枚性灵说的先声。有此关系，“《随园诗话》中似有暗袭杨万里之说之处。”

第三部分《袁宏道》，并未指出袁宏道与袁枚之间的关系，此处不再详述。

第四部分《袁枚》为该长文的重点部分，包含五目：

第一目《与当时诗坛之关系》认为，袁枚诗论除《随园诗话》外，散见于《小仓山房诗文集》中。其主张颇为一般人误解。误解的原因：

(一)“由于他的为人，放诞风流，与旧礼教不相容，于是轻视其诗，于是抹煞其诗论。”章学诚、赵翼可算这方面的代表。

(二)“由于他的为诗，淫哇纤佻，与正统派不相容，于是以其诗为野狐禅，而诗论遂也连带遭殃了。”王兰泉、沈德潜可以说是这方面的代表。

(三)“由于他的诗话，收取太滥，不加别择。”此也是招章学诚攻击的一点。

(四)“由于他的为学，袁枚虽喜博览，也谈考据，然不免芜杂，不免浮浅。”

铃木虎雄对袁枚“性灵说”内涵的总结概括，既梳理了《随园诗话》的诗学品评，又考察了《小仓山房诗集》的诗歌创作。郭绍虞反对这样的研究方法，“我尝以为一个人的诗论，与其诗的作风，固然有关系，然也不必一定有太密切的关系”。“我们看《小仓山房诗集》中的诗，他所做到的，未必全是《随园诗话》中所论到的。一般人不满意于他诗的淫哇纤佻，遂以为性灵说只是为此种作风之护符而已。以这种关系去看性灵说，于是也减低了性灵说的价值。”认为袁枚诗作的艺术成就，与袁枚所主张的“性灵说”的诗学价值，应该拉开距离来分析研究。

作者进而评说袁枚对当时诗坛各派的态度，袁枚对神韵说相当推崇，而且王士禛的时代较早，神韵一派在当时已成强弩之末，只有沈德潜所创导的格调派，却正在幸运时期。格调派的论诗主张，既挽以温柔敦厚的成分，立论不可谓不正，而所得却在肤廓形貌之间；袁枚之诗论，虽建筑在性灵上面，却是千门万户，无所不备。仅就诗论而言，袁枚的主张是无可非难的。

袁枚的诗论，“除了对格调派表示反抗外，其次便是对于浙派的反抗。格调派执了当时诗坛的牛耳，浙派则执了随园本乡诗坛的牛耳”。所以，袁枚要标举性灵二字，以为当时诗流的针砭。当时诗坛再有一派是学者之诗，“清代学者既以淹博自矜，那么作诗当然要填书塞典，一字一句自注来历了”。这些诗，也是袁枚所反对的。袁枚在诗坛，“既四面八方的树敌，当然也须建立四平八稳的诗论，才足以应付他的诗敌”。所以袁枚诗论“由好的方面说，是面面顾到成为一种比较完善的纯粹诗人的诗论”，由坏的方面说，则正因如此关系，所以有时“善取人长，而不免取他人之说为已有了”。

第二目《性灵与神韵》认为，性灵说是从神韵说转变而来。“神韵说中所以能流露个性，即在神韵境界多出于情与景的融浃。”王夫之的诗论，即已指出这一点，虽未标举神韵之目，实已含有神韵之义。因此，“在神韵诗中虽不易见其个人强烈的感情，却易见其个人的风度。神韵说与性灵说同样重在个性，重在有我，不过程度不同，神韵说说得抽象一些，性灵说说得具体一些而已”。

在这一点上，袁枚与王士禛并不反对，“讲格调可以离性情，讲神韵却不能离性情”，“不过神韵诗之见其性情，是在情景融浃之中，所以说来不着迹象，不呆相，不滞相”。所以，“神韵说之于性情，不过说得抽象一些而已，不过是间接的关系而已”，原不是与性灵有冲突的地方。“渔洋之失，正在拈出神韵二字，所以落了王、孟格调。王船山便比他聪明，只讲情景融浃之妙，却不肯建立门庭。随园诗说中于这一方面恐怕未加注意，否则他对于船山诗说，一定可有相当的发挥。”由此，我们也可以理解袁枚对王士禛的批评了。

第三目《怎样建立他的性灵说》认为，“人家虽诋为‘斯文走狗’，然而他于生平受恩知己念念不忘，这即是其性情厚处”，“不欲删去集中被一般人所认为轻薄的华言风语，这也即是其性情真处”。“前一点是他的为人，与诗论无关；后一点是他的为诗，正是他诗论的出发点。”

冯班与袁枚的诗论，实在都是为艳体诗找到根据。冯班“无艳行，不致像袁枚这样被洪亮吉称为通天神狐，故其论诗以温柔敦厚为旨。以温柔敦厚为旨则美人香草别有寄托，所以不妨为艳体”。然而袁枚重在“着我”，这可算是袁枚的中心思想。“盖他处处重在自我表现，所以要着我以存其真。”所以他的性灵说并不是专为艳体诗辩护。当然他不废艳体诗，但也不是奖励艳体。冯班的诗论为艳体诗找到了根据，袁枚的诗论虽也近似，而其实不然。他是在这种思想上面建立了他的性灵说。袁枚是个极通达之人，他绝不肯执着一端。“他主张‘真’，却是真而不率”，却是尚才情而不废学问，“他虽重在天才，但是他不废后天的学问经验”。

第四目《性灵说的意义》首先不满意近人顾远芗《随园诗说的研究》以性灵为内性的感情和感觉的综合，认为，“假使说‘性’近于实感，则‘灵’便近于想象。随园诗论也即是实感与想象的综合”；“假使说‘性’是情的表现，则‘灵’便是才的表现，而随园诗论也可说是情与才的综合”；“假使说‘性’近于韵，则‘灵’便近于趣，随园诗论又可说是韵与趣的综合”。

“由情与韵的表现则重在真；由才与趣的表现则重在活，重在新。”真，是性分的事，然而仍不能不涉及笔性，所以要重在活。他论作诗之法，常讲到进一步着想，常讲到从翻案着想。这样，自然新也自然活。惟活能创造新，也惟新能显出活。看到他“真”与“活”和“新”这几点意义，然后知道他的性灵说，处处在这几点阐发。

第五目《修正的性灵说》开篇指出，“如上文所述，仅仅可以说明性灵说的意义，然而尚不能窥见随园诗论之全。我们须知如上文所述，是杨万里、袁宏道诸人所同具的见解，随园似乎更进乎此。后来一辈人，对于性灵诗的误解，对于性灵诗论的误解，全由于只见到这一点。”遂以铃木虎雄《中国古代文艺论史》中对袁枚性灵诗论、性灵诗的解释为例，并指出“这种解释的错误，顾远芗氏已经指摘过。然而顾氏却没有指出为什么他会有这种误解?”

接着指出，“随园论诗虽重天分，然而却不废工力；随园作诗虽尚自然，然而却不废雕琢。他正因要防范这种真而带率、新而近纤的流弊，故其论诗，天分与学力，内容与形式，自然与雕琢，平淡与精深，学古与师心，举凡一切矛盾冲突的观点，总是双管齐下，不稍偏畸的”。

进而指出，“性灵诗的流弊是什么？即是滑，即是浮，即是纤佻”。“欲医此病，端赖学力。有学力才能生变化，才能耐寻味。”因此，“由随园之诗言，或不免有浮滑纤佻之作；由随园之诗论言，实在并未主浮滑纤佻之旨”。

然后，作者解释了为什么称袁枚的性灵说“为修正的性灵说”，“他盖以一般讲性灵者，只重在先天的方面而不注意后天的方面，所以颇有流弊。他便想矫正这些流弊，所以兼顾到诗的后天的事。由其不欲在这些问题上充分讲究以别立一格言，所以他才立一义便破一义，才破一义复立一义者，不为矛盾自陷。由其不欲只重在诗之先天的方面而兼顾到后天的方面言，所以他一方面讲性灵，而一方面讲音节风华等等，也不为自相凿枘”。

继而，作者告诉我们袁枚的性灵说“为修正的性灵说”，表现在：

“一般性灵说所标榜者为自然，为浑成，为朴，为淡，袁枚所论，也是如此，不过他较人家为多用一番功夫。”“‘诗宜朴不宜巧，然必须大巧之朴；诗宜淡不宜浓，然必须浓后之淡’（《诗话》卷五）。大巧之朴，朴而不拙，浓后之淡，淡而不枯。毫厘之差，失以千里，其分别在是，其所以欲辨别者也在是。”“‘得之虽苦，出之须甘；出人意外者，仍须在人意中。’……论及袁枚诗论，不可不注意及此。”“惟然，所以他要勇改”，“所以他于勇改之后更要灭迹”。“不可不改者指人巧言，不可多改者指天籁言。从人巧再还到天籁，这是随园与一般主性灵说者不同的地方。”

作者还告诉我们，“随园论诗，何以会如此呢？……其一，即我们以前屡屡提及的清代文学批评共同的风气。他们都想于调和融合之中以自成其一家之言。其二，我们更须知道随园诗论与其诗的作风有关”。袁枚正因长于七律，所以他论诗之谈，真能将此甘苦和盘托出者，也即在七律方面。“一般主性灵说者不一定长于律诗，所以可以搁置学问；而随园却欲于七律之中讲究性灵，则安得不顾到学问，安得不注重人巧！”

由上述可知，该文重点部分《袁枚》，从四个角度详细辨析了袁枚的性灵诗论，第一目《与当时诗坛之关系》讲袁枚在当时诗坛八面树敌；第二目《性灵与神韵》认为性灵说是从神韵说转变而来；第三目《怎样建立他的性灵说》认为袁枚重在“着我”，这是袁枚诗论的中心思想。所以他的性灵说并不是专为艳体诗辩护，他是在这种思想上面建立了他的性灵说。第四目《性灵说的意义》认为袁枚的性灵说重在“真”、“活”、“新”上阐发。第五目《修正的性灵说》解释了为什么称袁枚的性灵说“为修正的性灵说”、表现在什么方面及其产生的原因。

该文可称是袁枚研究史上第一篇较为客观公正总结和评价袁枚性灵诗学的专论。后代学人关于袁枚性灵说的研究，大多参照该文的见解或在该文的基础上立论，因此该文在袁枚研究史上、中国诗学史上都具有里程碑的意义。

引申阅读：

1. 胡明：《论袁枚诗性灵说》，载《文学评论》1982 年第 6 期。

2. 顾远芗：《随园诗说的研究》，北京：中国书店 1988 年 3 月据商务印书馆 1936 年版影印。

3. 凌云(编者注：王英志笔名)：《袁枚〈续诗品〉简论》，载《苏州大学学报》1985 年第 1 期。

4. [日]铃木虎雄著，许总译：《中国诗论史》第三篇《格调、神韵、性灵三诗说》第五章《性灵说》，南宁：广西人民出版社 1989 年版。

5. 王英志：《袁枚评传》第十一章《诗论与诗学批评》，南京：南京大学出版社 2002 年版。

6. 李瑞豪：《不一样的“性情”——洪亮吉与袁枚“性情”观的差异》，载《文艺理论研究》2008 年第 4 期。

7. [日]松下忠著，范建明译：《江户时代的诗风诗论：兼论明清三大诗论及其影响》，北京：学苑出版社 2008 年版。

郭绍虞袁枚研究主要作品目录：

1. 郭绍虞：《性灵说》，1938 年发表在《燕京学报》第 23 期，后收入郭绍虞《照隅室古典文学论集》(上编)(上海古籍出版社，1983 年第 1 版，2009 年第 2 版)和《郭绍虞说文论》(上海古籍出版社，2000 年第 1 版)。该文的第四部分《袁枚》还收录在郭绍虞《中国文学批评史》(百花文艺出版社，1999 年第 1 版，2008 年第 2 版)。

2. 郭绍虞:《中国诗的神韵格调及性灵说》，台北：庄严出版社 1982 年版。

4. 钱锺书《谈艺录》论袁枚【存目】

【评　介】

钱锺书《谈艺录》，开明书店1948年6月初版，中华书局1984年9月补订本第1版。

钱锺书(1910—1998)，原名仰先，字哲良，后改名钟书，字默存，号槐聚，曾用笔名中书君，江苏无锡人。中国现代著名作家、文学研究家。主要著作有：1937年《十七世纪英国文学里的中国》、《十八世纪英国文学里的中国》(牛津大学学士学位毕业论文)；1941年《写在人生边上》(散文集，开明书店12月版)；1945年《猫》(《文艺复兴》1月10日)、《人兽鬼》(开明书店6月版)；1947年《围城》(晨光出版公司5月版)；1948年《谈艺录》(开明书店1948年6月初版)；1958年《宋诗选注》(人民文学出版社8月版)；1978年《古典文学研究在现代中国》(参加意大利米兰举行的欧洲汉学家第26次大会的演讲)(《明报月刊》7月)；1979年《旧文四篇》(上海古籍出版社9月版)、《管锥编》(中华书局8月初版)；1980年《诗可以怨》(《文学评论》1981年第1期)；1981年《管锥编》、《管锥编增订》(中华书局9月版)；1984年《也是集》(香港广角镜出版社3月版)、《谈艺录》(补订本)(中华书局9月第1版)；1985年《七缀集》(上海古籍出版社12月版)；1988年《模糊的铜镜》(《随笔》1988年第5期)；1995年《槐聚诗存》(三联书店3月版)；1996年《石语》(中国社会科学出版社1月版)；2003年《钱锺书手稿集·容安馆札记》3卷本影印版(商务印书馆7月版)；2005年《宋诗纪事补订》(三联书店)；2011年《钱锺书手稿集·中文笔记》全20册影印版(商务印书馆8月版)；《钱锺书手稿集·外文笔记》(尚未出版)。

《谈艺录》多处论及袁枚及其诗论，如：

第二七则《王渔洋诗》

袁枚《随园诗话》卷三驳“绝代销魂王阮亭”，谓渔洋以人工胜。该则赞同王渔洋诗人工之美。

第三八则《瓯北论诗　瓯北诗》

作者认为，《瓯北诗话》以查初白上继放翁，盖喜其与己有同调，随园《仿元遗山论诗绝句》，与瓯北之论同。“《随园诗话》卷八又记蒋好山谷而不好诚斋，适与己反；瓯北则亦好诚斋。”随园、瓯北还雅慕白傅。总之，该则指出袁、赵学习前人相同处，也说明江左三大家中袁、赵趣尚相同，而与蒋士铨风格迥异。

第四〇则《袁蒋赵三家交谊》

作者认为性灵派三大将应为袁枚、赵翼和张问陶，因为，“袁、蒋、赵三家齐称，蒋与袁、赵议论风格大不相类”，“宜以张船山代之”，“故当时已有谓船山诗学随园者，惜乎年辈稍后，地域不接耳”。王英志《性灵派研究》(辽宁大学出版社 1998 年版)即沿此说。

钱先生评论三家诗学之异趣有三点，首先，“三家”之说，乃袁枚一人捣鬼。蒋士铨欲“因文见道，以诗辅史，岂随园佻达坦易，专讲性灵者乎。瓯北尚将计就计，以为标榜之资；故《挽随园》谓‘三家旗鼓各相当’”；“随园作瓯北诗序，又《诗话》卷十四亦皆有瓯北‘自居第三’之说，心余则无只字及此。”

其次，三人关系中，赵翼对蒋士铨情深意重，但蒋士铨诗中，反与赵翼落落，而较匿于袁枚。朱则杰《清诗考证》(人民文学出版社 2012 年版)第三辑《作家作品类》第八四《蒋士铨题寄袁枚赵翼的若干集外诗文》，通过辑录蒋士铨的七篇集外诗文，订正了该则关于三人关系的看法。

再次，三家诗学古人态度上，“随园自少至老，不肯学古人家数”，“瓯北则老而知学”，心余则“与瓯北相反，而与随园渐合”。

第五九《随园诗话》

自该则至第八七则，共 29 则，专论袁枚诗学。

作者首先针对《随园诗话》选诗过滥、选诗标准过宽提出批评。

并指出，袁枚宁滥勿缺的选诗标准主要由于听他人之请、爱才心切两点原因。

其次，指出《随园诗话》的优点在“话”不在“诗”，“然此书所以传诵，不由于诗，而由于话。往往直凑单微，隽谐可喜，不仅为当时之药石，亦足资后世之攻错”。

再次，举例指出同时代及后代诗人对袁枚的攻伐及效尤，并点明原由。

关于俞樾行事效尤袁枚，“曲园之于随园行事，几若相师”，还可参看该书【补遗】第八则《俞曲园与袁随园》的举例说明。

最后，交代了研究袁枚《随园诗话》的原因，“随园说诗要指，众所共晓，勿俟详述。百许年来，不乏责难，大都学识勿足，心气未平”，由于人们对袁枚诗学缺乏持平之论，所以作者以《随园诗话》为据，“取前人论衡所未及者，稍事参稽。良以此书家喻户诵，深入人心，已非一日，自来诗话，无可比伦。故为之披郤攻隙，复借以旁通连类”。

第六〇《随园菲薄沧浪》

作者首先比较袁枚与商宝意论诗之和而不同。然后，由商宝意尊崇沧浪诗论，引出袁枚菲薄沧浪，“《随园诗话》卷八言：‘沧浪借禅喻诗，不过诗中一格。宜作近体短章，半吞半吐，以求神韵。若作七古长篇、五言百韵，即以禅喻，自当天魔献舞，花雨弥空，造八万四千宝塔不为多，岂作小神通哉。’《补遗》卷一言：‘阮亭好以禅悟比诗，余驳之曰：毛诗三百篇，岂非绝调。不知尔时，禅在何处，佛在何方。’”针对袁枚批驳严羽、王渔洋以禅喻诗，作者指出，“前之说浅尝妄测，后之说强词夺理”。接着举例指出袁枚此论自相矛盾处。

再次，指出袁枚诗论与严羽实有相契合处，“子才论成章不以神韵为归，而论作诗颇以妙悟为主，与沧浪等持论冥契而不自知”。并举《随园诗话》中众多例证，说明袁枚“与沧浪宗旨，有何不同。盖性之灵言其体，悟之妙言其用，二者本一气相通，悟妙必根于性灵，而性灵所发，不必尽为妙悟；妙悟者，性灵之发而中节，穷以见几，异于狂花客慧、浮光掠影。此沧浪之说，所以更为造微。子才引司空表圣，尤机锋泄露，表圣固沧浪议论之先河”。

最后，指出袁枚诗论与严羽论诗契合而不自知的深层原因在于对禅宗不熟悉。

第六一《随园主性灵》

作者首先指出，由于袁枚主性灵的论诗主张，所以性灵派影响颇广，袁枚遂成为广大教主，“随园论诗主性灵，薄格律”。“初学读《随园诗话》者，莫不以为任心可扬，探喉而满，将作诗看成方便事。只知随园所谓‘天机凑合’，忘却随园所谓‘学力成熟’；粗浮浅率，自信能诗。故随园此书，无补诗心，却添诗胆。所以江河不废，正由涯岸不高；惟其平易近人，遂为广大教主”。钱先生最后归纳为，“随园轻俗，差类元白”。

其次，指出直抒性灵的两难：性是否灵？由心至手如何表达？

再次，指出天籁须自人工求，今日抒写之“性灵”是从昨日“学问”中化来。

最后，指出关于如何读书、巧妙求知，袁枚有精妙之论。

第六二《随园诗学于名家深而于大家浅》

该则首先指出，袁枚与王士禛同样于名家深而于大家浅。并举例指出袁枚于名家深而于大家浅的原因，主要在于与己趣不同的成见梗胸，以偏概全未读全集，造成评价不公允。

第六三《随园深非诗分朝代》

针对袁枚论诗不分朝代，钱先生别具只眼指出，“余细按子才议论，知其胸中实未能化却町畦，每执世之早晚，以判诗之优劣，此已与前说矛盾矣。且时而崇远贱近，时而雄今虐古，矛盾之中，又有矛盾焉”。

第六四《随园论三都两京赋》

该则首先针对袁枚认为《三都赋》、《两京赋》为当时之类书，举例说明此说未可厚非。

然后，指出袁枚深非诗文自注，倘若知道左思《三都赋》亦出自注，更会以类书对待。

第六九《随园论诗中理语》

首先指出，袁枚《随园诗话》“卷三‘或曰：诗无理语。予谓不然。’”并列举袁枚称为理语的诗句。

其次，认为袁枚上举运用理语的佳句并非真正说理，只是人伦之规箴。

再次，指出袁枚喜作风类己者，又爱持别调，故未能注意见道明理的好诗。

第七〇《随园述方望溪事》

该则指出，袁枚以为方苞终生不作诗是由于“为而不能”。

第八三《随园推杨诚斋》

该则首先指出袁枚推崇杨万里诗歌只是拾人牙慧，没经细读，所以没有个人心得。接着举例指出，袁枚没有细读杨万里诗歌文本之处。

第八六《章实斋与随园》

该则首先举例指出，“实斋痛诋子才，不遗余力”。

然后，指出袁枚、章学诚论学要旨何其相似，并例举了章学诚论学与袁枚不谋而合之处。

再次，挖掘了袁枚、章学诚论学相同的缘由及章学诚不遗余力诋毁袁枚的原因：“若二家论汉赋意见，则前已为沟通矣。盖并生乾嘉朴学大盛之日，而皆特立独行，未甘比附风会，为当世之显学；所学不同，而所不学同，宜其响应于不自觉。随园主性灵为诗，而曰：‘识力最难’；实斋主识力为学，而曰：‘性灵独至。’一以为无性灵而持模拟堆砌，不足为诗；一以为无识力而持记诵才辩，不足为学。”“实斋之攻随园，固出于头巾气盛，门户见深。”

第八七《随园记事之诬》

钱先生首先列举袁枚记事不可信，“右论《随园诗话》各则，非敢好谤前辈，求免贻误来学。袁氏才辩纵横，笔舌伶俐，二百年来，公论已定，若夫记事之不可尽信，则读伍拉讷子《批本随园诗话》可知。章实斋《书坊刻诗话后》已疑随园记童二树之诬，吾郡虞石渠书游随园、瓯北之门，所作《燕石诗集》有七古，题云：《读瓯北集中，有子才书来，称桐乡秀才程春庐拱字画拜袁揖赵哭蒋三图，先生诗以复之。后阅春庐诗，始知未尝有此图，补画实随园言。然则随园之为是云，其意盖有在矣。作长歌呈云崧先生一粲》”。“彭尺木《二林居文集》卷四《与袁子才先辈论小仓山房文集书》，亦驳其传状诸文，举叙混讹。”

然后指出袁枚记事之诬的原因在于其为人夸与谄的性格特点。

第九一《论难一概》

该则指出，“议论亦往往一人之说，是丹非素，时无先后，而判若冰炭”。例如，“袁子才言诗，力主新变，因时从俗，而论文又复古墨守，循蹈成规。”

据上述可知，该书自第五九则《随园诗话》至第八七则《随园记事之诬》，共29则均为专论袁枚诗学。除此之外，如第二七则《王渔洋诗》、第六〇《随园菲薄沧浪》、第三八则《瓯北论诗　瓯北诗》、第四〇则《袁蒋赵三家交谊》、第九一《论难一概》等均涉及袁枚。因此，袁枚研究为该书研究内容的一个重要方面。另外，从该书作者自拟小标题，我们还可以看出，该书为用札记的形式对袁枚诗论所做的系统论述与零光片羽精妙之论的混合体。

该书在第五九《随园诗话》交代了有感于学界对待袁枚“百许年来，不乏责难，大都学识勿足，心气未平”，因此以《随园诗话》为据，“取前人论衡所未及者，稍事参稽”。“故为之披郤攻隙，复借以旁通连类。”该书即是按照这个指导原则进行袁枚研究，前人已详说的部分，如袁枚诗论，该书论述较略；而把别人关注较少的三大家的关系，性灵派内部诗学的异同，袁枚对待严羽、王士禛神韵说的态度，袁枚对待杨万里、方苞的态度，章学诚对袁枚的批判等作为研究的重点。而且，对待上述研究内容，作者采取了一以贯之的研究方法，即把袁枚及其诗学放在明清诗学史、中国诗学批评史的广阔背景上，引譬取类、旁征博引，或论诗学、或考本事、或评诗句、或讲学问，得出的结论很有说服力。更难能可贵的是，该书不仅以大量例证证明袁枚诗论的优点与长处，而且对袁枚个性缺点、诗论缺陷，同样采取不避讳、不掩盖的科学态度而尖锐明确地指出，这样就使我们看到了真实可信、客观全面的袁枚及其诗论。

由于钱锺书博大精深的知识素养、严谨求实的科学态度和对袁枚所做的纵横捭阖的细致深究，该书虽为论学札记，但其真知灼见启迪后人良多。

引申阅读：

郭沫若：《读随园诗话札记》，北京：作家出版社1962年版。

钱锺书袁枚研究主要作品目录：

钱锺书：《谈艺录》，北京：中华书局1984年版。

5. 郭沫若《读随园诗话札记》【存目】

【评　介】

郭沫若《读随园诗话札记》，北京：作家出版社，1962 年 9 月第 1 版。

郭沫若(1892—1978)，生于四川省乐山市观娥乡沙湾镇，乳名文豹；原名郭开贞，字鼎堂，号尚武。笔名沫若，麦克昂，郭鼎堂，石沱，高汝鸿，羊易之等。我国现代著名诗人、文学家、剧作家、历史学家、古文字学家、社会活动家、革命家和书法家。我国新诗的奠基人，《女神》摆脱了中国传统诗歌的束缚，充分反映了“五四”时代精神。著有《中国古代社会研究》、《甲骨文字研究》等重要学术著作。新中国成立后，当选为中华全国文学艺术界联合会主席，1958 年 9 月至 1978 年 6 月任中国科技大学首任校长。历任政务院副总理兼文化教育委员会主任、中国科学院院长、全国人民代表大会常务委员会副委员长等职，当选中国共产党第九、第十、第十一届中央委员。主编《中国史稿》和《甲骨文合集》，全部作品编成《郭沫若全集》38 卷。

新中国成立后，指导文艺思想的理论基础是马克思列宁主义，重视的是文学的阶级性和人民性。20 世纪 60 年代最有影响的袁枚研究著作，当属郭沫若《读随园诗话札记》一书。

郭沫若《读随园诗话札记》脱稿于 1961 年 12 月 12 日，最初分别发表在《人民日报》上，后由作家出版社于 1962 年出版单行本。郭沫若在《读随园诗话札记・序》中说：“余少年时尝阅读之，喜其标榜性情，不峻立门户；使人易受启发，能摆脱羁绊。尔来五十有余年矣。近见人民文学出版社铅印出版(1960 年 5 月)，殊便携带。旅中作伴，随读随记。其新颖之见已觉无多，而陈腐之谈却为不少。”这段话表明，郭沫若少时曾很喜爱《随园诗话》，五十多年后则改变了观点，原来“易受启发”的“新颖之见”，大多成为“陈腐之谈”。郭沫若的观点带有鲜明的时代烙印，他自己也认为，这些以“今之意识”所贯串的札记，“如果青胜于蓝，时代所赐”。

例如，该书第二则谈到金圣叹时，郭沫若以为：“金圣叹固然有可鄙薄的地方，但不是由于‘好批小说’而可鄙，而是由于好以封建意识擅改所批的小说而可鄙。忠于封建统治阶级的袁枚，当然不能作这样的阶级分析。”第三十五则对《随园诗话》中有关王安石的评论极为不满，郭沫若认为，“地主阶级之遗忿，七百年后犹汇萃于袁枚之笔端”。郭沫若的这些评论，都给我们以强烈的时代感。

郭沫若承认他青年时期喜欢过袁枚的《随园诗话》，他前期的诗歌理论和创作受过袁枚的影响。这是因为袁枚的“主性情说”，重在个性，重在有我，重在抒写胸臆，重在驰骋主观想象，重在内在的音节与韵味。这些诗论，对郭沫若后来形成主观抒情的浪漫主义艺术个性，是有着极其深刻的内在影响的。郭沫若正是从早年喜欢司空图的《诗品》，袁枚的《随园诗话》，及至后来接受歌德“主情主义”说的影响，把中外诗歌艺术主张熔于一炉，才筑成他的浪漫主义诗歌艺术殿堂，形成他自成体系的浪漫主义诗歌理论。

但到了20世纪60年代初期，郭沫若对袁枚《随园诗话》采取了批判的态度，不仅批判了袁枚的封建意识，也批评了他的诗歌理论，言词还相当激烈。综观郭沫若的《读随园诗话札记》，他当然不是要全盘否定袁枚及其诗话，他是以新中国成立后五六十年代的流行文艺原则对袁枚“揭出其糟粕者而糟粕之”。

郭沫若在批判袁枚的同时，也时有独到心得和见解。譬如他对袁枚性情说的评价还是较为中肯的：“袁枚于诗主性情说。所谓性情者，谓抒写胸臆，辞贵自然。这较王渔洋神韵说之不着边际、沈德潜格调说之流于空套，自然较胜一筹。”

郭沫若《读随园诗话札记》共77条，“条自为篇，各赋一目”，因此，它不是一部系统的诗歌理论著作。综观该书77则札记，其主要批评方式有三，一是纠讹；二是点化，即改动袁枚诗话中一二语，使其更趋合理；三是生发，即在原作立意基础上而作新的阐发。这又因阐发角度不同而有两种表现。其一是反原作之意的逆向阐发。其二是逸出原作之意的异向阐发。然而,《读随园诗话札记》以近于古代诗话点评方式对《随园诗话》的这种批评,不独过于零散而不成系统,加之作者又主要着眼于袁枚诗学之“糟粕”,颇多吹毛求疵之处,这显然限制了其对袁枚诗学体系进行深层的开拓和宏观的理论把握。但我们也不能不看到,该书对《随园诗话》颇富诗人慧心的体认和阐发,以及渗蕴其中的论者那谈诗说史、笼括今古的非凡器识和学养,不仅使该书在文学批评政治化的五六十年代学界卓荦不群,即便在今天,仍不掩其诗人睿智的光芒。

总之,郭沫若《读随园诗话札记》涉猎广泛,文字简约,观点犀利,内容论及诗文鉴赏、典章考据、道德褒贬,以及对历史人物的评价等众多问题。书中的许多观点为当时学界所重视。当然,《读随园诗话札记》是20世纪50年代末60年代初的产物,不少地方都留下了当时古代文学评论中极左思潮的痕迹,实事求是地说,这也为之后的古代文学批评留下了一份难得的时代坐标和修正标本。

引申阅读:

1. 张志烈:《吮精去粕　破卷取神——学习郭老〈读随园诗话札记〉》.载《四川大学学报》1979年第4期。

2. 钱钟书:《谈艺录》,北京:中华书局1984年版。

3. 黄侯兴:《略谈〈读随园诗话札记〉》,载《郭沫若研究》第3辑。

4. 杨胜宽:《郭沫若与袁枚诗论的比较研究——兼评《〈读《随园诗话》札记〉》,载《郭沫若学刊》,1990年第1期。

5. 汤国铣:《一种非科学的批评——读郭沫若〈读随园诗话札记〉》,载《贵州社会科学》1993年第3期。

郭沫若袁枚研究主要作品目录:

郭沫若:《读随园诗话札记》,北京:作家出版社1962年版。

6. 王英志《袁枚“性灵说”内涵新探》

【引 文】

袁枚的诗才论——“性灵说”内涵新探之一

清代乾、嘉时代的诗论大家袁枚(1716—1797)以倡导“性灵说”诗论著称于世，并与当时诗坛盛行的复古格调说及以考据为诗等诗风相对立。性灵说阐述了诗歌创作的某些艺术规律，于促进古典诗歌的发展不无意义，对针砭今日诗歌创作的一些弊端亦有可资借鉴的美学价值。诚如钱锺书先生所评：“不仅为当时之药石，亦足资后世之攻错。”①

但是性灵说内涵是什么却迄无定论，据笔者所涉猎到的大致有四类说法：一、“性灵者，即性情也”。② “‘性灵’实即‘个人的思想感情’”。③ 二、“袁枚标举‘性灵’作为诗歌创作的准则，强调艺术上新鲜活泼的灵感作用”。④ 三、“‘性灵’系指活动起来，利用起来了的既灵妙又新鲜的状态中的人的性情。”⑤四、“性灵之说，不仅重视性情之真，同时十分强调艺术上的灵感作用”，“把真实的感受生动活泼的表现出来，这就是性灵说的真谛之所在”。⑥ 这四类见解都从不

① 《谈艺录》第231页，赞《随园诗话》中诗论语。

② 钱泳《履园谭诗》。

③ 蒋伯潜、蒋祖怡《诗》。

④ 羊春秋等编《历代论诗绝句选》。

⑤ [日]松下忠《袁枚“性灵说”的特色》，载《文艺理论研究》1981年第2期。

⑥ 《中国历代文论选》第三册，第471~472页。

同的侧面触及到了性灵说的内涵，有可取之处，尤以第四类说法较好。但总的来看，都不能讲已完整地把握了性灵说丰富的内涵。其症结在于研究方法多拘泥于对“性灵”这个概念本身作诠释，而未能高屋建瓴从袁枚诗论的整体出发，作出更全面、深入和具体的探讨；因此，不可避免地存在着把性灵说内涵简单化、狭窄化的缺陷。

如何探讨性灵说的内涵，袁枚曾向我们提供了一把方法论的钥匙。其《仿元遗山论诗》评“夫已氏”（翁方纲）曰：“天涯有客号诊痴，误把抄书当作诗，抄到钟嵘《诗品》日，该他知道性灵时。”此诗启示我们：袁枚自已说明性灵说美学思想时，并不囿于“性灵”概念本身，而是着眼于《诗品》所体现的围绕“吟咏情性”这核心思想所形成的一整套艺术见解。基于这样的方法论来考察性灵说，可以发现其内涵是从强调诗歌创作的主观条件出发，以真情、个性、诗才等为理论核心，在这三块理论基石上又生发出许多具体观点，从而构成一个包括真情论、个性论、诗才论三部分的性灵说诗论体系。三者当然是密切相关的。真情论、个性论另有专文阐发，本文探讨诗才论。

袁枚认为诗人创作的主观条件固然须有真情、有个性，但并非仅此而已，诗人还须具备一定表现性灵的诗才，即“诗人无才不能……运心灵”，① 有诗才或有灵性者在进行艺术构思时才会产生“灵机”，处于‘神悟”的灵感降临的心理状态，能自然有如“天籁”地描写出富于“生气”的形象，以生动的抒写性灵。因此，诗才论是性灵说内涵的有机组成部分。有些论者曾看到其中“灵感“”这一隅，而未论及整个诗才论的美学思想，这样是欠全面、欠深刻的。

一、“笔性灵”、“才为尤先”——诗人创作须具备特殊才能

“性灵”一词在袁枚笔下一般皆与情、性情相通。但其原始意义见于《文心雕龙·原道》：“……两仪既生矣，惟人参之，性灵所钟，是谓三才。”而这“性灵”实即“禀性五才……亦已灵矣”②之义，指人

① 见《文集》二十八：《蒋心余藏园诗序》。

② 见《序志》。

特有的灵智的聪明的禀赋。因此“性灵”亦可作“灵性”。晚明汤显祖亦主性灵说，其观点当对袁枚有所启示：“天下大致十人中三四有灵性。能为伎巧文章，竟百十人乃至千人无名能为者，则乃其性少灵与?”①《序丘毛伯诗稿》说得更明白：

> “天下文章之所以有生气者，全在奇士。士奇则心灵，心灵则能飞动，能飞动则下上天地，来去古今，可以屈伸长短，生灭如意，如意则可以无所不知……”

汤显祖笔下的“有灵性”与“心灵”是强调诗人创作主观条件中具有特殊的灵慧因素，它是使诗作“有生气”的一个先决条件。这个观点对于理解袁枚性灵说诗才论大有参考价值。

袁枚亦甚推重“有灵性”：“……云窦禅师作偈曰：‘一兔横身当古路，苍鹰才见便生擒。后来猎犬无灵性，空向枯桩旧处寻。’……虽禅语，颇合作诗之旨。”②此处借禅论诗：“苍鹰才见便生擒”，喻诗人思维之灵敏及捕捉形象之迅捷等才能，是为“有灵性”者；“后来猎犬无灵性”，则比拟作诗者反映迟钝，抓不住灵感，一无所得，是为缺乏诗才的“无灵性”者。二者的区别是黑白分明的。对这种差异袁枚又分别称为“笔性灵”和“笔性笨”③。“笔性灵”者具有诗人的气质、才能，容易掌握诗歌创作的规律，下笔成诗，写得“有生气”，可见其性情而感发人心；“笔性笨”者则相反，甚至写最易见性情的情诗，亦必“少风情”④而嚼蜡无味。由此可见，诗人之性“灵”与诗人是否有真情、有个性一样皆为创作的关键问题。

“笔性灵”或“有灵性”的诗人在诗歌创作时也就表现为有诗才，二者互为表里。因此性灵说颇重视诗人之“才”：

---

① 《张云长嘘云轩文字序》。

② 见《诗话》卷四。

③ 见《诗话补遗》卷二。

④ 见《诗话补遗》卷二。

“作诗如作史也，才学识三者宜兼，而才为尤先。……诗人无才不能役典籍，运心灵，才之不可已也如是夫!”(《蒋心余藏园诗序》)

有“才”方能“役典籍，运心灵”，这是“才为尤先”的根据。“才为尤先”说有异于叶燮“才识胆力……要在先之以识”①的观点，亦与袁枚本人在《诗话》卷三所说的：“作史三长，才学识，缺一不可。余谓诗亦如之，而识最为先。非识，则才与学俱误用矣。”的观点相左。郭沫若同志曾据此批评“袁枚是无定见的人”②。诚然，袁枚论诗不乏矛盾之处，但这里却是他圆通之笔，属于郭绍虞先生所说的：“不肯执着一端”，“能四平八稳建立诗论”③的长处。“才”与“识”孰为先的问题，论述的着眼点不同，答案允许相异。“识”似乎并非指“政治第一”④，而是指人的见地或辨别是非的认识能力，从如何学习古人，诗作如何发挥诗人才能立异创新等角度来看，当以“识”为先；但如果从诗人“运心灵”即表现感情等主观先决条件来看，则“才为尤先”也未尝不可，因为诗人无“才”，“识”也就无法发挥其作用。有才无识固然不会成为好诗人，但有识无才却算不上诗人。“识”一般可凭借后天因素炼成，“才”则天赋因素也很重要。袁枚多次强调：

“诗文之道，全关天分。聪颖之人，一指使悟。”(《诗话》卷十四)

“用笔构思，全凭天分。”(《诗话》卷十五)

“诗不成于人，而成于其人之天。其人之天有诗，脱口能吟；其人之天无诗，虽吟而不如其无吟。(《文集》卷二十八：《何南园诗序》)

---

① 见《原诗》。

② 《读随园诗话札记》。

③ 《中国文学批评史》第494页。

④ 《读随园诗话札记》。

袁枚认为诗人“聪颖”的才能来自“天分”的观点直接脱胎于杨万里，《诗话》卷一专门引证了杨万里的见解：“从来天分低拙之人，好谈格调而不解风趣。……风趣专写性灵，非天才不办。”袁枚表示“深爱其言”，并以此观点赞誉杨氏“天才清妙，绝类太白”。①

但是何谓“才”？“才”是否与“天分”有关？见仁见智，尚需深入探讨。

严羽曰：“诗有别才，非关书也。”②对此《师友诗传录》中张实居释为：“此得于先天者，才性也。”指出诗人具有非同一般人的“别才”、“才性”，应该说这不仅是个理论问题，更是客观事实，古今中外文学史上有大量例证。袁枚本人九岁即吟诗，自学而通，后被人誉为“子才才子近无伦”③，是出名的有才之士。袁枚对此当有其切身体会，曾感叹：“自古清才多，奇才少”，并赞“蒋心余君，奇才也！”④说明“才”又有不同，“奇才”属于“大才”、“天才”。那么诗人之“才”内容如何？中外诗人各有体验和发现。意大利浪漫主义作家福斯科洛把“天才诗人”的能力概括为“强烈地感受、敏锐地观察、新颖地构思和准确地组合的能力”。⑤ 从诗人的审美能力和艺术表现能力两方面来说明，言简意赅。袁枚对“才”的认识虽然不那么深刻、具体，但也未尝没有触及到诗才之要害所在。其一，认为诗人易产生激情，才与情相辅相成，在某种意义上说，诗人内心容易触发创作激情亦为诗人之“才”，故曰：“才者情之发，才盛则情深”⑥，“无情不是才”⑦，这与钱大昕的观点不谋而合：“有才而无情，不可谓真才。”⑧现代科学研究证明：人的智能分有再现型、发现型和创造型三种。诗人属创造型，他不同于科学家需要冷静的理智，而应该充满炽

① 《诗话》卷八。

② 《沧浪诗话·诗辨》。

③ 吴镇《寄赠简斋先生》。

④ 《蒋心余藏园诗序》。

⑤ 《欧美古典作家论现实主义和浪漫主义(一)》264 页。

⑥ 《外集》卷二《李红亭诗序》。

⑦ 《诗集》卷十九：《偶作五绝句》。

⑧ 《春星草堂诗集序》。

热的感情才能进行创作。袁枚对此已有朦胧的感觉，但语焉不详。应该指出的是这种激情应该有外物触发，但诗人敏感，故比一般人容易引起感情冲动。其二，指诗人“用笔构思”的能力，主要是构思想象的能力。顾远芗曾认为：“他所说的‘才’‘天才’‘天分’，似乎是仅指想象能力。”①顾氏未看到“才”与“情”相依为命的方面显然是较大的缺陷，但看到“才”包含“想象能力”则是正确的。黑格尔对此有过精辟论述：“最杰出的艺术本领就是想象”，“属于这种创造活动的首先是掌握现实及其形象的资禀和敏感”。② “资禀”和“敏感”与“性灵”、“有灵性”本质上是相通的，在诗人也即表现为有诗才、有某种“资禀和敏感”才能展开想象。汤显祖说：“心灵则能飞动，能飞动则下上天地，来去古今”无疑是指诗人有才则具有“精骛八极，心游万仞”(《文赋》)的想象力。想象与激情是孪生姐妹，袁枚所谓“才者情之发，才盛则情深”，亦多少含有这层意思。赫兹利特说：“诗歌是幻想和感情的白热化”③。因此有激情和想象这些诗才者能写出好诗是不奇怪的。

诗才既是客观存在，那么它与“天分”的关系如何呢？有一个时期，文艺理论家矢口否认诗才的先天因素，这并不是真正的唯物主义者态度。王朝闻主编的《美学概论》指出：“要成为艺术天才，还需要个人具备一定的条件。”“如果根本否认人们在自然禀赋方面存在的差异是不对的。由于先天遗传方面和后天条件方面的不同，人们在从形体、感觉器官以至大脑等生理器官上都有虽然不可夸大，但也不可怀疑的差别，因而造成人们的反应能力及其灵敏度的不同。”④这个看法是科学的。袁枚性灵说是承认“先天”、“天分”的(见前引文)。既然是“天分”，就具有非靠学所能取得的因素。徐经说：“诗学自有一副才调，具于性灵。试观古人未尝不力学，而诗则工拙各异，则信乎才

① 见《随园诗话的研究》。

② 《美学》第一卷357页。

③ 《泛论诗歌》。

④ 《美学概论》第146～147页。

自有别，非一倚于学所能得也。”①十九世纪英国诗人柯尔立治也有类似看法：诗才“可以培养，可以改进，但却绝对不是学得来的。”②袁枚性灵说与这些看法是相通的，有其无可厚非之处。但是诗人才能的产生是多方面的原因，天赋是不可少的，同时还有适当的社会条件和生活实践以及后天的学习。袁枚“全关天分”的说法是错误的，抹有唯心色彩，且与其主张后天学习的正确观点不尽合，此可谓其诗论有矛盾的体现吧！

《文心雕龙》提出一个观点：“才为盟主，学为辅佐”③。认为才气虽主要，也应进行学习。袁枚实际上继承了这观点，他在肯定有性灵、有诗才，但也主张博览群书，“多师是我师”：

> “诗宗韩、杜、苏三家，自是取法乎上之意。然三家以前之源流不可不考，三家以后之支流不可不知。《书》曰：‘德无常师，主善为师。’子贡曰：‘夫子焉不学，而亦何常师之有?’杜少陵曰：‘转益多师是我师’④，皆极言师法之不可不宽也。三家虽是大家，然拘守之则取径太狭。”(《与梅衷源》，《尺牍》卷五)
>
> “自古名家诗俱可诵读，猎取精华，譬如黄蜂造蜜，聚百卉以成甘。不可节女守贞，抱一夫而不嫁。”(《再答李少鹤》，《尺牍》卷十)

上引材料皆足以证明袁枚是重视后天学习的。但应该辨别的是，袁枚虽认为“凡多读书为诗家要事，所以必须胸有万卷者”，目的不在以书卷代替灵性，而是“欲其助我神气耳”。⑤ 故又申明：“役使万卷书，不汩方寸灵。”⑥这也正是性灵诗与学人诗之分水岭。

在汉学考据风盛行之际，以翁方纲为代表的一批考据家、经学家

① 转引自郭绍虞先生《沧浪诗话校释》。

② 《文学生涯》。

③ 见《事类》。

④ 原诗为“转益多师是汝师”。

⑤ 以上均见《诗话补遗》卷一。

⑥ 《诗集》卷十五《改诗》。

大张“学人之诗”的旗帜，与袁枚性灵派对垒。翁氏“所为诗多至六千余篇，自诸经注疏以及史传之考订，金石文字之爬梳，皆贯彻洋溢于其中，盖以学为诗者。”①既然“以学为诗”，则与真情、个性无关，亦无须凭借诗才。这样的“诗”毫无诗味可言。袁枚评曰：“经学渊深，而诗多涩闷，所谓学人之诗，读之令人不欢。”②鉴于此，袁枚大为赞赏，如他评人诗有言：“无诗转为读书忙”，“学荒翻得性灵诗”，“读书久觉诗思涩”，“数言非真读书，真能诗者不能道。”③此数言都道出了“读书”不可代替“性灵”之真谛。袁枚曾不无嘲弄地说：有学问无灵性者“当为考据之学，自成一家，何必借诗卖弄?”④告诫无诗才的考据家尽管胸罗万卷，学富五车，亦最好不必附庸风雅，否则徒劳无益。故袁枚又借禅论诗曰：“佛云：‘学我者死’，无佛之聪明而学佛，自然死矣。”⑤也就是说无诗人之“聪明”而作诗，亦必无生气。如果缺乏诗才，“误把抄书当作诗”⑥，适足传为诗坛笑柄而已。

性灵说以创作主体有诗才为其理论核心之一，由此又生发出其他相关的艺术思想。

二、“灵机”、“兴会”——诗人创作时产生灵感现象

诗人有内在的灵性或诗才，具体表现在多方面。如果从诗人创作构思的过程看，那么“有性灵者”易于产生“灵机”，处于一种豁然贯通的兴奋、活跃的心理和思维状态；这是由于敏感的诗人在某种媒介的触发下，突然间激发起冲动的感情和非凡的想象力，生动的艺术形象往往联翩而至，诗人能敏捷地捕捉于笔端。这就是所谓灵感现象。这在古人已有概括，如“天机”（陆机《文赋》）、“灵气”（李德裕《文箴》）、“机括”（王士禛《带经堂诗话》）、“兴会”（王士禛《渔洋诗话》）、“灵光”（张问陶《论诗十二绝句》），还有“灵机”：“心机震撼

① 《清史列传》卷六十八。

② 《诗话》卷四。

③ 《诗话》卷三。

④ 《诗话》卷五。

⑤ 《诗话》卷四。

⑥ 《仿元遗山论诗》评翁方纲。

之后，灵机逼极而通，而智慧生焉。”①“大块中景物何限，会心之际，偶尔触目成吟，自有灵机异趣。”②上述术语皆或多或少含有灵感因素，而“灵机”、“灵光”、“灵气”等则点明与性之“灵”相关。

性灵说既然标举“性灵”或“有灵性”，对性灵者在创作构思时产生的灵感现象自不会抹杀。袁枚明确说过：

> “今人浮慕诗名而强为之，既离性情，又乏灵机。转不若野氓之击辕相杵，犹存风雅焉。”(《钱玙沙先生诗序》，《文集》卷二十八)
>
> “如此论诗，使人夭阏性灵，塞断机括，岂非‘诗话作而诗亡’哉?”(《诗话》卷八)

论中“灵机”、“机括”显然袭用了传统术语，但又分明置于性灵说范畴内，是把它们作为与“性情”、“性灵”相互关联的因素而提出的。分析一下袁枚的有关文字，可以发现他是有较深入的认识的，他大致看到这样几方面特征：

首先，灵感来时，诗人处于艺术思维兴奋高潮，易于成诗。《病中谢薛一瓢》曰：“兴来笔落如风雨”，就描绘了“兴来”即诗情勃发的兴奋状态。他还说过：“改诗难于作诗，何也？作诗兴会所至，容易成篇。”(《诗话》卷二)“兴会所至”即指诗人内心产生创作冲动，情不能已，势不可遏，故思维极其活跃，对形象很敏感，此时下笔自然无须苦思冥想，“容易成篇”。

其次，灵感持续时间甚短，诗人必须善于把握。前引“苍鹰才见便生擒”，即诗人捕捉迅疾、反映灵敏之喻也；否则“兔起鹘落，稍纵则逝矣”③。袁枚又认为：“改诗，则兴会已过，大局已定，有一二字于心不安，千万力气，求易不得。”④“兴会已过”，则灵感消失，

---

① 袁中道《陈无异寄生篇序》。

② 吴雷发《说诗菅蒯》。

③ 《带经堂诗话》附张肖亭语。

④ 《诗话》卷二。

内心处于平静状态，思维也不复活跃。著名科学家钱学森同志指出：“灵感出现于大脑高度激发状态，高潮为时短暂，瞬息即过。”①因此必须及时捕捉，否则交臂失之，一去不复返。苏轼曾有“作诗火急如亡逋，清景一失后难摹”之叹，陈与义《春日》亦云：“忽有好诗生眼底，安排句法已难寻”。都道出了诗人们对灵感短暂与难于捕捉的真切体验，可与袁枚之说相发明。

再次，灵感的出现须与外物相通。灵感并非如柏拉图所说的“有神力凭附着”②。灵感归根结蒂是诗人的主观世界与客观世界邂逅的产物，它并不玄虚。谢榛曰：“诗有天机，待时而发，触物而成，虽幽思苦索，不易得也。”③就看出了“天机”与“时”、“物”的关系。袁枚阐发得更具体：“鸟啼花落，皆与神通。人不能悟，付之飘风。惟我诗人，众妙扶智。”④此诗一方面说明“惟我诗人”即有诗才者方能产生灵感——“神悟”，无灵性者则“不能悟”；另一方面又强调了诗人之“神悟”的心理状态原是与客观世界相沟通的，所以“神悟”并不玄虚。

最后，灵感的偶然性与必然性相统一。袁枚注意到了灵感“不思而至”⑤的偶然性，他曾引证“白云禅师作偈曰：‘蝇爱寻光纸上钻，不能透处几多难。忽然撞著来时路，始觉平生被眼瞒。’”认为“颇合作诗之旨”⑥。“忽然撞著来时路”的偶然性与诗人灵感的突然降临颇为相似。但它又是“平生”“寻光纸上钻”的结果，有其必然性。袁枚还援引《荀子》“人有失针者，寻之不得，忽而得之，非目加明也，眸而得之也。”并阐释道：“所谓‘眸’者，偶睨之也。唐人句云：‘尽日觅不得，有时还自来。’即‘眸而得之’之谓也。”⑦都旨在说明灵感的偶然到来是建立在平时辛勤创作的基础上，因此有其必然性，如袁守

---

① 《中国社会科学》1980 年第 6 期。

② 《柏拉图文艺对话录》。

③ 《四溟诗话》。

④ 《续诗品·神悟》。

⑤ 李德裕《文箴》。

⑥ 《诗话》卷四。

⑦ 《诗话》卷二。

定所说："得之在俄顷，积之在平日。"①

美学家朱光潜认为灵感是"在下意识中长久酝酿而突然爆发到意识里"。② 也是这个意思。因此袁枚虽然重视诗人构思应有"灵机"、"兴会"，但也不反对诗人的努力专心，所谓"人功不竭，天巧不传"③，亦应包括灵感的产生。袁枚论诗颇懂得点艺术辩证法，由此可见一斑。

三、"天籁最妙"——艺术表现须自然天成

诗人有内在灵性，艺术构思时处于灵感降临的心理和思维状态，这样，诗人在艺术表现其性情与个性时往往显示出一种类似"天籁"自然天成的功夫。"天籁"一词始见于《庄子·齐物论》，它高于"地籁"和"人籁"，表现为"夫吹万不同，而使其自已也。咸其自取，怒者其谁耶?"庄子借以表现其自然之道的无所依恃。诗论中则往往以"天籁"比喻诗作的浑然天成，音调的自然动听，富于天趣等自然美。袁枚推崇"天籁最妙"，④ 又有其性灵说特点。

袁枚引证法时帆诗："情有不容已，语有不自知。天籁与人籁，感召而成诗。"⑤"感召而成诗"，表明即使"天籁"的作品的艺术表现亦并非真正无所依恃，这就抹除了玄虚的色彩。从根本上说，首先须有人的性情"感召"，而后才有"天籁"之作。这个前提正是性灵说的正确要求。由此出发，他特别欣赏"妇人女子，村氓浅学"及小贩工匠等普通劳动者发自性灵，近乎出口成章的小诗，并誉之为"天籁"。这类诗往往是"学士大夫读破万卷，穷尽志气，而不能得其阃奥者"，甚至"虽李杜复生，必为低首者"。⑥《诗话》卷八引一老箍桶匠诗："曾记当年养我儿，我儿今又养孙儿，我儿饿我凭他饿，莫遣孙儿饿我儿。"赞其"用意深厚，较之'因子不孝，抱孙图报仇'者，更进一

① 《占毕丛谈》。

② 《美学书简》。

③ 《续诗品》。

④ 《诗话补遗》卷五。

⑤ 《诗话》卷六。

⑥ 《诗话》卷二。

层。”此乃老箍桶匠深受其子“冻馁之”的苦头，其怨愤之情郁积在心，一旦借孙儿发之，故极其自然，属“一时感触，竟成天籁”①之作。张问陶属性灵派，观点相同：“天籁自鸣天趣足，好诗不过近人情。”②亦道出“天籁”或“好诗”源于“人情”故有“自鸣”之感的奥妙。这类作品皆有歌谣之风，与文人呕心沥血之作不同。梁启超指出：“歌谣是不会做诗的人(最少也不是专门诗家的人)将自己一瞬间的情感，用极简短、极自然的音节表现出来，并无意要他流传。因为这种天籁与人类的好美性最相契合”③。梁氏强调了“一瞬间的情感”与“用极简短、极自然的音节表现出来”为“天籁”之作的两个因素，颇中肯綮。

“天籁”虽由性情“感召而成诗”，但诗人却仿佛不自觉，故袁枚说：“我不觅诗诗觅我，始知天籁本天然。”④“诗觅我”说明无须诗人刻意求诗，而诗似乎不招而至，自然产生。袁枚又说：“诗往往有畸士贱工脱口而出者。”⑤既曰“脱口而出”，不仅自然天成，而且语言也平浅如话，无古奥艰涩之弊，甚至“口头语，说得出便是天籁”⑥，“家常语入诗最妙”⑦。当然这仍着眼于民歌风谣。刘熙载亦云：“古乐府中至语，本只是常语，一经道出，便成独得。”⑧同样是赞誉民歌体运用“常语”之妙。袁枚称许“《国风》皆劳人、思妇、静女、狡童矢口而成者也。”⑨《国风》虽“矢口而成”，但“近性情”⑩，属于语言“极平浅”而“意味深长”⑪的佳什，并非仅以“矢口而成”取胜。这与“诗

① 《诗话》卷十引证薛生白语。

② 《论诗十二绝》。

③ 《中国之美文及其历史》。

④ 《诗集》卷二十五《老来》。

⑤ 《诗话补遗》卷十。

⑥ 《诗话补遗》卷二。

⑦ 《诗话补遗》卷一。

⑧ 《艺概》卷四。

⑨ 《诗话》卷三引证欧永孝语。

⑩ 《诗话补遗》卷二。

⑪ 《诗话》卷八。

流三病”之一的“全无蕴藉，矢口而成，自夸真率”①者不可同日而语。

标举“天籁”又因其有音韵动听、自然之美。袁枚引证一“贩鬻者”《哭母》诗：“叫一声，哭一声，儿的声音娘惯听，如何娘不应？”赞其“语虽俚，闻者动色。”②此诗有真情，属于“即兴创作”，无须雕琢声律而音韵自然和谐，其声其情发之自然，皆有令“闻者动色”的感人力量。

袁枚对“天籁”又从另一角度阐发。民歌风谣“清水出芙蓉，天然去雕饰”(李白)，固然可称为“天籁”之作，袁枚高度评价。对于文人诗由人功入手而显示出“天籁”之妙者也予以肯定。《诗话》卷五引证叶书山言云：“人功未极，则天籁亦无因而至。虽云天籁，亦须从人力求之。”袁枚称之为“知言哉”！表明了“天籁”与“人功”的关系。这其中自有诗人的创作甘苦。袁枚曾对蒋心余说他的一首诗“已七易稿矣”，心余为之感叹：“今日方知先生吟诗刻苦如是！”③袁枚又不乏人功苦思之论：

> “诗不苦思，虽仙人亦不能工。”(《䕶斋诗序》、《文集》卷十)
>
> “须知极乐神仙地，修炼多从苦处来。”(《箴作诗者》，《诗集》卷二十二)

所谓“苦思”、“修炼”，并非刘勰所批评的“为文而造情”，④ 其前提是诗人须有性情，有灵性，这就与那种“骨里无诗”而苦吟者划清了界线。袁枚的要旨是强调对生活素材和文字表现的提炼，而这种提炼须不露斧凿痕，这样就宛若“天籁”一样有自然天成之美。袁枚说：

---

① 《诗话补遗》卷三。
② 《诗话》卷八。
③ 《诗话》卷二十四。
④ 《文心雕龙·情采》。

"诗宜朴不宜巧，然必须大巧之朴，诗宜淡不宜浓，然必须浓后之淡。"①"已雕已琢，复归于朴"②。所谓"朴"、"淡"正是指艺术表现的自然天成般的美，但这又是"雕琢"的人功的产物，只是令人不见其痕迹。所谓"东风剪柳虽然巧，不到天然不是春"③。"巧"与"天然"亦有艺术辩证法。后来刘熙载概括得极好："极炼如不炼，出色而本色，人籁悉归于天籁矣！"④

要之，袁枚分别从风谣与文人诗两方面谈艺术表现的自然天成，具体内容虽然不同，但前提都是诗人有灵性。

四、"生气"、"生趣"——诗歌形象须生动、灵活、感人

性灵决定诗灵。诗人有诗才，其诗作才易有"生气"、"生趣"。袁枚认为："笔性灵，则写忠孝节义，俱有生气；笔性笨，虽咏闺房儿女，亦少风情。"⑤"写忠孝节义"当然是不足为训，但其主旨是揭示有诗才、笔性灵的人无论写什么题材都容易"有生气"未尝无道理。袁枚所谓的"生气"，指诗歌生动活泼的艺术形象富于生机而感人，与其笔下常用的"生趣"、"灵活"、"活"等词含义大体一致，而与"笔性笨"所造成的"木"、"死"等词相对立。

袁枚尝以诗之"灵"与"木"作为褒贬诗作的标准："潘稼堂诗不如黄唐堂诗，以一木而一灵也。"⑥《仿元遗山论诗》亦云："扫尽粗豪见灵活，唐堂真比稼堂工。"黄氏诗有性情，形象也比较新鲜有致，符合袁枚性灵说的要求，故得到"灵活"的赞词。潘氏诗曾被沈德潜评为："诗笔直达所见，浩气行空，韵语可作古文读。"⑦"韵语可作古文读"，与其说是赞许，毋宁说是贬低，在袁枚看来这样的诗就是"粗豪"，板重，宽袍大袖，亦即是"木"的表现，故不为其所欣赏。

---

① 《诗话》卷四。

② 《诗话》卷七。

③ 《诗集》卷二十七：《仿元遗山论诗》。

④ 《艺概》卷四。

⑤ 《诗话补遗》卷二。

⑥ 《诗话》卷十五。

⑦ 《清诗别裁集》。

袁枚却称道卖面筋的袁某与裁缝郑某二人“诗颇有生趣”：前者《咏雪和东坡》曰：“怪底六花难绣出，美人何处著针尖?”后者诗云：“竹榻生香新稻草，布衣不暖旧棉花。”①从实例来看，“生趣”当指有灵性者以真实的情感描绘出生动、新颖的形象，使人觉得趣味盎然，《咏雪和东坡》体现得更明显。“生趣”说实源于杨万里“风趣专写性灵”②的“风趣”。袁枚又从反面阐述：“诗无生趣，如木马泥龙，徒增人厌。”③也说明“生趣”是形象生动活泼而使人有趣味美感。袁枚《品画》则曰：“品画先神韵，论诗重性情，蛟龙生气尽，不若鼠横行。”又揭示出“生气”与“性情”相关的真谛，诗歌形象要富有“生气”、“生趣”归根结蒂应寓有诗人之“性情”，这也是杨万里“风趣专写性灵”之意。这明明白白告诉我们：袁枚是从性灵说的高度来论“生气”、“生趣”的。

诗歌是最高的语言艺术，诗歌形象须借语言来塑造。袁枚对诗歌语言的要求：“一切诗文总须字立纸上，不可字卧纸上。人活则立，人死则卧；用笔亦然。”④又说：“要教百句活，不许一字死。”⑤“活”与“立”是形容语言的生动传神，惟有语言“活”，形象才能似生龙活虎，富于生气。这就抓住了诗歌表现的一个关键。袁枚甚至认为要避免语言的呆板乏味，“辣语、荒唐语，亦复可爱。”⑥其“可爱”之处在于尽管它们或许有失于典雅，但因有生气故能生动活泼地抒写诗人之性情，因此又同意“凡作诗文者，宁如野马，不可如疲驴”⑦的比喻。“野马”者，活而有生气之诗也。意大利思想家维柯论诗说：“诗只能用狂放淋漓的兴会来解释……主动地模拟人和描绘事物、习俗和情感，强烈地用形象把它们表现出来而活泼泼地感受它们。”⑧此说可资

---

① 引诗见《诗话补遗》卷八。

② 《诗话》卷一引。

③ 《诗话补遗》卷三引证何献葵语。

④ 《诗话补遗》卷五。

⑤ 《诗集》卷三十七，《答东浦方伯信来问病》。

⑥ 《诗话补遗》卷十。

⑦ 《诗话补遗》卷九引证左兰城语。

⑧ 《古典文艺理论译丛》第八册。

参照。

从描写手法来看，袁枚推崇“白描”。因此“白描高手”查慎行深受其赏识：“他山书史腹便便，每到吟诗尽弃捐；一味白描神活现，画中谁似李龙眠?”①“白描”原指北宋画家李公麟之用墨线勾描物像，不着色彩的画法，袁枚借以比喻用简炼的笔墨表现出生动活泼的形象的手法。所谓“神活现”即是白描手法描绘艺术形象所达到的艺术效果。但用白描手法描绘艺术形象仍是为表现诗人性灵服务的，袁枚称赞查慎行：“白描高手，一片性灵”②，可谓点睛之笔。

查慎行的难能可贵之处就在于他尽管胸罗万卷，但“每到吟诗尽弃捐”，诗中决不卖弄学问，堆砌典故。诗之“神活现”与“死气”不相容，而“填书塞典”实为造成“死气”的原因之一。袁枚列举“诗流有三病”，“其一填书塞典，满纸死气，自矜淹博。”③因此从主张诗有“生气”的宗旨出发，袁枚必然反对滥用典故。“诗中堆砌典故，诗无生气，必然窒息诗人之性情，故曰：“今人好用典，是无志而言诗”④，性情二字几乎丧尽”⑤。当然诗中并非绝对排斥用典，倘若用典并不扼杀生气亦未尝不可一为。袁枚于用典主张“无填砌痕”⑥，也就是用得灵活，“如水中著盐，但知盐味，不见盐质”⑦。还应该注意用典“能贴切便佳”⑧等。这样的用典虽然不至于“满纸死气”，但比较而言，终当以“白描”手法为本色当行。

综上所述，袁枚性灵说的诗才论虽然不无唯心因素，但大体上是符合诗歌创作规律的，去粗取精，可以为鉴。

（载《学术月刊》1982 年第 8 期）

---

① 《仿元遗山论诗》。
② 《尺牍》卷八，《答李少鹤书》。
③ 《诗话补遗》卷三。
④ 《诗话》卷六。
⑤ 《尺牍》卷八，《答李少鹤书》。
⑥ 《诗话》卷六。
⑦ 《诗话》卷七。
⑧ 《诗话补遗》卷一。

袁枚的真情论——“性灵说”内涵新探之一

清人钱泳《履园诗话》曰：“沈归愚宗伯与袁简斋太史论诗，判若水火。宗伯专讲格律，太史专取性灵。”又说：“性灵者，即性情也。”这一界说把“性灵”与“性情”完全画等号是不妥的，因为袁枚“性灵”的内涵大于“性情”，但是它又确实把握住了“性灵说”内涵最重要的因素。不仅“性灵”这个概念本身在袁枚笔下包含“性情”的意义，而且在袁枚诗论体系中特别强调“性情”或‘情”。他常把“性情”、“情”作为“性灵”的主要含义来运用。所以在感情这个特定含义上，“性灵”、“性情”、“情”往往相互代替，交叉使用。《随园诗话》(以下引文出于此书者，不再注明)开宗明义，同时标举“性灵”、“性情”、‘情”即是明证：

> 杨诚斋曰：“从来天分低拙之人，好谈格调，而不解风趣，何也？格调是空架子，有腔口易描；风趣专写性灵，非天才不办。”余深爱其言。须知有性情，便有格律；格律不在性情之外。《三百篇》半是劳人思妇率意而言情之事；谁为之格？谁为之律？……(着重号系引者所加)。

文中先引杨氏“性灵”一词，后易为“性情”，再易为“情”，上下文意思连贯，在感情的内涵上并无二致。又如为“诗”作说明时，或曰“诗之传者，都是性灵”，或曰“诗者，人之性情”，或曰“诗者由情生者也”(《答蕺园论诗书》)，也表明“性灵”、“性情”与“情”相通。

在某种意义上可以说“艺术就是感情”(《罗丹艺术论》)，而诗歌更是典型的感情的艺术；所以，“没有感情就没有诗人，也没有诗”(《别林斯基论文学》)。袁枚“性灵说”内涵的核心因素强调感情特别是真情，正符合诗歌创作的规律和诗歌艺术的主要特征。袁牧是当时一个思想比较解放并有丰富创作实践的诗人和诗论家，有深切的体验和一定的真知灼见，因此能比较充分地阐发其“性灵说”中主真情的思想。

一

袁枚《答曾南邨论诗》云："提笔先须问性情"，明确地把"性情"即情置于诗人创作之首要地位：有性情方可挥毫，无性情则请搁笔。诗人必须把他被监禁在内心深处的感情解放出来，才谈得上提笔赋诗。性情有真伪之分，袁枚笔下的"性情"是指真情，故一再申明："性情得其真"(《寄程鱼门》)，"情以真而愈笃"(《答尹相国》)。晚明以来文论特别推崇真情，如李贽"童心说"提出："夫童心者，真心也，若以为童心为不可，是以真心为不可也。夫童心者，绝假纯真，最初一念之本心也。若失却童心，便失却真心；失却真心，便失却真人。"这种文学思想是随着当时的资本主义经济萌芽应运而生的，是与"以假人言假言，而事假事，文假文"的虚伪的道学相对立的。袁枚继承和发展了这种进步思想，指出："诗人者，不失其赤子之心也。""赤子之心"亦即"童心"、真情，同样是反道学的观点。

屈原早说过："发愤以抒情。"(《惜诵》)若"不愤而作，譬如不寒而颤，不病而呻吟也"(李贽《忠义水浒传序》)。所谓"愤"，尽管有其特定的思想内容，但从心理状态上看，无疑是指诗人有一种激动难以遏止的感情亟待抒发。日人松下忠释"性灵'为"活动起来、利用起来了的既灵妙又新鲜状态的性情"(《袁枚"性灵说"的特色》，刊《文艺理论研究》1981 年第 2 期)，我以为是含有类似意思的。诚然，诗人只有具备了一种"活动起来"的激情，感到内在力量的冲击，才能进行创作。"性灵说"颇重视这条创作规律，袁枚《答蕺园论诗书》强调说："有必不可解之情，而后有必不可朽之诗。'"不可解"正是指感情的真实、饱满、强烈，无法摆脱，形成一股创作的原动力，这样抒发出来的感情才有可能成为"不可朽之诗。"

"性灵说"主张诗人有真情并"不可解"为创作前提，看来是无可非议的。但袁枚所标举的"性情"产生的条件是什么，须辨析。一般论者都批判其唯心观！有的认为："'性灵'即诗人的主观感情，离开了生活，只讲'性灵'，当然不是创作的正路"，而"是形式主义"(丘振声《中国古典文艺理论例释》)；也有的称"这种性灵的学说是一种悬在空中的学说"(马焯荣《随园探胜》，载 1961 年 12 月 20 日《文汇报》)。这些批判虽有合理因素，但过于简单化。我以为袁枚对诗人性情产生的客观条件是注意到的。虽然他鼓吹过错误的观点，说“神韵是先天真性情，不可强而至”(《再答李少鹤》)，但另一方面他有时也论及客观生活与外界自然条件对性情的制约作用即主客观相联系的关系。唯物主义哲学家黄宗羲有言：“诗人萃天地之清气，以月露风云花鸟为其性情”，表现了唯物的美学思想，袁枚对此颇赞同，引入《诗话》并誉为“言之有味”。他虽然说过“但肯寻诗便有诗”(《遣兴》)，但又说：“我不觅诗诗觅我”(《老来》)。因此他称许钟嵘《诗品》所谓“高台多悲风，携手上河梁，若一时情景所触，羌无故实，竟成绝调。”(《与杨兰坡明府》。按：与《诗品》原文有出入。)“情景所触”即“诗觅我”，指主客观相触发而成诗的艺术规律。袁枚对诗人生活阅历有时也很重视，其《岳水轩序》讲得甚明确：

> 若夫分笺击钵，对酒当歌，悠扬四始之风，祖述三唐之法，则先生之诗有非凡所及者，何也？……先生乃孟入西州，檀来洛下；五攀汉柳，两驮越装。别鲁叟而遇齐儿，厌燕南而来赵北。望海则浮天无岸，穷河则括地成图。……凡裴秀所编图，贾耽所绘布，靡不驰驱烟墨，号召宫商，宜其壮采精思，加人一等也。

这说明戎马倥偬的战地生活和奇山异水的塞外风物等客观条件激发了岳氏豪宕的感情，于是“驰驱烟墨，号召宫商”，进行创作，才有“壮采精思，加人一等”的佳作。袁枚《答祝芷塘太史》说得更深入：“必须山川关塞，离合悲欢，才足以发抒情性，动人观感。”这里把客观外物、生活阅历同主观情性的形成和激发的关系，讲得一清二楚，并未把情“悬在空中”。当云坡大司寇写了一组反映“围猎”生活情趣的《扈从纪诗》而请袁枚和诗时，袁枚断然谢绝：“命枚和作则断不敢，何也？虫吟鸟鸣，本不足以答遥响于钧天；而况目之所未瞻，身之所未到，勉强为之，有如茅簷曝背，高话金銮。虽溺爱如公，有不笑其牙牙学语，婢作夫人者乎?”(《答云坡大司寇》)此说阐明了缺乏亲身经历而没有真情实感是难似写出独拯性灵之作的道理。这与王夫之的“身之所历，口之所见，是铁门限”(《姜斋诗话》)的唯物的美学观，岂能说毫无共同之点？

总之，“性灵说”主真情的思想有唯心论的色彩，但有时也注意到客观生活，并非“只讲”先天“性灵”，不可统而言之，由于一般论者于前者多有揭露，而对后者罕见论及，故不能不花点笔墨，以见其全貌。

二

“提笔先须问性情”，决定了“自把新诗写性情”(《春日杂诗》)。诗人内心有真情实感才有创作构思的可能性，同时规定了被赋予一定艺术形式而表现出来的真情是诗歌作品的主要内容。西方文论早期有艺术摹仿自然的说法，以抒情诗而论，“摹仿说”显然未道出其本质特征。直到文艺复兴时期，才有人注意到诗要“描绘心的活动”(达·芬奇《绘画论》)。中国《毛诗序》早就指出诗“吟咏情性”的内容属性，但又限制以“止乎礼义”。袁枚则不仅认为“诗歌以咏情也”(《瞻园诗集小序》)，更强调“诗写性情，惟吾所适。”“惟我所适”，显然是对“发乎情，止乎礼义”儒家传统观念的反叛，具有自我表现的内涵。袁枚明确要求诗情应“真而有味”，且要深厚、浓郁，即所谓“诗情愈痴愈妙”，竭力把诗情从传统观念与理学束缚中解脱出来。对此袁枚又从不同方面予以论证。

诗三百曾被儒家奉为经典著作，占据非同寻常的地位。历代学者由于立场、观点的不同，对诗经都有各自的评说。袁枚则从“性灵说”出发，着重揭示其抒写真情之真谛；反过来又以此作为“性灵说”强有力的理论支柱。袁枚再三揭橥道：

> “自三百篇至今日，凡诗之传者，都是性灵，不关堆垛。”
> “三百篇专主性情。”
> “三百篇不著姓名，盖其人直写怀抱，无意于传名，所以真切可爱。”

文中的“性灵”、“性情”、“怀抱”皆与真情相通是不言而喻的。诗三百之所以“真切可爱”，刘勰早指出其内容的“志思蓄愤”，(《文心雕龙·情深》)，即抒发了诗人内心真实而强烈的思想感情。但"三百篇"是统而称之，其最富真情之作当推《国风》民歌，《雅》已逊色，《颂》则真情更少。这其中的差异袁枚并未疏忽，他后来补充说明道："圣人编诗，先《国风》而后《雅》、《颂》，何也？以《国风》近性情故也。"从"近性情"的着眼点赞誉《国风》，亦旨在证明诗写真情乃天经地义。

汉乐府多"感于哀乐，缘事而发"(《汉书·艺文志》)，本是极富真情之作，但是六朝风行的拟乐府却背叛了乐府的精神，被袁枚讥为"编抄经句，毫无意味"，当然也就毫无真情，故"诗教大衰"。反之，袁枚对杜甫、白居易"创为新乐府，以自写性情"的创作实践，则高度评价为"此三唐之诗所以盛也"。杜、白诗之写真性情有目共睹。刘熙载《艺概》评杜诗说："杜诗云：'其人嫌我真'，又云：'直取性情真'，一自咏，一赠人，皆与论诗无与，然其诗之所尚可知。"此论足可视为袁论之注脚。

袁枚既倾心于杜、白诗之表现真性情，因此对于王士禛"不喜杜、白之真"(《再答李少鹤》)大不以为然，且对王氏诗之不抒发真性情颇有非议，指责说："阮亭主修饰，不主性情，观其到一处必有诗，诗中必用典，可以想见其喜怒哀乐之不真。"甚至直斥之为"所谓假诗是也"(同上)。虽然袁枚之讥失之过重，但王氏于仕途飞黄腾达之后"真情"之作的确减少。赵执信《谈龙录》就说王氏"诗中无人"，指的也是这个意思。此外，袁枚还曾批评罗甥之诗"敷衍唐人皮面，不能表见真情，有类泛交，静言思之，亦自觉少味矣。"(《与罗甥》)此则说明诗无"真情"必缺乏美感，自难称好诗。

"诗言志"是我国诗论的"开山的纲领"(朱自清《诗言志辨序》)，也是一个儒家正统观点。朱自清先生曾正确地揭示："'言志'的本义跟'载道'差不多，两者并不冲突……这种志，这种怀抱，其实是与政教分不开的。"(《诗言志辨》)直到清代，张伯行等理学家继续宣扬"发乎情，止乎礼义"(见《濂洛风雅·原序》)，台阁重臣纪昀亦抨击陆机"诗缘情"说，他们都竭力巩固"诗言志"本义的旧传统，而"文坛革命家"(朱自清语)袁枚则采用偷梁换柱的方法，以"诗言志"的外壳来包裹其诗写真情的内瓤。他曾说：

> 千古善言诗者，莫如虞舜，教夔典乐曰："诗言志。"言诗之必本乎性情也。

袁枚以"性情"即真情诠释"志"，把二者等量齐观，是对"诗言志"之"载道"本义的"革命"。《再答李少鹤》又有更具体、深入的阐发。他把"志"的本义化整为零，而使与情的含义一致的所谓"志"，呈现出丰富多样的内容：

> 来札所讲"诗言志"三字，历举李、杜、放翁之志，是矣。然亦不可太拘。诗人有终身之志，有诗外之志，有偶然兴到、流连光景、即事成诗之志。"志"字不可看杀也！谢傅之游山，韩熙载之纵伎，此岂其本志哉？多识于鸟兽草木之名，亦夫子之余语及之，而夫子之志岂在是哉？

这段文字标新立异，振聋发聩，思想可谓解放。所谓"志不可看杀"，旨在倡导"志"应该挣脱"理"、"礼义"的羁绊，而走进"情"的各个领域里去，使"载道"的"本志"名存实亡。朱自清先生说得极好："'诗缘情'那传统直到这时代才算真正抬起了头。"(《诗言志辨》)由此可见袁枚摧陷廓清之功。

既然连"韩熙载之纵伎"亦不失为"本志"之外的一种"志"，那么"缘情之作"——情诗更有资格登入诗之神圣殿堂。袁枚性灵说之推重情诗也就自然而然。

恩格斯指出："人与人之间的，特别是两性之间的感情关系，是自从有人类以来就存在的。"(《马克思恩格斯选集》第四卷第229页)男女之情是人生中极其自然合理的客观存在。然而在"男女授受不亲"的封建礼教严酷束缚下，写情诗被看作是离经叛道的行为。到清初，诗坛在宋明理学毒化下，许多文人仍然排斥情诗。沈德潜就说："《诗》本六籍之一，王者以观民风，考得失，非为艳情发也。"(《唐诗别裁·凡例》)。袁枚则针锋相对，公开宣称："且夫诗者，由情生者也，有必不可解之情，而后有必不可朽之诗。情所最先，莫如男女。”(《答蕺园论诗书》)他出于与沈德潜论战的需要，又以六经之一的《诗经》中的《国风》为论据，加以阐说：“《关雎》即艳诗也，以求淑女之故，至于辗转反侧。”(《再与沈大宗伯书》)《国风》敢于真率自然地“言男女之情”，反映其爱情生活的悲欢，有真性情，这与“王者以观民风，考得失”并不相干。袁枚又指斥宋理学家“沈朗奏：‘《关雎》，夫妇之诗，颇嫌狎亵，不可冠《国风》。’故别撰《尧》、《舜》二诗以进”，是一种“敢翻孔子之案，迂谬已极”的行为。袁枚抬出孔子固然表明他不能跳出儒家的窠臼，但也未尝没有打鬼借助钟馗之意。袁枚自己亦颇多情诗，程晋芳曾劝其“删集内缘情之作”，勿以白傅、樊川自累。袁枚在《答蕺园论诗书》中回答得很是决绝：

> 足下之意，以为我辈成名，必如濂、洛、关、闽而后可耳。然鄙意以为得千百伪濂、洛、关、闽，不如得一二真白傅、樊川；以千金之珠易鱼之一目，而鱼不乐者，何也？目虽贱而真，珠虽贵而伪也。

这就表明，袁枚偏爱情诗是与视男女之情为大敌的“伪濂、洛、关、闽”等伪道学先生针锋相对的：情诗“虽贱而真”，道学“虽贵而伪”，他宁“真”而勿“伪”，宁“贱”而勿“贵”，决不步道学先生之后尘。

值得一提的还有袁枚在选诗问题上与沈德潜之争。沈氏选诗当然是有功绩的，其中评语也不乏精到之见，但其《清诗别裁集·凡例》宣称：“……尤有甚者，运作温柔乡语，如王次回《疑雨集》之类，最足害人心术，一概不存。”这就不足为训。袁枚对王次回的诗颇为推崇，认为“香奁诗至本朝王次回，可称绝调。”《古今诗话》曾赞扬王次回喜作小艳诗，最多而工，《疑雨集》二卷，见者沁人肝脾，里俗为之一变，几于小元、白云。”(《明词综》卷六引)这也道出袁枚不废《疑雨集》的原因。《疑雨集》作为一部情诗集，对它的思想和艺术价值不能估计过高，袁枚自己就曾“借其只成此一家数耳”，对其反映面之狭窄表示不满。但是说《疑雨集》“纯粹是黄色毒物”(黄海章《中国文学批评简史》第 211 页)，恐怕言过其实。从《疑雨集》中不难看到一些感情真挚之作，特别是悼亡诗更写出真性情，若把其中佳什作为诗之一体选入《别裁集》未尝不可。因此，袁枚对沈德潜“独不选王次回诗，以为艳体，不足垂教”表示不满，是无可非议的。

当然，毋庸讳言，袁枚作为一个封建士大夫，其放浪形骸的生活作风与享乐主义思想，使他对情诗内容的理解上有严重缺陷，如对某些确属猥琐之作亦示以青睐。他曾把其从弟香亭的《无题》采入《诗话》，而欣赏其所谓“细腻风光”，就流露出思想情趣低卑庸俗的一面。给其“性灵说”亦抹上污浊。

三

诗歌以抒写真情为其内容，同时也就决定了它以真情感发人心的特殊艺术功能。袁枚强调诗歌艺术的审美功能，这是“性灵说”的又一重要美学思想。古罗马贺拉斯早说过：“一首诗仅仅具有美是不够的，还必须有魅力，必须能按作者愿望，左右读者的心灵。”(《诗艺》)可见诗有感染“心灵”的作用。在中国，孔子最早对诗的社会功能作了全面规定：“小子何莫学夫诗？诗可以兴，可以观，可以群，可以怨；迩之事父，远之事君；多识于鸟兽草木之名。”(《论语·阳货》)这里首先标出“诗可以兴”之旨，但同时又标举观、群、怨等认识功能及教化、讽谏功能，固然很周全，但其论旨是主“迩之事父，远之事君”的政治与伦理的社会作用。后世诗论家对孔子“兴、观、群、怨”说各有取舍与发挥。袁枚“性灵说”惟独发挥其“诗可以兴”一条，崇尚诗可以感发人心的美感功能：“圣人称：‘诗可以兴’，以其最易感人也。”言简意赅地对“诗可以兴”作了阐发。何谓“感人”？可借用黄周星《制曲枝语》的话：“感人者，喜则欲歌欲舞，悲则欲泣欲诉，怒则欲杀欲割：生趣勃勃，生气凛凛之谓也。”可见“兴”或“感人”就是激发人之喜怒哀乐等感情，使人从中享受到“生趣勃勃，生气凛凛”的艺术美感。袁枚曾举例为证：“王孟端友某在都娶妾，而忘其妻。王寄诗云：‘新花枝胜旧花枝，从此无心念别离。知否秦淮今夜月，有人相对数归期。’其人泣下，即挟妾而归。”“其人泣下”，是诗以真情感人的形象描写，有一种打动人心的力量；当然感人之中也寓有教育作用，“挟妾而归”就是明证。但感人乃是基础。

袁枚对“诗可以兴”还有更具体、深入的论述：

> 诗者，人之性情也。近取诸身而足矣：其言动心，其色夺目，其味适口，其音悦耳，便是佳诗。孔子曰："不学诗，无以言"，又曰："诗可以兴"，两句相应。惟其言之工妙，所以能使人感发而兴起；倘率直庸腐之言，能兴者其谁耶？

这段论述相当精辟，它涉及诗歌艺术审美的几个重要问题：一、诗的美感力量的产生主要在于诗之有真情，所谓："诗者，人之性情也。"二、诗的美感价值可以体现在"动心"、"夺目"、"适口"、"悦耳"等多方面，以心理感受为主，兼有听觉、视觉甚至味觉诸方面的美感享受。三、"诗可以兴"，不仅在于有性情，而且性情应通过生动美妙的艺术语言来表现，即有艺术魅力，方能"使人感发而兴起"，倘若毫不讲究艺术美则不成其为诗，自然难以动人心弦。

诗的主要功能是感发人心，因此它也足以成为评价诗作优劣的标准之一。袁枚认为："诗能入人心脾，便是佳诗，不必名家高手也。""入人心脾"也就是感人至深，具有非同寻常的美感力量，这样的诗当然是好诗。反之则不是"佳诗"，为此他赞同华亭进士方应馨的观点："孔子'兴于诗'三字，抉诗之精髓。无论贞淫、正变，读之而令人不能兴者，非佳诗也。""贞正"之诗依正统标准来衡量当是"佳诗"无疑，但"性灵说"另有尺度："贞正"之诗如果没有真情及艺术美而"令人不能兴"，产生不了感发人心的美感力量亦难戴"佳诗"之桂冠。正是立足于这样的观点，袁枚也承认"兴于诗"三字"抉诗之精髓"，即把握住了诗的要害问题。

袁枚一味强调"诗可以兴"的美感功能，而对诗的政治、伦理等功能却几乎绝口不谈，这并非无因。众所周知，乾隆时代阶级矛盾又上升为主要矛盾，清王朝要维护其统治，则须大力宣扬三纲五常的封建伦理道德以征服人心，诗歌自然也成为宣传工具。台阁宠臣沈德潜心领神会乾隆"讲说孝悌忠信，便是汝之报国"(《沈文悫公自订年谱》)的圣谕，竭力推崇诗为封建统治服务的功利观。如《说诗晬语》第一条，标举其诗学总纲为："诗之为道，可以理性情，善伦物，感鬼神，设教邦国，应对诸侯，用如其重也！"其实这正是发挥了孔子诗论“迩之事父，远之事君”的消极一面。袁枚单纯强调“诗可以兴”，则是与沈氏诗论的功利观相对立的，著名的《答沈大宗伯论诗书》曾批驳沈氏“诗教”说：

> 至所云：“诗贵温柔，不可说尽，又必关系人伦日用。”此数语有褒衣大袑气象。仆口不敢非先生，而心不敢是先生，何也？孔子之言，戴经不足据也，惟《论语》为足据。子曰：“可以兴，可以群”，此指含蓄者言之，如《柏舟》、《中谷》是也；曰：“可以观，可以怨”，此指说尽者言之，如“艳妻煽方处”、“投畀豺虎”之类是也；曰：“迩之事父，远之事君”，此诗之有关系者也；曰：“多识于鸟兽草木之名”，此诗之无关系者也。仆读诗常折衷于孔子，故持论不得不小异于先生，计必不以为僭。

沈氏“诗教”说本于《礼记·经解》：“孔子曰：‘入其国，其教可知也。其为人也温柔敦厚，诗教也。”袁枚抓住《礼记》乃汉初经生戴圣所编，认为其中所载孔子之言“不足据也”，力图从根基上推倒沈氏“诗教”说的依据。袁枚对于“兴观群怨”的阐述自然比沈氏理解全面，批驳得也较为有力；而且对所谓“有关系”者即“动称纲常名教，箴刺褒讥”，袁枚视为选家“七病”之一而表示贬斥，亦有其进步意义。但袁枚对“诗之有关系”并未能从根本上否定，他自己说过：“笔性灵，则写忠孝节义，俱有生气。”虽然旨在说明“笔性灵”写任何题材都易“有生气”，但并未排斥“忠孝节义”，可见他毕竟跳不出封建阶级的根本立场。至于诗的功能除了感发人心之外，还应该提出进步的社会功能的要求，袁枚无法做到这一点，只能以诗的美感功能与沈氏“诗教”说抗衡，其片面性不言而喻。

综观袁枚“性灵说”内涵的核心因素真情论，在乾、嘉时代是与传统观念、理学家思想相对立的，具有某种进步意义；它也探求到诗歌特征和创作规律的某些方面，具有可取的美学价值。当然，袁枚所标举的“性情”内容狭窄，基本属于一己之悲欢，离不开其所属阶级的内涵，亦自不会提及应受进步思想的制约。普列汉诺夫在反驳托尔斯泰关于艺术是人类感情交际的工具这一观点时说：“说艺术只是表现人们的感情，这一点也是不对的。不，艺术既表现人们的感情，也表现人们的思想。”(《艺术论》第4页)袁枚“性灵说”的真情论同样不谈思想，借用此论批判其局限性也是适合的。

(载《浙江学刊》1983年第1期)

袁枚的个性论——“性灵说”内涵新探之一

清代诗论大家袁枚(1716—1797年)所标举的“性灵说”诗论曾风靡乾、嘉诗坛，在中国文学批评史上有其重要地位。“性灵说”阐述了诗歌创作的某些艺术规律，不仅足以与当时诗坛盛行的拟古“格调说”及以考为诗等诗风相抗衡，而且对针砭今日诗歌创作的弊病亦不乏可资借鉴的美学价值。王飞鹗曰：“先生说诗皆发前人所未发。”①正道出了“性灵说”之精妙所在。但是，“性灵说”的内涵是什么却见仁见智，众说纷纭。笔者认为“性灵说”的内涵是从强调诗歌创作的主观条件出发，以真情、个性、诗才等为理论核心，在这三块理论基石上又生发出许多具体观点，从而构成一个包括真情论、个性论、诗才论三部分的“性灵说”诗论体系。三者是密切相关的。真情论、诗才论已另有专文阐发，本文探讨个性论。

“性灵说”主真情人所尽知，主真情则必重个性，因为“心灵人所自有而不相贷”②。袁枚主张诗人须有独特的个性与审美感受、认识以及艺术表现具有独创性，进而反对拟古格调说，就构成“性灵说”内涵的有机组成部分。明代公安派主将袁宏道倡导诗应“独抒己见，不拘格套，非从自己胸臆流出，不肯下笔”③，就明显寓有强调诗人审美的独特性及艺术表现的独创性的含义。袁枚“性灵说”与公安派“性灵说”原是一脉相承的，对此当然神会。袁枚十分重视诗人之个

---

① 《续诗品·序》。

② 王夫之《姜斋诗话》。

③ 《叙小修诗》。

性，集中体现在提出"著我"①的美学思想，实际就是推崇其个性论，值得我们探讨。

一、"作诗，不可以无我"

"著我"的含义之一，即"作诗，不可以无我"②，此中"我"的真谛是指创作主体的个性及其独特的审美感受与认识。众所周知，封建专制社会长期以来采取各种手段压抑人之性灵，个性也被封建礼义所禁锢。如果说，欧洲"十三世纪末，意大利开始充满具有个性的人物，施加于人类人格上的符咒被解除了"，而但丁"这位堂堂的大诗人，由于显示出来的丰富的个性，是他那个时代的最有民族性的先驱"③；那么，中国则在晚明时期由于经济的资本主义萌芽因素和思想的启蒙思潮的出现，也崛起了如李贽、徐渭、汤显祖、公安三袁等一批追求个性自由的思想家或文学家。他们的美学思想直接影响了清初及乾、嘉时代的文学艺术观。

中国诗画相通，互相促进。清初画坛巨擘石涛继承徐渭的美学思想，公开主张"借笔墨以写天地万物而陶咏乎我也"，"我之为我，自有我在。古之须眉，不能生我之须眉；古之肺腑，不能安入我之腹肠。我自发我之肺腑，揭我之须眉"④。石涛极力推崇"我"即画家本人的个性地位，并以表现"我"之审美感受与认识为"笔墨"之极致，这对于摆脱束缚个性的旧传统无疑具有革新的意义。乾隆时代的著名画派扬州八怪同样标榜个性，"怪"正是对其要求表现个性及艺术上独辟蹊径的概括。如"性情逋峭，世多以迂怪目之"⑤的金冬心，其为汪士慎所作墨竹，上题曰："明岁满林竹更稠，百千万竿青不休，好似老夫多倔强，雪深一尺肯低头？"⑥其人、其画及其诗的个性跃然纸上！扬州八怪多与袁枚有交往，其艺术思想当对袁枚有启发。诗坛

---

① 《续诗品·著我》。

② 《随园诗话》卷七。

③ ［瑞士］雅各布·布克哈特著，何新译《意大利文艺复兴时期的文化》。

④ 《石涛画语录》。

⑤ 王昶《蒲褐山房诗话》。

⑥ 《冬心画竹题记》。

上也有一些诗论家注重诗人个性，强调其独特的审美感受与认识，如吴乔自述：“我有我身心，苏、李之高，钟、谭之陋，总是彼物，与我何与?”①叶燮亦云：“作诗有性情必有面目”②，“有我身心”“有性情”，皆有个性之谓也。可见，强调诗人有个性以及诗表现其独特的审美感受和认识是清代康、乾诗坛的进步文学主张。袁枚性灵说推重个性正是顺应了这股美学思潮，以锐意扫荡诗人无个性、诗千篇一律的古典主义的陈旧观念。较之前人，袁枚论述得更为具体、深入。

袁枚曾论画之“聊取丹青意，写我苍莽胸”③，赞扬了叶氏画作所表现的富有个性的胸怀。此观点显然吸收了石涛的美学思想。对于诗，袁枚自然持相同的美学见解，认为“作诗，不可以无我”；因为“有人无我，是傀儡也”④。袁枚所突出的“我”既然偏重在个性，因此没有“我”的诗人和诗自然就形同受人摆布的“傀儡”，缺乏真正的生命力。袁枚又根据表现不同个性与审美感受和认识的诗作来说明诗人须有个性的观点，《诗话》卷四曰：“凡作诗者，各有身分，亦各有心胸。毕秋帆中丞家漪香夫人有《青门柳枝词》云：‘留得六宫眉黛好，高楼付与晓妆人。’是闺阁语。中丞和云：莫向离亭争折取，浓云留覆往来人。’是大臣语。严冬友侍读和云：‘五里东风三里雪，一齐排着等离人。’是词客话……”诗人“身分”“心胸”各异，审美感受与认识自然不同，写同一题材的作品却反映出独自的个性和感受：夫人之“闺阁语”感受柳之翠绿而显示其妩媚爱俏的个性，中丞之“大臣语”感受柳之功用而表现其仁厚大度的个性，侍读之“词客语”感受柳之神情而分明袒露其多愁善感的个性。他们之间是难以“相贷”的。

袁枚笔下的“性情”一般皆指“情”，但“性情”有时则指个性，其《仿元遗山论诗》曰，“从古风人各性情，不须一例拜先生。曹刚左手兴奴右，同拔琵琶第一声。”“曹刚左手兴奴右”是“从古风人各性情”的例证，这里强调的也是他们各自的思想气质、艺术修养、审美趣味

① 吴乔《围炉诗话》。

② 叶燮《原诗》。

③ 《题叶花南庶子空山独立小影》。

④ 《随园诗话》卷七。

等方面的特点。袁枚又举例深入阐述说："人问：'杜陵不喜陶诗，欧公不喜杜诗，何耶？'余曰：'人各有性情。陶诗甘，杜诗苦；欧诗多因，杜诗多创；此其所以不合也'。元微之云：'鸟不走，马不飞，不相能，胡相讥？'"(《诗话补遗》卷一)"甘"与"苦"指诗之审美特质；"因"与"创"是诗人个性相异的反映；都与"人各有性情"相关，因此其"不合"、"不相能"是极其自然的，表现诗人个性与审美感受的丰富性。因此不必以此"相讥"。袁枚的态度是公正的。

诗人既有独自的个性，理应自由发挥，而不必囿于其他时代之诗人和诗作削足适履，故袁枚指出："诗者，各人之性情耳，与唐宋无与也。若拘拘焉持唐宋以相敌，是子之胸中有已亡之国矣，而无自得之性情，于诗之本旨已失之矣。"①这里警告某些诗人不要以他朝他人之个性拘束自己的个性，否则只能扼杀"自得之性情"，取消自己的个性，抹杀自己的审美感受的独特性，这样就丧失了诗的表现个性和真情的"本旨"，成为毫无价值的赝品。从而从反面强调了诗人发挥个性的宗旨。应该指出的是，对诗人的个性问题不可一概而论。个性亦刻有时代、阶级的烙印，有崇高与低卑之分。真正伟大的诗人，"我"的个性中应寓有富于典型意义的共性，在本质上是与时代和人民相通的，这样的"我"才有其存在的不朽价值，当然这非袁枚所能认识到的。

二、"但须有我在，不可事剽窃"

"著我"的含义之二是强调艺术表现的个性化即有独创性："但须有我在，不可事剽窃"②这是由诗人独具的个性所决定的，用黑格尔的话来说就是："独创性是从对象的特征来的，而对象的特征又是由创造者的主体性来的。"③对于诗歌艺术来讲，诗人这"创造者的主体性"的个性特征的制约作用是明显的，它表现为诗人具有独特的气质与独自的思想、生活、艺术修养方面的积累，有其自己的审美感受和

① 《答施兰垞论诗书》。

② 《书所见》。

③ 《美学》第一卷。

趣味，从而采取独出心裁的艺术构思、表现方法来反映其抒写“对象的特征”，从而形成别具一格的作品。

“‘诗人’在希腊文中正是‘创造者’(作者)。”①可见，没有创造性是不成其为诗人的。与袁枚生卒年大致相近的英国诗人杨格(1683—1765)认为：在诗歌的“春天里，独创性作品是最最美丽的花朵。模仿之作成长迅速而花色暗淡”②。“独创性”是培育诗的永恒春天里最美丽的花朵的必不可少的“催化剂”。中国古代进步的文学理论历来是主张独创的。陆机《文赋》说：“谢朝华于已披，启夕秀于未振。”公安派性灵说直接继承了这个观点：“以抒发性灵为主，始大畅其意所欲言，极其韵致，穷其变化，谢华启秀，耳目为之一新”③。并道出“抒发性灵”与“谢华启秀”的关系。这对于我们理解袁枚性灵说主独创当有所启迪。稍前或与袁枚同时的吴乔、叶燮、郑板桥等人亦皆强调诗歌创作的独创精神，锋芒所向，拟古模仿之风为之一扫。袁枚正是诗坛这支创新劲旅中的骁将。

袁枚“横空一赤帜”④，旗上分明写着“但须有我在，不可事剽窃”的主张。这里的“我在”与“剽窃”相对，显然是指独创性。公安派标举“独抒性灵”，袁枚更以“独”为荣：“我亦自立者，爱独不爱同。含笑看泰、华，请各立一峰!”⑤“独来独往一枝藤，上下千年力不胜。若问随园诗学某，三唐两宋有谁应?”⑥“丈夫喜独立，各有精神强。”⑦所谓“独”既指诗人有独特个性，也指艺术表现有独创性。艺术表现独创性主要表现在：“诗宜自出机杼，不可寄人篱下，譬作大官之家奴，不如作小邑之薄尉”⑧；“精心独运，自出新裁”⑨。这就

① 维柯《新科学》。
② 《试论独创性作品》。
③ 袁中道《阮集之诗序》。
④ 《读书二首》。
⑤ 《题叶花南庶子空山独立小影》。
⑥ 《遣兴》。
⑦ 《题宋人诗话》。
⑧ 《答王梦楼侍读》。
⑨ 《随园诗话》卷七引证陆钱语。

是说诗人创作应根据自己的个性、审美感受，运用“自出机杼”的崭新的艺术构思和表现手段，不可受制于他人，才能自由充分地抒写性灵。其中尤以艺术构思的独创为贵，这是根本性的因素。

诗是最高的语言艺术，作为表现手段的语言艺术自然亦应独创。袁枚主张以新言表现新意。袁枚于“新”字一往情深。《著我》就从独创性的角度倡导“吐故吸新”。《诗话》卷六言之更详：“要之，以出新意，去陈言为第一着。《乡党》云：‘祭肉不出三日，出三日则不食之矣。’能诗者，其勿为三日后之祭肉乎?”袁枚之“出新意，去陈言”，发展了韩愈“唯陈言之务去”①的观点，说明的是应以新鲜独创的语言表现新颖的意，而“意”在袁枚笔下实即“性情”。新言新意自然是佳什。为此袁枚于六朝诗人最钦佩谢朓：“左思之才，高于潘岳；谢朓之才，爽于灵运。何以？以其超隽能新故也。齐高祖云：‘三日不读谢朓诗，便觉口臭。’宜其李青莲一生低首也。”②“超隽能新”是袁枚折服于谢朓的着眼处。诚然，“灵心秀口”(《古诗源》)的谢朓以决然摆脱了玄言诗影响的山水诗表现出独创精神，黄子云称赞说：“句多清丽，韵亦悠扬，得于性情独深，虽去古渐远，而摆脱前人习弊，永、元中诚冠冕也。”③“句多清丽”是语言表现的创新，“摆脱前人习弊”则道出其“能新”在于艺术构思方面的自出机杼；“得于性情独深”，则挖到“能新”的内在根源。这正是袁枚亦为之“低首”的原因。

最后应提及的是诗人的个性、独特的审美感受和认识以及艺术表现的独创性是形成诗的风格的重要因素。风格的多样性是客观存在，应大力提倡；这反过来又可以进一步促使诗人发扬独创精神。王渔洋片面标举清奇、淡远的风格，拘守王孟家数，患有薛雪所说的一种“偏嗜”④之症，显示出保守性。袁枚却颇通达，因为他主张“著我”，而“我”又是各具面目的，因此在风格论上自然不会拘泥一格。他曾记述：“人或问余以本朝诗，谁为第一？余转问其人：‘三百篇以何

---

① 《答李翊书》。

② 《诗话补遗》卷十。

③ 《野鸿诗话》。

④ 《一瓢诗话》。

首为第一?’其人不能答。余晓之曰:‘诗如天生花卉,春兰秋菊,各有一时之秀,不容为人轩轾。音律风趣,能动人心目者即为佳诗,无所为第一、第二也。’”①“春兰秋菊,各有一时之秀”,堪称持平之论。不同风格的作品只要能“动人心目”、感发人情就可以占据诗坛之一隅,大可不必褒此贬彼或强行划一。因此袁枚对于风格远比王渔洋宽宏大量,如对“神韵诗”的风格就既不过于推崇,也不无端贬斥,而是公正地指出:“神韵诗”“不过诗中一格耳……诗不必首首如是,亦不可不知此种境界”。② 一方面肯定了有“弦外之音,甘馀之味”③的“神韵诗”作为诗的一种风格有其存在的价值,一方面则反对以此“一格”独霸诗坛而排斥其他的态度。袁枚之论确可谓通达矣!

三、反“貌似盛唐”、“皮傅残宋”

独创与拟古、模仿势不两立。凡是主张表现“我”之真情与个性的诗人对于模拟之作无不鄙视。正如马克思所批评的:“专事模仿的诗人除了形式上的光泽,就再没有什么了。”④即没有思想,没有真情,没有个性,徒有其黄铜而非真金的“光泽”。性灵派诗人张问陶《论诗绝句》曰:“文章体制本天生,只让通才有性情。模宋规唐徒自苦,古人已死不许争。”但是清代前期诗坛或宗唐或宗宋,各有焚拜之偶像,诚如纳兰性德《原诗》所讥:“十年前之诗人皆唐之诗人,必嗤点夫宋;近年来之诗人皆宋之诗人,必嗤点夫唐。……矮子观场,随人喜怒,而无自有之面目。”可见,清代诗坛无论规唐还是模宋都是缺乏个性和独创精神的公式化的表现,是没有出息的形式主义。

袁枚性灵说是提倡“著我”是与拟古唱对台戏的:“竟似古人,何处著我?”⑤二者水火不相容。袁枚把独创称为“作诗”,拟古则贬为“描诗”,针对诗坛“描诗者多,作诗者少”⑥的状况,批评“描诗者像

① 《续诗品·澄滓》。
② 《随园诗话》卷八。
③ 《随园诗话》卷八。
④ 《马克思恩格斯全集》第二十九卷,第572页。
⑤ 《续诗品·著我》。
⑥ 《随园诗话》卷三。

生花之类，所谓优孟衣冠，诗中乡愿也”①。“优孟衣冠”则以模仿为能事，没有真情与个性；“乡愿”则不显示自己真面目，其所作只能是“老生常谈，嚼腊难闻”②。没有丝毫艺术感染力。

袁枚反拟古的范围比较广，无论宗唐宗宋，凡不是从“我”出发而是步人后尘者皆在排斥之列。因为无论唐法、宋法都是诗人根据当时的生活个人的条件而产生的创作规则，并不是放之四海而皆准，通之古今而不变的。布鲁诺说：“只有与其说善于创作，毋宁说善于模仿的人，才需要依赖规则。”③有个性、有真情与有独创精神的诗人当然不会就范于古代的清规戒律。《诗话》卷五则全面抨击道：“抱杜韩以凌人，而粗脚笨手者，谓之权门托足；做王孟以矜高，而半吞半吐者，谓之贫贱骄人；开口言盛唐及好用古人之韵者，谓之木偶演戏；故意走宋人冷径，谓之乞儿搬家；好迭韵、次韵，剌剌不休者，谓之村婆絮谈；一字一句自注来历者，谓之古董开店。”这不啻为一片大张旗鼓讨伐各类模仿者的檄文！

袁枚主要的批评对象是沈德潜的格调说。沈氏所崇奉的格调说乃明七子复古主张在乾隆时代的死灰复燃，类似于十八世纪西欧古典主义者鼓吹写“死人的诗歌”（白尔谢语）的理论。明七子“格调”说之来历见于李梦阳对“格”与“调”的要求：诗之“七难”首列之二：“格之古”、“调之逸”④，“高古者格，宛亮者调”⑤。李梦阳强调格式的“高古”与音调的“宛亮”等偏重于形式，沈德潜格调说则进而包括对内容要求符合“诗教”（“诗教”问题另述，此略）。沈氏门人王昶《湖海诗传》卷二曰：“其时叶氏门人苏州沈德潜独持格调说，崇奉盛唐而排斥宋诗，与杭州厉鹗对峙……以汉魏盛唐倡于吴下。”沈氏在《方蒉朔灵洲诗集序》中指责“今之学诗者泛滥于晚唐以下”，而赞同方氏“不读唐以后书”的复古主张。其《家光禄敬亭诗序》称曰：“格高者规

① 《随园诗话》卷七。

② 《续诗品·澄滓》。

③ 《论英雄激情》。

④ 《潜虬山人记》。

⑤ 《驳何氏论文书》。

橅杜陵，长篇百韵以下俱进白傅，即小小吟咏，亦不入宋元轻佻之习”，这表明沈氏以模拟、“规橅”唐人名家为“高格”，而对诗人的独创性却不甚重视。因此“沈德潜对明之格调派表示好意，至为明显”①。颇多溢美之词。

性灵说与格调说“判若水火”②。袁枚为从根基上推倒沈氏的复古主张，则不能不对沈氏不祧之祖明七子格调说痛下针砭：“明七子论诗，蔽于古而不知今，有拘虚皮傅之见。”③“人悦西施，不悦西施之影；明七子学唐，是西施之影也。”④“七子击鼓鸣钟，专唱宫商大调，易生人厌。”⑤袁枚《答李少鹤书》认为：“蔽于古而不知今，此学者大病也。“从文学发展观上批评明七子墨守古法旧规，而不知根据当前的时代和生活条件以及“我”的个性特点把诗歌传统加以发展变化。盲目崇拜盛唐之古，只能是“瞎盛唐诗”⑥，不具自己的性灵，其“易生人厌”，势所必然。袁枚在《答沈大宗伯论诗书》中则直接批评沈德潜格调说。他首先指出：“诗有工拙，而无今古”，“未必古人皆工，今人皆拙”，制定出以“工拙”评诗的标准，从而否定了以“今古”论诗的成见。其次，揭示出诗歌发展的客观规律是“变”，亦即是创新，它不以人的主观意志为转移：“唐人学汉魏变汉魏，宋学唐变唐；其变也，非有心于变也，乃不得不变也。使不变，则不足以为唐，不足以为宋也”。“变”又是唐、宋诗各具面目的奥妙。真正的“学唐”并非学其格调，而是学其“变汉魏”的精神。再次，既然要“变”，就必须突破唐宋的框框，“变”出自己的诗来，所谓“性情遭遇，人人有我在焉，不可貌古人而袭之，畏古人而守之也”，而“当变而变，其相传者心也”，又道出了“变”的内在根据：“心”即性灵，包括个性、独特的审美感受等；相反“当变而不变，其拘守者迹也。鹦鹉能言，而不能得其所以言，夫

① ［日］青木正儿《中国文学思想史》。

② 钱泳《履园谭诗》。

③ 《随园诗话》卷三。

④ 《随园诗话》卷五。

⑤ 《随园诗话》卷四。

⑥ 吴乔《围炉诗话》。

非以迹乎哉”(《答沈大宗伯论诗书》)。无“心”则只能拘守“迹”即格调。明七子与沈德潜者流拘守唐诗之“迹”，模拟格调，则难免“鹦鹉”之讥。

袁枚反对格调说的思想与杨万里有师承关系。杨氏曾批评“格调是空架子，有腔口易描”，袁枚对此表示：余深爱其言，须知有性情，便有格律；格律不在性情之外……况皋禹之歌，不同乎三百篇；《国风》之歌，不同乎《雅》《颂》，格岂有一定哉！“(均见《诗话》卷一)这里进一步从格调与性情的关系的角度强调“性情”为本，“格调”为末。所谓“有性情便有格律”旨在说明“性情”制约“格律”(格调)，强调诗人先须有性情，而后格调等形式因素自可相应安排，虽然说法上稍嫌偏激，但其真谛是可以理解的。袁枚既然认为性情为本，格律或格调为末，当然不会承认格律会产生好诗：“三百篇半是劳人思妇率意而言情之事，谁为之格？谁为之律？”①《诗经》特别是《国风》“率意而言情”，显然并未作茧自缚，以格调限制性情与个性，因此才千古不朽。当然，袁枚并不一概反对格律，只是认为没有万古不变、千篇一律的“格调”，不同时代、不同诗人的不同作品应有其独特之“格”，故曰：“格岂有一定哉?”“世间有多少种类型的真正诗人，便有多少种类型的规则”②。既然格无一定，袁枚不能不反诘：“谈格者将从善乎?”③看来诗人只有根据个性独创一“格”才是上策。只讲格调必将桎梏性灵之表现，袁枚深知其弊，所以赞同周栎园之言：“吾非不能为何、李格调以悦世也；但多一分格调者，必损一分性情，故不为也。”④

袁枚在《答沈大宗伯论诗书》中还抨击了宗宋的浙派诗：“先生诮浙诗，谓沿宋习败唐风者，自樊谢为厉阶。枚浙人也，亦雅憎浙诗。樊谢短于七古，凡集中此体，数典而言，索索然寡真气，先生非之甚当。”浙派开山鼻祖为朱彝尊，厉鹗(樊谢)继起，专法宋人生僻一路，

① 《随园诗话》卷一。

② 《论英雄激情》。

③ 《赵云松瓯北集序》。

④ 《赵云松瓯北集序》。

其效仿者又变本加厉。此派从另一个方面拟古，但沈氏“诮浙诗”系宗唐与宗宋的门户之争。袁枚因主个性而诋之：“考厥滥觞，始于吾乡蛏材讽说之徒，专屏采色，钩考隐僻，以震耀流俗，号为‘浙派’。一时贤者，亦附下风。不知明七子貌袭盛唐，而若辈乃皮傅残宋，弃鱼菽而噉豨苓，尤无谓也。”①“貌袭盛唐”已不足为训，“皮傅残宋”更郐下无讥。

袁枚还不屑为类似“偶然游戏”②的次韵、迭韵诗。这类“游戏”当然亦属模拟。杨万里曾指出：“诗至和韵而诗始大坏矣!”③袁枚亦云：“余作诗雅不喜迭韵、和韵，……以为诗写性情，唯我所适”④。从自由表现个性和真情的要求出发反对迭韵、和韵等，因为那样无异于自捆手脚，“既约束则不得不凑拍，既凑拍，安得有性情哉”⑤袁枚的观点也与王渔洋一致：“阮亭尚书自言：‘一生不次韵，不集句，不联句，不迭韵，不合古人韵。’此五戒，与余天性暗合。”⑥这里所反对的模拟“游戏”范围更广，凡此“五戒”皆与其“天性暗合”，实即符合其无羁之个性，不可以“韵”扼杀其“天性”，使其不能抒发真性情；故张问陶又曾从欣赏的角度反对“偶然游戏”，曰：“怕读人间趁韵诗”!⑦

袁枚对于古文写作则持复古观点：“仆以为欲奏雅者先绝俗，欲复古者先拒今……”⑧这反映了他反复古的美学思想尚不彻底。因超出论题范围，兹不赘述。

（载《湖南师院学报》1983 年第 2 期）

---

① 《万柘坡诗集跋》。

② 《叙诗品·择韵》。

③ 《答建康府大军库监门徐达书》。

④ 《随园诗话》卷一。

⑤ 《随园诗话》卷一。

⑥ 《随园诗话》卷六。

⑦ 《论诗绝句》。

⑧ 《与孙俌之秀才书》。

【评　介】

上述引文是王英志1982年苏州大学硕士学位论文，最初分三部分《袁枚的诗才论——“性灵说”内涵新探之一》(《学术月刊》1982年第8期)、《袁枚的真情论——“性灵说”内涵新探之一》(《浙江学刊》1983年第1期)和《袁枚的个性论——“性灵说”内涵新探之一》(《湖南师院学报》1983年第2期)单独发表，后收入王英志《清人诗论研究》(江苏古籍出版社1986年版)、《性灵派研究》(辽宁大学出版社1998年版)和《袁枚评传》(南京大学出版社2002年版)时，略有改动。

王英志(1944—　)，吉林长春人，1968年北京大学中文系本科毕业，1979年起师从苏州大学钱仲联教授攻读中国文学批评史，1982年获文学硕士学位。历任《苏州大学学报》编审、中国古代文论学会理事、苏州大学文学院博士生导师、中日韩诗话学会会员等职。主要研究方向为元明诗词与理论、清代诗词与理论。主要著述有《清人诗论研究》、《中国古典诗歌艺术新探》、《古典美学传统与诗论》、《李清照集》、《袁枚与随园诗话》、《性灵派研究》、《袁枚评传》、《灵境诗心——中国古代山水诗史》(清代编)等约20种。主编《袁枚全集》；参与主编、撰写了《中国诗话辞典》；合编合著了《中国历代诗学论著选》等，并在《文学评论》、《文艺研究》、《文学遗产》等学术刊物发表论文200余篇。

该文认为，一、袁枚倡导的“性灵说”诗论乃是清代诗论发展史的枢纽。理由如下：

(一)袁枚相当全面地论说了诗歌艺术的本质特征与创作规律，自成体系，有较高的美学价值。在乾、嘉诗坛足以压倒沈德潜的“格调说”，并横扫翁方纲以考据为诗的歪风，促进清诗的发展。

(二)袁枚的性灵说是清初以来许多诗论某些有价值的美学思想的集大成者。“性灵说”的真情论、个性论、诗才论三大要素正是汲取了历代诗论及本朝钱谦益、徐增、吴乔、赵执信、薛雪、李重华、吴雷发甚至王士禛等人诗论的精华加以补充发挥而成的。

(三)袁枚性灵说影响了一批诗人，形成所谓性灵派，其中的赵翼、张问陶等自不必言，即是非性灵派的洪亮吉、宋湘的诗论亦不乏与袁枚相承之处。

(四)袁枚性灵说的流弊亦促使了一批为补救之而作的诗话的产生，如潘德舆的《养一斋诗话》、朱庭珍的《筱园诗话》等。

二、袁枚性灵说的内涵。

该文认为，“性灵”一词最早的源头乃《文心雕龙》，钟嵘《诗品》、唐宋诗人直至明代公安派等都曾论述过性灵说。而袁枚不仅汲取了古代性灵说的营养，更有自己的发明，并最终形成了比较完备的性灵说诗论。

(一)总结前代对袁枚性灵说内涵所进行的探讨。

一曰“性情”。如清代钱泳《履园谭诗》所谓“性灵者，即性情也”。

二曰“灵感”。如羊春秋认为，袁枚标举性灵，是强调“灵感作用”。

三曰“灵妙的性情”。日本学者多持此观点，如松下忠说，“‘性灵’系指活动起来、利用起来的既灵妙又新鲜的状态中的人的性情”。

四曰性情与灵感并重，如郭绍虞《中国历代文论选》之说明称，“性灵之说，不仅重视性情之真，同时十分强调艺术上的灵感作用”。

该文认为，以上四说虽然都在一定程度上触摸到袁枚性灵说的某种内涵，但在研究方法上多局限在对“性灵”一词的诠释，而未能从袁枚整个诗歌理论体系进行鸟瞰与考察，所以未免以偏概全，有简单化的缺陷。如何探讨袁枚性灵说的奥秘，其实袁枚《仿元遗山论诗》评夫已氏(翁方纲)就提供了一把钥匙：“抄到钟嵘《诗品》日，该他知道性灵时。”袁枚自己探讨钟嵘性灵说时并不囿于钟嵘《诗品》中的“性灵”一词，而是着眼于《诗品》所体现的“吟咏情性”、“羌无故实”、“自然英旨”、反对声病之说等思想。

(二)归纳袁枚性灵说的内涵。

借鉴袁枚的方法，该文认为可以这样归纳袁枚性灵说的内涵：袁枚性灵说的理论主旨是从诗歌创作的主观条件出发，强调创作主体表现具有真情、个性、诗才三方面的要素。在这三块理论基石上又生发出创作构思需要灵感，艺术表现应具有独创性并自然天成；作品内容以抒发真情实感、表现个性为主，感情所寄寓的诗歌意象要灵活、新鲜、生动、风趣；诗歌作品以感发人心，使人产生美感为其主要艺术功能等观点。

具体来说，该文认为：

其一，袁枚性灵说的真情论主张：

1. 真情为诗人创作的首要条件，“诗人者，不失其赤子之心也”（《随园诗话》卷三）。“赤子之心”即性灵、真情。

2. 真情是诗歌所表现的主要内容，所谓“自《三百篇》至今日，凡诗之传者，都是性灵，不关堆垛”（《随园诗话》卷五）。

3. 以真情感人是诗的主要审美功能，所谓“圣人称‘诗可以兴’，以其最易感人也”（《随园诗话》卷十）。此论乃针砭沈德潜的“诗教”说。

其二，性灵说的个性论主张：

1. 诗人必须具有个性，故称“作诗，不可以无我”，“有人无我，是傀儡也”（《随园诗话》卷十）。“我”，即独具的个性。

2. 艺术创作须有独创性，既不囿于古人，亦不盲从俗流，“要之，以出新意，去陈言为第一着”（《随园诗话》卷六）。

3. 反拟古，反格调，“明七子论诗，蔽于古而不知今”（《随园诗话》卷三），“专唱宫商大调，易生人厌”（《随园诗话》卷四）。此说实际亦批评了明七子的后继者沈德潜。

其三，性灵说的诗才论主张：

1. 诗人创作须具备特殊才能。“性灵”的本义即指人灵智的本性，故亦即灵性。袁枚论诗有“笔性灵”、“笔性笨”（《随园诗话》补遗卷二）之分。“笔性灵”则有诗才，乃针对翁方纲以考据为诗而发的：“经学渊深，而诗多涩闷，所谓学人之诗，读之令人不欢。”（《随园诗话》卷四）

2. 诗人创作需要灵感。首先，灵感降临时诗人处于艺术思维的高潮，“兴会所至，容易成篇”（《随园诗话》卷二）。其次，灵感持续时间甚短，不易把握，当“兴会已过”，花“千万力气”（《随园诗话》卷三）亦不易再得。最后，灵感的偶然性与必然性相统一，所谓“尽日觅不得，有时还自来”（《随园诗话》卷三）。

3. 艺术表现须自然天成，因此推重“天籁最妙”（《随园诗话》补遗卷五)，即使对素材提炼加工，亦须不露斧凿痕迹。

4. 诗歌意象要生动、灵活、有趣。《随园诗话》引杨万里语“风趣专写性灵”(《随园诗话》卷一)，又一再标举“生气”、“生趣”(《随园诗话》补遗卷三)，即倡导以生动、灵活、风趣的意象抒写性灵。

对于袁枚性灵说的内涵，前此学界或着眼于“性”，或注目于“灵”，都着眼于“性灵”这一概念本身的内涵。这样虽也把握住了“性灵”某些本质性内涵，但终嫌片面。该文通过审视袁枚整个诗学体系的宏观视角，提出袁枚性灵说内涵包括诗才、个性、真情的三要素说，摆脱了论述上的片面性，从而对袁枚性灵说内涵的解读更为全面系统，也更能揭示出“性灵说”诗学体系之要旨，因而发表之后为学界所重视和普遍接受。该文为新时期首篇对袁枚诗论从美学角度给予整体阐释，并取得突破性进展的优秀学术论文。此后，王英志专门致力于袁枚研究，成绩卓著，成为袁枚研究的著名学者。

引申阅读：

1. 胡明：《论袁枚诗性灵说》，载《文学评论》1982 年第 6 期。

2. [日]铃木虎雄著，许总译：《中国诗论史》，南宁：广西人民出版社 1989 年版。

3. 顾远芗：《随园诗说的研究》，北京：中国书店 1988 年 3 月据商务印书馆 1936 年版影印。

4. 郭绍虞：《照隅室古典文学论集(上编)》，上海：上海古籍出版社 1983 年 9 月第 1 版，2009 年 7 月第 2 版。

5. 王英志：《袁枚评传》第十一章《诗论与诗学批评》，南京：南京大学出版社 2002 年版。

6. [日]松下忠著，范建明译：《江户时代的诗风诗论：兼论明清三大诗论及其影响》，北京：学苑出版社 2008 年版。

王英志袁枚研究主要作品目录

(王英志袁枚研究相关论文共一百多篇，由于篇幅限制，此处不再胪列，参见本书第四部分《袁枚研究期刊论文和学位论文索引》)

1. 王英志：《清人绝句五十家撷英》，太原：山西人民出版社

1986 年版。

2. 王英志：《清人诗论研究》，南京：江苏古籍出版社 1986 年版。

3. 王英志：《续诗品注评》，杭州：浙江古籍出版社 1989 年版。

4. 王英志：《袁枚与随园诗话》，上海：上海古籍出版社 1990 年版，台湾万卷楼图书有限公司 1993 年繁体字版。

5. 王英志：《古典美学传统与诗论》，南京：南京出版社 1991 年版。

6. 王英志编纂：《袁枚诗选》，郑州：中州古籍出版社 1993 年版。

7. 王英志主编：《袁枚全集》，南京：江苏古籍出版社 1993 年版。

8. 王英志：《性灵派研究》，沈阳：辽宁大学出版社 1998 年版。

9. 王英志：《袁枚》，沈阳：春风文艺出版社 1999 年版。

10. 王英志：《红粉青山伴歌吟——袁枚传》，北京：东方出版社 1999 年版。

11. 王英志：《袁枚暨性灵派诗传》，长春：吉林人民文学出版社 2000 年版。

12. 王英志：《历代名家绝句评点·清》，汕头：汕头大学出版社 2001 年版。

13. 王英志：《袁枚评传》，南京：南京大学出版社 2002 年版。

14. 王英志：《清代闺秀诗话丛刊》，南京：凤凰出版社 2010 年版。

15. 王英志：《文采风流：袁枚传》，北京：东方出版社 2012 年版。

7. 胡明《论袁枚诗性灵说》

【引　文】

一

袁枚诗说以“性灵”称著。他标榜他的诗说“专主性灵”，并亟亟反对那种“夭阏性灵，塞断机括”的浅薄浮泛的诗论。他有句名言，道是：“从三百篇至今日，诗之传者，都是性灵。”

“性灵”是什么？袁枚的诗论中直标“性灵”不多，令人注目的倒是他关于诗与“性情”关系的大量论述：

> 诗，性情也。——《童二树诗序》，《小仓山房文集》卷三十
>
> 诗者，各人之性情耳。——《随园诗话补遗》卷一
>
> 诗者，心之声也，性情所流露者也。——《答何水部》，《小仓山房尺牍》卷七
>
> 诗贵性情，不贵涂泽。——《与杨兰坡明府》，《尺牍》卷五
>
> 诗写性情，惟吾所适。——《随园诗话》卷一
>
> 但见性情，不著文字。——《续诗品》，《小仓山房诗集》卷二十
>
> 提笔须先问性情。——《答曾南村论诗》，《诗集》卷四
>
> 性情以外本无诗。——《寄怀钱璵沙方伯予告归里》，《诗集》卷十六

有时则直接称“情”，因为“情者性之发”。

诗，由情生者也。有必不可解之情，而后有必不可朽之诗。——《答蕺园论诗书》，《文集》卷三十

咏歌以抒情也。——《瞻园小集诗序》，《小仓山房外集》卷三

袁枚论诗如此重视“性情”（或“情”），就有人认为他说的“性灵”即是“性情”。钱泳《履园丛话 · 谭诗总说》云：“性灵者，即性情也”。朱东润先生《中国文学批评史大纲》也说：“性情两字，在随园用语中与性灵同义。”——这种解释无疑是不全面的，尽管它已抓住了袁枚诗说的最紧要处。

“性灵”“性情”界限甚微，有时袁枚自己也忽视这一字之差。如《补遗》卷三：“桎梏其性灵，使无生人之乐。”此“性灵”即“性情”，又如《补遗》卷四评尹似村的诗“独写性灵，清妙乃尔”，《诗话》卷十三又称尹似村诗“可谓专写性情”。但是袁枚论诗却始终没有忘乎一个“灵”字：

灵犀一点是吾师。——《遣兴》，《诗集》卷三十三

扫尽粗豪见灵活。——《仿元遗山论诗》，《诗集》卷二十七

役使万书籍，不泊方寸灵。——《改诗》，《诗集》卷十五

《钱璵沙先生诗序》里一段话更能说明问题：

今人浮慕诗名而强为之，既离性情，又乏灵机，转不若野氓击辕相杵，犹应风雅矣。——《文集》卷二十八

可见袁枚的“性灵”是既本乎“性情”又注重“灵机”的。

袁枚好用“性灵”评骘时人诗。他评刘廷玑《渔家》、《偶成》等诗“一片性灵，不可磨灭”，评张香岩《别西湖》等诗“一片性灵，笔能曲达”，评查他山“白描高手，一片性灵”，评徐水乡《海上秋兴》、《此夕》等诗“皆有性灵”，评孔静亭《寄外》“性灵独出”，评李葂七律“皆独写性灵，自然清绝”，评檀樽主人《香界寺诗》、《黑蝶》、《秋柳》

等诗“俱能独写性灵，迥非凡响”等等。那么，袁枚心目中的诗“性灵”究竟是什么呢？袁枚的诗“性灵”既本乎“性情”又注重“灵机”，那么让我们先来细看看他心目中的“性情”和“灵机”的美学特征如何。

先看性情。

袁枚标举的“性情”是所谓“先天真性情”(《再答李少鹤书》)，他强调“有性情而后真”，在性情真的基础上要求诗的“真气”、“真意”、“真味”。他那个时代做诗的人很多，但做出来的诗却大多“索索然寡真气”(《答沈大宗伯论诗书》)，所谓“今作诗，真意少而繁文多”(《诗话》卷七)，所谓“今人作诗，好填书籍而不假炉锤，别取真味”(《诗话》卷六)。诗讲真性情就是强调内心情感的自然流露，真挚，坦诚，不矫饰，不隐遮。所谓“心为人籁，诚中形外”(《续诗品》)，使人“声声见心”，如照肝胆。叶燮在《原诗》中曾说：“诗是心声，不可违心而出，也不能违心而出”，袁枚强调的也正是这一点。他在《与罗甥》里说：“作诗如交友也。倘两友相见，终日一味寒暄通套语，而不能听一句肺腑之谈，此等泛交，如何可耐？……敷衍唐人面皮，而不能表见性情，有类泛文之友。静言思之，亦觉少味矣”(《尺牍》卷五)。在他看来，做诗就是要说真话，表真性情，作“肺腑之谈”，不可“一味寒暄通套语”，不可装腔作势，奄失本色。《诗话》卷三中他引王阳明的话道：“人之诗文先取真意，譬如童子，垂髫肃揖，自有佳致。若带假面，伛偻而装须髯，便令人生憎。”也正是这层意思。

袁枚又认为性情不仅要真，而且要强烈，要激切，要滂沛充盈，要深郁沉挚。他说：“情从心出，非有一种芬芳悱恻之怀，便不能哀感顽艳”。他要求“情如雷如云，弥天塞地，迫不可遏”(《读胡忠简公传》,《文集》卷三十)。扬州方緄楼《言诗》有句云：“情至不能已，氤氲化作诗”，他评之曰：“数语恰有神悟”。法时帆《题诗龛》有句云：“情有不容已，语有不自知”，他评之曰：“深得诗家上乘之旨”。——可见袁枚对情真、情切的一往情深。他甚而说：“诗情愈痴愈妙”(《诗话》卷五)，这与他“有必不可解之情而后有必不可朽之诗”的话正可相映。

性情真，诗人在创作时应是即景即情，取融交会，化工肖物，着手成春。袁枚认为一首诗倘使今日可咏，明日亦可咏，此地可咏，彼地亦可咏，此人可赠，他人亦可赠，便是假性情，所谓“空腔虚套，陈腐不堪”。他对王士禛的诗微词最多的正是在“性情不真”这一点，他说：“阮亭主修饰，不主性情。观其到一处必有诗，诗中必用典，可以想见其喜怒哀乐之不真矣”(《诗话》卷三)。又说：“阮亭一味修容饰貌，所谓假诗是也。惟其假，故不喜杜、白两家之真”(《再答李少鹤书》)。袁枚曾说：“杜少陵、白香山……自写性情，此三唐之诗之所以盛也”(《诗话》卷九)。这里“自写性情”即指的是“杜、白两家之真”。性情要真，就是要自抒情愫，自披胸襟。他说“凡作诗者，各有身分，亦各有心胸”(《诗话》卷四)。一首诗有一首诗的气象、风格、境界，都能见出作者各自的心胸，这便是一个诗中“有我”的问题，即重视诗歌的抒情主观性。袁枚非常强调诗中“有我”，他说：“作诗不可以无我，无我则剿袭敷衍之弊大”。又说：“诗有人无我，是傀儡也”(《诗话》卷七)。《续诗品》也说：“竟似古人，何处着我?”《诗话》卷三又说：“最爱周栎园之论诗曰：‘诗，以言我之情也’。”——有性情的诗必然“有我”，“无我”之诗必定无性情。故尔他认为“凡古人已亡之作，后人补作，卒不能佳，由无性情故也”(《诗话》卷二)。袁枚还反对一味盲目学古、拟古，身非古人之时，却要模仿古人的言语腔调，性情焉得不假？他说：“后人无杜(甫)之性情，学杜之风格，抑末也。”(《诗话》卷十四)。学古的问题本文后面还有专节讨论，这里只是说明一下袁枚诗中“有我”的要求。然而这些丝毫无意证明诗中“着我”可以不顾及众多人的鉴赏习惯和审美趣味，相反，袁枚认为一首好诗，一首成功的因而能传世的诗必须是为大多数的人所能理解并赞赏的。这样的诗如“凤凰芝草，妇女共钦为祥瑞，青天白日，愚人亦知其清明”；如“景星庆云，明珠美玉”，人人赞善宝爱。而决不是惟我无人，晦涩朦胧，更不是那种“吟蛩唧唧，呓语愔愔”，孤妙自赏、顾盼自怜的东西。故袁枚在创作论上强调“有我”、强调真性情并不妨碍其鉴赏论上的审美价值和认识意义。

再说灵机。

郭绍虞先生《中国文学批评史》中就袁枚的诗性灵的内涵作过一番较深细且审慎的揣测，他说“假如说‘性’近于实感，则‘灵’便近于想象”；“假如说‘性’是情的表现，则‘灵’便是才的表现”；“假如说‘性’近于韵，则‘灵’便近于趣”。最后又推论道：“由情与韵的表现则重在真，由才与趣的表现则重在活，重在新。”——分兵四路庶几捕捉到了“灵”字的大致内涵，惜与其表征含混不分。顾远芗《随园诗说的研究》则将“灵”直接解释为“灵悟”，即“由感觉得来的独见”，或者说“灵敏的感觉。”——只从诗人即审美主体单个角度来下断语，虽然抓住了“灵”作为“灵机”在创作论上的内涵，但却忽略了“灵”作为“灵动活脱”在审美对象——诗——中的具体表征。笔者以为，袁枚标举的这个“灵”在诗人来说即是“灵机”、“灵思”，即灵敏的审美感受和灵巧的想象构思，而诗人具备了“灵机”、“灵思”创作出来的诗必有独诣之妙，其表征便又是“灵动活脱”，所谓灵气飞动，活机脱逸。具体表现则有三：味鲜、趣真、出色。

袁枚说：“诗……须言之有味。”(《诗话》卷三)不仅有味，而且要味鲜：“凡菱笋鱼虾从水中采得，过半个时辰，则色味俱变。其为菱笋鱼虾之形质依然尚在，而其天则已失矣。谚云：死蛟龙不若活老鼠，可悟作诗文之旨。”(《补遗》卷一)这里袁枚说的“其天则已失”正指的是“味不鲜”，“可悟作诗文之旨”，便是要做诗文的人悟出“味欲其鲜”在艺术审美上的道理。《诗话》卷六他说：“《乡党》云：祭肉不出三日，出三日则不食之矣。能诗者其勿为三日后之祭肉乎。”——也正道出一个“味欲其鲜”的审美原则。故他断言：“味欲其鲜、趣欲其真，人必如此，而后可与论诗矣。”(《诗话》卷一)又说：“余论诗……味仅酸咸只要鲜。”(《诗话》卷七)袁枚强调诗歌必须有“趣”，他说“音律风趣，能动人心目者，即为佳诗”(《诗话》卷三)。又说：“诗有格无趣是土牛也。”(《诗话》卷七)一部《随园诗话》袁枚以“趣”评诗俯拾皆是，“妙趣”、“天趣”、“风趣”、“生趣”种种不一，根本一点仍在“趣欲其真”上，“风趣专写性灵”是袁枚最信奉的名言。袁枚又强调，“诗文之道，总以出色为主”(《答孙俌之》，《尺牍》卷十)。“出色”即是色夺目、色欲其新。他好以美色与佳诗相比，称自己“好诗如好色”，见佳句如见绝色美人。总此，他说，“其言动心，其色夺目，其味适口，其音悦耳，便是佳诗”(《补遗》卷一)。——其要在一点：“活。”活则言动心、色夺目、味适口、音悦耳，不活则反之。活则立，活则戛戛生新，死则卧，死则如“木马泥龙”，了无生意。诗如“木马泥龙”固然不行，如“疲驴”也不行。他非常欣赏同时左墉的一句话：“凡作诗文者，宁可如野马，不可如疲驴。”(《补遗》卷九)如野马则跳踢奔逸，生意勃勃，既灵且活；如疲驴则体态衰葸，神气颓唐，不灵不活。袁枚又说：“人可以木，诗不可以木。”(《诗话》卷十五)这里“木”即不活、不灵的意思。不活、不灵的诗即便做得四平八稳也不是佳诗，“诗有通首平正，无可指摘而绝不招人爱者”。所以在袁枚看来，在性情真的基础上还有一个“笔性灵”和“笔性笨”的问题。“笔性灵，则写忠孝节义俱有生气，笔性笨，虽咏闺房儿女亦少风情。”(《补遗》卷二)因此，决定一首诗的好坏和流传与否，要不在题材内容，而在性情真的基础上诗人的笔是否灵动活脱，即是否遵循“性灵”的创作原则。

二

袁枚论诗本乎性情，以性情真为第一义。他认为性情主要来自天分，即属于先天范畴。“性情生就总由天”(《春日偶吟》)，因此“诗文之道，全关天分”(《诗话》卷十四)，“天使其然，非关学何”(《诗话》卷九)。但冷静的时候，话则不那么满口了：“诗文自须学力，然用笔构思，全凭天分”(《诗话》卷十五)，甚而修正了自己的意见：“日不关学，终非正声。”(《续诗品》)可见袁枚究竟还是重视学力人功的。性灵固然是头等重要，但他清醒认识到：“人功不竭，天巧不传”(《续诗品》)，“人功未极，则天籁亦无因而至。虽云天籁，亦须从人功求之”(《诗话》卷五)。因此他承认“诗有从天籁来者，有从人巧得者，不可执一以求”(《诗话》卷四)。《补遗》卷六里他明确肯定了学问与做诗的关系：“诗难其真也，有性情而后真，否则敷衍成文矣。诗难其雅也，有学问而后雅，否则俚鄙率意矣。”——可见在袁枚看来，做诗靠先天的性情真、灵机开之外尚须后天的人功学问相济，以杜“俚鄙率意”之弊。

学问相济主要在读书、消纳；人功相济主要在藻饰、锻炼。

袁枚一生手不释卷，“一卷书开百事忘，手把陈编如中酒”(《遗兴杂诗》)。如此嗜读自然不反对读书，他认为做诗与读书之间关系紧密。《续诗品·博习》云：“万卷山积，一篇吟成。诗之与书，有情无情?”一篇诗的写出有赖于肚内书帙的储备，但又不是“误把抄书当作诗”，故说：“求诗于书中，得诗于书外”(《诗话》卷三)。袁枚认为对古人的书必须有一个含英咀华，善于消纳的过程。杜甫有句云：“读书破万卷，下笔如有神”。他的理解是：“‘破’与‘有神’三字，全是教人读书作文之法。盖破其卷，取其神，非囫囵用其糟粕也。蚕食桑而所吐者丝，非桑也；蜂采花而所酿者蜜，非花也。”(《诗话》卷十三)。他又说：“平居有古人，而学力方深；落笔无古人，而精神始出”(《诗话》卷十)。读书消纳，发为翰章，才能做到“字字古有，言言古无”(《续诗品》)。

做诗讲究读书和消纳，便必然牵入一个诗中如何用典的问题。袁枚在这个向题上观点不落偏致。他对时人做诗好大量用典，颇多贬词：

> 今人好用典，是无志而言诗。——《诗话》卷六
>
> 今之诗流，有三病焉。其一填书塞典，满纸死气，自矜淹博。——《补遗》卷三
>
> 貌有不足，敷粉施朱；才有不足，征典求书。——《续诗品·葆真》
>
> 今之描诗者，东拉西扯，左支右吾，都从故纸堆来，不从性情流出。——《补遗》卷四

但是袁枚认为用才情驱使用典，不专填砌、堆垛，“如水中著盐，但知盐味，不见盐质”，则不仅有助于真性情的流露，且能使诗篇蕴藉含蓄，摇曳添姿。他说：“诗文之作意用笔，如美人之发肤巧笑，先天也。诗文之征文用典，如美人之衣裳首饰，后天也”(《补遗》卷六)。——先天固然是本，但后天显然不可偏废。《诗话》卷十三他引范景文《对床录》云：“李义山《人日》诗，填砌太多，嚼蜡无味，若其他怀古诸作，排空融化，自出精神。一可以为戒，一可以为法。”可见用典巧好的仍可以“为法”，要在能化、能消纳，所谓“排空融化，

自出精神”，所谓“与之梦中神合，不可使其白昼现形”(《诗话》卷六)。否则不顾其“攸宜”地堆垛、填塞，便成了骨董铺、獭祭鱼，败坏诗的性灵，必然令人生嫌。

人功相济是一个后天的藻饰、锻炼问题。袁枚论“性灵”虽强调先天的本色才性，也十分重视后天的人巧修饰。佳诗如美人，仙骨风调固然超绝，亦须衣裳首饰之妆扮。《续诗品·振采》云：“美人当前，烂如朝阳。虽抱仙骨，亦由严妆。……西施蓬发，终竟不臧。若非华羽，曷别凤凰。”西施固美人，然蓬发垢面，不沐不梳，了无修饰，其先天虽在，“终竟不臧”。袁枚这里提出诗文应须缀以丽辞华藻的的修饰，所谓“请披彩衣，飞入丹霞”(《续诗品》)。

袁枚更强调诗的锤炼。《箴作诗者》云：“须知极乐神仙境，修炼多从苦处来。”《意有所得辄书数句》又云：“毕竟诗人诗，刻苦镂心肝”。他竭力称赞白居易、王安石不惮改诗，并引为同调：“爱好由来落笔难，一诗千改心始安”(《遣兴》)。这里需要指出的是袁枚强调修饰，强调锤炼，是在性灵的根基上对诗的精益求精，其人功皆倾注在诗文的作意用笔上而断不肯在诗韵花样上花费心思，斗新呈奇，他说：“予雅不喜叠韵、和韵，以为诗写性情，惟吾所适。……何得以一二韵约束为之？既约束，则不得不凑泊，既凑泊，安得有性情哉”(《诗话》卷一)。刻意凑泊叠韵、和韵这一类无聊的玩意，哪能不桎梏性灵，塞断活机？他认为“诗有音节流动，如雪竹冰丝，非人间凡响，皆由天使然。”古来好诗，如《风》、《雅》、《离骚》、乐府，“各有声调，无谱可填”(《诗话》卷四)。不凑泊诗韵并不意味不顾诗的音节韵味，相反他认为“音节不可不讲”(《补遗》卷一)。又说：“吟之云者，必含金吐玉，使其音清扬而远闻也。”他甚至谴责今之诗流：“文而不采，有声而无音，坠入槎枒粗硬一途”(《答法时帆学士》)。

总上所述，袁枚论诗虽以性灵标榜，崇尚真性情的自然流露和用笔作意的灵机翕张，天趣横逸。但他又很注重学问济性情，人巧济天籁。持论绵密周到，力杜流弊，使先天与后天完美融合，倚性灵不废读书，才与学合，真与雅会，匆执匆失，相得益彰。袁枚性灵说之所以倾动海内，风行历久而不衰，恐怕正是由于其“合乎诗道，归诸自然”吧！与袁枚同时的蒋士铨《读随园诗题辞》中有两句话颇可见出个中真谛："心兵意匠极艰危，归诸自然出淋漓。"

三

袁枚的诗性灵说涵义如此，自当有其必然的积极内容。

袁枚的时代，诗人们往往"蔽于古而不知今"，故规规然学古、拟古的风气很盛。论诗总是"古人皆工，今人皆拙"，做诗动辄学杜、学韩，盲目尊古，桎梏性灵，"得人之得而不自得其得"。袁枚于此深有反感，他认定"诗有工拙而无古今"，只以"性灵"为衡鉴。他说："从葛天氏之歌至今日，皆有工有拙，未必古人皆工，今人皆拙。即三百篇中颇有未工不必学者，不徒汉晋唐宋也。"因此做诗的人"不可貌古人而袭之，畏古人而拘之也"(《答沈大宗伯论诗书》)。他认为诗文之道，贵在自发胸臆，自出机杼，故"佳处不在能与古人合，而在能与古人离"。他在《与稚存论诗书》中谆谆规劝洪稚存道："足下前年学杜，今年又复学韩。鄙意以洪子之心思学力，何不为洪子之诗，而必为韩子、杜子之诗哉？无论仪神袭貌，终嫌似是而非。就令是韩是杜矣，恐千百世后人仍读韩、杜之诗，必不读类韩类杜之诗。使韩、杜生今日，亦必别有一番境界，而断不肯为从前韩、杜之诗"(《文集》卷三十一)。他要求洪稚存弃杜弃韩，目的正是弃其模拟的性情，为洪子自己的诗。反之，不能弃杜弃韩，便不能自抒性灵，自得其得，枉费了心思学力。故《诗话》卷三中他又强调指出："下笔时胸中总有一杜一韩放不过去，此诗文所以不至也。"

当时的诗坛，由于学古、拟古之风甚嚣尘上，尊唐尊宋之争纷纷然。袁枚讥刺道："苟拘拘然持唐、宋以相敌，是子之胸中有已亡之国号而无自得之性情，于诗之本旨已失矣"(《答施兰垞书》)。为什么这样说呢？因为"诗者，人之性情，唐、宋者，帝王之国号，人之性情岂因国号而转移哉"(《诗话》卷六)？他将"分唐界宋，抱杜尊韩"列入今之诗流的"三病"之一，正因为这些套数与诗性灵大相悖谬，故最不足取。然而袁枚又不是一概反对学古，他主张"善学"，强调"得其仪神，弃其形貌"，不可袭其皮相，刻舟求剑。即学得一套古人以性灵写诗的本领，而不徒然模拟其格局、腔调、言语、字句。他深推萧子显“若无新变，不能代雄”的话，认为“当变而变，其相传者心也；当变而不变，其拘守者迹也。”“非有心于变也，乃不得不变也。”时移事迁，性情各异，诗焉得恒固不变？变者，妙传古人之心，洞其性灵，袭其神髓；不变者，拘守古人之迹，忽其性灵，得其皮相。基于这样的认识，他在《与稚存论诗书》中又说：“自古学杜者无虑数千百家，其传者唐之昌黎、义山、牧之、微之，宋之半山、山谷、后村、放翁，皆其不似杜者。”——这话无疑是很有见地的。不盲目尊古，既要学古又要变古，惟以性灵为枢机——这乃是对于“古”的正确态度。

袁枚在师学方面的一些言论可见出不同问题的相同性质。

袁枚在师受承学方面很有些“狂妄”的言论。他有一首《遣兴》的小诗云：

> 独来独往一枝藤，上下千年力不胜。
> 若问随园诗学某，三唐两宋有谁应？——《诗集》卷三十三

可见“三唐两宋”没有他师学的人。岂止是“三唐两宋”？他有句名言道“双目自将秋水洗，一生不受古人欺”(《补遗》卷三)。他以“一生不受古人欺”自命，自称“随意闲吟没家数”(《自题》，《诗集》卷二十六)，当然不肯轻易傍人门户。《题宋人诗话》(《诗集》卷二十五)里他说得更明白：

> ……
> 我读宋诗话，呕吐盈中肠。
> 附会韩与杜，琐屑为夸张。
> 有如依权门，凌轹众老苍。
> 又如据泰华，不复游潇湘。
> 丈夫贵独立，各以精神强。
> 千古无臧否，于心有主张。
> 肯为辕下驹，低头傍门墙？

表现出他不依古人，不傍门墙的高傲气概。

他的《谒岳王墓作十五绝句》中一首道：

> 不依古法但横行，自有云雷绕膝生。
> 我论文章公论战，千秋一样斗心兵。——《诗集》卷二十六

这里的“斗心兵”正是“于心有主张”的意思。不言而喻，袁枚心中的“主张”便是诗必以性灵出，又必用表性灵。——惟持性灵，才不震于前修，才不惑于门墙，才能富于创造，戛戛生新，故云“丈夫贵独立，各以精神强”。所谓“不依古法但横行”正是他高抗“性灵”的大纛，“横空一赤帜”，在诗坛上目不旁睨，所向无前的战斗姿态。“千古无臧否”，惟以“性灵”为准的，符者臧之，不符者否之，权衡在中心，千秋生云雷。

正因为以“性灵”这个准的衡格一切，既不媚合于名公巨子，亦不鄙弃平头俗夫。他对一些文化不高却胸秉灵思者，深为敬佩，并引以为师。他说：“有学士大夫读破万卷，穷老尽气而不能得其阃奥者；有妇人女子、村氓浅学，偶有一二句，虽李、杜复生，必为低首者。”又说：“村童牧竖，一言一笑，皆吾之师。”不仅说，而且说得有凭有据，令人信服。《诗话》卷二他曾举过两个很好的例子：

> 随园担粪者，十月中在梅树下喜报云：“有一身花矣。”余因有句云：“月映竹成千个字，霜高梅孕一身花。”余二月出门，有野僧送行曰：“可怜园中梅花盛开，公带不去。”余因有句云：“只怜香雪梅千树，不得随身带上船。”

不仅担粪者、野僧有此灵思，他如侍仆、贫士也多有令袁枚倾倒者：

> 青衣郑德基诗……天籁也。——《补遗》卷七
> 贫士诗有极妙者。——《诗话》卷三

他们之所以博得袁枚的赞赏，无他，惟在“性灵”一点耳。袁枚还从

三百篇里正经搬来理论根据："十五国风，则皆劳人、思妇、静女、狡童矢口而成者也"(《诗话》卷三)。"十五国风"自然是"性灵"的诗，然则其作者劳人、思妇等的"性灵"焉可掩抑？杜甫曾说："转益多师是汝师"，袁枚进而说："非师可师之人而师之。"——未必定要师那些"可师之人"如杜如韩，广大的普通人，文化不高甚而没有文化的劳人、思妇、村童、牧竖、青衣、贫士、担粪者、野僧都可以是师，只要他(她)有真性情，又不乏灵机。只要他(她)吟的诗(哪怕是片言只句)出自"性灵"，又表"性灵'，甚或仅仅提供了一个富于诗意的启发性的"灵思"。

袁枚强调独抒性灵，不由假借，并不忽视生活对诗歌创作的巨大作用。

袁枚认为，生活中到处流荡着活的诗源，诗人们本诸性情之真，即景即情，化工肖物，便能"取不尽而用不竭"。他说："行止坐卧说得着便是好诗"(《补遗》卷五)。生活里随处有诗材，问题是你是否捕捉到，能否"说得着"。所谓"说得着"就是笔下的诗行能折出"性灵"的闪光，就是透过生活现实的摄照，显出"性灵"的真昧。然而生活毕竟不只是"行止坐卧"，不同性质的生活内容究竟孕育着不同的诗的灵机，决定了诗的不同价值。生活内容有的动人感情，富于诗意；有的则空泛平庸、窒息"性灵"。宋严羽《沧浪诗话·诗评》中说："唐人好诗多是征戍、迁谪、行旅、离别之作，往往能感动激发人意。"袁枚显然也认识到了这一点，他说："山川关塞，离合悲欢，才足以发舒情性，动人观感。若不过今日赏花，明日饮酒，同寮征逐，吮墨挥毫，剔嬲无休，多多益累。纵使李、杜复生，亦不能有惊人之句"(《答祝芷塘太史》,《尺牍》卷十)。袁枚同时代的士大夫知识分子大多生活奢靡，精神空虚，却又爱附风弄雅，赏花饮酒最是能事，兴来便做诗联句，酬唱赠答，所谓"同寮征逐，吮墨挥毫"。这一类的诗或叹老嗟卑，或摘红拈翠，陈套熟语，浮泛枯乏，故"多多益累"。——袁枚在理论上虽有此等认识，但实际生活中却也难免其俗。他写过大量因自己的无聊生活而沾沾自喜的诗，反映了他荒靡庸俗的生活态度和不可或越的阶级局限。这一点无疑是需要批判的，但他于生活对诗歌创作的作用有此等认识则又不能不说是可贵的。更可贵的是他以“性灵”的标准采诗、评诗时，偶尔流露出的强烈的、饱浸民族意识的审美情绪，折射出对现实生活高度批判的光芒：

> 本朝开国时，江阴城最后降。有女子为兵卒所得，给之曰：“吾渴甚，幸取饮，可乎？”兵怜而许之，遂赴江死。时城中积尸满岸，秽不可闻。女子啮指血题诗云：“寄语路人休掩鼻，活人不及死人香！”——《诗话》卷一

无疑，袁枚认为这位无名烈女的两句绝命诗是“性灵”的产物，在文字狱刀光血影下，袁枚敢在《随园诗话》中梓印出如此白纸黑字，其持“性灵”之诚真可见一斑。——当然我们应看到的远不止是这一点。此外，袁枚又强调身之亲历，目之亲瞻，不凭空臆想，不写自己没有生活经历的东西。他的一个朋友随清帝围猎归来，写了十二首《扈从纪事》要他唱和，他因没有参与扈从围猎，回信拒绝。信中说，“目之所未瞻，身之所未到，勉强为之，有如茅檐曝背，高话金銮”(《答云坡大司寇》，《尺牍》卷四)，这话同清初王夫之“身之所历，目之所见，是铁门限”的见解是一脉相承的。所谓“诗中境界，非亲历者不知”，他对那些不处其时却盲目学杜的诗人很是鄙夷：“时非天宝，官非拾遗，徒托于悲哀之音，可谓无病呻吟矣。”——袁枚要求诗人注重自己的生活、自己的经历，不写自己没体验、不熟悉的东西，这种强调生活的观点无疑是正确的，所谓“有所余于诗之外，故能有所立于诗之中”(《蒋心余藏园诗序》)也正是这层意思的发挥。

四

袁枚将性灵说渊源追溯到南朝的钟嵘。他说：“天涯有客号訡痴，错把抄书当作诗。抄到钟嵘《诗品》日，该他知道性灵时”(《仿元遗山论诗》)。——袁枚看来最早论诗倡导“性灵”的便是钟嵘，钟嵘品诗强调“有滋味”，意在性情自发，不由假借，比兴一携，风雅两挟，“干之以风力，润之以丹彩”，实启性灵说源头。按，钟嵘的时代以诗文擅场者言涉“性灵”甚夥。如刘勰《文心雕龙》之《原道》：

“两仪既生矣，惟人参之，性灵所钟，是谓三才。”《情采》：“综述性灵，敷写器象。”如颜之推《颜氏家训·文章》：“陶冶性灵，从容讽谏”、“发引性灵，使人矜伐。”如庾信《谢赵王示新诗启》：“四始六义，实动性灵”、《赵国公集序》：“含吐性灵，抑扬词气。”钟嵘的《诗品》评骘阮籍“咏怀之作”时也说：“可以陶性灵，发幽思”。降及隋唐，“性灵”一词用得更广，但大多与“性情”相通，都不是袁枚诗性灵的意思。

直接启迪袁枚诗性灵说的恐怕应是南宋大诗人杨万里：

> 杨诚斋曰，从来天分低拙之人，好谈格调而不解风趣，何也？格调是空架子，有腔口易描，风趣专写性灵，非天才不办。予深爱其言。——《诗话》卷一

袁枚认杨万里为千古知音，称其“一代作手”，叹为“天才清妙，绝类太白”，赞赏之词不绝。杨万里不仅在标举“性灵”，专重风趣上感染袁枚，而且强调自发胸臆，无视古人的家数门户。他主张“信己以俟于人”，反对“舍己以徇于人”（《苏仁仲提举书》），标榜着我，尊重自己的真性情。他自誓“黄、陈篱下休安脚，陶、谢行前更出头”（《跋徐恭仲省干近诗》），甚而倡言“无法无盂也没衣”（《酬阁皂山碧崖道士甘叔怀》）、“皆不敢学，而后欣如”（《诚斋荆溪集序》）。严羽《沧浪诗话·诗体》标录的“杨诚斋体”即是“尽弃诸家之体而别出机杼”。——这一点对袁枚无疑是影响极深的。在创作实践上杨万里也重在独抒“性灵”，故他的诗清新洒脱，灵动俊逸，拘挛补衲之迹甚少，更不和韵。

杨万里后与袁枚的诗性灵说有亲缘关系的则是明代公安三袁，尽管袁枚绝少提及他们（三袁诗文当时被诋为野狐外道，在禁毁之列）。公安三袁倡导的“性灵说”与袁枚的性灵说多有相同相似之处，其要点有三：一、强调独抒性灵，不拘格套，一一从自己胸臆中流出。二、倡导不师先辈，不法古人。三、疾诋格调、剿袭、句比字拟。——“独抒己见，信心而言，寄口于腕”（袁宏道《叙梅子马王程稿》）可说是三袁“性灵”的主要特征。——把握不慎，便成了“任性而

发”（《叙小修诗》），所谓“冲口而发，不复检括”（袁中道《阮集之诗序》）。为之后人诋諆不少，斥其导人入轻浮浅率一路。纪昀认为三袁之弊甚于七子，七子不过赝古，三袁则“惟持聪明，矜其小慧，破律坏度”，故“弊又甚焉”。钱锺书先生在《谈艺录》中批评道：“夫直写性灵，初非易事。性之不灵，何贵直写？即其由虚生白，神光顿朗，心葩忽发，由心至口，出口入手，其果然不烦丝毫绳削而合乎心？”这话从文艺学内在规律入手批驳得可谓是鞭辟入里。三袁的理论对袁枚固然影响巨大（似也不应排除万历间李贽的“顺其性”说和汤显祖有关“灵性气机”、“意趣神色”对他的影响），但袁枚于信口而吟，任性而发式的“性灵”却是不苟赞同，更不敢引为同调，他将“全无蕴藉，矢口而道，自夸真率”列为今之诗流的“三病”之一（《补遗》卷三）。他提出的学问济性情，强调不废人功学力，正可见出他补偏救失之心，同时在理论上也比三袁周密圆通得多了。然而我们不应忽视他与公安三袁血缘上的承胤关系。后来不是还有人指出袁枚之诗说系“公安之余绪”么？

袁枚自诩：“笔阵横扫千人军”，他举起“性灵”的大纛，在他那个时代几乎是所向披靡，名满海内。或称其“乾、嘉之世，尠有其匹”，或颂其“侔今无徒，侪古少类”。“随园弟子半天下，提笔人人讲性情”（韩廷秀《题刘霞裳两粤诗草》）。诗的神秘性被打破了，故一时“诗人”如云如雨，袁枚用他在诗坛的巨大影响为神圣的诗的殿堂发放了大量的“廉价”的门票。——真性情的流露即是诗，谁人无真性情？谁人不会发抒流露？努力只在添出些灵气而已。不言而喻，诗的正统卫道者焉肯自甘寂寞。正当袁枚高坐坫坛大倡性灵之时，以封建正统自任并从理论上张旗鸣鼓与袁枚对抗的主要有翁方纲和沈德潜各为代表的两种诗说。

乾、嘉之际由于清王朝的大力提倡和存意诱导，经学考据十分兴盛。一时间士子学人很多钻入了故纸堆，大搞传疏经训、义理考证，全不关心眼前现实的政治风云和世道隆污。这种风气弥漫到诗歌和诗论的领域，就形成了翁方纲为代表的“肌理说”。“肌理说”有两层主要内容，一是继朱彝尊、毛奇龄、厉鹗而来的“诗表学问”，认为风人者必为饱学之士；另一层则是融经入诗，以儒典考据、发挥义理为诗旨，两者中又更倚重在后者。翁方纲《志言集序》说：“士生今日，经籍之光盈溢于宇宙，为学必以考证为准，为诗必以肌理为准。”这几句话正是这一“肌理”诗派的理论纲领。基于“肌理为准”，翁方纲搬出“以古人为师，以质厚为本”来对抗袁枚的“性情为本、自出机杼”。其实，翁方纲这里强调的“肌理”无非就是封建正统的“义理”，翁方纲自己也不讳言：“义理之理，即文理之理，即肌理之理”(《志言集序》)。——其“文理”也是文以载道的“文理”。这种“肌理说”与当时古文理论中桐城派的“义理、考证、文章”三合一一样以复古主义为特色，以宣扬儒道为宗旨，都是特定的封建政治高压下的产物，目的同样是为清王朝的文化统制政策服务的。

翁方纲的“肌理”落实在诗里，就是要求做诗不仅学富七略、腹储四部，尤要以儒家经术为基础，以孔孟义理为指归。前面我们说过，袁枚披揭今之诗流有“三病”，其一即“填书塞典，满纸死气，自矜淹博”——正是针对翁方纲的肌理学问而发的(当然，也砥遏了朱彝尊、厉鹗诸人专务“钩考隐僻”、“皮傅残守”，滥用生典、僻典的獭祭颓波)。《补遗》卷一中袁枚又说：“近旧有巨公教人作诗，必须穷经读注疏，然后落笔，诗乃可传。余闻之笑曰：且勿论一建安、大历、开府、参军其经学何如，只问‘关关雎鸠’、‘采采卷耳’是穷何经何注疏，得此不朽乎?”正所谓“振聋发聩”，切中“肌理说”要害。

“肌理说”因本身影响不大，故其迎遏袁枚性灵说也乏力，当时袁枚最主要的论敌则是沈德潜。钱泳《履园丛话·谭诗总说》云：“自太史《随园诗话》出，诗人日渐多；自宗伯三种《别裁》出，诗人日渐少。”这句话正可见出袁枚与沈德潜论争的重要及各在诗坛的影响消长，笔者这里不惜多费点言词胪列一番当时沈、袁之争的主要理论分歧。

沈德潜论诗要点大致有三：一、格调说。二、温柔敦厚。三、尊唐非宋。第三个论题的意见相左笔者在前文论及袁枚“诗有工拙而无古今”的意见时已大略剖析辩说，不拟复赘，这里主要想谈谈前两个论题。

格调之说源起于明李梦阳。李梦阳有诗“七难”之说，他的《潜虬山人记》云：“诗有七难：格古、调逸……七者备而后诗昌。”《驳何氏论文书》又说："高古者格，宛亮者调。"——这便是格调说、格调派的滥觞。所谓格调说实为前后七子形式主义的复古说，诗歌方面其概曰：近体宗盛唐，古休宗汉魏。格调说经明季公安、竟陵，清初钱谦益等的竭力攻诘早趋式微，及袁枚"性灵"大兴，风动天下，引起了当时一班守旧的正统封建知识分子的不满和惊怕。沈德潜出来复燃格调说的死灰正符合最高封建统治者加强思想文化统制的要求，沈德潜生前受殊宠于乾隆帝，决非偶然。

沈德潜对李梦阳、何景明等竭力赞颂，称他们"以唐诗振天下气"，"骎骎乎一代之盛"。袁枚则认为七子"蔽于古而不知今"，"拘墟皮傅"，"夭阏性灵"。沈德潜格调说对诗歌有种种形式主义的要求，袁枚对此则持嘲讽态度，认为格调增者，性灵必损：

> 夫诗宁有定格哉?《国风》之格，不同乎《雅》、《颂》，皋禹之歌，不同乎三百篇，汉魏六朝之诗，不同于三唐，谈格者将奚从?善乎杨诚斋之言曰："格调是空间架，拙人最易藉口。"周栎园之言曰："吾非不能为何、李之格调以悦世也，但多一分格调者，必损一分性情，故不为也。"——玩此二公之言益信。——《瓯北诗序》
>
> 三百篇半是劳人思妇率意言情之事，谁为之格?谁为之律?而今之谈格调者能出其范围否?——《诗话》卷一

注意袁枚有时将"格调"称为"格律"，如上引之后例。《答沈大宗伯论诗书》云："格律莫备于古，学者宗师，自有渊源。至于性情遭遇，人人有我在焉。""格律"这里与"性情"对举，也正是"格调"之意。首鉴性情，乃第格律，格律自在性情中，故袁枚说："须知有性情，便是格律，格律不在性情外"(《诗话》卷一)。这里格调、格律不仅指诗体之各种形式要求，更包括学古、拟古宗派门户的格局、套数。郭老《读〈随园诗话〉札记》开卷第一篇《性情与格律》将袁枚这里说的"格律"理解为"诗的语言规律"，"犹音乐之有律吕"，从而指责袁枚"偏致"，"把格律和性情完全等同了"。——当是没有细读袁枚文字的缘故。

再说“温柔敦厚”。

沈德潜重格调，力主复古尊唐。他认为诗的格调“至有唐为极盛”，犹如“观水者至观海止矣”(《古诗源序》)，目光正是落在唐音的所谓“格正”上。“格”“正”在哪里?《太子太师礼部尚书沈文悫公神道碑》称他“诗主唐音，以温柔敦厚为教”。他自己曾严定：“温柔敦厚，斯为极则”(《说诗晬语》)。又说：“诗之为教，不外孔子教小人教伯鱼数言，而其立言一归于温柔敦厚，无古今一也”(《清诗别裁·凡例》)。沈德潜反复强调温柔敦厚，其根本目的当然是为了维护封建统治阶级的利益，他企图用经封建统治阶级歪曲了的孔子的诗教来统制知识分子的艺文意识和创作风格。

袁枚《再答李少鹤书》云：

> 《札记》一书，汉人所述，未必皆圣人之言。即如温柔敦厚四字，亦不过诗教之一端，不必篇篇如是。二雅中之“上帝板板，下民卒殚”，“投畀豺虎，投畀有北”，未尝不裂眦攘臂而呼，何敦厚之有?故仆以为孔子论诗，可信者，兴观群怨也；不可信者，温柔敦厚也。或者夫子有为言之也，夫言岂一端而已，亦各有所当也。

这一段话不仅对温柔敦厚的所谓诗教提出了大胆的怀疑，而且对它作了较为进步的解释。细玩此言，有教人系统地掌握孔子论诗而不拘限局促于一言一句的味道。孔子的话要联系当时具体实际来分析、来理解，即便是孔子真的说过这“温柔敦厚”的话，也有其一时一地的具体前提和具体条件，故说“夫言岂一端而已”。再，袁枚这里所引的《小雅·巷伯》里的两句诗“投畀豺虎，投畀有北”正是针对沈德潜而发的。沈德潜《说诗晬语》曾为此两句诗熬费苦心作过解释：“《巷伯》羞恶，至欲‘投畀豺虎’、‘投畀有北’。……然想其用意，正欲激其羞恶之本心，使人同归于善，则仍是温柔和平之旨也。”袁枚故意挑出这两句诗(还有“上帝板板，下民卒殚”两句)正是有意用三百篇正经的大帽子来压沈德潜，曲折地伸张自己的诗歌理论和审美意识。

由温柔敦厚的看法分歧，我们不妨再进一步窥探一下沈、袁两人对儒家诗教的全部态度。沈德潜论诗的根本意识是将诗歌看作为统治阶级推行政教的工具：

> 诗道之尊，可以和性情，厚人伦，匡政治，感神明。——《重订〈唐诗别裁〉集序》
>
> 诗必原本性情，关乎人伦日用，及古今成败兴坏之故，方为可存。……若一无关系，徒办浮华，又或叫号撞搪以出之，非风人之旨矣。——《清诗别裁·凡例》

袁枚称他这些话有所谓“褒衣大袑气象”——用现在的话来说就是冠冕堂皇的大道理，所以“口不敢非”，“心不敢是”。“匡政治”、“厚人伦”固然不敢非，但对沈德潜强调的“有关系”即“关乎人伦日用”，袁枚忍不住要非难几句。《诗话》卷十四批评当时的某些选诗者(当然包括选“三大别裁”的沈德潜)云：“动称纲常名教，箴刺褒讥，以为非有关系者不录。不知赠芍采兰，有何关系？而圣人不删。……学究条规，令人欲呕。”《答友人论文第二书》也说：“文人之大患，在乎有心为关系。”

概而述之，沈德潜以极端理性主义和赤裸裸功利标准看待诗歌，袁枚则明显偏重偏厚在性情和灵机的自然抒发。其实袁枚更多注意的是诗歌的内在艺术规律和审美特征。——诗首先在审美意义上是一首“诗”，然后再考究其道德的、功利的要求。诗不讲“性灵”，便不能给人以真实感和美感，在审美意义上便是一首失败的诗，而一首审美意义上失败的诗是不配议论其“诗”的功利的。故诗文的成功与否、流传与否，当以“性灵”为衡鉴。“纲常名教、箴刺褒讥”只是封建统治阶级及其卫道士的陈辞滥调，它不仅于诗的艺术规律无益，反而窒息其正常的生命呼吸。袁枚诗性灵说反形式主义艺术观点、反道学、反礼教的积极意义是显而易见的。

今天我们在充分肯定袁枚诗歌理论的积极内容和进步意义的同时，亦不应回避其历史的阶级的局限。例如，袁枚有意无意地将男女间的情爱摆在诗性情的最先最高地位：“情所最先，莫如男女”(《答蕺园论诗书》)、“阴阳夫妇，艳诗之祖”(《再与沈大宗伯书》)。他自称："予最爱言情之作"(《诗话》卷十)，强调艳诗宫体，不可或废，甚而将忠臣爱国之情与名士恋妓之情相提并论。他竭力赞美王次回专咏男女香艳的《疑雨集》，誉之为"绝调"。——这些不仅严重削弱了性灵说的积极审美内容，而且客观上还为封建统治阶级及其知识分子的奢靡淫逸生活(所谓名士风流)作了辩护，不无其消极性。再，一部《随园诗话》论古人十一，议时人十九，虽反映了他着眼在今、厚爱在今的积极态度，但因采录太滥，大受非议。所谓"太滥"，指其中不少诗并不符合他自己标榜的诗性灵的标准，而只是"狥一己之交情，听他人之求请"才得以挤入《随园诗话》的。这一点也大大损害了其理论的严肃性和认识价值。此外，袁枚论诗亦有一些前后矛盾之处，等等。——尽管如此，袁枚诗性灵说给后人的借鉴是丰富的，其中一些符合诗歌艺术审美规律的见解和论述已成为我国古典文学理论的宝贵财富，值得我们很好地总结研究和继承发展。

(载《文学评论》1982 年第 6 期)

【评　介】

胡明(1947—　)，男，安徽省绩溪县人。1981 年毕业于中国社会科学院研究生院文学系，获文学硕士学位。曾任《文学评论》杂志常务副主编，编辑部主任；中国社会科学院研究生院教授，博士生导师。主要专著有《袁枚诗学述论》(黄山书社 1986 年版)、《南宋诗人论》(台湾学生书局 1990 年版)、《胡适诗存》(编注)(人民文学出版社 1989 年初版，1993 年增订二版)、《胡适传论》(人民文学出版社 1996 年版)、《古典文学论丛》(辽海出版社 2003 年版)、《正误交织陈独秀——思想的诠释与文化的批判》(人民文学出版社 2004 年版)、《胡适思想与中国文化》(广西师范大学出版社 2005 年版)等。

作为新时期袁枚性灵说研究的拓荒者，该文与王英志 1982 年苏州大学硕士学位论文《袁枚"性灵说"内涵新探》几乎同时完成。

该文由四部分组成，第一部分首先辨析了袁枚诗学中提出的"性灵"并非是"性情"的同义语，并指出袁枚的"性灵"是既本乎"性情"又注重"灵机"的。接着对"性灵"的"性情"与"灵机"二义分别进行了阐释。

作者认为，袁枚标举的“性情”首先是“先天真性情”，而且强调“有性情而后真”，在性情真的基础上袁枚还要求诗的“真气”、“真意”、“真味”。又认为，袁枚关于“性情”不仅要真，而且要强烈，要激切，要滂沛充盈，要深郁沉挚，强调诗中要“有我”。

就“灵机”义，作者指出：“袁枚标举的这个‘灵’在诗人来说即是‘灵机’、‘灵思’，即灵敏的审美感受和灵巧的想象构思，而诗人具备了‘灵机’、‘灵思’创作出来的诗必有独诣之妙，其表征便又是‘灵动活脱’，所谓灵气飞动，活机脱逸。具体表现则有三：味鲜、趣真、出色。”并指出，在袁枚看来，在性情真的基础上还有一个“笔性灵”和“笔性笨”的问题，即而在性情真的基础上诗人的笔是否灵动活脱，是否遵循“性灵”的创作原则。

该文第二部分主要阐释了袁枚诗性灵说关于先天真性情与后天人工学问之间的关系。作者认为，“在袁枚看来，做诗靠先天的性情真、灵机开之外尚须后天的人功学问相济，以杜‘俚鄙率意’之弊。学问相济主要在读书、消纳；人功相济主要在藻饰、锻炼”。

关于“学问相济”，作者指出，袁枚认为用才情驱使用典，不专填砌、堆垛，则不仅有助于真性情的流露，且能使诗篇蕴藉含蓄，摇曳添姿。就“人功相济”来说，作者认为，袁枚论“性灵”虽强调先天的本色才性，也十分重视后天的人巧修饰。并提醒，“其人功皆倾注在诗文的作意用笔上而断不肯在诗韵花样上花费心思，斗新呈奇”。

行文至此，该文自然找到了袁枚诗性灵说之所以倾动海内，风行历久而不衰的原因，“合乎诗道，归诸自然”，即“袁枚论诗虽以性灵标榜，崇尚真性情的自然流露和用笔作意的灵机翕张，天趣横逸。但他又很注重学问济性情，人巧济天籁。持论绵密周到，力杜流弊，使先天与后天完美融合，倚性灵不废读书，才与学合，真与雅会，匆执勿失，相得益彰”。

该文第三部分主要探讨了袁枚作诗学古与独抒“性灵”的关系问题。

作者指出，“不盲目尊古，既要学古又要变古，惟以性灵为枢机”，这是袁枚对于“古”的态度，即袁枚要求作诗必以性灵出，又必用表性灵。并举例指出，正因为以“性灵”这个准的衡格一切，袁枚对一些文化不高却胸秉灵思者，深为敬佩，并引以为师。

作者并指出，“袁枚强调独抒性灵，不由假借，并不忽视生活对诗歌创作的巨大作用。”“袁枚认为，生活中到处流荡着活的诗源，诗人们本诸性情之真，即景即情，化工肖物，便能‘取不尽而用不竭’。”

作者进而指出袁枚诗歌创作实践与理论脱节的问题，以及袁枚认识到生活对诗歌创作的反作用和以“性灵”为评价诗歌标的的理论贡献，“袁枚在理论上虽有此等认识，但实际生活中却也难免其俗。他写过大量因自己的无聊生活而沾沾自喜的诗，反映了他荒靡庸俗的生活态度和不可或越的阶级局限。这一点无疑是需要批判的，但他于生活对诗歌创作的作用有此等认识则又不能不说是可贵的。更可贵的是他以‘性灵’的标准采诗、评诗时，偶尔流露出的强烈的、饱浸民族意识的审美情绪，折射出对现实生活高度批判的光芒”。

该文第四部分主要归纳总结了袁枚诗性灵说的渊源，袁枚诗性灵说与肌理说、格调说论争的主要内容。

作者首先指出，袁枚将性灵说渊源追溯到钟嵘，但直接启迪袁枚诗性灵说的应该是杨万里，杨万里后与袁枚诗性灵说有亲缘关系的是明代公安三袁。并指出，公安派倡导的“性灵说”与袁枚诗性灵说有三点相似之处：一、强调独抒性灵，不拘格套。二、倡导不师先辈，不法古人。三、疾诋格调、剿袭、句比字拟。但袁枚于信口而吟，任性而发式的“性灵”却不赞同。他提出的学问济性情，强调不废人功学力，正可见出他补偏救失之心，同时在理论上也比三袁周密圆通得多了。

接着指出，“正当袁枚高坐坫坛大倡性灵之时，以封建正统自任并从理论上张旗鸣鼓与袁枚对抗的主要有翁方纲和沈德潜各为代表的两种诗说”。

进而指出以翁方纲为代表的“肌理说”形成的原因，以及“肌理”诗派融经入诗，以儒典考据、发挥义理为诗旨的理论纲领。基于“肌理为准”，翁方纲搬出“以古人为师，以质厚为本”来对抗袁枚的“性情为本、自出机杼”。其实，翁方纲强调的“肌理”无非就是封建正统的“义理”。袁枚批判当时诗派流弊“三病”之一——“填书塞典，满纸死气，自矜淹博”，即是针对翁方纲的肌理说而发的。

作者还指出，“肌理说”本身影响不大，故其迎遏袁枚诗性灵说也乏力，当时袁枚最主要的论敌是沈德潜。沈德潜诗论要点为：一、格调说。二、温柔敦厚。三、尊唐非宋。接着，该文逐条详细探讨了沈德潜与袁枚诗论的差异。

通过分析袁、沈诗学的不同，该文明晰了袁枚诗性灵说反形式主义艺术观点、反道学、反礼教的积极意义，“沈德潜以极端理性主义和赤裸裸功利标准看待诗歌，袁枚则明显偏重偏厚在性情和灵机的自然抒发。其实袁枚更多注意的是诗歌的内在艺术规律和审美特征”。

该文结尾部分还指出袁枚诗性灵说的历史的阶级的三点局限性，一、袁枚将男女间的情爱摆在诗性情的最先最高地位。二、《随园诗话》采录太滥。三、袁枚论诗有前后矛盾处。

据上述可知，该文举例详述了袁枚诗性灵说的内涵，性灵说关于诗人先天才能与后天学习、诗歌创作学古与“有我”的关系问题以及袁枚诗性灵说的源头与当时诗派的论争等方面的内容。作为新时期较早阐述袁枚诗性灵说的论文，尽管该文反对袁枚把男女情爱置于情感的最先位置，尚带有思想开放之初时代的一些烙印，但总体上持论公允、内容详实、令人信服。另外，该文标题与内容特别强调“袁枚诗性灵说”，不但开启了后代关于袁枚诗歌理论与诗歌创作性灵说的探讨，也启迪了后世关于袁枚散文理论与散文创作是否与其诗性灵说相左或一致的发掘。

引申阅读：

1. 王英志：《清人诗论研究》，南京：江苏古籍出版社 1986 年版。

2. [日]铃木虎雄著，许总译：《中国诗论史》，南宁：广西人民出版社 1989 年版。

3. 顾远芗：《随园诗说的研究》，北京：中国书店 1988 年 3 月据商务印书馆 1936 年版影印。

4. 郭绍虞：《照隅室古典文学论集(上编)》，上海：上海古籍出版社 1983 年第 1 版，2009 年第 2 版。

5. 王英志：《袁枚评传》第十一章《诗论与诗学批评》，南京：南京大学出版社 2002 年版。

6. [日]松下忠著，范建明译：《江户时代的诗风诗论：兼论明清三大诗论及其影响》，北京：学苑出版社 2008 年版。

胡明袁枚研究主要作品目录

1. 胡明：《论袁枚诗性灵说》，载《文学评论》1982 年第 6 期。

2. 胡明：《袁枚诗歌初探》，载《江海学刊》1984 年第 6 期。

3. 胡明：《袁枚诗学述论》，合肥：黄山书社 1986 年版。

4. 胡明：《袁枚古文观试探》，载《古代文学理论研究（第十一辑）》，上海古籍出版社 1986 年版，第 296 页。

5. 胡明：《袁枚的思想哲学和文学观念》，载《文史知识》1987 年第 11 期。

8. 周本淳《袁枚与桐城派》【存目】

【评 介】

该文首先发表在《淮阴师专学报》1985 年第 4 期上，后被收入安徽省社会科学院文学研究所、安庆师范学院中文系、淮北煤炭师范学院中文系编《桐城派研究论文选》(黄山书社 1986 年版)。

周本淳(1921—2002)，当代著名古代文学专家、书法家。1945 年毕业于国立浙江大学文学院，获文学学士学位。曾任贵州省立遵义高中、南京市一中国文教员；南京市教师进修学院语文教研室副主任等职。1978 年到淮阴师专任教，历任淮阴师专副校长；政协淮阴市委员会第一届、第二届副主席；淮阴市语言学会会长；江苏省语言学会学术委员会委员；江苏作家协会会员；《新编全唐五代文》编委；全国师专通用教材《古代汉语》主编。著有《诗词蒙语》、《读常见书札记》等。整理出版古籍《唐才子传》、《诗话总龟》、《小仓山房诗文集》、《唐音癸签》、《震川先生集》等。

《袁枚与桐城派》由三部分组成：

第一部分主要介绍了“桐城派”名称的由来，以及姚永朴《文学研究法》不赞成用“桐城派”这个名称，尤其不赞成把“桐城派”和“江西诗派”相提并论。该文虽然赞同姚先生的观点，但为了论述方便，该文仍然沿用“桐城派”这个说法，作为桐城散文理论实践的代称。

第二部分主要通过相关例证，说明袁枚对古文的一些主要观点和桐城派相近。

首先指出，“袁枚在清代是以反对格律、提倡性灵说而蜚声于乾隆诗坛、跃居三大家之首的”。但是“袁枚对文章不但不反对古法，而且从理论到实践，他都很讲古法。他虽然对方苞的古文造诣很有微词，但对方苞的古文还是认为‘一代正宗’”。

该文通过大量实例指出，“袁枚认为古文就是要古，从韩柳直到秦汉，他很赞成韩柳复古为文的态度，这一点和桐城的主张并无多大差别”。不但如此，“袁枚也像桐城古文家一样重视写古文要于古有征。他在《文集》二十四卷本的《古文凡例》十一条中，不断引唐宋八家及明代归有光文为例”，“这些都看出袁枚对古文叙事必有法度的依据，尤其是他在《凡例》里还特别提出圈点问题”，“在古文写作中，他根据上述的《凡例》，用后记的方式说明不是自我作古，而是于古有征”。

第三部分侧重论述袁枚与方苞、姚鼐桐城派古文观的区别。

该部分首先指出，“袁枚对古文的一些主要观点和桐城相近，袁枚认为方苞文集是‘一代正宗’，姚鼐又肯定袁枚的文章‘通乎古法’，袁枚和姚范、姚鼐私交都很好，但我们不能简单地把袁枚的古文也当成‘桐城派’。因为袁枚和方、姚等对古文的主张也有区别。方、姚等都拒绝骈文”，“袁枚认为散文骈文均不可废”。

这是袁枚与方苞、姚鼐桐城派古文观的第一点区别。

“正因为他骈散兼重，所以他的集子里有散文，也有骈文。不过称骈文为《外集》，以示仍以散行为主。”

第二点区别，“作散文应该古，应该学习古人，特别是韩愈，这一点袁枚和桐城方、姚相同。但桐城兼学八大家，颇重欧、曾，袁枚则强调唐文，宋代只推王安石，元代推姚燧”，“最反对曾巩”。

袁枚强调唐文的一个重要原因，他认为“韩、柳琢句，时有六朝余习，皆宋人之所不屑为，亦复不能为，而古文之道终焉”。

通过上述三部分的论述，该文在结尾把袁枚与桐城派古文的关系进行了总结，“袁枚的文论和桐城相通处是主体，相异处可以说是枝节。原因是桐城的文论，从方苞、刘大櫆到姚鼐，日臻完密，可以融合各家的长处，袁枚也不例外”。“袁枚在诗方面是性灵派的领袖，在古文方面却是不立宗派的”，但“袁枚非常重视古法，不过根据自己的需要变化以出之。从大范围讲，仍然不出‘言有物’‘言有序’的‘义法’的范围。姚鼐《与张阮林》那段话，也可为袁枚论学古法的注脚。”该文借用郭绍虞先生《中国文学批评史》第七十五节的说法，认为“袁枚也可算是‘桐城派’的羽翼”，“从袁枚和‘桐城派’的异同，我们也可以看出‘桐城派’的影响。”

前此大多数研究袁枚的学者都把眼光聚焦在袁枚的诗论上，对其文论关注甚少，该文在与方苞、姚鼐桐城派的古文观异同对比分析中展示了袁枚的古文理论，选题新颖，眼光独到，这与作者深厚的知识素养、开阔的学术视野分不开的。该文同时也为后代的袁枚古文研究开辟了一条新的道路。

王英志《论袁枚的散文创作》(《西南民族学院学报》1998 年第 2 期)；昝亮、李丹博《袁枚骈文试论》(《广西师范大学学报》1998 年第 2 期)；赵杏根《袁枚文章理论研究》(《江苏理工大学学报》2001 年第 3 期)；王英志《袁枚评传》第十三章《古文观与古文创作》(南京大学出版社 2002 年版)等均是在上述研究的基础上，分别对袁枚散文、骈文的理论与创作进行的详细阐释。

引申阅读：

1. 朱东润：《袁枚文学批评论评述》，载《文哲季刊》1936 年第 2 卷第 3 号。

2. 王英志：《论袁枚的散文创作》，载《西南民族学院学报》1998 年第 2 期。

3. 昝亮、李丹博：《袁枚骈文试论》，载《广西师范大学学报》1998 年第 2 期。

4. 赵杏根：《袁枚文章理论研究》，载《江苏理工大学学报》2001 年第 3 期。

5. 郭绍虞：《中国文学批评史》下卷第四篇《清代》(上)第二章《古文家之文论》第三节《桐城派之羽翼》第一目《袁枚(程廷祚附)》，天津：百花文艺出版社 1999 年版，2008 年第 2 版。

6. 王英志：《袁枚评传》第十三章《古文观与古文创作》，南京：南京大学出版社 2002 年版。

7. 陆德海：《论袁枚“形而上”的古文观》，载《古代文学理论研究(第 27 辑)》，华东师范大学出版社 2009 年版，第 274～289 页。

周本淳袁枚研究主要作品目录：

1. 周本淳：《〈小仓山房诗文集〉校点前言》，载《淮阴师范学院学报》1983 年第 4 期。

2. 周本淳：《袁枚与桐城派》，载《淮阴师专学报》1985 年第 4 期。

后收入安徽省社会科学院文学研究所、安庆师范学院中文系、淮北煤炭师范学院中文系编《桐城派研究论文选》，合肥：黄山书社 1986 年版。

3. 周本淳标校：《小仓山房诗文集》，上海：上海古籍出版社 1988 年版。

上海古籍出版社 2006 年出版有周本淳标校《小仓山房诗文集》精装本。

9. 陈文新《通脱真率　以文为戏——论袁枚的志怪小说》

【引　文】

袁枚的志怪小说，主要包括《子不语》正集二十四卷，续集十卷。后因见元人说部中有同名者，乃改名《新齐谐》。但元人说部中之《子不语》，今已不存；又上海古籍出版社1986年版点校本仍以《子不语》为名，为引述方便，本文亦从之。

袁枚《子不语》自序尝云："余生平寡嗜好，凡饮酒、度曲、樗蒱，可以接群居之欢者，一无能焉，文史外无以自娱。乃广采游心骇耳之事，妄言妄听，记而存之，非有所惑也。"(《随园戏墨》自序又有"余自戏编《子不语》"一语)这里最值得注意的是"自娱"和"非有所惑"。所谓"非有所惑，"是将他创作这部"语怪"书的动机区别于干宝、王琰等人。如干宝之创作《搜神记》，目的在于"明神道之不诬"；而王琰作《冥祥记》，则是为"释氏辅教"。袁枚曾明确说过，他不喜释道二氏之说；又不信相术、风水之类。既然"非有所惑，"那又何以要志怪呢？原来是为了"自娱"，是以文为戏。

以文为戏，以文"自娱"，这样的宣言在袁枚那里不止一次。乾隆五十三年(1788)，袁枚七十三岁，因腹疾久而不愈，作歌自挽，并邀友人同作。其尺牍卷七《答钱竹初书》解释自挽的原因道："卜之自挽，非有所强也，闲居无俚，不善饮，不工博弈，结习未忘，作诗自挽，邀人共挽，作游戏篇章，聊以自娱，不自知其达，亦不自知其不达也。"其《遣怀杂诗》又云："一笑老如此，作何消遣之？思量无别法，惟有多吟诗。"以"吟诗"，"消遣"时光，当然也是"自娱"。

这种以文为戏的态度是否不够严肃呢？不是。联系袁枚的其他著述来看，它主要包括下述两点含义：其一，"以文为戏"是一种通脱真率的审美态度：不拘泥于文学的实用性而尊重文学自身的特性，追求“艺之精”，追求艺术的魅力。他说：“文之佳恶，实不系乎有用与无用也。”(《答友人论文第二书》)其《再答陶观察书》向人解释他辞官而一心从事文学的理由道：“尝谓功业报国，文章亦报国，而文章之著作为尤难。……所谓以文章报国者，非必如贞符典引刻意颂谀而已，但使有鸿丽辨达，踔绝古今，使人称某朝文有某氏，则亦未必非邦家之光?”鲜明地主张文学从实用的大旗下解放出来；“以文为戏”是这种主张的具体化。

其二，“以文为戏”还指一种高超旷达的艺术情趣。文学创作，无论它如何超脱，实际上都不免流露出作者的情感，都不免对社会人生有所褒贬。不过，袁枚追求的是这样一种境界：含而不露，严格地收敛激情，力避孤愤而趋向恬淡；作品既凝聚着深刻的人生体验，却又不流于叫嚣和剑拔弩张，“在不经意中涉笔成趣”。只有充满情趣、能给人“乐”的创作，才称得上“以文为戏”。

一

以通脱真率的审美态度来记叙怪异之事，其重要收获之一便是作品具有浓郁的志怪情趣。何谓志怪情趣？不妨略举一例，加以说明。《续子不语》卷十有《食猴怪物名石掬》一则，故事隐约似有所讽，如将食猴怪物安排在“濂溪讲座”之上，对于宋明理学中由周敦颐所开创的濂溪学派无疑是大不敬。但作品的主体却是对怪物食猴这一事件的绘声绘色的描绘：有曲折，有刻画，有悬念，有铺陈，写出一种惊心动魄的怪异境界。试看袁枚从爱堂居士的角度所作的一段叙写：

> 远望崖侧，有似枯松，其毛遍覆数里，蠕蠕然。近视之，皆猴也。屏息而过，已历其上，俯视众猴，约有六七万，老少雌雄环集，呦呦皆有哭声，亦莫测何哭。有顷，忽见二猴自上崖来，向众猴摇手，似禁其勿泣者。已而悉起，有扶老者，有携雏者，皆缘崖左而上，至经香台畔，俯伏屏息，高下几无隙地。旋有大风簌簌动林木，台后出一兽，绝似猴而小，高可尺许。众猴见

之，皆俯伏。此兽跃上濂溪讲座。踞膝而坐、推其身，忽伸长丈许。众在下仰望，不见其顶。久之，见一猴来跪其座旁，自以双手向脑后剥去其皮，若供其食啖者。

对比着，我们可看一看钮琇《觚剩》续编卷四《物觚·狨》所引陈恭尹《狨赋》，在这篇赋中，陈恭尹虽也描写了猴见到狨时那种“若见大吏”的情：“唇战爪缩，相泣而跪；狨呼猴前，膝行蒲伏。伸手探囊，扪胸抵脊，验其腰腹，孰肥孰瘠。瘠者遣去，肥者戴石。使其湔洗，使自拔毛，须臾之间，饫彼贪饕。”但主旨却在引出两种寓意：社会生活中多有“择肥而食”的现象，“方今之时，慎哉勿肥”；某些“欺童虐寡”多方以致肥者，其“为狨饱”乃咎由自取。蒲松龄《聊斋志异》卷三《黑兽》附则的情形略同：虽也有对狝食猴的具体情态的观照，内容的关键仍归结于最后的寓意。相比之下，袁枚的创作特色便很清晰了：他并不追求寓意，并不追求深沉的劝诫和愤怒的指斥，而是以怪异事件作为审美对象，写出其独特的富于情彩的“怪”、“异”性。这便是所谓志怪情趣。

袁枚对志怪情趣的追求表现在许多方面。首先，他从民俗出发，提炼出人们想象中的鬼物妖魅的若干特点，然后活泼风趣地描写出来。例如，迷信的人通常认为鬼气是冷的，袁枚便经常就此加以点染。卷一《骷髅吹气》写闵茂嘉自述的一段经历：“吾床上睡未熟，觉背间有一点冷，如胡桃大，渐至盘楪大，未几而半席皆冷，直透心背，未得其故。闻床下咈咈然有声，俯视之，一骷髅张口隔席吹我，不觉骇绝，遂仆于地。”娓娓道来，仿佛真有其事。卷四《陈清恪公吹气退鬼》写一缢死鬼欲祟人，却被陈鹏年“取其绳置靴中”，鬼怒，“直奔陈前，呼曰：‘还我物！’陈曰：‘何物？’妇不答，但耸立张口吹陈，冷风一阵如冰，毛发噤龂，灯荧荧青色将灭。陈私念：‘鬼尚有气，我独无气乎？’乃鼓气吹妇，妇当公吹处，成一空洞，始而腹穿，继而胸穿，终乃头灭，顷刻间如轻烟散尽，不复见矣。”以阳击阴，以热击冷，极富情味。卷十六《歪嘴先生》叙：“湖州潘淑，聘妻未娶”，临终却与“岳翁李某”约，“要其未嫁之女守志”。后女改适他人，潘来作祟。“有教读张先生者，闻之意不能平，竟上女楼，引古礼折之。以为女虽已嫁，而未庙见，尚归葬于女氏之党；况未嫁之女，有何守志之说？鬼不能答，但走至张前，张口呵之，一条冷气如冰，臭不可耐。从此女病愈，而张嘴歪矣。”张虽理直气壮，但胆大心粗，遭到鬼冷不防的一袭，所以吃亏。以上三篇，均写鬼以冷气犯人，但各篇情境不同，人物不同，故鬼吹气的方式亦异，结局也相互区别。读来饶有风致。又如，鬼在一些人看来同样有饮食之需，这样便有了饿鬼、饱鬼之别：饱鬼闲暇优游，“邪心不生”，饿鬼则得想法设法弄吃喝。卷二十二《穷鬼祟人富鬼不祟人》便是这个意思。袁枚写鬼弄吃喝的情态真是活神活现：有的冒名求祭，有的因贪酒食被人捉弄，无一不写得生动如见。其他如俗传鬼来则灯暗、鬼畏鸡鸣、狐鬼畏关圣、泼污秽则神鬼为人所制等，袁枚都能写得各有韵味，丰富多彩。其二，袁枚以某些特殊生活经验为依据，并凭借自己的想象才能，展开一系列足以驱庸起惰、富于魅力的奇异境界。有些境界，例如阴间，谁也没有亲历过，《子不语》卷四《七盗索命》汤世坤说的“所到黄沙茫茫，心知阴界”，卷五《波儿象》之“黄埃蔽天，王知为泉下”与一般人的猜度比较相近，因为阴间，似乎理应是天昏地暗的。但这般简略，还不足以产生扣人心弦的效果。卷一《地穷宫》则借死后三日而苏的李昌明之口，细致地描绘出阴间景象：“既死，觉身体轻倩，颇佳于生时。所到处，天色深黄，无日色，飞沙茫茫，足不履地，一切屋舍、人物，都无所见。我神魂飘忽，随风东南行，许久，天色渐明，沙少止。俯视东北角，有长河一条，河内牧羊者三人，羊白色，肥大如马。我问家安在，牧羊人不答。……”这般怪异又这般真切，分明是融合了作家自身的某些特殊生活经验(比如梦中所历，暴雨将来，狂风呼啸、黄云滚滚的景象等)，并经过“思入微茫”的想象才创造出来的。其三，袁枚一般不以一己的好恶而对搜集到的故事随意加以改编，故能保持其灵动自然之趣。例如，袁枚一向反对佞佛，但卷三《囊囊》却记有神佛显灵之事，卷二十《滚经台》更似有佞佛的味道了。袁枚一向不信风水，卷三《介溪坟》却记叙风水之灵应。他一向不信算命，卷八《史宫詹改命》却极写道士之“谈命甚精”。在袁枚看来，故事所蕴含的某些倾向即使大违己意，也可不去理会，只要内心“不惑”就行。他所重视的是故事的情趣。确实，《子不语》中的许多篇都是有别于“常珍”的“异馔”，足以豁人怀抱，启人神思，从日常生活的凡近中解脱出来。例如卷十五《无门国》，写异国情状，类《镜花缘》，只是格局较小；卷六《阴间中秋官不办事》叙“鬼性畏风，若无所凭藉，被风一吹，便不知飘泊何处”，奇思异想，恢诡空灵，似有理，似无理，妙在有理无理之间。卷六衣《缚山魈》描绘山魈“头戴红纬帽，黑瘦如猴，颈下绿毛茸茸然，以一足跳跃而至。见诸客方饮，大笑去，声如裂竹”的情态，着色绚烂，文笔亦洒脱飞动。同卷《怪风》摹状塞外狂风漫卷黄沙而来的景象，笔力不减《西游记》之写殊方异域。

二

袁枚“以文为戏”另一特色是追求诙谐意味。志怪故事要具备诙谐的审美特征，很重要的途径便是“人化”，赋予作品以浓郁的“人情”味。一味的“怪”、“异”，只会产生狰狞、恐怖的鬼影。明末的“志怪群书”，所以缺少艺术力量，关键就在于它们过于“荒怪，诞而不情”；而清代志怪小说之有重要收获，在这方面迈越往贤正是重要原因之一。《子不语》中的许多鬼怪，不管能耐大小，善恶与否，袁枚大都让它们有着世俗的算计，世俗的情态，世俗的愚蠢或聪慧。例如卷一《鬼着衣受网》，一女鬼凭“陈姓者妻”作祟，其夫延叶道士作法，“道士告妇人曰：‘如彼肯穿我纸衣，便好拿矣。’少顷，鬼果取衣，妇故意喝曰：‘不许窃衣！’鬼笑曰：‘这样华服，理该我着。’乃尽服之。衣化为网，重重包裹，始宽后紧，遂不能出其阵中。”写鬼的得意忘形，轻易入彀，正是参照日常生活中一些自作聪明的人来刻画的。卷六《冷秋江》叙“镇江程姓者”为鬼捉弄：“夜从象山归，过山脚，荒塚累累，有小儿从草中出，牵其衣。程知为鬼，呵之不去。未几，又一小儿出，执其手。前小儿牵往西，西皆墙也，墙上簇簇然黑影成群，以泥掷之。后小儿牵往东，东亦墙也，墙上啾啾然鬼声成群，以沙撒之。程无可奈何，听其牵曳。东鬼西鬼，始而嘲笑，既而喧争。”极类人间小儿女的恶作剧。接着写冷秋江对程的援救。冷秋江何许人也？原来是冷姓祠堂中一木主，“名峭，乃顺治初年秀才；

秋江者，其号也”。袁枚笔下的冷秋江当然是鬼，但他那‘“高步阔视”的神态，那“持大扇击手作拍板”、“高唱不绝”的潇洒豪宕的派头，不活脱脱地是一个富于才气的读书人形象？几分迂拙，几分狂放，写来气足神完，完全生活化了。

应该说明，这种“人化”并没有明显的象征或影射意味，而是在似乎漫不经心地描绘时，不露斧凿痕迹地达到人化的境地。因此，其美感特征才是以浓郁的情趣娱人，而不是以深沉的思想动人。只要拿上述篇目与蒲松龄的《席方平》、《考弊司》等略加比较，就会分辨得很清楚。

袁枚还不时借题发挥，以关合哲理或世情，一点骤然袭来的启悟，令人忍俊不禁。例如卷七《仙鹤扛车》，写一“郭姓者”见“两仙鹤扛水精车，车中坐王者，状如世上所画香孩儿，红衣文葆，洁白如玉，口嬉嬉微笑，长不满尺许，诸神俯伏迎入宫。”这纯属志异，妙在袁枚笔锋一转，借老翁回答郭“王何以年少”的提问指出：“为仙为圣为佛，及其成功，皆婴儿也。汝不闻孔子亦儒童菩萨？孟子云‘大人者，不失其赤子之心’乎？”这儿似乎重在事理的揭示，其实袁枚看重的仍是情趣，一种机锋偶现，颇类参禅的情趣。他如卷十五《鬼宝塔》写邱老遇鬼，鬼初化“美妇”，十分“艳冶”，继又变一副“头发俱披，舌长丈许”的凶恶面貌。邱老笑曰：“美则过于美，恶则过于恶，情形反覆，极象目下人情世态，看汝辈到底作何归结耳。”即情取譬，不粘不脱，有一种调侃世情的放达的幽默。此种“以文为戏”，比较典型地显示了中国知识分子孕育于深厚文化教养的处世态度：不回避人生，但又不失平易恬淡的心境，虽有讽刺，却又不仅重视讽刺的深刻，更重视讽刺的艺术和美感。

这种处世态度在那些旨在批判邪恶的作品中也表现得很明显。《子不语》中这类片断颇多，但袁枚写来却无一冷峻语，而全是喜剧小品的风格。例如《枯骨自赞》：

> 苏州上方山有僧寺，扬州汪姓者寓寺中，白日闻阶下喃喃人语，召他客听之，皆有所闻。疑有鬼诉冤，纠僧众用犁锄掘之，深五尺许，得一朽棺，中藏枯骨一具，此外并无他物，乃依旧掩

> 埋。未半刻，又闻地下人语喃喃，若声自棺中出者。众人齐倾耳焉，终不能辨其一字。群相惊疑，或曰："西房有德音禅师，德行甚高，能通鬼语，盍请渠一听?"汪即与众人请禅师来。禅师伺楼于地，良久，谇曰："不必睬他，此鬼前世作大官，好人奉承，死后无人奉承，故时时在棺木中自称自赞耳。"众人大笑而散。土中声亦渐渐微矣。

借用胡适评《西游记》的一句话，我们可以说："这种诙谐的里面含有一种尖刻的玩世主义。"虽然"尖刻"，却是"玩世"，既注意批判的力量，更注意自我人格的展开：这是一种洞明世事、喜怒不形于色的旷达人格。

三

以文为戏，以文"自娱"，还包括真率地抒写自我的心灵。翻开《子不语》，一个活生生的袁枚便出现在我们面前。

袁枚赋性通脱，其《七十生日作》诗云："心安身即行，阴阳非所惮，理足口即言，往往翻前案。乐自寻孔颜，学不拘宋汉。"因此，"翻前案"、"破陈例"便成为袁枚的重要生活内容之一。《续子不语》卷二《打破鬼例》就流露出他对通脱性格的由衷欣赏：豪宕不羁的李生不信"轮回必须替身"的惯例，对一溺鬼道："人生天地间，阴阳鼓荡，自灭自生，自食其力，造化哪有工夫管此闲账邪?"溺鬼曰："闻转轮王实管此账。"李生告诉他："汝即以我此语去问转轮王，王以为必需替代，汝即来拉我作替身，以便我见转轮王，将面骂之。"鬼大喜，跳跃而去，从此竟不再来。其实，这故事不妨看作袁枚的"夫子自道"。他本人就经常做些打破常例的事。如《子不语》卷十七《天台县缸》载，天台县署中，有一口缸，相传"有神灵，能知人祸福。凡县尹到任，必行三跪九叩礼祭之，否则作祟。官当升迁，则缸先凭空而起，若有系之者；当降革，则缸先下陷，渐入土中。平时缸离地寸许，从不着土。"平日谁也没有怀疑这一传说的虚妄，唯独袁枚"心疑焉"："以扇击之，声铿然"，无异于普通的缸；"以竹片试其底，毫不能入，并非离地者”。戳穿了流行已久的“神话”。至于记他人不惧鬼怪的篇章，就更多，都颇堪讽诵。卷九《治鬼二妙》中的两句话尤为隽妙：“见鬼勿惧，但与之斗。斗胜固佳，斗败我不过同他一样。”

袁枚对佛不敬，对鬼不敬，对汉学、宋学、八股等亦大为不敬。《续子不语》卷五《麒麟喊冤》借邱生奇遇表达他对许多问题的见解。作品指斥汉学为“造作注疏，穿凿附会”；指斥宋儒“主持名教”，“捆缚聪明才智之人”；指斥明清之“儒生，皆宋儒之应声虫也”；指斥八股文为“腐烂之物”，“细字小板”，“恶模样”。联系袁枚在《答朱石君尚书书》中以“文士”自诩的话来看，更能感觉到那股汹涌澎湃的自豪感。尤可注意的是，他在李贺、白居易等“文士”之前，用了“少年佻达”、“好酒及色”、“豪纵不羁”等词语来形容，不难看出，袁枚之通脱，还包含着对好酒好色的肯定。他在《所好轩记》中确曾坦率宣称：“袁子好味好色。”

这方面显示的通脱，‘其核心在于主张“适情”：任人的自然本性正常展开。与此相联系，袁枚最不满、抨击得最猛烈的便是那帮“矫情”的人。《子不语》中的一系列指斥“矫情”之作，均嬉笑嘲弄，极为泼辣。如卷二《平阳令》记“性惨刻”的“平阳令朱铄”，“所宰邑别造厚枷巨梃，案涉妇女，必引入奸情讯之。杖妓去小衣，以杖抵其阴，使肿溃数月”，“妓之美者加酷焉，髡其发，以刀开其两鼻孔。”所有这些，都是为了显示其“见色不动”的“美德”。如此矫情，如此惨无人道，袁枚最后让他为鬼捉弄，将自己的妻妾子女杀得“横尸遍地”。卷十一《妓仙》写太守汪公访拿名妓谢琼娘，褫而杖之，臀肉尽脱，后汪公被神笞背而死。袁枚借成仙的琼娘之口解释汪公被笞的原因说：“惜玉怜香而心不动者，圣也；惜玉怜香而心动者，人也；不知玉，不知香者，禽兽也。且天最诛人之心，汪公当日为抚军徐士林有理学名，故意杀风景以逢迎之，此意为天所恶。”也正是斥责其“矫情”。

需要指出，袁枚抨击“矫情”，意在揭露某些假道学的虚伪、“残忍”；对于并非“矫情”的人格高尚的“真道学”，袁枚是很尊重的。卷二十二《狐道学》叙一胡姓者“携其子孙奴仆数十人”假居孙某家，“孙某接其言貌，知非常人，分一宅居之。暇日过与闲话，见其室中有琴剑书籍，所读者皆《黄庭》、《道德》等经，所谈者皆《心性》、《语录》中语。遇其子孙奴仆甚严，言笑不苟。孙家人皆以狐道学称之。”一日，胡翁之幼孙欲强奸孙氏小婢未遂，胡翁知之，毅然将其幼孙掐死。袁枚大为欣赏地议论道：“此狐乃真理学也。世有口谈理学而身作巧宦者，其愧狐远矣！

袁枚主张“适情”，这只是一方面；另一方面，他又颇多“君子”之风，例如其友沈凡民卒，袁枚为之司祭扫，“三十年如一日”；三十八岁时，出资安葬无家的梓人武龙台于随园之西角；五十八岁时，为少女凤龄择少年郎婚配，其《三月六日》诗前序云：“金姬小妹凤龄，鬻昌门为女奴，余赎归之，年才十四，巧笑流丽，有依姊而终焉之志。余老矣，不欲为枯杨之稊，为择少年郎嫁之”，这些都见出袁枚的厚道。但他最值得称道处却在于，他是一名难得的清官。从二十七岁到三十三岁，袁枚曾历任溧水、沭阳、江宁等县知县。赴溧水上任，他有《途中寄金二质夫》诗，中云：我闻县令言，惴惴殊自怖；书生当民社，筹策竟何措?”可见其谨慎。

《子不语》中教人公正为官的篇目不少。卷十六《阎王升殿先吞铁丸》：“杭州闵玉苍先生，一生清正，任刑部郎中时，每夜署理阴间阎王之职。……每升殿，判官先进铁弹一丸，状如雀卵，重两许，教吞入腹中，然后理事，曰：‘此上帝所铸，虑阎罗王阳官署事，有所瞻徇，故命吞铁丸以镇其心，此数千年老例也。’先生照例吞丸。”一日，审其表弟李某，闵欲徇私，片刻工夫，“铁丸已涌起于胸中，左冲右撞，肠痛欲裂矣。”闵不得已，只得秉公办事。《续子不语》卷四《含元殿判官》叙判官“办公事”时，“或见故人将受苦楚，稍存回护之心；或见绝色女子，不无动念，即时殿上火起，身上纸衣尽焚。惊心镇定，其火自熄。”意蕴也是：作官不能杂有私心。这种命意，这种构思，可与《聊斋志异》卷三《李伯言》参照：李伯言暂摄阴司阎罗，一日，审其姻家王某，“隐存左袒意。忽见殿上火生，焰烧梁栋。”李急消私念，“火顿灭”。其间的相似之处是显然的。不过袁枚与蒲松龄的出发点仍有不同：袁枚曾是，“临民”之官，所以，他之赞赏不杂私心主要表明其人格追求，《子不语》卷二《沭阳洪氏狱》袁枚自愧“身为县令，妇冤不能雪，又加刑于无罪之人，深为作吏之累”的磊落态度尤能进一步说明这点；蒲松龄则从未作官，因而，他之写阴间官吏不杂私心，旨在反衬和抨击关说公行的“阳间”官场。

鲁迅《中国小说史略》评《子不语》说：“其文屏去雕饰，反近自然，然过于率意，亦多芜秽。”《子不语》中“芜秽”颇多，确乎主要由“率意”所致，试加缕析，可略分为三种情况。

第一种情况，袁枚自身的情趣不够高，这样，他所搜集或创造的故事便格调偏低。例如关于男色，袁枚既好之，且喜道之。袁枚认为同性恋并非病态，并且不止一次地嘲骂他人的不善欣赏男色和对同性恋的禁止、打击。

第二种情况，“此书大抵道听途说，”他人妄言，袁枚妄听，有一些故事纯属荒诞无稽之谈，既无志怪情趣，又无诙谐的美感，但袁枚不加抉择，一概载入集中，如卷五《莺娇》、《羊践前缘》，卷六《鸭嬖》等。

第三种情况，袁枚以小说为余兴，有时率尔命笔，在记叙中出现了不少本来极易避免的毛病。蒋瑞藻《小说考证》所收《花朝生笔记》一则云：“《新齐谐》，一名《子不语》，……。吾观其叙徐霞客事，以霞为崖，且谓不得于继母，欲置之死，竟似并此公《游记》尚未寓目者，可怪也。其余疵谬，犹不胜指”。洵为的论。

（载《明清小说研究》1988 年第 4 期）

【评　介】

陈文新（1957—　），湖北公安人。1978 年 3 月考入武汉大学，先后获得文学学士、文学硕士、哲学博士学位。主要研究中国小说史和明清文学。1991 年 6 月晋升副教授，1995 年 5 月晋升教授，1998 年获湖北省跨世纪学术带头人称号。现为武汉大学中文系教授、博士生导师、武汉大学中国传统文化研究中心（教育部人文社会科学重点研究基地）副主任，兼任中国俗文学学会副会长、中国水浒学会常务理事、中国明代文学学会理事、中国红楼梦学会理事、湖北省水浒学会副会长、湖北省三国演义学会副会长、国家重大文化工程《中华大典 · 文学典 · 明清文学分典》副主编等。主要著作有《中国文学流派意识的发生和发展》、《文言小说审美发展史》、《明清章回小说流派研究》、《传统小说与小说传统》、《明代诗学》等。主编十八卷本《中国文学编年史》和《中国古代文学流派研究》、《中国古典文学名著与民俗文化》等大型丛书。发表学术论文200余篇，其中40余篇为《中国古代近代文学研究》等全文转载或摘要转载。多次获得省部级学术奖励。主持重大出版项目《历代科举文献整理与研究丛刊》。多次赴国(境)外参加学术会议或讲学。

该文首先指出袁枚《子不语》自序自言创作目的为“自娱”，“是以文为戏”。并认为，袁枚“以文为戏”的含义有两点，首先，“‘以文为戏’是一种通脱真率的审美态度：不拘泥于文学的实用性而尊重文学自身的特性，追求“艺之精”，追求艺术的魅力”。其次，“‘以文为戏’还指一种高超旷达的艺术情趣”。“袁枚追求的是这样一种境界：含而不露，严格地收敛激情，力避孤愤而趋向恬淡；作品既凝聚着深刻的人生体验，却又不流于叫嚣和剑拔弩张，‘在不经意中涉笔成趣。’只有充满情趣、能给人‘乐’的创作，才称得上‘以文为戏’。”

作者认为，袁枚“以文为戏”共有三个特点，第一个特点是“作品具有浓郁的志怪情趣”。何为志怪情趣？作者解释为，“并不追求寓意，并不追求深沉的劝诫和愤怒的指斥，而是以怪异事件作为审美对象，写出其独特的富于情彩的‘怪’、‘异’性。这便是所谓志怪情趣”。

作者认为，袁枚对志怪情趣的追求主要体现在以下三个方面。其一，“他从民俗出发，提炼出人们想象中的鬼物妖魅的若干特点，然后活泼风趣地描写出来。”其二，“袁枚以某些特殊生活经验为依据，并凭借自己的想象才能，展开一系列足以驱庸起惰、富于魅力的奇异境界”。其三，“袁枚一般不以一己的好恶而对搜集到的故事随意加以改编，故能保持其灵动自然之趣”。

该文认为，袁枚“以文为戏”第二个特色是“追求诙谐意味”。“志怪故事要具备诙谐的审美特征，很重要的途径便是‘人化’，赋予作品以浓郁的‘人情’味。”作者认为，首先，袁枚《子不语》鬼怪故事的“这种‘人化’并没有明显的象征或影射意味，而是在似乎漫不经心地描绘时，不露斧凿痕迹地达到人化的境地。因此，其美感特征才是以浓郁的情趣娱人，而不是以深沉的思想动人”。其次，“袁枚还不时借题发挥，以关合哲理或世情，一点骤然袭来的启悟，令人忍俊不禁”。“此种‘以文为戏’，比较典型地显示了中国知识分子孕育于深厚文化教养的处世态度：不回避人生，但又不失平易恬淡的心境，虽有讽刺，却又不仅重视讽刺的深刻，更重视讽刺的艺术和美感。”再次，那些旨在批判邪恶的片断在《子不语》中也颇多，但袁枚写来却无一冷峻语，而全是喜剧小品的风格，“既注意批判的力量，更注意自我人格的展开：这是一种洞明世事、喜怒不形于色的旷达人格。”

该文认为，袁枚“以文为戏”第三个特点是“真率地抒写自我的心灵”。袁枚对佛不敬，对鬼不敬，对汉学、宋学、八股等亦大为不敬。这方面显示的通脱，“其核心在于主张‘适情’：任人的自然本性正常展开”。与此紧密相关，袁枚最不满、抨击得最猛烈的便是“矫情”的人。需要指出，袁枚抨击“矫情”，意在揭露假道学的虚伪、“残忍”；对于并非“矫情”的人格高尚的“真道学”，袁枚是很尊重的。

袁枚一方面主张“适情”；另一方面，他又颇多“君子”之风，他最值得称道处在于，他是一名难得的清官。从二十七岁到三十三岁，袁枚曾历任溧水、沭阳、江宁等县知县。《子不语》中教人公正为官的篇目也不少。

该文最后还指出，由于袁枚“率意”所致，《子不语》中的“芜秽”大略有三种情况：

第一种情况，袁枚自身的情趣不够高，他搜集或创造的故事格调偏低。

第二种情况，“此书大抵道听途说”，他人妄言，袁枚妄听，有一些故事纯属荒诞无稽之谈，既无志怪情趣，又无诙谐的美感，但袁枚不加抉择，一概载入集中。

第三种情况，袁枚以小说为余兴，有时率尔命笔，在记叙中出现了不少本来极易避免的毛病。

该文在袁枚研究史上明确提出《子不语》的艺术特色“是以文为戏”，然后以《子不语》中的大量例证，归纳出袁枚“以文为戏”三方面的重要特征，很具有说服力，给后来的《子不语》研究带来深刻的启迪作用。

引申阅读：

1. 李志孝：《〈聊斋志异〉与〈子不语〉比较研究》，载《天水师专学报》1998 年第 1 期。

2. 李志孝：《言鬼述异　各具情怀——〈聊斋志异〉与〈子不语〉比较三题》，载《蒲松龄研究》2000 年第 1 期。

3. 王正兵：《从〈子不语序〉看袁枚的小说思想》，载《扬州大学学报》2009 年第 1 期。

4. 高玉海：《"游戏谰言"与"孤愤之书"——袁枚与蒲松龄小说观比较》，载《明清小说研究》2009 年第 4 期。

5. 王正兵：《"孤愤之书"·"消遣岁月"·"游戏谰言"——蒲松龄、纪昀、袁枚小说创作心态之比较》，载《社会科学辑刊》2010 年第 1 期。

6. 张泓：《纪昀对〈聊斋志异〉和〈子不语〉的态度》，载《太原师范学院学报》2010 年第 3 期。

7. 张泓：《〈阅微草堂笔记〉与〈子不语〉反理学倾向之异同》，载《沈阳师范大学学报》2010 年第 4 期。

8. 王正兵：《含笑看泰华　请各立一峰——〈子不语〉与〈聊斋志异〉、〈阅微草堂笔记〉关系辨析》，载《社会科学辑刊》2011 年第 2 期。

9. 王英志：《袁枚评传》第十四章《小说观与〈子不语〉的思想价值》，南京：南京大学出版社 2002 年版。

陈文新袁枚研究主要作品目录：

1. 陈文新：《通脱真率　以文为戏——论袁枚的志怪小说》，载《明清小说研究》1988 年第 4 期。

2. 陈文新：《袁枚的人生哲学——率性人生》，台北：扬智文化事业股份有限公司 1995 年版。

3. 陈文新：《率性人生——袁枚》，石家庄：河北人民出版社 2003 年版。

4. 陈文新：《文言小说审美发展史》，武汉：武汉大学出版社 2002 年第 1 版，2007 年第 2 版。

5. 陈文新：《中国文学流派意识的发生和发展：中国古代文学流派研究导论》，武汉：武汉大学出版社 2003 年版。

6. 陈文新：《“郑孔门前不掉头”——袁枚眼中的乾嘉考据》，载《光明日报》2008 年 2 月 3 日第 7 版。

7. 陈文新、王炜：《细节背后的文学史观——沈德潜三篇佚文的前后因缘之考察》，载《文艺研究》2009 年第 3 期。

10. 蔡尚思《一位被冷落的大思想家——袁枚》【存目】

【评 介】

该文发表在《文史哲》1988 年第 5 期，后收入蔡尚思著《蔡尚思自选集》第三编《中国古代文化·学术·思想》，标题为《袁枚思想体系纲目——一位不被重视的大思想家》(重庆出版社 1999 年版)。作者曾以 30 年时间写成一部中国思想史稿，惜于“文化大革命”中遗失。后根据回忆补写，该文是其中的一篇论纲。据作者自述，1986 年 9 月，作者曾以此文纪念袁枚诞辰 270 周年，1988 年 1 月，再以此文纪念袁枚逝世 190 周年。

蔡尚思(1905—2008)，福建德化人。先后考入孔教大学研究科、北京大学研究所国学门哲学组。1929 年起，历任大夏大学讲师；复旦、华中、沪江、光华、东吴等大学及无锡国专教授；沪江、复旦两大学副校长；中共复旦大学党委委员；历史系、中国思想文化史研究室主任；国务院古籍整理出版规划小组、中国哲学史、中国现代史、蔡元培、墨子、谭嗣同等学会及中山大学文化研究所顾问；中国史学会、孙中山研究学会等理事；全国宗教学学会常务理事；上海市历史学会副会长；李贽研究学会名誉会长；朱熹研究中心名誉理事长；孔子基金会副会长；国际儒学联合会顾问；世界太极学会荣誉会长。著有《中国思想研究法》、《中国历史新研究法》、《中国传统思想总批判》(正补编)、《中国文化史要论》、《孔子思想体系》、《中国文化的优良传统》、《王船山思想体系》、《中国古代学术思想史论》、《中国近现代思想史论》、《中国礼教思想史》、《周易思想要论》、《蔡尚思自传》、《论语导读》、《墨子思想要论》等二十余部论著；发表《死圣人与活人民孰重》、《今后新文化应当是辩证发展》等论文三百余篇。

主编《中国现代思想史资料简编》等十余部著作。2005 年上海古籍出版社出版的《蔡尚思全集》，收入迄今为止所能搜集到的蔡尚思先生的全部学术专著及论文，共 410 万字，5000 多页，精装 8 册。

早在 1927 年，杨鸿烈有感于“袁子才先生是一位中国罕有的大思想家，差不多没有几个人知道”，即编撰《袁枚评传》(上海商务印书馆 1927 年版)进行弘扬。但为了证明袁枚是一个大思想家，杨鸿烈《袁枚评传》有故意从袁枚文集、诗集中探求微言大义，然后将其对号入座，或入教育学、或为法律学的嫌疑；而且不绝如缕的有意拔高之词，不但降低了此书的学术水准，也降低了袁枚作为思想家的可信度。

蔡尚思于新中国成立后所作的《一位被冷落的大思想家——袁枚》，则从思想史的角度认为，“袁枚首先不仅是思想家，而且是一位伟大的思想家。至于文学家、诗人，只是次要的。他还不失为史学家。”

该文认为袁枚作为一位伟大的思想家，他在哲学、美学、经济、政治、法律、史学、文学、教育等八个方面，均有颇多创见：

一、哲学思想——感情至上的中心思想。袁枚认为有情欲而后有人类与政治。男女是真情之本原。反对佛法，却仍迷信佛教的因缘说。批判理学的无理。提倡创新与争鸣。

二、美学思想。认为美貌引起感情。先天美胜后天美、自然美胜模仿美。美在眉目发肤颈腰而不在足小，缠足伤风败俗。美贵真不贵伪。

三、经济思想。主张蠲贫税富。主张自费所赚与反对伪俭。反对为富不仁，但也认为“民之有贫富，犹寿之有长短”。

四、政治思想。反对韩愈“臣罪当诛，天王圣明”说。主张不用戚友、家丁，治民在先治戚友、家丁、胥吏，用戚友、家丁、胥吏不如用百姓。为政尤须在心正，而法令不必苛烦。

五、法律思想。认为司法贵因时因地而变。主张长幼贵贱平等的杀人律，反对名分的刑法。反对多杀，认为律令愈增，死人愈多。罚锾是助恶。要制订爱护女子的奸律。

六、史学思想。反对儒家经学，因为经未必皆真，经未必皆醇皆当，经未必适合于今世，经无效用。“作史者但须据事直书，而其人之善恶自见。”

反对汉宋儒者的经学研究，“宋学有弊，汉学更有弊”。宋儒偏于心性之说近玄虚，汉儒偏于笺注之说多附会。对于清代吴派汉学笃信汉儒注经，很不以为然。

反对史家的正统说。认为必须废正统之说而后作史之义明。

对于历代史书的批评，该文认为袁枚实在超过王夫之的史论，也不在刘知几之下，可从体例、文笔、史实三方面见之。

七、文学思想。爱情是诗的生命，“有必不可解之情，而后有必不可朽之诗”。文学自有其独立性，不必篇篇都是“温柔敦厚”。诗应当性灵与学问并重。

八、教育思想。学贵专精而不以专精为限。学必知不足而后能大有为。主张创新、反对仿旧。学术与感情分开。反对资格科名。注重才性的教育法。注重学问经验。学艺平等。医最尊贵。立言不如立功立德。重仕不重隐。士不可多，士在真不在多。“学问之道，先知而后行。”“学在躬行不在讲。”女子应当有学问。破除时日、风水、命相、鬼神等迷信，认为“鬼神生于人心”。

作者最后指出，袁枚生前及死后，直至近代，一直被人误解，包括以新思想著称的梁启超在其《清代学术概论》，“也用‘无行’二字攻击他，把他一笔勾销掉”。作者通过把袁枚的好色与戴震、郑燮的好色进行比较，一针见血地指出“袁枚反对旧传统思想，后人偏以旧传统思想去衡量他”的谬误，从而再次证实该文的论点——“袁枚是一位伟大的思想家”。

袁枚著述很多，作者认为，袁枚最主要的思想观点体现在“《随园文集》、《随园随笔》、《随园尺牍》、《牍外馀言》”四部著作之中。

把袁枚视为一位大思想家显示了作者的卓识不凡，但由于该文仅仅是一个纲要，未能通过更多的例证，充分说明袁枚作为一位大思想家的各个思想层面和深厚的思想内涵。

王英志《袁枚评传》(南京大学出版社 2002 年版)上承蔡尚思袁枚是一位思想家的观点，通过“述”和“评”结合的方式把袁枚具体定位为“思想学术批评家”，还指出，“我们有时会发现袁枚的思想不无矛盾之处，又表明他是一个过渡时期的思想家，是他在由封建社会像近代社会发展过程中新旧思想杂糅，或者说旧思想尚未蜕尽而新思想还不稳定、成熟的反映，这是袁枚思想及其矛盾的时代意义”。这些实证研究就为我们更清晰地认识思想家袁枚提供了便利条件。再如，黄爱平《袁枚经学观及其疑经思想探析》(《清史研究》2004 年第 3 期)一文，则在蔡尚思关于袁枚的哲学思想、史学思想的基础上，对袁枚提倡的“六经皆文”的经学观及其疑经思想进行了深入的探析。

引申阅读：

1. 杨鸿烈：《大思想家袁枚评传》，上海：商务印书馆 1927 年第 1 版，上海书店 1989 年据商务印书馆 1927 年版影印。

2. [日]野田善弘，林章文译：《袁枚的圣人观——探索他与彭绍升的往来书简》，载《江苏社会科学》1995 年第 6 期。

3. 石玲：《袁枚诗歌的禅影踪迹》，载《文史哲》2002 年第 1 期。

4. 王英志：《袁枚评传》第八章《思想基础：三分孔孟二分庄》，南京：南京大学出版社 2002 年版。

5. 李泽厚：《华夏美学》第六章《走向近代》第一节《“师心不师道”：从情欲到性灵》，天津：天津社会科学院出版社 2002 年版。

6. 黄爱平：《袁枚经学观及其疑经思想探析》，载《清史研究》2004 年第 3 期。

蔡尚思袁枚研究主要作品目录：

蔡尚思：《一位被冷落的大思想家——袁枚》，载《文史哲》1988 年第 5 期。

后收入蔡尚思《蔡尚思自选集》第三编《中国古代文化 · 学术 · 思想》，标题为《袁枚思想体系纲目——一位不被重视的大思想家》，重庆：重庆出版社 1999 年版。

11. 沈金浩《袁枚人论述评——“性灵说”相关要素研究之一》

【引　文】

八十年代以来，国内对袁枚的研究已取得了一定的成绩。这些研究有一共同特点，即都在文学范围内讨论袁枚，这当然也很正常，但也暴露出一些局限，例如袁枚“性灵说”的产生背景，或者说“性灵说”与袁枚思想其它方面的关系如何，他为什么要那么强调独抒性灵，这种问题近来的研究似未涉及。本人曾有短文从经济思想角度予以论及①，这里再就其人论进行述评。关于人的问题的见解，是袁枚思想中的重要组成部分之一，在很大程度上，它是袁枚思想的核心和基石，其余包括诗写性灵在内的许多言论实际上都建立在这个基础上或与之相关。

袁枚对人的问题的论述，大致可分为两个部分，一是他的人本思想，二是他的人性论。

袁枚人本思想的主要内容是破除佛教的众生有佛性说而强调人在世界万物中的中心地位。《文集》卷三十五《答汪大绅书》说：

> 足下又谓慈悲戒杀，即圣人仁民爱物之心。不知天地之性，人为贵。樊迟问仁，子曰“爱人”，不云爱物；厩焚则曰“伤人乎”，不问马。圣贤贵人贱畜，大义昭然。

又《文集》卷二十二《爱物说》云：

---

① 《袁枚经济思想略论——兼谈与文学思想之关系》，载《东吴教学》1988年第3-4期。

> 狗彘不可食人食，而人可以食狗彘，何也？曰：此先王之所以贵清而贱浊也。……后世不察，见孟子训爱物，佛家戒杀，于是人与物几混淆而莫分。萧子良之慧，苏子瞻之聪，皆惑焉。

在这些地方，袁枚都是通过借引权威观点和解释经义来排斥佛教的众生有灵、慈悲戒杀论的。他还用假设、推理等手法，通过植物是否也在戒杀范围的讨论和佛教戒娶必将导致人类绝灭的证明来否定佛教的这些教义。袁枚本是个自称不喜佛又不反佛的人(他认为“韩子辟佛太迂，白傅佞佛太愚”，折衷者是北朝高谦之之言，“佛者九流之一家耳”①)。只有在别人劝他信佛时他才予以辨析、排斥。从社会意义方面来说，佛教的慈悲戒杀论及其如袁枚这样的对立面两者间的优劣是非高下是很难辨别的，因为佛家所爱惜的动物不可能像基督教里的神那样成为权力的象征或被权力利用从而压制人，戒杀与否在一般情况下都无关紧。从思维方式、认识能力上来看，对袁枚的智与佛教的“愚”也许没有必要进行轩轾，因为宗教向来不与科学同路。所以，袁枚这种与“众生”争高低的人本主义，其本身未必有多大的意义。我们之所以把它提出来，是因为它是袁枚对世界的某种认识的反映，又与其在人的生存方式上的一种观点相关。这一点只要和他的富民贫民关系论中作一联系即可明白。在处理贫富关系时，中国古代无论是有作为的政治家还是农民起义者都是追求平均主义的。而袁枚却坚决反对平均主义，他认为：“物之不齐，物之情也，民之有贫富犹寿之有长短，造物亦无如何”，“货殖子贡富，雍牖原宪贫。富乃劳其力，贫则苦其身”。所以对一些地方官对富户采取的“访罪”、“劝捐”之类措施，他总要提出批评。他认为贫富之间只要能做到强不凌弱、众不

---

① 《小仓山房诗文集》(内含《诗集》《文集》以下分别简称)卷二十《佛者九流之一家论》。上海古籍出版社1988年版。以下引自本书者版本不另注。《小仓山房尺牍》(以下简称《尺牍》)卷七《答项金门》，上海文明书局藏版。

暴寡，就应当让能富的人富起来，富人的存在对贫人也有好处。① 这种意识正是他反对佛教戒杀的理论支点之一。这种相信人作为一个类在世界上不应受他物约束的观念，正与他强调人有欲望、欲望应得到满足同属一个系统。所以，虽然他在谈人与物的关系时常要借用圣人权威，但他的思想显然不是孔孟思想的重复。连接孔孟重人轻物论的是他们的民本主义，而连接袁枚重人轻物论的是他的人性论。

袁枚的人性论是一种广义的情欲主义。过去道学家攻击袁枚伤风败俗，而一些赞扬者则反其道而行之，结果两者都把他的广义情欲论降而为狭义情欲论，这是不全面的。诚然，袁枚的男女之欲论是他的人性论中最大胆的部分，如果孤立地看某种观点，有时几乎看不到其中的封建色彩。如：

> 夫充子有家，身后之事，非人不暖，病中之需。夫子身为相国，而急其所缓，缓其所急，虽则爱人以德之心，殊乖燮理阴阳之义。群雌粥粥，觉母也天只，不谅人只，得毋有反唇而相讥者乎？且枚之居处不避群花，更有说焉。人惟与花相远，故闻香破戒者有之，逢花必折者有之，若夫邓尉种梅之夫，洞庭栽菊之叟，终日见花如不见花者何也？狎而玩之，故淡而忘之也。②

袁枚这段颇失油滑的议论中，却寄寓了一些非常离经叛道的思想。首先，他肯定了女子实现其性欲的权利，而不是以男性本位主义的态度视女性为接受型的泄欲工具。其次，他的花夫之喻、实际上是主张男女间应有自由交往，甚至是性解放，以性自由来防止犯罪。

再看另外两段议论：

> 夫见貌而相悦者，人之情也。当文王化行南国时，犹有“有女怀春，吉士诱之”之事。至春秋时，凡列国诸侯大夫妻，其弃

① 见《文集》卷二十三《书王荆公文集后》，卷二十九《与吴令某论罚锾书》，卷十七《与江苏巡抚庄公书》，《诗集》卷十五《遣兴》七首之三。

② 《尺牍》卷一《答相国劝独宿》。

位而姣者，指不胜屈。以南子之宣淫，而孔子犹往见之；以七子之母改嫁，而孟子以为亲之过小。可见孔孟圣贤，于男女情欲之感，不甚诛求。①

大抵情欲之感，圣人所宽。②

前一段文字是他为一名全姑的女子打抱不平的。全姑与陈某相好，被金匮令定罪，而全陈誓死相从，于是令“复加拘杖，并弛其袒衣，而亲令观之，必使玉碎花残而后已。”此事由蒋士铨告知袁枚，袁闻后甚觉不快，于是写信指责金匮令，并指出其办案过程中不合法律处，斥他为恶棍之傀儡，无是非之心，以摧折他人的好事来扬自己严正之名。这些言论又一次显示了他对人性的尊重和对礼教的蔑视。

他还借生子这一话题，转述方苞的一段笑话，阐述男女相交乃人之本性。他认为男女构精，万物化生，此处有人欲而无天理。现在的人在年逾四十后，往往当交媾时，便有为祖宗绵延血食之意，将天理搀入人欲中，不特欲心不炽，难以成胎，而且以天夺人，遂为造物之所忌。那些动物或奸夫奸妇，密约偷期者或为阴阳之所鼓荡，或发于情之不禁，往往百发百中，生子独多，正是不搀入天理之故③。这种立论虽在论证过程中有荒谬可笑之处，但他的反天理，肯定人的正常欲望，要求人返于自然这一倾向是很明显的。

类似于这样的议论，在袁枚集中到处可见。正因为他认为男女相悦乃人之本性，所以又认为在评价人物时，不应当计较其是否好色。《答杨笠湖书》曰：

好色不必讳，不好色尤不必讳，人品之高下，岂在好色与不好色哉？文王好色而孔子是之，卫灵公好色而孔子非之。卢杞无妾媵，卒为小人，谢安挟妓东山，卒为君子。

---

① 《尺牍》卷四《与金匮令》。

② 《尺牍》卷七《答杨笠湖》。

③ 《尺牍》卷五《答人问生子》。

把好色说得如此无足轻重当然也难免失之偏颇。在古代，由于权力与舆论有密切关系，妇女地位低下等原因，大器不护细行在相当长时间里是允许存在的人物品评标准，因而谢安挟妓东山也卒为君子。这种品评标准往往会成为一些有权有势有钱财者任意玩弄妇女、夺人妻女的辩护词。应当加以区别的是，袁枚认为好色不必计较，并不是想和传统的成者为王败者为寇论同调，而是他的男女相悦乃人之常情论的内容之一。

与这种男女关系观相应的，是袁枚的妇女观。在很多地方，他表达了必须尊女人为人的观点。如《尺牍》卷三《与书巢》云：

> 札中不取处子一语，殊得老子不为天下先之戒。以为非处子则不贞耶？不知豫让遇智伯，便成烈士；文君嫁相如，便矢白头。责报于人，先自问施之者如何耳。以为非处子则不洁耶？不知八珍具而厨者先尝，大厦成而匠人先住。嬖也无害，询知言也。

与此相类的观点，在《答金震方问律例书》中亦曾加以阐发。他认为妇女之是否贞洁，必须看她的本性，不在于是否是处女或被人奸污过。在量刑时，也应考虑这一条。并且他认为，男子不应该只苛求女子恪守贞操而自己却随心所欲。这种男女性平等的观点在《读丧礼或问》中表述为：

> （或问某公丧间遇妻勃勃然有男女之思可否，答曰）某公之于妻也，将以妻待之乎，不以妻待之乎？以妻待之，则所居之丧，即妻之丧也。丧中馈奠之事，霜露之感，率其妻而俱致焉。虽日日见何害？不以妻待之，则专以为媟亵荡心之具．而此外无一事焉，虽终身不见何益？夫至于隔绝其妻，至期有七月之久，则早视其妻为媟亵荡心之具而不以妻待之矣，一日相见而勃勃然有男女之思又何尤焉？

凶丧期间夫妻隔离，这是汉儒的意见。这种意见是建立在对妇女及两性关系的不正确认识的基础上的，袁枚对此不以为然。这些议论，所到之处，冲决一切礼教藩篱，尽管有的不能核之于科学(如生子说)，却鲜明地表达了袁枚反对禁欲、强调恢复人的本性、尊重妇女权利的主张，揭露了封建禁欲主义所带来的变态心理与人的本性之间的矛盾以及由之而造成的人的虚伪和堕落，推翻了存天理灭人欲之论。在妇人问题上因为他尊妇女为人，强调人的本性，所以认为妇女之美也应是自然之美。他坚决反对女子裹足，“李后主使窈娘裹足，作新月之形，相传为缠足之滥殇，然后主亡国之君，矫揉造作，何足为典。要今人每入花丛，不仰观云鬓，先俯察裙下，亦可谓小人之下达者矣”①。他读《会真记》，鄙元九薄倖，赞美相如文君白头偕老②；他反对女子亡国论③。这些都显示了他对封建礼教的蔑视和对人的本性回归的期待和呼唤。

如前所说，袁枚的情欲论是一种广义的情欲论，论男女之情仅仅是其中的一部分而已。他有时甚至把人的一切动机和活动都归因于情欲。如《文集》卷二十二《清说》云：

> 天下之所以丛丛然望治乎圣人，圣人之所以殷殷然治天下者，何哉？无他，情欲而已矣。老者思安，少者思怀，人之情也。而老吾老以及人之老，幼吾幼以及人之幼者，圣人也。好货好色，人之欲也。而使之有积仓，有裹粮，无怨无旷者，圣人也。使众人无情欲则人类久绝，而天下不必治；使圣人无情欲则漠不相关，而亦不肯治天下。

袁枚还认为，一些人为了博取清俭之名，无故使妾织蒲，与槽争食，不适当地压制自己的欲望，这是俭外贪中，这种虚伪的伦理观念乃是后世社会对人的本质的背弃。《文集》卷二十三《书复性书后》还说：

---

① 《尺牍》卷五《答人求娶妾》。

② 《随园诗话补遗》卷七，人民文学出版社 1982 年版。

③ 《随园诗话》卷十六，版本同上，下不另注。

> 唐李翱辟佛者也，其《复性书》尊性而黜情，已阴染佛氏而不觉，不可不辨。夫性，体也。情，用也，性不可见，于情而见之。……古圣贤未有尊性而黜情者。喜怒哀乐爱恶欲，此七者圣人之所同也。

尊性而黜情的观点起源于中唐，到宋代性与情被置于对立的位置，灭人欲之论也随之而出。情与性的对立的提出本身就是新一代儒家用旧的观念观照社会现象，从思想观念、伦理修养角度提出其治世方针的具体内容之一。孔孟都主张德治、礼治而不是刑治法治，然而这毕竟是个一厢情愿的无视现实的幻想性主张，到唐宋时代，实现的可能性就更小了。但唐宋儒者因受怀古定势、所受教育、文化传统等方面因素的影响、还在指望用儒家的德、礼来治理社会，而他们所面临的又是个各方面都比先秦时代复杂化了的社会，人的欲望进一步膨涨了，历史已教会人更多的实现个人欲望的手段与经验，这种现实和儒家的理想造成了冲突，于是提倡清心寡欲的佛教就被新一代儒家在某些方面有意无意地认作了友军。因而唐宋儒家比起先秦儒家来也就更加强调克制，直至把性与情对立起来。所以，袁枚在这里批评李翱的《复性书》，辨析性情关系，既是他重人情、尊人性理论的一部分，同时也反映出他对唐宋儒家的那些单方面要求人向君国负责的教条，对他们所提倡的借助克已修身实现治国平天下的思路已不感兴趣了，他向往的是人性能够满足、人的生存意志得以实现的治世。他不愿为了某种外加的目的而压迫人的本性。

因此，当他论及其他的人性问题时，就这么说，如论恩怨：

> 报恩类喜，报怨类怒，喜怒者，皆性情之所必不容已者也。然喜怒以类者，鲜矣。故圣人不禁人之报怨，而但教之以直。若曰怨其所当怨，亦报其所当报可耳。若必矫其情而姝姝然曰：我但恩报、不怨报也，则淆黑白而蔽天良，其所谓报恩者亦伪也。①

① 《文集》卷二十一《驳唐鉴李德裕论》。

这种观点他曾表达过许多次。在诗话中，他还举了汉代盖勋怨苏正和的例子和友人奇丽川的诗来说明这个意思①。报恩不报怨的观念，本来就是人类进入有组织秩序的社会以后所产生的，最初是人为了自己更好地生存而采取的姑息手段，随着社会的发展，它又逐渐被统治、管理阶层利用来作为协调社会人际关系、息事宁人、便于组织管理的理论(同时也演化为宗教内容和某种道德观)，因此，任何一个社会的统治者都向别人提倡这种道德观，然而从本质上讲，它是人类自身被异化的产物和表现。因为最初的人的一切行为和目的就是为了生存，如果他与自然界发生关系，只要一有不利于他的情况出现，他必然就首先考虑防卫和反击。孔孟对于恩怨的态度，袁枚所说的圣人不讳言报恩报怨的情况固然存在，但孔子又曾以赞美的口气说“伯夷、叔齐不念旧恶，怨是用希”。袁枚取前者而不取后者，这种恩怨观点，正是对人的异化的一种反抗，其中包含着强烈的个性主体色彩。

再如论出名，《随园诗话》卷十四第五十条云：

> 有某中丞，自称平生不好名，余戏之曰：“人之所以异于禽兽者，以其好名也。”孔子曰：“君于去仁，何乎成名?”又曰：“君子疾没世而不称焉。”大圣人尚且重名如此，后世人不好名而别有所好，则鄙夫事君，无所不至矣。②

另有关于公和私之论亦与之相近：

> 苏子之言曰：“父子平日可以恩掩义，死生之际不可以私害公。”谬矣。父子之间有私而无公。礼曰：“子不私其父则不成其子”；孟子曰：“父子之间不贵善”③。

---

① 《随园诗话补遗》卷五第五十八条。

② 《尺牍》卷六《与似村》中有相近之言。

③ 《文集》卷二十一《驳苏子屈到嗜芰议》。

从主体角度讲，好名与否比起恩怨问题来，是个更为复杂的问题。在特定的环境场合，不好名也是为自我，树大招风，出了名生活易受干扰，然而这种不利是有条件的、相对的。一般情况下，凡是强调自我，追求个性主体的人，都有出名的欲望。而不好出名，甘为社会的平均数，却是社会发展特定阶段的保守心态。在生产力不发达时代，人们需要集体的力量维持自身的生存，所以理所当然地产生对集体的服从和皈依。而这个阶段的统治阶层也正是利用这种思想意识，实现专制统治。在中国又有一种道家思想，以另一种方式表达了生产力不发达时期人们对外界的屈服。道家主张任应自然，清心寡欲，在失去了与社会的协调以后追求自身与自然的统一，因此道家也不计较所谓尘世浮名。这两种思想都放弃了人在社会中的主体独立精神。先秦儒家带有较鲜明的人本色彩，故儒家不弃人之常情。但儒学又是一种重集体轻个人，将社会整体协调放在第一义的治世学说，故孔子的名欲论与仁礼之学密不可分，当名妨碍仁、礼的实行时，孔子宁要后者而舍前者。对孔子这一学说，袁枚只取其成名乃人之常情的观点。而对仁与不仁，只在阐发民本思想时才加以引用。其余场合都未予重视。所以，比之于孔子之名欲，袁枚之名欲已发生了一次深刻的变革。关于父子之论亦复与前述恩怨论相类。在生死之际，苏子主张不可以私害公，而袁与之截然相反。他还说既然孟子提倡“杀一不辜而得天下，不为也”，那么也不能杀一不辜而为忠臣君子，因此“邓攸之抱从子而弃子亦非”。这些言论都显示了他力图摆脱种种社会制度产生以后的异化人的学说之束缚的倾向，显而易见，此时此刻，当时官方宣传的伦理道德在袁氏子才的头脑中已经土崩瓦解了。

袁枚这些对人的问题的见解，充分反映了他思考问题时的独立精神和反抗封建意识对人的异化时的巨大勇气。在当时，这种见解是不可多得的。但这里要指出的是，袁枚从来没有反抗整个封建制度之意。他常称乾隆皇帝为尧舜之君，在解组归家以后，失官的遗憾还不时反刍出来①。而在当时的社会环境里，他的理论不仅不能得到真正的实现，有时反倒成为包括他自己在内的一些人肆意放纵欲望的辩护

① 如《诗集》卷十六《自嘲》。

词。并且，他的思想内部、思想与行为之间也有距离和矛盾。这些，在他对待妇女的态度上显得很清楚。他提倡尊重女权，对妻子要以妻子看待，但在另一种场合却又说妇女从一而男子可以有媵侍是先王之所以扶阳而抑阴①。说一阳而二阴是君子之道；天子士大夫有妃有妾，贵者多贱者少是礼②。他自己也是一生妻妾众多，还随意以妾送人，又出入青楼，一方面尊重女权另一方面又剥夺女权。在文化传统和社会制度的庇护下，他的尊重人性论不时蜕变为感性宣泄论。“人一生在红尘中而不知，试观明窗净几，洒扫至洁，而窗隙日光一照，则尘埃野马，终日蓬蓬然飘扬不息。案上一日不拭，则灰积二分厚矣。物藏箧中，灰亦得入焉。……或者紫微清都，其能免此尘累耶？以此觉伯夷圣之清，殊可不必”③，这也许正是与他的人性论表里相辅的另一秘得吧，而这也正是当时制度下的文化的一个缺陷，不然，禅宗怎么会从否定“时时勤拂拭，勿使惹尘埃”演变到“酒色财气不碍普提路”呢？

了解了袁枚对人的问题的认识后，再来看袁枚的诗论和创作，即可清楚地看到两者之间的密切关系。“性灵”这一词汇在六朝的第一次频繁出现，即与礼崩乐坏，文人逃避社会责任，追求逍遥自适等社会现象紧续相连，而袁枚正是蔑弃当时的伦理道德观念、追求个性、自我的人。袁枚“性灵”说的核心内容就是要求诗写真情，而尊情，张扬人性，也正是袁枚在人的问题上的坚决主张。袁枚在论诗时有“声凭宫商徵须脆，味尽酸咸只要鲜”之说，其创作在内容上又是泉水与粪壤并流，这不正与他要求解放人性而又不加管束不求升华出于一辙吗？袁枚写诗，那么强调独创，不随人脚跟转，这不正和他在讨论人性问题时能不顾现存观念，去伪存真、坦率直言完全一致吗？袁枚处世、诗学中的天才论与他的存优汰劣观念也明显是遥相呼应的。

（载《浙江学刊》1991 年第 5 期）

① 《文集》卷二十二《爱物说》。

② 《文集》卷二十二《六宫辨》。

③ 《牍外馀言》，上海文明书局藏版。

【评　介】

沈金浩(1963—　)，江苏吴江人。1980—1989 年先后就读于苏州大学中文系、杭州大学古籍研究所(古典文献学专业)、苏州大学中文系(古代文学专业清代诗学方向)，获学士、硕士、博士学位。1989 年 10 月至 2000 年 5 月在广州师范学院中文系工作，2000 年 5 月调入深圳大学师范学院中文教育系任教。在《中国社会科学》、《文艺研究》等刊物发表论文约 60 篇，出版《中国文学与中国文化》一书，参与《元明清诗鉴赏辞典》等书的写作。

该文不满足于 20 世纪 80 年代以来，国内对袁枚的研究仅局限在文学范围内，很难弄清袁枚"性灵说"的产生背景及"性灵说"与袁枚其他思想的关系。为了在更宏阔的背景下认识袁枚思想，作者已发表《袁枚经济思想略论——兼谈与文学思想之关系》(《苏州教育学院》1988 年第 11 期)一文，该文再就袁枚人论进行述评。

作者认为，"关于人的问题的见解，是袁枚思想中的重要组成部分之一，在很大程度上，它是袁枚思想的核心和基石，其余包括诗写性灵在内的许多言论实际上都建立在这个基础上或与之相关"。"袁枚对人的问题的论述，大致可分为两个部分，一是他的人本思想，二是他的人性论。"

该文首先分析了袁枚的人本思想，"袁枚人本思想的主要内容是破除佛教的众生有佛性说而强调人在世界万物中的中心地位"。

与此相关联，作者认为，"在处理贫富关系时，中国古代无论是有作为的政治家还是农民起义者都是追求平均主义的。而袁枚却坚决反对平均主义"，原因在于，"他认为贫富之间只要能做到强不凌弱、众不暴寡，就应当让能富的人富起来，富人的存在对贫人也有好处"。作者进一步指出，袁枚"这种意识正是他反对佛教戒杀的理论支点之一。这种相信人作为一个类在世界上不应受他物约束的观念，正与他强调人有欲望、欲望应得到满足同属一个系统。所以，虽然他在谈人与物的关系时常要借用圣人权威，但他的思想显然不是孔孟思想的重复。连接孔孟重人轻物论的是他们的民本主义，而连接袁枚重人轻物论的是他的人性论"。

接着分析了袁枚的人性论，“袁枚的人性论是一种广义的情欲主义”。并指出两种关于袁枚人性论的错误看法，“过去道学家攻击袁枚伤风败俗，而一些赞扬者则反其道而行之，结果两者都把他的广义情欲论降而为狭义情欲论，这是不全面的”。

作者进一步分析了袁枚人性论的具体内容，“袁枚的男女之欲论是他的人性论中最大胆的部分，如果孤立地看某种观点，有时几乎看不到其中的封建色彩”。“这样的议论，在袁枚集中到处可见。正因为他认为男女相悦乃人之本性，所以又认为在评价人物时，不应当计较其是否好色。”

作者还剥茧抽丝指向了袁枚的妇女观，“与这种男女关系观相应的，是袁枚的妇女观。在很多地方，他表达了必须尊女人为人的观点”。“他认为妇女之是否贞洁，必须看她的本性，不在于是否是处女或被人奸污过。在量刑时，也应考虑这一条。并且他认为，男子不应该只苛求女子恪守贞操而自己却随心所欲。”作者分析，这种男女性平等的观点在《读丧礼或问》中“鲜明地表达了袁枚反对禁欲、强调恢复人的本性、尊重妇女权利的主张，揭露了封建禁欲主义所带来的变态心理与人的本性之间的矛盾以及由之而造成的人的虚伪和堕落，推翻了存天理灭人欲之论。在妇人问题上因为他尊妇女为人，强调人的本性，所以认为妇女之美也应是自然之美。他坚决反对女子裹足”，“这些都显示了他对封建礼教的蔑视和对人的本性回归的期待和呼唤。”

该文再次强调，“袁枚的情欲论是一种广义的情欲论，论男女之情仅仅是其中的一部分而已。他有时甚至把人的一切动机和活动都归因于情欲”。作者通过袁枚诗文集中的具体例证，并对比儒家思想，详细解析了袁枚在“俭与贪”、“性与情”、“恩怨”、“好名”、“公和私”等有关人性问题上的不凡见解。

该文最后总结道，“袁枚这些对人的问题的见解，充分反映了他思考问题时的独立精神和反抗封建意识对人的异化时的巨大勇气。在当时，这种见解是不可多得的。但这里要指出的是，袁枚从来没有反抗整个封建制度之意”。原因在于，“在当时的社会环境里，他的理论不仅不能得到真正的实现，有时反倒成为包括他自己在内的一些人肆意放纵欲望的辩护词。并且，他的思想内部、思想与行为之间也有距离和矛盾。这些，在他对待妇女的态度上显得很清楚。他提倡尊重女权”，但“他的尊重人性论不时蜕变为感性宣泄论”。

在分析了袁枚的人性论之后，作者还指出袁枚人论与其文学思想的关系，“了解了袁枚对人的问题的认识后，再来看袁枚的诗论和创作，即可清楚地看到两者之间的密切关系”。作者具体解析为，“袁枚‘性灵’说的核心内容就是要求诗写真情，而尊情，张扬人性，也正是袁枚在人的问题上的坚决主张”；袁枚在诗歌理论主张与创作实践上的不尽一致，正与他要求解放人性而又不加管束不求升华如出一辙；袁枚写诗强调独创正和他在人性问题上去伪存真、坦率直言完全一致；袁枚处世、诗学中的天才论与他的存优汰劣观念也明显是遥相呼应的。

由上述可知，该文归纳总结了袁枚人论思想的两个主要方面：人本思想和人性论；特别详细解读了袁枚追求个性解放的人性论，并深入思考了袁枚人性论中的妇女观、人性论的矛盾、人性论与其文学思想的关系等问题。

该文上承杨鸿烈《袁枚评传》(上海商务印书馆 1927 年版)、蔡尚思《一位被冷落的大思想家——袁枚》(《文史哲》1988 年第 5 期)中关于袁枚的情欲主义、感情至上的哲学思想等观点，开启王英志《袁枚评传》(南京大学出版社 2002 年版)把袁枚具体定位为“思想学术批评家”的明确见解，由此可见，该文在袁枚思想研究史上起到了承前启后的作用。

引申阅读：

1. 杨鸿烈：《大思想家袁枚评传》，上海：商务印书馆 1927 年第 1 版，上海书店 1989 年据商务印书馆 1927 年版影印。

2. 蔡尚思：《一位被冷落的大思想家——袁枚》，载《文史哲》1988 年第 5 期。

3. 杜贵晨：《吴敬梓、袁枚异同论》，载《明清小说研究》1997 年第 2 期。

4. 沈金浩：《论袁枚的男女关系观及妇女观——兼谈两者与其文

学活动、文学创作间的关系》，载《深圳大学学报》2001 年第 3 期。

5. 王英志：《袁枚评传》第八章《思想基础：三分孔孟二分庄》，南京：南京大学出版社 2002 年版。

沈金浩袁枚研究主要作品目录：

1.《沈金浩：袁枚经济思想略论——兼谈与文学思想之关系》，载《苏州教育学院》1988 年第 11 期。

2. 沈金浩：《袁枚人论述评——"性灵说"相关要素研究之一》，载《浙江学刊》1991 年第 5 期。

3. 沈金浩：《诗风与为人的局部写真——袁枚〈雨过湖州〉解析》，载《中文自修》1995 年第 8 期。

4. 沈金浩：《论袁枚的男女关系观及妇女观——兼谈两者与其文学活动、文学创作间的关系》，载《深圳大学学报》2001 年第 3 期。

5. 沈金浩：《袁枚思想行为系统研究》，杭州大学 1987 年硕士学位论文。

6. 沈金浩：《袁枚性灵诗论》，苏州大学 1989 年博士学位论文。

12. 钱仲联、严明《袁枚新论》

【引　文】

清代为我国封建社会中的最后一个朝代，清代诗歌创作和诗学研究的兴盛是前所未有的，这是一笔仍然有待于开发的巨大的诗歌遗产。清人赵翼《论诗》云："李杜诗篇万口传，至今已觉不新鲜。江山代有才人出，各领风骚数百年"，揭示出清代诗坛人才辈出、各领风骚的盛况，其中，最具影响力的"才人"，就是一个时期的诗坛盟主。对清诗的研究离不开对清代思想风气嬗变轨迹的研究，离不开对各个时期诗坛盟主的思想状况及其所起影响作用的分析，也离不并对清诗流派和清诗特征的探讨。盟主兴替和流派纷呈构成了清诗发展过程中的重要特点，对盟主与流派之间关系的研究也成为清诗研究中的一项重要内容。本文着重从诗坛盟主影响一代诗风的角度，分析清中叶袁枚倡导新的诗风，并对当时诗坛所发生的深刻影响，进而探讨清诗发展的基本规律以及清诗基本特征的形成过程。

一

袁枚（1716—1798）是"性灵诗"派的巨擘，而"性灵诗"派是清代诗坛上声势最众、影响最大的诗歌流派，其巨大声势和影响的形成，与袁枚的努力倡导是分不开的。

袁枚天资聪颖、为学自成，少举博学鸿词，旋成进士，改庶吉士。散馆后先后官溧水、江宁知县，"总督尹文端公（继善）绝爱其才。既丁忧，再起至陕西，与总督黄文襄（廷桂）臭味差池，上书万余言，不省，遂乞病归。"（王昶《湖海诗传・蒲褐山房诗话》）可见袁枚壮年辞官，主要是因为仕途不顺，怀才不遇。袁枚是聪明人，自视甚高，早先在京师就因不谙满文而失去供奉京官的机会，后来又一直沉沦外放小官，遂萌退隐之心，正如姚鼐《袁随园君墓志铭》中所言："君本以文章入翰林，有声而忽摈外。及为知县，著才矣，而仕卒不进。自陕归，年甫四十，遂绝意仕官。尽其才以为文辞歌诗，足迹造东南，山水佳处皆遍。其瑰奇幽邈，一发于文章，以自喜其意。四方士至江南，必造随园投诗文，几无虚日。君园馆花竹水石，幽深静丽，至棂槛器具皆精好，所以待宾客者甚盛，与人留连不倦。"袁枚天资高旷，不愿默默无闻地沉沦下僚，特别是他性情梗直，更不愿长期压抑扭曲自己的个性，去媚颜奴事上官。他在担任江宁知县期间，曾有一段内心独白：

> 自来会城（指江宁），俾夜作书，每起得闻鸡鸣，以为大祥。窃自念曰："若吾身以为吾民，吾心甘焉耳。今之昧宵昏而犯霜露者，不过一参耳、迎送耳、为大官作奴耳。彼数百万待治之民，犹齁齁熟睡而不知也。"于是身往而心不随，且行且愠。而孰知西迎者又东误矣，全具者又缺供矣，怵人之先者已落人之后矣。不踠膝奔窜，便瞪目受嗔。及至日昳始归，而环转而号者老弱万计，争来牵衣，忍不秉烛夜判，使宁家耶？判毕之内，簿领山积，又敢不加朱墨圈，略一过吾目耶？甫脱衣息，而驿券报某官至某所，则又蘧然觉，凿然行。一月中失膳饮节、违高堂定省者，旦旦然矣，而还暇课农巡乡如古循吏之云乎哉？（袁枚《小仓山房文集》卷十六《答陶观察问乞病书》）

袁枚这种内心郁结的苦闷随着当官时间的延长而愈益深重，最终使他难以承受，只能走上辞官市隐的人生道路。他在修葺随园并决定告病辞官时曾感叹过："使吾官于此，则月一至焉；使吾居于此，则日日至焉。二者不可得兼，舍官而取园者也。"（《随园记》，载《小仓山房文集》卷十二）可知"官苦原同受戒僧"（《小仓山房诗集》卷三《署中感兴》）的仕宦感受与袁枚的高洁情趣格格不入，当他厌倦了屈膝为大官作奴的知县生活时，就渴望清闲自在的园居生活，所以一旦条件成熟，就毅然抛弃官职。他后半生的人生追求、诗歌旨趣以及诗学观点都与此段人生经历密切相关。这样的“市隐”生活，显然不违背中国文人士大夫“穷则独善其身，达则兼济天下”的传统观念，又能够在保持相对独立与自由人格精神的同时，避免独居山林的幽闭寂寞以及沉沦社会底层的贫困潦倒。在这种名与利的选择中，显示出中国文人士夫传统的机智与随和。

袁枚一生用力于诗歌创作，篇什丰富，自成名家；又撰写诗话，评论诗作，倡导风雅，流布广远，在当时被誉为“诗名压倒九洲人，文阵横扫千军强”(惠龄《寄祝随园先生八十寿》，载《随园八十寿言》卷二)，俨然是声名显赫的诗坛泰斗。袁枚自己也不无自豪地说过：“以诗受业随园者，方外缁流，青衣红粉，无所不备，人嫌太滥。余笑曰：子不读《尚书大传》乎？东郭子思问子贡曰：夫子之门，何其杂也？子贡曰：医门多疾，大匠之门多曲木，有教无类，其斯之谓欤？近又有伶人邱四、计五亦来受业。王梦楼见赠云：‘佛法门墙真广大，传经直到郑樱桃’。布衣黄允修客死秦中，临危，嘱其家人云：必葬我于随园之侧。自题一联云：‘生执一经为弟子，死营孤冢傍先生。”(见《随园诗话补遗》)看来袁诗是通俗易学的，当时除了下层文人喜诵之外，广大平民百姓包括妇女和出家人之中也不乏袁诗的爱好者。

袁枚在诗坛上标榜声华，自树旗帜，开创出独具特色的诗歌流派。其倡导的“性灵”说，主旨是强调诗人应具备真情感、妙诗才和独创性。其诗作清灵隽妙，善解人意中蕴结，“世人心所欲出不能达者悉为达之，士多效其体。故随园诗文集，上自朝廷公卿，下至市井负贩，皆知贵重之。海外琉球，有来求其书者。”(姚鼐《袁随园君墓志铭》)雍正、乾隆时期，王士禛的“神韵”说、沈德潜的“格调”说、翁方纲的“肌理”说等诗论观点经过短暂的流行，又迅速显示出其理论和创作中的流弊。在这种情况下，袁枚以其新颖通脱的诗说和才气横溢的诗作跃上了诗坛，横扫陈腐的诗学观，创立清新灵活的新诗派，很快便取得了石破天惊、应者云集的轰动效应。王豫《群雅集》中指出：“大令(指袁枚)弱冠天藻独富，蜚声艺苑。性极警敏颖异，每一操翰，内无乏思，外无遗物，名人献老，皆相钦服。晚年论诗，专以性灵为主，谓规尚古始为摹拟剿窃，意欲抹倒王文简(王士禛)、沈文慤(沈德潜)两家，单出独树，自竖眉目，以游戏为神通。”一时间，以袁枚为主帅，赵翼、张问陶、孙原湘等人为羽翼的性灵诗派风起云涌，称雄诗界，而袁枚更是独领风骚，占尽风流，几达“随园弟子半天下，提笔人人讲性情”(《随园诗话补遗》卷八所录金陵韩廷秀《题刘霞裳〈两粤游草〉》诗句)的境地，其受到的崇拜与得到的荣耀大多来自士夫文人与平民百姓，所以能够形成广泛的影响号召力并倡导出普遍的诗歌新潮流。在清代诗坛盟主对诗坛所起的积极影响中，袁枚倡导“性灵”诗风所起的作用是最为突出的。

二

作为诗坛盟主，袁枚于写诗之外还注重人品气节、重视学问根柢，抛弃门户偏见，这对当时诗坛都起到了良好的导向作用。

首先，袁枚从二十七岁到三十四岁这七年的知县生涯中，取得了良好的名声和显著的政绩。孙星衍《故江宁县知县前翰林院庶吉士袁君枚传》中记载：

> 枚常言：“为守令者当严束家奴吏役，使官民无壅隔，则百弊自除。”其为政终日坐堂皇，任吏民白事。有小讼狱，立判遣，无稽留者。多设耳目方略，集乡保询盗贼及诸恶少姓名，出所薄记相质正，使不能隐，则榜其姓名。许三年无犯湔雪之，奸民皆敛迹。

又记数事云：

> 侍郎尹会一督学试江宁，有两骑冲其前麾，且漫骂称亲王家奴。他县尹不敢问，枚立擒治，则为大将军投书制府者也。搜其筐，得关节书十余封，悉焚之，重挞遣去。十三年，江南灾，铜井民运米至吴门，有率众劫之者。枚以荒政当弛刑，召其魁首询之，乃土人遏粜，非劫也。论以情法，追米还之。已而吴门有遏粜殴官之狱，上司叹赏枚得政体。其敏而能断类此。初，枚为溧

> 水知县，其父自广西来，虑枚年少，不谙吏治，乃匿姓名访诸野。有女子告曰："吾邑袁知县，政若神明。"其父乃大喜入署。其后士人多以枚断讼事附会为小说。迨枚侨居江宁，山无墙垣，数十年盗贼不忍攘其什物者，其得民如此。(全文载《清代碑传全集》卷一〇八)

从这些史传材料可看出，袁枚当官时间虽然不长，但堪称一代循吏。他能明察细微，主持公道，刚正不阿，深得民心，受到百姓的爱戴。这种在仕宦吏治中所表现出来的人品气节特点，与其在文坛上冲破僵死的传统、倡导率直通俗的诗风之间有着内在的必然联系。

其次，袁枚一直倡导多读书，重视做学问，主张写诗作文要有厚实丰富的学识基础，方能变化出自己独特的面貌。袁枚论诗尚高才真情，但从未废弃读书，其绝代诗才与超众灵气离不开读万卷书的滋养。潘瑛、高岑在《国朝诗萃初集》中早就指出过这一点："先生(指袁枚)蚤岁知名，中年退隐，生平出处，卓有可观。聚书数万卷于小仓山房，吟诵不辍者四十余年。诗自汉魏以下，迄于本朝，无所不窥，亦无所依傍。惊才绝艳，殊非株守绳墨者所能望其项背。"这种见解是很实在并且深刻的。袁枚多次说过写诗"都是性灵，不关堆垛。"(《随园诗话》卷五)这类意思的话，但其"灵犀一点是吾师"以及"解用多为绝妙词"(见《小仓山房诗集》，《遣兴二十四首》)的功夫，毕竟还是从博览群籍、众取百家之长中得来的。袁枚的高明处在于善于变化活用，又注重在博取化用中显示出自己的个性特色。袁枚说过："人闲居时，不可一刻无古人；落笔时，不可一刻有古人。平居有古人，而学力方深；落笔无古人，而精神始出。"(《随园诗话》卷八)可见他很重视平时的阅读古籍和加深学力修养，琢磨古人的诗文笔法，体会古人的奇妙境界，在这样的学习基础上落笔，才能写出真正的独特的面目。如何做到从闲居有古人发展到落笔无古人，袁枚又颇有一番经验之谈："或问：'诗不贵典，何以杜少陵有读破万卷之说?'不知'破'字与'有神'三字，全是教人读书作文之法。盖破其卷，取其神，非囫囵用其糟粕也。蚕食桑而所吐者丝，非桑也；蜂采花而所酿者蜜，非花也。读书如吃饭，善吃者长精神，不善吃者生痰瘤。”(《随园诗话》卷十三)看来袁枚确实是位善读书者，他不仅养成手不释卷的读书习惯，而且还善于读破前人书，从历代丰富的文化传统中汲取“诗料”，并不露痕迹地化用到自己的诗歌创作中。他在《诗话》中还说：“余每作咏古、咏物诗，必将此题之书籍，无所不搜；及诗之成也，仍不用一典。常言：人有典而不用，犹之有权势而不逞也。”从这些话中可以清楚地知道，袁枚的绝妙诗才主要来之于其持之以恒的读书破万卷的功夫。

此外，袁枚在诗学观点方面极为开通进步，他抛弃门户偏见，倡导广学博采，自成一家之言。袁枚论诗主旨在于倡导真性情和写出清新机巧的诗篇，为此他针对当时诗坛上流行的种种学唐效宋、划唐界宋的论调，给予旗帜鲜明的猛烈的抨击。他宣称：“夫诗无所谓唐宋也。唐宋者，一代之国号耳，与诗无与也。诗者，各人之性情耳，与唐宋无异也。若拘拘焉持唐宋以相敌，是子之胸中有已亡之国号，而无自得之性情，于诗之本旨已失矣。”(袁枚《答施兰垞论诗书》，载《小仓山房文集》卷十七)一语中的，见解深刻，其论诗眼界与心胸境界大大超过了同时代的诗论家，这是袁枚的绝卓与进步之处。袁枚曾与在当时地位显贵的沈德潜通信研讨诗学，他敢于直率地批评沈氏论诗只重唐代的迂腐观点，同时也阐明自己论诗倡导变通，不拘唐宋的主张。其言曰：“唐人学汉魏而变汉魏，宋学唐而变唐。其变也，非有心于变也，乃不得不变也。使不变，则不足以为唐，不足以为宋也。子孙之貌，莫不本于祖父，然变而美者有之，变而丑者有之，若必禁其不变，则虽造物者所不能。先生许唐人之变汉魏，而独不许宋人之变唐，惑也!”(《答沈大宗伯论诗书》，载《小仓山房文集》卷十七)面对如此逻辑严密的驳难，沈德潜恐怕是无言以对的。在诗坛复古倾向十分严重的清中叶，袁枚打出写真情抒性灵的旗号，用发展变通的眼光看待分析历代诗歌的承继衍变，不宗一朝，不拘一派，这对于当时乃至清后期诗歌创作的健康发展起到了积极的导向推动作用。

三

清诗特色的形成，与袁枚倡导的“性灵”诗派密切相关。研究清诗特色，离不开分析袁枚对“性灵”诗派乃至对整个诗坛所产生的作用与影响，这主要表现在三个方面。

其一，倡导真性情，使诗笔趋向平实真挚。

清代诗歌的重要特征之一，就是纪事纪实的内容丰富。从清兵入关、南明史事、三藩战事、文字之狱、康雍之治、乾嘉之盛衰，到近代鸦片战争、太平天国、中法战争、甲午海战、戊戌维新、八国联军、辛亥革命等等，清代发生的大小历史事件，无不成为诗人长歌短吟的题材。清代诗人中普遍存在着强烈的纪实意识、忧患意识以及创新意识，这与各时期的诗坛盟主积极倡导诗写真性情是分不开的。在这一方面，袁枚也起了明显的作用。

袁枚倡导的“性灵”诗说，要点在于强调要有真性情。他对南宋诗人杨万里“格调是空架子，有腔口易描；风趣专写性灵，非天才不辨”的观点极为赞同，并且认为：“须知有性情，便有格律；格律不在性情外。三百篇半是劳人思妇率意言情之事，谁为之格？谁为之律？而今之谈格调者，能出其范围否？”(《随园诗话》卷一)认识到性情为本，格律为末；性情为里，格律为表。他还强调性情须真须实，才有价值。如云：“诗者，人之性情也，近取诸身而足矣”(《随园诗话补遗》卷一)；“凡作诗者，各有身份，亦各有心胸”；“诗，有人无我，是傀儡也。”(《随园诗话》卷四、卷七)由于重视写真性情，袁枚诗歌趋向平实真挚，在其笔下，有不少感人动人的纪事纪实佳构。如《苦灾行》、《征漕叹》、《水灾行》、《南漕叹》等实录民生疾苦；又如《王卿华挽辞》、《哀两生诗》、《李郎歌》等反映下层文人困顿生活，皆写出了生活的真面目，也写出了诗人的真性情，是“近取诸身”，“率意言情”之作。

特别应该指出，袁枚的倡导真性情，其核心内容在于愤世嫉俗与嫉恶如仇。他为人如此，写诗写文章也如此。阳湖钱振锽曾撰文详细介绍袁枚的为人品性，颇具真知卓识，其文曰：

> 袁作令之法，尽见于答门生王礼圻书，直隶总督方观承尝谓吏曰：“袁枚，循吏也！虽宰江宁省会，而尽心于民事，尔曹宜师之。”门人王铭琮学枚为政，亦以循吏名。枚撰《州县心书》，

> 不传。顾枚之不可及不在此。田文镜，世宗宠臣也，枚碑版文历斥其过恶无遗力焉。黄廷桂，文镜类也，枚上书稽之如训子弟。谢济世终身坎壈，罪人也，枚方为他人传，往往有意为济世发愤。卫哲治巡抚广西，陷济世父子事，后枚追书严责之。且夫世宗于臣下所喻之不去口者，文镜也；所咈之不去口、目为朋党者，封文镜之李瀫、蔡珽与济世也。使枚在朝列，必与文镜为仇，与瀫、济世为朋矣，岂非奇男子乎？使当时有发枚文字为谤书者，枚又何辞。枚固幸免于当时文字之狱耳。然且以死奋笔，岂寻常绳墨文字，漫无痛痒者可几及哉？好接引人物，寒士得一语即信气。其所荐士或不受，则贻书骂之。蒋编修士铨尝曰："使公为宰相，三百六十官皆得其才而用之，天下宁有废物？"此语也，固非枚之所难。不信佛、老、阴阳，见人祸福，不论因果，平生最恶一"庸"字。世但知枚以性灵为诗，不知枚以肝胆为文；但知枚有乐天之易，不知枚有史迁之愤。（钱振锽《袁枚传》见《名山八集》）

性灵为诗与有乐天之易，只是袁枚其人其诗外在的表现形式，而在其内心深处，却激荡着一股忧国忧民的忠义正气。钱氏看到了袁枚有"以肝胆为文"与"有史迁之愤"的一面，这确是袁枚为人为诗的本质内容。在盛行文字狱的雍正、乾隆年间，袁枚敢在碑传文中指斥雍正宠臣田文镜，赞扬被雍正批为"朋党"的谢济世，冒死奋笔，主持正义，这是需要有巨大的勇气和胆量的。因此，袁枚不仅是循吏，而且还堪称直臣，尽管他并未做过朝廷大官，或许正因如此，他才做不到大官，连小官也难以做下去，于是只能在难遣的压抑悲愤中壮年辞官，筑园市隐，以诗酒自娱。

袁枚这种与清廷的离心倾向在其辞官闲居后的诗作中也时有流露。处于严厉专制统治的乾隆年代，袁枚的这种离心倾向的表达只能是隐晦的，但明眼人还是一眼便能知道。清末的文廷式曾指出：

> 袁子才诗："其上威太伸，其下气尽挫。君看汉武朝，贤臣有几个？"又云："养鸡食小虫，鸡肥则烹之。主人计诚巧，不可

使鸡知。"语颇有识，不愧风人之旨。至龚定庵诗云："四海变秋气，一室难为春"，又云："观理自难观势异，弹丸累到十枚时"，则忧生念乱之情，尤为迫切矣！（文廷式《琴风余谭》，载《同声月刊》第三卷，第三号）

文廷式列举了袁枚的两首诗，第一首把好大喜功的乾隆帝比为穷兵黩武的汉武帝，以古讽今，指出古今专制君主皆是失道寡助、不得人心者，这是对乾隆这位爱好武功、以"十全老人"自居者的谴责。第二首诗则更巧妙，用养鸡者杀鸡的生活现象，讥讽指责君王愚弄百姓、奴役百官的卑鄙手段。这样的诗篇，有胆有识，似匕首投枪，对封建帝王专制的揭露是极其深刻并且一针见血的。这些诗篇是袁枚大量纪实诗中最有价值的部分，也最能反映出袁枚其人其诗的本质。于此亦可知袁枚的半生不仕，趋避韬晦，最主要的原因便是对清王朝政治的不满与失望。在其以诗酒自娱，放浪形骸的过程中，内心的不满与失望并未得到淡化和消除，而经常流露在诗文创作的字里行间。明末清初时，黄宗羲倡导的真性情就偏重在写国破家亡的惨痛，把湮郁不宣的民族情感抒发于诗文，袁枚诗作也继承了这种笔法。从袁枚到龚自珍，这种"忧生念乱"之情代代相传，通过他们对诗坛的影响，有力地促进了清代纪事诗的繁荣发展。

其二，倡导真学问，使诗旨趋向典雅。

袁枚倡导多读书，重视诗人要有深厚功力，具备真学问，在这样的基础上融汇贯通，化繁为简，自然流出，才能使诗歌创作在保持平实晓畅的同时，又显出典雅深厚的旨趣。

袁枚的诗作一直受到"游戏浮滑"的非议，章学诚甚至对袁诗一笔抹倒，如说："彼方视学问为仇雠，而益以胸怀之鄙俗，是质已丧而文无可附矣。斤斤争胜于言论之工，是鹦鹉、猩猩之效人语也。不必展卷而已知其诗无可录矣。"（章学诚《诗话》）这样的指责显然是偏见，不过从中倒能看出思想保守者对袁枚诗歌创新既害怕又痛恨的态度。然而公允者还是大有人在，当时人郭麐曾有一段评论，颇能说出事实真相：

> 浙西诗家颇涉饾饤，随园出而独标性灵，天下靡然从之，然未尝教人不读书也。余见其插架之书，无不丹黄一过。《文选》、《唐文粹》，尤所服习，朱墨圈无虑数十遍，其用心如此。承学者既乐其说之易，不复深造自得，讫今轻薄为文者，又从而嗤点之，转相诟病，此少陵所谓汝曹者也。孙伯渊观察谓余言：前辈何可轻议，今之訾随园诗者，果能过随园之学否？未敢遽信也。(郭麐《灵芬馆诗话》)

确如郭氏所言，袁枚从未轻视过读书，只是针对当时诗坛的不良风气，特别反对在诗中靠堆砌典故卖弄词藻的“学问”来取代或冲淡诗人真实性情，他重视用“笔性灵”写出真性情，认为“诗人无才不能”和“役典籍、运心灵”，才是诗人应该努力争取具备的真本领。他在《续诗品·神悟》中说：“鸟啼花落，皆与神通。人不能悟，付之飘风。惟我诗人，众妙扶智。”强调诗人的通灵妙悟，这是在长期多读书、活用书、多见世面、多阅历人生之后所达到的灵通与觉悟的境界。这样长期努力(恰似禅宗所倡导的修身养性)的结果，往往能使诗人在构思篇章、捕捉形象及表达方式等方面都显示出独具性情的“生气”和“生趣”(见《随园诗话补遗》卷二、卷八)，这便是袁枚所倡导追求的“性灵”诗风。

由于强调诗人要有真才实学，袁枚对清初标榜“神韵”的王士禛不无微辞，认为其诗最大的毛病在于摹拟痕迹太明显，缺乏实实在在的真性情。他曾说过：“阮亭(指王士禛)主修饰，不主性情，观其到一处必有诗，诗中必用典，可以想见其喜怒哀乐之不真矣。”(《随园诗话》卷二)又在《论诗绝句》中表态说：“清才未合长依傍，雅调如何可诋諆。我奉渔洋如貌执，不相菲薄不相师。”话虽说得比较客气，批评的态度却是很坚决的。袁枚强调作诗要讲“实在功夫”，靠学问见识，靠真实的人生体验，而不能全凭灵巧天才；评论诗歌也须实实在在，琢磨技巧规律，而不能靠故弄玄虚，自欺欺人。正因如此，他对历代以来倡导“虚灵”、“含蓄”、“妙悟”的神韵派诗说诸家或多或少地都持批评态度，而在自己的论诗及写诗中又在积极地倡导真才学与实在功夫。袁枚在这方面的言行，对清代诗坛上扫荡模糊惝怳的习气，形成求实率直的诗风，无疑起了积极的表率和推进作用，这一贡献是应该肯定的。

其三，倡导通百家，使诗格趋向灵活。

清代在诗学研究方面是集大成的，前代各种诗学观点都经过清代诗论家的总结分析，而前代的各种诗歌格调也都经过清人的整理和评述。如何对待丰富多彩的诗歌传统，如何从前代众多的诗歌格调中经过学习模仿而变化出独具特色，富有新意的格调，从而开辟诗境，拓展诗界，就成为清代诗家，尤其是诗坛盟主非常重视的事情。袁枚主张通百家而不倚门傍户，重在抒写真性情，至于诗歌形式，则主张不名一格，不拘一调，才能更好地形成自己的风格面目。

袁枚论诗主张不受形式法则的束缚，任凭性情自由流露，是为真诗。基于此论，袁枚提出了“论诗只论工拙，不论朝代”(《随园诗话》卷十六)的观点，也就是认为诗歌之妙是不可偏执一端的，各个朝代的诗皆有其特色，而这些不同的特色不应该成为后人评判诗歌优劣高低的标准。诗只有真假工拙的区别，而不应该有朝代格调的成见。袁枚这一论诗主张，对当时诗坛影响很大。乾、嘉年间的著名诗人，如赵翼、郑燮、蒋士铨、张问陶、黄景仁、洪亮吉、孙星衍、黎简、宋湘、舒位、王昙、孙原湘、王文治、李调元等，尽管诗作面目不尽相同，但在理论上都拥护诗写真性情，反对界唐划宋，主张不拘一格。比如赵翼《论诗绝句》云：“满眼生机转化韵，天工人巧日争新。预支五百年新意，到了千年又觉陈。”宋湘《湘居后十首》之八曰：“我诗我自作，自读还赏之。赏其写我心，非我毛与皮。”张问陶《论诗十二绝句》之十曰：“文章体制本天生，只让通才真性情。模宋规唐徒自苦，古人已死不须争。”从这些诗句中可看出，当时在袁枚的倡导下，诗坛已形成讲性情、重独创的风气，有才华的诗人们大多强调诗中须有自我，注重写出自己的真实情感与独特个性，而且他们也确信今人应有今人面目之诗，不必规唐模宋，拘束于前人格调。这种倾向与风气对清诗的健康发展，无疑起着良好的引导作用。

从以上论述中可以得出如下结论：

1. 袁枚作为倡导“性灵说”的诗论家，对清代诗坛产生了巨大影响。特别是他撰著《诗话》，创立诗派，标榜风气，引导潮流，一时间同声相应者遍及天下，初学者奉若圭臬，求教者络绎不绝，甚至大家闺秀中也颇多随园女弟子，诗坛风气因此而变化转移。无权无势的中下层文人才士能够取得这种公认的诗坛领袖地位，这反映出当时思想观念的逐渐解放以及社会风气的不断开放。袁枚表现出的爱国重民、经世致用、崇尚气节、尊重学术等思想观念，又透露出清代诗歌得以形成“学人之诗”独特面目的内在原因。

2. 袁枚倡导诗写真性情、真学问以及变通百家，其结果就引导着清诗朝着旨趣典雅、格调灵活的方向发展。特别是袁枚论诗及诗作中表现出来的与清王朝专制统治离心离德的倾向，对当时诗人有所振奋，并成为进步文人中的共识，有利于形成良好的诗坛风气，使清代出现了大量针砭时弊、反映民生疾苦、弘扬民族正气的纪事诗。这是清代诗歌发展的主流，也代表着清诗发展中所呈现出的主要特色。由此可见，袁枚作为影响极大的诗坛盟主，对清诗的健康发展乃至清诗主要特色的形成，起了关键性的重要推动作用。

3. 袁枚对历代丰富的诗歌传统进行总结，并在此基础上提出了独具特色、自成体系的诗歌理论——“性灵说”，为丰富中国古典诗歌理论的宝库，为指导当时诗歌的创新发展，起到了承前启后、开辟疆域的积极作用，因而在中国诗歌史上占有重要的一席地位。

（载《文学遗产》1994 年第 2 期）

【评　介】

钱仲联（1908—2003），初名萼孙，字仲联，号梦苕，中年以后以字行。浙江湖州人，生于江苏常熟虞山镇。著名诗人、词人、古典文学研究专家。1926 年毕业于无锡国学专修学校。曾任大夏大学、无锡国学专修学校教授。新中国成立后，历任江苏师范学院、苏州大学教授；国务院古籍整理出版规划小组成员；《中华大典 · 文学典》编纂委员会顾问；《全清词》编纂研究室顾问；《续修四库全书》学术顾问；《全宋诗》编委会顾问；中国古代文学理论学会、中华诗词学、中国近代文学学会顾问；中国诗学研究会理事长；《中国大百科全书 · 中国文学卷》编委会副主任；中国韵文学会第一届副会长；苏州大学中国近代文哲研究所所长；博士生导师等职。著有《梦苕庵诗话》、《梦苕庵论集》、《鲍参军集注》、《韩昌黎诗系年集释》、《剑南诗稿校注》、《后村词笺注》、《吴梅村诗补笺》、《人境庐诗草笺注》、《沈曾植集校注》等。主编《清诗纪事》、《中国文学家大辞典·清代卷》、《中国文学大辞典》、《近代诗钞》、《广清碑传集》、《历代别集序跋综录》等大型工具书。

严明(1956—　)，江苏苏州人。1982年本科毕业后留北京师范大学中文系任教。1985年至1990年师从钱仲联先生，先后获文学硕士、博士学位。1991年任教苏州大学中文系，先后任讲师、副教授、教授、古代文学博士生导师。兼任江苏省红楼梦学会副会长、中国比较文学学会理事，全国明代文学研究会理事，1997年被评为江苏省跨世纪学术研究带头人，1994年起多次赴海外各大学任教讲学。完成国家哲社科规划项目、江苏省及上海市哲社科规划项目四项。著作有《清代广东诗歌研究》、《洪亮吉评传》、《中国诗学与明清诗话》、《红楼释梦》、《红楼梦与清代女性文化》、《东亚汉诗的诗学构架与时空景观》、《中国题材的日本汉诗》、《优雅与风流——苏州城市文化论》、《东亚汉文学史论》等。在《文学遗产》、《文艺研究》、《中国比较文学》等刊物发表学术论文一百二十余篇。

与前此学界仅强调袁枚诗坛盟主地位对其所处时代诗风的影响不同，该文则在此基础上进一步探析了其对后世诗歌发展的作用。该文“着重从诗坛盟主影响一代诗风的角度，分析清中叶袁枚倡导新的诗风，并对当时诗坛所发生的深刻影响，进而探讨清诗发展的基本规律以及清诗基本特征的形成过程”。

该文由三部分组成，第一部分从袁枚的人生经历这个视角，探析了袁枚如何成长为“性灵诗”派巨擘，并通过不懈的努力使“性灵诗”派成为清代诗坛上声势最众、影响最大的诗歌流派的原因。

作者认为，“袁枚壮年辞官，主要是因为仕途不顺，怀才不遇。”并找到了袁枚人生经历与其诗学追求的关系，“当他厌倦了屈膝为大官作奴的知县生活时，就渴望清闲自在的园居生活，所以一旦条件成熟，就毅然抛弃官职。他后半生的人生追求、诗歌旨趣以及诗学观点都与此段人生经历密切相关”。

进而指出，袁枚成为诗坛盟主，开创出独具特色的“性灵”诗歌流派，决非偶然，原因有三，一是“袁枚一生用力于诗歌创作，篇什丰富，自成名家；又撰写诗话，评论诗作，倡导风雅，流布广远”。二是“其倡导的‘性灵’说，主旨是强调诗人应具备真情感、妙诗才和独创性。其诗作清灵隽妙”。三是“袁枚以其新颖通脱的诗说和才气横溢的诗作跃上了诗坛，横扫陈腐的诗学观，创立清新灵活的新诗派，很快便取得了石破天惊、应者云集的轰动效应”。

作者还特别分析了“一时间，以袁枚为主帅，赵翼、张问陶、孙原湘等人为羽翼的性灵诗派风起云涌，称雄诗界”的深层原因，袁枚“受到的崇拜与得到的荣耀大多来自士夫文人与平民百姓，所以能够形成广泛的影响号召力并倡导出普遍的诗歌新潮流”。并指出这股新诗风在扫荡王士禛的“神韵”说、沈德潜的“格调”说、翁方纲的“肌理”说理论和创作流弊中的积极意义，“在清代诗坛盟主对诗坛所起的积极影响中，袁枚倡导‘性灵’诗风所起的作用是最为突出的”。

该文第二部分进而指出，“作为诗坛盟主，袁枚于写诗之外还注重人品气节、重视学问根柢，抛弃门户偏见，这对当时诗坛都起到了良好的导向作用”。袁枚对诗坛发展的良好导向作用主要体现在以下三个方面：

首先，“袁枚从二十七岁到三十四岁这七年的知县生涯中，取得了良好的名声和显著的政绩”。而且，“这种在仕宦吏治中所表现出来的人品气节特点，与其在文坛上冲破僵死的传统、倡导率直通俗的诗风之间有着内在的必然联系”。

其次，“袁枚一直倡导多读书，重视做学问，主张写诗作文要有厚实丰富的学识基础，方能变化出自己独特的面貌”。袁枚自己“论诗尚高才真情，但从未废弃读书，其绝代诗才与超众灵气离不开读万卷书的滋养”。袁枚的高明处在于，“善于变化活用，又注重在博取化用中显示出自己的个性特色”。

再次，“袁枚在诗学观点方面极为开通进步，他抛弃门户偏见，倡导广学博采，自成一家之言”。“其论诗眼界与心胸境界大大超过了同时代的诗论家，这是袁枚的绝卓与进步之处。”“袁枚论诗主旨在于倡导真性情和写出清新机巧的诗篇，为此他针对当时诗坛上流行的种种学唐效宋、划唐界宋的论调，给予旗帜鲜明的猛烈的抨击。”这突出体现在袁枚与在当时地位显贵的沈德潜诗学论争上。

该文第三部分特别指出：“清诗特色的形成，与袁枚倡导的‘性灵’诗派密切相关。研究清诗特色，离不开分析袁枚对‘性灵’诗派乃至对整个诗坛所产生的作用与影响。”这主要表现在三个方面：

其一，“倡导真性情，使诗笔趋向平实真挚”，“清代诗人中普遍存在着强烈的纪实意识、忧患意识以及创新意识，这与各时期的诗坛盟主积极倡导诗写真性情是分不开的。在这一方面，袁枚也起了明显的作用”。

其二，“倡导真学问，使诗旨趋向典雅”，这“对清代诗坛上扫荡模糊惝怳的习气，形成求实率直的诗风，无疑起了积极的表率和推进作用，这一贡献是应该肯定的”。

其三，“倡导通百家，使诗格趋向灵活”。这“对当时诗坛影响很大”，以至形成诗坛上“讲性情重独创的风气”。“这种倾向与风气对清诗的健康发展，无疑起着良好的引导作用”。

通过以上对袁枚在清代诗坛、清诗发展中所产生的巨大作用和影响的论述，该文自然得出了三点结论：

第一，“袁枚作为倡导‘性灵说’的诗论家，对清代诗坛产生了巨大影响。特别是他撰著《诗话》，创立诗派，标榜风气，引导潮流，一时间同声相应者遍及天下，初学者奉若圭臬，求教者络绎不绝，甚至大家闺秀中也颇多随园女弟子，诗坛风气因此而变化转移”。

第二，“袁枚倡导诗写真性情、真学问以及变通百家，其结果就引导着清诗朝着旨趣典雅、格调灵活的方向发展”。由此可见，“袁枚作为影响极大的诗坛盟主，对清诗的健康发展乃至清诗主要特色的形成，起了关键性的重要推动作用”。

第三，袁枚“独具特色、自成体系”的“性灵说”，“为丰富中国古典诗歌理论的宝库，为指导当时诗歌的创新发展，起到了承前启后、开辟疆域的积极作用，因而在中国诗歌史上占有重要的一席地位”。

由上述可知，该文高屋建瓴地论述了袁枚以一己之力对清代诗风、清代诗坛所起的积极引导作用。该文主要从袁枚如何成长为诗坛盟主、成为盟主后如何在除写诗以外，正确引导诗风以及盟主对诗派和诗坛应起的积极作用与影响三个角度，论析了袁枚在清诗发展中的作用与地位。

该文选题视角新颖，论述采取逻辑论证与实例相结合的方式进行，材料翔实，论证严密，具有较强的说服力，开启后世袁枚作为诗派领袖研究的先河。王英志《性灵派研究》第六章《性灵派主将袁枚》（辽宁大学出版社1998年版）、石玲《承递与开启：袁枚诗歌的过渡意义》（《山东师范大学学报》2002年第5期）的后续研究与该文的启示作用不无关系。

引申阅读：

1. 钱仲联、严明：《袁枚和陈衍——论诗坛盟主对清诗发展的积极影响》，载《江海学刊》1995年第1期。

2. 王英志：《性灵派研究》第六章《性灵派主将袁枚》，沈阳：辽宁大学出版社1998年版。

3. 石玲：《承递与开启：袁枚诗歌的过渡意义》，载《山东师范大学学报》2002年第5期。

4. 谢永芳：《略论乾隆词坛的词学面貌——以袁枚词学活动考论为中心》，载《江西师范大学学报》2009年第4期。

钱仲联、严明袁枚研究主要作品目录：

1. 钱仲联、严明：《袁枚新论》，载《文学遗产》1994年第2期。

2. 钱仲联、严明：《袁枚和陈衍——论诗坛盟主对清诗发展的积极影响》，载《江海学刊》1995年第1期。

13. 刘世南《论袁枚思想及其性灵诗》【存目】

【评　介】

该文发表在《江西师范大学学报》1996 年第 1 期。

刘世南(1923—　)，江西吉安人，突出的自学成才者，著名古典文学学者，古籍整理专家，重大文献工程《豫章丛书》整理编委会首席学术顾问。“文化大革命”后，任教于江西师范大学文学院。著有《在学术殿堂外》(中国文史出版社 2003 年版)、《清文选》(与刘松来教授合作，人民文学出版社 2006 年版)、《大螺居诗存》(天马出版有限公司 2004 年版)。代表作《清诗流派史》(台北文津出版社 1995 年繁体竖排本，人民文学出版社 2004 年简体横排本)，被学界誉为“一部体大思精的断代诗歌史”。

该文开篇名义，认为“袁枚以通俗小说为诗”，并指出症结所在，“明清通俗小说的内容，追求的是新奇和风趣，语言风格则力求通俗和生动，而这几点正是袁枚‘性灵诗’的特色。其所以有此特色，则因为袁枚重情欲，背传统，具有市民阶层的审美情趣”。

接下来，该文就在第一部分详细分析了袁枚自抒性灵、一空依傍的思想及其成因。作者指出，袁枚自认为出入儒、道，但他对道家只取庄周，对儒家孔子也是只取经过他改造的通脱而顺乎人情的部分。另外，他喜欢读史。“正是孔子、庄子和史书，以及明、清进步思想铸造出他的特殊思想意识，表现为一系列惊世骇俗的言行。”

该文指出，袁枚的思想主要体现在以下三个方面：

其一，袁枚赞美的陶渊明是袁枚化了的陶渊明。“真正的陶渊明并不积财谋利，纵情声色，更不结交权贵，也不卖弄才学，而这些恰巧是充满市民意识的袁枚所自然表现的。”

其二，“强调真性情必然导致民主平等意识，所以，袁枚对世人总是持平等观”。

其三，“正因为他服膺孔子，所以虽然36岁就弃官闲居，但直到晚年，仍感歉仄。”“懂得这点，就懂得何以他不但早年辞官前写了大量反映民生疾苦的诗，而且晚年还写了《贵人出巡歌》之类作品。他实在是一个极有见识的人。最早指出这点的是文廷式”。

作者还特别提示，一般人不能正确认识袁枚。因为，袁枚喜自誉，也常借他人之口誉己。他确实写了不少歌颂达官贵人的诗，但不论是写给达官贵人还是亲朋好友的诗，决不说使对方起反感的谄媚话。相反，他倒时常加以讽谏。乾隆三十四年，刘墉官江宁要驱逐袁枚出境的一段公案，可以看出袁枚不但不谄媚，反而很强项。

该文第二部分重点讨论了袁枚的“性灵诗”是怎样在内容上追求新奇、风趣，而且表现市民阶层的审美情趣的。这些主要是通过七个方面来展现的：

第一，“表现市民意识，公然宣称自己好财好色”。

该文通过袁枚诗文集中的大量例证，指出袁枚的财全是卖文所得，他到晚年仍在持筹握算，孜孜为利，但他对金钱财物有理智清醒的认知。袁枚诗歌中坦率、大胆地表白财、色、繁华的可爱，正说明袁枚是封建社会母体中茁生的市民阶层的思想代表。

第二，“凡事(包括对历史人物的评论)都有新见解”。

作者通过实例说明，袁枚对历史人物，完全违背传统看法，体现了市民意识中的功利观和反封建的民主性。袁枚还有不少奇特的思想，例如对儿子的教育就超出了儒家的范畴。

第三，“善写琐事，小题大作”。

该文指出，性灵派后辈诗人王昙曾说：袁枚诗“惟七律为可贵，余体皆非造极”。舒位(也是性灵派的)叹为知言，且申论之，谓杜甫七律盛且备，为一变；李商隐七律学杜而变面目，又为一变；陆游七律集此体之大成，又为一变；至袁枚再为一变。“虽智巧所寓，亦风会攸关也”。七律为体，格式固定，规则繁琐，本不能容纳千变万化的内容，可是到了袁枚笔下，却写得极其生动活泼。这种“智巧”确实是由“风会”——市民意识昂扬的时代所形成的。袁枚非常敏感，善于从生活中的小事获得美的享受，使生活艺术化；而从日常小事悟出哲理，则又反映了袁枚个性解放的人生观。

第四，“善写异事”。

袁枚追求新奇，必然在题材上搜奇索异。

第五，“咏物诗别出心裁，极见巧思，而又饶有寄托”。

第六，“想象丰富，比喻新巧”。

第七，“灵心妙舌，使人发笑”。

这首先是由于袁枚聪明绝顶。其次是由于他的诗妙趣横生，使人看了忍俊不禁。以上这些特点，该文均通过引用大量实例而进行了论证。

该文第三部分具体分析了袁枚如何在语言方面力求通俗。

首先，“袁枚诗大量运用口语，而且俗得有趣”。

作者敏锐地认识到，“杜甫、白居易、黄庭坚、杨万里、陆游等大诗人也会采用俗语，但他们有个共同原则，即化俗为雅。而袁枚则恰好相反：化雅为俗”。作者认为，袁诗4000多首，语言大都是明白如话的。

其次，“基本白描，极少用典”。

同样通过示例，作者告诉我们，袁枚诗大多全用白描，但情辞婉转动人。

该文还指出认识袁枚应具有的态度，“过去一般论者之所以鄙薄袁枚，关键就在于他们都是站在传统的雅文化的立场，纯粹用封建士大夫的‘风人蕴藉之旨’作标准来衡量袁枚的诗，而没有从市民俗文化的角度去理解它”。作者特别提醒，“公正的评价应该是历史主义地肯定他的思想和他的性灵诗。因为他的思想和他的诗公开否定了传统人格，打破了人性的枷锁，号召人性的全面复归，实在代表了历史的前进走向，真正体现了其作为‘清诗’的特色，对中国古典诗歌的发展作出了划时代的贡献”。

由上所述，该文主要通过大量例证说明袁枚具有市民阶层的思想意识以及这种思想意识如何造成其性灵诗在内容上追求新奇、风趣，语言上力求通俗白描的特点。并指出，袁枚重情欲、背传统的市民阶层审美情趣，运用通俗小说手法写作“性灵”诗，使他的诗作代表了历史的前进走向，真正体现了迥异于唐、宋的“清诗”特色。

该文从市民阶层的审美情趣和通俗小说的写作手法来看待袁枚和他的“性灵”诗，可谓前无古人后少来者，也为袁枚研究打开了一条新的思路。

引申阅读：

1. 陆海明：《袁枚的文学批评论》，载《文艺理论研究》1983年第1期。

2. 胡明：《袁枚诗歌初探》，载《江海学刊》1984年第6期。

3. 朱则杰：《清诗史》，南京：江苏古籍出版社2000年版。

4. 王英志：《袁枚评传》第十二章《诗歌创作》，南京：南京大学出版社2002年版。

刘世南袁枚研究主要作品目录：

1. 刘世南：《论袁枚思想及其性灵诗》，载《江西师范大学学报》1996年第1期。

2. 刘世南：《清诗流派史》，北京：人民文学出版社2004年版。

14. 王英志《性灵派主将袁枚》

【引　文】

第六章　性灵派主将袁枚

第一节　袁枚的生平

袁枚字子才，号简斋，一号存斋，因居于江宁(今南京)小仓山随园，世称随园先生，晚年自号仓山居士、随园老人、仓山叟。浙江钱塘(今杭州)人，祖籍浙江慈溪。其祖父名锜、字旦釜，为明代槐眉之孙，槐眉与其父茂英有《竹江诗集)行世。(参见《随园诗话》卷二)祖母柴氏。父袁滨，叔袁鸿，皆因生活贫困而游食四方，依人作幕府。母亲章氏，为杭州耆士章师禄次女。(参见袁枚《随园诗话》卷二、《子不语》、《先妣章太孺人行状》，姚鼐《袁随园君墓志铭并序》)

袁枚于康熙五十五年(1716)三月二日诞生于钱塘县东园大树巷。(参见方濬师《随园先生年谱》、袁枚《余生东园大树巷中，周晬迁居，今六十五年矣，重过此地》)嘉庆二年(1797)十一月十七日卒于小仓山随园①。(见姚鼐《袁随园君墓志铭并序》)综观袁枚一生行状，可明显划分为三个时期。康熙五十五年至乾隆四年(1716—1739)为学习与求仕时期；乾隆五年至十三年(1740—1748)为步入仕途与从政时期；乾隆十四年至嘉庆二年(1749—1797)为归隐赋闲与集中精力创作著述时期。

---

① 此日已是公元1798年1月3日。

袁枚于乾隆文坛素有“奇才”“豪才”“才子”之目，与赵翼、蒋士铨并称三大家。这固然与袁枚幼有异禀、天分较高有关；但主要是袁枚自幼即受到良好的家庭教育及其本人刻苦学习所致。袁枚幼年颇得益于祖母照顾与孀居姑母的教诲，他在《随园老人遗嘱》中追忆道：“我年八岁，祖母犹抱卧怀中，沈氏姑母教之读书识字，料理起居服食。”《秋夜杂诗》亦云：“我年甫五岁，祖母爱家珍，抱置老人怀，弱冠如闺人。其时有孀姑，亦加鞠育恩，授经为解义，嘘背分余温。”姑母因侄儿好听古事，所以常挑选史书、笔记中通俗易懂的内容娓娓不倦地讲解给他听，使小袁枚5岁时就已略知汉、魏、唐、宋国号与人物；同时还教他朗读《尚书》佶屈聱牙的《盘庚》《大诰》，使他初涉文史知识的殿堂。(参见袁枚《亡姑沈夫人墓志铭》)

康熙六十一年(1722)袁枚7岁，开始接受正式教育，跟随杭州史玉瓒先生读《论语》与《大学》，打下了古文根底。(参见袁枚《史先生墓志铭》)但由于家贫书少，袁枚幼年“除《四书》‘五经’外，不知诗为何物”，直到9岁时，才偶然看到：其师友人张自南的一部《古诗选》，如获珍宝。此诗选始于《古诗十九首》，终于盛唐，袁枚乃“吟咏而摹仿之”，此为其“学诗所由始也”。(参见《随园诗话》卷六)袁枚后来还回忆道：“九岁读《离骚》，嗜古有余慕。学为四子文，聪明逐陈腐。犹复篝残火，偷习词与赋。”(《途中寄金二质夫》)这表明袁枚自幼喜学诗赋而厌恶八股文。袁枚于诗赋可谓无师自通，自学而成。诗人渴求知识，爱书如命，其《对书叹》云：“我年十二三，爱书如爱命。每过书肆中，两脚先立定。苦无买书钱，梦中犹买归。至今所摘记，多半儿时为。”这真切的叙述告诉人们：“才子”之奇才并非与生俱来。雍正五年(1727)，袁枚12岁为秀才，受知于学使王交河先生。

他更加孜孜不倦地学习文章，14岁尝秉姑训作《郭巨埋儿论》，抨击封建礼教，胆识不凡。雍正十二年(1734)，袁枚19岁，改在杭州敷文(万松)书院，受业于杨绳武先生；尝呈所作《郭巨》《高帝》二论求教，杨氏批曰：“文如项羽用兵，所过无不残灭。汝未弱冠，英勇乃尔!”(方濬师《随园先生年谱》引)评价甚高。袁枚倍受鼓舞，益发愤为文，故其《万松书院》记云：“当时杨夫子，经史腹便便……我每遇文战，彻夜穷钻研。至今咳唾作，心血犹红鲜。”

乾隆元年(1736)，袁枚21岁，赴桂林探望叔父于广西巡抚金鉷幕中。途中所作诗为《小仓山房诗集》之始。金鉷见袁枚相貌不俗，欲试其文才，乃命作《铜鼓赋》。袁枚提笔立就，才气横溢，甚为瑰丽。金氏大奇之。时逢乾隆诏举博学鸿词之士，金氏特为袁枚奏疏力荐，称其年仅21岁而贤才通明，应此选十分合适，“语多溢美，天下骇然，想见其人”，以至广西不少士子“惊来问讯”(参见袁枚《广西巡金公神道碑》)。当时海内征士二百余人，而袁枚年最小。袁枚对金氏非常感激，晚年曾称金公为“六十年来生平第一知己”(《随园老人遗嘱》)。袁枚北上京师，文士胡天游初见之即叹曰：“美才多，奇才少，子奇才也。年少修业而息之，他日为唐之文章者，吾子也。”(袁枚《稚威哀词》)但因为袁枚“自少不好作《四书》文，虽入学，虽食饩，虽受荐于房考，而心终不以为然。心之所轻，烟墨知之，遂致得题握管，不受驱使，四战秋闱，自不惬意，不敢有闵于有司”(《与俌之秀才第二书》)。这次在京参加博学鸿词试仍落选。但年轻的袁枚已名声鹊起，崭露头角。

袁枚在北京结识了胡天游、张鹭洲、唐莪村等人，经友人推荐至嵇相国家当家庭教师，教其幼子承谦；同时为了应付科举考试，“不得不降心俯首，惟时文之自攻。又虑其不专也，于是忍心割爱，不作诗，不作古文，不观古书……半年后于此道小有所得”(《与俌之秀才第二书》)。乾隆三年(1738)袁枚23岁时，终于考中举人，次年又一鼓作气中进士，选庶吉士，入翰林院，可谓否极泰来。

上述为袁枚生平之第一时期。

乾隆四年冬，袁枚乞假还乡，与王氏完婚。次年从杭州回北京，时刑部尚书史贻直(敬弦)任翰林庶吉士教习，袁枚“习国书免课”(袁枚《文渊阁大学士史文靖公神道碑》)，攻读满文。至乾隆七年(1742)，袁枚满文考试却最下等，这样在翰林院就难以跻身了。鄂文端公(尔泰)对他说：“观汝壮貌，天子必用汝，汝为外吏，必职办；或忧汝能文，不任吏事，非知汝者。”(袁枚《武英殿大学士太傅鄂文端公行略》)同年，袁枚即外放江南任县令。袁枚“本以文章入翰林有声，而忽摈外”(李元度《国朝先正事略》)，未免心中黯然，而有

“三年春梦玉堂空”（《改官白下留别诸同年》之叹，写下了《落花》等诗寄寓“薄命”之哀。袁枚先任江苏溧水县知县，“敏而能断”，颇有政绩；当他迎养父亲于溧水时，“父疑子年少无吏才，试匿名访诸野，皆曰：‘吾邑有少年袁知县，乃大好官也！’父喜，乃入官舍。”（参见李元度《国朝先正事略》）不久，袁枚又调任江浦县、沭阳县知县。其间写下了《苦灾行》《征漕叹》《捕蝗曲》等反映民生疾苦之作。乾隆十年（1745）袁枚移知江宁县直至十三年（1748），政绩亦很多。为此袁枚平生又一知己、两江总督尹继善曾荐举他为高邮州刺史，但吏部驳下未准。袁枚于乾隆十四年乃乞养归山。考其退出仕途的真正原因当有二：一是擢升无望，而又深恶县令之职整日忙于应酬，如同大官之奴，苦不堪言：“苦吾身以为吾民，吾心甘焉耳；今之昧宵昏而犯霜露者，不过台参耳，迎送耳，为大官作奴耳。彼数百万待治之民，犹齁齁熟睡而不知也。”二是想专心埋头文学创作。他认为“功业报国，文章亦报国”，“但使有鸿丽辨（辩）达，踔绝古今，使人称某朝文有某氏，则亦未必非邦家之光。仆官赤紧以来，每过书肆如渴骥见泉，身未往而心已赴，得少休焉，重寻故物，或未干贤者之讥乎？”（《再答陶观察书》）此年袁枚曾以三百两银子购得江宁织造曹頫后任隋赫德之旧“隋织造园”，改治为“随园”，称“以一官易此园”（《随园记》）。辞官后居于此并加修治。《随园记》记曰：“茨墙剪园，易檐改途。随其高，为置江楼；随其下，为置溪亭；随其来涧，为之桥；随其湍流，为之舟。……比随其丰杀繁瘠，就势取景，而莫之夭阏者，故仍名曰‘随园’，同其音，易其义。落成，叹曰：‘使吾官于此，则月一至焉；使吾居于此，则日日至焉；二者不可得兼，则舍官而取园者也。’”袁枚终于舍官取园，在小仓山过起悠闲自在的生活。

这是袁枚生平的第二个时期。

此后近五十春秋，除乾隆十七年（1752）37 岁时曾一度“改官秦中”（《先妣章太孺人行状》）不到一年外，袁枚终生绝迹仕途。他之所以曾短期出山赴陕西任职，乃是迫于“贫”与亲友舆论的压力，并非心甘情愿。因此，他一旦发现自己与陕西总督黄廷桂“臭味差池”，曾“上书万余言，不省，遂乞病归”（王昶《蒲褐山房诗话》）。袁枚于赴陕途中曾写了不少北方景物诗，此乃意外的收获。乾隆十八年

((1753)由陕西回南京后，袁枚继续治理随园；并由杭州迎养其母，迁家于南京，乾隆二十年(1755)移家入随园定居。袁枚于随园或与诗友聚会，或埋头著述，优哉游哉。

袁枚居随园而常出游，往返于南京与扬州、苏州、杭州之间。他更有几次远游，饱览祖国大好河山。乾隆四十七年(1782)，袁枚67岁出游浙江，次年出游安徽黄山，乾隆四十九年(1784)二月有岭南之游，乾隆五十一年(1786)袁枚71岁，乃远足福建武夷山。五十七年(1792)77岁的袁枚又重游天台山。六十年(1795年)袁枚80高龄仍游兴未减，徜徉于东南一带名胜之间。老诗人行万里路，得江山之助，写下了大量优美的山水风景诗。

嘉庆二年(1797)袁枚82岁，患痢，愈而复发，自知来日无多，乃作《病剧作绝命词留别诸故人》《再作诗留别随园》绝笔诗，曰"天教袁丝亡此日，人知宋玉是前身"，"转眼楼台将诀别，满山花鸟尚缠绵"，于农历十一月十七日病卒。葬于小仓山北。

袁枚主要著述计有：《小仓山房文集》三十五卷，《小仓山房外集》(骈文)八卷，《小仓山房诗集》三十七卷、《补遗》二卷，《随园诗话》十六卷、《补遗》十卷，《小仓山房尺牍》十卷，《随园随笔》二十八卷，《新齐谐》(又名《子不语》)二十四卷，此外还有《袁太史稿》(八股文)《牍外馀言》《随园食单》等，真是"著作如山，名满天下"(钱泳《履园谭诗》)！

第二节　袁枚的个性与主将地位

袁枚思想上反对尊性黜情的道学，亦鄙薄束缚人思想才智的汉学，显示出背叛传统观念、追求个性解放的启蒙精神。这是他能领导性灵派的思想条件，在第一章中已经论及，兹不重复。这里再考察一下袁枚的性情即个性特征，这与他成为性灵派主将亦不无关系。

袁枚尝比较自己与杨笠湖的性情个性说："君与余为总角交，性情绝不相似。余狂，君狷；余疏俊，君笃诚。"(《邛州知州杨君笠湖传》)"狂"确是袁枚个性一大特点。狂表面上是纵情任性，放荡骄恣，实际上是不受礼法拘束、自由无羁的独立精神，亦是一种高度的自信。袁枚《子才子歌示庄念农》自称"尔时意气凌八表"是狂，"六经虽读不全信”是狂，要“与李、杜、韩、苏”共“颉颃”亦是狂，而称“就使仲尼来东鲁，大禹出西羌，必不呼子才子为今之狂”，更是狂。此狂放的个性与其大胆抨击伪道学的思想自有内在联系。而所谓“余疏俊”，与其称“余性通脱”(《随园诗话补遗》卷四)实是一个意思。对此其《秋夜杂诗》其四是一段具体生动的自白：

> 至人非吾德，豪杰非吾才。见佛吾无佞，谈仙吾辄排。谓隐吾已仕，谓显吾又乖。解好长卿色，亦营陶朱财。不饮爱人醉，不醉爱花开。先生高自誉，古之达人哉！

所谓“达人”，或“性通脱”“疏俊”者，是思想达观，不拘礼法，蔑视世俗的人。袁枚不佞佛，不信仙，不信阴阳风水。他说“贪生学仙少，畏死学佛多。生死两相忘，仙佛奈余何?”(《遣怀杂诗》)他能够生死相忘，而不崇拜偶像，因此称“可笑世间人，纷纷仙佛供”(《喜老七首》之七)。袁枚四十余岁时，相士胡文炳推算他63岁生子，而76岁考终。后来63岁果然生子，因此当即过75岁时以为大限将至，乃作歌自挽，并遍索和诗，全然不视死为畏途。这种性格与他反传统、超越世俗的思想具有内在联系。

袁枚亦不讳言其好色爱财，贪图享乐。他说过“平生读《国风》，好色慕古流。误闻此邦媛，窈窕能清讴”(《过雉皇访河西舫明府……”》)。除了娶妾六七人，还常寻春买笑，对于美貌女性十分怜爱，不乏风流韵事。他晚年招收女弟子，多名媛闺秀，此时虽已年逾古稀，并无绮思艳想，如章学诚所攻击的，但亦难说与他喜欢异性才女无关。至于多艳诗、情诗自然更有因果关系。他之营财，基于“但念人为欢，须财与之俱。衣裳能曳娄，车马能驰驱。送生未可必，乐生当有余。果然桑愉迫，吾用与今殊。诚恐不琐琐，安能常愉愉。若为子孙谋，真是愚公愚”的及时行乐的思想。(上引见《秋夜杂诗》其十)因此，他亦设法营财。除了为人写墓志作传记换取润笔，还把随园“木奴三百树”(同上)租与他人收利。幸亏他善营钱财，才可能修治随园作为文人唱和聚会之所，才能出外游览山水，刻印诗集，以财谋生，亦以财养文。

袁枚虽非“至人”“豪杰”，但有仁爱之心，于江南任县令时就有“大好官”之誉。致仕后又以其心地善良，乐善好施，急公好义闻名。如好友程晋芳曾向袁借五千两银子，当程病故，袁去程家吊唁时，就当场焚其借券，且决定抚养其子，后“致书毕秋帆制军，慨然筹三千金，交桐城章淮树代主营运”(方濬师《随园先生年谱》)。他为人随和，广结朋友，上至公卿将军，所谓“弟子行有大将军”(汪志伊)，下至僮仆百姓，都有知交。他善于团结三教九流之人，人际关系甚好，尤喜汲引后进，后生有偏章断句，皆称誉不休，一时才士，多出其门。故他虽然乃一市隐之人，但《续同人集》中所收的友人、学生赠诗赠文近千，《八十寿言》收二百余人祝寿诗文。他家中的随园诗城更藏赠诗近万首，可见声望之高、人缘之好。这都使他具有了成为诗坛盟主的条件。他为人诙谐佚荡，虽不满现实，但既看穿生死，亦能笑看人生，“游戏人间八十年”(何道生)，“九州才子四朝臣”(齐彦槐)，健康长寿，其一生基本上贯穿了性灵派的兴衰史。

袁枚占据乾隆诗坛性灵派主将的地位，是世所公认的。即以《随园八十寿言》来看，当代诗人推崇袁枚为乾隆诗坛盟主之身份者可谓俯拾即是，如“四海风骚仗主盟”(王文治)，“一代风骚独占先”(王凤生)，“齐名蒋、赵首推袁，余子纷纷孰与伦”(王嵩高)，“一代骚坛着此公”(赵翼)，“领袖骚坛岁月长”(岳树仁)，“泰山北斗倡斯文”(汪志伊)，“词场多少摩天手，若比公才恐不如”(杨芳灿)，“大雅轮扶六十年，鲁灵殿光尚岿然”(杨复吉)，“弇山制府仓山叟，海内龙门两扇开”(徐间斋)，“风雅主持推巨手”(戈襄)，“领袖东南旷世才”(李奉翰)，“仓山坛席领词场”(邵晓)，“海内龙门望，如公信大贤”(史鲍印)”……不胜枚举。舒位则在《乾嘉诗坛点将录》以“及时雨”推举“袁简斋”，为乾嘉诗坛盟主，又如其《瓶水斋诗话》所称，“袁简斋以诗、古文主持东南坛坫”。

袁枚性灵派主将地位的确认乃源于其主将的作用。这体现在多方面。首先提倡性灵说，即从诗歌创作的主观条件的角度出发，强调创作主体必须具有真情、个性、诗才三方面要素。在这三块理论基石上又生发出：创作构思需要灵感，艺术表现应具独创性并自然天成；作品内容以抒发真情实感，表现个性为主，感情等所寄寓的艺术形象要灵活、新鲜、生动、风趣；诗歌作品宜以感发人心，使人产生美感为其主要艺术功能等艺术主张。这又涉及创作动力、艺术构思、作品审美特征、作品的美感作用等诗歌创作的几乎所有主要环节，可以说构建了一套完整的诗论体系；并成为性灵派的创作论纲领。这自然是袁枚所发挥的最大的主将作用。同时，袁枚还有丰富的诗歌创作，写诗四千余首，以其抒写真性情，表现独具的个性。描绘形象灵活有趣的山水景物，实践其性灵说的审美追求，并直接影响其家族诗人与众多弟子的性灵诗创作。以上两点自然是人所共见的客观事实，显示出袁枚主将的作用。

除此之外，袁枚还有实际行动，推进性灵派的形成。

首先是广收门生包括女弟子，总数至少有七八十人。有人嫌其太滥，袁枚答以“有教无类”。收弟子不论出身贵贱、性别男女，凡有志学诗者都予以热情指点。不仅弟子们登门求教，袁枚亦时常来往于南京、苏州、杭州之间，走访弟子，上门教诲。例如自乾隆五十三年(1788)起曾三次赴常熟看望孙原湘、席佩兰弟子伉俪，乾隆五十七年(1792)至镇江看望女弟子骆绮兰，此外还曾去吴江看望弟子徐山民、吴琼仙夫妇，不胜枚举。袁枚广收女弟子，遭到卫道士的攻讦，袁枚毫不在意，还曾两次于杭州西湖举办女弟子诗会，师生相互切磋诗艺，一时成为佳话。这些弟子之成为性灵派的基础，正是袁枚一手培养的。而弟子中的佼佼者何士颙、孙原湘、席佩兰、孙云凤等更得到袁枚的特别关照，使之成为性灵派的骨干。

其次是编校、刊印性灵派成员的诗集，这对于鼓舞性灵派诗人的创作积极性，扩大性灵派的创作实绩，作用甚大。袁氏家族诗人的诗集都是袁枚帮助刻印行世的。如袁树的《红豆村人诗稿》，胡书巢的《碧腴斋诗存》，陆建的《湄君诗集》，袁棠、袁杼、袁机的《三妹合稿》。弟子诗集，如何士颙的《南园诗选》，张瑶英的《绣墨诗集》(已佚)，《陈淑兰女子诗》(已佚)，更重要的是嘉庆元年(1796)袁枚编纂了《随园女弟子诗选》，收28位女弟子佳作，为女子创作张目，具有特殊作用。袁枚不仅为性灵派成员代刻诗集，而且还撰序言或小传，予以赞扬，扩大影响。而如席佩兰的《长真阁集》在未刻印前，即先写好评语高度评价。如果没有这些诗集的刻印，性灵派的创作实绩与影响自然是空话而已。

再次是袁枚晚年编写《随园诗话》十六卷、《补遗》十卷，不仅充分阐释性灵说诗论，而且大量采录性灵诗作，使性灵诗普及。袁枚认为“采诗如散赈也，宁滥毋遗”(《随园诗话补遗》卷八)，“余闻人佳句，即录入《诗话》，并不知是谁何之作”(《随园诗话补遗》卷四)，因此入选者，既有诗坛高手，亦有无名小卒；既有公卿将军，亦有布衣寒士；既有青衣童子，亦有僧尼道士；既有命妇闺秀，亦有妓女歌姬：举凡三教九流，只要诗抒写性灵，皆可以诗存人，大有网罗尽天下性灵诗之概。其中选录闺秀、女弟子之作尤多，如《随园诗话》卷十记其已为女弟子张瑶英刻《绣墨诗集》，又采录其《送健庵》《病月》《偶成》诸诗佳句；女弟子已有诗选，又另录佳作佳句，如席佩兰、孙云鹤、严蕊珠、骆绮兰等等。《随园诗话》自撰写之日起，就逐渐产生影响，袁枚所谓“自余作《诗话》，而四方以诗来求入者，如云而至”(《随园诗话补遗》卷五)，其中自不乏性灵诗人。《随园诗话》的写作如同滚雪球，使性灵诗人汇集到诗话中来。《随园诗话》还有许多纪事文字，对性灵派的声名远扬亦有不小作用。许多弟子的名字、简历全靠《随园诗话》传播开去。我们所知男弟子二十来人大多见于《随园诗话》。性灵派的一些活动亦借《随园诗话》流传，如记“庚戌(1770)春。扫墓杭州，女弟子孙碧梧邀女士十三人，大会于湖楼，各以诗画为贽”(《随园诗话补遗》卷一)，又记后再次于杭州，“召女弟子七人作诗会，太守明希哲先生(保)从清波门打桨见访，与诸女士茶话良久，知是大家闺秀，与公皆有世谊，乃留所坐玻璃画船、绣褥珠帘，为群女游山之用。”(《随园诗话补遗》卷五)对于提高性灵派女诗人的地位不无意义。

说袁枚是性灵派主将，其实还不够，他实际是灵魂。性灵派存在时间不过一个甲子，其迅速衰亡，除了时代的原因之外，与袁枚于嘉庆二年 82 岁时病逝亦有重要联系。性灵派本是一个多元的又比较松散的文学流派。性灵派一旦失去了灵魂，亦即失去了依附。因为性灵派其他重要成员如副将赵翼、殿军张问陶等都不具有袁枚一样崇高的威望与巨大的凝聚力。恰如树倒猢狲散，袁枚逝世后所余性灵派成员亦即成为散兵游勇，布不成阵，而且没有新生力量的补充，这个盛极一时的性灵派终于走向寂灭。这从反面证明了袁枚于性灵派中地位之非同一般。

第三节 袁枚的诗歌创作

袁枚《小仓山房诗集》现存其21岁至82岁所写古今体诗4484首。这些诗大多符合其性灵说主张，可称为性灵诗，体现了性灵说对作品的美学追求：首先是抒写真情实感，表现诗人独特的个性；其次是构思新颖，感情所寄寓的意象灵活生动；再次，诗歌语言自然通俗，以白描为主，不堆砌典故；情调风趣诙谐。上乘的性灵诗当然兼备上述诸特色，但由于创作主体所抒写的感情性质不同或所描写的审美对象有差异，每一首诗的特色也就有所侧重，一般来说，写社会人生、抒发主观性灵的诗真性情的因素更明显；写自然景物的诗形象灵活生动、风趣盎然等特点尤突出。有些作品用典过多，不属性灵诗，但亦不无佳什。当然，其中也不免卑靡之作。下面，我们就其真性情诗、讽谕诗、山水景物诗分别作些介绍。

一、真性情诗

感情是艺术的生命，诗尤其是抒发感情的艺术。袁枚自称"天性多情句自工"(《读白太傅集三首》之一)，其性灵诗的主要特色正在于抒写特有的真情实感，故云"自把新诗写性情"(《春日杂诗》)。性灵诗是其"若夫诗者，心之声也，性情所流露者也"(《答何水部》)的观点的艺术实践。袁枚当时能以诗鸣江、浙间，从游者若鹜若蚁的主要原因即在于此。

袁枚性灵诗所抒发的真性情是多方面的，其中最动人心弦、入人心脾者当为抒写悲欢离合之作与较为健康的情诗和直抒胸臆的个性诗。

悲欢离合之作首推悼亡哀亲诗。袁枚生性多情善感，极重骨肉之情、同胞之谊、夫妻之爱，一旦有亲人永诀之悲，更于心灵深处掀起感情的波澜，动于中而形于外，于是乃有《陇上作》《哭三妹五十韵》《哭阿良》《哭聪娘》等悼亡哀亲诗代表作。《陇上作》是袁枚乾隆四年(1739)考中进士后衣锦还乡，祭奠祖母时所抒写的心曲。作者与祖母柴氏自幼即关系密切，有特殊深厚的感情，诗开头云："忆昔童孙小，曾蒙大母怜。胜衣先取抱，弱冠尚同眠。”作者乃袁氏长房长孙，是祖母的命根子，故又云“掌珠真护惜，轩鹤望腾骞”。这种感情见诸于日常生活琐事之中：祖母陪伴他读书：“髫影红灯下，书声白发前”；对他溺爱：“倚娇频索果，逃学免施鞭”；关心他的前程：“玉陛胪传夕，秋风榜发天。”今天诗人“果然宫锦服”，却是“来拜墓门烟”。作者忆昔思今，欲报答祖母恩情于万一而不可得，怎能不扼腕痛惜、泪如泉涌：

> 反哺心虽急，含饴梦已捐；恩难酬白骨，泪可到黄泉。宿草翻残照，秋山泣杜鹃。今宵华表月，莫向陇头圆！

诗以白描之笔朴素真切地记叙了祖孙相依为命的往事，在此基础上通过现实与愿望的矛盾抒写悲思。事与情有机结合，使诗人之情显得真实可信；兼以情与景交融，生动地显示了祖母的慈爱之心与孝孙的拳拳之心！

《哭三妹五十韵》尤其催人泪下。它是对封建礼教的牺牲品三妹——一个不幸妇女悲痛的挽歌。诗人三妹名机，字素文，原嫁给江苏如皋“有禽兽行”(《女弟素文传》)的高八之子，婚后动辄得咎，受尽折磨，不得已而归侍母。她“自离婿后，长斋，衣不纯彩，不髲剃，不闻乐，有病不治；遇风辰花朝，辄背人而泣。……乾隆二十四年十一月死，年四十”。当时袁枚在扬州，闻病奔归，三妹“气已绝矣，一目犹瞠也，抚之乃瞑”。(引文均同上)诗人为之肝肠寸断，痛定思痛而赋诗。《古文观止》评韩愈《祭十二郎文》曰：“情之至者，自然流为至文。读此等文，须想其一面哭一面写，字字是血，字字是泪。”《哭三妹五十韵》正是由“情之至者”而自然流为字字血泪的至情之诗。诗云：“五枝荆树好，忽陨第三枝。”以比兴点出三妹遽然长逝的不幸事实，对其“论龄未应衰”的早死感到无比的惋惜悲痛。兄妹既已永诀，只能“重追”旧梦：

> ……弄药争花日，将笄未弁时。金笼擒蟋蟀，竹马逐邻儿。各踞长松锻，同分野灶炊。书灯裁纸照，学舍隔帘窥。呵手团清

雪，当盘算劫棋。

这一幅幅童趣图，仿佛“信手拈来”，“清灵隽妙”（王昶《蒲褐山房诗话》），显得生趣盎然，颇见才情，而又感情深挚，诸画面无不浸润着悼念亲人的泪水。诗还写道：“阿兄试京兆，小妹倚门楣；望信频穿眼，登科代展眉；分襟长戚戚，聚首更怡怡。”当年三妹对自己情何其深，意何其笃！今朝怎能忍受永远的“分襟”之戚？更可悲的是三妹昔日“一闻婚早定，万死誓相随。彩凤从鸦逐，红兰受雪欺……九回肠早断，一日病难治”。她屈从于“从一而终”的封建伦常，青春之花终于凋零。对此诗人不能不充满同情与愤懑。诗最后写道：“今朝偏送汝，他日更呼谁？残雪敲窗户，悲风动酒卮。浮生千古幻，哀挽几行辞。盼断黄泉路，重逢可有期？”诗人的悲哀与愿望写得如此真挚、细致，三妹若黄泉下有知，亦必当以泪相报！此诗可谓“语语从肺腑流出，诗家讲性灵者无以过之”（吴应和等《浙西六家诗钞》引李西台评语）。感情之真挚、笔触之轻灵、语言之自然，当然非格调诗与考据诗可比拟于万一的。

《哭阿良》写父女之情亦极感人。阿良为袁枚三女，其夭折时袁枚53岁，尚无子，故诗云：“我虽老无子，得汝愁竟忘。”阿良之于诗人不啻掌上明珠，然而天不假以年：“何图两日间，一病中膏肓……昙花忽然落，小劫成沧桑。”面对阿良之死，举家悲痛：

> 大母八十四，两手抱儿僵，求医更求佛，鼻涕一尺长。民母招儿魂，登屋如病狂，声声呼良归，哀音崩垣墙。生母孕六月，恨极以头抢……爷读万卷书，不解一药方，忝然作人父，搏颊自惩创……我怕闻哭声，但愿早聋盲；朝出犹自可，夜归魂伥伥。

诗中祖母等人忙乱无措、凄凉悲痛的情景，作者悲哀欲绝的内心活动与几丧理智的情态，都写得栩栩如生，活灵活现，不愧为袁枚自己所说“我觉下笔尤空灵”（《水精屏歌》）的生动例证。全诗语言平浅，脱口而出，又富音韵和谐之美，宛如“天籁”。表现手法则有“一味白描神活现”（《仿元遗山论诗》）之妙。诗人如黑格尔所说，完全是“通过渗透到作品全体而且灌注生气于作品全体的情态”，“使他的材料及其形状的构成，体现他的自我，体现他作为主体的内在的特性”①，从而写出自己当时特有的心境与感情。袁枚还写有一些悼念亡友之什，亦不无独抒性灵的佳作。袁枚与蒋士铨齐名，二人曾互相推许。袁枚誉蒋士铨为“奇才”，“其摇笔措意，横出锐入，凡境为之一空。”(《蒋心馀藏园诗序》)因此乾隆五十年(1785)闻“吹去人间老谪仙”之噩耗，乃有七律《哭蒋心馀太史》。诗既赞叹其“名动九重官七品，诗吟一字响千年”，更惋惜“如此才华埋地底”，进而想象“夜深宝剑恐腾烟”，感情一波三折，悲思中交织着敬仰。文字凝炼，对仗工稳，益使诗情沉厚。更值得一提的是《瘗梓人诗并序》。梓人指随园的土木建筑工武龙台，诗前小序称其“长瘦多力，随园亭榭率成其手。癸酉(1753)七月十一日病卒，素无家也”。袁枚乃为之棺殓，葬于随园之侧，并作诗告之：

> 汝为余作室，余为汝作棺。瘗汝于园侧，始觉于我安。本汝所营造，使汝仍往返。清风飘汝魄，野麦供汝餐。胜汝有孙子，远送郊外寒。永远作神卫，阴风勿愁叹！

对于一个劳人“贱工”之死，作者并未视如草芥，而是充满了人道精神，不仅为之棺殓、下葬，而且怀有真诚的思念之情。诗以祭奠告白的口吻抒写，仿佛与老友促膝倾谈，显得朴实真切。其中有二人平等关系的表述，有对梓人劳动价值的肯定，也有对梓人亡灵的告慰，都浸透在“情”之中。袁枚云：“诗者以情生。”(《答蕺园论诗书》)此诗亦为一例。

袁枚还写了不少乡情与天伦之乐的性灵诗。诗人出生于杭州，但自乾隆元年(1736)赴广西省叔父，后又进京应博学鸿词试，四年中进士入翰林院，至七年外放江南知县，十四年辞官则居于江宁小仓山随园，他一直是远离故园与亲人。“月是故乡明”，人是骨肉亲。袁枚曾多次返回故乡，与家人作短暂团聚，其种种悲欢离合之感，都注

---

① 《美学》第一卷，第359页。

入了诗篇，如《归家即事》《还杭州》《过葵巷旧宅》《还武林出城作》等等，均为脍炙人口之作。著名的《归家即事》写于辞官不久的乾隆十四年正月，当时他借口“故里书来，慈亲卧病”(《上尹制府乞病启》)，遂旋里省亲。诗先记与亲人久别重逢而百感交集的情景历历如画，极富情趣，生动有味。不同身份的亲人都写得神情毕肖，口吻各异，个性鲜明；相逢的喜悦之情亦真实无饰。语言口语化，似乎随口而道，其实是功力使然。后写分别时情状：“阿父不受拜，但指鬓边霜。妻妾无所言，含泪不成妆……”此时生离如同死别，无言而胜有声，以生动的细节、活脱的形象寄寓了父子、夫妻之间难舍难分的感情。诗中写亲人之悲欢实即抒发自己之悲欢，以有情写有情人，更加感人。此外如《还杭州》五首亦是独抒性灵之作。这组诗写于乾隆三十六年(1771)，此时诗人 56 岁，“离乡四十年”，因此一旦“望见故乡城”，顿生“如入前生界，茫茫事全非，历历梦还在”的感慨，一种“孤凄”之意油然而生。其中第二首写与阿姐之相逢，更感慨万千：

> 骨肉只一人，阿姊十年长。叩门往见之，白发垂两颡。闻声知弟至，迎出精神爽。絮语自知多，坚坐频教强。相约大母坟，明朝一齐往。当年侍慈颜，惟姊与我两。今朝奠酒浆，知否魂能享？姊是七旬人，弟摇千里桨。此后来者谁，一恸何堪想！

今日已非复《归家即事》时情景，人事沧桑，恍若隔世。“当年侍慈颜，惟姊与我两”，姐弟相对，喜而悲，悲而痛；更何况姐乃七旬老人，弟居千里之外，今朝暂相聚，明日将如何？瞻念来日，真是不寒而慄！诗写姐见弟之情态，写弟之内心活动，都语语见真情，句句含热泪。此诗构思亦“自出机杼”(《答王梦楼侍讲》)以亲人尽去，衬“惟姊与我两”之孤凄；又以生者之喜逢，衬对死者之悲思；生与死、悲与喜相互交织映衬，把一股真情表现得丰富而动人。

袁枚与友人赠别交往亦有好诗，如《别常宁》。常宁是桂林袁枚叔父家僮仆。乾隆元年袁枚离开桂林赴京参加博学鸿词考试时，与常宁依依惜别。尽管常宁是一“奴星”，作者当时为将跳龙门的才士，但二人之间并无鸿沟。在身为布衣的日子里，他一定感受到了常宁淳朴善良的心灵，因此才有“知己那须分贵贱，穷途容易感心情”的深刻体验，才有“别泪临歧为汝倾”的动情之举，亦才有来日为常宁解除《僮约》的真诚许诺。这种突破阶级隔阂的“知己”感无疑是难能可贵的。《投郑板桥明府》则反映了这两个乾隆才子互相仰慕、志趣相投的又一种“知己”之感。据《随园诗话》卷九记述：昔日曾有袁枚已死之传，尽管郑板桥与袁枚尚未谋面，但板桥闻后大恸。(按：有人考证无此事，但郑称袁为“奇才”确是事实。)可见郑板桥对袁枚之倾慕。袁枚亦久闻郑板桥有“郑虔三绝”之誉、“山左官声”亦颇佳。但直至乾隆二十三年((1758)，才于扬州转运使卢雅雨席间相会，两人一见如故，不禁“意倍欢”，并生“遇晚共怜双鬓短，才难不觉九州宽”的感慨，相见恨晚，又都以“奇才”自负。这种直抒胸臆，毫不伪饰的抒写，正体现出诗人独有的个性。

袁枚的情诗很值得注意。他认为：“且夫诗者，由情生者也。有必不可解之情，而后有必不可朽之诗。情所最先，莫如男女。”(《答蕺园论诗书》)对情诗之推崇可谓至矣！基于反道学的思想，他有“目虽贱而真，珠虽贵而伪也”(同上)之喻，即公开表明其抒写真情的情诗而与矫饰的伪道学相对抗，“借男女之真情，发名教之伪药”。当然，袁枚的情诗玉石杂陈，时有“放浪亵狎，自命风流”(吴应和等《浙西六家诗钞》)之弊；但也不乏“千言万语写相思”(舒位《始读〈小仓山房诗集〉竟题其后》而比较健康的“缘情之作”(《答蕺园论诗书》)。如《古意》《寄聪娘》《病中赠内》《枫桥有怀》等写男女“必不可解之情”，生动细致，缠绵悱恻，具有一定艺术魅力。《古意》是四首小诗：

妾自梦香闺，忘郎在远道；不惯别离情，回身向空抱。
泪堕酒杯中，先添琥珀红；请君尝此酒，相思味不同。
种梅北窗下，香花开似雪；月月有春风，梅花常傲妾。
打起女儿箱，寄郎寒衣裳；从前说蓟北，今日又咸阳。

第一首写少妇思郎之“别离情”。郎君本已远游，但她此时正在梦里而忘却此事，朦胧中觉得郎君犹在身边，故而产生“回身向空抱”的习惯性爱恋动作，但是“抱”而“空”又该涌起多深的怅惘之情！末句细节十分传神，活生生刻画出“妾”的痴情、天真以及遗恨，令人觉生趣浓郁。第二首写相思之苦情意更深。泪堕杯中而酒有“相思味”，构思奇特，不落窠臼，体现了诗人的独创性。吴应和评袁枚诗“奇诡”(《浙西六家诗钞》)，不为无因。第三首借梅花“月月有春风”反衬少妇独守空房的凄冷之感，对“梅花常傲妾”的委屈不平也写得极有风趣。第四首爱中有怨，怨里含爱，感情微妙、真切，一个牵挂、体贴郎君的女子形象跃然纸上。总之，这组小诗以独白的口吻娓娓道来，体现了“袁主性灵，如了悟小儿，天成口语，住往不择人地而施，而烂漫天真，自然可爱”(王文濡语)的特点，却无轻薄浮荡的习气。写这组诗时袁枚正赴陕西任职，其中亦寓有自己的相思之情。《寄聪娘》六首则是直接明确地抒发自己情思的七绝。聪娘姓方，姑苏人氏，为袁枚之宠妾。此组诗亦写于乾隆十七年(1752)改官陕西时。这里仅举其二、其五：

一枝花对足风流，何事人间万户侯。生把黄金买别离，是侬薄幸是侬愁。

思量海上伴朝云，走马邯郸日未曛。刚把闲情要抛撇，远山眉黛又逢君。

前一首诗颇有“爱情至上”的意味，“人间万户侯”不如“一枝花对足风流”。这样大胆直率的表白正是体现了袁枚“诗写性情，惟我所适”(《随园诗话》卷一)的无所顾忌的个性。后一首诗移情入景，更有情致，由于思念心切，竟把“远山眉黛”误作心上人看。这种审美心理的错觉也是真实自然的。可谓善于言情。诗人后来还有《哭聪娘》七律，悲诉“羹是手调才有味，话无心曲不同商。如何二十多年事，只抵春宵一梦长”，也堪称九曲回肠之作。另外，袁枚与原配王氏的“结发情”又别有意味。他患病而得到王氏“调摄费经营”的关心照顾，深受感动而生内疚之意，故《病中赠内》一诗写来亦颇真切动情。其前两联云：“宛转牛衣卧未成，老来调摄费经营。千金尽买群花笑，一病才征结发情。”王氏与自己曾贫困共守，现在又对自己百般照顾，关心之至，所谓“怜卿每问平安事，不等鸡鸣第二声”；因此他深深认识到夫妻“结发情”之可宝贵，对自己的千金纳妾之举产生忏悔之意。

然而，袁枚不仅有“千金买尽群花笑”的纳妾行为，亦有狎妓的风流韵事，且表现于诗中，试举《姑苏纪事》中的二诗为例：

> 但逢胜景须勾留，锦帐香灯汗漫游。何处有花何处宿，果然蝴蝶胜庄周。(其五)
>
> 金娘颜色照银泥，一白能教众卉低。七日春风等闲度，断云含雨又东西。(其十四)

二诗写与妓女的艳情，或曰写嫖客之情。虽然表现得并不十分露骨，但态度甚大胆，反映了诗人放荡的生活态度，与上引情诗不可同日而语，自然更令章学诚等人切齿痛骂了。袁树大写艳诗，自然深受袁枚的影响，而且更冶荡卑靡，败坏了性灵派的名声。(参见本书第七章)

此外，袁枚直抒胸臆的性灵诗，突出地体现了他不拘礼法，无所羁勒，“唯我所适”的自由狂放的个性。

乾隆十四年袁枚辞官不久，有《偕香亭、豫庭登永庆寺塔有作》，诗写登塔情景：“一层两层风力猛，欲落不落三人影。三人如蚁转磨盘，塔高如天竟无顶。身不登高眼不明，江山历历似围屏。”“如蚁”之喻不仅诙谐，亦寓有致仕前于仕途奔走之意；故尾联“何须僧借苍龙杖，天马行空自一生”，就直接抒发了摆脱世俗羁绊，向往自由的个性，真是何其快哉！其《子才子歌示庄念农》则更如一篇披怀的个性宣言，值得一读。此诗写于作者归隐随园“十有一年”之际。他回忆当初少年气盛的经济之志为：“意气凌八表，海水未许人窥量。自期必管、乐，致主必尧、汤。”他自评改官江南的政绩是：“至今野老泪簌簌，颇道我比他人强。”他表白自己的禀性气质道：“不嗜音，不举觞，不览佛书，不求仙方。”他又自诩其胆识云：“六经虽读不全信，勘断姬、孔追微茫，眼光到处笔舌奋，书中鬼泣鬼舞三千场。”此外，他还宣称自己“不甚喜宋人。双眸不盼两庑旁”，与理学绝缘。

他欣赏自己的"歌诗"创作："发言要教玉皇笑，摇笔能使风雷忙"，甚至提出："终不知千秋万世后，与李、杜、韩、苏谁颉颃?"充溢着一种独来独往、与古人抗衡的创造精神。以世俗的眼光看，此诗口气狂妄、英雄欺人。但这正是袁枚思想解放、心怀坦荡、具有个性的表现。他抒写的是毫无掩饰的真性灵。全篇以文为诗，参差错落而音韵铿锵，显示出勃勃生气。徐世昌评袁诗"以天资使其才力，往往倜傥不自矜练"(《晚晴簃诗汇》卷七十六)，当指此类诗。另外《自嘲》后两联则以调侃的口吻云："有官不仕偏寻乐，无子为名又买春。自笑匡时好才调，被天强派作诗人。"作者依恋云山，同猿鸟为邻。以吟诗为业，优游于随园与山水之间，实际上是得其所哉。此诗以"自嘲"形式抒写之，则反映了诗人诙谐、洒脱的个性，亦属于"风趣专写性灵"之作。《遣兴》之一又明确表白自己的思想倾向与志趣：

> 郑、孔门前不掉头，程、朱席上懒勾留。一帆直渡东沂水，文学班中访子游。

清代乾隆时期盛行汉学考据，宣扬程朱理学。理学"存天理、去人欲"固然为袁枚所深恶痛绝，汉学家埋头于饾饤考据亦为袁枚所不齿，他独重视文学之业。此诗即是这一思想的形象化，读来颇有情趣。而把"文学"之祖溯源到子游，乃是为了借以抬高"文学"的地位。袁枚于诗文创作上取得较大成就与这种指导思想自然有密切关系。

袁枚抒写真情至性的性灵诗为性灵派真情诗开了先河，性灵派诗主体亦是抒发真性情，并成为乾嘉诗坛的创作主流。

二、讽谕诗

袁枚性灵说诗论并未强调诗反映社会人生，相反倡言诗写个人的"性情遭遇"(《答沈大宗伯论诗书》)。但在创作实践中，却有相当数量面对历史人物而借古喻今或正视当代社会弊端发表见解、予以揭露的诗篇，其大部分可以纳入讽谕诗范畴。可以说，袁枚的"性情"并非只是一己之性情，与政治社会是相连的。这就以创作实践补救了理论上的疏漏，是值得特别注意的。钱振锽《袁枚传》云："世但知枚以性灵为诗，不知枚以肝胆为文；但知枚有乐天之易，不知枚有史迁之愤。”实乃高见卓识，是真知袁枚者。

首先应该重视袁枚的咏史诗。他认为：“咏史有三体：一借古人往事，抒自己之怀抱，左太冲《咏史》是也；一为隐括其事，而以咏叹出色”，“一取对仗之巧”。(《随园诗话》卷十四)袁枚当然推重第一体，即借咏史而“抒自己之怀抱”，亦即对社会、人生发表看法，间接反映当代社会弊病。

袁枚颇多咏写历代封建帝王之作，但对于帝王并无好感，常发针砭之言，且不无以古喻今之意。文廷式《琴风余谈》尝举“袁子才诗：‘其上感太伸，其下气尽挫。君看汉武朝，贤臣有几个?’”认为“语颇有识，不愧风人之旨”。引诗咏汉武帝，其内涵可参昭袁枚《书〈戾太子传〉后》，该文讥讽汉武帝“贪生”“猜忌”，“严刑峻法”，使“在朝之臣，惟有惊惴怵惕，闭口奔窜”，“公卿皆厮走下士，救过不暇，而天下之人才，固已尽矣”，正是袁枚咏汉武之旨。钱仲联师以为此乃影射乾隆皇帝，不为无见。① 又如写于乾隆二年(1737)博学鸿词试失利后的《黄金台》是更加寓意明显的一例。燕昭王筑黄金台招天下贤士，使弱燕终于战胜强齐，历来是诗人吟咏赞赏的热门题材。但袁枚却别具只眼，从中还看到了历代统治者都利用人才为个人效劳的目的，即使对燕昭王亦发出“回首当年豪举心，果然值得黄金否”的疑问，并笔锋一转，直指现实：

> 于今蔓草萦台绿，千年壮士寻台哭。为道昭王今便存，不报仇时台不筑。

“不报仇时台不筑”，此乃对历代统治者招贤纳士之用心一针见血、入木三分的揭示。“千年壮士寻台哭”，历史与现实中有多少才士生不逢时、怀才不遇而抛洒辛酸之泪，其中自然有刚落第的作者在焉，袁枚咏史诗最为人传诵的是《马嵬》四首之一：

> 莫道当年《长恨歌》，人间亦自有银河。石壕村里夫妻别，

① 参见钱仲联、严明《袁枚和陈衍》，载《江海学刊》1995年第1期。

泪比长生殿上多!

此诗以唐安史之乱，唐玄宗在逃亡成都途中禁军哗变，与杨贵妃马嵬之永诀，同杜甫《石壕吏》中所写平民百姓的生离死别相对照，而把同情的泪水洒向后者。因为石壕村“泪比长生殿上多”，百姓苦难远胜于君王的不幸。这反映了诗人的民本思想，亦反映了黎民百姓的命运。诗人的见解是深刻的，感情亦是真挚的。此诗虽用典而不冷僻，亦无填砌痕，如盐着水中；但有力地抒写了题旨。

《谒岳王墓作十五绝句》，特别是其七也是难得的咏史佳作：

> 小校桓桓道姓施，涌金门外有专祠。雄心似出将军上，不斩金人斩太师!

先除奸贼方可胜金人，这是小校“雄心”超出岳王之处，亦是诗人慧眼独具的见识。此诗须与《施将军庙》并读，二诗都真诚地讴歌了“殿前小校”施全基于雪“敷天冤愤”之志，“炼心如炼铁”，刺杀卖国奸贼秦桧不克而死的大义大勇：

> 事虽不了神鬼惊，悬头市上香三日。当时元奸党满朝，缚虎如羊气太骄。忽然刀光狭路照，太师颈上风萧萧。呜呼!三字狱，两宫驾，总在将军此刀下!后代闻英风，尚且有兴者，君不见脑碎铜椎阿合马!

诗人称“小校”施全而为“将军”，又比之为刺秦王的荆轲，崇仰之情溢于言表。小校壮举使“神鬼惊”，头悬市上而“香三日”，赞誉之情无以复加。而“三字狱，两宫驾，总在将军此刀下!”又寄予了多少报仇雪耻的深切期望!施全杀贼虽不克而死，但其嫉恶如仇的英风豪气足为后世楷模!相反，诗中对奸佞之人则充满了愤恨。“忽然刀光狭路照，太师颈上风萧萧”，写得何其痛快!而其绘形绘影，有声有色，又显示了诗人捕捉形象的才力。组诗《题史阁部遗像有序》四首亦是血泪交迸之作。这类作品显然寓有作者未泯的民族意识，往往要

借机流露出来,《题柳如是画像》亦然。此诗敢于赞扬一个风尘女子慷慨激烈之气:

> 勾栏院大朝廷小,红粉情多青史轻。扁舟同过黄天荡,梁家有个青楼样;金鼓亲提妾亦能,争奈江南不出将!一朝九庙烟尘起,手握刀绳劝公死:"百年此际盍归乎?万论从今都定矣。"可惜尚书寿正长,丹青让与柳枝娘。

诗人借助南明礼部尚书钱谦益的贪生怕死、苟且偷安为陪衬,热情赞扬了柳氏效南宋抗金名将梁红玉欲"金鼓亲提"以抗击金兵的民族气节,真乃蛾眉胜于须眉!诗对南明君臣与钱谦益的讽刺也十分辛辣:"勾栏院大朝廷小,红粉情多青史轻","可惜尚书寿正长,丹青让与柳枝娘",都绵里裹针,颇有力量,反映了作者的胆识。全诗写得神全气完,与题材十分合拍。

袁枚还通过描叙当代人物以揭露统治者赏罚不明、用人不公等政治弊病,又是借他人之酒杯浇自己之块垒。如《陇西将军歌》《老将行》即是。前者写自己于乾隆七年(1742)因满文考试不及格而外放江南,途中曾遇陇西将军徐国英。将军当初驰骋沙场,英武无比。诗人记其自述云:

> 其时大雪天三更,雪花打甲铿有声。刀光色白火光红,齐射戎王甲帐中。白骨扫尽髑髅台,箭声响振武安宫。杀气随身化作雾,插花唱过阴山东。归来万马齐昂首,戴着兜鍪殿上走。

这是何等的神威!但这样一位"背上箭瘢三百处"、战功显赫的将军结局却如何呢?"于今流落江湖场,萧萧鬓发渐老苍"。反之,那些"搏战何曾手打贼"、无半点战功者却"列爵纷纷半鼎食"。对此诗人由不平而共鸣,感慨之极:"将军言毕我心死,君不见长枪大戟犹如此!"百战将军命运尚且如此多舛,更何况自己一个文士呢?此诗笔力遒劲,虎虎有生气,从而突出了陇西将军当年的雄姿风采,为写其不幸遭遇奠定了基础。《老将行》的题旨与前诗同出一辙,昔日"拔剑时同霹雳争，挥鞭惯把旋风打”的将军，于今亦“萧萧两鬓霜”，只得“朝听禅白社，暮种瓜青门”；相反，其“麾下偏裨半金紫”。诗同样揭露了赏罚不公之弊，其中亦寓有作者对被调出翰林院改任县令的愤懑。

袁枚虽对改官江南知县甚为不满，但当他任职后，却又十分关心民生疾苦。曾云：“苍生我辈忧。”(《寄梅岑》)为反映水、旱、蝗等天灾给百姓带来的巨大灾难，袁枚写下了《苦灾行》《捕蝗曲》等诗。但是他更着力于把讽谕的锋芒指向人祸。《捕蝗曲》即使写“狠如狼，贪如羊，如虎而翼兮，如云之南翔”之蝗灾严重时，仍未忘抨击“苛政猛于虎，蠹吏虐于蝗”的黑暗现实，从而使诗意深化。而《征漕叹》《南漕叹》等则直接揭露贪官恶吏的丑恶嘴脸，与白居易《卖炭翁》《红线毯》一类讽谕诗的精神一脉相承。《征漕叹》记叙了官府于沭阳征收漕粮给百姓带来的灾难：

> 沭阳漕无仓，水次在宿阜；去县百余里，官民两奔走。富者车马驮，贫者篇笆负；展转稍愆期，鞭笞随其后。北风万里来，腊雪三尺厚；泥途行不前，老幼足相蹂。

路远、天寒、路烂、负重，兼有“鞭笞随其后”，令人何以忍受？运粮之难且不说，更有恶吏对百姓验粮收谷时的苛刻与押粮船“旗丁”之作威作福、牟取私利。诗中写道：

> ……未来苦无谷，有谷苦难受。检谷如检珠，重迭须舂臼；粒碎聒相喧，色杂哤相诟。嗟哉我穷民，历历数卯酉；来时一石余，簸完盈一斗……言毕旗丁至，狰狞貌粗丑，视米噤无言，仰面獒欲嗾。

他们对百姓敲诈盘剥、作威作福，堪称蠹虫。诗人对此颇为气愤，作为县令，他“命杖挞吏首”，又祷告皇天后土：“宁受旗丁嗔，毋使民守久；宁失逻者心，毋使丧所守。”显示了他为民请命，嫉恶如仇的操守与秉性。此诗风格颇近于白居易的新乐府，所谓“其辞直而径，欲见之者深谕也；其言直而切，欲闻之者深诫也”(白居易《新乐府序》)。《南漕叹》亦揭露了“大官防县如防妖”，不择手段地搜刮民脂民膏的无耻行径。这类诗都写于早期为政时，后期较少，但并未完全绝迹，像晚年之作《贵人出巡歌》；以白描手法，生动形象地勾勒了统治阶级的鹰犬爪牙们“狐假虎威威胜虎”，欺凌百姓、耀武扬威的丑恶行径，发出“古来豪贵皆如此，此弊于今尤甚矣”的惊呼！可惜，袁枚惟歌生民病、直斥豪权的作品数量毕竟较少，锋芒亦不十分尖锐。他与白居易固然相距甚远，同清代吴嘉纪这样的诗人也不可同日而语。不过，从中总还可看到诗人具有风雅之怀的一面，他并非始终咀嚼个人的悲欢。

再次，袁枚的咏物诗中亦不乏针砭时弊、揭露世俗丑态的讽谕之作。咏物诗并非单纯为物写生照相，“其妙处总在旁见侧出，吸取题神，不是此诗，恰是此诗”(《随园诗话》卷七)，即含有深刻的寄托。袁枚笔下的咏物诗大致可分为两类；一类是寄寓个人性情遭际之作，像《落花》《咏残雪》即属于作者“翰林改官，失意自况”(《浙西六家诗钞》)的诗；另一类则富有更深广的社会意义，多是针对时代弊端与世态人情而发，价值更高。《悼松》乃是其咏物诗中的上乘之作。此诗开篇称颂世上罕见的黄山松的奇姿与品性：

> 黄山之松世少伍，不在高长在奇古。根未离地身已曲，性似畏天头早俯。森布俨同华盖张，崛强惯从石缝吐。不阶尺土真英雄，接引游人类佛祖。扰龙破石著团名，载入诗歌画入谱。

“黄山之松”可谓集真善美于一身，是树中难与匹敌的“英雄”。但是这样的人间奇材不仅无人保护培育，反被“樵夫斤与斧”砍伐，遭到“拉杂摧烧渐渐空”，“其如当作腐草看，半入煤蓬炊瓦釜”的厄运。诗人触类旁通，由奇松的命运而生发开去，进一步联想到：

> 古来劫数总皆然，万事原非天作主。车鞭骏马背负盐，盘烝美人头作脯。世充书卷尽沉河，阿房一炬偏遭楚。可怜松亦与之同，带露含霜变灰土。

诗人对这一系列具有价值的人与物被毁灭痛心疾首，因而“独对荒山泪如雨”。此诗题曰《悼松》，其实质是悼念满腹经纶却在劫难逃的人才，是控诉社会黑暗对人才与一切美好事物的扼杀与摧毁。袁枚尝云：“咏物诗无寄托，便是儿童猜谜。”(《随园诗话》，卷二)《悼松》当然不是“儿童猜谜”式的肤浅之作。《悼松)是七古体长诗，其咏物诗中小诗更多。这里举一首发人深思的短诗《鸡》：

养鸡纵鸡食，鸡肥乃烹之；主人计自佳，不可使鸡知。

此诗明是咏鸡，暗是写人，写人与人的关系，所谓“不是此诗，恰是此诗”。“主人”之“纵鸡食”为的是“鸡肥”，“肥”乃为“烹”，其养鸡计“佳”在“不可使鸡知”其终将被宰杀、烹食的命运而安于暂时的“优裕”地位，可谓阴险毒辣之至！这种“主人”与“鸡”的关系，使人联想到封建社会多少君与臣、主与奴的欺骗与被欺骗、利用与被利用的关系！“主人”之狡诈令人憎恨，“鸡”之愚昧令人可悲，诗人的感慨尽在不言中。蒋士铨评袁枚诗“笔所未到意孳孳”(《读随园诗题辞》)，于此亦可见。又如《纸鸢》：

纸鸢风骨假棱嶒，蹑惯云霄自觉能。一旦风停落泥滓，低飞还不及苍蝇。

此诗嘲讽官场上不学无术、依仗权势而飞黄腾达之徒。他们自以为能耐很大，但一旦其所赖以安身立命的靠山倒掉，也就原形毕露，一文不值。诗以白描手法，使“纸鸢”的神态活现，末句以“苍蝇”相对照，揭露出“风骨假棱嶒”的虚弱本质，对于人世中的“纸鸢”，诗人给以强烈的蔑视。又如梅花向有“花中气节最高坚”(陆游《落梅》)之誉，因此一直被人视作“绝代高人”而吟唱。但袁枚《买梅》二首却自出机杼，别具匠心地写下了这样的梅花：

为买梅花手自栽，朝衫典尽向苍苔。笑他绝代高人格，不等黄金也不来。

此梅原来并非视利禄如敝屣的真“高人”，而是一个于铜钱眼翻筋斗的势利小人。诗人显然是为社会中的假“高人”写照传神，讽刺是无情的。

由上述可知，袁枚对社会政治的弊端、世俗人情的丑态，是极其憎恶的，对民生疾苦亦是关心的。袁枚并非一味“采菊东篱下”的隐士，他于社会是关注的。袁枚这种讽谕精神在赵翼、张问陶等性灵诗人中亦得到发扬。但在家族诗人与女弟子诗人中，由于思想与阅历的原因，并未予以继承。

三、山水诗

袁枚一生热爱山水，其隐居处小仓山就是山林胜地，姚鼐更称其“足迹造东南，山水佳处皆遍”(《袁随园君墓志铭并序》)。其实，袁枚“足迹”遍及半个神州。如乾隆元年(1736)袁枚21岁时即远赴广西桂林探望叔父，此行途经浙江、江西、湖南等地，到广西不久即被广西巡抚金鉷荐举入京参加博学鸿词试。又游览了湖北、河南、河北等地名胜古迹，写下《夜渡彭蠡风浪大作》《巴陵道中》《同金十一沛恩游栖霞寺望桂林诸山》《过洞庭》《黄鹤楼》《汉江遇风》《牛口谷》《易水怀古》等诗作。又如乾隆十七年赴陕西任职，由南京出发经安徽、山东、陕西诸省，留下了《葛岭遇雪》《黄河》《登峄山》《北邙山》《潼关》《登华山》等北地风物之什。辞官隐居后则时常出游，往返于南京与扬州、苏州、杭州之间。他更有几次远游。乾隆四十七年(1782)67岁出游浙江，欣赏天台山国清寺至高明寺一带山色，惊叹雁荡山、大龙湫的奇观。次年，游安徽黄山。感慨黄山奇松的厄运。再次年二月远游岭南，沿途观赏了江西庐山、小姑山等名山，遍览了罗浮山、新会、广州风光；九月又由广东赴广西桂林，登独秀峰，游漓江水；离桂林返家途中，则游览了湖南衡山。乾隆五十一年(1786)71岁远足福建武夷山。五十七年(1792)77岁重游天台山。六十年(1795)80高龄仍游兴未减。袁枚一生行万里路，为其山水诗创作提供了丰富的题材。

如果说袁枚写社会人生、抒发主观性灵的诗真性情的因素更明显，那么写山水景物的诗寄寓独特个性及意象灵动新奇、生气勃然、“我诗重生趣”(《哭张芸墅司马》)等审美特性尤突出。

袁枚的《小仓山房诗集》山水诗不到十分之一，数量与山水诗人王士禛、厉鹗乃至查慎行等都无法相比。但因性灵独具，在清代山水诗发展史上自树一帜，而占据重要地位。正如王士禛的山水诗基本上是神韵山水诗一样，袁枚的山水诗亦可称性灵山水诗，与其性灵说美学思想相合。袁枚的性灵山水诗不仅完全摆脱了清初遗民山水诗那种对政治功利的依附性，亦突破了清初六大家山水诗一般的借景抒情，把水山作为感情载体的模式，与浙派厉鹗山水诗以清幽之境排遣精神苦闷的慰藉式亦不相同。袁枚的性灵山水诗的开创性在于高扬主体意识，在处理人与自然山水关系时，万物为我所役，人始终占据主导的或主动的位置。

袁枚性灵山水诗的高扬主体意识，主要表现在把自然山水性灵化，即拟人化、个性化，人与自然主客体相隔离、相对立的界限被打破，自然山水自身被赋予人的个性情感，构成人的世界的一个组成部分，人与山水可以“对话”、心灵相通；同时以山水的精神来体现诗人的性灵。自然山水已不再仅仅是供人观照、寄托的审美对象，它自身就是活的宇宙生命。这类山水诗多为古体、律诗，构思新颖，想象大胆，语言雄俊，生气盎然；所写对象基本上是名山胜水。

袁枚曾望桂林奇山，登西岳华山，攀南京最高峰，游雁荡诸峰……于是神思飞越，驰骋笔墨，不仅生动传神地描绘出不同名山各自的审美特征，刻画出自己独有的审美感受；更注重将原本沉寂的山峰赋予生命灵性，化静为动，化死为活，显示出生命活力，以与诗人的性灵相沟通。如诗人于乾隆元年(1736)赴桂林省叔父时所写的《同金十一沛恩游栖霞寺望桂林诸山》就是一首代表作：

奇山不入中原界，走入穷边才逞怪。桂林天小青山大，山山都立青天外。我来六月游栖霞，天风拂面吹霜花。一轮白日忽不见，高空都被芙蓉遮。山腰有洞五里许，秉火直入冲乌鸦。怪石成形千百种，见人欲动争谽谺。万古不知风雨色，一群仙鼠依为家。出穴登高望众山，茫茫云海坠眼前。疑是盘古死后不肯化，

> 头目手足骨节相钩连；又疑女娲氏一日七十有二变，青红隐现随云烟。蚩尤喷妖雾，尸罗袒右肩，猛士植竿发，鬼母戏青莲。我知混沌以前乾坤毁，水沙激荡风轮颠。山川人物熔在一炉内，精灵腾踔有万千，彼此游戏相爱怜。忽然刚风一吹化为石，清气既散浊气坚。至今欲活不得、欲去不能，只得奇形诡状蹲人间。不然造化纵有千手眼，亦难一一施雕镌。而况唐突真宰岂无罪，何以耿耿群飞欲刺天？金台公子酌我酒，听我狂言呼否否；更指奇峰印证之，出入白云乱招手。几阵南风吹落日，骑马同归醉兀兀。我本天涯万里人，愁心忽挂西斜月。

吴应和评袁枚诗“有轶群之才，腾空之笔，落想不凡，新奇眩目”(《浙西六家诗钞》)，此诗堪称范例之一。诗开篇“走”“逞怪”二词即令桂林“奇山”生气郁勃，化为有生命活力的自然之物。而对洞中“怪石”及诸山“奇形诡状”的描绘刻画，亦皆具灵性；特别是对后者更以奇幻的构思驱遣古代神话传说以及佛道典籍有关奇人异事，比喻之，铺陈之，涂抹上神奇的色彩，灌注以飞动的气势，使众山显示出旺盛的生命力，正是年轻诗人当时狂放的气质个性的表露；而对昔日万千腾踔的“精灵”，此时被“吹化为石”的奇想与慨叹，则反映了诗人追慕自由的性灵。而中年隐居，乾隆十九年(1754)游览南京栖霞山凤翔峰所写的《登最高峰》，亦同样抒写山与人的性灵。开篇“群峰齐俯首，争把一峰让。一峰果昂然，独立青天上”四句，即把群峰与凤翔峰人格化，以群峰之俯首谦让，衬托出“最高峰”壮美的丰姿以及独立无羁、昂然向上的个性精神，这又与“我来登此如登天，无物与我堪比肩，白云蓬蓬生足下，红日皎皎当胸前”，“背山摇鞭风洒洒，手掷金轮放四海”的诗人自我形象、独立精神相映照，衬托出后者的性情、个性。袁枚晚年，乾隆四十七年(1782)游雁荡山，见“十里崎岖半里平，一峰才送一峰迎”(《山行杂咏》)，感受到雁荡群峰亲切友好之情意；而望卓笔峰更得灵感：“孤峰卓立久离尘，四面风云自有神。绝地通天一枝笔，请看依傍是何人!”(《卓笔峰》其一)诗人抓住卓笔峰“绝地通天”“孤峰卓立”的独特神韵，予以个性化，写得峭拔有力，而此峰又分明寓有长期隐居即“久离尘”的诗人的性灵，人与峰在无所“依傍”这一个性特征上已合二为一。诗人自己大半生不受世俗束缚、独来独往的精神正是卓笔峰这一形象所包含的意蕴。与《卓笔峰》异曲同工的是袁枚乾隆四十九年(1784)重游桂林写的《独秀峰》，其末尾云：“青山尚且直如弦，人生孤立何伤焉!”《后汉书·五行志》引童谣云：“直如弦，死道边；曲如钩，反封侯。”诗以“直如弦”写“青山”，明显是以人的正直品格使之性灵化、人格化。亦衬托诗人甘愿“人生孤立”、不与世俗妥协的个性。

袁枚咏山诗的主体意识颇强，亦表现为很少对山景作纯客观的描写，而是偏重表露内心的主观感受，突出人与自然的呼应、交流关系，这在清初以来的山水诗中并不多见，亦是袁枚求新思想的反映。如乾隆十七年(1752)写于赴陕途中的《登华山》就颇为典型。西岳华山自古以险峻著称，诗人亦正是以此特点作多角度的渲染。诗云：

> 太华峙西方，倚天如插刀。闪烁铁花冷，惨淡阴风号。云雷莽回护，仙掌时动摇。流泉鸣青天，乱走三千条。我来蹑芒屩，逸气不敢骄。绝壁纳双踵，白云埋半腰。忽然身入井，忽然影坠巢。天路望已绝，云栈断复交。惊魂飘落叶，定志委铁镣。闭目谢人世，伸手探斗杓。屡见前峰俯，愈知后历高。白日死崖上，黄河生树梢。自笑亡命贼，不如升木猱。仍复自崖还，不敢向顶招。归来如再生，两眼青寥寥。

诗人远望华山整体形象，高峻嵯峨，“倚天如插刀”之喻十分精警；近登华山路，则觉局部形象亦处处险峻阴冷。而诗的重点是揭示登山时的主观体验，“我来蹑芒屩，逸气不敢骄”，“忽然身入井，忽然影坠巢”，“惊魂飘落叶，定志委铁镣”，惊险的心理活动，显示出诗人安危与华山相连的关系，突出了华山具体可感的险峻之境，亦拉近了读者与诗中华山的距离，和诗人同时得到奇境的审美享受。徐世昌赞袁枚诗“能状难显之境，写难喻之情”(《晚晴簃诗汇》卷七六)，于此诗可见一斑。又如乾隆二十七年(1762)写的《飞来峰》，表现身入岩洞所见所感：“疑是夸娥移，左股疗未化；又疑巨灵擘，仙掌分太华”，亦突出惊疑心理，反衬岩洞景象的神奇，并与读者感受相沟通。

总之，袁枚写各地名山都具有个性特征，袁枚所谓“青山若弟兄，比肩相党附。恰又耻雷同，各自有家数”(《看山有得作诗示霞裳》)；同时又都被拟人化，并与诗人的性灵相映衬。

与写名山之作相比，袁枚吟咏胜水之什在数量与质量上都稍逊一筹。但并非没有佳作，如乾隆四十七年(1782)游雁荡时写的《观大龙湫作歌》就才气横溢，堪与《同金十一沛恩游栖霞寺望桂林诸山》相媲美。大龙湫是雁荡山著名的瀑布，水云烟雾，气象万千，激发了诗人非凡的想象力。诗云：

> 龙湫山高势绝天，一条瀑走兜罗绵。五丈以上尚是水，十丈以下全为烟。况复百丈至千丈，水云烟雾难分焉；初疑天孙工织素，雷梭抛掷银河边；继疑玉龙耕田倦，九天咳唾唇流涎。谁知乃是风水相摇荡，波回澜卷冰绡联。分明合并忽迸散，业已坠下还迁延。有时软舞工作态，如让如慢如盘旋；有时日光出照耀，非青非红五色宜。夜明帘献九公主，诸天花散维摩肩。玉尘万斛橘叟赌，明珠九曲桑女穿。到此都难作比拟，让他独占宇宙奇观偏。更怪人立百步外，忽然满面喷寒泉。及至逼近龙湫侧，转复鬓燥神悠然。真是山灵有意作游戏，教我亦复无处穷真诠。天台之瀑何狂颠，雁山之瀑何蝉嫣，石门之瀑何阗喧，龙湫之瀑何静妍！化工事事无复笔，一瀑布耳形万千。要知地位孤高依傍少，水亦变化如飞仙。

诗人笔下的大龙湫主观色彩极浓烈。自“初疑天孙工织素”至“教我亦复无处穷真诠”为全诗的重点内容，充满了新奇的联想、比喻，描写瀑布的声响、色彩、形态，主要不是客观描摹刻画，而是借助仙佛传说人物来渲染其新奇、空灵的美，独特地抒发诗人别致的审美发现与审美感受。其中如“合并忽迸散”，“坠下还迁延”等客观描写，则观察细致敏锐，笔性灵动。而全诗尾句“要知地位孤高依傍少，水亦变化如飞仙”的警策之句，则点出大龙湫之所以能如此变幻如仙、乃在于其从“孤高依傍少”的地位倾泻而下所致。这就在整体上把大龙湫人格化，性灵化，亦是诗人“孤高”个性的对象化。早在乾隆十六年（1751）袁枚于随园所写的观雨景之作《南楼观雨歌》，其描写风、云、雷、电、雨、水，亦都不作客观写生，而是借助神话传说、奇譬妙喻，赋之以鲜活之力、劲健之气，极尽变化之致，是一支宇宙生命的颂歌，亦是诗人狂放个性与旺盛生命力的迸发。

上引山水诗多属阳刚壮美一格，袁枚山水诗亦颇多阴柔优美之作。其写水往往与月联系起来，描绘水月相映、清静幽深之景，别有一番诗情画意，但仍不失抒写性灵的情致。诗人不仅赋予水、月以灵性、生命，且观察细致，捕捉意象细微的动态之美，显示出于“一刹那上揽取”（徐增《而庵诗话》）的灵活笔性。这里首先要提及的是《水西亭夜坐》。水西亭为随园内一处水边凉亭，夜坐于此观看水与月最为赏心悦目。诗云：

> 明月爱流水，一轮池上明。水亦爱明月，金波彻底清。爱心兼爱月，有客登西亭。其时万籁静，秋花呈微馨。荷珠不甚惜，风来一齐倾。露零萤光湿，屧响蛩语停。感此玄化理，形骸付空冥。坐久并忘我，何处尘虑撄？钟声偶然来，起念知三更。当我起念时，天亦微云生。

此诗写于归隐后的乾隆十六年（1751 年），通过明月、流水、秋花、荷珠、萤光、蛩语等视觉与听觉意象，构成一个空冥清幽的意境。置身此境中，诗人与自然相融，彻底摆脱“尘虑”，充分享受到闲适自得之趣，面对水、月的美景有其独特的审美感受：“明月爱流水”，“水亦爱明月”。水与月之互“爱”，显然被赋予了性灵，亦造成自然万物和谐的氛围；而诗人“爱水兼爱月’则显示热爱自然清净之境的情性。诗人的描写亦颇具匠心：在水月之间，“秋花呈微馨”被置于“其时万籁静”的情境中，花香就有了音乐感；“荷珠”因“风来一齐倾”，刹那间的变化，显示活脱的动态美；而“露零萤光湿”的通感手法，亦富于情趣。在如此静谧又美妙的夜境中，诗人产生“形骸付空冥”、人与自然同化的隐逸之情亦就极其自然了。诗风幽雅清婉，与意境、心境正相吻合。又如乾隆八年（1743）的《淮上中秋对月》、乾隆十四年(1749)的《江中看月作》亦皆写水、月之景，前诗首联“长淮波冷碧云残，皎皎当空白玉盘”，淮河水中波与空中月相映成趣，画出中秋夜别致的月景；颈联“银河有影秋心老，仙露无声雁背寒”，遥想银河中的孤独生命(织女)“秋心老”，细觉南归大雁背沾仙露而生寒，笔触空灵，感情苍凉，皆突出了创作主体“八年不在故乡看”明月的羁旅之思。而水、月成为触发乡愁的“媒人”。后诗写长江夜月之明亮，但通篇无一语点破“明”字，而是纯以水中具体意象暗示，如中间两联：

万里鱼龙争照影，一船鸡犬欲腾空。帆如云气吹将灭，灯近银河色不红。

前联意象活泼，生气盎然；后联想象独到，感受细微：皆发人所未发，又充满生趣。诗句句都写江月的明亮，使“如此宵征信奇绝”的诗意生动可见，具体可感。意象新颖奇警，反映了性灵诗人创造之功。

袁枚性灵山水诗的主体意识强，不仅表现为写名山胜水，多用古体或律体；而且表现为写无名山水、僻地小景，多用绝句小诗。后一类不以想象奇特、生气勃勃取胜，而是善于用白描、通俗的语言，表现自然意象的活泼空灵，风趣可人。这类诗在袁枚性灵山水诗中占有大半。

其一是写袁枚旅途中所见异乡无名山水、僻地小景。如乾隆四十九年(1784)袁枚游历广东、广西，从端江到桂林的奇山异水触发了诗人的灵感，于是借助小诗传达了富有地域特征的风景与内心独特的审美感受，又颇具幽默的情趣。且举《六言九章》中的两章以见其特色：

山下怒涛坌涌，山中怪石横排；橹向狼牙曳出，舟从虎口吞来。

镇日烟村断绝，一时难问迷津；赖有鹭鸶几点，溪边自送行人。

前章写山溪水势险恶而借助橹舟之状，“狼牙”“虎口”之喻甚为通俗贴切，“曳出”“吞来”用字传神活脱，可立纸上。灵动的意象含有诗人紧张惊讶的心理，主观色彩甚浓。后章写偏僻荒凉之景，以及旅途生活的寂寞无聊，但借“鹭鸶几点”“溪边自送行人”的拟人化小景反衬之，就显出活气，流出情趣。南国山水有特色，北方风光亦独具风貌。如乾隆十七年(1752)春改官陕西途中就写下多首描绘北方春色的作品。其中《沙沟》一诗云：

沙沟日影渐朦胧，隐隐黄河出树中。刚卷车帘还放下，太阳力薄不胜风。

诗写山东腾县南沙沟傍晚景象。“太阳”被诗人置于“主角”地位，沙沟、黄河是它的广袤舞台。但可惜“日影渐朦胧”，又“力薄”，并无精彩的演出，这就反衬出北地春季的荒冷之境。“太阳力薄”的拟人化。亦不乏幽默之趣。

其二则是写随园景物的小诗，更能体现“随园诗处处虚灵活泼”(《浙西六家诗钞》)的妙处，以及“风趣专写性灵”(《随园诗话》卷一引杨万里语)的特点。如乾隆二十三年(1758)写的小诗《推窗》：

连宵风雨恶，蓬户不轻开；山似相思久，推窗扑面来。

诗人化静为动，化无情山为有情人，山的意象虚灵活泼，极具性灵，特别是“推窗扑面来”写山的主动性，反衬出诗人对雨霁风止后的清新山色的渴念之情。昔日王安石有“两山排闼送青来”(《书湖阴先生壁》)之句，但比之“山似相思久，推窗扑面来”，笔触嫌硬，且不及此山有情有味。又如乾隆四十一年(1776)写的《所见》：

牧童骑黄牛，歌声振林樾；意欲捕鸣蝉，忽然闭口立。

这是一首速写式风物小诗。诗人突出了天真牧童“欲捕鸣蝉”而“忽然闭口立”这一顷刻，化动为静，以诗笔雕成了一尊塑像。诗人选择的是“最富有孕育性的顷刻，使得前前后后都可以从这一顷刻中得到最清楚的理解”①。黄牛、林樾、鸣蝉的自然景物与牧童形象，共同构成了夏日乡野的意趣，牧童的天真亦体现了诗人所谓的“赤子之心”(《随园诗话》卷三)。上引小诗都写得轻松闲适，如《七月二十日夜》这类小诗则另有一番风味、另一种节奏：

寒风萧萧打窗急，半夜书翻床脚湿。直疑天压银河奔，又恐地动海潮入。披衫开门欲唤人，一峰瘦影灯前立。

诗写诗人归隐后的乾隆十五年(1750)七月二十日夜所见奇景。半夜风雨突袭，来势汹汹，诗人以高度夸饰的神思之笔给予了立体式描绘：天压银河奔，地动海潮入，真切地反映了诗人面对风雨淫威时的惊惧心理。而当诗人急匆匆“披衫开门欲唤人”以求援助的瞬间，蓦然见“一峰瘦影灯前立”！此峰是如此具有灵性，仿佛与诗人心灵相通，不召而至，欲陪伴诗人，抚慰诗人，为诗人排忧解难。“一峰瘦影灯前立”意象精警，又具情致。

袁枚笔下的自然之物具有灵性，富于情致，表现出诗人对自然的亲情，与自然的和谐，实际上是诗人性灵的对象化。在绝句小诗中景物富于性灵的佳句颇多，如：“几条金线忽摇曳，杨柳比人先觉风”(《春日杂诗》)，“山上春云如我懒，日高犹宿翠微巅”(《春日杂诗》)，“轻风刚值吟残春，替我吹翻一页书”(《步山下偶作》)，“梧桐知秋来，叶叶自相语”(《夜立阶下》)，“花似有情来作别，半随风去半升堂”(《春日杂吟》)，“青苔问红叶，何物是夕阳”(《苔》)等等，不一而足。这些诗句中的杨柳、春云、轻风、花、青苔、红叶等意象的动作情态，都不是一般的拟人修辞手法的运用，而是诗人与自然的密切关系的显现，是诗人主体意识高扬的反映，是诗人重视性灵的审美情趣的流露，是诗人“山水以永趣也”(《瞻园小集诗序》)的山水诗美学思想的实践。

---

① 莱辛《拉奥孔》，人民文学出版社 1979 年版，第 83 页。

山水诗具有较强的主体意识，当然不自袁枚始，唐代李白山水诗即是高扬主体意识的典范。但二者不同。李白的主体意识主要是积极入世的时代情神，以及面对“宇宙时空的主宰意识”（许总语），“戏万乘若僚友，视俦列如草芥，雄节迈伦，高气盖世”（苏轼《李太白碑阴记》引夏侯湛赞东方朔语），山水诗则借名山大川之宏大境界、雄放气势，抒发个体生命的力量及与宇宙平列的气概。因此，李白实际上是独立于山水景物之外的。袁枚则不然。他本是出世之人，以自然山水为归宿，欲与山水草木同化，为此就要把自然人化，将主观意识移情于客观物象，使人与自然山水可以平等相处而进行“对话”。袁枚追求的不是人对自然的主宰，而是人与自然的和谐及由此产生的自然之趣、闲适之情；所以他远比李白多用拟人手法，赋予自然景物以生命的灵性，寻觅自然中的生气与生趣。这是袁枚为推动清代山水诗的发展所作出的重要贡献。此外，袁枚性灵山水诗在题材内容与艺术表现上亦有所开拓：描写对象既有名山胜水，亦有山水小景；体裁既有古体律体，境界壮阔，波斓开合，奇正变幻，亦有绝句小诗，意象空灵，活泼有趣；语言既化用典故传说，典雅华美，亦多白描，通俗晓畅。诗之活灵风趣得宋人杨万里诗之真髓，白描手法承查慎行之精神，但又有所发展丰富，如增添了新奇、精警之致，减少了议论。

综观上述，袁枚诗歌在思想内容与艺术形式诸方面都有可称道之处，故不仅在当时有很大号召力以至形成性灵诗派，而且对近代诗人亦有影响。袁枚诗通俗易懂，近唐人白居易，但袁枚说：“人多称余诗学白傅，自惭平时于公集殊未宣究。今从岭南归，在香亭处借《长庆集》，舟中读之。始知阳货无心，貌类孔子。”此说见于乾隆三十七年(1772)62岁时所作《读白太傅集三首》小序。即使如此，白居易名篇他早年是读过的①，潜移默化亦是有的，只是他并非刻意模仿唐人。他的山水景物诗受宋人杨万里影响亦是事实。他向来钦佩杨“天才清绝”，并为汪大绅称其“诗似杨诚斋”而惊喜（见《随园诗话》卷八）。但总的看，袁枚诗很少模仿古人，孙原湘所谓“诗无唐宋主新

① 见如早年所作《捕蝗歌》有“香山早有《捕蝗歌》之句，《马嵬》有“莫道当年《长恨歌》”之句。

声”(《随园先生过访，同饮吴氏光霁堂即送之郡》)。其诗代表了清诗独具的面貌。袁枚诗于清诗史上的意义主要在于此。

但袁枚诗亦颇遭人非议。近代林昌彝称他“召试鸿博以后，猖狂恣肆，诗格日卑。其《子才子歌》及赠其门人刘霞裳诗，有碍风俗，颇失诗旨，无足取也”(《射老鹰楼诗话》)。梁启超《清代学术概论》甚至云：“乾隆盛时，所谓袁(枚)、蒋(士铨)、赵(执信)三大家者，臭腐殆不可向迩。”这种道学观点或片面偏激之论自不足为训。不过毋庸讳言，袁枚诗亦确有缺陷，如洪亮吉所喻：“袁大令枚诗，如通天神狐，醉即露尾。”(《北江诗话》)意谓其诗时有油滑纤佻的习气；而游戏笔墨或格调低卑之作亦难免，像《姑苏纪事》这类记叙狎妓生活、玩赏青楼女子的篇什是明显的糟粕，而描摹《齿痛》《染须》这类无聊生活琐事的东西，亦是不值一哂的。在艺术上，他有一些诗亦喜欢卖弄学问，采用生僻典故，使人难以索解，失去白描本色；有些诗则意象重复，不合其创新之论旨。这表明袁枚创作与理论之间尚有一定距离。要之，袁枚诗歌创作在乾隆诗坛是独树一帜、颇有成绩的，但亦不可估计过高。其影响不及其性灵说诗论深广。

【评　介】

该文出自王英志《性灵派研究》(辽宁大学出版社 1998 年版)第六章《性灵派主将袁枚》。

本章共有三节组成：

第一节　袁枚的生平

该节把袁枚的生平行实划归三个时期，“综观袁枚一生行状，可明显划分为三个时期。康熙五十五年至乾隆四年(1716—1739)为学习与求仕时期；乾隆五年至十三年(1740—1748)为步入仕途与从政时期；乾隆十四年至嘉庆二年(1749—1797)为归隐赋闲与集中精力创作著述时期”。

第二节　袁枚的个性与主将地位

该节开篇交代了袁枚成为性灵派主将的思想条件，“袁枚思想上反对尊性黜情的道学，亦鄙薄束缚人思想才智的汉学，显示出背叛传统观念、追求个性解放的启蒙精神。这是他能领导性灵派的思想条件”。除此之外，袁枚的性情即个性特征，与他成为性灵派主将亦不无关系。因此，袁枚的个性就是该节首先考察的一个中心。

一、袁枚的个性特征

（一）“狂”是袁枚个性一大特点。

作者认为，袁枚“狂表面上是纵情任性，放荡骄恣，实际上是不受礼法拘束、自由无羁的独立精神，亦是一种高度的自信”。“此狂放的个性与其大胆抨击伪道学的思想自有内在联系。”

（二）“疏俊”、“通脱”是袁枚个性的第二大特点。

对此个性特点，该文有如下总结，“袁枚不佞佛，不信仙，不信阴阳风水。”袁枚75岁以为大限将至时，“乃作歌自挽，并遍索和诗，全然不视死为畏途。这种性格与他反传统、超越世俗的思想具有内在联系”。“袁枚亦不讳言其好色爱财，贪图享乐。”

“袁枚虽非‘至人’‘豪杰’，但有仁爱之心，于江南任县令时就有‘大好官’之誉。致仕后又以其心地善良，乐善好施，急公好义闻名。”

“他善于团结三教九流之人，人际关系甚好，尤喜汲引后进，后生有偏章断句，皆称誉不休，一时才士，多出其门。故他虽然乃一市隐之人，但《续同人集》中所收的友人、学生赠诗赠文近千，《八十寿言》收二百余人祝寿诗文。他家中的随园诗城更藏赠诗近万首，可见声望之高、人缘之好。这都使他具有了成为诗坛盟主的条件。”

“他为人诙谐佚荡，虽不满现实，但既看穿生死，亦能笑看人生”，“其一生基本上贯穿了性灵派的兴衰史”。

二、袁枚的性灵派主将地位

（一）“袁枚性灵派主将地位的确认乃源于其主将的作用”。这体现在两个方面：

首先，提倡性灵说。

袁枚“即从诗歌创作的主观条件的角度出发，强调创作主体必须具有真情、个性、诗才三方面要素。在这三块理论基石上又生发出：创作构思需要灵感，艺术表现应具独创性并自然天成；作品内容以抒发真情实感，表现个性为主，感情等所寄寓的艺术形象要灵活、新鲜、生动、风趣；诗歌作品宜以感发人心，使人产生美感为其主要艺术功能等艺术主张。这又涉及创作动力、艺术构思、作品审美特征、作品的美感作用等诗歌创作的几乎所有主要环节，可以说构建了一套完整的诗论体系；并成为性灵派的创作论纲领。这自然是袁枚所发挥的最大的主将作用。”

其次，创作大量的性灵诗。

“袁枚还有丰富的诗歌创作，写诗四千余首，以其抒写真性情，表现独具的个性。描绘形象灵活有趣的山水景物，实践其性灵说的审美追求，并直接影响其家族诗人与众多弟子的性灵诗创作。”

(二)袁枚推进性灵派形成的实际行动。

首先是“广收门生包括女弟子，总数至少有七八十人”。

该文指出，“有人嫌其太滥，袁枚答以‘有教无类’。收弟子不论出身贵贱、性别男女，凡有志学诗者都予以热情指点”。“曾两次于杭州西湖举办女弟子诗会，师生相互切磋诗艺，一时成为佳话。这些弟子之成为性灵派的基础，正是袁枚一手培养的。而弟子中的佼佼者何士颙、孙原湘、席佩兰、孙云凤等更得到袁枚的特别关照，使之成为性灵派的骨干。”

其次是“编校、刊印性灵派成员的诗集，这对于鼓舞性灵派诗人的创作积极性，扩大性灵派的创作实绩，作用甚大”。

袁氏家族诗人和一些弟子的诗集都是袁枚帮助刻印行世的。“更重要的是嘉庆元年(1796)袁枚编纂了《随园女弟子诗选》，收28位女弟子佳作，为女子创作张目，具有特殊作用。袁枚不仅为性灵派成员代刻诗集，而且还撰序言或小传，予以赞扬，扩大影响。”

再次是“袁枚晚年编写《随园诗话》十六卷、《补遗》十卷，不仅充分阐释性灵说诗论，而且大量采录性灵诗作，使性灵诗普及”。

袁枚编写《随园诗话》“举凡三教九流，只要诗抒写性灵，皆可以诗存人，大有网罗尽天下性灵诗之概。其中选录闺秀、女弟子之作尤多”。“《随园诗话》还有许多纪事文字，对性灵派的声名远扬亦有不小作用。许多弟子的名字、简历全靠《随园诗话》传播开去。我们所知男弟子二十来人大多见于《随园诗话》。性灵派的一些活动亦借《随园诗话》流传。”

该节最后通过性灵派在袁枚去世后的迅速消亡，从反面总结了袁枚在性灵派中的灵魂地位，“说袁枚是性灵派主将，其实还不够，他实际是灵魂。性灵派存在时间不过一个甲子，其迅速衰亡，除了时代的原因之外，与袁枚于嘉庆二年 82 岁时病逝亦有重要联系。性灵派本是一个多元的又比较松散的文学流派。性灵派一旦失去了灵魂，亦即失去了依附。因为性灵派其他重要成员如副将赵翼、殿军张问陶等都不具有袁枚一样崇高的威望与巨大的凝聚力。恰如树倒猢狲散，袁枚逝世后所余性灵派成员亦即成为散兵游勇，布不成阵。而且没有新生力量的补充，这个盛极一时的性灵派终于走向寂灭。这从反面证明了袁枚于性灵派中地位之非同一般”。

第三节　袁枚的诗歌创作

该节最初分三部分《袁枚的真性情诗》(《苏州大学学报》1987 年第 1 期)、《袁枚的讽谕诗》(《齐鲁学刊》1987 年第 2 期)、《袁枚的山水景物诗》(《浙江学刊》1986 年第 6 期)单独发表，收入王英志著《性灵派研究》(辽宁大学出版社 1998 年版)第六章《性灵派主将袁枚》时，略有改动。

该节开篇总括了袁枚性灵诗的美学特点并把袁枚性灵诗分为“真性情诗”、“讽谕诗”、“山水景物”三类，“袁枚《小仓山房诗集》现存其 21 岁至 82 岁所写古今体诗 4484 首。这些诗大多符合其性灵说主张，可称为性灵诗，体现了性灵说对作品的美学追求：首先是抒写真情实感，表现诗人独特的个性；其次是构思新颖，感情所寄寓的意象灵活生动；再次，诗歌语言自然通俗，以白描为主，不堆砌典故；情调风趣诙谐。上乘的性灵诗当然兼备上述诸特色，但由于创作主体所抒写的感情性质不同或所描写的审美对象有差异，每一首诗的特色也就有所侧重，一般来说，写社会人生、抒发主观性灵的诗真性情的因素更明显；写自然景物的诗形象灵活生动、风趣盎然等特点尤突出。有些作品用典过多，不属性灵诗，但亦不无佳什。当然，其中也不免卑靡之作”。

一、真性情诗

袁枚“其性灵诗的主要特色正在于抒写特有的真情实感”。“袁枚性灵诗所抒发的真性情是多方面的，其中最动人心弦、入人心脾者当为抒写悲欢离合之作与较为健康的情诗和直抒胸臆的个性诗。”“袁枚抒写真情至性的性灵诗为性灵派真情诗开了先河，性灵派诗主体亦是抒发真性情，并成为乾嘉诗坛的创作主流。”

二、讽谕诗

作者认为，“袁枚性灵说诗论并未强调诗反映社会人生，相反倡言诗写个人的‘性情遭遇’(《答沈大宗伯论诗书》)。但在创作实践中，却有相当数量面对历史人物而借古喻今或正视当代社会弊端发表见解、予以揭露的诗篇，其大部分可以纳入讽谕诗范畴。可以说，袁枚的‘性情’并非只是一己之性情，与政治社会是相连的。这就以创作实践补救了理论上的疏漏，是值得特别注意的。”“袁枚这种讽谕精神在赵翼、张问陶等性灵诗人中亦得到发扬。但在家族诗人与女弟子诗人中，由于思想与阅历的原因，并未予以继承。”

三、山水诗

该文首先通过与清代众多山水诗大家的对比，指出袁枚性灵山水诗的开创性及其在山水诗发展史上的独特地位，“袁枚的《小仓山房诗集》山水诗不到十分之一，数量与山水诗人王士禛、厉鹗乃至查慎行等都无法相比。但因性灵独具，在清代山水诗发展史上自树一帜，而占据重要地位。正如王士禛的山水诗基本上是神韵山水诗一样，袁枚的山水诗亦可称性灵山水诗，与其性灵说美学思想相合。袁枚的性灵山水诗不仅完全摆脱了清初遗民山水诗那种对政治功利的依附性，亦突破了清初六大家山水诗一般的借景抒情，把水山作为感情载体的模式，与浙派厉鹗山水诗以清幽之境排遣精神苦闷的慰藉式亦不相同。袁枚的性灵山水诗的开创性在于高扬主体意识，在处理人与自然山水关系时，万物为我所役，人始终占据主导的或主动的位置”。

“袁枚性灵山水诗的主体意识强，不仅表现为写名山胜水，多用古体或律体；而且表现为写无名山水、僻地小景，多用绝句小诗。后一类不以想象奇特、生气勃勃取胜，而是善于用白描、通俗的语言，表现自然意象的活泼空灵，风趣可人。这类诗在袁枚性灵山水诗中占有大半。”

进而，作者通过把李白山水诗的主体意识与袁枚进行比较，指出袁枚对清代山水诗发展所作的贡献，“山水诗具有较强的主体意识，当然不自袁枚始，唐代李白山水诗即是高扬主体意识的典范。但二者不同。李白的主体意识主要是积极入世的时代精神，以及面对‘宇宙时空的主宰意识’”，“李白实际上是独立于山水景物之外的。袁枚则不然。他本是出世之人，以自然山水为归宿，欲与山水草木同化，为此就要把自然人化，将主观意识移情于客观物象，使人与自然山水可以平等相处而进行‘对话’。袁枚追求的不是人对自然的主宰，而是人与自然的和谐及由此产生的自然之趣、闲适之情；所以他远比李白多用拟人手法，赋予自然景物以生命的灵性，寻觅自然中的生气与生趣。这是袁枚为推动清代山水诗的发展所作出的重要贡献”。

总之，本章通过袁枚的生平、袁枚的个性与主将地位和袁枚的诗歌创作三节详细介绍了袁枚所起的性灵派主将的作用和功绩。本章重点放在对袁枚“真性情诗”、“讽谕诗”和“山水景物诗”三大类性灵诗的解读上。

袁枚诗作研究一直不为学界所重，这自与其以“性灵说”而享名诗坛的历史现实有关，也与其诗作中不无淫词艳语的创作现实有关。该文不但承认“袁枚诗歌创作在乾隆诗坛是独树一帜、颇有成绩的”，但同时指出“不可估计过高”，因为其诗“确有缺陷”，“这表明袁枚创作与理论尚有一定距离”。而且该文还比较注重袁枚诗作对其所开创之性灵诗派的影响，这些看法都是颇富新意而且十分客观全面的。

引申阅读：

1. 胡明：《袁枚诗歌初探》，载《江海学刊》1984 年第 6 期。

2. 刘世南：《论袁枚思想及其性灵诗》，载《江西师范大学学报》1996 年第 1 期。

3. 石玲：《绚丽奇诡　腾踔万千——袁枚〈同金十一沛恩游栖霞寺望桂林诸山〉诗赏析》，载《名作欣赏》1998 年第 4 期。

4. 石玲：《论袁枚古体诗创作》，载《文史哲》1999 年第 2 期。

5. 朱则杰：《清诗史》，南京：江苏古籍出版社 2000 年版。

6. 王英志：《袁枚评传》第五章《性灵派主将》，南京：南京大学出版社 2002 年版。

7. 郑家治：《张问陶袁枚诗论异同简论》，载《四川师范大学学报》2006 年第 6 期。

8. 郑家治:《张问陶与袁枚诗文交往论考——兼论张问陶的诗学渊源》，载《四川职业技术学院学报》2009 年第 4 期。

9. 宁夏江:《真情真性　率尔自然——袁枚词赏析》，载《古典文学知识》2009 年第 5 期。

10. 郑家治:《张问陶袁枚诗风异同初探》，载《四川职业技术学院学报》2010 年第 2 期。

王英志袁枚研究主要作品目录:

参见前文。

15. 张健《古典与近代之间：袁枚的性灵说》【存目】

【评　介】

该文出自张健《清代诗学研究》第十六章《古典与近代之间：袁枚的性灵说》(北京大学出版社 1999 年版)。

张健(1964—　)，安徽阜阳人。安徽师范大学学士，北京大学文学硕士、博士。1992 年留北京大学中文系任教，从事中国文学批评史的研究与教学工作。曾任韩国庆北大学客座教授。1993 年博士学位论文《清代诗学思潮的历史演变进程》第五章为《袁枚的“性灵说”及其诗学革新》。专著有《王士禛论诗绝句三十二首笺证》、《中国古代文学理论精品选》(合作)等，论文有《〈诗家一指〉的成书时代与作者——兼论〈二十四诗品〉的作者问题》、《〈沧浪诗话〉非严羽所编——〈沧浪诗话〉成书问题考辨》等多篇。

该文首先指出袁枚主张性灵在中国诗学研究方向上的积极意义，“袁枚主张性灵，站在诗歌领域的内部看，这代表了诗歌返回其本原——性情的倾向，是一种由外向内的回归”。

进而，在学界关于性灵说含义二分法的基础上提出“才性说”为诠释袁枚性灵说的理论基点，“自郭绍虞先生以来，研究者一般将性灵说分成二义说，一是性情义，一是灵机义，以性情义言其内容方面，说其性情如何突破封建礼教，以灵机义言其创作及审美形式方面，谓其如何崇尚天才、机巧、风趣等。这种二分式诠释方式还不足以见性灵说思想根源。我们还要再往上说，由性情往上说到主体是主体之天性，由灵机往上说是主体的天才，这两方面合起来就是袁枚自己所云的‘才性’。才性之于人而言乃是一个活的生命体，是一个整体。性灵说是才性论在诗学领域的体现。才性说是我们诠释袁枚性灵说的理论基点。人们常把袁枚的性灵说与公安派的性灵说相比，认为袁枚性灵说是公安派性灵说的继承，但是两者的学说有着一个基本的理论分界：公安派的性灵说是建立在心学基础之上的，而袁枚的性灵说则是建立在才性说基础之上的”。

从而在“才性论”基础上，该文强调了性灵说的意义，“从才性论出发，性灵说注重的是人的自然生命，这一生命没有受到道德理性的束缚，它不崇高，但具有生命原初的姿态，丰富而活泼，具有活力和个性，它表现的是自然生命的美”。“性灵说注重天才，这是一种自然的美。”

一、才性与性情：从崇高到世俗

1. 真实原则与道德原则

该文首先指出，“中国传统诗学无论是主张言志或是缘情，对于诗歌的性情，都有一条原则，那就是诗歌所抒写的情感与诗人的真实情感应该是一致的。这一原则我们可以称之为情感真实性原则。对于儒家诗学来说，除了情感真实性原则外，还有一条道德原则”。

然后指出道德性原则与真实性原则的天然矛盾，“道德原则一旦成为社会认同的普遍原则，用以评诗，它对诗人就有一种无形的但又强有力的导向与约束。诗人为了要使其作品具有最高道德价值，就有可能超越自己的人格真实而虚拟一个更高的道德主体，但是诗歌中的情感不是诗人真实人格的表现，诗与人不符，违背了真实性原则。所以，沈德潜所代表的儒家诗学作为一个价值系统，用于诗歌批评，固然是一套很有效的理论，但是这种理论运用到创作上，也悬一个最高标准，让人人都做到，就容易出现唱高调的伪作”。

2. 才性与真人

该文首先指出诗歌从崇高走向俗化的倾向，“袁枚及其创作代表了清代中叶诗坛的一种价值取向：摆脱儒家诗学的伦理主义。诗人不必有崇高的人格，诗歌也不必有政治道德意义，只要歌咏自己的性情就可以。这样，诗人回到了常人，诗歌回到了世俗。袁枚在当时是最有影响的诗人之一，而且有大量的弟子，这充分证明这种取向具有充分的现实文化基础。这种取向正表现出诗歌从崇高走向俗化的倾向”。

作者进而指出，袁枚为这种取向辩护的理论出发点是“诗言志、修辞立诚的传统命题”。“从言志、立诚，他提出了诗歌的情感真实性原则。就这一原则而言，袁枚与沈德潜是一致的。但是沈德潜在真实性原则之上，还提出了一个道德性原则，袁枚对于性情只有一个原则：那就是真实性。这是袁枚论性情与沈德潜论性情的一个重大的理论分界。沈德潜的命题是‘有第一等襟抱，斯有第一等真诗’，袁枚的命题是有真人而后有真诗。他们的理论命题都把诗的问题归结到诗人上，但是沈德潜强调的是主体的道德修养即善，而袁枚强调的是主体的真。”

3. 真人与真情

该文首先指出袁枚性情的范围，袁枚“对性情的唯一要求就是真，真人是随任自然本性的，因而凡是自然本性之所有都是袁枚所谓性情的范围”。

其次，作者指出袁枚对性情的要求，“从才性讲性情，却只讲真，而不求善”。袁枚“把男女之情作为人类最基本的情感，因而也是诗歌表现的最基本情感”，“他通过对儒家经典的诠释为其肯定艳情诗确立了理论依据”。

4. 有关系与无关系

首先指明，袁枚主张，“诗歌可以与政治道德‘有关系’，也可以‘无关系’”。即袁枚认为“孔子所云‘迩之事父，远之事君’是‘有关系者’，‘多识草木鸟兽之名’是‘无关系者’”。进而解释，袁枚故意曲解孔子之说为己所用。

5. 袁枚所谓性情理论的正面及负面意义

“儒家诗学一直是主张性情之真与性情之善的统一。但是，由于其道德原则具有一定的狭隘性，所以又暴露出某些缺陷。袁枚的性情理论强调性情之真，弥补了儒家诗学的缺陷。但是袁枚却从理论上打破了真善的统一，从理论上说，陷入了另一偏。”

二、才性与天分

1. 袁枚与公安派之辨

作者指出了袁枚与公安派关于天赋观点的区别及其原因，“袁枚的性灵说特别强调诗人的天赋，而公安派的性灵说却不然”。这种分别源自理论来源上的不同，“公安派的性灵是由心学传统中引出来的，李贽的‘童心说’是其直接的理论基础”。但袁枚的性灵说是从才性论引出来的，所以他强调诗人的才能乃是出于天赋。

2. 诗文之道，全关天分

在袁枚看来，诗歌全关天分：

其一，“就性情一面说，诗歌是吟咏性情的”，“天性多情者长于抒情，而天性少情者则短于抒情”。

其二，“就诗歌的审美能力方面而言，袁枚认为诗人的审美感悟能力来自天分”，“诗人的审美创造力也来自天分，这就是所谓的天才”。

其三，“而在所谓诗才之中，他又认为有清才与奇才之分”。“清才一类的诗人，其审美表现能力及力度感较之奇才稍弱，而以阴柔之美见长。”“清才与奇才是两种典型的类型，在它们之间还有许多过渡性的才力。”“袁枚本人也是以清才自视的。”

3. 才与学、识

作者认为，“在袁枚强调识的时候，说才、学、识三者当中识为要、为尤，但这与他强调才时所说的‘才、学、识三者宜兼，而才为尤先’是相矛盾的说法。就袁枚诗学的整体来判断，他确实是以才为优先的”。

三、天籁与人巧

1. 天籁与人籁：无题与有题

该文指出，袁枚认为“诗歌有天籁与人籁之分”，“无题诗是天籁，有题诗是人籁”。“所谓天籁，就是自然、天然之意，而人籁则是人为、人巧之意。”袁枚认为“从《诗经》到《古诗十九首》都是天籁”，还认为“诗歌史是从天籁到人籁的过程，是从内在趋于外在性的过程，是越来越远离性情的过程”。

2. 作为创作状态的天籁与人巧

作者指出，袁枚“把诗歌创作从创作状态上分为两类，一类是天籁型的，一类是人巧型的”。

其一，“从创作状态的角度言，天籁的创作是一种自发的创作状态”，“诗人对这一创作过程不能人为地控制，所以是天籁，是天然，要靠妙手偶得。人巧型的创作则与天籁相反，靠的是人为的有意的苦思冥想而成”。

其二，袁枚还认为“天籁、人巧的创作状态也与诗体有关”。“在他看来，古体诗的特点可以运用才气学问来创作，可以靠人巧，而近体诗的特点，则靠的是天籁。”“天籁、人巧两种创作状态是任何诗人都具有的创作状态。”事实上，“天籁、人巧也是可以统一的。天籁是就当下的创作状态言，而人巧是就修养过程而言，当人的审美修养达到一定的程度，则表现在当下的创作状态中，就可以自发地创作，即所谓天籁。这层意思在袁枚的诗学中也曾有所表露”。

但袁枚从创作状态角度来看天籁、人巧时没有考虑到以下两个含混的问题：

首先，当从创作状态角度来看天籁、人巧时，袁枚没有意识到，是不是得自天籁的作品富于性情，而得自人巧的作品却乏性情。

其次，“袁枚关于天籁与人巧的二分，在理论上还蕴含着以下的问题：这种划分是从创作状态上对诗人的分类呢，还是仅仅是创作状态的划分，与诗人的分类无关？如果是前一种情况的话，那么就可以说一部分诗人的创作属于天籁型的，而另一部分诗人的创作属于人巧型的”。“如果是后一种情况的话，那么，每一个诗人的创作可能有时是天籁型的创作，有时是人巧型的创作，天籁、人巧与诗人先天的才性没有直接关系。袁枚对以上两层意思没有作进一步的分辨，其实两层意思都包含在他的诗学当中。”“袁枚认为这两种创作状态不可偏废”，“但是在不同的场合，他强调的重点又有所不同”。“他想使自己的诗说面面俱到，但各个侧面如何构成一个和谐的统一体，恰是他思考的欠缺。”

四、性灵与格调

1. 性情与格调：袁枚与沈德潜的理论立场

该文指明了性情与形式风格之间的关系以及袁枚、沈德潜对二者关系的看法，“在性情与形式风格之间，形式风格有内在于性情的一面，也有外在于性情的一面。就内在性的一面而言，形式风格受性情的决定，为性情服务；就其外在性的一面而言，形式风格具有一定的独立性，可以独立地继承及评价。这两方面必须处于一种平衡状态”。而“在明代诗学中，七子派尤其是后七子派的李攀龙、王世贞突出的是外在性的一面，而公安派强调的是内在性的一面。两派处于对立的状态。如果把沈德潜与袁枚的诗学放到七子派与公安派两大诗学流派的背景中来看的话，沈德潜无疑近于七子派，而袁枚则近于公安派。但是沈德潜也吸收了性灵派的主性情的观点，而袁枚实际上也吸收了格调论的观点。尽管他们有基本立场的差异，但是他们的诗学也有相通之处”。

2. 格律不在性情之外：形式风格内在于性情

该文指出袁枚认为格调内在于性情，“袁枚在审美问题上与沈德潜诗学的一个重要理论分界，就是他强调诗歌的形式风格内在于性情”。“格调从属于性情，这样诗歌的内容与形式风格的关系以及诗歌的变化等等归结下来就是一个性情范畴，就是一个言志抒情命题”。“这样袁枚取消了格律的外在性与独立性。这种观点与公安派和钱谦益是相通的。”

进而指出，袁枚“由格律内在于性情的命题，可以推出诗无定格的命题。”“性情不同，形式风格就会有差异，不仅诗人之间有差异，时代之间也有差异”，所以诗不能有“定格”。“由诗无定格，必然推论出诗无高格，也就是说各种审美特征在价值上无高下之分。”“这些观点落实到创作上，必然是要求诗人抒写性情时不要受格调的束缚。”

3. 辨体与外在性问题

该文首先指出，袁枚对外在性的看法与公安派不一致性，“如果就袁枚主张格调内在于性情而言，这种主张与公安派具有一致性，但是与公安派的只强调内在性不同，他对形式风格的外在性一面也是重视的。在这方面，袁枚与格调论者具有相当的一致性”。

因此，袁枚也用辨体的方法论诗，而且，他强调不同的诗体应该具有不同的审美特征，具有不同的宗主。袁枚在七古宗主和近体诗的审美特征方面与王士禛非常接近。所不同的是，袁枚所肯定的家数比王士禛多，在审美上比王士禛开放一些。

但是，作者指出，袁枚的这种辨体观点带来了两个理论问题困境：

其一，袁枚主张各种体裁、题材各有其应该具有的审美特征，这就与袁枚站在内在性立场上反对对各个诗人、时代的审美特征作出高下的评价的立场相矛盾。

其二，袁枚主张人之才性，各有所近，引申到审美风格上，审美风格与诗人的才性也有关系。这就与袁枚站在辨体的立场上认为近体诗和古体诗都应该具有各自的审美特征相矛盾。

4. 无我与有我

该文指出，“袁枚承认格律有外在于性情的一面，则格律就有独立的可继承性。于是在袁枚的诗学中，就有学古的问题”。

在袁枚看来，不仅七子派是在追随古人的形迹，就连主张学古人之神的王士禛也是在袭古人之形迹，他没有直接批评沈德潜貌袭古人，但他对七子派的批评实际上也可以视为对沈德潜的批评。“当时诗坛的学宋者在他看来也是貌袭。”“貌袭者没有自己的面目，就是‘无我’。针对这种弊端，袁枚提出要‘著我’。”“袁枚的‘著我’显然是主张‘我’的性情要有‘我’的面目。”

进而指出，“如果把格调派与性灵说在对待审美表现形式是否要有自己的面目的观点放到传统的正变理论中来看的话，格调派是主正，性灵派是主变。他们都主张学古，但立足点不同，前者是学古而求正，后者是学古而求变。所以袁枚的‘著我’落实到在审美表现形式风格上是要求变”。“格调派诗学中的变乃是正中之变，在继承传统前提下的小变。”“而袁枚所说的变，其总体面貌则是自己的。”

作者同时指出，袁枚的学古理论也存在着矛盾，“当谈辨体问题的时候，他没有顾及到变的问题；当论变的时候，他也没有顾及到辨体的问题”。

五、性灵与学问

1. 真与雅：性情与学问

第一，袁枚在真与雅问题上与公安派的异同。

明代"七子派主雅而不真，公安派主真而不雅"。"袁枚强调真，这一点同于公安派，但公安派的性灵说不讲雅俗之辨"，所以把民歌作为其性灵说的典范。袁枚强调雅俗之辨，"既要'葆真'，又要'安雅'，这就在审美上与公安派划出了一条界限"。

袁枚强调雅俗之辨，是在理论上扭转了公安派性灵说的俗化倾向。"袁枚所说的雅指的是审美表现形式之雅，要求真的性情要有一个雅化的审美表现形式表现出来。而要做到审美表现形式的雅化，就要有学问。""袁枚主张，诗人应该把学问消化吸收，熔铸成自己的语言"，这就与以学问为诗划清了界限。

第二，袁枚主张的雅与正统诗学所谓雅有所不同。

正统诗学所谓雅包括内容与审美表现形式两方面，而袁枚所谓雅指的只是审美表现方面。

首先，就性情方面而言，正统诗学所谓雅有道德性含义。但袁枚把好货好色之类的感情都表现在诗中，这在正统诗学看来恰恰是性情之俗。

其次，在诗歌题材方面，正统诗学认为并非一切事物都可成为诗歌的表现对象，这种分别的重要界限之一就是雅俗。但袁枚的雅却不包含题材方面的雅俗之辨。

再次，在审美表现及风格方面，正统诗学在审美表现上所要求的雅或是典雅、或是清雅、或是古雅等，是与通俗对立的，但袁枚所谓雅却是与通俗相通的，是以俗为雅。袁枚诗歌语言的倾向是通俗浅白。所以正统诗学以为俗的白居易、杨万里诗却受到袁枚的推戴，袁枚本人的创作与二人也有相似处。由上可见，袁枚所谓雅实质上已经入俗了，只不过这种俗中含有学问，与通俗文学不同。

2. 性灵与学人之诗

该文指出，"袁枚的性灵说能够容纳学问，这与公安派是不同的"。"袁枚的性灵说虽然容纳了学问，但袁枚诗学的立足点还是抒情传统，抒情诗学对学问的容纳是有限度的。"因此，袁枚性灵说对学问的容纳也有限度：

其一，"诗歌是应该表现性情的，而不能用以表现学问"；

其二，"他主张诗人应该将古人的东西熔铸成自己的语言，反对在诗歌中多用典。站在性灵说的立场看，从浙派到肌理派的诗人学者化、诗歌学问化的思潮，恰恰是超越了限度，走向了另一极端”。

3. 著作、考据，各有资性，不能相兼

作者指出，“袁枚不仅从诗言情的角度批评以考据为诗背离诗歌之本质，而且也从才性论出发论证诗歌与考据学不能相兼”。“袁枚所说的著作之文指的主要是诗文的创作。”“尽管袁枚称著作与考据为人之才性所宜，但是他显然认为著作高于考据。”“翁方纲的诗学打通了诗歌与考据，使诗人与学者合一。袁枚正好相反”，“前一种倾向代表了清代学术对诗歌领域的渗透，而后一种倾向代表了诗歌领域的自律的要求。”

六、韵味与风趣

1. 韵味

袁枚认为，“才、学、识是作史的三长，作诗除了这三长之外，还要有情韵。其所谓韵就是弦外之音、味外之味，所以韵味可以连说。他在这里是把韵味作为所有诗歌都应具有的审美特征来要求的。袁枚从性情上说韵味，这样把韵味与其性灵说连接起来了。”“王士禛的神韵说所要体现的是古典的神韵，而袁枚的神韵所要体现的是当代的神韵。”“虽然王士禛主张神韵从性情、兴会而得，但在袁枚看来，王士禛并不是主性情，而是主修饰。”“既然王士禛的性情不真，所以在他看来王士禛作品的韵味也不是真的。”

然后作者又指出了袁枚韵味主张的缺陷，袁枚主张“韵味的观点是把它作为诗歌的普遍审美特征，而不是把它作为诗中之一格。正因为如此，他认为诗歌应该有言外之意”。“这种观点与他所主张的风格多样化是相悖的。研究者多强调袁枚主张审美风格多样化，其实袁枚无论是在理论上还是在创作实践上并没有真正完全做到多样化。”

2. 风趣

该文指出，“袁枚性灵说的独特之处，却在于他在庄肃之外别标一种诗歌美——风趣”。“袁枚引杨万里之语说‘风趣专写性灵’”，“要有‘灵机’就是对风趣在审美表现上的特殊要求。所谓‘灵机’，就是指审美表现上的灵活机巧，是诗人的天分在艺术表现方面的体现”。“由于追求审美表现上的灵机，必然带来诗歌意象的活泼新鲜。”“风趣诙谐作为性灵诗的突出特征，也是诗歌摆脱了诗教所赋予的庄严的政治道德使命的表现，因而这种审美追求也是对诗教的挑战和突破。”

七、江山代有才人出，各领风骚数百年：赵翼的创造性理论

该文指出，在袁枚的时代，与袁枚同调的还有赵翼。其诗论与袁枚最大的差异是，赵翼是把创造性作为最重要的审美价值标准。在这一点上赵翼远远超出了袁枚。

该文最后总结了袁枚诗学从古典到近代的过渡性及其原因，“儒家诗学与道佛影响下的诗学，或是强调诗人的崇高道德，或是强调诗人的超尘脱俗，都反对诗人的世俗化，而袁枚的诗学肯定的正是世俗化的诗人，肯定的正是世俗化的性情。正是这种世俗化当中体现了当时的新的时代特征。明代以来，宗唐派的诗学到沈德潜是一个结穴，主宋派的诗学到翁方纲是一个结穴，无论是宗唐还是主宋，都是趋古，而袁枚则跳出了宗唐主宋的藩篱，其审美趣味带有时代性。站在古典诗学的立场上看，袁枚诗学的这种特征是俚俗，背离了古典诗学的主流精神，但是他对古典诗学主流精神的一定程度上的叛逆，正显示出古典传统的蜕变。袁枚的诗学还不属于近代的范畴，性灵说所体现的思想倾向及审美趣味还不具有真正意义上的近代性。它是古典到近代的过渡”。

总之，该文不满足于学界自郭绍虞以来关于性灵说内涵二分式诠释方式，以才性论作为诠释袁枚性灵说的理论基点，认为袁枚的性灵说是建立在才性说基础之上的。因此，该文从才性论出发，认为袁枚性灵说注重的是人的自然生命，表现的是自然生命的美。该文也即以才性论为研究原点，从才性与性情：从崇高到世俗；才性与天分；天籁与人巧；性灵与格调；性灵与学问；韵味与风趣和江山代有才人出，各领风骚数百年：赵翼的创造性理论七个视角，阐释了袁枚性灵说是才性论在诗学领域的体现。通过上述七个视角的论证，也说明了袁枚性灵说的意义就在注重天才，这是一种自然的美，从而在“才性

论”基础上强调了袁枚性灵说的意义。

该文把袁枚性灵诗学放到清代诗学、中国诗学的流变过程中，进行了全面系统的考察，视野宏阔、思考缜密、论述纵横捭阖、逻辑性强，既吸收了前人关于袁枚性灵说内涵的有益见解，又在此基础上作了进一步阐发；既注意到袁枚性灵诗论的优点，也关注了袁枚诗学的不足；既有对袁枚诗学的宏观考索，又有对袁枚性灵诗论的细致解读；既捕捉了与袁枚诗论有关诗歌流派之间诗学观的异，又仔细分辨了其中的同。因此该文最后得出袁枚诗学从古典到近代的过渡意义，令人信服。

引申阅读：

1. 胡明：《论袁枚诗性灵说》，载《文学评论》1982 年第 6 期。

2. 陆海明：《袁枚的文学批评论》，载《文艺理论研究》1983 年第 1 期。

3. 郭绍虞：《照隅室古典文学论集（上编）》，上海：上海古籍出版社，1983 年第 1 版，2009 年第 2 版。

4. 顾远芗：《随园诗说的研究》，北京：中国书店 1988 年 3 月据商务印书馆 1936 年版影印。

5. [日]铃木虎雄著，许总译：《中国诗论史》第三篇《格调、神韵、性灵三诗说》第五章《性灵说》，南宁：广西人民出版社 1989 年版。

6. 王英志：《袁枚评传》第十一章《诗论与诗学批评》第二节《袁枚“性灵说”内涵》，南京：南京大学出版社 2002 年版。

7. [日]松下忠著，范建明译：《江户时代的诗风诗论：兼论明清三大诗论及其影响》，北京：学苑出版社 2008 年版。

张健袁枚研究主要作品目录：

张健：《清代诗学研究》第十六章为《古典与近代之间：袁枚的性灵说》，北京：北京大学出版社 1999 年版。

16. 申屠炉明《论章学诚对袁枚的学术评价》【存目】

【评　介】

该文发表在《烟台师范学院学报》2000年第3期。

申屠炉明(1963—　)，浙江桐庐人，1996年毕业于吉林大学古籍研究所中国古代史专业，获历史学博士学位。曾在浙江师范大学历史系工作，现为南京大学中国思想家研究中心副研究员，研究方向为中国古代思想史。著有《孔颖达颜师古评传》等，主编《明清思想文化变迁》等。

该文开篇抓住问题，章学诚《文史通义》中对同时代的著名学者多有批评，尤其对袁枚的批评更是不遗余力，并进一步指出，“章学诚对袁枚的讥讪集中在《章氏遗书》本《文史通义·内篇五》的《诗话》、《书坊刻诗话后》、《题随园诗话》、《妇学》、《妇学篇书后》，以及外篇的《论文辨伪》等篇中。通读上述几篇文字可以看出，章氏鄙薄袁枚主要有两个方面，一是谓其为‘倾邪小人’，二是‘不学无术’”。

一、“倾邪小人”

该文首先分析了章学诚指斥袁枚为“倾邪小人”的原因及缺陷，“由于二人境遇不同，章氏看不惯袁枚的为人，因而痛诋之，这也是古来文士的不平之鸣。但章氏动辄以‘丧心病狂’、‘非圣无法’之类的帽子扣人，又以封建卫道士的身份强调‘男女之大防’，斥袁氏为‘人伦之蟊贼，名教所必诛’，并再三说‘事关世道人心，大可忧也’，未免太过”。

作者认为，章学诚所不乐闻的、所批判的恰恰是袁枚颇为解放的思想言论，例如，袁枚不讳言财货，不讳言好色好味，主张“人欲当处，即是天理”。这与当时的理学家背道而驰。袁氏不随流俗，鄙弃礼教，反抗传统，不顾舆论指责大收女弟子。这虽是身后遭人垢病的原因，但也可看出是位极有个性的豪杰之士。还在《再与沈大宗伯书》中对宋以来压迫妇女的封建节烈观提出异议，袁枚认为所谓列女，犹云女子之列传而已，并非必贞烈方可入《传》，或贤与才，或关系国家，皆可列传。相比之下，对于礼教，对于妇女的态度，我们可以从章学诚对汪中的批评中看出他的思想观念要落后许多。

二、“不学无术”

该文进而分析了章学诚为什么认为袁枚“不学无术”的原因，“章学诚鄙薄袁枚其人，因而对袁氏的学术也采取了全盘否定的态度。书中多次直斥袁氏‘不学无术’，是‘无知之徒’”。

章学诚《书坊刻诗话后》提到袁枚两个方面的问题，一是袁“不学无术”，“胸无点墨”。二是牵涉到当时“辞章”与“考据”之辨的一段公案。

作者首先分析了袁枚是否像章学诚所说的“胸无点墨”？该文指出，袁枚《史学例义序》中的一段论学言论实与章学诚《文史通义·易教上》说的：“六经皆史也。古人不著书，古人未尝离事而言理，六经皆先王之政典也。”意思相同。“后人独推章氏揭橥‘六经皆史’为独得之秘，实则袁氏也有此等议论。章氏批评袁枚‘开口即错’，此亦未可一概而论。袁枚所长的是辞章，考据非其所擅。即如章氏本人亦不擅考据，时犯常识性的错误，后人指责其读书鲁莽。同样这也不足以病章学诚，因为章注重的是‘史意’，具体考证史实非其所长。”

其次，说到对于考据的态度，该文认为章、袁二氏并无多大的区别。“二氏生值乾隆时期，当时学界考据之风大盛。至其末流‘支离破碎’，舍本逐末。他们都不满这种脱离实际的学风。”“袁枚与惠栋书，极言烦琐考据之弊。”章学诚平日论考据言论亦是类似态度。“章氏尤病当时学者误功力为学问，徒以记诵之学炫博于人。功力与学问形相似而实不同。当时风尚尊汉学，尚许郑，此乃学古，而非古学。”通过对比解析，该文认为，“由此观之，二氏之议论多暗合之处，皆不失为救弊之言。”

作者然后指出了袁枚在考据观点上的矛盾之处，“袁枚抨击汉学，指斥考据之末流，诚有可取之处。但其斤斤于著作考据之辨，甚为无识。当时即遭到孙星衍的反对。”在《书坊刻诗话后》，章氏就此斥责“袁枚不知学问渊源不同，而臆撰为考据家；不知文章流别不同，而臆撰为著述家。语虽稍偏激，然亦深中袁氏之病”。因为，“袁氏之学自有卓然独立之价值，但认为只有抒发‘性灵’的辞章才算是著作，实是文士之见。贬低考据为无用，则又矫枉过正，以致招来物议，不为无因”。

通过上述论证，该文认为，“章学诚与袁枚在学术观点上并无严重分歧。倒是与戴震论修志不合，与洪亮吉论‘地志统部’不合，与汪中也水火不相容。说起学术分歧远比袁枚大，然对上述诸人也不过指斥为才人使气云云”。“由此看来，章氏月旦人物，其标准还是理学家那一套‘世道人心’、‘名教纲常’之类，所以才会对袁氏持论独苛。”

该文最后还分析了章学诚痛斥袁枚已到了无以复加的程度，为什么袁枚对此毫无反应的原因，“这是由于章氏生前及殁后相当长的一段时间里名声不著，其著述也流布不广，所以不大为世人所知。直到道光间著述才刊布”。

综上所述，该文认为，章学诚《文史通义》中对同时代的著名学者多有批评，尤其对袁枚的批评更是不遗余力，非但诋其为“不学无术”，甚至拟之为“无耻妄人”。综观二人平日论学言论，可知在学术见解上实有许多共通之处，如对当时考据流弊的抨击，不失为救弊之言。唯章氏以“纲常名教”衡量袁枚，谓其广收女弟子，无复男女之嫌；征刻诗稿，标榜声名。章氏鄙薄袁之为人，进而全盘否定其学术。

章学诚对袁枚的极力攻讦则明显出自对封建道统的维护。袁枚《随园诗话》中，于“男女慕悦”之情诗确乎多所偏爱，这自与其标榜真情至性的“性灵说”诗学观有关。只是章氏从维护人伦、名教角度出发，指责袁枚，这种批评又显得过于迂执。至于袁枚招收女弟子，更被认为是灭礼乱伦、有伤风化。如章学诚这样从封建道统角度对袁枚的批判，在清代还有焦循(著有《雕菰楼集》)、黄培芳(著有《香石诗话》)、朱庭珍(著有《筱园诗话》)等。

总之，该文作者有感于章学诚对袁枚不遗余力的诋毁，首先分析了章学诚痛斥袁枚为“倾邪小人”的原因及缺陷，进而指出，章学诚由于鄙薄袁枚其人，对袁氏的学术也采取了全盘否定的态度。

杨遇青《章学诚的袁枚批评考述——以乾隆六十年至嘉庆三年为中心》(《西北大学学报》2011 年第 6 期)在此基础上，以时间为序，动态地考察了章学诚对袁枚批评涉及的文学与伦理两个层面，认为章学诚的批袁是把文学问题推本溯源于伦理体系。

引申阅读：

1. 黄红日：《对袁枚诗论批评方法的反思》，载《理论界》2005 年第 11 期。
2. 杨遇青：《章学诚的袁枚批评考述——以乾隆六十年至嘉庆三年为中心》，载《西北大学学报》2011 年第 6 期。
3. 郭绍虞：《中国文学批评史》下卷第四篇《清代》(上)第三章《学者之文论》第二节《史学家》第二目《章学诚》第八款《对于袁枚的攻击》，天津：百花文艺出版社 1999 年第 1 版，2008 年第 2 版。

申屠炉明袁枚研究主要作品目录：

申屠炉明：《论章学诚对袁枚的学术评价》，载《烟台师范学院学报》2000 年第 3 期。

17. 钱竞《袁枚诗论与明清学术思想史的关系》【存目】

【评 介】

该文发表在《文学评论》2001 年第 2 期。

钱竞(1943—2012)，祖籍江苏太仓，出生于四川重庆。中国社会科学院文学研究所研究员、著名文艺理论家。1978 年考入中国社会科学院研究生院文学系研究生，1981 年毕业并获得硕士学位，同年调入中国社会科学院文学研究所文学理论研究室，先后担任研究室副主任、主任，并曾担任文学研究所科研处副处长。专著《中国马克思主义美学思想的发展历程》，是中国第一部对中国马克思主义美学历史进行研究的著作。他参与主编并参与撰写的多卷本《20 世纪中国文艺学学术史》，对当代文艺学研究起到了重要的引领作用。他还著有《中国现代文艺学研究》一书，对中国现代文艺学的形成过程，作出清晰的分析。20 世纪 90 年代初与一些著名作家和理论家研讨并出版《北戴河对话录》，产生了较好的社会影响。此外，他还参与撰写论著《新时期文学与道德》、出版论文集《近思集》等，翻译出版了《后设小说——自我意识小说的理论与实践》等。在《文学评论》、《文学遗产》等刊物上发表过《颓落与拯救》、《乾嘉时期文艺学的格局》、《曾国藩、王夫之文论思想异同》等重要论文。

该文指出袁枚性灵诗学的命运颇富于戏剧性，生前倍受赞赏，而死后遭攻讦和讥讽。该文通过分类梳理袁枚诗学思想的渊薮《随园诗话》及《小仓山房诗文集》等，认为袁枚的诗论在学术思想史意义上有许多与众不同之处，这表现在以下三个方面：

第一，“他的诗学可以归结为论才、论学、论艺三个方面的整一理论”。

作者认为，袁枚“关于‘才’的论述又可进一步阐发为论性灵或论性情，是其诗学的主脑”。关于“学”的因素，他赞同多读书，然而，“又极为厌恶博学者之好卖弄，好用典，好以考据入诗的陋习，因而每将‘性灵’与‘学问’对峙。他主张的是善于读书，实际上讲求的是‘诗人之学’而非学人之诗”。袁枚对诗“艺”的论说比较集中的则在其《答祝芷塘太史》中，“可以将这一书信文字看成袁枚较为完整的‘诗艺’之论。其中，性灵为纲领大要，有超乎文艺学的重要意义。”

第二，“袁枚在其诗论中对妇女乃至村童牧竖、奴仆婢妾等人物的才情多所称颂”。

第三，“袁枚诗学立足的学术基础，在于他不崇宋儒，更轻篾所谓汉学”。

随之，作者对上述问题进行了小结，“以上所列袁枚诗学中之三端，即重性灵，平视卑贱者，排斥伪道学及考据学对诗歌的不良影响，实际上都与明清时代学术思想史有着相当深切的关联，并不是诗学、诗艺中的细枝末节问题”。继而提出该文研究的思路，“袁枚诗学的特质当从‘外在机缘’与‘内在理路’两个方面细致考求，但因篇幅所限，该文论述的重心偏于‘内在理路’的脉络上”。

然后作者剥茧抽丝直指问题要害，“而在‘内在理路’爬梳中，袁枚文艺学思想与颜李之学的关系实为一大关节点”。并指出，“在近人中，郭绍虞先生是提出这一问题并予以讨论的学者。在《中国文学批评史》的《袁枚之文论》中有相当深入的探讨”。在此基础上，该文分别就袁枚诗论与颜李之学的异同与流变关系进行了细致解说。

作者认为，“袁枚论学与颜李的相异之处，主要在于对程朱的评价上”。

首先来看颜元对程朱的态度，“颜元视宋儒尤其是程朱一系为大敌，声称‘必破一分程朱，始入一分孔孟’。究其缘由，主要来自个人早年经验、历史教训及康熙时代士人风气之反省”。“颜元所创的‘读书无用’论及‘读书有害’论，为当时石破天惊之语。他所主张的‘兵、农、礼乐’诸事也的确可以导致有别于空谈心性的功利实学，开出经世之新途。”然而“颜元用语激烈，持论极端，不能恰如其分地剖析宋儒、明儒的功过。因此其学说在当时仅传一代至李塨。自李塨起至王源、程廷祚之辈，力行于兵、农、礼乐的主张已声息渐消，而别寻他途，回到了读书与著述的传统路径上。然而颜李之学的精神有如地火虽不彰显却依然延续”。

接下来，该文分析了袁枚论及宋儒和颜李的观点：

其一，“对宋儒的评论能持两端而执中。但对后儒过分尊崇宋儒之论与道统说则攻之不遗其力”。作者认为，袁枚对宋儒的批评主要有三点：

1. 对朱熹的直接批评。主要是不满朱熹对“格物致知”的解释。

2. 对宋学在当时影响的批评。

3. 对道统论的批评。“对道统论的抨击也可以看作是间接批评朱熹”。

其二，“袁枚对宋儒、宋学亦有赞扬、肯定的意见”。

该文认为，袁枚《宋儒论》的立足点在于否定一切“过尊”与“过攻”。

其三，“正是在讨论宋儒的功过中，袁枚涉及对颜李学术的评议”。

程廷祚与程晋芳在书信往还中对颜李之学有激烈的争辩，廷祚遂将书信寄交袁枚，这才有了《与程蕺园书》及《再与蕺园书》。袁枚觉得颜、李对宋儒的激烈批评并没有什么大不了。而且，颜、李对宋学的批评正切中要害。袁枚论颜李学的重心在称赞“其论学性处，能于朱、陆外别开一径”。袁枚对颜、李也有所批评，称其“文不雅驯，论均田封建太泥”。“两相比较，可以清楚地见出袁枚的倾向。对颜、李的批评只在局部论点，只在文风，而对其肯定则在总体，在于其开辟创新的精神。”

行文至此，作者对上述颜李之学的要旨以及袁枚对宋儒与颜李学的评论进行了回顾与反思，可概括为以下两点：

首先，“颜李以宋儒为大敌，宋学为大害。而袁枚则不作如是观，但其中埋藏若干曲折未发之意”。

为此，该文进行了解说，“袁枚不否定颜李对宋儒的批评，而且他了解这种批评的实质和意义”。这种不否定“或者是以肯定颜、李能在朱、陆之外别开生面的方式传达暗示的。”“或许可以说，袁枚乐于以较为沉默的方式坐观颜、李之成。”“但袁枚论朱熹思想似儒实禅，论宋学流弊至于丧失人性，至于误国，却是在要害处深刺一刀，与颜、李之批评在实质上颇有一致。”

其次，“袁枚不可能完全赞同颜元的禁绝读书著作的倾向，他以文士、诗人自我定位的意志是坚定不移的，因此他断然不会苟同颜元关于文章之祸‘害心’、‘害身’、‘害国家’的立论”。

因为“袁枚自己的一生证明他与颜、李学的分野之一正在于如何看待诗文、章句之学”。

通过上述论述及小结，核心问题逐步呈现，“一个非常奇特的逻辑终于浮现在我们的面前，这就是颜李之学的大旨是曲曲折折的，一步一步地演变成袁枚所追求的目标”。该文认为，这种逻辑过程又大致是通过两种途径展开的：

一、“是颜元学说的自然流变过程”。

该文梳理了颜元学说从颜元传至李塨再至程廷祚、袁枚的自然流变过程。颜元至 57 岁时才走出穷乡僻壤，但仍然坚持不讲学，不著述，以访友论学为活动的中心，游历的范围大致以河北南部及河南为限，62 岁时告归还乡以至终老。

李塨 21 岁时即从学于颜元。从他一生行为看，抱定的宗旨是：身体力行实践颜学；通声气，广交游，以传颜学之道。结交南北著名学者的李塨也因此逐渐转向著述与考据。尤其自结识毛奇龄后，更陷入治《易》考《古文尚书》的学术漩涡中而一发不可收。其间尤可提出的是李塨曾经选编《陶渊明集》、《韩昌黎文》，已经同当时学者渐趋一致。

“至程廷祚，虽然依旧推崇颜李恢复三代学教戒规，叹服其摧陷廓清之力量，但也愿意调停程朱与颜李的对立，认定宋儒是圣贤之徒，不可以妄加讥评，又认定颜李能在大是大非处立论，可谓先圣之功臣，宋贤之益友。”

再至袁枚，则是较为纯粹的诗人、文士了。

二、“另一途程，则属于暗中消息，隐隐然有一学理的脉络，使袁枚相通于颜李之学，极而言之，也通向阳明之学”。

作者指出，“颜李学说与阳明学在学理逻辑上的关连，钱穆先生在他的《中国近三百年学术史》中对此有极详备而精当的分析”。进而认为，袁枚思想和阳明学相通消息可见于以下三端：

(一)“良知之说，以一己之心性为是非的标准，不假外求。袁枚诗论的核心即是一己的天赋性情或曰性灵，亦不应外求。袁枚所论为性灵之诗，阳明所论为良知之学，所论对象有所不同，而究其旨要又确有相通之处。”

该文通过并行罗列袁枚论诗与阳明论学相符之处，指出，“王学的宗旨原本就是要打消种种中间的障壁，以直觉顿悟方式发明本心，体认圣道，从而否定了格物致知、即物穷理、读书问学的道路，也就相应地突出天赋情性的尊贵，为文学理论上的主情说奠定了心学的基础。而袁枚诗论的中心也恰恰在于强调天赋才情的自然灵动与活泼可爱，反对一切限制拘束性灵的陈规戒条”。

(二)“持良知之论，必有平等之心；而主性灵之说，也必趋于消解尊卑之别。”

该文认为，袁枚诗论，尤其是《随园诗话》的编选原则，多年来招致了许多的指责批评。袁枚之赞后生新进，赞穷士寒儒，赞闺阁才女，都不是随意而为的。尤其他对女子的同情甚至偏护，更是对宋儒倡导的纲常道理的冲击，与阳明精神有相通之处。

王阳明的平等思想，作者认为，是他自己常说的：“良知良能，愚夫愚妇与圣人同，但唯圣人能致其良知，而愚夫愚妇不能致。”而“这一天赋人性良知良能的平等观，正是阳明哲学的重要基石，而在这一平等观更得到了‘天地万物一体’的世界观的支持。”“由阳明学说看袁枚的诗学，可以看出袁枚所主张的，其实是性灵平等的观念”。“性灵的平等，是讲人性内涵的平等，在此也没有贤愚、尊卑的差别，但这还不是袁枚诗论的核心。同样，性灵也有‘致’与‘不致’的区分。在袁枚看来，能致性灵者，性情的自然发露就可以有好诗佳句，虽然身为寒士、为女子、为野僧、为粪夫、为童子少年，在其致时，也应一视同仁，在他的诗话中录而存之。”

作者还特别说明，“对袁枚诗学思想中所包含的这些因素也不应当过分拔高，生硬联系到诸如男女平等、妇女解放、思想自由等等现代概念范畴上去。说到底，袁枚只是乾嘉时期的一名诗人。他的志向、他的兴趣、他的事业并不在儒学的发明上，而是沉浸和投入于诗歌文学之中。然而他在乾嘉诗坛上的所作所为却充盈了一股豪杰之气、壮士之情。这种豪杰气概不但是袁枚，而且在王源、李贽、颜山农、何心隐、黄藻、王畿直至王阳明本人身上都可以见到，俨然形成一条脉络。这虽然不是文艺学史所应专注的题目，却是学术史与文艺学史交迭的有趣事例”。

（三）“主致良知之说，必重视教育尤其心灵教育；而袁枚持性灵之诗论，亦不忘兴观群怨的宗旨。”

阳明学论及教育的重要主张有以下三点：

1. “申述教育在其天地万物为一体的宇宙观中的地位。”

2. “对中国历史长时期陷入功利争夺而导致学术分裂而同趋于邪路的状况做出总结概括。”

3. “注重于童子教育，强调诗歌启蒙陶冶、宣泄洗涤的作用。”

袁枚对儿童教育似乎少所议论。略有关系的则可见之于他的《祭妹文》与《书院议》。“袁枚的教育态度和其诗学宗旨一样，中心在于强调情感的关键作用，强调真实之情感动人的功能。”“转而论及诗歌，自然更以情为中心，而又特别重视诗歌‘兴’的感发作用。”袁枚论性情并不盲目将情性等量齐观，尤其强调“情欲信”即情感的真实性。“尤可注意的是，袁枚论真情时，称引王阳明所论，显然视之为同道。”

该文至此对阳明学与袁枚诗论的关系进行了小结，“以上所述，虽然迂缓曲折，但终究可以看见阳明学与袁枚诗论在重视情感、重视兴会感发方面的相通之处。所不同的是，阳明为一代大宗师，其学理精深博大而呈现宏阔壮观的体系；袁枚的意见散见于其文、其诗话议论之中，不免吉光片羽，未成条理严密的架构，但分疏而综合之，也可以见出其中自有关联条理”。

该文结尾还就袁枚学术思想的研究方法提出了有益的建议，“袁枚诗论注重通达而不偏执，对阳明之学议论不多，也不顶礼崇拜，但是从深处发掘，阳明的良知之学力主功力而必兼性情，则与袁枚性灵诗论的主旨大要相会。因此而可以断言，论学术之是非与流变，不能只以文字表面上排比勘校，而应特别重视内在精神的相通相契，甚至于持论者自身不自觉之处挖掘之。适度运用此方法，无疑是研究深入之一重要途径”。

总之，该文告诉我们，袁枚性灵诗学主张的出现，恰恰传递出乾嘉学术历史中的一个信息：这就是王阳明思想在经历明清之际经世学、道问学洗礼之后的再度萌发，因而导致了乾嘉学术人文性的强化。该文即以性灵诗论为案例而试图说明乾嘉学术的多重内涵格局。

该文可分为三个部分，第一部分首先论述了袁枚诗论在学术思想史上三个与众不同之处，然后指出袁枚文艺学思想与颜李之学的关系实为袁枚诗学“内在理路”研究一大关捩点；第二部分，详细论析了袁枚诗论与颜李之学的异同，二者的差异主要体现在对宋儒和宋学的态度上，其中又涉及了颜李之学的要旨以及袁枚对颜李学的评论；第三部分则论述了袁枚思想相通于颜李之学又上溯于阳明之学的逻辑过程，这个过程有两个途径，即颜元学说的自然流变过程和袁枚思想与阳明学的暗合之处。

该文视野开阔，论述纵横开阖、逻辑思维严密、材料丰富详实，能精准地抓住问题的症结，站在明清学术思想史的高度，以颜李之学为桥梁，清晰勾画出一条从阳明学到袁枚性灵说的逻辑思路。该文在明清学术思想史、袁枚诗论与王学关系研究方面，具有重要的学术价值。

引申阅读：

1. 陈居渊：《清代性灵说与王学》，载《文史哲》1994 年第 6 期。

2. 王英志：《袁枚与清代诗学批评》，载《文艺研究》2001 年第 6 期。

3. 沈玲：《袁枚的王学批判述论》，载《扬州大学学报》2005 年第 2 期。

4. 郭绍虞：《中国文学批评史》下卷第四篇《清代》(上)第二章《古文家之文论》第三节《桐城派之羽翼》第一目为《袁枚(程廷祚附)》，天津：百花文艺出版社 1999 年第 1 版，2008 年第 2 版。

钱竞袁枚研究主要作品目录：

钱竞：《袁枚诗论与明清学术思想史的关系》，载《文学评论》2001 年第 2 期。

18. 朱则杰《袁枚和清诗解放》【存目】

【评 介】

该文出自朱则杰《清诗史》(江苏古籍出版社2000年版)第十一章《袁枚和清诗解放》。《清诗史》是朱则杰在其博士学位论文(1988年苏州大学，导师钱仲联，原名《清代诗歌史》)基础上扩展而成。论著的最后三章，即第十四章《乾嘉以降的其他诗人和诗派》、第十五章《划时代的诗人龚自珍》、第十六章《总结》系毕业后续写。江苏古籍出版社1992年初版，2000年再版。

朱则杰(1956—)，男，北京大学文学学士，苏州大学文学硕士、博士。浙江大学传媒与国际文化学院国际文化学系教授、中国古代文学专业博士生导师。其学术方向为清代诗歌研究，已出版成果有《清诗史》、《清诗知识》、《清诗鉴赏》、《清诗代表作家研究》、《朱彝尊研究》、《诗词精品名家编注·元明清诗》、《名家注评古典文学丛书·清诗选评》等。已在《文学遗产》、《文艺研究》、《文献》、《学术研究》等刊物发表论文150余篇。现为国家《清史》纂修委员会聘任专家，"典志文学志诗词篇"主笔。其《清代诗歌实证研究》为2009年度浙江省哲学社会科学规划立项课题，《清诗考证》为2010年国家社科基金一般项目立项。

该文通过四节内容说明了清代诗歌自初期钱谦益扭转明诗风气以来发生着不停的变化。直到袁枚出来，清代诗歌才真正走出了自己的道路，获得了彻底的解放。

在第一节《袁枚的生平》中，作者在简介袁枚的生平经历和酷爱自由与山水的思想以后指出，"袁枚的一生行事，在很多方面都表现出一种民主主义的思想倾向。这种倾向，也反映在袁枚的文学思想和创作实际当中"。第二节《袁枚的性灵说》开宗明义指出，"'性灵'说是袁枚诗歌理论的核心”。并为袁枚“性灵”说下定义：“袁枚‘性灵’说最基本的含义，概而言之，大抵不外乎性情要真、笔性要灵这两个方面。它首先要求诗歌抒写个人的性情，这种性情必须真实，符合诗人的‘自我’。其次它要求诗人具备一定的天分，在创作中发挥这种天分，努力创新，自成家数。”

继而指出“性灵”说与“格调”说针锋相对，“沈德潜倡导‘格调’说，讲诗格，主模仿，它的实质就是明代复古派所谓‘诗必盛唐’的翻版。袁枚与之恰恰相反，提倡‘性灵’说，强调诗歌以抒写个人性情为重”。然后，以《答沈大宗伯论诗书》、《续诗品》、《随园诗话》、《小仓山房诗集》为例，说明袁枚认为诗歌必须“独写性灵”，求真求新，只有独抒性情，别出心裁，才能绝去依傍，自成一家。由此可见，“袁枚与沈德潜的根本分歧，其性质实际上是一场内容与形式、创新与守旧的斗争”。

本节并进一步指出，“沈德潜极力宣扬‘温柔敦厚’的传统‘诗教’，特别强调诗歌‘必关系人伦日用’，把它同封建伦理道德紧密结合在一起，而袁枚则对此深为不满。沈德潜选《清诗别裁集》，在《凡例》中谓王彦泓的《疑雨集》之类‘动作温柔乡语’，‘最足害人心术’，因而‘一概不存’”。针对这件事，袁枚又专门写了《再与沈大宗伯书》，提出了自己的观点，认为“艳诗宫体，自是诗家一格”。在《随园诗话》中，袁枚多次赞扬《疑雨集》，称之为“香奁绝调”，并对写有许多艳体诗的黄任独有“偏嗜”。袁枚甚至在《答蕺园论诗书》中说：“诗者，由情生者也。有必不可解之情，而后有必不可朽之诗。情所最先，莫如男女。”可见，袁枚不仅注重诗歌言情，而且格外突出男女之情。既然男女之情都可以表达，那么其他各种性情当然就更可以自由抒写了。这里的关键，也就是性情要真。所以他在下文引郑樵语说：“千古文章，传真不传伪。”由此可见，“袁枚反对沈德潜，强调诗歌表现‘自我’，抒写个人的真性情，在某种程度上即体现了反封建的民主精神”。

进而，解说“性灵”说与“肌理”说格格不入之处，“翁方纲倡导‘肌理’说，强调‘义理’，尊奉六经，袁枚却极贬六经理学”。对此，作者指出《小仓山房诗集》、《随园诗话》中述之甚悉。袁枚著文言短篇小说集，取名《子不语》，显然也对六经持蔑视的态度。翁方纲编订黄景仁诗集，“凡稍涉绮语及饮酒诸诗皆不录入”，袁枚却称黄景仁为“一代清才”，于其卒后赋悼诗云：“多情真个捐年少，好色有谁如国风?”(《哭黄仲则》)“在这个问题上，翁方纲和沈德潜不无相通，而袁枚反对翁方纲，也正和反对沈德潜基本一致。”

本节深入分析道，翁方纲强调以学问为诗。袁枚反对翁方纲，也特别着眼于这一点。袁枚明确提出“性灵”，与“书卷”对抗。“他认为诗歌应当‘直写怀抱’。如果一味堆垛书卷，那就必然‘夭阏性灵’、‘有学问’而‘真意少’。”又批评翁方纲专事“抄书”而不写“性灵”。

作者指出袁枚反对沈德潜“格调”派的模仿古人，但袁枚并不否定传统诗歌，相反地却也主张借鉴古人。关键在于“善学”。“善学”就划清了模仿与借鉴的界限。同样，袁枚反对翁方纲“肌理”派的“错把抄书当作诗”，但他并不忽视学问，相反地却也提倡读书。关键在于“善用”，即学问既要广博，却又不能在诗中堆砌炫耀。明乎此，也就划清了“抄书”与读书的界限。从这些地方，都可以见出袁枚论诗既严格又通达、既全面又辩证的特点。

作者最后总结道，“袁枚反对沈德潜的‘格调’说和翁方纲的‘肌理’说，最根本的出发点就是诗歌应当抒写个人的真性情。”“袁枚所说的性情要真，特别注重表现‘自我’，在很多方面不受封建正统思想和伦理道德的约束，具有一种反封建的民主精神，这却是一个极大的进步。从这个意义上说来，袁枚倡导‘性灵’说，对诗歌的思想内容而言无疑是一个解放。同时，对诗歌的艺术形式而言，‘性灵’说也是如此。袁枚强调诗歌抒写个人的真性情，在艺术形式上则不受任何限制，主张诗人充分发挥自己的天分，努力摆脱前人的束缚另辟蹊径，独创新格。因此，他不仅反对‘格调’派的模仿盛唐，而且对整个分唐界宋的做法都深表不满，力予驳斥。”“袁枚不但在诗歌的内容与形式二者之间首先强调前者，讲究性情，而且在后者身上也同样注重‘自我’，提倡个性。正因为如此，所以袁枚对诗歌的艺术形式事实上并没有什么具体的要求，不设框框，不定模式，而主张发挥天分，笔性机灵，自由发展，独立创新。这样，人们就可以从前人的束缚中彻底摆脱出来，真正走自己的路。因此，‘性灵’说对于诗歌的艺术形式来讲，更无疑是一个解放。而这种艺术形式方面的解放同前述思想内容方面的解放互相促进，紧密结合，使得‘性灵’说显示出更加重大的进步意义。较之于沈德潜的‘格调’说提倡模仿复古、翁方纲的‘肌理’说主张以‘抄书’为诗，以及前面王士禛的‘神韵’说仅仅标举‘神韵’一格，袁枚的‘性灵’说显然具有无比的优越性。”

第三节《袁枚的性灵诗》首先明确，“袁枚的‘性灵’说强调诗歌抒写个人的真性情，在思想内容方面不受封建正统思想和伦理道德的约束，在艺术形式方面不受以往任何时代的传统格调限制，他本人的诗歌创作正是如此。”

作者接着指出，袁枚诗歌内容相当广泛，就其精神实质而言，它所抒写的都是诗人自己的真性情。而最能见出这种真性情的，也就是那些带有反封建色彩、体现民主主义倾向的诗篇。这些诗篇，大致可以概括为以下三种类型：

一是直接抨击封建制度。

作者认为，在袁枚的诗歌中，有不少作品揭露了清朝统治的黑暗，表达了对封建制度的不满。袁枚在诗歌中直接抨击封建制度，这不仅需要胆量，而且也正是其真性情的一种流露。

二是极其重视下层人民。

作者指出，袁枚身为封建统治阶级的成员，但他对下层劳动人民十分重视，这在他的诗歌中同样有着许多反映。袁枚《别常宁》诗“不分贵贱”，平等相待常宁，视之为“知己”，反映了当时某些进步知识分子的民主意识。袁枚之所以能够广收女弟子，把她们从深闺的女红中解放出来，赋之以男子的同等权利，使她们也能发挥自己的聪明才智，这在某种程度上正是因为他具有男女平等的思想。这种思想，和他重视下层劳动人民实质是相同的。

三是大胆表现男女之情。

袁枚诗歌中有大量描写人际感情的作品。而袁枚与众不同的，还在于他敢于冲破礼法束缚，大胆表现男女之情。袁枚在诗歌中大胆表现男女之情，曾遭到不少人的非议和攻击。如同时代的诗人程晋芳，即写信劝告袁枚删去诗集中的这类“缘情之作”。章学诚《文史通义》卷五《书坊刻诗话后》对袁枚的生活态度非常不满；牵连下来，对袁枚一系列的文学活动特别是在作品中表现男女之情也深恶痛绝。袁枚并没有为外界压力所慑服，而仍然我行我素，坚持表现这种个人的真性情。由此可见，“袁枚在作品中大胆表现男女之情，这一方面有力地显示了其诗歌注重抒写个人真性情的创作特色，另一方面也明显地体现了反理学乃至反封建的思想精神”。

作者总结道，袁枚诗歌最根本的一点就是抒写诗人自己的真性情。正如他在理论上强调“提笔先须问性情”一样，他在创作上也的确做到了“自把新诗写性情”。而袁枚诗歌的抒写性情，只求其真，全然无顾忌，有时难免也产生一些无聊的作品，如《齿痛》、《拔齿》、《补齿》等等。其性情未必不真，但却并不美。但是，也正因为如此，袁枚抒写的性情之中也包含着许多进步的因素，反映出一种反封建的民主倾向。而正是由于这一点，使得袁枚的诗歌在抒写诗人自己的真性情方面与清代初期以来以及历代一般诗人呈现出明显的不同，显示了自家的特色。

作者接着指出，袁枚的诗歌在艺术形式上也具有自由独创的特点。从创作精神来看，袁枚注重诗人的天分，强调笔性要灵，因而其具体的诗歌创作很少为那些形式上的条条框框所约束。而比较突出的还是在诗歌语言方面，袁枚往往脱口而出，不加修饰；通俗易晓，明白如话。这并不意味着袁枚作诗态度轻率，也不等于说袁枚诗歌不用典故。袁枚的作诗态度非常认真，只不过他的反复修改，主要是在用意上求精深，而语言则仍然归于平淡，讲究自然通俗，不喜雕琢艰奥。袁枚的诗歌典故还是用的，只不过它并不堆垛炫耀，而是灭去痕迹，令人不觉，所以读上去仍然十分通俗平易。这个现象，在某种程度上正体现了浙派诗人重学问而又主空灵的创作特征。而袁枚诗歌语言的这种风格，则显然是与其“诗写性情”、“专主性灵”的基本特色相辅相成、紧密联系在一起的。正因为如此，所以这在袁枚同样带有一种进步的倾向。

作者进而指出，“袁枚诗歌最突出的风格特征可以说是风趣诙谐，时近幽默”。这种风格有时走得过远，则不免流于“浮滑”，也就难免招徕物议。袁枚诗歌通俗明白和风趣幽默的艺术特点，客观上接近中唐白居易和南宋杨万里。袁枚有些诗歌甚至还有明显脱胎于本朝诗人如清初王士禛乃至稍前厉鹗的痕迹。但是，袁枚诗歌在某些方面接近前人，究其根本，主要却还是一种无意中的巧合。他本人论及这个问题，就说是“阳货无心，貌类孔子”。尽管袁枚不废借鉴，但非常强调在诗歌艺术上的自由独创精神，公开声明自己的诗歌创作不学唐、宋的任何作家。

行文至此，作者认为，“袁枚的诗歌创作确乎实践了他的理论主张。无论是在思想内容还是在艺术形式方面，袁枚的诗歌都极大地冲破了传统的束缚，形成了自我的面貌。这种‘性灵’诗，与唐、宋以及历代的传统诗歌都大不相同，真正显示了清诗自己的特色”。“如果说袁枚是‘本朝’第一个在自己的创作中真正显示出清诗特色的大家，这个评价倒显然是无可非议的。”

第四节《袁枚的地位和影响》从以下三点进行了总结：

一是作品流传广泛。

作者指出，袁枚现存诗歌约四千余首。他的作品早在其生前以及身后很长的时期内广泛流传，盛况惊人。“普通”群众喜爱袁枚的诗歌，说明袁枚的诗歌一方面在思想感情上同他们比较接近，具有某种反封建的倾向；另一方面在艺术形式上也比较通俗，则又具有某种“大众化”的倾向。而有些人贬低袁枚诗，说它是“诗中之词曲”，格调不高。事实上这正是袁枚诗歌的一个特点，也恰恰是它的一个优点。从这里也可以看到，袁枚的作品流传如此广泛，正与其本身固有的特点密切相关。

二是弟子门生众多。

作者认为，袁枚一生带了许多学生，传授诗法。乾隆、嘉庆时期的不少著名诗人如席佩兰的丈夫孙原湘、吴高梁、郭麐都是袁枚的“诗弟子”。王昙也曾经“游随园门下”。袁枚的弟子不仅人数众多，而且他们在诗歌理论和创作上也的确都走的是袁枚的道路，深受袁枚的熏染。从这个意义上来说，形成了“随园派”。

在袁枚的弟子群中，有一个现象特别值得注意，这就是它的成分似乎“太滥”。这里面，又以“红粉”为更突出。在袁枚之前，一般女诗人的诞生，主要靠的还是家学渊源，或者“自学成才”，而到了袁枚，才开始大规模地招收女弟子。而袁枚以招收女弟子的形式大量培养女诗人，事实上也正是时代潮流的突出表现之一。它不但在文学史上，而且在妇女文化史以及教育史上，无疑都具有十分重大的意义。袁枚除了直接招收女弟子以外，还在《随园诗话》等著作中大力宣传女诗人。

在袁枚的弟子群中，还有不少“青衣”亦即僮仆，甚至还有不少“伶人”亦即演员，并且《随园诗话》照样不抱偏见，对他们也大加宣传。由此可见，袁枚的文学活动，几乎处处都体现了反封建的民主精神。

乾嘉时期，考据学极其兴盛。它吸引了许多才学之士，甚至不少诗人也“改行”去搞考据，这在客观上直接削弱了诗歌创作队伍。因此，袁枚极力反对考据学。袁枚这样做，在当时考据学风靡的特定环境下，对于繁荣和振兴诗歌创作，客观上起到一定的积极作用。同时，考据学与翁方纲“肌理”派联系密切，因此，袁枚反对考据学，事实上也与反对“肌理”派相联系。而“肌理”派注重真才实学，以及沈德潜“格调”派主张模仿古人，它们的难度都相当大；袁枚强调自写性情，偏主天分，相对来说则显然要容易得多，为诗歌创作大开了方便之门。

袁枚反对“格调”派、“肌理”派，和他反对考据学一样，客观上确实也都具有争夺人才、繁荣诗坛的作用。而上所说许多女子甚至当时社会最底层的僮仆和演员都有可能跟袁枚学诗，这跟“性灵”诗的便于创作显然也是分不开的。明乎这些问题，袁枚的弟子门生之所以如此众多，也就更加不难理解了。

三是诗学影响深广。

作者认为，这一点主要指那些与袁枚不存在正式师生关系的诗人而言。他们虽然没有直接得到袁枚的指授，但在诗学方面也间接受到过袁枚的影响。如赵翼、张问陶以及宋湘，他们的诗歌理论和创作都同袁枚极为接近，可以说是这方面的典型。此外如黄景仁、舒位，他们多少也都染有袁枚的色彩。这些诗人的成就都相当高，他们和袁枚的许多弟子门生一起，以袁枚为中心，在不同的距离上共同形成了一个宠大的“性灵”派。清代类似这样以一种鲜明的诗歌理论为旗帜的流派，还有“神韵”派、“格调”派和“肌理”派。但是，这三个流派，它们主要是依靠理论本身而成功为派，其创作队伍实际上却相当薄弱。而“性灵”派拥有这么多淹有成就的作家，其阵营较前面三派不知要大出多少倍。因此，“性灵”派在清代这些同一种类型的诗歌流派中，无疑是最为重要的。袁枚的诗学影响之深广，由此亦足窥见一斑。

郑燮是“扬州八怪”的代表人物。他的为人特别是思想，与袁枚颇有相似之处。如果说“性灵”派在当时有一个先驱的话，那恐怕就是郑燮了。而郑燮对袁枚也极为欣赏。

其他在诗学方面与袁枚无甚明显渊源的诗人，他们同样也对袁枚推崇备至，或者得到袁枚的提携和栽培。特别是袁枚撰作《随园诗话》、大型论诗绝句，辑录《续同人集》、《幽光集》等等，大力表彰、广泛宣传当代诗人，受其沾溉者为数尤多。可以说，乾嘉时期的众多诗人，很少有人不同袁枚发生这样或那样的关系。他们像一群不同亮度的明星，尽管距离不等，但是转弯抹角，毕竟都环绕在袁枚的周围，从而构成为一个巨大的星系。

在当时，袁枚与厉鹗、严遂成、王又曾、钱载以及吴锡麒并称为“浙六家”，吴应和等人为辑《浙西六家诗钞》。厉鹗、钱载、袁枚、胡天游，分别继朱彝尊和查慎行之后成为浙派诗的四个分支。而袁枚这一支“性灵”派，在地域上实则远远超出了浙江一省的范围，显然已非一般意义上的浙派所能笼罩。同时，袁枚又和赵翼、蒋士铨齐名，并称“江右三大家”，与清初著名的“江左三大家”后先辉映。赵翼与袁枚同派，固不待言。而蒋士铨虽然诗风与袁枚不同，但他自称“诗仙”而奉袁枚为“诗佛”，即取“广大教主之义”。袁枚的诗坛地位从这里可以看得更加清楚。舒位《乾嘉诗坛点将录》以袁枚配都头领宋江，这个比拟完全合乎实际，实在是再恰当不过的了。

最后，作者对比了袁枚与钱谦益、王士禛的诗坛盟主地位，“袁枚倡导‘性灵’说，创作‘性灵’诗，在乾嘉时期的诗坛上产生了巨大的影响，取得了盟主的地位，主持风雅数十年。这种情形，和前面明清之交的钱谦益、康熙时期的王士禛正复相同。然而，从政治地位来看，钱谦益是两朝元老，王士禛也官至尚书，他们在诗坛上的影响巨大即多少夹有一种‘居高声自远’的成分；而袁枚一生仅仅做过几任

‘七品芝麻官’，并且很早就退出官场，因此他的诗坛地位尤觉来之不易”。

作者并进一步对比表现袁枚与钱谦益、王士禛对清诗发展的贡献，“从诗歌发展来看，钱谦益扭转明诗单纯模仿盛唐的复古风气，引导清诗走上广泛借鉴唐宋的道路；王士禛针对继而出现的‘唐宋之争’，标举‘神韵’，开始逐渐改变以时代论诗的陋习；而袁枚揭橥‘性灵’，则进而彻底摆脱了唐宋时代的束缚，真正踏上了艺术独创的正轨，赢得了清诗的解放”。作者指出袁枚诗歌的意义，“在思想内容方面，如果说清初诗歌主要反映的是民族意识，表现爱国精神，随后逐渐蜕化，那么到了袁枚，主要体现的便转变为民主倾向，要求社会进步，这事实上也同样显示了清诗的解放。这个解放，到后来的龚自珍那里达到高峰。而袁枚在这个发展过程当中，则无疑是一座十分重要的里程碑”。

本文以袁枚的生平、“性灵”说的内涵、袁枚的性灵诗、袁枚的地位和影响四个部分，详述了袁枚对清诗解放所做的巨大贡献；在清诗流变中高屋建瓴地论述了袁枚的诗学观、诗歌创作及其在中国诗史中所起的重要作用，沾溉后学甚多。

引申阅读：

1. 段启明、汪龙麟主编：《20 世纪中国文学研究 · 清代文学研究》第四章《袁枚诗研究》，北京：北京出版社 2001 年版。

2. 严迪昌：《清诗史》第三章《袁枚论》，杭州：浙江古籍出版社 2002 年版。

3. 汪龙麟：《清代袁枚研究发微》，载《阜阳师范学院学报》2004 年第 1 期。

4. 汪龙麟：《20 世纪后 20 年袁枚研究述评》，载《苏州大学学报》2005 年第 1 期。

袁枚研究主要作品目录：

1. 朱则杰：《清诗史》第十一章《袁枚和清诗解放》，南京：江苏古籍出版社 1992 年初版，2000 年再版。

2. 朱则杰：《袁枚与永嘉楠溪江》，载《风景名胜》1997 年第 12 期。

3. 朱则杰：《袁枚与蒋士铨订交考》，载《苏州大学学报》2000 年第 3 期。

4. 朱则杰：《袁枚〈仿元遗山论诗〉王士祯之蓝本》，载《古典文学知识》2002 年第 1 期。

5. 朱则杰：《从存世碑刻考清代诗歌》，载《苏州大学学报》2004 年第 2 期。

6. 朱则杰：《蒋士铨题寄袁枚、赵翼的若干集外诗文辑考》，载《广州大学学报》2006 年第 9 期。

7. 朱则杰：《清诗丛考——以全祖望、袁枚、黄遵宪等为中心》，载《闽江学院学报》2011 年第 3 期。

8. 朱则杰：《清诗考证》第三辑《作家作品类》第八四《蒋士铨题寄袁枚赵翼的若干集外诗文》，北京：人民文学出版社 2012 年版。

19. 严迪昌《袁枚论》【存目】

【评　介】

该文出自严迪昌《清诗史》(浙江古籍出版社 2002 年版)第三章《袁枚论》。

严迪昌(1936—2003)，上海人。1955 年考取南京大学中文系，师从胡小石、陈钟凡、汪辟疆、罗根泽等先生。1959 年大学毕业后，历任南通师专中文系教师，南通中学语文教研室组长，南通师范大专班教师，南京大学中文系讲师、副教授，苏州大学文学院教授、博士生导师。中国韵文学会第一届理事，中国诗学会第一届常务理事、副秘书长，江苏当代文学学会理事，国务院学位办公室专家组通讯评委。1961 年开始发表作品，1983 年加入中国作家协会。专著有《文学风格漫说》、《清词史》、《清诗史》、《阳羡词派研究》、《严迪昌自选论文集》等，文学评论有《评〈九叶集〉》、《评〈诗人丛书〉》等数百篇。论文《清诗评议》获江苏省社科优秀奖，《清词史》获江苏省社科三等奖、夏承焘词学研究一等奖，《清诗史》获江苏省社科一等奖、国家图书提名奖，负责编纂的《全清词》(顺康卷)获国家图书奖。

严迪昌《清诗史》第三章《袁枚论》追踪谱乘，对袁枚亲族、交游游幕、商贾文化背景进行了详尽考辨，并由此上溯“袁枚现象”的文化内涵及其构成过程、袁枚文化意识及对名教纲常的叛离性等一系列解读袁枚的关键问题，立论高屋建瓴，显示出文学与文化研究相结合的厚度与深度。

本章共由五节组成，下分述之。

第一节　《“袁枚现象”的诗史意义》

该节认为袁枚是清代二百七十年间唯一一位全身心投入诗的事业的本来意义上的诗人。

作者首先说明，袁枚“不作词”非不能也，乃不为也，“不耐”于“依谱而填”词。接着指出，“袁枚之所以以诗为其唯一的文学文化事业，维系不舍的正是这个‘情’字”。袁枚深情诗事非个人偏嗜而是属于社会性事业，“他的随园既成了南北诗人自在聚集的诗的‘沙龙’，而且还办起了一个规模巨大的‘诗廊’”。

作者通过对中国诗歌史以及袁枚所处诗坛背景的梳理，提出“袁枚现象”的诗史意义在于：“袁枚是清代诗史，也是整个中国封建诗史上最后一个全身心挽救诗的生命力的诗学改革家，而且是卓有建树，助益后世甚巨者。”

第二节 《“袁枚现象”的文化内涵及其构成过程·附表四种》

作者认为“就其基核本质讲，袁枚是严肃的，甚而在某种程度上是痛苦的，一种教养与经历、宗法与气质、理想与实践之间的反差所构成的深潜于意识中的痛苦”。

该节梳理了“袁枚的人生变异原系特定的时代机制所导致”的原因及其过程，“袁枚原不是个与生俱来的封建秩序的异己分子”。“袁枚心态急剧转化始自翰林院学习期满，‘散官’外放为县令这一沉重打击。”“正当宦情日薄”，“袁枚和淮扬一线的亦贾亦仕的徽籍盐商人士开始了交往。正是这种交往骤然间激活了他那潜在的主体情性特质，商业经济架构的文化心态与袁枚的个性精神可谓是雨水共乐似的相契交融。随园主人的一生生命形态和文化体性从这里开始转折、启变、发展以至呈现一片烂漫”。

接着，作者排比了袁枚的亲串和前期交游，指出，徽州大盐商程、汪二姓人氏是袁枚最重要的社会关系网络。因此，“商贾文化意识”成为构成“袁枚类型的诗文化形态的核心基因”，并指出“袁枚说不上是个思想家，但不能否认他是从封建文化营垒中蹩出来的一个破坏者，尽管有他不能自疗的不彻底性和各式各样的缺陷。特别在诗文化领域，他是个勇者”。

该节附表四种，一、哲学思想领域；二、书画艺术领域；三、小说领域；四、诗歌领域。主要为乾隆八年(1743)至乾隆十九年(1754)《喜终养文书部覆已到》诗成止，袁枚文化心态启变、转化、锐新时期对应的思想文化、文学艺术诸领域代表人物的行年行迹表。

第三节　《袁枚文化意识对名教纲常的叛离性》

该节首先交代了乾隆三十四年(1769)，江宁太守刘墉驱逐袁枚出境的动议以及袁枚巧妙机智的应对，并指出这既是袁枚的人生观和处世态度，又是他的诗学观以博容消蚀对手的策略。

接着，作者举例指出袁枚言行中对名教纲常的叛离性，“袁枚引惹当道警惕、论敌攻击的要害是‘讥讪圣贤’，嘲弄纲常”以及直言不讳“好货好色”的言行。“凡此之类，体现在诗理论中即是袁枚主性灵、讲情趣、反拘牵、厌唐宋界说门户、斥格调及肌理的寡情，以至肯定香艳体等等观念的反复阐述”。因此，认清袁枚诗文化现象才可以确认袁枚“性灵”说的文化意义和诗史贡献，才可以论定袁枚的诗史位置，把握清诗演变走向。

第四节　《袁枚的诗史贡献》

该节由三部分组成，第一部分《“性灵”说举要》，主要列举了在清诗发展的特定阶段，“性灵”说的理论意义和诗史贡献。

作者认为作于乾隆十年(1745)的《小仓山房诗集》卷四《答曾南村论诗》一诗是袁枚最早表述诗学观，而且是以后逐渐具体并深化着的“性灵”诗论的提纲式的文字。针对诗界积弊的“性灵”诗观的核心要旨在这首诗中已经明确提出，即：主性情，反门户。本节也主要是从这两方面论述袁枚的“性灵”说的。

该节指出，“袁枚也许有时用词有‘性灵’、‘性情’的不同，然其本旨则是一致的，就是诗是个性情心的载体”，正是基于这一认定，袁枚反复强调诗中要有“真我”。

又指出，“理论的现实针对性，是袁枚论诗的一大特点。这从破‘唐宋’界说的论述同样可得证实”。针对诗坛“家数”、“门户”、“一尊”的恶疾，袁枚提出“异量之美”的美学命题。因此，“在袁枚看来，有‘真我’、有‘性灵’的诗人每于布衣贫士和闺阁女子中见，因为他们未沾上官场廊庙习气，较多葆有心灵的自在。所以，他空前地揄扬寒士诗人，即真正诗国的小人物和女性诗人，于是，从客观上为诗歌史展示了另一侧面的景观，在士大夫占统治地盘的诗界空间更多地保留了非贵族化的诗的群体”。

该节第二部分即为《对“寒士诗”的揄扬》，第三部分《“随园女弟子"风潮 附论：清代女性诗述略·汪端》除了论述章学诚抨击袁枚招收女弟子的言论外，还简介了清代女性诗史，详述了女诗人汪端的诗歌成就。

第五节 《袁枚诗的成就》

作者认为，论定袁枚的诗，应将视野集注于他的"真性情"上，他的诗创作实践是与其诗理论创导一致的，至少是同步的。而他在表现"真性情"时艺术功力是足以托擎起一泓深情的。"意所欲到笔注之"、"归诸自然出淋漓"。

作者从而归纳出袁枚三类诗歌的特点，一、"袁枚诗的情意真挚，可从他的大量亲情诗中感受到"。二、"随园诗中写人生感受，寄寓某种哲理，或有慨于时世而暗示特定事理的篇什，是不胜枚举的"。"说理亦庄亦谐，严肃论旨中不乏风趣，但又情理兼见，自抒悟解，略无油滑气，是袁枚最擅长处"。三、"袁枚的'能状难显之境'的才情，使其'半寻烟水半寻花'的山水诗别具妙意，别人需数十百言始能刻画描述的，他只需三二句就显景于眼前，他不以长篇巨制争胜"。

本章结尾，作者再申前论，"中国诗史，到清代袁枚的反拨、搏击，乃是最后一次诗的生命——诗的本体生命的潮起和强力奋振。此后虽因时代风云剧变，诗的功能不时有所亢奋，那是'诗外'因素的刺激，对诗的本体功能的自觉挽救，已很脆弱"。"诗国天空，群星团起的时代随着'袁枚现象'的衰颓，告终了。"

本章从袁枚的诗史意义、文化内涵及其构成过程、对名教纲常的叛离性、诗史贡献、诗歌成就五个视角阐释了中国诗歌史上独一无二的"袁枚现象"，并追溯了造成袁枚诗文化现象的深刻社会背景。本章通过中国诗歌史的宏阔视野，论定了袁枚的诗史地位以及清中叶诗歌的发展走向。深厚的文化底蕴与阔大的诗史背景网状交织，彰显出本章的论述深入浅出，细致精到。

引申阅读：

1. 朱则杰：《清诗史》，南京：江苏古籍出版社 2000 年版。

2. 陈书录：《士商契合与明清性灵思潮的演变》，载《南京师范大学学报》2004年第6期。

袁枚研究主要作品目录:

严迪昌:《清诗史》第三章《袁枚论》,杭州:浙江古籍出版社2002年版。

20. 汪龙麟《袁枚诗研究》

【引 文】(节选)

清代袁枚研究发微

在清代诗坛上，袁枚是一个颇为特殊的存在。这不仅由于他的《小仓山房诗》乃“诗中异端也”①，也因为他的“性灵说”“非圣无法”②，对传统诗教的有意背离，更重要的，他竟敢冒天下之大不韪，打破男女之间传统的森严壁垒，广招女弟子。而其平时之为人处世，更是不拘小节，眠香宿柳，辱佛骂儒。这种种在封建道学先生眼中的“异端”行为，前代亦不乏其人，如李贽、徐渭、金圣叹等，然皆因触怒封建统治者而未得善终(李贽系狱，徐渭佯狂，金圣叹则被腰斩于市)。袁枚则不同，他的奇立特行不仅未给他带来多少官方的麻烦，反而使他在乾嘉诗坛出尽了风头，愿执弟子礼者甚众，甚有人称“许署随园诗弟子，此生端不羡封侯”③，以至形成“随园弟子半天下，提笔人人讲性情”④的壮丽风景。这道壮丽的风景不仅使翁方纲之肌理派、沈德潜之格调派、厉鹗之浙派等诸多诗派于乾嘉诗坛成为点缀与陪衬，而且它还形成了一股强力的冲击波，在此后的道、咸、

① 陈廷焯：《白雨斋词话(卷8)》，人民文学出版社1959年版，第203页。

② 章学诚：《文史通义·书坊刻诗话》，《章学诚遗书(卷5)》，文物出版社1985年版，第45页。

③ 何道生：《七律四章寄呈简斋太史》，转引自王英志《性灵派研究》，辽宁大学出版社1998年版，第350页。

④ 韩廷秀：《题刘霞裳〈两粤游草〉》，《随园诗话补遗(卷8)》，人民文学出版社1960年版。

同、光、宣诗坛上，仍不时能听到它的或正或反的时代回音。正是这久远历史回音的不绝如缕，牵引了自清以降学者们的学术目力，使得他们在回眸乾嘉诗坛时不能不把目光聚焦于这一时代最为炫目摇人的袁枚。

二

“才名海内重袁丝，开出尖新派一支”①，对袁枚于乾嘉时代之宗主地位，清代学者多无异议，王昶《蒲褐山房诗话》、刘声木《苌楚斋随笔》、蒋子潇《游艺录》等书中，均载有袁枚在其时诗坛倍受关注的描述，如蒋书云：

> 乾隆中诗风最盛，几于户曹、刘而人李、杜，袁简斋独倡性灵之说，江南江北靡然从之。自荐绅先生下逮野叟方外，得其一字，荣过登龙，坛坫之局，生面别开。②

袁枚及其性灵说在其时之影响，不难想见。即便与袁枚思想志趣大相径庭，在袁翁卒后多致诟词的姚鼐，对袁枚于乾嘉诗坛的广泛影响亦不得不予承认：“士多效其体，故《随园诗文集》，上自朝廷公卿，下至市井负贩，皆知贵重之。”③

然而，当一旦涉及对袁枚诗作、诗论乃至其人品等的具体评价时，由于不同论者审美趣尚、思想志意等等的不同，结论自也就轩轾甚远。就其持论态度看，大致可分为偏于肯定和偏于否定两大派别。

袁枚门生弟子甚多，据今人王英志考证，乾嘉时期“已知籍贯的性灵派成员”达 71 人，而此后受性灵说影响甚或径以性灵为其诗学指归的学人骚客亦代不乏人，若何绍基、龚自珍、黄遵宪等。故有清

---

① 翁心存：《论诗十八首》，郭绍虞等编：《万首论诗绝句》，人民文学出版社 1991 年版，第 879 页。

② 蒋子潇：《游艺录》，转引自王英志《性灵派研究》，第 349 页。

③ 姚鼐：《袁随园君墓志铭并序》，《惜抱轩文集(卷 13)》，四部丛刊初编集部，上海书店 1989 年版。

一代，对袁枚极力推重和赞誉即持肯定意见者，在学界占大多数。

与袁枚同时之故友门生中。如被称为性灵派副将之赵翼、第一门生孙原湘以及曾得袁氏奖掖、指点的黄景仁、李调元等，其诗文集中便颇多褒誉袁枚之词。如被袁枚引为“生前知己”的李调元，对袁诗甚为爱赏，曾编《袁诗选》，在该书“序”中称誉袁枚“凌铄百代自成一家”①。而曾得袁枚接济的穷愁诗人黄景仁，对袁枚更是称赏不已：

> 一代才豪仰大贤，天公位置却天然。文章草草皆千古，仕宦匆匆只十年。暂借玉堂留姓氏，便依勾漏作神仙。由来名士如名将，谁似汾阳福命全?②

以袁枚为“一代才豪”且系“天公”安排，敬仰之情溢于言表。认为袁枚“文章”虽系“草草”而成，信笔写来，然却均能“千古”不朽。其中即含有对袁氏笔抒性灵的叹赏。

道咸以降，学界于袁枚虽仍不乏如上述之空泛谀阿者，但也有不少学者，对袁枚之批评逐渐由感性的崇奉而走向理性的探讨，并且多所创获。

“于前人尤服膺随园”的咸丰进士安徽定远人方濬师，不独在其《蕉轩随录》中对吴嵩梁、潘德舆等极力攻讦随园者痛加驳斥，竭力维护袁枚的声誉，并且对袁氏生平资料多所收集，撰写了《随园先生年谱》。是谱欲“使读者，诵其诗知其人”，故以诗集编年为纲，兼取文集、诗话中重要内容及行事，而于他人所撰志传，仅取其有关“政绩”行状。尽管方氏自称：“综述其生平始末，得毋漏毋滥，瓣香所在，是固然矣。”③然作为袁枚研究史上第一部年谱，方谱“漏”“滥”之处在所难免，故后来杨鸿烈重撰《袁枚年谱》”④，于方谱便多所订

① 李调元：《袁诗选·序》，转引自王英志《性灵派研究》，第356页。

② 黄景仁：《呈袁简斋太史四首其一》，《两当轩集(卷10)》，上海古籍出版社1983年版，第247页。

③ 方濬师：《随园先生年谱》，大陆书局1933年铅印本，上引文均见是书书首方氏自序。

④ 参见杨鸿烈：《袁枚评传(附年谱)》，上海商务印书馆1927年版。

正。但方谱发轫之功，仍不可没。

如果说方氏是通过对随园生平的描述以称颂袁氏，同治诸生尚镕、光绪举人邱炜萲等，则通过对袁枚诗作、诗论的理性探讨以表褒扬，且其中亦颇多发明。尚镕曾著《三家诗话》，专论乾隆三大家袁枚、赵翼、蒋士铨：

> 三家生国家全盛之时，而才情学力，俱可以挫笼今古，自成一家，遂各拔帜而起，震耀天下，此实运气使然也。

此处所言之“运气”乃指“国家全盛之时”，正是这种盛世的文化氛围，才孕育了三家“挫笼今古”的“才情学力”，才使他们能“自成一家”，“震耀天下”。至于三家之别：

> 子才之诗，诗中之词曲也；苕生之诗，诗中之散文也；云松之诗，诗中之骈体也。①

蒋氏为诗，喜“行以古文传记之法”，故为“诗中之散文”；赵翼论诗，虽亦主“性灵”，然尤重诗人之“才”与“识”，其诗作多使典逞才，故为“诗中之骈体”；袁枚则不同，其诗出自真情真趣，不假雕饰，故为“诗中之词曲”。② 至于三家之优劣，自是以“诗中词曲”的随园为高：

> 苕生有生吞活剥之弊，而子才点化胜之；云松有夸多斗靡之弊，而子才简括胜之。子才专尚性灵，而太不讲格调，所以喜诚斋之镂刻而近于词曲。③

---

① 尚镕：《三家诗话》，郭绍虞主编《清诗话续编(下)》，上海古籍出版社1983年版，第1920页。

② 朱庭珍：《筱园诗话(卷2)》，郭绍虞主编《清诗话续编(下)》，上海古籍出版社1983年版，第2368页。

③ 尚镕：《三家诗话》，郭绍虞主编《清诗话续编(下)》，上海古籍出版社1983年版，第1922页。

点化典实，淡语疏词，深得杨万里天机自然之趣的袁枚诗作，于三家之中自是奄有众长而技高一筹了。尚氏对袁枚诗作的这种分析，较之仅以“才豪”“大贤”冠于袁翁的浮泛谀词，自更能令人信服。而其比较视角下对袁枚诗作风致的把握，也确能切中肯綮。故此后学界，每当谈及袁、赵、蒋三家时，多以尚氏之论为的评。

邱炜萲著《五百石洞天挥麈》中，虽讥袁枚《新齐谐》为“生平最无聊赖之作”，然于其诗作、诗论，则赏赉有加：“《小仓山房诗集》，能言古人所未言，能达今人所欲言，是以语妙当时，而传后世。”尤其《随园诗话》“论诗偏主性灵”，“立言浅切，适如人人意境，为诗教开一方便法门，引人入胜，不可废也。”①以为袁枚诗作浅俗易懂，诗论浅切易学，为世所尚，是很有道理的。

二

尽管清代学界对袁枚褒颂推重者占主流，但批评乃至攻击者亦不在少数。在袁枚死后尤其是道咸以降，批评者日渐增多。这不仅是由于推远的时代距离使人们得以更清楚地发觉袁氏诗作诗论所存在的诸多不足，更由于随着时代的发展，对关注现实人生之作的呼声日益高涨，“性灵说”的象牙塔追求已渐不能切合时世之需要。

在袁枚生前“逢人辄颂之”②的洪亮吉，在袁枚死后十余年编定《北江诗话》时，即对袁氏诗作提出严正批评：“袁大令诗如通天神狐，醉即露尾”。“通天神狐”即野狐禅，讥刺袁诗有背诗家正道：“露尾”即指袁诗“失之淫艳”。③ 而于袁枚生前不乏谀词的姚鼐，在袁枚死后也一反常态：“今日诗家大为榛塞，虽通人不能具正见。吾

---

① 邱炜萲：《五百石洞天挥麈》，转引自王英志《性灵派研究》，辽宁大学出版社 1998 年版，第 376 页。

② 吕培等：《洪北江先生年谱》，转引自王英志《性灵派研究》，辽宁大学出版社 1998 年版，第 360 页。

③ 洪亮吉：《北江诗话》，转引自王英志《性灵派研究》，辽宁大学出版社 1998 年版，第 361、362 页。

断谓樊榭、简斋皆诗家之恶派。”①

洪、姚均曾游于随园门下，有师友之谊。然其在袁枚生前死后态度迥然有异，不能不令后世学者致慨这其中的世态炎凉。实则如稍加追究，则不难发现，洪、姚对袁氏之微词，早在其与袁枚交游时已颇多流露。如洪氏便不讳言与袁枚论诗宗旨“取径之不同”，并对袁枚“于虞舜‘诗言志’，孔子兴观群怨之旨，全然抛撇”颇为不满。② 姚鼐也一再声称“程、朱犹吾父师”，故对“诋讪父师”者深恶痛绝，诅咒“毛大可、李刚主、程绵庄、戴东原、率皆身灭嗣绝”。③‘姚氏于此对戴震等反理学者的批判和诅咒，实是含沙射影，因其时袁枚尚无子嗣，而其诗文中又颇多指斥理学处。可见，洪、姚于袁氏死后对袁氏的批判，既非背叛师门，亦非为人势利，实则是洪、姚与袁氏之思想、诗学观念的分歧不可调和所使然。

如果说洪、姚对袁枚的批评是出于论诗宗旨的差异，章学诚对袁枚的极力攻讦则明显出自对封建道统的维护了：

> 略《易》《书》《礼》《乐》《春秋》，而独重于《诗》；《毛诗》中，又抑《雅》《颂》而扬《国风》；《国风》之中，又轻国政民俗而专重男女慕悦；于男女慕悦之诗，又斥风刺之解而主男女自述淫情……未闻光天化日之下，敢于进退六经，非圣无法，而恣为倾邪淫荡之说，至于如是之极者也！④

袁枚《随园诗话》中，于“男女慕悦”之情诗确乎多所偏爱，这自与其标榜真情至性的“性灵说”诗学观有关。只是章氏于此系从维护人伦、名教角度出发的，故指责袁枚“进退六经，非圣无法”，这种批评则又显得过于迂执。至于袁枚招收女弟子，自更是被认为灭礼乱伦，有

---

① 姚鼐：《与鲍双五》，转引自王英志《性灵派研究》，辽宁大学出版社1998年版，第363页。

② 洪亮吉：《答随园前辈书》，《洪北江诗文集》，四部丛刊本。

③ 姚鼐：《再复简斋书》，《惜抱轩诗文集》，四部丛刊本。

④ 《章学诚遗书》，《文史通义》，《书坊刻诗话》，文物出版社1985年版，第45页。

伤风化：

> 近有无耻妄人，以风流自命，蛊惑士女，大率以优伶杂剧所演才子佳人惑人。大江以南，名门大家闺房多为所诱，征诗刻稿，标榜名声，无复男女之嫌。殆忘其身之雌矣。此等闺娃，妇学不修，岂有真才可取？而为邪人播弄，浸成风俗，人心世道，大可忧也。乃更有痴妄无知妇女，自题其诗为《浣青集》，谓兼浣花、青莲之长，则不必更问其诗，其为无知无耻之妄人，不待言矣。为之夫婿，不但不知禁约，而反若喜之。呜呼，彼之所喜，正君子之忧也。①

"无耻妄人"、"邪人"实即指"以风流自命，蛊惑士女"的袁枚。而"大江以南"诸多"闺娃"，竟不修"妇学"，"而为邪人播弄"，"征诗刻稿，标榜名声"，这对于谨守"女子无才便是德""男女授受不亲"等传统教规的章实斋来说，自更无法接受，从而深感长此以往，则"人心世道，大可忧也"。

如章学诚这样从封建道统角度对袁枚的批判，在清代还有焦循（著有《雕菰楼集》）、黄培芳（著有《香石诗话》）、朱庭珍（著有《筱园诗话》）等。如焦循攻击袁枚招女弟子是"导淫教乱"，黄培芳指责袁诗"一味以轻脆佻滑为新"，使"风气日流于卑薄"，朱庭珍对袁枚"倡魔道妖言，以溃诗教之防"更是恨之入骨，并对师法随园的赵翼、张问陶、李调元等均严加谪诃，以为他们的诗作，"专法香山、诚斋之病，误以鄙俚浅滑为自然，尖酸佻巧为聪明，谐谑游戏为风趣，粗恶颓放为雄豪，轻薄卑靡为天真，淫秽浪荡为艳情"，故指斥袁、赵诸人，"实风雅之蠹，六义之罪魁也"。②

与章学诚等人从封建卫道者角度对袁枚的批判不同，道咸以降，国事日非，而性灵末流过于注重诗人自我表现的狭窄视野，显然已难

---

① 《章学诚遗书（外编卷3）丁巳札记》，第399页。

② 朱庭珍：《筱园诗话（卷2）》，郭绍虞主编《清诗话续编（下）》，第2368页。

以应合时代之节拍。从而一批有识之士，如潘德舆、张际亮、林昌彝等纷纷对袁枚大加挞伐，以“挽江左诗派之失”①，将诗歌拉回干预现实、注目人生的轨道上来。

身处衰世愿以“一腔热血”匡补时局的道光举人潘德舆，在其《养一斋诗话》中，对诗之社会功能即教化、美刺作用极为强调，特标“质实”为其论诗之指归，从而对袁枚之“性灵说”背“风雅”而蹈“虚空”极为不满：

> 诗积故实固是一病，矫之者则又曰：“诗本性情。”予究其所谓“性情”者，最多不过嘲风雪、弄花草耳，其下则叹老嗟穷，其尤悖理则荒淫狎媟语皆以入诗，非独不引为耻，且曰：“此吾言情之什，古之所不禁也。”于呼！此岂性情也哉！②

性灵末流于国事日艰时代仍一味吟风弄月，自是不合时宜。潘氏于此所指摘的，不独是性灵末学，而是包括袁枚在内的性灵诗作。此外，其《夏日尘定轩中取近人诗集纵观之戏为绝句》一诗对袁枚的批评更为激烈：

> 蒋袁王赵一成家，六义颓然付狭邪。稍喜清容有诗骨，飘流不尽作风花。③

蒋士铨(清容)诗中多宣扬忠孝节义之作，故潘氏“稍喜”其“有诗骨”，而袁枚、赵翼等性灵主将则被斥为“狭邪”，甚而连王士禛也难幸免。希图诗歌着眼现实，潘氏拳拳之心，自是可嘉，然为了强调诗歌的美刺作用、社会功能，而将所有缘情之什一概排斥，则又难免矫枉过正，从一个极端走向另一个极端了。

---

① 徐世昌:《晚晴簃诗汇(卷132)》，退耕堂1929年刊本。

② 潘德舆:《养一斋诗话》，郭绍虞主编《清诗话续编(下)》，第2155页。

③ 潘德舆:《夏日尘定轩中取近人诗集纵观之戏为绝句》，转引自王英志《性灵派研究》，第377页。

同样具有忧时悯世之志意的张际亮，也认为袁枚诗作无关“风雅”，在《答潘彦辅书》中，他曾将汉以下诗人分为才人之诗、学人之诗、志士之诗三种，袁枚被列入他最为鄙视的“才人之诗”中：

> 模范山水，觞咏花月，刻画虫鸟，陶写丝竹，其辞文而其旨未必深也，其意豪而其心未必广也，其情往复而其性未必厚也，此所谓才人之诗也。

在《答朱秦洲书》中，对袁枚的批评更是不遗余力：

> 袁子才辈则又所谓野狐外道也，然皆足以惊众侈俗，取一时之声誉。子才尤甚，盖少年轻薄，其溺于佻滑放荡之习久矣。或犹畏大雅之讥，不敢显以自遂，一旦见当世负重名如子才者，举其佻滑放诞之诗谆谆道之，其乐为依附，犹积薪燃火，焰必张矣。①

对“才人之诗”的批评以及对袁枚及其后学诗作有失纤佻的指责，颇多切中肯綮之处，然由此而滑向对袁枚人品“轻薄”的疵议以及对“风雅”诗教的维护，则又逸出了理性的文学批评范畴，乃致回归了封建卫道士的怀抱。

林昌彝论诗亦主“性情”，故对袁枚诗中私情之作甚为宽容，其不满袁枚处一是随园诗作无关风雅之旨，所谓“诗薮金陵筑小仓，少年绮丽老颓唐”，这与潘、张之论大抵相同；再则是《随园诗话》过于“浅率”：

> 钱塘袁简斋《随园诗话》讥孔颖达《五经疏》为郑康成之应声虫，简斋于是乎失言。简斋喜词章，不喜经学，故作此呓语。况

① 张际亮：《答潘彦辅节》，《答朱秦洲书》，均转引自王英志《性灵派研究》，第379页。

所讥未能的切耶?”①

这则是以经学家眼光来审视袁枚诗论了。考虑林氏对“兴革政教”、“化民成俗”、“感发志意而治其性情”诗作的推举，其对袁枚的批判虽未搔着痛痒，亦是出自其改革诗坛颓风的急切情怀。

综上所述，不难发现，清代学者对袁枚的批评，无论是偏于肯定还是偏于否定，乾嘉学者在袁枚光环的强力辐射下，对袁氏之批评多停留于表层的感性体悟而难以深入。道咸以降，袁枚光环的逐渐淡漠，使人们得以毫无顾忌地踏入其诗学园囿，并由此而裹挟进风云变幻时代的诗学追求，这在否定派的批评中表现得最为强烈，而随园诗学也因此而得到深层的开拓。

（载《阜阳师范学院学报》2004 年第 1 期）

20 世纪后二十年袁枚研究述评

20 世纪学界于袁枚研究取得了丰硕成果，尤其是自 1979—1999 年的 20 年间，可说是袁枚研究史上的丰收期，据粗略统计，这 20 年间学界有关袁枚研究的专题论文达 108 篇，是前此学界论文总和的两倍多。研究专著 7 部，其中王英志《性灵派研究》一书，堪称本期袁枚研究的标志性成果。② 普及性的诗文选、注、译本 9 种，如王英志《续诗品注评》、《袁枚诗选》，周舸岷选注《袁枚诗选》，刘衍文、刘

---

① 林昌彝:《海天琴思录》，上海古籍出版社 1988 年版，第 467、192 页。

② 7 部专著为: 胡明《袁枚诗学述论》，黄山书社 1986 年版; 傅毓衡《袁枚年谱》，安徽教育出版社 1986 年版; 王英志《袁枚与随园诗话》，上海古籍出版社 1990 年版; 阎志坚《袁枚与子不语》，辽宁教育出版社 1992 年版; [英]阿赛·瓦别著《袁枚》，李福德等译，安徽文艺出版社 1993 年版; 丁昶《袁枚》，江苏古籍出版社 1996 年版; 王英志《性灵派研究》，辽宁大学出版社 1998 年版。

永翔《袁枚续诗品详注》，高路明选注《袁枚文选》。① 而王英志主编的校点本《袁枚全集》②的问世，也是本期学界的一大创获。

综观学界的这诸多论文及专著，有关袁枚研究的种种课题均在本期获得了全面探讨和深入开拓。

一、生平研究

袁枚生平研究一直不甚受学界重视，此期学界也甚少关注者，相关论文不过三四篇而已。这一则由于清人有关袁枚的传记资料极夥，勾勒甚明；再则由于袁枚一生仕宦不显，行迹亦甚平淡，而每有可纪之事，其诗文中亦多有描述，考释甚易；加之清人方濬师《随园先生年谱》和民国杨鸿烈《袁枚年谱》已悬鹄在先，歧异不大。这就使得袁枚生平不似蒲松龄、曹雪芹等作家那样迷雾重重而引人遐想，争讼纷纭。

尽管如此，本期学界仍不乏于这一看似平易之径上留下深深印迹者，傅毓衡之作便是其中代表。有感于“袁枚之诗文，率多记年”，而在饱阅袁枚著述之后“倾倒之心油然而生”，傅氏于是“着手辑录其事迹，详究其所以，依年次，月次，甚至日次列而出之”[1](书首自序)，编成二十余万字的《袁枚年谱》。较之方谱多错讹，杨谱多谀词，傅谱之最大特色在于其考释详明而持说公允。谱中于谱主之行迹均作详尽考释，不发空论，且多所发明。如乾隆七年(1742)，袁枚“改发为江南知县”，方、杨二谱均强调系由于袁枚于庶常馆散馆考试满文成绩不及格即“未娴清书”所致，傅谱对此亦无异议，但同时又通过对袁枚在庶常馆课习时所作《清说》一文的详细分析，指出该文“议论乖常，且事涉国号”，故“为统治者所难容，遂尔外用”[1](p.31)在评说态度上，傅谱亦能出于公心，不为尊者讳。如袁枚于33岁即挂冠致仕，对其原因，杨谱据袁枚《答陶观察问疾病书》和《再答陶观察书》等文

---

① 王英志二书：浙江古籍出版社1989年版；中州古籍出版社1993年版；周舸岷注本：浙江古籍出版社1989年版；刘衍文、刘永翔注本：上海书店1993年版；高路明注本：作家出版社1997年版。

② 王英志主编校点本《袁枚全集》，江苏古籍版社1993年版。

认为“先生辞官的理由有二”：一是因为“做官是为人民增进幸福，并非为上司大吏做高等听差”；二“为的是专门从事文学，以文学为终身事业；这样把文学的价值抬高和政教功业相等，在中国真是前古所未闻的创见”。[2](pp. 50~54)所述二理由虽不无道理却多所揄扬，傅谱通过对袁枚于此期诸多诗文的寻绎，认为其辞官除了“厌恶腐朽、黑暗的官场公礼”外，尚有“为了养亲”，“为了保身”，“受馋、设譬嘲讽”即忧谗畏讥，“乘胜收场，贵在知机”，“为了膏肓泉石”即“为山水而辞官”，和“受往哲高蹈的影响”五大原因。[1](pp. 60~63)这是颇符合袁枚其时之心理实际的，而明哲保身、忧馋畏讥等心态则是杨谱所讳言的。在对袁枚一生重大行迹的描述上，杨、傅多所雷同，但亦有小异。如关于袁枚之生年，傅谱定为康熙五十五年丙申（1716），与方谱同，而杨谱为康熙五十四年乙未，但因杨谱以实岁纪龄，故谱主卒龄均为82岁。又如袁枚由翰林外放为溧水县宰，后又改官江浦，傅谱以两任均在乾隆七年，而杨谱则将改官江浦定在乾隆八年。傅谱之不足在于其虽详于谱主之生平行迹和诗文纪年，然却对谱主之交游、家人情实多所忽略，而这恰正是杨谱之所长。仅此而言，杨、傅二谱，各有所长，亦各有所短，倘交互参看，于袁枚之生平则更为清楚。

二、随园诗学及其影响研究

随园诗学研究再度成为本期袁枚研究之重点，相关论文四十余篇，几占本期袁枚研究论文的半壁江山。各类论著中也都把重点放在对《随园诗话》的探讨上。综观这些研究论文和论著，学者们不仅对前此学界有关随园诗学研究的诸多课题给予了重新审视和深入开拓，取得了一些实质性的进展，而且还开辟出了许多新的研究领域，又提出了一系列新的研究课题。

应如何理解袁枚所标举之“性灵”？本期学界对此仍有不同的界说，大致有四。

一是性情说。王运熙、顾易生主编《中国文学批评史》即认为：“他所谓‘性灵’，主要指自然地、风趣地抒写自己个人的真实感情。”[3](下卷p. 220)当代日本学者松下忠也认为：“‘性灵’系指活动起来、利用起来了的既灵妙又新鲜的状态中的人的性情。”[4]前者颇近于清人钱泳之论，后者则显有受铃木虎雄看法影响的痕迹。但无论是“自然真实的感情”，还是“灵妙新鲜的性情”，以“性灵”为指“性情”的看法，两者是一致的。

二是灵感说。叶嘉莹即认为“性灵”就是“重在心灵与外物相交的一种感发作用”[5](p.211)。羊春秋也认为：“袁枚标举性灵，作为诗歌创作的准则，强调艺术上新鲜活泼的灵感作用。”[6](p.292)

三是性情灵感并重说。郭绍虞主编的《中国历代文论选》认为，“性灵之说，不仅重视性情之真，同时十分强调艺术上的灵感作用”，“把真实的感受生动活泼地表现出来，这就是性灵说的真谛之所在”。[7](第三卷p.471)邬国平、王镇远《清代文学批评史》通过对袁枚《钱玙沙先生诗序》一文的分析，认为：“这里袁枚强调了两方面的问题：就诗歌的内容而言，他追溯到儒家‘诗言志’和‘修辞立其诚’的原则，要求诗歌表现真实的感情；就诗歌的表现形式而言，他又提出了‘巧’与‘妙’的审美标准，提倡灵活风趣的艺术风格。这两方面的内容袁枚用了四个字来加以概括，就是‘性情’与‘灵机’，更为简明的说法便是‘性灵’。”所以，“性情和灵机构成了‘性灵’说的基本内容”[8](p.479)。

四是才、性、情三要素说。王英志即认为性灵说的内容应作如下界说：

> “性灵说”的理论核心或主旨是从诗歌创作的主观条件的角度出发，强调创作主体必须具有真情、个性、诗才三方面要素。在这三块理论基石上又生发出：创作构思需要灵感，艺术表现应具独创性并自然天成；作品内容以抒发真情实感、表现个性为主，感情等所寄寓的艺术形象要灵活、新鲜、生动、有趣；诗歌作品宜以感发人心，使人产生美感为其主要艺术功能等艺术主张。鉴于此，则须反对束缚性灵的“诗教”说及规唐模宋的拟古“格调说”，亦反对以学问代替性灵、堆砌典故的考据为诗之风气；但诗歌创作又不排斥辅以学问与人功。[9](p.45)

四说之中，前二说或着眼于“性”，或注目于“灵”，虽也把握住了“性灵”某些本质性内涵，但终嫌片面。第三说重“性”亦重“灵”，似较可取，但在阐说视角上仍和前二说一样，主要着眼于“性灵”这一概念本身的内涵。相较而言，王英志从整个随园诗学体系的宏观审视角度所提出的三要素说，似更为全面系统，也更切合“性灵说”诗学体系之实际。

对“性灵说”之“源”与“流”的探讨，在本期学界也多有创获。先看溯源。前此学界于“性灵”之源多举杨万里，本期学界通过对随园诸多著述的全面考察，认为影响“性灵说”者尚有钟嵘。张少康率先提出这一看法：“钟嵘实已开后来袁枚‘性灵说’之先河。”[10]王运熙、顾易生主编《中国文学批评史》也认为“袁枚论诗以标举‘性灵’著称。其说渊源于钟嵘与南宋杨万里，更是晚明公安派‘独抒性灵，不拘格套’诸论的继承与发展。”[3](下卷p.320)王英志通过对钟嵘《诗品》所言“性灵”之含义的探析，认为其“重抒情、尚自然、崇真美的‘性灵’之说直接影响了清代性灵说的核心内容”，而袁枚之“性灵”“主要指性情，但不止性情一义，又是对钟嵘‘性灵’含义的发展”。所以，“袁枚性灵说的真正奠基石应该是钟嵘《诗品》”，其《仿元遗山论诗》论“夫己氏”所谓“抄到钟嵘《诗品》日，该他知道性灵时”，可说是“袁枚自述性灵说直接源头是《诗品》的铁证”。[9](p.11)

“性灵说”之近源，袁宏道等公安派之影响是无可怀疑的，本期学者在此基础上又进一步探绎了整个晚明时代思潮对随园“性灵说”之影响。陈居渊《清代性灵说与王学》是这方面颇具开拓力度的一篇文章，该文指出：“清代中期诗坛袁枚等人倡导的性灵说是以强调人的‘情欲’为主要内容，以‘生趣’为特征的。这不仅与晚明的性灵说一脉相承，也与以王阳明哲学思想为基础的李贽的童心说一致。性灵派把诗人看作是领悟宇宙万物与‘神’相通的圣者、智者，他们轻视‘六经’，重视创作的主观精神，此乃轻视知识的王学传统在文学领域中的折射。性灵说的出现是王学在清代诗坛的复苏。”[11]

对“性灵说”之“流”即对其影响的探讨，因观照视角的不同，在本期表现为两种研究趋向。其一，是着眼于“性灵说”之外在影响的研究。与前此学界多强调袁枚之诗坛盟主地位对其时诗风的影响不同，本期学界则在此基础上进一步探析其对后世诗歌发展的作用。其中，钱仲联、严明《袁枚新论》一文最为突出。该文“着重从诗坛盟主影响一代诗风的角度，分析清中叶袁枚倡导新的诗风，并对当时诗坛所发生的深刻影响，进而探讨清诗发展的基本规律以及清诗基本特征的形成过程”。在指出袁枚“以其新颖通脱的诗说和才气横溢的诗作”称雄诗坛所起的积极影响和其“于写诗之外还注重人品气节、重视学问根柢、抛弃门户偏见，这对当时诗坛都起到了良好的导向作用”后，该文特别指出：“清诗特色的形成，与袁枚倡导的‘性灵’诗派密切相关。研究清诗特色，离不开分析袁枚对‘性灵’诗派乃至对整个诗坛所产生的作用与影响。”这主要表现在三个方面：其一，“倡导真性情，使诗笔趋向平实真挚”，“清代诗人中普遍存在着强烈的纪实意识、忧患意识以及创新意识，这与各时期的诗坛盟主积极倡导诗写真性情是分不开的。在这一方面，袁枚也起了明显的作用。”其二“倡导真学问，使诗旨趋向典雅”，这“对清代诗坛上扫荡模糊惝恍的习气，形成求实率直的诗风，无疑起了积极的表率和推进作用，这一贡献是应该肯定的”。其三，“倡导通百家，使诗格趋向灵活”。这“对当时诗坛影响很大”，以至形成诗坛上“讲性情重独创的风气”。“这种倾向与风气对清诗的健康发展，无疑起着良好的引导作用”。由此可见，“袁枚作为影响极大的诗坛盟主，对清诗的健康发展乃至清诗主要特色的形成，起了关键性的重要推动作用”，而其“独具特色、自成体系”的“性灵说”，“为丰富中国古典诗歌理论的宝库，为指导当时诗歌的创新发展，起到了承前启后、开辟疆域的积极作用，因而在中国诗歌史上占有重要的一席地位”。[12]

其二，是着眼于“性灵说”之内在承传关系的研究。在这方面成就超卓者自当推王英志。王氏在主编校点本《袁枚全集》时，“在搜集、编纂、校订有关资料过程中，涉及袁枚家族诗人与随园女弟子等部分性灵派诗人的材料，于是萌生了在研究袁枚的基础上进而研究以袁枚为核心的性灵派诗人的构想”[9](后记)。并于此后陆续发表了相关系列论文，诸如《大家之女与贫者之妇——随园女弟子钱孟钿与汪玉轸》、《论袁氏家族男性诗人之功过》等①，最终于1998年推出专著《性灵派研究》。该书认为：

> 在清代众多诗派中力量最强大、成绩最卓著、影响最深远，并最符合诗歌发展规律的是性灵派，性灵派亦是中国古代自觉型文学流派中名声显著者之一。[9](p.3)

至于性灵派成员构成，王氏“根据对袁枚性灵说的认同，以及与袁枚具有某种亲密关系这两个条件”勾勒其具体形态为：

> 袁枚为性灵派创立者或曰主将，自然当之无愧。赵翼为第二号重要人物，具有性灵派副将的地位。张问陶则为第三号人物，属于性灵派后期代表人物，故为殿军。其他骨干人物则有孙原湘、何士颙、舒位等。而刘霞裳等二十馀位弟子为“士卒”。这些人属于性灵派的“主力军”，或曰主体。另外有两支“偏师”：一是袁氏家族诗人，男性诗人以袁树、胡书巢、陆建为代表，女性诗人以袁家三妹袁棠、袁杼、袁机为代表；二是随园女弟子，以席佩兰、孙云凤、钱浣青等为代表，凡四十余人。[9](p.5)

该书以宏观与微观研究相结合，并从历史的与逻辑的角度，对这一颇为庞杂的文学流派进行了全面而系统的探讨。书共十一章，前五章和最后一章以宏观研究为主，具体探讨了性灵派兴起的美学渊源与文化背景，性灵派存在的时空特征，性灵派的理论纲领“性灵说”，性灵派诗歌创作的共同特征以及性灵派在海内外广泛深远的影响。六至十章则以微观研究为主，具体探讨了以袁枚为中心的诸多性灵派主要成员如赵翼、何士颙、袁家三妹等的思想、个性、创作得失及其在性灵派中所处的不同地位与各自的价值。

其实，正如《性灵派研究》所指出的[9](p.3)：视受袁枚影响诸清代诗人为一独立文学流派，并非其作者之发明，袁枚本人即有此意，在

① 王英志二文分别见《苏州大学学报》1994年第4期、1995年第4期。

其《随园诗话补遗》卷8中引韩廷秀《题刘霞裳〈两粤游草〉》诗后，袁枚便不无自得地评曰："余道此诗，亦'随园派'。"清代学者亦有称之为"袁派"①，甚有贬之为"恶派"者②。无论称为何派，态度如何，均表明人们对这一诗派存在的承认。而在具体研究上，前此学界亦不乏对赵翼、张问陶、随园诸女弟子等诗人探讨者，然多只着眼于单人单角度研究，而不似王著对整个性灵诗人群的全面、系统描述。仅此而论，王著的意义，不仅在于其对性灵派发展兴衰脉络的详尽展示和在此基础上对袁枚于清代诗坛之影响、作用的重新界定，更重要的，是其对这一向为学界所忽略的学术荒地的发现和开掘，从而填补了袁枚研究领域的一项空白，并为后此学界开辟出了一块新的学术园地。

三、诗作研究

袁枚诗作研究一直不为学界所重。这自与其以"性灵说"而享名诗坛的历史现实有关，也与其诗作中不无淫词艳语的创作现实有关。从而学界多致力于其诗学阐说，而对其诗歌创作则甚少关注。本期学界亦是如此。专文论及随园诗作者极为寥寥，不过三五篇而已，且少有新意。各种相关著述中倒是不乏对袁枚诗作尽力开掘者，其中堪称有独到心得的，则当推朱则杰《清诗史》和前述王英志之《性灵派研究》二书。

朱著《清诗史》于第十一章"袁枚和清诗的解放"专设一节探讨"袁枚的性灵诗"，认为："袁枚的'性灵'说强调诗歌抒写个人的真性情，在思想内容方面不受封建正统思想和伦理道德的约束，在艺术形式方面不受以往任何时代的传统格调限制，他本人的诗歌创作正是如此。"具体而言，其诗歌创作在内容上可分为三类，即"直接抨击封建制度"、"极其重视下层人民"和"大胆表现男女之情"，前二倒还好说，后者则向为学界所诟病，也是袁诗不为世所重的主要原因。朱氏

---

① 林庆铨《题简斋诗后》云："《仓山》一集久风行，气骨全抛但说情。汉魏盛唐窥也未，空将袁派博时名。"

② 姚鼐《与鲍双五》："今日诗家大为榛塞，虽通人不能具正见。吾断谓樊榭、简斋皆诗家之恶派。"

则以为：

> 事实上，从今天的眼光来看，袁枚诗歌中固然也有一些不健康的成分，但真正能够得上称作“黄色”或者“低级趣味”的作品却还是不容易找到的。并且，像袁枚这样的作品，事实上早在《诗经》中就已经出现过，但《诗经》经过儒家学者的曲解，竟然被人尊为“圣经”，而袁枚却不容于世。

在对随园创作这类诗作的动机进行分析后，朱氏指出：“袁枚在作品中大胆表现男女之情，这一方面有力地显示了其诗歌注重抒写个人真性情的创作特色，另一方面也明显地体现了反理学乃至反封建的思想精神。”而也正因如此，“使得袁枚的诗歌在抒写诗人自己的真性情方面与清代初期以来以及历代一般诗人呈现出明显的不同，显示了自家的特色。”至于袁枚在诗歌艺术上的特点，朱氏以为有二：其一，在艺术形式上“具有自由独创的特点”；其二，在风格特征上“风趣诙谐，时近幽默”。总之，“袁枚的诗歌创作确乎实践了他的理论主张”。无论是其思想还是艺术，“都极大地冲破了传统的束缚，形成了自我的面貌”，而“这种‘性灵’诗，与唐、宋以及历代的传统诗歌都大不相同，真正显示了清诗自己的特色”，所以，如果说袁枚是清朝“第一个在自己的创作中真正显示出清诗特色的大家”，“这个评价倒显然是无可非议的”。[13](pp. 255 ~ 264)

王著则将袁枚诗作分成“真性情诗”、“讽谕诗”和“山水景物诗”三大类予以评述，具体分析较朱著更为细致详尽。在总体评价上，虽承认“袁枚诗歌创作在乾隆诗坛是独树一帜、颇有成绩的”，但同时指出“不可估计过高”，因为其诗“确有缺陷”：如“其诗时有油滑纤佻的习气，而游戏笔墨或格调低卑之作亦难免”；在艺术上，也有“喜欢卖弄学问，采用生僻典故”“意象重复”等不足，“这表明袁枚创作与理论尚有一定距离”。[9](p. 165) 与朱著一味肯定不同。在具体分析上，王著多着眼于袁枚诗作所体现的“性灵说对作品的美学追求”，这种追求有四：

> 首先是抒写真情实感，表现诗人独特的个性；其次是构思新颖，感情所寄寓的意象灵活生动；再次，诗歌语言通俗，以白描为主，不堆砌典故；情调风趣诙谐。[9](p.135)

袁氏诗作大多能兼备上述诸特色，“但由于创作主体所抒写的感情性质不同或描写的审美对象有差异，每一首诗的特色也就有所侧重，一般来说，写社会人生、抒发主观性灵的诗真性情的因素更明显；写自然景物的诗形象灵活生动、风趣盎然等特点尤突出。”[9](p.135) 此外，王著还比较注重袁枚诗作对其所开创之性灵诗派的影响，如指出“袁枚抒写真情至性的性灵诗为性灵派真情诗开了先河，性灵派诗主体亦是抒发真性情，并成为乾嘉诗坛的创作主流”[9](p.145)，而其“讽谕精神在赵翼、张问陶等性灵诗人中亦得到发扬，但在家族诗人与女弟子诗人中，由于思想与阅历的原因，并未予以继承”。[9](p.153) 这些看法都是颇富新意的。

除上述三方面的研究外，对袁枚之散文和小说创作，在本期也不乏探讨者，但因二者既非随园所长，且学界开拓亦甚有限，故不赘语。

参考文献：

[1]傅毓衡．袁枚年谱．合肥：安徽教育出版社，1986.

[2]杨鸿烈．袁枚评传．上海：商务印书馆，1927.

[3]王运熙，顾易生主编．中国文学批评史．上海：上海古籍出版社，1985.

[4][日]松下忠．袁枚“性灵说”的特色．文艺理论研究，1981(2).

[5]叶嘉莹．迦陵论词丛稿．上海：上海古籍出版社，1980.

[6]羊春秋．历代论诗绝句选．长沙：湖南人民出版社，1981.

[7]郭绍虞主编．中国历代文论选．上海：上海古籍出版社，1980.

[8]邬国平，王镇远．清代文学批评史．上海：上海古籍出版社，1996.

[9]王英志．性灵派研究．沈阳：辽宁大学出版社，1998.
[10]张少康．论钟嵘的文学思想．文艺理论研究，1981(4).
[11]陈居渊．清代性灵说与王学．文史哲，1994(6).
[12]钱仲联，严明．袁枚新论．文学遗产，1994(2).
[13]朱则杰．清诗史．南京：江苏古籍出版社，1992.

(载《苏州大学学报》2005 年第 1 期)

【评　介】

该文为段启明、汪龙麟主编《20 世纪中国文学研究·清代文学研究》(北京出版社 2001 年版)的第四章《袁枚诗研究》。另外，该文还选出两部分单独发表，汪龙麟《清代袁枚研究发微》(《阜阳师范学院学报》2004 年第 1 期)、汪龙麟《20 世纪后 20 年袁枚研究述评》《苏州大学学报》2005 年第 1 期)。

汪龙麟(1965—　)，安徽岳西人，教授，硕士生导师，中国致公党党员，在首都师范大学文学院古典文学教研室从事宋元明清及近代文学的教学与研究，近年来主要致力于中国古代文学学术史研究，著有《20 世纪清代文学研究》(北京出版社 2001 年版)，在《文学评论》、《社会科学战线》等刊物发表有关学术史研究的论文十余篇。承担北京市教委项目《全球化语境与中国古代文学批评话语的建构》等。

该文为首次对清代至 20 世纪学界关于袁枚诗歌、诗论研究的全面系统的思考回顾与整体述评。

第一节　《清代学者的批评》

该节首先总括有清一代，学界对于袁枚的评价及其原因，“对袁枚于乾隆时代之宗主地位，清代学者多无异议。然而，当一旦涉及对袁枚诗作、诗论乃至其人品等的具体评价时，由于不同论者审美趣尚、思想志意等等的不同，结论自也就轩轾甚远。就其持论态度看，大致可分为偏于肯定和偏于否定两大派别”。

接着指出，“有清一代，对袁枚极力推重和赞誉即持肯定意见者，在学界占大多数”。

进而，随着时代的顺序，依次胪列学者们对待袁枚或褒或贬的态度及其缘由，“道咸以降，学界对袁枚之批评逐渐由感性的崇奉而走向理性的探讨，并且多所创获”。咸丰进士安徽定远人方濬师，以袁枚诗集编年为纲，兼取文集、诗话中重要内容及行事，而于他人所撰志传，仅取其有关“政绩”行状，撰写了《随园先生年谱》。作为袁枚研究史上第一部年谱，方谱“漏”、“滥”之处在所难免，故后来杨鸿烈重撰《袁枚年谱》，于方谱便多所订正。但方谱发轫之功，仍不可没。

同治诸生尚镕、光绪举人邱炜萲等，通过对袁枚诗作、诗论的理性探讨以表褒扬，其中颇多发明。尚镕曾著《三家诗话》，专论乾隆三大家袁枚、赵翼、蒋士铨。袁枚诗出自真情真趣，不假雕饰，故为“诗中之词曲”。至于三家之优劣，自是以“诗中词曲”的袁枚为高。尚氏于比较视角下对袁枚诗作风致的把握，切中肯綮。故后此学界，每当谈及袁、赵、蒋三家时，多以尚氏之论为的评。邱炜萲著《五百石洞天挥麈》中，虽讥袁枚《新齐谐》为“生平最无聊赖之作”，然于其诗作、诗论，则赏赉有加。以为袁枚诗作浅俗易懂，诗论浅切易学，为世所尚，是很有道理的。

与章学诚等人从封建卫道者角度对袁枚的批判不同，道咸以降，国事日非，而性灵末流过于注重诗人自我表现的狭窄视野，显然已难以应合时代之节拍，从而一批有识之士，如潘德舆、张际亮、林昌彝等纷纷对袁枚大加挞伐，将诗歌拉回干预现实、注目人生的轨道上来。潘德舆指摘的，不独是性灵末学，而是包括袁枚在内的性灵诗作。潘氏为了强调诗歌的美刺作用、社会功能，而将所有缘情之什一概排斥，则又难免矫枉过正，从一个极端走向另一个极端。

通过上述详细举例论证，该节最后小结了清代学者对待袁枚及其诗学的态度，并指出这些批评在袁枚诗学研究史上的重要意义，“清代学者对袁枚的批评，无论是偏于肯定还是偏于否定，乾嘉学者在袁枚光环的强力辐射下，对袁枚之批评多停留于表层的感性体悟而难以深入。道咸以降，袁枚光环的逐渐淡漠，使人们得以毫无顾忌地踏入其诗学园囿，并由此而裹挟进风云变幻时代的诗学追求，这在否定派的批评中表现得最为强烈，而袁枚诗学也因此而得到深层的开拓”。

第二节 《晚清民国学界的批评》

该节首先指出，袁枚成为晚清民国学界研究热点的原因及其创获的丰硕成果，“对于既具有深厚的传统诗学修养又对域外文学批评模式多所心仪的晚清民国学人来说，突破前清学者的以‘风雅’为衡诗之标准的传统批评模式和随笔式的诗话评点体例，以新的批评视角重新审视中国古代文学，遂成为这一时期学者们共同的学术追求。而作为颇具叛道离经色彩的袁枚，也就自然成了这一时期学者们关注的中心。民国后出版的各种中国文学史、批评史中，均为袁枚单列章节加以评述；而有关袁枚研究的单篇论文也在20篇以上，并且还出版了两部影响颇大的研究专著，即杨鸿烈《袁枚评传》和顾远芗《随园诗说的研究》。”

然后，分三部分总结了此期对袁枚研究的成果：

第一，总体评价上：瑕瑜并陈的温和批评。

大多数学者对袁枚持颇为客观的褒贬互见态度，既指出其人品之污点，诗作诗论之不足，同时对其于乾嘉诗坛的积极作用和影响，诗作诗论的卓越成就也给予肯定。

对袁枚持全盘肯定态度者在本期学界除杨鸿烈外，极为少见，但对其诗作或诗论分别予以肯定而不致咎词者，却并不乏人。惟对其风流放荡之为人，学界概加贬斥，少有为其维护者。

第二，生平思想研究上：杨鸿烈《袁枚评传》成绩突出。

作者对杨鸿烈《袁枚评传》的思想内容、编排体例、研究方法以及研究的优缺点进行了深入地解析。

第三，《随园诗话》研究上：全面、深入的系统开掘。

该节指出，《随园诗话》无疑是本期袁枚研究界最为关注者，这不仅由于《随园诗话》一书是袁枚论诗宗旨之渊薮，只有在弄清该书之意蕴、旨趣后，方能进一步揭橥袁枚诗作特色及其在清季诗坛为世所宗的原因，也因为前此学界于《随园诗话》园囿的开掘不甚着力，甚多的荒地有待开垦。

该节着重介绍了“堪称对袁枚诗论全面系统的研究，当推顾远芗《随园诗说的研究》一书”。

第三节　《五六十年代学界的批评》

该节首先指出，此期袁枚研究受当时意识形态影响的模式和特点：肯定其对封建正统诗学观念的冲击精神，否定其诗作中脱离民生疾苦的创作倾向，这种“一分为二”的批评模式，在本期学界几成定式。而在肯、否的具体内涵上，则显然融入了此期浓厚的阶级斗争意识熏染下的重思想内容、轻艺术形式的批评意识。

然后指出，此期袁枚研究在时代渲染下的研究重点及其缺失。既然袁枚诗作“缺乏重大的思想内容”，学界自然缺乏探讨的兴趣，《随园诗话》也因此再度成为本期学界之研究重点。但仅从是否有人民性、叛逆性角度来解读《随园诗话》，固然在某种程度上也能揭示出袁枚诗学的某些精神实质，但这种政治标准第一的单一化批评视角，则又显然限制了本期学者于袁枚诗学政治层面之外的纯诗学层面的深层开拓。这就使得本期的袁枚诗学批评不独流于简单化和片面化，且有逸出文学批评而滑向政治批评的危险。

该节最后推出了20世纪60年代影响最大的袁枚研究专著，“与上述纯从政治层面批评《随园诗话》的倾向颇不相侔的是郭沫若的《读随园诗话札记》一书”。并对带有鲜明时代印记的《读随园诗话札记》的优缺点进行了详细的评析。

第四节 《1978年后学界的批评》

作者首先指出，20世纪后20年是袁枚研究史上的丰收期，有关袁枚研究的种种课题均获得了全面的探讨和深入的开拓。然后例举了本期袁枚研究获得的丰硕成果，“据粗略统计，这20年间学界有关袁枚研究的专题论文达108篇，是前此学界论文总和的两倍多。研究专著7部，其中王英志《性灵派研究》一书，堪称本期袁枚研究的标志性成果。普及性的诗文选、注、译本9种，如王英志《续诗品注评》、《袁枚诗选》，周舸岷选注《袁枚诗选》，刘衍文、刘永翔《袁枚续诗品详注》，高路明选注《袁枚文选》。而王英志主编的校点本《袁枚全集》的问世，也是本期学界的一大创获。”

此期既为袁枚研究的繁荣期，也随之成为该文介绍的重点。该节是从对袁枚的生平研究、袁枚诗学及其影响研究、诗作研究三个视角详细阐述了20世纪后20年袁枚研究的得与失。

一、生平研究

该文在全面肯定了傅毓衡《袁枚年谱》“考释详明而持说公允”的

成绩之后，还指出“傅谱不足之处在于其虽详于谱主之生平行迹和诗文纪年，然却对谱主之交游、家人情实多所忽略”。

二、袁枚诗学及其影响研究

该文首先总结了本期学界对袁枚所标举之“性灵”四种界说的优劣之处，然后分别归纳了学界关于“性灵说”之“源”与“流”问题的思考内容，并指出在“性灵说”之内在承传关系的研究方面，成就超卓者当推王英志《性灵派研究》。

进而指出，王英志《性灵派研究》在整个袁枚研究史上的意义，“王著对整个性灵诗人群的全面、系统描述”，是“对这一向为学界所忽略的学术荒地的发现和开掘，从而填补了袁枚研究领域的一项空白，并为后此学界开辟出了一块新的学术园地”。

三、诗作研究

该文首先指出袁枚诗作研究一直不为学界所重的现象及原因，并指明，“本期学界亦是如此”。但“其中堪称有独到心得的，当推朱则杰《清诗史》和前述王英志《性灵派研究》二书”。

然后在对比中指出朱著与王著关于袁枚诗歌研究的特点，并进一步说明，王著还比较注重袁枚诗作对其所开创之性灵诗派的影响，“这些看法都是颇富新意的”。

总之，该文分清代、晚清民国、五六十年代和 1978 年后四个时段对近 300 年袁枚研究史作了历史回顾，内容上全面系统，线索上逻辑清晰，表述上简明扼要，给读者提供了一条短时间内迅速了解袁枚研究史的捷径，也为后来者在内容和方法上提供了借鉴。

该文美中不足之处在于，作者认为袁枚的散文、小说创作及其理论，非其所长，因此关注不够，没有把它们放在袁枚研究史上进行考察评价，这对读者全面把握袁枚研究史留下了遗憾。

引申阅读：

1. 陆海明：《袁枚研究五十年》，载《古代文学理论研究(第十三辑)》，上海古籍出版社 1988 年版，第 347 页。

2. 石玲：《袁枚研究的回顾与思考》，载《兰州大学学报》1999 年第 2 期。

汪龙鳞袁枚研究主要作品目录：

1. 汪龙麟：《清代袁枚研究发微》，载《阜阳师范学院学报》2004年第1期。

2. 汪龙麟：《20世纪后20年袁枚研究述评》，载《苏州大学学报》2005年第1期。

21. 石玲《袁枚与高密派：乾隆时期诗学流派的交融与分野》

【引　文】

大约从宋代起，尤其从明代"前七子"起，人们的诗歌创作往往与自觉的理论主张一路同行，清代仍然承袭此风，几乎每一种诗的形成都有其相应的理论支持。袁枚是清中叶诗坛领袖，其"性灵"诗说曾风靡一时；高密诗派追步中晚唐之张籍和贾岛，影响亦越出山左。在乾隆时期同一片文化天空之下，两者的诗学主张小同大异，各具有不同的特征。

一

袁枚与高密诗派核心人物"三李"所生活的时代很接近，"三李"虽晚出生二三十年，但他们都在袁枚之前去世。

"高密三李"指的是李怀民、李宪暠、李宪乔三兄弟，雍正间御史李元直的三个儿子，因是高密人而得名，其中以怀民、宪乔的影响为大。

李怀民(1738—1793)，名宪噩，字怀民，号石桐，因所居之处有十桐，故又自称十桐或十桐主人，乾隆间诸生。他起初并非专意于诗，后因科举考试屡次不第，遂弃举子业而专于诗。他宗法中晚唐之张籍、贾岛，专攻五言，尤喜五律。著有《石桐先生诗钞》、《中晚唐诗主客图》等。李宪暠(1739—1782)，字叔白，号莲塘，诸生。他涉猎较广，自负其经世之学，于诗无其专主。著有《叔白诗钞》、《莲塘遗文》、《定性斋集》等。李宪乔(1747—1796)，字子乔、义堂，号少鹤，乾隆四十一年(1776)举人，官至归顺知州。著有《少鹤内集》、

《鹤再南飞集》、《龙城集》、《宾山续集》等。

高密诗派由李怀民开创，李宪乔扩大影响，蒙同邑单书田、单青侅、单绍伯等人奖掖提携，有胶州王薪亭、王颖叔，高密王蜀子、王希江、王子和人称“王氏五子”相应，此外还有福山鹿松林、邱县刘大观等，数十年蔚为极盛。宪乔曾官于粤西，其影响远及广西。

作为乾隆时期一个地方性诗歌流派，高密派进入了袁枚的视野，有《随园诗话》的记载为证：

> 李怀民与弟宪乔选唐人主客图，以张水部、贾长江两派为主，余人为客，遂号所咏为《二客吟》。怀民《赠人盆桂》云：“送花如嫁女，相看出门时。手为拂朝霞，心愁摇远枝。”《送张明府》云：“在县常无事，还家只有身。随行一舟月，出送满城人。”宪乔《咏鹤》云：“纵教就平立，总有欲高心。”“不辞临水久，只觉近人难。”《历下厅》云：“马餐侵皂雪，吏扫过阶风。”《送流人》云：“再逢归梦是，数语此生分。”二人果有贾、张风味。①

由此看来，袁枚不仅了解李氏兄弟的诗学主张，而且还读到了他们的诗作，给予他们“果有贾张风味”这样中性偏褒的评价。

“三李”中与袁枚有过密切交往的是李宪乔。乾隆四十九年(1784)，袁枚重游广西时与李宪乔有过接触。《随园诗话》记录这段交往云：“余在粤，自东而西，常告人曰：‘吾此行，得山西一人，山东一人。’山西者，普宁令哲君遇兰，字霁山；山东者，岑溪令李君宪乔，字义堂。二人诗有风格，学有根柢；皆风尘中之麟凤也。”②给予李宪乔“风尘中之麟凤”的好评。李宪乔《凝寒斋诗话》中的《与袁子才论诗教》也曾提到这段交往。查阅《小仓山房诗集》，得《岑溪令李君义堂猥蒙佳赠兼索和章，舟中却寄》一诗，诗云：

① 袁枚：《随园诗话》，人民文学出版社1982年版，第355页。
② 袁枚：《随园诗话》，人民文学出版社1982年版，第194页。

> 李侯示我诗百首，古人已亡今忽有。裁骇杜陵闯入座，旋惊退之笑窥牖。健斗员俶兵五千，富夺东阿才八斗。笔所到处铁可洞，彩欲飞时霞满口。欧冶剑铸吴钩双，项籍力扛周鼎九。自言追古如追敌，誓不生擒不放手！自从作吏少知音，一卷《离骚》空系肘。昨宵筮客得袁羊，如铁遇磁牝遇牡。急乞官假录旧作，排比琳琅卯至酉。攀卷来呈刘彦和，焚香细读香山叟。感君溺爱似齐桓，其胝肩肩忘我丑。我亦低头学东野，愿作云龙逐此友。桂林喜有旧骚坛，十月同倾八仙酒。南薰亭前把臂行，开元寺里看碑走。获一奇字辄咨询，考一纪元必分剖。叹息宦海人如麻，似此奇才宁有耦！要知孝穆本麒麟，此外董龙半鸡狗。我年七十行万里，钦挹心常记某某。辱将咳唾赠珠玑，勉寄糠秕答琼玖。诗成烛跋梦见君，未识岑溪月落否。①

看来，李宪乔对袁枚深怀敬仰之情，颇有一见如故、相见恨晚的意味。同时袁枚对宪乔也很赏识，李怀民《论袁子才诗》云："癸卯(应为甲辰，笔者注)秋，子才六十九，南游两粤至桂林……子才见子乔诗大惊，叹谓两粤一人耳……后又寄来《赠子乔诗》及游桂林近稿一本。"②"两粤一人"当然是溢美之词，但对子乔的赞赏还是可以想见的。袁枚的《巡视台湾监察御史李公墓志铭》也提到他和宪乔的这段交往："乾隆甲辰，余游广西，公第四子宪乔为岑溪令。读余文曰：'班、马俦也。愿以先人之状私于执事。'余重宪乔学行，而于公由为同馆后辈，贞石之文，所不敢辞。"③正是他们在广西的会晤，促成了这篇墓志铭的写作。

李怀民只是读过袁枚的一些诗作，其《高密三李诗话底稿·论袁子才诗》认为，"子才诗体似袁宏道兄弟一派。"对袁枚的评价不高："吾乡渔洋先生使诗驰名海内，特兴风韵一派。然其流弊遂成涂饰柔腻，故身后声名日减。南人沈悫士力矫渔洋习气，今袁子才亦痛诋渔

---

① 王英志主编《袁枚全集》壹，江苏古籍出版社1993年版，第714页。

② 见《高密三李诗话底稿》，山东省博物馆藏清钞本。

③ 王英志主编《袁枚全集》贰，第441～442页。

洋，所恶于渔洋者为其涂饰柔腻也。若子才之诗格未必高于渔洋，而粗鄙村率不值渔洋一笑云。”他以一个讲究风雅传统的山左诗人的眼光看去，王士禛的诗歌固然有“涂饰柔腻”的毛病，但袁枚的诗歌更是“粗鄙村率”。

二

“三李”诗学主张主要见于《高密三李诗话》、李怀民《中晚唐诗主客图》和《重订中晚唐主客图说》等处，其中以山东省博物馆藏清钞本《高密三李诗话底稿》收入的内容为最多，有李怀民《李石桐诗话》、李宪暠《定性斋诗话》、李宪乔《凝寒斋诗话》、李怀民《主客图诗论》、《批众家诗话》、《论选唐诗》、《书单子受诗后》、《与某论诗》、《评弟叔白诗三首》、《评弟子乔诗》(摘录)、《北归日记》(摘录)、《日记诗话》(摘录)、《杂记》、《论袁子才诗》等内容，基本囊括了“三李”的诗学言论。李怀民的《中晚唐诗主客图》、《重订中晚唐主客图说》，则依张为《主客图》形式，以张籍、贾岛为清真雅正主和清真僻苦主，勾勒中晚唐诗人主客图。

概言之，“三李”诗学主张主要有两个方面：一是明确提出以中晚唐张籍和贾岛为宗；二是力驳玄阔雕饰的诗论，大多针对王士禛及其追随者的诗论而发。

“三李”为什么独钟情于张籍、贾岛呢？应该说，这是他们对当时诗坛风气不满而采取的对策。对此，汪辟疆先生曾作过精辟的分析：

> 先是，清初诗学，以虞山渔洋为主盟，天下承风，百年未替。然末流之弊，宗虞山者，则入于饾饤肤廓；宗渔洋者，则流于婉弱空洞。李怀民生于乾隆国势隆盛之时，亲见举世皆阿谀取容，庸音日广，慨然有忧之。乃与少鹤精研中晚唐人格律，而救以寒瘦清真，一洗百年以来藻缋甜熟之习，虽当时排斥者实繁有徒，然数十年中清才拔俗之士，多有闻而信之者。①

① 汪辟疆：《汪辟疆文集·论高密诗派》，上海古籍出版社1988年版，第262页。

面对当时诗坛风气，李怀民既不满于钱谦益追随者的饾饤肤廓，更不满于宗法王士禛者的婉弱空洞。于是推出中晚唐写实主义诗人张籍和贾岛。他曾经这样解释尊崇张籍、贾岛的动机和用意：

> 余读贞元以后近体诗，称量其体格，窃得两派焉：一派张水部，天然明丽，不事雕镂而气味近道，学之可以除躁妄，祛矫饰，出入风雅；一派为贾长江，力求险奥，不吝心思而气骨凌霄，学之可以屏浮靡却熟俗，振兴顽懦。①

他还在《高密三李诗话底稿·主客图诗论》进一步阐明以张、贾为宗的理由："故明以来非盛唐不言诗，于是乎袭为浑沦宏阔之貌"，对明代以来"非盛唐不言诗"、追求"浑沦宏阔"的气象非常不满。他之所以以中晚唐为宗法对象，是因为在他看来，"学诗者诚莫如中晚唐人得盛唐之精髓"，同时"又恐晚唐风趋日下而取晚之近于中者"，于是选中了张籍和贾岛："吾订主客图，窃见张贾门下诸贤，微论其才识高远，要之气骨棱棱，俱有不可一世壁立万仞之概。愿之观吾主客图者，先求之为古之豪杰，举凡世俗逢迎谄佞悭吝鄙啬龌龊种种之见一洗而空之，然后博为风诗以变浇风。"

由此看来，李怀民所欣赏的是张籍的"天然明丽，不事雕镂"，以此可以戒除躁妄与矫饰；贾岛的"力求险奥，不吝心思"，学之可以屏除浮靡与熟俗，而根本的目的在于"出入风雅"，最终起到扭转风气的作用。

李怀民的诗学主张是针对当时诗坛开出的药方，在他看来，当时诗坛的流弊就在于躁妄、矫饰、靡弱、熟俗，而这些表象背后的根本原因就在于"风雅"、"气骨"的阙如。他对中晚唐张籍、贾岛的推崇是有自觉的用心和接受的心理基础的。于张籍，其用意显然在于张扬"风雅"传统，其"不事雕镂"可以"祛矫饰"，正可以矫正渔阳及其追随者的"涂饰柔腻"，因而达到"出入风雅"的目的。

---

① 李怀民：《重订中晚唐主客图说》，载《重订中晚唐主客图》，清咸丰四年赵氏补刊本。

中唐诗坛的元白诗派以重写实、尚通俗为主要特色，它上承“国风”传统和汉魏乐府民歌，并继承了杜甫的写实精神，将关注的目光投向社会现实，使用朴实真切的语言，一时蔚成风气。张籍便是这种诗歌思潮的追随者和实践者之一。他的诗歌朴实、平易而不假雕饰，正像白居易《读张籍古乐府》诗中所说的那样，“风雅比兴外，未尝著空文。”继承了风雅传统；另一方面，张籍的诗，于平易之中又渗透着诗人布局用语上的斑斑心血，他的过人之处就在于浑化无迹的功夫。这正是李怀民倾心于他的原因。

于贾岛，则更多是出于个人心境的契合。贾岛诗具有张籍诗不同的风格。他一生不得志，早年出家为僧，后应科试终生未获一第。他的诗歌内容较为狭窄，多描写一己的失意、不平、困窘，清寂冷落中带有几分自我欣赏的傲骨，诗境冷僻瘦硬。

李怀民算得上盛世中的贫寒之士。他也屡应科考而不第，仅以布衣终了一生。其《石桐草堂诗集》中有不少表现寒士生存状况的诗作，如《子乔自县中来，言单书田先生贫至食木叶，邀叔白各赋一篇为赠》：

> 食尽门前树，先生空忍饥。只应到死日，始是不贫时。古性原无怨，高情独有诗。即今三日雪，坚卧又谁知？

李宪乔的诗同样也带有寒士之气，如《读贾长江诗》：

> 险僻时皆诧，孤清帝遣哦。全身生肉少，一卷说僧多。壁隙风潜入，衣棱冻可呵。每欣当此际，持用砭沉疴。

不难看出，“三李”于张籍和贾岛各有所取，其主观动机是为了回归风雅的传统，虽然步入了“窘”途，但他们对诗坛形式主义倾向的反拨还是有意义的。

三

“三李”与袁枚在诗歌的具体问题上存有一些相近之处。首先，他们都对诗坛流行的风气不满，具体体现在对王士禛的批评上。

王士禛主盟康熙诗坛，追求意境的清远冲淡和艺术表现的含蓄蕴藉，以神韵诗盛极一时，在其身后则受到人们的批评，“三李”的许多论诗主张就是直接针对王士禛而发的。在他们看来，蹈空顽艳的诗风已经偏离了风雅的传统，就像李宪乔《再赠》诗中所言，“大雅久衰歇，顽艳日袭盗。”

李怀民《主客图诗论》驳斥《渔洋诗话》中“越处女与勾践论剑术”一则道：“阮亭谈龙贻讥秋谷。诚若言，使学者蹈空捉摹，岂不误尽天下！”他的《批众家诗话》还针对严羽“大抵禅道惟在妙悟，诗道亦在妙悟”之说进行反驳：“悟不可少，加妙字太玄虚”；他批评“王士禛客气多”，驳斥渔阳“予最喜‘不著一字，尽得风流’八字。”曰：“总是蹈空无着浮论，自误误人。”不仅如此，他对王士禛所推崇的司空图、严羽的诗说也颇有微词(王士禛曾明确说过，在古人论诗著作中，他最服膺钟嵘《诗品》、司空图《二十四诗品》、严羽《沧浪诗话》以及徐禛卿《谈艺录》)。

早在神韵诗风靡天下之时，生性傲岸的赵执信就曾越佚山左门庭而宗法晚唐。他在《谈龙录》中批评王士禛“诗中无人”。李怀民的诗学主张在一定程度上承继了前辈诗人赵执信的理论，他对赵执信是高度认同的：对赵氏“始学为诗期于达意”的说法，以“饴山快论可为浮三大白”表示激赏，称其“唐人诗学类有师承，非如后人第凭意见”的说法为“巨眼”等①，都是有力的说明。

袁枚对王士禛也是不满的，他批评王士禛“不主性情”、“一味修容饰貌”②，认为他于“气魄、性情，具有所短”：

> 或问：“明七子摹仿唐人，王阮亭亦摹仿唐人，何以人爱阮亭者多，爱七子者少？”余告之曰：“七子击鼓鸣钲，专唱宫商大调，易生人厌。阮亭善为角徵之声，吹竹弹丝，易入人耳。然七子如李崆峒，虽无性情，尚有气魄。阮亭于气魄、性情，俱有所

① 见《高密三李诗话底稿》，山东省博物馆藏清钞本。

② 王英志主编《袁枚全集》伍《小仓山房尺牍》，第206页。

短；此其所以能取悦中人，而不能牢笼上智也。”①

但袁枚对王士禛的评价还是比较客观的：

> 阮亭先生，自是一代名家。惜誉之者既过其实，而毁之者亦损其真。须知先生才本清雅，气少排奡，为王、孟、韦、柳则有余，为李、杜、韩、苏则不足也。余学遗山，论诗一绝云：“清才未合长依傍，雅调如何可诋諆。我奉渔洋如貌执，不相菲薄不相师。”②

并未否定其神韵诗，而是将其视为“诗中一格”：“严沧浪借禅喻诗，所谓‘羚羊挂角，香象渡河，有神韵可味，无迹象可寻。’此说甚是。然不过诗中一格耳。阮亭奉为至论，冯钝吟笑为谬谈；皆非知诗者。诗不必首首如是，亦不可不知此种境界。”③

其次，“三李”与袁枚都对中晚唐诗持肯定态度。在李怀民看来，中晚唐诗作较为完美并自具面目：“中晚唐善学初唐”，“中晚唐惟知力量不逮初唐，深恐用事则意为所用反成疵累，而或意之必须借事以发者，然后用之，用则其事不必从乎其旧而翻新之，又或其事不必与吾诗相符而巧合之，其中神妙又自难言，若止如后人之用事徒事夸多斗靡，即极切合妥当，岂免为点鬼簿哉！天地间文章只在当前搜得出便成至文。”④他盛赞张、贾善学“初盛”，“不敢妄袭其貌，于是化平板为流走，变深沉为浅显”，“实能得初盛人内里”。⑤

袁枚也高度评价中晚唐诗人，其《随园诗话》卷七云：“余尝教人：古风，须学李、杜、韩、苏四大家；近体，须学中、晚、宋、元诸名家。或问其故。曰：‘李、杜、韩、苏才力太大，不屑抽筋入

---

① 袁枚：《随园诗话》，人民文学出版社1982年版，第122页。

② 袁枚：《随园诗话》，人民文学出版社1982年版，第48页。

③ 袁枚：《随园诗话》，人民文学出版社1982年版，第273页。

④ 见《高密三李诗话底稿》，山东省博物馆藏清钞本。

⑤ 李怀民：《重订中晚唐主客图说》，载《重订中晚唐主客图》，清咸丰四年赵氏补刊本。

细，播入管弦，音节亦多未协。中、晚名家，便清脆可歌。'"认为中晚唐名家于近体在音律体格等方面皆臻于成熟，通常又不以李、杜、韩、苏那样的超常才力见长，更适合一般人学习。当然，袁枚并没有局限于中晚唐的哪一家或哪一派，而“三李”只强调学张籍与贾岛，这又使他们同中有异。

再次，“三李”与袁枚都强调五律这种形式。“三李”因效法张籍、贾岛而极力提倡五律。李怀民的《主客图》搜集元和以后诸家五言律诗，辨别体格，追溯宗师，奉张籍、贾岛为主，朱庆馀、李洞以下为客，极力推崇五律。李怀民本人则专攻五言，尤喜五律。

“三李”为什么独独推崇五律呢？李怀民认为，“半属馆阁应酬”的七律实在是太多太滥了。自明代前后七子始，“非盛唐不言诗”，“貌为高华内实鄙陋”。他对当时“矜尚七言诗”、“迎街遍市无非七律填满”非常不满，采取了有意抵制的态度。同时，他还认为，五律是学诗的第一步：“夫不学短律而为长律，犹不学步而趋也。”七律不容易作，“七言律诗唐人不轻作”。①

袁枚也曾告诫初学诗者从五律入手，《随园诗话》卷二云：“余教少年学诗者，当从五律入手，上可以攀古风，下可以接七律。”也认为学诗应先学五律。

除却以上在具体问题上的相同或相近，“高密三李”与袁枚的诗论在根本上是不同的。

袁枚批评王士禛“词太文而意转隐”②，李怀民激赏赵执信“始学为诗期于达意”之说，两者都强调一个“意”字，然两个“意”字的涵义是不同的。袁枚的“意”注重个人的“性情”，李怀民之“意”似更带有传统的意义。换言之，袁枚的诗说更尊重和强调人的个性，“三李”则更注重儒家传统观念基础上的理想人格，更讲究耿介傲岸的人格及其外化于诗歌的“气骨”。

袁枚“性灵说”的核心是特别强调诗歌表现“人之性情”：“诗者，

---

① 李怀民：《重订中晚唐主客图说》，载《重订中晚唐主客图》，清咸丰四年赵氏补刊本。

② 袁枚：《随园诗话》，人民文学出版社 1982 年版，第485 页。

人之性情”①，“诗者，心之声也，性情所流露者也。”②这种诗说观念从根本上阐释了诗歌表现的内容与对象问题。朱荣泉在《随园诗说的研究·序》中曾这样评价袁枚的诗歌理论：

> 袁枚以前，历来论诗的人，都偏重于诗的外形，而忽视了诗的内质。宋人论诗，多拘于词句；明人论诗，又囿于派别。即在清初极占势力的渔洋“神韵说”，亦不过在诗的音调风格上，加些发明而已。他如“格调”、“肌理”、“声调”诸说，更把诗的形式，研究到牛角尖里去了。直到袁枚“性灵说”出，诗的真生命才被发现。③

这番话说得并不过分，袁枚诗论摆脱了儒家诗学的伦理主义，带有鲜明的叛逆色彩，而“三李”的诗学主张虽并未忽视“诗的内质”，但其“内质”仍建构在传统的以儒家思想为基础的思想体系上面，这使他们的诗论最终步入了两途。

四

将袁枚与“三李”的诗学主张加以比较和辨析后发现，地域文化传统起到了影响作用。

诗歌活动的地域影响，在世人来说往往是不经意、不自觉的。李淦《燕翼篇·气性》谓：

> 地气风土异宜，人性亦因此而迥异。以大概论之，天喜爱分三道焉：北直、山东、山西、河南、陕西为一道，通谓之北人；江南、浙江、江西、福建、湖广为一道，谓之东南人；四川、广东、广西、云南、贵州为一道，谓之西南人。北地多路少水，人

① 袁枚：《随园诗话》，人民文学出版社 1982 年版，第 196 页。

② 王英志主编《袁枚全集》伍《小仓山房尺牍》，第 147 页。

③ 顾远芗：《随园诗说的研究》，中国书店 1988 年版，第 1 页。

性质直，气强壮，习于骑射，惮于乘舟，其俗俭朴而近于好义，其失也鄙，或愚蠢而暴悍。东南多水少陆，人性敏，气弱，工于为文，狎波涛，苦鞍马，其俗繁华而近于好礼，其失也浮，抑轻薄而侈靡。“①

“三李”属“北人”之列，“性质直”。他们与“风雅比兴外，未尝著空文”的张籍气味相投，推崇以苦吟见长的贾岛，并“获一奇字辄咨询，考一纪元必分剖”的执着态度创作诗歌，他们的诗作既是苦吟的产物，又是恪守风雅传统的结果。他们推崇朴实、平易不假雕饰的张籍，欣赏清寂冷落中带有几分傲骨的贾岛，与北人的“俗俭朴而近于好义”也不无关系。

常言道：山左多圣人，江南多才子。这道出了两个不同地域文化传统的差异。山左乃孔子故里，以儒家为基础的传统思想对人们的性格塑造具有一种很强的潜移默化作用。所谓“圣人”，更多追求的是人格上的自律与完善，行为中规中矩，即使一生穷困潦倒如李怀民，也仍怀有“古性原无怨，高情独有诗”的高古情怀。

“才子”则更多注重个人才情的挥洒。袁枚是个典型的才子诗人，其“性灵说”张扬的是自我，追求的是灵动活脱，这与东南“人性敏”是不可分割的。当然那种对自我存在的关注、对个性的张扬，与清中叶江南地区的商品经济的发展也是密不可分的。

“高密三李”与袁枚虽同处一个时代，但他们的诗学活动却因地域、文化传统、对诗歌认知以及个性的不同而面目殊异。探讨这个问题，对于我们从不同角度理解清中叶诗歌应是有所裨益的。

（载《文艺研究》2004 年第 6 期）

【评　介】

石玲(1961—　)，女，山东平度人，文学博士，山东师范大学中文系教授，博士生导师，山东省古典文学学会常务理事，教育部人

① 李淦：《燕翼篇 · 气性》，见涨潮辑《檀几丛书》二集，康熙刊本。

文社科重点研究基地齐鲁文化研究中心校内专职研究人员。主要研究方向为明清文学与中国传统文化。《袁枚诗论》一书于2003年出版后，《光明日报》、《大众日报》、《东岳论丛》、《山东师大学报》等报刊发表了书评文章；《袁枚与高密派：乾隆时期诗学的交融与分野》、《论袁枚古体诗创作》、《袁枚研究的回顾与思考》3篇论文被人大复印报刊资料《中国古代、近代文学研究》全文转载；《孔子诗歌理念与中国传统诗学的构建》被国学网转载。主持国家社科基金项目“清代诗歌与中国传统诗学”；独立完成山东省教育厅重点项目“论袁枚诗歌创作”；参与山东省社科基金重点项目“齐鲁文化通史”等。

该文收入王振民主编《潍坊文化三百年》(文化艺术出版社2006年版)第四章《文学》第四节《高密“三李”与袁枚的诗学主张》时，有改动。

该文主要论点为，清代乾隆诗坛呈现多元化格局，积历代而成的各种诗歌风格、诗学观念几乎无不一一重现。袁枚的“性灵”诗说突破传统藩篱，也体现了江南才子的灵动与洒脱；以“三李”为代表的山左高密诗派，追步中晚唐之张籍和贾岛，以寒瘦清真来对抗诗坛“蹈空”、“涂饰”的风气。袁枚是清中叶诗坛领袖，其“性灵”诗说曾风靡一时；高密诗派追步中晚唐之张籍和贾岛，影响亦越出山左。袁枚与高密派有过交往，他们的诗学主张小同而大异。其中，地域文化传统是一个不可忽视的重要因素。

具体论证过程如下：该文第一部分为引论，首先指出高密诗派核心人物“三李”所生活的时代与袁枚很接近，“‘高密三李’指的是李怀民、李宪暠、李宪乔三兄弟，其中以怀民、宪乔的影响为大”，并分别介绍了“三李”的履历与诗歌成就。

该文然后简介了高密诗派作为一个地方流派，开创、形成、发展及影响的全过程。接着以《随园诗话》的记载为证，阐述了袁枚不仅了解李氏兄弟的诗学主张，而且给予他们的诗作“果有贾张风味”这样中性偏褒的评价。

并指出，“三李”中唯一与袁枚有过密切交往的是李宪乔，接着叙述了李宪乔和袁枚一见如故、相互倾慕的深厚感情。而“李怀民只是读过袁枚的一些诗作，其《高密三李诗话底稿·论袁子才诗》认为，

‘子才诗体似袁宏道兄弟一派。’”“并以一个讲究风雅传统的山左诗人的眼光看去，王士禛的诗歌固然有‘涂饰柔腻’的毛病，但袁枚的诗歌更是‘粗鄙村率。’”

该文的重点在第二部分，这部分详细说明了“高密三李”的诗学主张。

在指明三李诗学主张主要见于《高密三李诗话》、李怀民《中晚唐诗主客图》和《重订中晚唐主客图说》等处之后，该部分重点分析了“三李”诗学观的主要内容、主观动机及现实意义。

“三李”诗学主张主要体现在以下两个方面：

一是“明确提出以中晚唐张籍和贾岛为宗”；

二是“力驳玄阔雕饰的诗论，大多针对王士禛及其追随者的诗论而发”。

“李怀民的《中晚唐诗主客图》和《重订中晚唐主客图说》，则依张为《主客图》形式，以张籍、贾岛为清真雅正主和清真僻苦主，勾勒中晚唐诗人主客图。”作者针对“‘三李’”为什么独钟情于张籍、贾岛呢?”给出的理由是“这是他们对当时诗坛风气不满而采取的对策”。

该文认为，“李怀民的诗学主张是针对当时诗坛开出的药方，在他看来，当时诗坛的流弊就在于躁妄、矫饰、靡弱、熟俗，而这些表象背后的根本原因就在于‘风雅’、‘气骨’的阙如。他对中晚唐张籍、贾岛的推崇是有自觉的用心和接受的心理基础的。于张籍，其用意显然在于张扬‘风雅’传统，其‘不事雕镂’可以‘祛矫饰’，正可以矫正渔洋及其追随者的‘涂饰柔腻’，因而达到‘出入风雅’的目的”。“于贾岛，则更多是出于个人心境的契合。”李怀民布衣终身，算得上盛世中的贫寒之士。

最后，该部分还指出了“三李”取法张籍、贾岛的诗学意义，“‘三李’于张籍、贾岛各有所取，其主观动机是为了回归风雅的传统，虽然步入了‘窘’途，但他们对诗坛形式主义倾向的反驳还是有意义的”。

在详细阐述了“高密三李”的诗学主张的基础上，该文第三部分则重点比较了“三李”与袁枚诗学观的小同和大异。

该部分首先分三点举例说明了“三李”与袁枚在诗学主张上的

小同。

其一，“他们都对诗坛流行的风气不满，具体体现在对王士禛的批评上”。

作者特别指出，“三李的许多论诗主张就是直接针对王士禛而发的。在他们看来，蹈空顽艳的诗风已经偏离了风雅的传统”。而且，“李怀民的诗学主张在一定程度上承继了前辈诗人赵执信的理论，他对赵执信是高度认同的”。“袁枚对王士禛也是不满的”，“但袁枚对王士禛的评价还是比较客观的”。

其二，“‘三李’与袁枚都对中晚唐诗持肯定的态度”。

该部分指出，“在李怀民看来，中晚唐诗作较为完美并自具面目”。袁枚也高度评价中晚唐诗人，“认为中晚唐名家于近体在音律体格等方面皆臻于成熟，通常又不以李、杜、韩、苏那样的超常才力见长，更适合一般人学习。当然，袁枚并没有局限于中晚唐的哪一家或哪一派，而‘三李’只强调学张籍与贾岛，这又使他们同中有异”。

其三，“‘三李’与袁枚都强调五律这种形式”。

“‘三李’因效法张籍、贾岛而极力提倡五律。”李怀民认为，“‘半属馆阁应酬’的七律实在是太多太滥了”。同时，“他还认为，五律是学诗的第一步”。“袁枚也曾告诫初学诗者从五律入手。”

接下来，该部分重点辨析了“三李”与袁枚的诗论在根本上存在着的两点分歧，

第一，“袁枚的诗说更尊重和强调人的个性，‘三李’则更注重儒家传统观念基础上的理想人格，更讲求耿介傲岸的人格及其外化于诗歌的‘气骨’”。

第二，“袁枚‘性灵说’的核心是特别强调诗歌表现‘人之性情’”，“这种诗说观念从根本上阐释了诗歌表现的内容与对象问题”。

而“‘三李’的诗学主张虽并未忽视‘诗的内质’，但其‘内质’仍建构在传统的以儒家思想为基础的思想体系上面，这使他们的诗论最终步入了两途”。

针对“高密三李”与袁枚诗论的根本差异，作者在该文第四部开列了地域文化传统对诗派、诗论形成的影响作用：

首先，“‘三李’属‘北人’之列，‘性质直’”。

作者认为，“他们与‘风雅比兴外，未尝著空文’的张籍气味相投，推崇以苦吟见长的贾岛”，并以“执着的态度创作诗歌，他们的诗作既是苦吟的产物，又是恪守风雅传统的结果”。他们推崇张籍、贾岛“与北人的‘俗俭朴而近于好义’也不无关系”。

其次，“袁枚是个典型的才子诗人，其‘性灵说’张扬的是自我，追求的是灵动活脱，这与东南‘人性敏’是不可分割的”。该部分还指出，袁枚与“三李”的差异，当然“与清中叶江南地区的商品经济的发展也是密不可分的”。

总之，该文以高密“三李”为原点，通过详细阐述“三李”的诗歌主张，并与袁枚诗学观进行对比，得出地域文化对诗派和诗论形成的影响作用，很有说服力。

与此同时，作者还揭示了这一课题研究的意义，“袁枚是清中叶诗坛领袖，其‘性灵’诗说曾风靡一时；高密诗派追步中晚唐之张籍和贾岛，影响亦越出山左。在乾隆时期同一片文化天空之下，两者的诗学主张小同大异，各具有不同的特征”。“‘高密三李’与袁枚虽同处一个时代，但他们的诗学活动却因地域、文化传统、对诗歌认知以及个性的不同而面目殊异。探讨这个问题，对于我们从不同角度理解清中叶诗歌应是有所裨益的。”

引申阅读：

1. 包云志：《从袁枚佚札佚文看〈随园诗话〉版本及刻书时间》，载《古籍整理研究学刊》2004 年第 1 期。

2. 石玲：《清中叶山左诗人与性灵说》，载《齐鲁学刊》2009 年第 5 期。

石玲袁枚研究主要作品目录：

1. 石玲：《袁枚与清中叶妇女诗歌创作》，载《中华女子学院山东分院学报》1997 年第 3 期。

2. 石玲：《绚丽奇诡　腾踔万千——袁枚〈同金十一沛恩游栖霞寺望桂林诸山〉诗赏析》，载《名作欣赏》1998 年第 4 期。

3. 石玲：《论袁枚古体诗创作》，载《文史哲》1999 年第 2 期。

4. 石玲：《袁枚研究的回顾与思考》，载《兰州大学学报》1999 年第 2 期。

5. 石玲：《袁枚诗歌的美学特征》，载《兰州大学学报》2000 年第 5 期。

6. 石玲：《袁枚诗歌的禅影踪迹》，载《文史哲》2002 年第 1 期。

7. 石玲：《承递与开启：袁枚诗歌的过渡意义》，载《山东师范大学学报》2002 年第 5 期。

8. 石玲：《袁枚与高密派：乾隆时期诗学流派的交融与分野》，载《文艺研究》2004 年第 6 期。

9. 石玲：《袁枚诗与白居易诗之“貌类”及内在成因》，载《文学评论》2005 年第 3 期。

10. 石玲：《高密“三李”与袁枚的诗学主张》，此文被收入王振民主编《潍坊文化三百年》(文化艺术出版社 2006 年版)第四章《文学》。

11. 石玲：《清中叶山左诗人与性灵说》，载《齐鲁学刊》2009 年第 5 期。

12. 石玲：《袁枚诗论》，济南：齐鲁书社 2003 年版。

22. 陈书录《士商契合与明清性灵思潮的演变》

【引　文】(节选)

明清时期性灵思想的活跃，其背景有资本主义萌芽的出现与复苏，还有反对程朱理学、追求个性解放的启蒙思想的形成与发扬等。但是，论者往往忽视了一个十分重要的方面：商贾的活跃及士与商之间的相互交流、相互影响。

明清时期性灵思潮的演变，大致可分成三个阶段：明中叶的孕育期，晚明的高峰期，清中叶的集大成期。这三个时期性灵思潮的生成与发展，都与商贾活跃，尤其是士与商的相互交流、相互影响密切相关。换而言之，士与商的相互交流和影响，是明清时期性灵思想活跃的一个重要动因。

三、士商的互动与清中期袁枚等集性灵思想之大成

康熙末年，清朝开始进入中期。乾嘉时期考据之风盛行，诗坛上也流派纷呈：有沈德潜的格调说，翁方纲的肌理说，袁枚、赵翼等标榜性灵，集明中叶以来性灵思想之大成。之所以如此，原因是多方面的。在此侧重考察的动因之一，是士与商之间的相互交流、相互影响。

袁枚(1716—1798)是清中叶性灵派的主将，他的身上较多地体现了当时士与商契合的风貌。他与洞庭商人有直接地接触。乾隆四十四年(1779)，袁枚曾游吴县洞庭山，与洞庭商人蔡璘之子相见。十四年后，又为蔡璘作传，这就是《吴县文学蔡君勉旃传》[19](p. 1869)又分别为徽州商人鲍宜瑗、汪孟翊撰写传记或墓志铭，即《鲍竹溪先生传》[19](pp. 1904 ~ 1906)《汪君楷亭墓志铭》[19](pp. 2078 ~ 2080)。后文中记载汪孟

翊屡试不第后说："子贡废举，亦称贤士。"子贡(端木赐)在拜孔子为师之前曾经商，是先秦儒商的典型人物。汪孟翊所云，旨在继承与张扬子贡的儒商精神。在此，袁枚以记其言表示对徽商汪孟翊的肯定，而《林君毅庵墓志铭》[19](pp. 1828~1829)则以记其行表示对福建龙岩商人林嘉俊的赞许："生有干略。父克旋服贾折阅，家无担石之储。群持钱负贩，权其子母，走闽、粤、齐、鲁、晋、楚、吴、越间，渡海越山，滨死者屡矣，卒以诚信勤敏，累至万金。"其实，袁枚对商贾的推许，还表现在他为商贾所作的传记和墓志铭之外的诗文中，如《与卢转运书》中说："其利市三倍者，惟商耳。"[19](p. 1508)又如《真州竹枝词》其一云："流过扬州水便清，盐船竿族晚霞明。江声渐远市声近，小小繁华一郡城。"[19](p. 678)

袁枚交往最多的，还是迁居扬州的徽商如江春、马曰琯、程晋芳等。江春，字颖长，号鹤亭，徽州歙县江村人，他是乾嘉朝显赫一时的盐商代表。关于江春，袁枚有《扬州康山诗为主人江春作》[19](p. 609)，又有《诰封光禄大夫奉宸苑卿布政使江公墓志铭》[19](pp. 1862~1864)等。后文深情地回顾了他与江春交往的情况："乾隆己未(1739)冬，余恩假归娶，路过扬州，初识江公颖长。余年二十有四，而公始任戴冠。其时两淮司禺荚者侈侈隆富，多声色狗马、投凳格五是好；而公独少年渊雅，与王己山、程午桥诸先生游山赋诗。余洒然异之。"马曰琯，徽州府祁门人，字秋玉，号嶰谷。自祖父马承运业盐两淮，始迁入扬州，入江都籍。马氏家庭为清代两淮著名盐商，马曰琯好结宾客，丛书楼藏书甲于东南，著有《沙河逸老集》。关于马曰琯，袁枚有《扬州游马氏玲珑山馆感吊秋玉主人》诗[19](p. 687)，又在《随园诗话》卷三中记述了马氏玲珑山馆名士群集，"争为诗会"的盛况。程晋芳，字鱼门，号蕺园，徽州府歙县人。乾隆二十七年(1762)召试，授内阁中书，三十六年(1771)成进士，官吏部主事，任四库全书馆纂修官，改编修。"程鱼门家世业盐，拥资巨万，晚岁家中落。[20](p. 843)袁枚与程晋芳的交往最为密切，有《余正北上而鱼门来宁应试，治行已具不能小留，路寄此诗》[19](pp. 150~151)，诗云："高唱骊歌路正遥，忽逢旧雨过蓬茅。尽拼此夕同君话，难改行期把客抛。芳讯叮咛千里寄，奇书交易两家抄。临歧双枕殷勤赠，要我时时梦故交。”士商之间的友情流淌在字里行间。又有《寄鱼门舍人一百韵》[19](pp. 415 ~ 417)，还在《仿元遗山〈论诗〉》[19](pp. 688 ~ 691)中论赞程晋芳云：“束发愔愔便苦吟，白头才许入词林。平生绝学都探遍，第一诗功海样深。”尤其是有多篇文论，与程晋芳交流文学思想，如《答程鱼门》[19](p. 1520)、《与程蕺园书》、《再与蕺园书》[19](pp. 1563 ~ 1566)《与程蕺园书》、《答蕺园论诗书》[19](pp. 1800 ~ 1803)。正如袁枚在《翰林院编修程君鱼门墓志铭》中所说：“君交满海内，而与余尤昵。”[19](p. 1714)当然，袁枚与程晋芳也有分歧，例如程晋芳劝袁枚“删集内缘情之作”，袁枚断然拒绝，坚持“诗者由情生”的观点(《答蕺园论诗书》)。

清代中叶性灵派的副将赵翼(1727 ~ 1814)与商贾的关系也相当密切。乾隆十五年(1750)，他以直隶商籍应试而中举。据孙星衍《赵瓯北府君墓志铭》中云：“以直隶商籍入学，中乾隆十五年庚午科北榜举人，补义学教习。”[21](p. 1432)又据阙名编《瓯北先生年谱》中记载：“先生年二十四，以南籍生员，不能试北闱，会有族人在天津业鹾，招往试。商籍运使叶公昱得先生卷，叹为奇才，拔置第一。学使吕公炽按试，取入泮。秋应顺天乡试，以五经卷获隽。”[21](p. 1393)对于这次冒商籍应试北闱而中举，赵翼在当时有《赴津门》诗自述其事其情：“西笑到长安，求官拟唾手。岂知一青衿，易地成弃帚。南庠试北闱，令甲所不受。闻有牢盆籍(即商籍)，游客借已久。入作黉舍生，可列乡射耦……士穷则躁进，此事古来有。要当期大节，微眚岂足垢。[21](p. 39)在赵翼冒商籍中举之中，商籍运使叶昱起了关键作用，赵翼有《津门呈叶东壶运使》诗感其恩德：“也随土著人胶黉，失一兵乃得一兵。唇舌换如儿学语，姓名变岂客逃生。鹏当北徙贪风便，鹊不南飞羡月明。说与先生应笑绝，几同火迫鄚侯成。[21](p. 40)赵翼交往最多的，还是迁居扬州的徽商如江春、程晋芳等。关于江春，赵翼《瓯北集》卷三十有《江鹤亭方伯招同松崖未堂蘧庵松坪棕亭春农游康山即事》诗，卷三十三有《江鹤亭挽诗》等。关于程晋芳，《瓯北集》卷十二有《竹君述庵蕺园来殷耳山璞函小集寓斋即事》诗，卷二十七中有《寄蕺园》诗等。

在袁枚、赵翼与迁居扬州的徽商以及其他商贾的交流中，表现出以下几个特点：

一是以情为先，性灵自适。如袁枚《扬州康山诗为主人江春作》诗中有云："青山如高士，不肯居城中。难得邗江城，中藏一华峰。相传栖息者，昔为康武功。于今属江淹，规址增穹隆……君今继前徽，风雅有同调。"[19](p.609)康武功，是指康海，陕西武功人，号对山。顾祖训《明状元图考》卷二《状元康海》中说，明中叶的康海谪居后"尝贾于维扬"，又在扬州康山与客宴饮弹琵琶，缘情而发，放荡形志。赵翼也在《江鹤亭方伯招同松崖未堂蘧庵松坪棕亭春农游康山即事》诗中写道："鹤亭特借对山名，自写胸中丘壑情。对山翻藉鹤亭力，风流从此垂徽声。"[21](pp.673~674)江春继承了康海等人性情自适的传统并有发扬，所以说"君今继前徽，风雅有同调"。袁枚常与"家世业盐"的程晋芳以书信论诗，其中有《答蕺园论诗书》，书中写道："且夫诗者由情生者也，有必不可解之情，而后有必不可朽之诗。情所最先，莫如男女。"[19](p.1802)"情"或"性情"是性灵的核心，男女是真情的本源，所谓"提笔先须问性情"[19](p.73)又所谓"自把新诗写性情"[19](p.323)，所谓"情之最先，莫如男女"。显然，袁枚、赵翼与商贾在性灵说的核心——情性上相互影响，相互促进，显现出士商契合的深度。

二是士商群集，争为诗会。袁枚在《扬州游马氏玲珑山馆感吊秋玉主人》中赞扬徽商马曰琯云："横陈图史常千架，供养文人过一生。"并注云："吾乡厉太鸿，陈授衣诸君皆主于其家。"[19](p.687)又《随园诗话》卷三写道："马氏玲珑山馆，一时名士如厉太鸿、陈授衣、汪玉枢、闵莲峰诸人，争为诗会，分咏一题，裒然成集。"继马曰琯之后，江春又发扬了这种风气，他亦好交游文士，据嘉庆《两淮盐法志》卷四十四载，江春对于"四方词人墨客必招致其家"，"奇才奇士，座中常满，亦一时之盛"。又据江藩《汉学师承记》卷七中说，程晋芳亦"性又好客，延揽四方名流，与袁大令枚、赵观察翼、蒋编修士铨为诗歌唱和无虚日。"无论是士商"争为诗会"，还是巨商豪贾"供养文人过一生"，都加大了士商交流的力度，增强了士与商之间的影响。

三是领袖风范，老成气度。马曰琯既为巨商，又以诗名，著有《沙河逸老集》。其丛书楼藏书甲于东南，四库馆开，进书七百余种，可见其儒雅博学。而江春在盐商中更具有领袖风范、老成气度。江春在其父去世后，被推为两淮总商，一时群商多趋下风，受其指麾。袁枚《诰封光禄大夫奉宸苑卿布政使江公墓志铭》中写道："亡何，鹾务寖削，商中耆旧凋谢。恭遇国家大典礼、大徭役，大府无可咨询，惟公是赖。公阅历既久，神解独超，辅志弊谋，动中款要。每发一言，定一计，群商张目拱手，画诺而已。"[19](p.1862)每当两淮巡盐史上任前，在接受乾隆皇帝的训示时，乾隆总要说："江广达(江春行盐的旗号为"广达")人老成，可与咨商。"赵翼《江鹤亭挽诗》也写道："须髯皓白地行仙，领袖淮纲数十年。"[21](p.759)从袁枚、赵翼为江春所作的墓志铭和挽诗中，可见江春等盐商的领袖风范、老成气度，其对袁枚以诗古文主东南文坛及赵翼成为性灵派副将，不无影响。

四是亲睹内外贸易，心目超旷。袁枚曾亲睹江春等扬州巨商豪贾"神解独超"的风采，赵翼则亲睹边境贸易与对外贸易，更是大开眼界。乾隆二十五年(1760)，赵翼扈从出塞，途中见到蒙古风物与行事，有《扈从途次杂咏》组诗三十首[21](pp.143~149)，其中有《买卖街》(贾人随营设街贸易)写边境贸易。乾隆三十五年(1770)，赵翼奉旨调守广州府，亲自目睹沿海与对外商贸，有《南珍》、《番舶》等，皆目击成诗，有感而发。《南珍》诗中云："凡百瑰玮负奇质，咸不胫走来羊城。天宝既征孕育厚，人巧亦见工力精。不惟其产惟其聚，奇彩耀市目欲瞠……合浦六地产有几？贩自番舶来重瀛……伊余一双书生眼，乍睹不觉适适惊。"[21](pp.333~334)《番舶》诗中则写道："峨峨百丈船，横潮若山嶂。一载千婆兰(番语三百斤为一婆兰)，其巨不可量……不惜九死行，为冀三倍偿。重利而轻生，举世因同恙。伊余过虎门，适遇碇五两。梯登试一观，心目得超旷。[21](pp.344~345)显然，亲睹国内外贸易的盛况，使得袁枚、赵翼等人也"神解独超"、"心目超旷"。

总而言之，以性情为核心的士商契合，以及群体的交流、领袖的风范、老成的气度、超旷的心目等，促进了袁枚及赵翼等人性灵说的成熟与完备。诚然，袁枚与赵翼等人性灵说的成熟与完备，还有其他动因。比如清代乾嘉时期具有在丰富的历史积累上集大成的时代特征，还有袁枚等人在反对程朱理学，批评乾嘉考据之风，批评翁方纲的肌理说，尤其是在批评沈德潜的格调说之中，不断地弘扬与完善性灵说。因而，乾嘉时期的袁枚等人集明中叶以来性灵思想之大成，形成了较为成熟和完备的性灵说[22](p.394)。在此，我们要重申的是袁枚等人集性灵思想之大成，其动因之一是士与商之间的相互交流、相互影响，而且这种动力作用于明中叶性灵思潮的孕育期、晚明性灵思潮的高峰期和清中叶性灵思想的集大成期。总而言之，士商契合是明清性灵思潮演变的一个重要动因。

参考文献：

[1]王守仁．王阳明全集．上海：上海古籍出版社，1992.

[2]马其昶，校注．韩昌黎文集校注．上海：上海古籍出版社，1987.

[3]李梦阳．空同集．文渊阁四库全书本．

[4]康海．康对山先生全集．康熙五十一年刻本．

[5]李开先．李开先集．北京：中华书局，1959.

[6]王世贞．弇州山人四部稿．明万历世经堂刻本．

[7]王世贞，弇州山人续稿．明崇祯刻本．

[8]钱伯城，笺校．袁宏道集笺校．上海：上海古籍出版社，1981.

[9]李攀龙．沧溟先生集．上海：上海古籍出版社，1992.

[10]张廷玉．明史．北京：中华书局，1984

[11]徐渭．徐渭集．北京：中华书局，1983.

[12]汤显祖．汤显祖诗文集．上海：上海古籍出版社，1982.

[13]李贽．李贽文集・续焚书．北京：社会科学文献出版社，2000.

[14]袁中道．珂雪斋集．上海：上海古籍出版社，1989.

[15]钟惺．隐秀轩集．上海：上海古籍出版社，1992.

[16]郑元勋．媚幽阁文娱．中国文学珍本丛书，1936.

[17]袁震宇，刘明今．明代文学批评史．上海：上海古籍出版社，1991.

[18]郑元勋．影园瑶华集．乾隆二十七年重刻本．

[19]袁枚．小仓山房诗文集．上海：上海古籍出版社，1988.

[20]袁枚. 随园诗话. 北京：人民文学出版社，1998.
[21]赵翼. 瓯北集. 上海：上海古籍出版社，1997
[22]王英志. 袁枚评传. 南京：南京大学出版社，2002.

（载《南京师大学报》2004 年第 6 期）

【评　介】

陈书录(1950—　)，又名书禄，江苏高淳人。先后师从吴调公教授、程千帆教授及周勋初教授，分别获南京师范大学文学硕士、南京大学文学博士学位。现为南京师范大学文学院教授；中国古代文学专业兼中国文学与文化专业博士生导师；博士后导师及中国语言文学博士后流动站专家组成员；南京师范大学中国古代文学研究中心主任；中国古代文学专业、中国文学与文化专业学科带头人；校学术委员会委员；中国明代文学学会副会长兼秘书长；郑州大学兼职教授等。主持国家社会科学基金项目《明清雅俗文学创作与理论批评交叉研究》和教育部哲学社会科学规划项目、江苏省哲学社会科学规划重点项目、全国高等院校古籍整理研究工作委员会资助项目、美国亚联董基金会资助项目及与香港中文大学、城市大学科研合作项目等，并为江苏省精品课程《中国古代文学作品精读》主持人。出版《明代诗文的演变》、《明代前后七子研究》、《儒商及文化与文学》等学术专著和《中国文化通论》、《江苏文化史论》等合著共 11 部，并主编《首届明代文学国际研讨会论文集》等。

该文开篇直指核心问题，就性灵思想为什么在明清时特别活跃的问题，以往的论者只在资本主义萌芽的出现与复苏，反对程朱理学、追求个性解放的启蒙思想的形成与发扬等方面找原因，往往忽视了一个十分重要的方面：“商贾的活跃及士与商之间的相互交流、相互影响。”

作者接着归纳了明清时期性灵思潮的发展演变为三个阶段：“明中叶的孕育期，晚明的高峰期，清中叶的集大成期。”并认为，“这三个时期性灵思潮的生成与发展，都与商贾活跃，尤其是士与商的相互交流、相互影响密切相关。换而言之，士与商的相互交流和影响，是明清时期性灵思想活跃的一个重要动因”。

接下来，该文就这三个时段，论述了明清性灵思潮的演变与士、商互动的密切关系，一、“明中期商贾之风影响下的转变——由格调转向性灵。”二、“士商心灵上的契合与晚明性灵思潮的高峰。”由于这两个阶段与袁枚没有发生直接的联系，此处评介从略。

下面着重来看第三个时期，“士商的互动与清中期袁枚等集性灵思想之大成”。

该部分开篇指出，“康熙末年，清朝开始进入中期。乾嘉时期考据之风盛行，诗坛上也流派纷呈：有沈德潜的格调说，翁方纲的肌理说，袁枚、赵翼等标榜性灵，集明中叶以来性灵思想之大成。之所以如此，原因是多方面的。在此侧重考察的动因之一，是士与商之间的相互交流、相互影响”。

该文接着分析，“袁枚（1716—1798）是清中叶性灵派的主将，他的身上较多地体现了当时士与商契合的风貌”。他不仅与商人有直接地接触，为他们做传记和墓志铭，而且袁枚对商贾的推许，还表现在他为商贾所作的传记和墓志铭之外的诗文中。

作者进而指出，“袁枚交往最多的，还是迁居扬州的徽商如江春、马曰琯、程晋芳等”。“江春，字颖长，号鹤亭，徽州歙县江村人，他是乾嘉朝显赫一时的盐商代表。”“马曰琯，徽州府祁门人，字秋玉，号嶰谷……马氏家庭为清代两淮著名盐商，马曰琯好结宾客，丛书楼藏书甲于东南。”“《随园诗话》卷三中记述了马氏玲珑山馆名士群集，‘争为诗会’的盛况。”“程晋芳，字鱼门，号蕺园，徽州府歙县人。乾隆二十七年（1762）召试，授内阁中书，三十六年（1771）成进士，官吏部主事，任四库全书馆纂修官，改编修。‘程鱼门家世业盐，拥资巨万，晚岁家中落。’袁枚与程晋芳的交往最为密切”，除了诗歌唱酬，还“有多篇文论，与程晋芳交流文学思想”。当然，“袁枚与程晋芳也有分歧，例如程晋芳劝袁枚‘删集内缘情之作’，袁枚断然拒绝，坚持‘诗者由情生’的观点（《答蕺园论诗书》）”。

接下来，该文归纳了袁枚、赵翼与迁居扬州的徽商以及其他商贾的交流中，表现出以下四个特点：

一是“以情为先，性灵自适”。

例如，“袁枚常与‘家世业盐’的程晋芳以书信论诗，其中有《答蕺园论诗书》，书中写道：‘且夫诗者由情生者也，有必不可解之情，而后有必不可朽之诗。情所最先，莫如男女。’‘情’或‘性情’是性灵的核心，男女是真情的本源，所谓‘提笔先须问性情’，又所谓‘自把新诗写性情’，所谓‘情之最先，莫如男女’。显然，袁枚、赵翼与商贾在性灵说的核心——情性上相互影响，相互促进，显现出士商契合的深度”。

二是“士商群集，争为诗会”。

“无论是士商‘争为诗会’，还是巨商豪贾‘供养文人过一生’，都加大了士商交流的力度，增强了士与商之间的影响。”

三是“领袖风范，老成气度”。

例如，“马曰琯既为巨商，又以诗名，著有《沙河逸老集》。其丛书楼藏书甲于东南，四库馆开，进书七百余种，可见其儒雅博学。而江春在盐商中更具有领袖风范、老成气度。江春在其父去世后，被推为两淮总商，一时群商多趋下风，受其指麾”。而且，“从袁枚、赵翼为江春所作的墓志铭和挽诗中，可见江春等盐商的领袖风范、老成气度，其对袁枚以诗古文主东南文坛及赵翼成为性灵派副将，不无影响”。

四是“亲睹内外贸易，心目超旷”。

“袁枚曾亲睹江春等扬州巨商豪贾‘神解独超’的风采，赵翼则亲睹边境贸易与对外贸易，更是大开眼界。”

行文至此，作者即对上述四个特点进行了小结，“总而言之，以性情为核心的士商契合，以及群体的交流、领袖的风范、老成的气度、超旷的心目等，促进了袁枚及赵翼等人性灵说的成熟与完备”。诚然，“袁枚与赵翼等人性灵说的成熟与完备，还有其他动因。比如清代乾嘉时期具有在丰富的历史积累上集大成的时代特征，还有袁枚等人在反对程朱理学，批评乾嘉考据之风，批评翁方刚的肌理说，尤其是在批评沈德潜的格调说之中，不断地弘扬与完善性灵说。因而，乾嘉时期的袁枚等人集明中叶以来性灵思想之大成，形成了较为成熟和完备的性灵说”。

总之，该文通过士商之间交流互动的众多实例，认为“袁枚等人集性灵思想之大成，其动因之一是士与商之间的相互交流、相互影响，而且这种动力作用于明中叶性灵思潮的孕育期、晚明性灵思潮的高峰期和清中叶性灵思想的集大成期。总而言之，士商契合是明清性灵思潮演变的一个重要动因”。

还可以说，清代中叶袁枚、赵翼等与商贾以性灵为核心的契合，以及群体交流、领袖风范、老成气度、超旷心目上的影响，促进了性灵说的成熟和完备。商贾的活跃，尤其是士与商的相互交流、相互影响，是袁枚等人集明清性灵文学思想之大成的重要动因。

该文视角新颖、论证翔实、逻辑严密，是明清士商关系研究中不可多得的一篇好文章。

引申阅读：

王振忠：《袁枚与淮、扬盐商——十八世纪士、商关系的一个考察》，载《盐业史研究》1993 年第 4 期。

陈书录袁枚研究主要作品目录：

陈书录：《士商契合与明清性灵思潮的演变》，载《南京师范大学学报》2004 年第 6 期。

23. 石玲《袁枚诗与白居易诗之“貌类”及内在成因》

【引　文】

这些年来，学界常常提起中国文学古今演变的话题，这确实是非常有意义的，这样一种纵向的观照视角，有助于我们从整体上把握和认识文学史上的种种现象，进而发现并认识一些带有普遍性或规律性的问题。在看到袁枚诗歌与白居易诗歌创作风格上的相似这个现象时，袁枚的“无心”与两个人作品的“貌类”引起了我极大的研究兴趣：为什么作为创作主体的袁枚在并不自觉的情况下其诗歌创作出现了与白居易的相似？

一

有一件事情颇为耐人寻味。乾隆四十九年（1784），69 岁的袁枚潜心读过唐代诗人白居易的《长庆集》后惊奇地发现：原来“阳货无心，貌类孔子”！人们称其诗歌像白居易还真是不无道理！他在《读白太傅集三首》诗序中云：“人多称余诗学白傅，自惭平时于公集殊未宣究。今年从岭南归，在香亭处借《长庆集》，舟中读之，始知阳货无心，貌类孔子。然平生不饮又不佞佛，二事与太傅异矣。”①至此袁枚方意识到，自己虽然并未刻意学习白居易，但自己的诗作与之确有相似之处，在此他公开承认了自己诗歌与白居易诗歌的“貌类”。

实际上，在此之前袁枚已经接触过白诗，这一次不过是他对白诗系统而深入的解读。其作于乾隆三十二年（1767）的《续诗品·灭迹》

① 袁枚《小仓山房诗集》卷 30。

一诗即对白居易赞扬有加：

> 白傅改诗，不留一字。今读其诗，平平无异。意深词浅，思苦言甘。寥寥千年，此妙谁探！

他特别欣赏白居易诗的“意深词浅”，认为这才是白诗千古高妙之处。写下该诗后的第二年，他又在《遣兴》诗中称自己“随意闲吟没家数，被人强派乐天翁”，从诗句中可以看出，当时人们将袁枚划为白氏一派，他本人是不太乐意接受的，自己不过是“随意闲吟”，却被人强行与白居易拉在一起。殊不知，正是“随意闲吟”让他和白居易步入了一途。袁枚当时说这番话的用意，是说明自己并不囿于一家一派，没有刻意模仿白居易。16 年以后，也就是乾隆四十九年(1784)，袁枚在认真全面地阅读白居易诗作之后，才最终叹服：“阳货无心，貌类孔子”！

袁诗与白诗的相似已为不少人所注意。与袁枚同为“乾隆三大家”的蒋士铨指出：“随园法香山，善道意中语。”①洪亮吉也说过，(袁枚)“游戏诗应归苦海，性灵句实逼香山”②。还有，朱克敬在《暝庵杂识》中云：“随园诗学香山而加以新巧，兼有公安、竟陵之长，亦兼有两家之弊。然袁诗言情，实有独至一处，如《送女还吴》云……婉转真挚，香山不能过也。”③尚镕的《三家诗话》则认为，“子才学杨诚斋而参以白傅”④，这些说法从“善道意中语”、“性灵句实逼香山”、“婉转真挚”以及兼杨万里与白居易风格于一身等方面注意到了袁枚与白居易诗歌风格的相近，这是符合实际情况的。

---

① 蒋士铨《论诗杂咏》，见《袁枚全集》捌附录三“袁枚评论资料”，江苏古籍出版社 1993 年版。

② 洪亮吉《道中无事，偶作论诗截句二十首》之十三，《洪北江诗文集·更生斋诗》卷 3。

③ 朱克敬《暝庵杂识》，见《袁枚全集》捌附录三“袁枚评论资料”，江苏古籍出版社 1993 年版。

④ 尚镕《三家诗话》，见钱仲联主编《清诗纪事》乾隆朝卷，江苏古籍出版社 1989 年版，第 5096 页。

但是，笔者认为，白居易与袁枚之间并不仅仅是影响与接受这样一个简单的关系，为什么呢？原因在于他没有学白居易而最终却像白居易。

二

首先，我们需要搞清楚的是，袁枚诗歌究竟在哪些地方与白居易“貌类”？从诗歌的语言风格来看，袁枚与白居易都具有晓畅平易的特点，这恐怕是两者“貌类”最外在、最直观的一点了。

白居易诗歌浅切平易的语言风格是大家公认的事实，用语流便，平常事、口头语、眼前景，意到笔随，“称心而出，随笔抒写”①，意深而词浅，很少使用典故。僧惠洪《冷斋夜话》甚至说，白居易诗成之后，“老妪解则录之，不解则易之”，此话虽不能视为信谈，但至少可以说明白诗的通俗平易。

袁枚对白诗语言的通俗浅近极为赞赏，也特别地认同。在他看来，“家常话入诗最妙”②，“口头话，说得出便是‘天籁’”③。他自己也实践了这种见解，其许多诗作，如《归家即事》、《萍乡纪事》、《哭阿良》等等，都是明白如话的诗作。

应该指出的是，白居易诗歌语言的平易晓畅，是千锤百炼后达到的一种艺术境界，并非信手拈来，正像赵翼所说：“看是平易，其实精纯。”④刘熙载《艺概·诗概》也曾经指出这一点：“常语易，奇语难，此诗之初关也。奇语易，常语难，此诗之重关也。香山用常得奇，此境良非易到。⑤ 宋人周必大也曾经指出：“香山诗语平易，文体清驶，疑若信手而成者。闲观遗稿，则窜定甚多。”⑥由此可见其良苦的匠心。而袁枚的“平淡”也并非矢口而道，他所追求的是大巧之

① 赵翼《瓯北诗话》卷4。
② 袁枚《随园诗话补遗》卷1。
③ 袁枚《随园诗话补遗》卷2。
④ 赵翼《瓯北诗话》卷4。
⑤ 刘熙载《艺概·诗概》。
⑥ 周必大《跋宋景文唐史稿》，见《省斋文稿》卷16。

朴、浓后之淡，惨淡经营之后的不经意。

与此相联系，袁枚诗歌像白居易诗歌一样很少使事用典。袁枚自己说过：“余每作咏古、咏物诗，必将此题之书籍，无所不搜；及诗之成也，仍不用一典。”①因为在他看来，典故尤其是生僻典故的使用于诗人来说会影响性情的顺畅表达，在接受者来说会影响对诗作的整体领会。“用生典如请生客入座，必须问名探姓，令人生厌……或称予诗曰：‘专写性情，不得已而适逢典故。’”②使用僻典势必影响读者的理解，造成接受上的障碍，使用越多，障碍越多，能不用就不用，实不得已才偶尔用之，以求得作品的意脉贯通。这样，袁枚诗歌语言的晓畅平易、少用典故便“貌类”白居易了。

我们如果从诗歌创作题材和创作特色上看，“貌类”之处就更多了。

先从创作题材上看。白居易曾将自己的诗作分为讽谕、闲适、感伤、杂律四类(第四类以体裁划分，内容涉及广泛)。其讽谕诗更多关注社稷民生，是他积极用世、志在“兼济”的作品，广泛揭示和反映了现实的黑暗与民生的疾苦，与中唐时期的社会政治紧密联系，《卖炭翁》、《秦中吟》、《轻肥》等，都是他此类诗作的名篇。这类作品也是当代学界在一个相当长的时期里特别重视的部分。而实际上，白居易的讽谕诗在当时的影响并不是很大，“时人罕能知者”③。他的感伤诗，“有事物牵于外，情理动于内，随感遇而形于叹咏者”④，代表作有《长恨歌》、《琵琶行》，被认为“即无全集，而二诗已自不朽”⑤，取得了非常高的艺术成就；他的闲适诗，语言浅近平易，风格淡泊悠闲，表现了乐天安命、“吟玩性情”的内容，对后世文人影响极大。

从袁枚诗歌的创作题材来看，他在做县令期间写下的《俗吏篇》、

---

① 袁枚《随园诗话》卷1。
② 袁枚《随园诗话》卷7。
③ 元稹《白氏长庆集序》。
④ 白居易《与元九书》。
⑤ 赵翼《瓯北诗话》卷4。

《捕蝗歌》、《苦灾行》等，也具有强烈的现实性，与白居易的讽谕诗较为接近，但这一部分不是其最具特色、最有成就、最富个性的部分。袁枚的许多诗作与白居易的闲适诗、感伤诗和部分杂律诗中的作品更为接近。

白居易的闲适诗多取材于身边的琐事，正如他自己在大和八年(834)所作的《序洛诗》中所云："自(大和)三年春至八年夏，在洛凡五周岁，作诗四百三十二首。除丧朋哭子十数篇外，其他皆寄怀于酒，或取意于琴，闲适有余，酣乐不暇，苦词无一字，忧叹无一声，岂牵强所能致耶!"其实，不仅仅是这五年中的诗，白居易的整个闲适诗多写衣食琴酒、山水野趣，追求自得与自适。如其作于元和十二年(817)的《香炉峰下新置草堂即事咏怀题于石上》：

> 左手携一壶，右手挈五弦。傲然意自足，箕踞于其间。兴酣仰天歌，歌中聊寄言。言我本野夫，误为世网牵。时来昔捧日，老去今归山。倦鸟得茂树，涸鱼反清源。舍此欲焉往？人间多险坚！

与此相似，袁枚诗歌的创作题材也大都呈现出鲜明的日常生活化倾向。在他的笔下，尤其是在辞官市隐随园之后，儒家的兼济天下的英雄情怀已基本不复存在，取而代之的是对个人生存的关注，对个人生活的摹写与表现，对此，我们通过《小仓山房诗集》的题目即可见出端倪，诸如《栽松》、《闲坐》、《答人问随园》、《拔齿》、《病足》、《自嘲三绝》、《归家即事》、《留须》、《削园竹为杖》等等，皆侧重描写身边平凡、琐细的日常生活，特别贴近人生。

再从创作特色看。诗作的意到笔随、挥洒自如、流丽明快、意脉贯通，是袁枚与白居易诗歌创作的共同特色。具体来看，袁枚诗与白居易诗在创作上有个共同之处，就是善用色彩，有时还巧用声音，声色相间，声美色丽。不知是大自然的山水之美、天籁之声启发了诗人，还是诗人无意间的写实，总之色彩与声音的运用确实给他们的诗歌增色不少。如白居易作于元和十三年(818)的《司马宅》：

雨径绿芜合，霜园红叶多。萧条司马宅，门巷无人过。唯对大江水，秋风朝夕波。

霜园雨径、绿芜红叶、萧宅秋风、江水扬波，色彩斑斓中又透出诗人内心的萧条与失落。再如《山枇杷花二首》中的“万重青嶂蜀门口，一树红花山顶头”，“叶如裙色碧绡浅，花似芙蓉红粉轻”的诗句，也巧妙地运用了色彩，前两句极写“万重青嶂”蜀门的雄壮，而山顶的“一树红花”又平添几分妩媚；后两句又以轻盈的文笔描摹出浅、轻的淡淡的花色，可谓美不胜收。此外还有感伤诗中的《秋夕》：

叶声落如雨，月色白似霜。夜深方独卧，谁为拂尘床？

雨一样的叶落声、白霜般的月光，声色交织。

我们再来看袁枚诗作中对色彩、对声音的描写，如《湖上杂诗》：

烟霞石屋两平章，渡水穿花趁夕阳。万片绿云春一点，步裙红出采茶娘。

夕阳映照下的水边，烟霞缭绕着石屋，在一碧万顷的茶园里，身穿红裙的采茶姑娘格外醒目。尤其是“步裙红出采茶娘”一句，更是动中有色，既美丽又富有动感，令人称绝。再如《晚坐》一诗：

晚坐碧波上，飘然白练裙。月高沙鸟语，烟尽水天分。洲荻响成雨，渔灯红入云。更深尤可喜，官鼓断知闻。

荡漾的碧波、飘荡的白云、闪烁的红色渔灯，碧、白、红色在月光下相互映照，色彩绚丽，天水相接。而鸟语、荻响又给静谧的夜色平添了天籁之音，使人流连忘返。

至于朱克敬所谈到的“袁诗言情，实有独至一处”，“婉转真挚，香山不能过”，则指出了袁枚在抒情真挚方面与白居易的近似，尤其表现在伤悼一类的作品中。先看白居易《为薛台悼亡》一诗：

半死梧桐老病身，重泉一念一伤神。手携稚子夜归院，月冷空房不见人。

诗作哀婉凄切，感情真挚深沉。再看朱克敬所举袁枚之《送女还吴》(全称应为《女扶婿柩还吴，作诗送之》)：

柏舟此去雪盈途，一曲离鸾万木枯。后会自然来世有，佳期怎奈半年无？好如郎在安眠食，莫带涕痕对舅姑。娣姒成行偏汝独，未知何处续遗孤！

这首写给新丧夫的女儿的诗作也是情感沉厚、回肠荡气。此类的诗作还有《哭阿良》、《哭三妹五十韵》等。

白居易的此类诗作与袁枚的此类诗作的共同之处表现为感情深挚，语句质朴，至情不文而意味深长。

三

当然，袁枚诗歌与白居易诗歌“貌类”之处还不止上述这些，我们只要清楚两者之间确有许多类似这样一个事实就足够了。至此，一个需要搞清楚的问题是：既然袁枚没有刻意学习白居易，那么，怎样解释创作主体的“无心”与诗歌作品的“貌类”呢？两者之间为什么会有这样的相似？

应该说，袁枚与白居易诗歌语言风格和创作题材的相似，还只是停留在外在的层面上，这只是个表象，其更主要、更深层的相似，还是他们心灵深处精神上的契合，这样一种精神上的契合还发生在白居易与其前的陶渊明之间、苏轼与其前的白居易之间、公安派与其前的白居易之间……甚至可以说，它发生在千百年来辗转于功名利禄与心灵自由之间的许多文人的内心深处，这使得我们对这个问题的讨论带有一种普泛的意义。

赵翼说过：“元、白尚坦易，务言人所共欲言。试平心论之，诗本性情，当以性情为主。……坦易者，多触景生情，因事起意，眼前景，口头语，自能沁人心脾，耐人咀嚼。此元、白较胜于韩、孟。世徒以轻俗訾之，此不知诗者也。元、白二人才力本相敌，然香山自归洛以来，益觉老干无枝，称心而出，随笔抒写，并无求工见好之意，而风趣横生，……故白自成大家。”①可以说，赵翼的这段话给我们理解白居易进而理解袁枚提供了重要的线索和路径：“性情为主”，“称心而出，随笔抒写”正是其中的关键所在。

白居易于贞元十六年(800)29岁时考取进士后，自贞元十九年(803)授秘书省校书郎起，虽然几经宦海沉浮，但几乎没有脱离官场，直到会昌二年(842)才以70岁高龄以刑部尚书致仕，领取半俸。他的创作道路，以元和十年(815)贬为江州司马为界限，分为前后两个时期，前期表现出极高的参政热情和“兼济天下”的雄心壮志；后期深感官场的险恶，转而独善远祸，受道佛影响更大。“病来道士教调气，老去山僧劝坐禅。”(《负春》)其被贬之后写下的《题浔阳楼》、《读谢灵运诗》等，都表现了当时的心态，“惟以安分知足、玩景适情为事”②，表现自我心灵的内容更多。

白居易的闲适诗、感伤诗及部分杂律更多关注一己自我，在率意自在中流露性情。我们说元和十年(815)是白居易诗歌创作的转折点，这是从总体内容而言的，实际上，诗人更多的还是受其个人性格的支配，这是其贯穿一生的基本线索。早在贞元十九年(803)白居易刚刚步入官场之时写下的“帝都名利场，鸡鸣无安居”(《常乐里闲居偶题十六韵》)的诗句中就已经流露出纷争的名利场与诗人安居闲适生活态度的不和谐，元和二年(807)任盩厔尉时写下的《祗役骆口因与王质夫同游秋山偶题三韵》云：

石拥百泉合，云破千峰开。平生烟霞侣，此地重徘徊。今日勤王意，一半为山来。

---

① 赵翼《瓯北诗话》卷4。

② 赵翼《瓯北诗话》卷4。

更流露出性本爱丘山的天性。写于同年的《官舍小亭闲望》表现了陶醉于闲适生活的情怀：

> 亭上独吟罢，眼前无事时。数峰太白雪，一卷陶潜诗。人心各自是，我是良在兹。

作于元和七年(812)下邽故乡的《适意二首》，41 岁的诗人则直接发出了“有酒不暇饮，有山不得游。岂无平生志？拘牵不自由”的呐喊。次年所作的《效陶潜体诗十六首》更是说得再明白不过：“便得心中适，尽忘身外事。更复强一杯，陶然遗万累。”作于元和九年(814)的《游悟真寺诗》中“我本山中人，误为时网牵。……今来脱簪组，始觉离忧患。及为山水游，弥得纵疏顽”的诗句，道出了一个爱自由的心灵被官场“时网”所压抑，以及在山水中“纵疏顽”得以放纵的心声。

追求闲适从而获得心灵的自由舒放，并不是白居易在被外放受冷落时才产生的，贞元十九年(803)初入官场时写下的《常乐里闲居偶题十六韵》就有“窗前有竹玩，门外有酒沽。何以待君子，数竿对一壶”的吟唱，只不过在经历了人生遭遇的坎坷后，又更加深化了他的初衷罢了。对此，我们可以在他作于元和十一年(816)的读《谢灵运诗》中觅到踪迹：

> 吾闻达士道，穷通顺冥数。通乃朝廷来，穷即江湖去。谢公才廓落，与世不相遇。壮志郁不用，须有所泻处。泻为山水诗，逸韵谐奇趣。大必笼天海，细不遗草树。岂为玩景物，亦欲摅心素。往往即事中，未能忘兴谕。因知康乐作，不独在章句。

从“岂为玩景物，亦欲摅心素”和“不独在章句”的诗句可以感到，白居易的闲适诗也并非那么闲适轻松。

另外，白居易曾经皈依佛门，《五灯会元》卷第四《南岳下三世·佛光满禅师法嗣·白居易侍郎》有记载①。这样的经历使他的一些诗

① 普济《五灯会元》上，中华书局 1984 年版，第 221 页。

作具有超然物外的淡泊与宁静，如《大林寺桃花》：

人间四月芳菲尽，山寺桃花始盛开。长恨春归无觅处，不知转入此中来。

作于长庆二年(822)的《咏怀》一诗，也表现出安闲淡泊的心境：

昔为凤阁郎，今为二千石。自觉不如今，人言不如昔。昔虽居近密，终日多忧惕。有诗不敢吟，有酒不敢吃。今虽在疏远，竟岁无牵役。饱食坐终朝，长歌醉通夕。人生百年内，疾速如过隙。先务身安闲，次要心欢适。事有得而失，物有损而益。所以见道人，观心不观迹。

袁枚的诗歌也受到了佛学禅宗的哺育，他的《不寐有感》表现了佛禅“虚无”的内容：

人生在世如云耳，云去云来云本无。生怕易来不易去，恶风拦阻在中途。

而后期禅宗任运而行、崇尚个性的精神在袁枚的诗中也得到了充分的表现，请看其《十九日梅坡招孟亭南台再集得观字》：

幽花随春开，好香随风传。有月便归去，无雨且盘桓。问我饮不饮，存杯听自然。所以主人翁，自号称随园。

还有《放言三首》之三：

要学无心便有心，不如随意作闲吟。行云流水来何处？海阔天空没处寻。

两相对照可以看出，对佛禅一些精神的吸收使袁枚与白居易走得很近。这一点，我们也不可忽视。

综观白居易的心路历程，我们会有一种似曾相识的感觉，我们自然会想起陶渊明。事实上，白居易也是十分欣赏陶渊明的："常爱陶彭泽，文思何高玄?"(《题浔阳楼》)他在《访陶公旧宅并序》的序中云："予夙慕陶渊明为人，往岁渭川闲居，尝有《效陶体诗十六首》。"这些皆表明其对陶渊明的倾心折服。这一点对我们的研究来说，是大有意义的。

东晋诗人陶渊明在生前声名不显，在身后却得到了无数文人的高度认同。在中国文学史上，和陶诗数量之多大概是其他任何诗人所无法相比的。正如研究者所言，陶渊明实际上已经成为中国文化的一个符号，和陶在某种程度上表明了对清高人格的向往，对节操的坚守，以及保持人之自然性情和真率生活的愿望①。那么，这种强烈的认同感由何而来呢？笔者认为，它与中国古代知识分子特殊的生存环境密不可分。

在传统的官本位的机制和观念之下，读书人施展抱负的重要途径是跻身官场。而官场是一个等级森严、规矩繁多的系统。规矩繁多，便和人与生俱来的热爱自由的天性发生龃龉，于是会产生"性本爱丘山"而"误落尘网中"的搭错车的感觉，归隐山水田林(不管实行与否)让他们感到"久在樊笼里，复得返自然"的快意；怀才不遇、屈沉下僚的现实往往会使人产生受挫之感，而作为理想主义者的诗人，会加倍感受挫折与失意，于是又会与陶渊明不为五斗米折腰向乡里小儿之举发生强烈共鸣。白居易是这样，苏东坡也是这样。于是就出现了白居易推崇陶渊明、苏轼推崇陶渊明兼白居易的现象。苏轼和陶诗有一百零九首之多，主要作于60岁之后在惠州和儋州期间②。苏轼对白居易也是情有独钟，对其推崇备至，宋人周必大《二老堂诗话》云："本朝苏文忠公不轻许可，独敬爱乐天，屡形诗篇。盖其文章皆主辞达，而忠厚好施，刚直尽言，与人有情，与物无着，大略相似。谪居

① 袁行霈《论和陶诗及其文化意蕴》，《中国社会科学》2003年第6期。
② 袁行霈《论和陶诗及其文化意蕴》，《中国社会科学》2003年第6期。

黄州，始号东坡，其原必起于乐天忠州之作也。”①他对陶诗的推许和对白诗的钟爱也基于同样的心理基础。

无独有偶，袁枚也曾有仿陶渊明的诗作《陶渊明有〈饮酒二十首〉，余天性不饮，故反之作不饮酒二十首》，认为陶渊明“未免心戚戚，借酒解怀抱”，饮酒不饮酒不过只是表面上的形式，关键在于“酒味吾不知，酒意吾能领”的声气相投，而“平生行自然”更是其与陶渊明心灵相通之处。袁枚还在诗中指出了“英雄与文人，往往托佛老”的普遍现象。文人往往由最初的充满儒家用世壮志和热情最终归向佛老。而追求心灵的宁静适意，无疑正是那些千百年来徘徊辗转于官场功名与心灵自由之间的许多文人的心路历程，因此，白居易诗歌中所表现的乐天安命、“知足保和”、“吟玩性情”、心归老庄、属意归隐的内容，既接续了陶渊明“返自然”的意绪，又极易与后世文人的自适心理与自怜心态产生共鸣，所谓“身闲易澹泊，官散无牵迫”（白居易《春游西林寺》），于是，白居易的同调大有人在，宋人所取名号“醉翁”、“迂叟”、“东坡”等，皆出于白居易诗，可见他们在精神深处对白居易的欣赏和认同。

袁枚虽然晚于白居易九百多年，但也大致走过了一个与白居易相似的人生及精神的历程。

年少的袁枚是雄心十足的：“幼年负奇气，开口谈兵书。择官必将相，致身须唐虞。”（《杂诗八首》）又加上少年得志，二十四岁即中进士、入翰林，攀宫折桂之际，更是“尔时意气凌八表，海水未许人窥量”（《子才子歌示庄念农》）！对前程充满巨大的期待。在这种少年狂妄中，既体现出初生牛犊的锐气，也体现了文化传统所哺育的价值观：出将入相，匡扶社稷。但袁枚没有料到的是，三年后的散馆考试，又让他从得意的云端跌落失望的谷底。由于满文成绩列入下等，被外放江南为知县。

《清代学者像传·袁枚》云：“先生妙年硕学，人皆以文学侍从相

---

① 周必大《二老堂诗话》。

期；忽用外吏，士林惜之。”①外放为官这样一个结果，连别人都觉意外，对当时志在青云的袁枚来说，无疑更是一个沉重的打击。所谓“问到出身人尽惜”(《谒长吏毕归而作诗》)，在“人尽惜”声中，袁枚心中怀才不遇、大材小用的自惜之情许久不得消解。

袁枚乃一介书生，对官场规矩十分生疏。“书衔笔惯字难小，学跪膝忙时有声。”(《谒长吏毕归而作诗》)初拜上司，显得手忙脚乱。但他恪尽职守，明察善断，故而受人拥戴。其父担心他年少不谙吏治，乃匿名探听，听得皆称其“大好官”，喜而入官舍与子相见。在袁枚为地方官的六七年中，他尽职尽责，官声颇好。“所至有政声，判狱如神”②。他还将作县官的经验心得写成《州县心书》(今已佚)，以资他人借鉴。

然而，县官的琐细忙碌、应酬奉迎令袁枚疲惫不堪。有时，他对俗吏的生涯简直无法忍受：“周官三百六十职，佛经万劫千灾殃，顷刻教人一身当。”(《俗吏篇》)为民忙碌，袁枚心中自甘，而官场中的台参迎送，为大官作奴，却令袁枚大为反感。“官苦原同受戒僧。”(《署中感兴》)他既不愿敷衍塞职，愚弄百姓，又不得不屈尊奉迎，这使得袁枚心力交瘁，平庸琐细的俗吏生涯，与袁枚的生命价值观格格不入；而“受戒僧”式的生活方式，与袁枚酷爱自由的个性抵触很大。最终他主动告别官场，选择了园居。这是他对人生道路的自觉意义上的选择。辞官之后，袁枚感到一身的轻松：“一旦放华山，此身为我有。”(《解组归随园》)一种自我的归属感油然而生。

应该说，在年轻得意之际，袁枚的志向决不仅仅是做一名诗人，“立名最小是文章”(《记得》)。然而在“自期必管乐，致君必尧汤”的幻想破灭之后，他的人生价值观随之发生了变化。“传名无竹帛，成仙无丹砂。赖此文字间，著作为生涯。”(《偶然作》)文学成了他最后的生命寄托，他决意在文学创作中实现自己的生命价值。他对生存价

① 叶衍兰、叶恭绰编《清代学者像传》，上海书店出版社 2001 年版，第 166 页。

② 叶衍兰、叶恭绰编《清代学者像传》，上海书店出版社 2001 年版，第 166 页。

值与生存方式的思考，见诸诗作之中，如《随园杂兴》：

> 官非与生俱，长乃游王路。此味既已尝，可以返吾素。看花人欲归，何必待春暮。白云游空天，来去亦无故。

追求一种行云流水、自由自在的生存方式。他的诗歌也表现了隐居的闲适之趣，如其《寓目即书》"江村白沙明月中，一个鹭鸶一钓翁。鹭鸶衔鱼忽飞去，钓翁犹立钓鱼处。"还有《闲倚》一诗："小池风急水鳞鳞，闲倚栏杆送晚春。一阵落花墙外去，不知飘落打何人。"

说到这里，我们可以在一定程度上明了了白居易诗歌和袁枚诗歌间"貌类"的内在原因，两者之间决不是一个创作与模仿的关系。邱菽园《五百石洞天挥麈》云："袁简斋先生自以其诗近唐之白居易，论者则谓宋之杨万里为宜。余按：先生居恒论诗，不喜唐宋分界之说，而要主于性情。是其于唐、宋诸家皆所祖述，而性之所近偶合于杨耳。"①我们不妨借用一下邱菽园的话来说，袁枚的诗"性之所近偶合于白耳"。而两者声气相投的根本原因就在于"性情"二字，人的与生俱来的热爱自由的本性是主宰他们人生与创作的深层机制。

（载《文学评论》2005 年第 3 期）

【评　介】

石玲小传参见前文。

该文第一部分开门见山，首先指出袁枚诗歌无心学白居易诗歌创作风格而貌类白居易的特殊文学现象。接着，详细介绍了袁枚在并不自觉的情况下其诗歌创作出现了与白居易相似现象的全过程以及袁诗与白诗的相似已为不少人所注意的事实。

该文指出，乾隆四十九年(1784)，69 岁的袁枚潜心读过唐代诗人白居易的《长庆集》后，在《读白太傅集三首》诗序中，公开承认了

---

① 见钱仲联主编《清诗纪事》乾隆朝卷，江苏古籍出版社 1989 年版，第 5110 页。

自己诗歌与白居易诗歌的“貌类”。并进一步指出，“实际上，在此之前袁枚已经接触过白诗，这一次不过是他对白诗系统而深入的解读”。其作于乾隆三十二年(1767)的《续诗品·灭迹》一诗特别欣赏白居易诗的“意深词浅”，认为这才是白诗千古高妙之处。写下该诗后的第二年，他又在《遣兴》诗中对“当时人们将袁枚划为白氏一派，他本人是不太乐意接受的，自己不过是‘随意闲吟’，却被人强行与白居易拉在一起。殊不知，正是“随意闲吟”让他和白居易步入了一途。袁枚当时说这番话的用意，是说明自己并不囿于一家一派，没有刻意模仿白居易”。

另外还指出，当时很多人都“从‘善道意中语’、‘性灵句实逼香山’、‘婉转真挚’以及兼杨万里与白居易风格于一身等方面注意到了袁枚与白居易诗歌风格的相近，这是符合实际情况的”。

但是该文作者对这一现象有独到的看法，“白居易与袁枚之间并不仅仅是影响与接受这样一个简单的关系，为什么呢？原因在于他没有学白居易而最终却像白居易”。

该文第二部分紧接着就论述了袁枚诗歌与白居易“貌类”的表现。

该部分从三个方面细致比对了二者的相似性：

其一，从诗歌语言风格的角度来看，袁枚诗歌与白居易的诗歌有最直观的貌类，袁枚与白居易的诗歌都具有晓畅平易、少用典故的特点。

作者还特别告诉我们，“白居易诗歌语言的平易晓畅，是千锤百炼后达到的一种艺术境界，并非信手拈来”。“而袁枚的‘平淡’也并非矢口而道，他所追求的是大巧之朴、浓后之淡，惨淡经营之后的不经意。”“与此相联系，袁枚诗歌像白居易诗歌一样很少使事用典。”

其二，从创作题材上看，“白居易曾将自己的诗作分为讽谕、闲适、感伤、杂律四类(第四类以体裁划分，内容涉及广泛)”。而“实际上，白居易的讽谕诗在当时的影响并不是很大”。他的感伤诗，“代表作有《长恨歌》、《琵琶行》，被认为‘即无全集，而二诗已自不朽’，取得了非常高的艺术成就”；“他的闲适诗，语言浅近平易，风格淡泊悠闲，表现了乐天安命、‘吟玩性情’的内容，对后世文人影响极大”。

再从袁枚诗歌的创作题材来看，“他在做县令期间写下的《俗吏篇》、《捕蝗歌》、《苦灾行》等，也具有强烈的现实性，与白居易的讽谕诗较为接近，但这一部分不是其最具特色、最有成就、最富个性的部分”。“袁枚的许多诗作与白居易的闲适诗、感伤诗和部分杂律诗中的作品更为接近。”“白居易的闲适诗多取材于身边的琐事”，与此相似，“袁枚诗歌的创作题材也大都呈现出鲜明的日常生活化倾向。在他的笔下，尤其是在辞官市隐随园之后，儒家的兼济天下的英雄情怀已基本不复存在，取而代之的是对个人生存的关注，对个人生活的摹写与表现，对此，我们通过《小仓山房诗集》的题目即可见出端倪。”

其三，再从创作特色看，“诗作的意到笔随、挥洒自如、流丽明快、意脉贯通，是袁枚与白居易诗歌创作的共同特色”。具体来看，“袁枚诗与白居易诗在创作上有个共同之处，就是善用色彩，有时还巧用声音，声色相间，声美色丽”。除此之外，“袁枚在抒情真挚方面与白居易的近似，尤其表现在伤悼一类的作品中”。“白居易的此类诗作与袁枚的此类诗作的共同之处表现为感情深挚，语句质朴，至情不文而意味深长。”

该文第三部分重在论述袁枚诗歌与白居易“貌类”的原因。

作者特地指出，“袁枚与白居易诗歌语言风格和创作题材的相似，还只是停留在外在的层面上……其更主要、更深层的相似，还是他们心灵深处精神上的契合，这样一种精神上的契合还发生在白居易与其前的陶渊明之间、苏轼与其前的白居易之间、公安派与其前的白居易之间……甚至可以说，它发生在千百年来辗转于功名利禄与心灵自由之间的许多文人的内心深处”。赵翼评论白居易诗歌的“性情为主”，“称心而出，随笔抒写”“为我们理解白居易进而理解袁枚提供了重要的线索和路径”。

该部分从两个角度展开论述袁枚诗歌与白居易心灵深处精神上契合的原因：

第一，作者首先回顾了白居易性格特色、对佛禅一些精神的吸收与袁枚的相似性，“元和十年(815)是白居易诗歌创作的转折点，这是从总体内容而言的，实际上，诗人更多的还是受到其个人性格的支配，这是其贯穿一生的基本线索”。而且，“追求闲适从而获得心灵的自由舒放，并不是白居易在被外放受冷落时才产生的”。另外，白居易曾经皈依佛门，“这样的经历使他的一些诗作具有超然物外的淡泊与宁静”。对比袁枚，“袁枚的诗歌也受到了佛学禅宗的哺育，他的《不寐有感》表现了佛禅‘虚无’的内容”，“而后期禅宗任运而行、崇尚个性的精神在袁枚的诗中也得到了充分的表现”。作者还提醒，“两相对照可以看出，对佛禅一些精神的吸收使袁枚与白居易走得很近。这一点，我们也不可忽视”。

第二，作者进一步就白居易、袁枚二人学习陶渊明的声气相投发表自己的见解，“综观白居易的心路历程……我们自然会想起陶渊明。事实上，白居易也是十分欣赏陶渊明”。无独有偶，“袁枚也曾有仿陶渊明的诗作《陶渊明有〈饮酒二十首〉，余天性不饮，故反之作不饮酒二十首》，认为陶渊明‘未免心戚戚，借酒解怀抱’，饮酒不饮酒不过只是表面上的形式，关键在于‘酒味吾不知，酒意吾能领’的声气相投，而‘平生行自然’更是其与陶渊明心灵相通之处。袁枚还在诗中指出了‘英雄与文人，往往托佛老’的普遍现象”。

此外，“白居易诗歌中所表现的乐天安命、‘知足保和’、‘吟玩性情’、心归老庄、属意归隐的内容，既接续了陶渊明‘返自然’的意绪，又极易与后世文人的自适心理与自怜心态产生共鸣”，于是，“白居易的同调大有人在。”而“袁枚虽然晚于白居易九百多年，但也大致走过了一个与白居易相似的人生及精神的历程”。“在年轻得意之际，袁枚的志向决不仅仅是做一名诗人。”然而在“‘自期必管乐，致君必尧汤’的幻想破灭之后，他的人生价值观随之发生了变化。”“文学成了他最后的生命寄托，他决意在文学创作中实现自己的生命价值。”

该文最后总结道，“白居易诗歌和袁枚诗歌间“貌类”的内在原因，两者之间决不是一个创作与模仿的关系”。“袁枚的诗‘性之所近偶合于白耳’，而两者声气相投的根本原因就在于‘性情’二字，人的与生俱来的热爱自由的本性是主宰他们人生与创作的深层机制。”

总之，该文认为，在袁枚生前，人们已经指出了袁诗与白诗的相似，袁枚本人在晚年也承认了这一点，但他认为这种“貌类”是“无心”的。在作者看来，这种主观的“无心”与作品的“貌类”更值得我们去探讨。袁诗与白诗都晓畅平易，很少使事用典，都具有意到笔随、挥洒自如、意脉贯通的特色，而更深层的相似，还在于他们心灵上的契合。这种契合还发生在白居易与陶渊明之间、苏轼与白居易之间，并受到无数的辗转于世俗功名与心灵自由之间的文人高度认同。这些在该课题研究中总结出的规律性的诗学观点，为该课题的延展性研究开拓出了空间。

引申阅读：

1. 胡明：《袁枚诗歌初探》，载《江海学刊》1984 年第 6 期。

2. 刘世南：《论袁枚思想及其性灵诗》，载《江西师范大学学报》1996 年第 1 期。

3. 王英志：《性灵派研究》第六章《性灵派主将袁枚》沈阳：辽宁大学出版社 1998 年版。

4. 朱则杰：《清诗史》，南京：江苏古籍出版社 2000 年版。

石玲袁枚研究主要作品目录：

参见前文。

24. 陈正宏《从单刻到全集：被粉饰的才子文本——〈双柳轩诗文集〉、〈袁枚全集〉校读札记》

【引　文】

中国古典文学研究中，对于单个著名作家的研究，向来强调首先应当尽量收罗完备相关作品。以此对旧刊作家全集的检阅与整理重编作家全集，成为文学文献学中一直以来持续不断的一项基础性工作。

但是，与此相关的一种更为复杂的文献现象却似乎很少引起研究者应有的重视，那就是作家别集版本系统中普遍存在的单刻与全集的关系问题。

所谓单刻，又称单刻本、单集、小集，是指作家生前不同阶段编刊的个人作品(主要是诗文)别集；与单刻相对的，是那些由作家自己晚年编定或者作家身后由亲属、门生与故友搜集编定的全集。

就目前掌握的史料而论，至晚从宋代开始，传统的中国文人在编纂自己的全集时，都会考虑对旧作进行程度不同的删改，如果作者已故，作为编纂者的亲友，即使不便改动文辞，一般也会在篇目上作出相应的取舍。这样，最终面世的全集，就往往形成一种奇异的悖论：它让后人读到了一位作家相对较为完备的作品，作家的创作历程，通过作品的有序排次，似乎也得以比较完整地呈现①；但是，由于它所收作品的严格的历时性面貌已经缺失，我们据此所得出的有关作家个人创作演变史的结论，与实际存在过的史实，又有着必然的差异。

① 传统个人全集的通行编次，一般是诗集编年，文集分体之后再各按年代排次。

要突破这一悖论，使对有关单个著名作家历时性的研究建立在一种更切近原初面貌的比较坚实的基础上，就古典文学文献现存的实际状况而论，对于别集中的单刻给予足够的重视，不失为一条解决问题之道①。

兹以清代著名作家袁枚(1716—1798)的一部早年单刻别集为例，通过该本与今人整理本《袁枚全集》的校读，说明单刻之于古代作家作品真相的探究，有着怎样的实际意义。

一

20世纪以来，以袁枚晚年自定的传世通行本为底本整理的《随园诗话》、《小仓山房诗文集》、《袁枚全集》等相继问世②。其中影响最大的，当数江苏古籍出版社1993年出版的《袁枚全集》(王英志主编)。该全集的主体部分，是以清嘉庆间"随园藏板"本的袁枚诸种著作为底本标点而成的。由于嘉庆"随园藏板"本的袁枚诗文各集，如《小仓山房诗集》、《小仓山房文集》、《小仓山房外集》等，在袁枚晚年本有《小仓山房全集》的总名③，所以《袁枚全集》的袁枚本人诗文

---

① 从理论上说，要比较彻底地解决上述问题，最直接有效的方法是追索原始出处，也就是作家最初写作的手迹。关于此问题，拙作《美术世界中的文学文献》有所涉及，可参阅。见复旦大学中文系编：《卿云集续编》上册，上海：上海古籍出版社2005年版，第505~519页。

② 其中《随园诗话》的通行本为人民文学出版社1960年刊行的标点本，《小仓山房诗集》的通行本为上海古籍出版社1988年刊行的标点本。

③ 袁枚生前已着手为自己编全集，名称则或称《随园全集》，如《随园诗话补遗》卷3有"近闻又有翻刻《随园全集》者"语(此点王英志撰《袁枚全集》"前言"已经指出)；或称《小仓山房全集》，如《小仓山房诗集》卷33有七绝诗，题"余所梓《尺牍》、《诗话》被三省翻板，近闻《仓山全集》亦有翻者，戏作一首"。但《小仓山房诗集》卷35《答敬斋相公》诗后附福敬斋来札，云"和希斋大司空携有《小仓山房全集》，因得读之"；又卷36《哭和希斋大司空》诗序中引和希斋来札，云"军中带《小仓山房全集》，朝夕讽咏"。来札出福、和二人之手，而语辞同样谦恭，其称袁枚全集，均以《小仓山房全集》为名。据此，《随园全集》与《小仓山房全集》二名相较，似《小仓山房全集》当为正名。

集部分，除今人补遗外，实际上就是《小仓山房全集》的一个整理本。

《袁枚全集》及其底本《小仓山房诗集》、《小仓山房文集》、《小仓山房外集》等，多年来被研究者广泛利用，根据这些文献勾勒的袁枚的生活道路尤其是创作轨迹，学界从无怀疑。而袁才子自少至老英气勃发、下笔风趣流畅的文本风格，似乎也已被视为一种当然的文学定式。

但是，这样的看法其实不无问题。这问题的发现，源于一部刊行后又被作者自行毁板的袁枚早年诗文集——《双柳轩诗文集》。此集上海图书馆尚有藏本，全书二册，包括诗集、文集各一册，均不分卷。正文每半叶9行，每行大字21字，小字双行同，大黑口，单鱼尾，左右双边，内无界栏而刻有圈点。诗集大致编年，自《陇西将军歌》起，至《署中即事》止，共收诗102题245首。其写作的时间，据考在乾隆七年(1742)至乾隆十年(1745)冬或十一年(1746)间①。文集分体，计赋、论、序、传、书、神道碑、墓志铭七体，共收文22篇，其写作年代的上限，早至雍正七年(1729)，下限则与诗集大致

① 《双柳轩诗集》第一首《陇西将军歌》起首有"袁子改官江南行，路逢将军名国英"诸语，所谓"改官江南"，据位于诗集第二首的《途中寄金二质夫七十六韵兼呈诸同年》中"巳未入翰林，我与君翔步。……各约今年秋，努力攻章句。……何图志未遂，驱车我南去"等语，参以方濬师《随园先生年谱》，可知所指即乾隆七年(1742)袁枚翰林散馆，外调溧水知县事。又诗集上述两诗后，有乾隆七年作《都门留别》诗(详下文)，亦可证《双柳轩诗集》收诗上限在乾隆七年。《双柳轩诗集》最后一首《署中即事》前，尚有三诗，依次为《甲子春余游金陵，秀才汪浚川以诗受业。逾年余为金陵令，秀才来求题其扇，且援京山筠溪为词。时簿校劳甚，故人侯夷门远去，中有所感，乃即席口号以赠，兼寄夷门》、《侯夷门卸江宁贰尹事行且就去不能无诗》、《送侯夷门赴溧阳》。三诗内容相关，"甲子春"之"逾年"，参以《随园先生年谱》，当即乾隆九年(1744)甲子的次年乾隆十年(1745)。又《甲子春……》中记门生汪氏"踏雪愿来游"，而其余两诗各有"残雪满天公去好"、"匹马千山雪"句，是可知此三诗均作于乾隆十年(1745)冬，则诗集最后一首《署中即事》当作于稍晚，但似不当晚于乾隆十一年(1746)，故定《双柳轩诗集》收诗上限在乾隆十年或十一年间。

相同①。

有关该集的编刊情况，袁枚《随园诗话补遗》卷4有如下的记录：

> 余宰江宁时，门下谈毓奇为刻《双柳轩诗文集》二册。罢官后，悔其少作，将板焚毁。后《小仓山房集》中，仅存十分之三。

又《小仓山房诗集》卷33《哭谈毓奇郎中三十八韵》云：

> ……忆作河阳宰，来称弟子员。咫闻何博洽，才语更蝉嫣。手板才通谒，麻沙已代镌。（原注：余少时《双柳轩稿》君为代梓）……输君一岁长，占我九原先。

按《随园诗话》卷5，有"余门生谈羽仪，字毓奇"语，是谈氏名羽仪。又据方濬师《随园先生年谱》，袁枚乾隆十年（1745）"调江宁县知县"，乾隆十三年（1748）秋"解组归随园"。按上文已考《双柳轩诗文集》所收文字的下限，不会早于乾隆十年（1745）冬，考虑到编纂与刻版印刷尚需一定的时日，则此集刊刻年代的上限，当在乾隆十一年（1746）。但据"手板才通谒，麻沙已代镌"等语，谈羽仪刊刻此集，似亦不至于晚到袁枚由江宁知县卸任的乾隆十三年（1748）。因此比较合理的结论是《双柳轩诗文集》的编刊，当在乾隆十一、十二年（1746—1747）间②。

而我们根据上引《随园诗话补遗》中"后《小仓山房集》中，仅存十

---

① 《双柳轩文集》中有《高帝论》，据其全集本《小仓山房文集》所收之本末尾"自记"，写作时袁枚"年甫十四"（详下文引），时当雍正七年（1729）。又《双柳轩文集》收文下限不可确考，但其与诗集同编同刊（亦详下文），则下限盖亦相同。

② 李灵年、杨忠主编《清人别集总目》中卷第1743页著录"双柳轩文集1卷诗集1卷"，版本为乾隆二十四年刻本，馆藏单位为上海图书馆、南京图书馆。按上图本无任何文字可证其乃乾隆二十四年刻本，南图本目前尚未目验，详情俟考。但袁枚乾隆十九年已获准辞官，次年移家随园（均见《随园先生年谱》），则谓《双柳轩诗文集》至乾隆二十四年方得刊刻，显与上引袁枚自述不合。

分之三”的记载，取本自《小仓山房全集》的《袁枚全集》相关部分，和这种《双柳轩诗文集》校读，发现了一些很有意味的现象①。

二

通过校读我们发现，《双柳轩诗文集》所载作品，跟后来的全集本《小仓山房诗集》、《小仓山房文集》、《小仓山房外集》所收相应部分，在以下四个方面存在明显的差异，反映了袁枚在编纂其个人全集时，对自己的往昔作品并非照单全收，而是采取了以删改为主的多种方式。

一是《双柳轩诗文集》的不少篇章，全集并未收入。显然，这些作品在袁枚编纂全集时被剔除了②。

统计表明，有134首原载《双柳轩诗集》的诗作，未见于后来的全集本《小仓山房诗集》，有11篇原载《双柳轩文集》的文章，未见于后来的全集本《小仓山房文集》和《小仓山房外集》。值得注意的是，诗歌部分的134首这个数字，已经超过了《双柳轩诗集》所收诗作数的一半，而如上所考，《双柳轩诗集》所收诗作的撰写年代，仅在乾隆七年至十或十一年这四五年间，与袁枚82年的漫长生涯相比，那只是很短的一段岁月。如此算来，在袁枚亲自编纂的《小仓山房全集》里，已被删落的各个时期的作品究竟有多少，《小仓山房全集》究竟在何种程度上堪称“全”集，实在还是个问题。

二是《双柳轩诗文集》和全集所收虽然题目基本或完全相同，而实际文本却基本或完全不同。有证据表明，全集本所收是后来重写的。

《双柳轩诗集》中有一首七古，题“沭人有馈白鹤者，署中养豢失

① 笔者前此已以《双柳轩诗文集》为主要材料，通过与《袁枚全集》的详细对比，校勘辑补，撰成《〈袁枚全集〉校补》一文，可参阅。文载复旦大学中国古代文学研究中心编《中国文学研究》第3辑，南昌：江西教育出版社2000年版，第276～384页。

② 全集不收部分早年诗作，袁枚在《随园诗话》卷9曾明言：“余有诗不入集中者，嫌其少作未工也。”

所，感赋长歌”，全集本《小仓山房诗集》卷3也有一首七古，题“沭人有馈白鹤者，署中养豢失所，作诗谢鹤”。两诗题目仅最后四字相异。但经过对读正文我们发现，它们的文本又是十分的不同——仅有的关联痕迹，是《双柳轩诗集》所收本有“饥驱耻夺蝼蚁食，高步或防群鸡惊”两句，而在《小仓山房诗集》所收本里，则有与之近似的“饥驱纵夺蝼蚁食，高步岂无群鸡猜”的两句显然后者是以前者为基础稍加修改而成。考两诗在各自诗集中的排次，均为乾隆八年(1743)袁枚到沭阳任知县后的作品，则惟一合理的解释，是《小仓山房诗集》所收本乃袁枚后来重写的文本。

又如《双柳轩诗集》中有一组《前怀人十三首》，分咏了十三位友人，人各一首。其中咏庄容可的一首云：

> 庄公与我贫时交，弟兄次第登仙曹。澄怀园中三百杏，别来不觉秋风高。

但到了《小仓山房诗集》本的《怀人诗》里，咏庄容可的这一首却变成了完全不同的内容：

> 几回携酒上鸡坛，忽向芙蓉镜里看。读到洛阳《封禅议》，褚生何敢笑兒宽！

由于《前怀人十三首》中的其他诗作，在以后改名为《怀人诗》的组诗里均可寻得相应的文本或经过修改的痕迹，所以上面这首与《双柳轩诗集》所收题旨相同却文本完全相异的诗作，可以肯定也是袁枚后来重写的。

三是《双柳轩诗文集》和全集均加收录的作品，后者中有不少虽然基本框架未变，但从题目到具体文字都作过或多或少的修改。

修改的具体方式，最常见的就是字斟句酌地更换文字、语句乃至段落。如《双柳轩文集》中的《光禄大夫礼部尚书太子太傅杨公神道碑铭》，收入《小仓山房文集》卷2后，题目便改为更为简洁的《礼部尚书太子太傅杨公神道碑》，文字内容也多有调整：不仅删除了原本的数段冗文，重写了篇末的铭文，而且不少段落内几乎到了每句都有改动的地步。

此外，也有前后挪移、拆分或合并文辞的情形。如《双柳轩诗集》中的《浩歌二首》，原本是两首七古。其第二首云：

> 十二万年天寿短，大海黄河夹地转。河山渣滓消不去，玉帝茫茫何处住？谁云人世乐，赤子生先哭。谁云万物多，有无凭我目。美人如花颜色好，神仙哭泣愁枯槁。尧舜至今此日月，子孙尽是三皇出。君不见轩辕皇帝上天时，当时万物争相随。黄帝哀号不开口，留下人间一杯酒。

到了全集本《小仓山房诗集》卷4，诗题被改为《放歌三首》，因为上诗已被拆分改作为如下的两首：

> 十二万年天寿短，羲和持鞭不肯缓。开辟以前安可知？我恨不得亲见之。愿持竹一竿，下搜黄溟后，上搜青云端。地尽天穷搜不止，此竹削成天外史。
>
> 子有衣裳须曳娄，子有车马须驰驱。英雄百事百不理，朝朝暮暮歌《山枢》。君不见轩辕皇帝上天时，当时万物争相随。黄帝哀号不开口，留下人间一杯酒。

这其中原诗的首句和最后四句被保留了下来，分别成为新作第二首的首句和第三首的后半段，其余则全部为新撰文句。再如全集本《小仓山房诗集》中有五绝组诗《李昌谷有马诗二十一首，余仿之作剑诗》，其第十四首云：

> 海角飞残月，空堂作乱波。南山北山处，被发有人磨。

对照《双柳轩诗集》与之相关的五绝组诗《咏剑效昌谷马诗二十一首》，可知上引诗的基础是《双柳轩诗集》同题诗的第十一首，而前两句则由《双柳轩诗集》本第七首前两句“海角千年雨，空堂一片云”和第十一首前两句“气冷含秋月，心惊作乱波”拼改而成。

四是《双柳轩诗文集》的部分作品，原先被全集正编剔除在外，后来又被作为补遗重新收入全集，但重新收入的文本，也已经有程度不同的修改。

如《双柳轩诗集》的《途中寄金二质夫七十六韵兼呈诸同年》一诗，原本已被剔除在《小仓山房诗集》正编之外，后来袁枚在全集本《小仓山房诗集》正编之后，又附了两卷“补遗”，收录“癸丑至丙午删馀改剩之作”(癸丑当雍正十一年，丙午当乾隆五十一年，即1733—1786年)，其卷1就有此诗，题目改为《途中寄金二质夫》。此诗中有一段乃袁枚自述早年经历，《双柳轩诗集》本是这样写的：

> 九岁读《离骚》，嗜古有馀慕。学为四子文，逼迫窘严父。糟粕日浸淫，聪明逐臭腐。犹复构残火，偷习词与赋。自谓登青云，专精莫驰骛。未几践玉堂，窃自比徐庾。本朝绎国书，年少莫回护。敖牙舌本强，三年坠云雾。尚期廷试毕，辛苦立门户。岂知俗缘深，弱水不留住。

这一段文字，到了全集本《小仓山房诗集》“补遗”卷1里，被修改成如下的文本：

> 九岁读《离骚》，嗜古有馀慕。学为四子文，聪明逐陈腐。犹复篝残火，偷习词与赋。自谓登青云，专精莫驰骛。未几践玉堂，窃自比徐庾。勉力作象胥，三年坠云雾。尚期廷试毕，辛苦立门户。岂知俗缘深，弱水不留住。

二者相较，明显的不同，是除了将《双柳轩诗集》本中“学为四子文，逼迫窘严父。糟粕日浸淫，聪明逐臭腐”四句中间的“逼迫窘严父”、“糟粕日浸淫”两句删却，还把原来的“本朝绎国书，年少莫回护。敖牙舌本强，三年坠云雾”四句，删改缩减为“勉力作象胥，三年坠云雾”两句。

更为复杂的例子，是七古长诗《俗吏篇》。《双柳轩诗集》本该诗以"俗吏未必从我始，吏俗当亦从我止"开头，结束于如下的文句：

> 有时窃窃私自语，明日出门无所去。里保催公速下乡，死人横陈三两处。

此诗全文后来被乾隆刻本《小仓山房诗集》正编剔除在外，代替该诗的，是一首题目、体裁相同而文辞大异，因而显然是袁枚以后重写的诗。这首重写的《俗吏篇》，收入《小仓山房诗集》卷4，对照《双柳轩诗集》所收本，可知它仅保留了上面我们引用的原诗最后的四句，其余全部重撰了。但是颇有意思的是，后来全集本《小仓山房诗集》"补遗"卷1里，又有一首七古《俗吏篇》。我们把这首"删馀改剩"的《俗吏篇》和《双柳轩诗集》所收以及乾隆刻本《小仓山房诗集》正编所收《俗吏篇》对照，发现它正是以曾经被删除的《双柳轩诗集》所收本为底本修改而成：从开头至后半大部分文辞只经过少许的改动，惟有最后的四句，大概因为已为正编卷4的重写的同名之作挪用，故改为如下的四句：

> 仰天大笑卿知否，折腰只为米五斗。何不高歌《归去来》，也学先生种五柳！

三

一个作家别集的早年单刻本和晚年编纂的全集相较，出现这么多的差异，这些差异又反映作家在编纂全集时对单刻作品采取了多种删改方式，其背后自然有特定的动因。就袁枚而言，其之所以如此删改旧作，在我们看来，大概主要有以下显、隐两个方面的缘由。

就比较显著的一面而言，应该是和文学史上所有大家名流一样，成名后的袁枚也试图通过删改修订，使旧作在艺术上臻于完美的境界。

按全集本《小仓山房诗集》卷24有《见太守案上抄枚文字皆少年未定之作，不知得从何处，心为赧然，袖归改削再呈，而先以诗谢》七律一首，其中"花因早采香犹薄，琴是初弹手尚生"一联，正是袁枚修订旧作缘由的一种公开表白。而这方面的修改实况，我们可举《双柳轩诗集》所收《次日果雪》三首中的第一首为例。诗云：

朔风一夜起平沙，飞雪漫漫拂帽斜。早识炎凉能顷刻，不妨清白是生涯。平林直上无飞鸟，天际空行尽落花。漠漠重阴消未得，前村沽酒野人家。

此诗至全集本《小仓山房诗集》卷3，诗题被简化为《次日雪》，文本也被修改为——

雪珠夜半响平沙，傍晓银泥压帽斜。四面凉云风剪水，一痕春色手拈花。孤行自觉须眉淡，远望深知道路赊。频把玉鞭催马背，篝灯帘影酒人家。

经过修改的这一文本，就诗意和诗艺两方面而言，无疑比原本水准都要高出很多。起首两句原先只是对风雪漫天的一般描写，修改后不仅声色并茂，而且延展出一个自夜到晓的时间度，颇具现场实感与自然美感。第二联"四面凉云风剪水，一痕春色手拈花"，则文辞超脱俊逸，堪称袁枚性灵诗语的典范。后半部的改动，虽不比前半可圈可点，但较之原作仍有质实与灵动之别。

至于相对隐蔽的一面，则大概是成名后的袁枚，试图掩饰或模糊早年经历中的一些重要关节或细节。这一面比较容易为人忽视，其实却甚为重要。

我们也举几个典型的例子。首先是原载《双柳轩诗集》，后来却未被收入《小仓山房诗集》的一首关键之作《题杨皋里夫子小像》：

先生昔来鹫峰山，群才济济相追攀。是时我生十九岁，春风绛帐时往还。忽忽乍离未十载，沧桑变幻蓬莱干。先生局外拭冷眼，为惊为喜为长叹。丙辰始作西征赋，横行万里轻云路。廷试鸿词报罢馀，长安索米如枯骑。未几待诏登玉堂，乞恩归娶镜湖旁。敖牙佶屈事翻译，龙门回首春茫茫。自期永守先生钵，不期忽作神仙谪。三载蓬山春梦婆，一麾江左秋风客。戴胜重听张禹笙，龟山再踏程门雪。程门有图命我题，不来安得留墨迹。始知造物自有意，师生遇合真奇绝。把图展玩意转倾，感旧怀人伤我情。经学失传有施氏，夷门流落老侯生。（自注：谓施自最、侯夷门)先生神明何矍铄，寒霜萧萧满头发。眼中门生旧复新，山上梅花吹更发。我来欲问六朝春，秋雨苍茫万木昏。作宰不知向何处，古寺残灯愁杀人。

按杨皋里即杨绳武，袁枚早年在杭州万松书院学习时的书院山长①。诗首句所写的“鹫峰山”，当即袁枚故乡杭州的灵隐飞来峰，因飞来峰又称灵鹫峰。诗中所述，值得注意处有二：一是袁枚 19 岁时，曾在杭州随杨绳武读书，而由“经学失传有施氏”一句看，杨氏当年所授，似非辞章之学，而当是经史小学一类当时盛行的朴学②。二是自“丙辰始作西征赋，横行万里轻云路”两句以下，“三载蓬山春梦婆，一麾江左秋风客”一联以前，袁枚颇为详细地回忆了自己十年间奔走南北、不无酸楚的早年经历。

这样一首以对往昔生活的真实回忆为基调的诗，何以到后来被排斥在袁枚亲自编定的全集本《小仓山房诗集》之外？我们联系诗中“自期永守先生钵，不期忽作神仙谪”两句看，恐怕和袁枚后半生改变了早年对杨先生的承诺，转而抨击朴学、崇尚性灵不无关联③。而成为

---

① 按《随园先生年谱》雍正十一年条，记袁枚 18 岁时曾在杭州“肄业万松书院”，时书院山长杨绳武，字文叔。

② 《小仓山房诗集》卷 26《万松书院》有“我昔来肄业，弱冠方童颜。当时杨夫子，经史腹便便”等语，又道光刻本杨绳武《古柏轩文集》卷首有嘉庆元年袁枚序，云“先生著述甚富，或发明经义，或订正史学”，是皆可证杨氏所长确在经史。

③ 全集本《小仓山房诗集》、《文集》、《外集》中，袁枚提及杨绳武的文字十分有限，其中全篇以杨氏为主题者，仅《文集》卷 35《杨文叔先生文集序》一文。此文作于乾隆五十九年(1794)，时袁枚已 79 岁。值得注意的是，该文表扬先师学行，仅“根柢深厚，行安而节和”等寥寥数语，而文末却云：“且追忆先生弟子不下数百千人，人人自以为将大昌先生之道。岂料身后传名，转托之于当时执箕膺揭一童子哉!”玩其辞气，似袁枚与杨氏大部分弟子并非同道，其未能传承杨氏之学，由此亦可窥见。又《随园诗话补遗》卷 8 记及与杨绳武之交谊云：“其时(万松书院)掌教者为杨文叔先生，讳绳武，癸巳翰林，丰才博学，蒙有国士之知。后掌教钟山，而余适宰江宁，时时过从。先生归道山后，音问遂绝，今五十年矣。”“音问遂绝”云云，恐不仅因杨氏物故，亦以袁枚后来持论已经大变。按：以上有关杨绳武的史料，皆研究生郑幸检示，特此说明，并向郑君致以谢意。

随园寓公之后的袁枚，一心打造他的才子形象，不再愿意面对早年直白地叙述自身平凡与磨难的文辞，又似乎是这首长诗只字未留的不可忽略的缘由。所谓“名高愈有欲删诗”①，正透露出袁才子晚岁删落旧作的真实心境。

其次可举以为例的，是《双柳轩诗集》的《都门留别》一诗。那是乾隆七年袁枚初次外放，赴任溧水知县途中补撰的②，叙写的完全是当时的实情与心境：

> 不须潘岳赋闲居，禄养今看奉板舆。此去好修《循吏传》，当年悔读《玉清书》。(原注：习国书，翻译未工，考居末等)三生弱水缘何浅，一宿空桑恋有馀。西笑长安天上客，几回云里觅双鱼。

而到了全集本《小仓山房诗集》卷3，该诗不仅题目改成《改官白下留别诸同年》，文字也颇相异：

> 清溪几曲近家居，天许安仁奉板舆。此去好修《循吏传》，当年枉读《上清书》。三生弱水缘何浅，一宿空桑恋有馀。手折芙蓉下人世，不知人世竟何如。

前后两个版本相较，除了“三生弱水缘何浅，一宿空桑恋有馀”一联未加改动，其他多有不同。

首先引人注目的不同，是单刻本第二联末的那个作者自注“习国书，翻译未工，考居末等”，到全集本里被全部删除了。这一删除，既隐没了袁枚此番被外放的真实原因，也让“当年悔读《玉清书》”句失却了一重言语上的修辞照应——因为这里的“清书”二字，原本同时还可以指向自注里的“国书”，也就是满文。所以“当年悔读《玉清书》”的原本意思，是后悔自己只顾阅读了道教的高蹈之作《玉清经》，

---

① 《小仓山房诗集》卷26《静掩》。

② 此诗题下有自注：“途中补撰。”

却没能学好同样带个“清”字、又更有实用价值且几乎堪称当世经典的清朝满文。有意思的是，全集本的这一句，除了删掉了其注释，还改了两个字，而成“当年枉读《上清书》”。《玉清》、《上清》同为道教经典，尚无大碍，“悔”字改作“枉”，真情掩盖以后才子式的孤傲与玲珑，跃然纸上，似乎这次外放的惟一原因，只是他个人出处姿态上的一念之差，而与外族语文考试的不及格，了不相干。①

此外还有一处明显的不同，是最后两句的全部重写。单刻本的“西笑长安天上客，几回云里觅双鱼”，“长安”自是指作者刚刚离开的首都北京，“双鱼”则用古乐府“客从远方来，遗我双鲤鱼”的典故，喻指日后友朋间交流往返的书信，虽然中间着一个“笑”字，并采用了拟想尚留京城的友人日后思念自己的自慰性情节，但整体的情绪毕竟有些失落。不过到了全集本里，这种失落感就了无踪影了：“手折芙蓉下人世，不知人世竟何如。”仿佛天仙下凡，一切尽在掌控之中，似乎需要回答又不需要回答的语气句式，更加强了这种居高临下的态势。

有必要指出的是，即使是那种表面看去只为追求文辞完美的修订，换一个角度看，实际上也是在粉饰自己的既往经历。可以作为这方面典型例证的，是文集里的《高帝论》。此文全集本《小仓山房文

---

① 《小仓山房诗集》“补遗”卷1《途中寄金二质夫》将《双柳轩诗集》所收本的“本朝绎国书，年少莫回护。敖牙舌本强，三年坠云雾”四句，删改缩减为“勉力作象胥，三年坠云雾”两句，也是同样的例子。按：“象胥”典出《周礼》，指“掌蛮夷闽貉戎狄之国，使掌传王之言，而谕说焉”的翻译官。而所谓“本朝绎国书”云云，原本即指上引《都门留别》诗自注“习国书，翻译未工，考居末等”一事。显然，以“敖牙舌本强”来形容当年学习满文的艰辛，是实录；把三年的艰辛学习，说成是“勉力作象胥”，则不免有点自饰与自夸了。又《小仓山房诗文集》所载其他一些回忆早年经历的作品里，也很少见到对“习国书，翻译未工，考居末等”的直接述说，有的只是些似是而非的记录，像《诗集》卷15《子才子歌示庄念农》“强学佉卢字，误书《灵宝章》，改官江南学趋跄”，《文集》卷3《文渊阁大学士史文靖公神道碑》“校习国书免课”之类；或者干脆略去因满文翻译未工而外放一节，如《诗集》卷7《杂诗八首》之五的“廿四入词林，腰带弄银鱼。八载谪江南，手板学奔趋”等。

集》收于卷 20，文章的末尾，有袁枚的一段“自记”：

> 此与《郭巨论》同作，年甫十四，受知于杨文叔先生。虽于事理未协，而笔情颇肆，存之以志今昔之感。

我们再看文章的正文，开头一段写的是：

> 用天下之兵，不如用天下之锋，锋即兵也。合时与势，而锋出焉。败国之气，累世不复；胜国之兵，所向无敌。兵之胜败，锋之利钝实使之。项羽以轻用其锋，而计失于高祖；高祖以早藏其锋，而计失于匈奴；均失也。人皆知项羽之失，而不知高祖之失者，误于史称规模宏远，而不熟计夫当日之时势也。

果然“笔情颇肆”。若果真如作者文末“自记”所言，是 14 岁时的杰作，则称袁才子为少年天才，可无疑义矣。

但我们翻开《双柳轩文集》，其中的《高帝论》开头，却是这样写的：

> 开国之时，混混沌沌，如民之初生，家之初定，万事纪纲，于斯立焉。汉去古未远，三代可复。人但知文教衰自高帝始，而不知武功衰亦自高帝始。人但知项羽轻用其锋，而败于高祖；不知高祖早藏其锋，而败于匈奴。是何也？夫败国之气，累世不复；胜国之兵，所向无敌。兵之胜败，锋之利钝实使之。

虽然其中的一些文句，一直保留到了修改后的文本中，但无论从组织的逻辑还是行文的气势看，这不过只是当时一般八股文的开局水准。如果我们考虑到《双柳轩文集》本《高帝论》的末尾，本无那段题记，而收入《双柳轩文集》的作品，亦不一定就是最初的文本，则后来的修订，除了追求文辞完美之外，其更为实际的指向为何，是不言而喻的。

四

我们注意到，见于《双柳轩诗集》而未被全集本《小仓山房诗集》收入的，还有一首《篇成》，颇堪玩味：

> 篇成每易千回稿，自信从无一字师。脉脉寸心持得失，我师还是少陵诗。

袁枚创作给人的印象，似乎多是一挥而就式的潇洒做派，以至于后来《清史列传》谓之“名盛而胆放，才多而手滑”。但这首《篇成》以及袁枚其他的不少相关文字，却给我们展示了袁枚写作更为真实的另一面①。

我们也注意到，早在开始自编诗集的乾隆二十年(1755)，袁枚就以《编得》为题写过如下的诗句：

> 编得新诗十卷成，自招黄鸟听歌声。临池照影私心语，不信吾无后世名！

这“篇成每易千回稿”式的大规模修改，和“临池照影私心语，不信吾无后世名”式的自恋与自信，从作家对自己作品精益求精、必欲留名后世一面说，自是可以理解的，但是从文学史展现作者及其文学真实的成长史一面看，当曾经面世的作品，在以后的岁月里，被精心地加以删改，又精致地以作品编年的形式，被置于最初的写作年代，却没有附加关于文本原初面貌的具体说明，或者仅有一个不无粉饰成分的说明，这无疑会将读者与研究者引入一个远离作家当时创作实况的歧途，并对作家相应阶段的文学成就作出错误的判断。

在数量庞大的中国古代文学文献中，个人别集的单刻与全集不无

---

① 其实袁枚自己强调的，是“诗到能迟方才是”，见《小仓山房诗集》卷23《箴作诗者》。

差异乃至完全不同，而一并流传至今的，尚有不少。以时代比袁枚相对更早的明代而论，宋濂的75卷《宋学士文集》正德刻本、王阳明的38卷《王文成公全书》隆庆刻本，由于被收入《四部丛刊》而成为后来学者案头的常用书，但其实在这两位大家的这两种全集之外，还各有在他们生前就已刊行的单刻存世——宋濂的10卷《潜溪集》明初刻本，因所收皆元末之作，而均被宋濂本人删落在75卷本《宋学士文集》之外①；王阳明的3卷《居夷集》嘉靖三年刻本，所收虽大多见于《王文成公全书》，而仔细校勘，依然可以发现有被《全书》漏收的作品，其两本均收者，文字亦不无差异。至于清人别集，则康熙五十年王士禛《带经堂集》92卷问世时，其《古夫于亭稿》两卷已先此印行；康熙五十三年朱稻孙编刊祖父朱彝尊《曝书亭集》80卷之前，朱彝尊已自刻过《腾笑集》8卷；而乾隆间沈德潜忠教堂编刊《沈归愚诗文全集》74卷稍前，沈氏的《竹啸轩诗抄》18卷也已被刊板。虽然其间相关二者的异同尚待比勘考订，而现存古代尤其是明清的文学文献中，个人别集普遍存在单刻与全集的情形，已毋庸置疑。因此，我们以校读《双柳轩诗文集》和《袁枚全集》相关部分为例，提出注意文学文献中的单刻与全集的关系问题，并重视单刻，其最终的目的，就是提醒学界，面对数量庞大的古代文学文献，如果不作比较细密的调查考订，就简单依据那些通行却可能已被粉饰删改过的全集文本，去匆忙研究单个古代著名作家创作的历时性问题，则既容易对原本复杂多变的个人文学演化态势产生一种刻板的线性印象，又往往会不恰当地评介这些后来成名的大家的早年成就，而以此所得的总体结论，恐怕也会与实际存在过的情形，相去甚远。

载《中山大学学报》2008年第1期）

【评　介】

陈正宏（1962—　），浙江杭州人，1985年毕业于复旦大学中文

① 此点章培恒先生在《中国文学史新著》（复旦大学出版社2007年版）下卷第32页已有述论。

系，后在复旦大学古籍整理研究所获硕士、博士学位。1988 年留所任教，2000 年晋升为教授。中国古典文献学博士生导师；中国语言文学博士后流动站专家组成员；全国古籍保护工作专家委员会委员；国家社科基金项目“诗画合璧史”、教育部人文社科项目“中国古代图文互释现象的文献学研究”主持人。主要从事版本目录学、文学文献学、美术文献与美术史的教学与研究。著有《沈周年谱》、《史记精读》、《明代诗文研究史 1368—1911》、《漫话二十四孝》等，与人合编《中国学术名著提要·文学卷》、《古籍印本鉴定概说》、《越南汉文燕行文献集成(越南所藏编)》。

该文开篇名义，指出在文学文献学研究中“一种更为复杂的文献现象却似乎很少引起研究者应有的重视，那就是作家别集版本系统中普遍存在的单刻与全集的关系问题”。并解释道，“所谓单刻，又称单刻本、单集、小集，是指作家生前不同阶段编刊的个人作品(主要是诗文)别集；与单刻相对的，是那些由作家自己晚年编定或者作家身后由亲属、门生与故友搜集编定的全集”。

作者接着进一步指出作家全集编纂时存在的悖论问题，“至晚从宋代开始，传统的中国文人在编纂自己的全集时，都会考虑对旧作进行程度不同的删改，如果作者已故，作为编纂者的亲友，即使不便改动文辞，一般也会在篇目上作出相应的取舍。这样，最终面世的全集，就往往形成一种奇异的悖论：它让后人读到了一位作家相对较为完备的作品，作家的创作历程，通过作品的有序排次，似乎也得以比较完整地呈现；但是，由于它所收作品的严格的历时性面貌已经缺失，我们据此所得出的有关作家个人创作演变史的结论，与实际存在过的史实，又有着必然的差异”。

作者提出的解决办法为，“要突破这一悖论，使对有关单个著名作家历时性的研究建立在一种更切近原初面貌的比较坚实的基础上，就古典文学文献现存的实际状况而论，对于别集中的单刻给予足够的重视，不失为一条解决问题之道”。

“引文”部分最后指出，“兹以清代著名作家袁枚(1716—1798)的一部早年单刻别集为例，通过该本与今人整理本《袁枚全集》的校读，说明单刻之于古代作家作品真相的探究，有着怎样的实际意义”。

该文在第一部分主要介绍了《袁枚全集》和被袁枚自行毁板的袁枚早年诗文集——《双柳轩诗文集》的版本问题。

该部分首先介绍了在坊间影响最大的，江苏古籍出版社 1993 年出版的《袁枚全集》(王英志主编)的版本问题，“该全集的主体部分是，是以清嘉庆间‘随园藏板’本的袁枚诸种著作为底本标点而成的。由于嘉庆‘随园藏板’本的袁枚诗文各集，如《小仓山房诗集》、《小仓山房文集》、《小仓山房外集》等，在袁枚晚年本有《小仓山房全集》的总名，所以《袁枚全集》的袁枚本人诗文集部分，除今人补遗外，实际上就是《小仓山房全集》的一个整理本”。

接着作者指出了人们使用《袁枚全集》时所犯的一种想当然的错误，“《袁枚全集》及其底本《小仓山房诗集》、《小仓山房文集》、《小仓山房外集》等，多年来被研究者广泛利用，根据这些文献勾勒的袁枚的生活道路尤其是创作轨迹，学界从无怀疑。而袁才子自少至老英气勃发、下笔风趣流畅的文本风格，似乎也已被视为一种当然的文学定式”。

作者剥茧抽丝指出这个错误问题的被发现，“源于一部刊行后又被作者自行毁板的袁枚早年诗文集——《双柳轩诗文集》。此集上海图书馆尚有藏本，全书二册，包括诗集、文集各一册，均不分卷。正文每半叶 9 行，每行大字 21 字，小字双行同，大黑口，单鱼尾，左右双边，内无界栏而刻有圈点。诗集大致编年，自《陇西将军歌》起，至《署中即事》止，共收诗 102 题 245 首。其写作的时间，据考在乾隆七年(1742)至乾隆十年(1745)冬或十一年(1746)间。文集分体，计赋、论、序、传、书、神道碑、墓志铭七体，共收文 22 篇，其写作年代的上限，早至雍正七年(1729)，下限则与诗集大致相同”。

通过对该集编刊情况的考订，作者认为，“比较合理的结论是《双柳轩诗文集》的编刊，当在乾隆十一、十二年(1746—1747)间”。

该文在第二部分侧重说明《双柳轩诗文集》所载作品，跟后来的《袁枚全集》所收相应部分，存在着明显差异及其原因。

该部分首先指出，“通过校读发现，《双柳轩诗文集》所载作品，跟后来的全集本《小仓山房诗集》、《小仓山房文集》、《小仓山房外集》所收相应部分，在以下四个方面存在明显的差异，反映了袁枚在编纂其个人全集时，对自己的往昔作品并非照单全收，而是采取了以删改为主的多种方式”。

一是“《双柳轩诗文集》的不少篇章，全集并未收入”。

作者指出原因，“显然，这些作品在袁枚编纂全集时被剔除了”。并对此借助统计数据进行有力论证，“统计表明，有 134 首原载《双柳轩诗集》的诗作，未见于后来的全集本《小仓山房诗集》，有 11 篇原载《双柳轩文集》的文章，未见于后来的全集本《小仓山房文集》和《小仓山房外集》。值得注意的是，诗歌部分的 134 首这个数字，已经超过了《双柳轩诗集》所收诗作数的一半”。还指出，“如此算来，在袁枚亲自编纂的《小仓山房全集》里，已被删落的各个时期的作品究竟有多少，《小仓山房全集》究竟在何种程度上堪称‘全’集，实在还是个问题”。

二是“《双柳轩诗文集》和全集所收虽然题目基本或完全相同，而实际文本却基本或完全不同。有证据表明，全集本所收是后来重写的”。

三是“《双柳轩诗文集》和全集均加收录的作品，后者中有不少虽然基本框架未变，但从题目到具体文字都作过或多或少的修改”。

“修改的具体方式，最常见的就是字斟句酌地更换文字、语句乃至段落。”此外，“也有前后挪移、拆分或合并文辞的情形”。

四是“《双柳轩诗文集》的部分作品，原先被全集正编剔除在外，后来又被作为补遗重新收入全集，但重新收入的文本，也已经有程度不同的修改”。

该文第三部分则重点分析了袁枚晚年编纂全集时删改旧作的原因。

该部分指出，“就袁枚而言，其之所以如此删改旧作，在我们看来，大概主要有以下显、隐两个方面的缘由”。

“就比较显著的一面而言，应该是和文学史上所有大家名流一样，成名后的袁枚也试图通过删改修订，使旧作在艺术上臻于完美的境界。”“至于相对隐蔽的一面，则大概是成名后的袁枚，试图掩饰或模糊早年经历中的一些重要关节或细节。这一面比较容易为人忽视，其实却甚为重要。”

作者认为，“有必要指出的是，即使是那种表面看去只为追求文辞完美的修订，换一个角度看，实际上也是在粉饰自己的既往经历”。作者通过典型对上述袁枚晚年编纂全集时删改旧作的显与隐两方面的原因进行了详细地阐明。

该文第四部分重在说明，袁枚曾以删改、润饰等方式，有意识地修订其早年诗文，而这一现象无疑有着深远的文学文献学意义。

作者指出，“从文学史展现作者及其文学真实的成长史一面看，当曾经面世的作品，在以后的岁月里，被精心地加以删改，又精致地以作品编年的形式，被置于最初的写作年代，却没有附加关于文本原初面貌的具体说明，或者仅有一个不无粉饰成分的说明，这无疑会将读者与研究者引入一个远离作家当时创作实况的歧途，并对作家相应阶段的文学成就作出错误的判断”。

作者进而指出，“在数量庞大的中国古代文学文献中，个人别集的单刻与全集不无差异乃至完全不同，而一并流传至今的，尚有不少”。并举例进行了说明。

该文敏锐地抓住了这一个文学文献学研究上的难题，“以校读《双柳轩诗文集》和《袁枚全集》相关部分为例，提出注意文学文献中的单刻与全集的关系问题，并重视单刻，其最终的目的，就是提醒学界，面对数量庞大的古代文学文献，如果不作比较细密的调查考订，就简单依据那些通行却可能已被粉饰删改过的全集文本，去匆忙研究单个古代著名作家创作的历时性问题，则既容易对原本复杂多变的个人文学演化态势产生一种刻板的线性印象，又往往会不恰当地评介这些后来成名的大家的早年成就，而以此所得的总体结论，恐怕也会与实际存在过的情形，相去甚远”。

总之，该文以袁枚早年别集《双柳轩诗文集》和源自袁枚晚年所编《小仓山房全集》的今人整理本《袁枚全集》的校读为例，指出“传统全集所收作品由于时经作者晚年粉饰删改，而大多存在历时性面貌不无缺失之憾，故研究单个古代著名作家创作的历时性问题，应当重视比全集更切近当时实况的作家生前行世的单刻别集”。

该文作者具有敏锐地发现问题、解决问题的能力，该文所“提出注意文学文献中的单刻与全集的关系问题，并重视单刻”的问题，在文学史、文学文献研究史上，具有开创意义和普遍指导的作用，因此该文具有填补文学文献学研究方法论一项空白的重要价值。

引申阅读：

1. 郑幸：《〈袁枚年谱新编〉示例》，载《厦门教育学院学报》2010年第1期。

2. 郑幸：《袁枚年谱新编》，复旦大学2009年博士学位论文。

3. 郑幸：《袁枚年谱新编》，上海：上海古籍出版社2011年版。

陈正宏袁枚研究主要作品目录：

1. 陈正宏：《袁枚全集校补》，载《中国文学研究第3辑》，南昌：江西教育出版社2000年版。

2. 陈正宏：《随园老人的吴江缘》，载《新民晚报》2006年12月5日。

3. 陈正宏：《从单刻到全集：被粉饰的才子文本——〈双柳轩诗文集〉、〈袁枚全集〉校读札记》，载《中山大学学报》2008年第1期。

25. 王标《泛文与泛情——袁枚交游网络的共有话语》【存目】

【评　介】

该文首先是王标于2004年7月写成的富士施乐小林节太郎纪念基金研究助成报告书《清代中期知识分子和社会的知识话语》，收入王标《城市知识分子的社会形态：袁枚及其交游网络的研究》（上海三联书店2008年版）第七章时，改名为《泛文与泛情——袁枚交游网络的共有话语》。

王标（1969—　），文学博士。福建福州人。1991年毕业于福建师范大学中文系，1998年考入大阪市立大学大学院文学研究科，师从山口久和教授治清代思想史，2004年获博士学位。现为大阪市立大学都市文化研究中心研究员，主要研究以清代为中心的中国近世思想史、文化史。学术论著有《章学诚的知识论——以考证学批判为中心》（译著，上海古籍出版社2006年版）及《城市型知识分子社会的形态——以清代中期的扬州、苏州和南京为中心》（大阪市立大学《都市文化研究》第2号）、《空间的想象和经验：民初上海租界中的逊清遗民》（人大复印资料《中国近代史》2006年第7期）、《作为文化实践的读书——以李慈铭〈越缦堂日记〉为中心》（《杭州师范学院学报》2007年第4期）等数十篇学术论文。

该文由四部分组成：

一、清代中期知识分子的"才名焦虑"

1. "泛文"与"泛情"的时代

主要解释了为什么说明清是"泛文"和"泛情"的时代。

首先讲什么是"泛文"，"在中国古代，作为传统知识分子类型成立的重要条件，村上哲见在《中国文人论》中将它归纳为三条：人文教养、治国平天下的使命感、尚雅精神”。但“只有尚雅精神——这种超越人文教养的惟才尚趣的艺术活动——在喜欢以‘才子’相标榜的明清时代得到了文人的关注。所以构成传统知识分子的三大要素，实际上都只是畸形地构成了发达的古代文人文化中‘泛文’的三大层面”。

该文接着指出，“关于清代重文社会风气的形成契机，可以归结为以下几点：①国家的大规模修书事业；②达官大僚的相继主持风雅；③科场的狭窄性；④文化市场的繁荣”。

进而指出“泛文”时代的创作主体，“清代士人(尤其是下层知识分子)游幕成为普遍的社会现象，其主要原因在于士人人口和科举定额之间存在的矛盾，士人的数量随着‘康乾盛世’社会总人口的爆发性增长而不断增长，可是科举的名额和官缺却是有限的，其结果，使大批知识分子无法顺利地进入官界”。“这些游离于政治之外，以文事为生存手段的知识分子，构成了‘泛文’时代的创作主体，由于诗词写作成了他们展示聪明才智的主要‘场所’，他们比任何一个时代的作者群都更关心确立他们自己的宗派，更急于传播个人和同侪的诗名，热心地刊刻自己的诗集，搜集亡友遗稿。”

在解释了什么是“泛文”以后，作者进一步对“泛情”进行阐释，“重情或者尊情的主情主义，已被公认为明清文人文化的一个重要特征。但是应该指出，诗文创作中的‘情’未必等同于‘情欲’，所以，提倡文学的‘情感作用也未必能够说明作者具有所谓反礼教的启蒙思想。美国耶鲁大学的康正果先生提出‘泛情’这个概念”，认为“明清文人所谓的‘情’，就是能使一个人富有文学气质，且带文学腔调的那种东西了。它指的是受到诗文感染的情绪，也是吟诗弄文必备的情调。不能不加限定地把它简单等同于现实生活中的情感，它首先是一种诗文的表述，是诗文对诗文的模仿，归根结底，它只是诗文活动的产物”。

作者紧接着又说明了“泛文”与“泛情”两者之间互为表里的关系，“漫无边际地题咏一切，正是‘泛文’文化的一个重要表现”。“依照公式化的咏古情思和无休止的唱和，就是‘泛情’的表象。‘泛文’的文学活动和‘泛情’文学观是互为表里的东西，‘泛文’的文学活动必然助长了‘泛情’文学观的泛滥，而在‘泛情’文学观主导下创作出来的大量诗文作品又恰是‘泛文’风习的表现”。

在解释了明清为“泛文”和“泛情”的时代之后，作者又交代了“明清文人的香艳背景”，“明清两代是禁欲和纵欲并行的时代”，“虽然入清以后，晚明的纵欲风气在亡国之痛下被士人反省”，但是“晚明纵欲风气中的一项重要内容——对男色的公开迷恋却愈演愈烈，直到晚清被西方文明视为‘丑恶’而使国人感到一种罪恶和自卑，才逐渐消歇。此外，值得一提的是明清‘才女’话语的香艳化”。“在明清文人文化的语境中，‘香艳’一词固有的道德嫌疑已渐趋淡化，‘闺阁诗’的编纂者们往往公开以风流自赏的口气表白自己在这方面的迷恋，而对于读者来说，似乎通过阅读才女本人的诗词就能感受文本传达过来的女子的身体性。这两方面的互为刺激，加速了明清闺秀著作的编选出版，这也是‘泛文’和‘泛情’时代下诗词写作的普及和通俗化的表征之一。”

2. 文人社会中的“才名焦虑”

主要说明了清代知识分子社会中普遍存在着个人价值无法实现的“才名焦虑”。

作者告诉我们，在清代，“立功”、“立德”都行不通，士人们必然转向脱离政治的“立言”上。当然，“‘立言’话语内部也不是铁板一块，是充满选择的、斗争的。恰好清代知识社会向有‘义理’、‘考据’、‘词章’三者的纷争”。“从清代中期‘泛文’和‘泛情’的时代背景出发，考据学者对‘词章’的冷漠，不应该被理解为一概反对通常意义上的传统文学创作活动，而是反映了一部分知识分子在‘才名焦虑’之下企图对‘立言’的文人世界进行重新规范(符号斗争)的意图。”总之，“‘考据’和‘词章’的斗争，是清代中期知识分子站在各自的立场上，在‘立言’的知识世界内部，围绕着‘考据’和‘词章’哪一方是最具有价值的东西而进行的斗争。当然，胜者一方就成为知识世界的支配者，掌握了正统性。”

作者进而指出，袁枚可以担当起提倡“真情的代表”，“‘重视文学’和‘主情主义’这两个时代的特征，我觉得更贴切地体现在袁枚及其'性灵派'身上。不过，'泛情'这个概念用在袁枚身上时，和康正果对'泛情'的定义多少有些偏差。在袁枚那里，他的主情主义不仅仅是观念性的东西，而是灵动鲜活的情。袁枚提倡'真情'，这种'真'的性情论是他所主张的'真诗'的基础"。

作者还简介了袁枚在清代中期文坛"泛文"风气形成中所起的作用，"袁枚以主情主义的文学观，反对以沈德潜为代表的主张'温柔敦厚'这一儒家诗教传统的正统'言志派'，使诗'志'的内涵转换为'情'。也就是说，使诗歌的集团性、公共性的特征转换为个体的、私的特征，这是中国文学史上一个根本性的变化"。"袁枚推翻了历来学者对'诗言志'的解释，从创作主体和创作内容两方面，大大拓宽了诗歌这一文学形式的适用范围。""在鼓励众多的非士大夫阶层加入诗人行列的同时，使诗歌的风格变得多元化，也使读者圈得到进一步扩大。在这个意义上，可以说袁枚是清代中期文坛'泛文'风气的始作俑者之一。"并告知我们，"本章主要来探讨随园文化中的'泛文'性"。

二、袁枚："泛文"和"泛情"时代的象征

首先指出，"袁枚作为'泛文'和'泛情'时代的一个固定代表，他在随园上演的泛文、泛情文化并不止《随园诗话》一种，下面将对袁枚生前出版物中体现出来的泛文性和泛情性进行分析"。

1.《随园诗话》——随园的泛文性与泛情性之一

作者认为，"以往的《随园诗话》研究多偏重诗话中的诗学成分，较少重视诗话的社会性"。"而本章主要想围绕如何助长清代文坛'泛文'和'泛情'主题进行讨论。我认为《随园诗话》的泛情性主要表现在对诗文'情趣'、'风趣'的宣扬。历来被视为'无聊'、'思想性不高'的诸多采诗，恰是表现《诗话》泛情性之处。"

进而，作者又介绍了袁枚的"情趣"论，"袁枚的'性灵说'一再标举'风趣'或'生趣'(灵妙之趣)，在诗歌的审美情调上显示出风趣或诙谐的特征"。"讲求'风趣'无论对无聊枯燥的生活来说，还是对平庸无聊的诗歌题材来说，都是一种调剂，但同时也容易陷于恶俗。"

这在《随园诗话》的创作意图上有所体现，"《随园诗话》本身的创

作意图也体现了一种文人闲情”。“由于诗话不是选诗，它所重的不是诗歌的艺术性，而是趣味性、可读性，为日常乏味的生活和渐渐老去的诗心寻找一些新鲜刺激的话题。”

接下来，详细阐述了《随园诗话》在采诗原则、采诗内容以及诗话的“媒介”功能等诸方面表现出来的“泛文”性特征。

首先，“从采诗原则来看《随园诗话》的‘泛文’性”。

作者指出，“袁枚作《随园诗话》的目的，并不是为了表达他的诗学观、美学观，故不能用诗学著作的标准来衡量”。《随园诗话》还有其他特别的采诗原则，“袁枚认为收集未成名诗人的佳句就像散财赈灾、赈救穷人一样”。

此外，“从《诗话》出版费用的资助者也可以看出《随园诗话》的泛文性”。

其次，就诗话的“媒介”功能来说，“如果对诗话这种文学类型的表现形式进行大略分类的话”，“一是像《随园诗话》那样，主要不在于批评诗歌，而是以有关诗歌或诗人的轶闻为中心”。“以作者为中心的人际关系在诗话中反映出来”，“这种媒介特征体现了《随园诗话》利害打算的一面。”当然，“诗话这种文学类型的泛文性中所包含的利害和打算，并不是袁枚的《随园诗话》所特有的”。

2.《子不语》、《续子不语》——随园的泛文性和泛情性之二

作者指出，《子不语》在形式上，“书中许多说话在开头或末尾注明说话来源。其格式有‘××为余言’、‘××所说’、‘××自言’等”，“这种形式虽然可以被说成是增加说话的可信度，或者是‘乾隆禁书’时代的一种责任分担、自我保护的策略。但是，不管袁枚编《子不语》的初衷是什么，我觉得当时的知识分子却将它看作是积极宣扬自己名声的一个很好的媒介，就像《随园诗话》一样”。

另外，袁枚“强烈地意识到，不管是什么，数量越多越好。于是，他撰录了这部收有944篇说话的小说。这是袁枚自身的‘泛文’创作意识”。

3.《续同人集》、《随园八十寿言》——随园的泛文性与泛情性之三

作者指出，“袁枚在晚年把友人们的唱和应酬诗文与书信编纂成

《续同人集》”。《续同人集》分为“题图类”、“告存类”、“生挽类”等十三类。“以‘生挽’和‘告存’为主题的唱和，是最能体现袁枚一生之中‘泛文’和‘泛情’特征的盛大唱和。”因为，“对于‘袁枚’来说，生命体是否可以不朽的问题，在热闹非凡的‘自挽’、‘索和’和‘唱和’的过程中，已经成为次要的问题，而试图通过唱和这种优雅的文事，将自己的文名垂名后世，也就是说，唱和本身就是不朽的盛事。这正是我在此处想要考察的‘泛情’的时代精神。”

乾隆六十年(1795)，袁枚特意将儿子的婚期和自己的八十大寿安排在同一天，“友人和弟子投赠祝寿诗词多达一千三百余首，袁枚挑选了一部分编为《随园八十寿言》六卷”。“从‘自挽’到‘告存’，又从‘告存’到‘自寿’，这一系列的文化表演，在众人重复盛赞袁枚诗意人生的唱和中达到了戏剧性的高潮，而其‘文’其‘情’也随之发挥到了极致。”

三、围绕“著作”与“考据”的论争

主要考察对什么才是知识社会最有价值最具有正统性的东西——是文学还是考据——所进行的论争。

1. 清代中期义理、考据、词章的分类

作者指出，戴震在乾隆二十年(1755)的《与方希原书》中首次提出“义理”、“考据”、“词章”三种知识类型的分类法。“但是，一般知识分子对这三者的关系，或仅仅固持其中一端”，“导致了知识的分裂状态。只有像戴震、章学诚、袁枚这样的天才人物目睹知识与思想的日趋分裂，起而补偏救失，重新审视三者关系将求其会通”。

2. 袁枚与孙星衍围绕“著作”、“考据”的论争

3. 焦循与章学诚对论争的意见

通过孙星衍、焦循和章学诚与袁枚之间围绕“著作”、“考据”展开的论争，可以看出，他们都试图使自己的言说成为合法性和正统性的，并构成一种知识社会中的支配性力量，这正是支撑整个“泛文”知识社会的思想支柱。

四、结语

从两个角度对该文所论述的中心论点下层知识分子的“泛文”和“泛情”进行了总结。

其一，下层知识分子的“才名焦虑”。

袁枚的诗论和章学诚的学术有着类似性，焦循的诗论和袁枚的诗论相距也不太远，但为什么章学诚、焦循极力诋毁袁枚呢?

为解答这个问题，该文指出，还必须从士人们的“才名焦虑”上找原因，“袁枚作为‘泛文’和‘泛情’时代的象征，通过一连串的文化表演来树立自己的社会威信，在与正统性展开斗争之中，获得文坛的新权威和影响力。在随园弟子中，下层知识分子占据了绝大多数的主要原因，一方面是因为袁枚的反传统主张受到了同样身处逆境的这些下层知识分子的欢迎；另一方面，也因为这些下层知识分子同样欢迎袁枚在文坛上的统制力”。“‘依傍随园’(追随袁枚)和批判袁枚，乍看之下，好像是两种截然相反的行为，然而，实际上，其根本都是出于下层知识分子的‘才名焦虑’。章学诚和焦循都是超拔于那个时代的具有思想的卓越人物，但是又都是被当时学界所抹杀的失落学者”。“他们汲汲于痛骂袁枚，说明了他们尚未获得文化界的正统权利”。

其二，“清代中期‘泛文’的话语主体，可以说就是这些长期被拒绝于正统文学圈外的众多在野知识分子”。

作者指出，“在中国古典文学史上，虽然有着诗经时代和南北朝古乐府时代，但是，庶民的文学在大多数时代总是被轻视的”。然而随着袁枚“《诗话》的流行，使得人们更加渴望自己的诗作被收入到袁枚的《随园诗话》之中，其结果，使《随园诗话》逐年增补改定，成为所谓不断生长的文本。下层无名知识分子的‘才名焦虑’对《随园诗话》的编纂起了一个反馈的机能，同时，又助长了《随园诗话》和随园的泛文性”。

由前述可知，该文从在“泛文”和“泛情”的时代，清代中期知识分子的“才名焦虑”；袁枚著作的“泛文”和“泛情”性；孙星衍、焦循和章学诚与袁枚围绕“著作”与“考据”的论争三个角度，论证了以袁枚交游网络为中心的“泛文”和“泛情”。

该文以文学社会学的方法，从“泛文”和“泛情”这个新颖视角，结合实例考察了在“才名焦虑”的影响下，清代中叶以袁枚为代表的知识分子在社会中的共同话语，论辩清晰、内容翔实，具有很强的说服力。通过偏重文学的社会性，该文为袁枚研究开拓了一条新的道路。

引申阅读：

1. 王标：《作为媒介的〈随园雅集图〉》，载大阪市立大学《人文论丛》31 卷，2003 年 3 月。

2. 王标：《城市型知识分子社会的形态——以清代中期的扬州、苏州和南京为中心》，载大阪市立大学《都市文化研究》2 号，2003 年 9 月。

3. 王标：《造访随园的人们》，载大阪市立大学《中国学志》蠱号，2003 年 12 月。

4. 王标：《湖楼诗会考——袁枚晚年的文化活动》，载大阪市立大学《人文论丛》32 卷，2004 年 3 月。

5. 王标：《清代中期知识分子社会的知识话语》，富士施乐小林节太郎纪念基金研究助成报告书，2004 年 7 月。

6. 王标：《正统性是如何被生产的——袁枚的社会威信在苏州的扩张》，载大阪市立大学《都市文化研究》2005 年 5 号，后被日本论说资料保存会《中国关系论说资料》第 48 号转载。

7. 王标：《江南乡试和随园交游网络的形成》，载山口久和、添田晴雄编《从考试制度看教育文化与知识分子社会》，2007 年 3 月。

王标袁枚研究主要作品目录：

王标：《城市知识分子的社会形态：袁枚及其交游网络的研究》，上海：上海三联书店 2008 年版。

26.［日］松下忠著，范建明译《袁枚的性灵说——主张性灵的性情》

【引　文】

第四节　袁枚的性灵说——主张性灵的性情

一、梗概

袁枚，钱塘（浙江省杭州）人，清康熙五十五年（1716）生，嘉庆三年（1798）殁，八十二岁。字子才，以简斋或仓山居士为号，称随园先生。其传记见于《清史稿》卷四百八十四列传二百七十文苑传二，或者《清史列传》二七二文苑二，顾远芗所著《随园诗说的研究》11 页所载大事年表简洁明了地记述了随园的经历。随园自少年时代起就爱好书籍，据说上私塾途中每当路过书店总是想书想得流涎欲滴的程度，因为家贫买不起书，晚上常常做梦买书。“塾远愁过市，家贫梦买书”（《随园诗话》卷 10b。版本据上海文明书局藏版。卷数下的 a 表示正面，b 表示反面，以下简称《诗话》）之句以及下面这首诗就是咏此事的。

对书叹（《小仓山房诗集》（以下简称《诗集》）卷三十二）

我年十二三，爱书如爱命。每过书肆中，两脚先立定。苦无买书钱，梦中犹买归。至今所摘记，多半儿时为。宦成恣所欲，广购书盈屋。老矣夜犹看，例秉一条烛。（以下八句略）

随园为人佻荡（《诗话》卷十二）、伉爽（《随园诗话补遗》卷二，以下简称《补》，版本与《诗话》同)、通脱，不适应官场，早年致仕而在南京城外小仓山之随园中优游自适及五十年。九岁初作诗(《诗话》卷六 8b)，如其自言“好诗如好色，得人佳句，心不能忘”(《补》卷三 6a)、“余少时自负能古文”(《补》卷七 6a)的那样，随园优于诗文之才，而自以诗文为乐。

暮年好远游，乾隆四十七年六十七岁登天台，其作品占据了《诗集》卷二十八的一半，六十九岁游岭南，其作品见于《诗集》卷三十，七十七岁再登天台，其作品多数收录于《诗集》卷三十四。下面这首诗极好地表述了随园的为人和经历。

(233)杂诗八首　　其五(《诗集》卷五)

幼年负奇气，开口谈兵书。择官必将相，致身须唐虞。十二举茂才，立志何狂愚。二十荐鸿词，高步翔天衢。廿四入词林，腰带弄银鱼。八载谪江南，手板学奔趋。再擢刺史官，勋格相龃龉。一旦洒然悟，万念都捐除。高蹈随家园，甘心渔樵徒。琳琅罗万帙，桃李栽千株。当轩陈古鼎，随手摩璠玙。挂冠三十三，不肯迟须臾。民吏或留之，长行绝衣裾。一变至于此，是诚何心欤！方春行秋令，贤圣为狂且。旁观俱咄咄，自笑亦渠渠。不知千载后，谓我为何如?

关于袁枚的性灵说，《中国文学批评史》的著者郭绍虞氏列举“他不反对藻饰”(499 页)，“他不反对音节”(同上)，“他也不反对用典”(500 页)，“他也不反对学古”(同上)等，认为其与“先天的性灵”的主张并不矛盾，而称之为“修正的性灵说”(501 页)，或者说是“修改的性灵说”(503 页)。郭氏的论述值得倾听，而我认为如果不突出其“性灵的性情说”，就抓不住袁枚诗论的特色。理由之一，关于理想的诗的内容上的要素，袁枚有淡、朴、新、我、趣(味)、清、真、性灵、性情等种种主张(见后面六之(三)，而其中“性灵”和“性情”的主张则是袁枚诗论的中心。理由之二，与袁宏道的性灵说相比较时，“性情”的主张宏道很少，而在袁枚那里正是其诗论的特色。而且，除了“性情”的主张，袁枚的诗论尽管与宏道的性灵说的相似点很多，但他却不认为自己是宏道性灵说的继承者。如果袁枚认为他是宏道性灵说的继承者，那理应对性灵说的首倡者三袁应该有特别的对待，例如对宏道(号中郎)之名或诗论的引用理应很多，但是找不到这样的事例。再有，袁枚对公安、竟陵的态度与对前后七子的态度是一样的。例如：

(234)前明门户之习，不止朝廷也，于诗亦然。当其盛时，高杨张徐，各自成家，毫无门户。一传而为七子，再传而为钟谭，为公安，又再传而为虞山，率皆攻排诋呵，自树一帜，殊可笑也。凡人各有得力处，各有乖谬处。总要平心静气，存其是而去其非。(《诗话》卷一 1b)

在讨厌门户之习气的袁枚看来，公安派也好，竟陵派也好，都与古文辞派一样是特别可笑的。

(235)钟谭论诗入魔，李崆峒作诗落套。然其佳句，自不可淹。(同上卷七 10b)

完全把竟陵派的钟惺、谭元春和古文辞派的李梦阳作了同样的对待。理由之三，就袁枚的诗论而言，性灵与性情其内涵是大同小异的(见后面第二项)。理由之四，在学术界大都如铃木虎雄博士(《中国诗论史》128 页)、顾远芗(《随园诗说的研究》70 页)之说，多数人认为性灵说是与格调说和神韵说相对立的，而根据我的考察其对立主要表现在性情的主张(见后面三之 1 及 2)。理由之五，从当时的诗坛情势看，在反古文辞的主张中中郎的时代有必要主张性灵，而随园的时代没有这种必要，但有主张性情的必要(见后面四)。以下，以《随园诗话》、《随园诗话补遗》为中心，以《小仓山房文集》、《小仓山房诗集》以及《小仓山房外集》、《小仓山房尺牍》(版本据《随园三十种本》，分别简称为《文集》、《诗集》、《外集》、《尺牍》)为辅考察其诗论。

二、性灵与性情大同小异

在袁枚的诗论中性灵与性情是大同而小异的。

1. 大同

A. 从诗的定义看

a. 性灵的主张

有一个用“性灵”来评论袁枚诗的例子，即十八岁时成为袁枚门生的严蕊珠，束修之日，其评袁枚的诗说：“先生之诗，专主性灵。故运化成语，驱使百家”。(《补》卷十 6b)台湾国防研究院所刊《清史》及香港文学研究社所刊《清史稿》的本传中都有“论诗主抒性灵”(列传·文苑二)的评论。

袁枚本人使用性灵论诗的例子很多，如关于论《三百篇》以下至今日可传之诗说：

> (236)……自三百篇至今日，凡诗之传者，都是性灵，不关堆垛。(《诗话》卷五之5)

评门人方大章的诗说：

> (237)方大章秀才诗，初学明七子，后受业门下，幡然改辙，专主性灵，可谓一变。(《补》卷十 5a)

谢深甫曾有“诗之为道，标举性灵，发舒怀抱，云云”的话，袁枚肯定其说云：

> (238)谢深甫云：诗之为道，标举性灵，发舒怀抱，使人易于矜伐。此言是也。(《诗话》卷十二 8a)

这里“标举性灵”与“发舒怀抱”并举，说的都是诗道，其内容是大致相同的。像这样的例子还有，在引文 236 中说《三百篇》及其以后可传之诗“都是性灵”，而在《诗话》卷七 6a 说“三百篇不著姓名，盖其人直写怀抱，无意于传名。云云”，由此可知，“抒写性灵”和“发舒怀抱”或者“直写怀抱”是可以换着说的。

除了上述“都是性灵”、“主性灵”、“标举性灵”等积极的能动的表达形式之外，还有像“夭阏性灵”（引文 239），“舍性灵”（引文 240）、“桎梏性灵”（《补》卷三 1b）这种否定的被动的表达形式的例子也很多。“诗话作而诗亡”这句话是很有名的。袁枚最初对此不能理解，而读了《渔隐丛话》之后，感叹地说宋人之诗可存，宋人之诗话可废。作为宋人诗话可废的理由袁枚列举皮光业和张继的诗句作了说明，所举张继之诗就是有名的《枫桥夜泊》这首诗，列举以欧阳修为首的宋人诗话中关于“夜半钟声”的议论说：

(239)如此论诗，使人夭阏性灵，塞断机括，岂非诗话作而诗亡哉！(《诗话》卷八 1a)

袁枚认为像宋人那样论诗只能使人“夭阏性灵”。关于“舍性灵”的用法见于对李啸村诗的评论中。

(240)……归愚别裁集，只选上巳忆白门一首云：杨柳晚风深巷酒，桃李春水隔帘人。不过凑好看字面，最为下乘。舍性灵而讲风格者，往往舍彼取此。(同上卷十三 6b)

在袁枚看来，沈德潜的《清诗别裁集》中关于李啸村的诗的选择是不对的，所选《上巳忆白门》（七律）是最为下乘的诗，是舍性灵讲风格的诗。“舍彼去此”之彼指的是袁枚作为最佳的《废园》、《青溪》那样的诗。

正因为袁枚如此重视性灵，所以他把性灵作为一个标准，常用来品评诗人和诗篇。例如，他评李啸村的七律说“皆独写性灵，自然清绝”（《诗话》卷十 12b），关于某僧寺壁上的无名氏之诗，世人皆笑其“浅率”，而袁枚评以“一片性灵，恐是名手”（同上卷十二 12a），刘廷玑的诗世人认为过于轻俏，袁枚评以“然一片性灵，不可磨灭”（同上卷十四 5b），评徐嵩的诗“皆有性灵”（《补》卷一 7a），评尹似村的断句说“独写性灵，清妙乃尔”(《补》卷四 2a)，评张香岩的诗说“一片性灵，笔能曲达”(《补》卷五 5a)，评王孔翔夫人句曲女史之诗说“皆性灵独出”(《补》卷七 4a)，评檀樽主人之诗说“俱能独写性灵，迥非凡响”(同上卷九 1b)，像这样的例子很多。

b. 性情的主张

袁枚在规定诗文的内涵时经常用一个“情”字。如(1)诗由情生者也(引文 241)，(2)咏歌以抒情也(《外集》卷三《瞻园小集诗序》)，(3)宜其因情生文(同上卷一《莺脰湖庄诗集序》)，(4)文以情生，未有无情而有文者(《补》卷七 6a)，(5)文者情之著也(《外集》卷七《金贤村太守诗序》)等就是其例。再看其它的例子。袁枚认为诗由情所生，必有不可解之情而后有不朽之诗，而情所最先是男女之情。他说：

> (241)且夫诗由情生者也。有必不可解之情，而后有必不可朽之诗。情所最先，莫如男女。(《文集》卷三十《答蕺园论诗书》)

关于男女之情说：

> (242)从古忠臣孝子，但知有情，不知有名。为国家者，情之大者也。情如雷如云，弥天塞地，迫不可遏。故不畏诛，不畏贬，不畏人訾议。(同上《读胡忠简公传》)

随园认为情有大小之分，男女间的情为小，忠臣孝子等关系治国为天下的情为大，而情本身是弥天塞地，充满天地的。从诗文的题目分，可以分为写景与言情两种，他说：“诗家两题，不过写景言情四字。云云”(《补》卷十 1a)，又说：“自古文章所以流传至今者，皆即情即景，如化工肖物，著手成春。”(《诗话》卷一 7b)写景诗与言情诗相比较，写景容易而言情难，其理由是：

> (243)凡作诗，写景易，言情难。何也？景从外来，目之所

触，留心便得；情从心出，非有一种芬芳悱恻之怀，便不能哀感顽艳。((诗话》卷六6b)

随园还接着说，其难与易实际上因作者天性不同而不同，例如杜甫、欧阳修长于“言情”，而李白、苏轼则短于“言情”。随园自言最爱周栎园论诗，并引用其言说：

(244)最爱周栎园之论诗。曰：诗以我言我之情也。故我欲为则为之，我不欲为则不为，原未尝有人勉强之，督责之，而使之必为诗也。(《诗话)卷三3a)

就是说，诗因为是诗人自己的言情之作，诗人想作则诗成，不想作则诗不成，并不是他人强迫而能作的。所以，随园评论李沧云、黄蛟门、傅文忠公(名恒)等“善于言情之诗”的诗人的诗，就用了“情文双至”(《补》卷七5b)、“此诗情文双至”(《补》卷九2a)、“情文双美”(《补》卷十a)等评语。

袁枚在规定诗的内涵时又常用“性情”一词。如(1)诗者个人之性情耳(引文245)，(2)诗者人之性情(引文246)，(3)诗者人之性情也(引文267)，(4)面形骸也，诗性情也(《文集》卷二十八《童二树诗序》)，(5)诗者持也，持其性情不使暴去(同上《钱竹初诗序》)，(6)诗者心之声也，性情所流露者也(尺牍卷七《答何水部》)，(7)诗写性情，惟吾所适(《诗话》卷一2a)等就是其例。

袁枚主张不能界分特定的时代和人物，这是以性情论为基础的见解。他回答排斥唐诗而主张宋诗的施兰垞说：

(245)夫诗无所谓唐宋也。唐宋者，一代国号耳，与诗无与也。诗者，各人之性情耳，与唐宋无与也。若拘拘焉持唐宋以相敌，是子之胸中有已亡之国号，而无自得之性情，于诗之本旨已失矣。(《文集》卷十七《答施兰垞论诗书》)

又说：

(246)诗分唐宋，至今人犹恪守。不知诗者，人之性情；唐宋者，帝王之国号。人之性情，岂因国号而转移哉！(《诗话》卷六 11a)

这就是说，唐也好宋也好，都是帝王之国号。诗是人的性情，与国号没有关系。所以于诗界分唐宋的人是不知道“诗是人之性情”这个道理的。

随园重视人之性情，所以如引文 247、252、257、259、268、269、273、293 那样，按照性情的有无、厚薄、多少来品第诗人，品评诗篇的例子很多。其它如随园认为后人想补古人已亡之作，而不能佳，这是因为“无性情故也”(《诗话》卷二 1b)，诗“议论多，而性情漓矣”(同上卷十六 7b)，杜甫不喜陶诗，欧阳修不喜杜诗，这是因为人各有性情，相互不合之故(《补》卷一 2b)，评袁钺、王五森的诗“颇见性情”(《诗话》卷五 6a 及《补》卷二 4b)，这些例子也是袁枚重视性情的佐证。《浙西六家诗钞》的编者评袁枚说：“独怪随园专尚才情，而不师古，放浪亵狎，自命风流。”(序文)我认为这个评价道破了袁枚的秉性。

在论述中国的经学、思想时，“性”与“情”是有明确区别的。就诗文中的“性情”而论，“性情”与“情”其内容几乎是相同的。在袁枚的诗论中，“情”和“性情”也几乎是异名而同义的。

如在上面 A 与 B 中所看到的那样，在对诗下定义时，“性灵”、“情”、“性情’，三者都是相同互用的，这一事实意味着性灵和性情是大同小异的。

B. 从对《三百篇》的解释看

《三百篇》是诗的经典，是另眼相看的必读书，而袁枚到处引用《三百篇》以证明自己的诗论。他往往如引文 236 那样使用“性灵”之语，或者像引文 247、248 那样使用“性情”、“情”之语来解释《三百篇》。他说朱筠论诗“与余意合”而引用说：

(247)三百篇专主性情。性情有厚薄之分，则诗亦有深浅之

别。性情薄者，词深而转浅；性情厚者，词浅而转深。(《诗话》卷十四 14b)

朱筠的意见是，《三百篇》专主性情，而性情有厚薄之分，根据性情的厚薄诗境就有深浅之别。这个意见在《诗话》卷八(13a)也有重复引用，可以知道这也是袁枚自己的意见。袁枚非常推重杨万里(见后面第三项)，甚至有的学者认为袁枚是受了杨万里的影响而提倡性灵说的。袁枚在主张其性灵说时，引用杨万里的"风趣专写性灵"之说，把格调说的主张者视为天分低拙之人，断定为不解风趣之人，其理由是格调只是空架子，声口易描，而风趣难得。风趣专写性灵，非天才不能辨。袁枚对杨万里的这个见解还作了下列说明：

(248)须知有性情，便有格律，格律不在性情外。《三百篇》半是劳人思妇率意言情之事，谁为之格？谁为之律？而今之谈格调者，能出其范围否？(《诗话》卷一 1a)

袁枚的意见是，因为有性情才有格律，性情之外没有格律。作为其证据，《诗经》中的诗一半是劳人思妇之作，是所谓的"率意言情"之诗。可见有性情才有格律。从对《诗经》的上述解释来看，也可以知道袁枚说的"性灵"和"性情"的内涵是大致相同的。

2. 小异——从性灵的语义看

正如铃木(虎雄)博士和青木(正儿)博士所论述的那样，在袁枚的主张中性灵一语有时候是在"性情的灵活妙用"(《中国诗论史》211页)、"人性的灵妙之力"(《清代文学评论史》155 页)的意义上加以使用的。只有在上述这种情况下，性灵和性情是有小异的。

袁枚所说的性灵一词包含着灵动的意思。某巨公要求把自己的诗选入《随园诗话》，而袁枚拒绝了这个要求，并陈述其理由说：

(249)余曰：不然。笔性灵，则写忠孝节义，俱有生气；笔性笨，虽咏闺房儿女，亦少风情。(《补》卷二 10b)

这里“笔性灵”与“笔性笨”相对。所谓笨，根据《集韵》的解释是“不精也”，又有粗而劣之意。袁枚想说的是如果作者所具有的先天的性格是灵的话，那么其作诗就有灵气；反之，则没有。其它关于“笨”的用法和意义还有将“厚重”与“笨滞”对举的例子。袁枚说：

(250)作诗不可不辨者：淡之于枯也，新之于纤也，朴之于拙也，健之于粗也，华之于浮也，清之于薄也，厚重之于笨滞也，纵横之于杂乱也，亦似是而非。差之毫厘，失之千里也。(《诗话》卷二 6b)

这里所举都是似是而非的相对概念，前者是袁枚所肯定的，就是说，袁枚主张诗应该厚重而不能陷入笨滞。袁枚还把粗手笨脚比作是“权门托足”说：

(251)抱韩杜以凌人，而粗脚笨手，谓之权门托足。仿王孟以矜高，而半吞半吐者，谓之贫贱骄人。开口言盛唐，及好用古人韵者，谓之木偶演戏。故意走宋人冷径者，谓之乞儿搬家。好叠韵次韵，刺刺不休者，谓之村婆絮谈云云。(《诗话》卷五 6b)

上述几例中所使用的“笨”当然都是缺点、短处，是应该避免的。像这种粗笨的性情就是“性笨”，是作为与“性灵”相对的概念使用的。袁枚还有并列使用“性情”与“灵机”的例子。他说：

(252)今人浮慕诗名而强为之，既离性情，又乏灵机，转不若野氓之击辕相杵，犹应风雅焉。(《文集》卷二十八《钱玙沙先生诗序》)

离开性情之时，也就会缺乏灵机。“灵机”一词见于王勃《拜南郊颂并序》(《钦定全唐文》卷一七八)中“振长策以叙诸侯，设灵机而制群动”之句。这里的灵机与“长策”相对，所以可以解释为“灵妙的机关”的意思吧。如果从王勃的这个用语的意思引申一下，那“灵机”可以解释为“灵妙的作用”。这也是我为什么认为“性灵”一词具有灵动的意思的理由。由此看来，袁枚诗论中的性灵的意思确实与前面所引的铃木博士和青木博士所解释的意思相一致。两博士的“灵妙的活用”、“灵妙之力”的解释也是“性情的活动”的意思，引文239中“天阏性灵”和“塞断机括”的说法也是出于同样的见解所作的论述。

（注）顾远芗以“灵敏的感觉”解释灵机。（《随园诗说的研究》50～51页）

从上面的讨论可知，“性灵”与“性情”是有“小异”的。我认为对两者的区别可以作这样的说明：性灵一词侧重于灵妙而活动的功用的一面，是较为新鲜的用语，而性情一词侧重于静止的实在的一面。

三、袁枚诗论的源流

应该如何看待袁枚诗论的源流或者说其产生的背景呢？关于这个问题，铃木虎雄博士在其《中国诗论史》第五章“五、袁枚诗观的源流”中说：“而性灵之说，实发自诚斋(212页)，在“六、性灵说与杨万里”以及“七、其他系统”中说：“还有一个系统在晚唐之温庭筠”(213页)，在“八、性灵说与袁宏道”中说：“一言未及之，而其说大有据之者，以明末袁宏道为是”(214页)。这就是说，铃木博士认为袁枚诗论的源流来自于杨诚斋、温庭筠和袁宏道。

顾远芗是受到铃木博士《中国诗论史》启发的中国学者之一，他在其所著《随园诗说的研究》第三章性灵诗说的源流中把杨万里看作对袁枚影响最大的人物，对两者的诗说作了比较，在第四章之二、关于性灵说产生的原因中列举了以下三个原因：(甲)国家的升平。(乙)生活的舒适和天才的卓越。(丙)对格调派神韵派和考证派的反动。要之，袁枚诗论的源流或者产生的原因，最大的是杨万里，其次是国家的升平(甲和乙)以及对格调派、神韵派和清代考证学派的反动。关于袁枚所攻击的诗派，铃木博士列举了格调派、神韵派、温和的格调派，这与顾远芗把性灵派看作是对格调派、神韵派和考证学派的反动的看法几乎是相同的。所以，关于袁枚诗论的产生原因或者源流，二人的意见是大同小异的。

关于这个问题，我特别重视以下两点。第一，立足于反古文辞的主张，以性灵、性情的主张批判古文辞格调派。第二，继承中国古来的传统，主张性灵、性情。其中(a)继承了性灵说，这是不用说的。与袁宏道的诗论比较一下就非常清楚，本稿省略。(b)对王渔洋的神韵说以及成为神韵说之源流的唐司空图的诗论和宋严羽的诗论也多有继承。

1. 反格调派(反七子)的主张——以性情的主张为中心

袁枚虽然以反格调派(反古文辞、反七子)为基调，而对其长处也是极口肯定的。他称赞蒙古出身的惠椿亭的作品“宜其沉雄古健，足可上凌七子，下接黄门矣”(《诗话》卷十一 3b)，“可上凌七子”之语有推重七子的口气，“沉雄古健”之评语也是对七子长处的肯定。袁枚乡里的诗坛多浙派之诗人，趋于宋人生僻一路。袁枚称赞狄小同的诗能以明七子之风格救生僻之弊风(《补》卷四 9a)，这是以“生僻”为宋诗之弊，而承认七子一派的“风格”有其长处的例子。关于李梦阳，袁枚说“如李崆峒虽无性情，尚有气魄”(引文 257)，又说“李崆峒作诗落套，然其佳句，自不可掩”(引文 235)，还列举崆峒诗三首之佳句说“俱有风味，不似平时阔落”(同上)。关于王世贞，袁枚说“吴中诗学，娄东为盛。二百年来，前有凤洲，继有梅村”(《诗话》卷十一 2b)，以推重王世贞。我说袁枚虽以反七子为基调，但其长处作为长处加以认可，这就是其证据。

当时与袁枚相对立的古文辞说是沈德潜的格调说(参照第四项第二)。包括沈德潜在内的古文辞派之人推重汉魏盛唐之诗，以李杜为理想，排斥中晚唐及宋元之诗。袁枚认为这是错误的，主张不能以特定的时代和人物分界。这里主要考察袁枚其它反格调派(反七子)的主张。

在引文 251 中，袁枚讥笑“开口言盛唐，及好用古人韵者”等于是“木偶演戏”。这虽然没有明点七子之名，但很清楚这指的就是七子(格调派)。“陈腐”、“剿袭”等常常被作为一般古文辞格调派之弊列举出来，袁枚针对“陈腐”说：

(253)司空表圣论诗，贵得味外之味。余谓今作诗者，味内味尚不能得，况味外味乎？要之以出新意去陈言为第一著。(《诗话》卷六7a)

主张“以出新意，去陈言”最为重要。他又针对“剿袭”说：

(254)为人不可以有我，有我则自恃很用之病多，孔子所以无固无我也。作诗不可以无我，无我则剿袭敷衍之弊大。(《诗话》卷七3b)

力说“我”的尊重，主张“作诗不可以无我，无我则剿袭敷衍之弊大”。

作为从正面入手直接点七子之名而反对格调派的例子，见于袁枚给其敌手沈德潜的论诗书中，《文集》卷十七中的《答沈大宗伯论诗书》及《再与大宗伯第二书》就是其代表。两篇之中，前者是具有代表性的诗论。其要旨是(1)“诗有工拙，而无古今。”(2)展开其古今变迁论，认为明七子不知道古今变化，该变则变的道理。(3)七子拘于门户之见，为唐宋分界之说，皮傅盛唐诗，排斥宋元诗，这是七子的“寡识”。(4)推重宋元诗。(5)提到性情说。其他还谈到七言律诗的产生发展好比营建宫室，盛唐之七律好比宫殿之骨格，不过初建规模，宫殿中的洞房曲室等尚未齐备。而重要的洞房曲室等“至中晚而始备，至宋元而愈出愈奇。明七子不知此理”(《诗话》卷六4b)，明七子只是谈论宫殿之骨格该如何如何，专谈格论调，这是错误的(同上)。袁枚还指出：

(255)明七子论诗，蔽于古而不知今，有拘墟皮傅之见。(《诗话》卷三5b)

(256)人悦西施，不悦西施之影。明七子之学唐，是西施之影也。(同上卷五12a)

引文255是说明七子论诗是“蔽于古而不知今”的牵强附会之论，引文256则嘲笑明七子对唐诗的崇拜只是犹如喜爱西施之影子一样。

关于袁枚反七子反格调的主张，最值得重视的是他正面主张性情。随园对明七子古文辞之弊虽有指摘，但他不像中郎那样一个劲儿地攻击或批判其弊害，无宁以主张“性情”为最大的目的。这是袁枚诗论的特色，是中郎反古文辞说的主张中所不能见到的。在引文245和246中主张不能以特定的时代和人物分界，作为其理由，袁枚也是以“性”情为基准的。在引文248中强调有“性情”才有格律，格律不在“性情”之外，而谈格调者不知此理。

袁枚还认为，汉魏以下，因为是有题之诗，所以性情渐漓，唐人严于格律，所以性情愈远（引文293），七子高唱宫商大调，易生人厌。关于前七子的代表人物李梦阳没有性情的缺点说：

> （257）七子击鼓鸣钲，专唱宫商大调，易生人厌。阮亭善为角徵之声，吹竹弹丝，易入人耳。然七子如李崆峒，虽无性情，尚有气魄。阮亭于气魄性情，俱有所短。（同上卷四8b）

袁枚认为，性情是本，风格是末，没有杜甫之性情而学杜甫之风格是本末颠倒。他说：

> （258）人必先有芬芳悱恻之怀，而后有沉郁顿挫之作。人但知杜少陵每饭不忘君，而不知其于朋友弟妹夫妻儿女间，何在不一往情深耶？……后人无杜之性情，学杜之风格，抑末也。（同上卷十四12b）

有人批评赵翼的诗虽工而不合唐格，袁枚援引杨诚斋和周栎园之言进行了反驳。所引栎园之言是这样的：

> （259）吾非不能为何李格调以悦世也。但多一分格调者，必损一分性情，故不为也。（《文集》卷二十八《赵云松瓯北集序》）

这就是说，根据明七子何景明、李梦阳高唱的格调，多一分格调，则损一分性情，所以反对格调之诗。以上所举的例子，都是以主张性情为本而批判古文辞格调派之弊的。

在给沈德潜的论诗书中也提到了性情，指出性情遭际人人有个“我”即“个性”，不能无我而陷入“貌袭拘守”的格调说之弊（引文273）

2. 对王渔洋的批判——性情的有无、多少

袁枚的诗论在对传统的继承中，王渔洋的神韵说的影响是最可重视的诗论之一。更进一步寻找其渊源的话，那就是体现严羽诗论特色的兴趣论，即“诗者吟咏情性也。盛唐诸人，惟在兴趣。羚羊挂角，无迹可求。故其妙处，透彻玲珑，不可凑泊。云云。”（诗辨）袁枚对严羽《沧浪诗话》的引用很多。其中之一云：

> （260）严沧浪借禅喻诗，所谓羚羊挂角，香象渡河，有神韵可味，无迹象可寻。此说甚是。然不过诗中一格耳。阮亭奉为至谕，冯钝吟笑为谬谈，皆非知诗者。诗不必首首如是，亦不可不知此种境界。（《诗话》卷八 9a）

这个比喻在引用孔子与子夏的论诗之语时也提到，“此数言，即是严沧浪羚羊挂角，香象渡河之先声”（同上卷二 2a）。在评论吕燕昭的诗句时也用了“笔意高超，有羚羊挂角之意”（《补》卷五 10b）这样的评语。在前面的引文中袁枚虽然以“此说甚是”一句肯定沧浪之说，但是，又马上补充说这只是诗中一格。再有，王士禛完全信奉严羽之说，奉为“至谕”，冯班（号钝吟）全面否定严羽之说，笑为“谬谈”，而在袁枚看来，王、冯二人都是不知诗者。由此推测，袁枚虽然肯定严羽的兴趣论是“诗中一格”，但并不是全面肯定。

再有，这段引文中值得注意的是《沧浪诗话》中用的“兴趣”、“妙处”等词语，到了袁枚的引文中变成了“有神韵可味”（引文 260）了。这明显是借用了王渔洋的“神韵”之语，我以为这是对严羽兴趣之妙处的解释。虽然不能只根据这一个例子加以断定，但至少可以看到袁枚诗论与渔洋神韵说的关系。

那么，实际上渔洋神韵说的影响如何呢？我认为以性灵、性情的主张为中心的袁枚的诗论与渔洋的神韵说并不对立，从总体上说，袁

枚尊重渔洋，肯定其长处，特别是就诗境论(兴趣论)而言，非但不与神韵说对立，毋宁是积极地接受了渔洋神韵说的影响。与渔洋相对立的主要在于性情的主张方面。

袁枚所主张的神韵的诗境与“性灵”有着很深的关系，这从“风趣专写性灵”(参照引文248，杨万里之言的引用)一句也可以明白，而且，其神韵的诗境与“情”、“性情”也有割不断的关系。例如袁枚说：

> (261)余尝谓作诗之道难于作史。何也？作史三长，才学识而已。诗则三者宜兼，而尤贵以情韵将之。所谓弦外之音，味外之味也。情深而韵长。(《续余文集》卷二十八《钱竹初诗序》)

这里用“情韵”之语来说明“弦外之音，味外之味”，明确主张“情深而韵长”，这就是其一例。第二例见于下面这段引文。李少鹤主张诗之体格，而袁枚认为诗之神韵尤为紧要，理由是体格是后天空架子，可仿而得，而神韵是先天真性情，非勉强而可到达。

> (262)足下论诗，讲体格二字固佳，仆意神韵二字，尤为要紧。体格是后天空架子，可仿而能；神韵是先天真性情，不可强而至。(《尺牍·再答李少鹤》)

据此可知，袁枚认为神韵的境地不可缺少性情。而性情必须是“先天真性情”。我认为袁枚的这两个见解应该刮目相看，因为这种见解决不是轻描淡写的说说而已的，是以袁枚的诗论为基础的。就是说，袁枚认为诗人需要天生的才能。他说：

> (263)诗不成于人，而成于其人之天。其人之天有诗，脱口能吟；其人之天无诗，虽吟而不如其无吟。(《文集》卷二十八《何南园诗序》)

这就是袁枚所说的“先天”。又说：

(264)诗难其真也。有性情而后真，否则敷衍成文矣。(《诗话)卷七10a)

这就是袁枚所说的“真性情”。

这里先列举袁枚引用渔洋的诗论并作了全面肯定的例子。对东坡的近体诗提出责难时，袁枚引用渔洋的评语并对此作了全面肯定(《诗话》卷三2b)。又引用渔洋之言说

(265)阮亭尚书自言，一生不次韵，不集句，不联句，不叠韵，不和古人之韵。此五戒，与余天性若有暗合。(同上卷六8b)

这里以“此五戒，与余天性若有暗合”的形式对渔洋的“五戒”作了肯定。袁枚曾经把喜好叠韵或和韵者比作“村婆絮谈”(引文251)，还说“予作诗雅不喜叠韵和韵，以为诗写性情，惟吾所适”(《诗话》卷一2a)，又说“余雅不喜次韵叠韵，而宫甫寄诗嬲之，不得已再献四章”(《诗集》卷十四，诗题)。结合这些发言，可以充分理解袁枚上述发言(引文265)的真实性。当然，袁枚赞成阮亭的“五戒”是因为它们不能说是出于“先天”或“真性情”的诗。

对渔洋的长处作为长处加以评价，而其短处也作为短处直言不讳地加以指摘。袁枚承认渔洋为“一代正宗”，同时又指出其“才力薄”(引文270)的不足，承认“阮亭先生自为一代名家”，同时又说：

(266)须知先生才本清雅，气少排奡，为王孟韦柳则有余，为李杜韩苏则不足也。(《诗话》卷二6b)

这里指出了渔洋“气少排奡”的不足之处。袁枚指出渔洋之不足，与渔洋相对立的地方主要在于对性情的主张。渔洋以禅悟喻诗，世人奉为至论，而袁枚对此进行反驳，展开了他的性情论。他说：

(267)阮亭好以禅悟比诗，人奉为至论。余驳之曰：毛诗三

百篇，岂非绝调？不知尔时禅在何处，佛在何方？人不能答，因告之曰：诗者，人之性情也，近取诸身而足矣。其言动心，其色夺目，其味适口，其音悦耳，便是佳诗。(《补》卷一 1a)

袁枚认为诗不能以禅悟为比，因为“诗者，人之性情也”，这是袁枚的理由。渔洋在《池北偶谈》中评元稹、白居易的诗未窥盛唐门户，袁枚反驳说：

(268)余按：元白在唐朝，所以能独竖一帜者，正为其不袭盛唐窠臼也……阮亭主修饰，不主性情，观其到一处必有诗，诗中必用典，可以想见其喜怒哀乐之不真。(《诗话》卷三 6a)

在袁枚看来，渔洋对元、白的评论之谬误有两点：第一，元、白在唐代之所以能独树一帜，正在于他们不剿袭盛唐之窠臼，而这一点渔洋不明。第二，渔洋主修饰而不主性情。明七子一派摹仿唐人，渔洋也摹仿唐人，但有人问为何世人厌恶明七子而喜爱王渔洋，引文257 就是回答这个问题的。在其后半部分袁枚批判梦阳和渔洋说：“如李崆峒虽无性情，尚有气魄；阮亭气魄性情，俱有所短。”批判梦阳和渔洋用的都是“性情”这个标准，这当然是因为袁枚重视性情的缘故。

袁枚还称赞渔洋是在清朝首倡唐诗，使天下人转向尊重唐诗的功劳者，同时又指出后世人对渔洋有“事藻饰少性情”的批评，说：

(269)然论者犹訾其事藻饰，少性情。则声闻虽隆，亦尚有未餍于人心者。(《文集》卷十《高文良公味和堂诗序》)

渔洋诗少性情的这种批评似乎是包括袁枚在内的当时一部分人的共识。

四、中郎主张性灵的必要性与袁枚主张性情的必要性

前面已经说过，性灵一词侧重于其灵妙活动的功用的一面，是较

为新鲜的用语，而性情一词侧重于其静止的实在的一面。我认为在中郎的时代有主张性灵的必要性，而在随园的时代有主张性情的必要性。

第一，对于中郎来说，他有必要猛烈攻击风靡天下的古文辞派格调说之弊，以改变天下之人的诗文观。为此，就有必要采用具有新鲜味的性灵这个用语，以耸动天下人之耳目。而中郎所非难攻击的古文辞之弊主要表现为“拘格套”、“粉饰步趋”、“为格套所缚”“剽窃影响”、“剿袭模拟”、“影响步趋”、“蹈袭”、“浮泛”、“模拟”、“大声壮语”、“千篇一律”、“巢窟”、“剽窃”、“万口一响”、“临摹”等（参照第二章第一节　袁宏道的性灵说之一）。

第二，与此相反，我认为袁枚的时代没有这样的必要，倒是有必要力说具有传统的性情。其根据何在？王世贞晚年以后，公安、竟陵派的反古文辞之说大盛，古文辞之说衰微，再加上明末清初钱谦益对古文辞派的彻底攻击，反古文辞已经大功告成。这一如吉川博士所论说的那样（《京都大学文学部纪要》第九所载《钱谦益与清朝经学》3页，及《元明诗概说》213 页）。与袁枚几乎同时的沈德潜吸收格调、神韵二说之长处提倡格调说，如铃木博士所指出的那样，那是“温和的格调说”，反对它就没有必要像中郎那样猛烈的攻击，因此袁枚的反格调派的态度就比较温和，和中郎的反古文辞的态度完全不同。关于这一点在第三项之 1“反格调派（反七子）的主张”已经指出过了。而且，在这种情况下，性情的主张是其中心。

第三，在袁枚的头脑里，当时文学界中的对立面除了格调派之外，还有已经在三之 2 论述的王渔洋的神韵派和桐城方苞（号望溪）为中心的古文派。袁枚说：

> (270)本朝古文之有方望溪，犹诗之有阮亭，俱为一代正宗，而才力自薄。近人尊之者，诗文必弱；诋之者，诗文必粗。（《诗话》卷二 6b）

袁枚承认望溪和阮亭分别为文坛诗坛的正宗，同时又贬斥其诗文才力之薄。这个见解在下面这首诗中也有同样的表示。

(271)仿元遗山论诗　　其一(《诗集》卷二十七)
不相菲薄不相师，公道持论我最知。
一代正宗才力薄，望溪文章阮亭诗。

与对格调派、神韵派的评论相比，袁枚诗话、诗文集中对古文派的评论有不够彻底的感觉，但据此也能知道他对古文派的立场。

综上所述，关于袁枚诗论的特色可以做出这样的结论：袁枚的诗论是性灵的主张和性情的主张相并列的“性灵的性情说”(暂称)。就是说，性灵的主张和性情的主张犹如车之两轮的关系，形成了袁枚诗论的二大中心。所谓“性灵的性情”，就是纯粹的性情捕捉住对象的真实这种灵动的性情，而不只是静止的实在的性情。

五、在明清诗论史上的地位

我认为袁枚的性灵的性情的主张在明清诗论史上的地位或者意义可以从以下几个方面去考虑：一、补古文辞格调说之短(三之1)。二、救公安、竟陵派矫枉过正之弊。三、也补救了神韵说的弱点(三之2)。四、使得以前性灵说与格调说、神韵说之间的对立趋于缓和，形成三诗说相融和的诗论。

在纵览前七子至袁枚的诗论变迁史时，我主张这样的变迁过程：古文辞派的格调说——公安派的性灵说——王渔洋的神韵说——袁枚的性灵的性情说。

如引文234那样，袁枚对诗坛的对立攻讦是嗤之以鼻的。袁枚认为，明初高启、杨基、张羽、徐贲所谓吴中四杰的时代，诗道隆盛，没有竖立门户之弊风，而前后七子以后，公安派、竟陵派、钱谦益等各张门户，相为争斗，是极其可笑的事，所以袁枚主张“要平心静气，存其是而去其非”，提出了想折衷诗坛对立的意见。实际上，如在三之1所论说的那样，袁枚立脚于反七子的主张，同时又肯定七子和格调说的长处，又如在三之2论述的那样，袁枚根据性情的有无、多少论难渔洋，同时又尊重渔洋而接受其神韵说的影响。

无论是中国的古人，还是明清时代的诗人们，或者是格调说、性灵说、神韵说的主张者们，都主张诗是吟咏性情的。我认为根据我上面的论述可以证明我的主张，即袁枚的诗论是想通过“性灵的性情说”的主张，使诗坛的对立攻讦偃旗息鼓，使之恢复中国古来的诗之本道的诗论。换句话说，针对明七子的拟古运动，产生了三袁一派的反拟古的论争，其间还出现了渔洋的神韵说，而袁枚的诗论不只是性情的主张这种单纯的复古论，袁枚提出了性灵的性情这种新性情论，具有向前看的发展趋势，形成了能够为明清诗坛上的论争画上句号的诗论，其价值应该予以比过去更高的评价。

六、其他的诗论

以上，弄清了袁枚的性灵说的特色在于性灵的性情说的主张，同时论述了性灵和性情的主张，并知道这两个主张形成了袁枚诗论的两大中心。以下要考察的是这两个中心周围的具体的诗论。

(一)应该注目的资料

《答沈大宗伯论诗书》(《文集》卷十七、《随园文抄》卷一)是袁枚诗论中最值得注目的资料，因为袁枚的诗论比较集中地体现在这篇文章中。沈大宗伯就是清代有名的沈德潜，他是重视唐诗的格律而与袁枚相对立的人物。

第一，袁枚提出了“诗有工拙，而无古今”的观点。他说：

> (272)尝谓：诗有工拙，而无古今。自葛天氏之歌至今日，皆有工有拙，未必古人皆工，今人皆拙。即三百篇中，颇有未工不必学者，不徒汉晋唐宋也。今人诗有极工极宜学者，亦不徒汉晋唐宋也。然格律莫备于古。(同上)

袁枚主张，诗的工拙不在于其时代，而在于诗本身，未必古人皆工，今人皆拙，后世人尊为理想的《诗经》中也有不工之作，而今人诗中也有极佳之诗，所以，不能根据汉啦晋啦唐啦宋啦的时代来定诗的工拙。为什么这么说呢？因为性情遭际，人人都有一个“我”在。即：

(273)学者宗师，自有渊源。至于性情遭际，人人有我在焉。不可貌古人而袭之，畏古人而拘之也。(同上)

这就是说，不能摹仿貌似古人，也不能危惧古人而束缚自己。

第二，袁枚展开了他的古今变迁论。袁枚主张唐人学汉魏而一变汉魏，宋人学唐而一变唐，本不是有一变之心，只是有不得不变之势。他说：

(274)唐人学汉魏变汉魏，宋学唐变唐。其变也，非有心于变也，乃不得不变也。使不变，则不足以为唐，不足以为宋也。(同上)

袁枚对此进一步说，这好比子孙之容貌不得不本于其父祖，而与其父祖相比有美者，也有丑者。诗的变化，道理是一样的。

第三，提到了明七子。

(275)变唐诗者，宋元也。然学唐诗者，莫善于宋元，莫不善于明七子。何也？当变而变，其相传者心也；当变而不变，其拘守者迹也。(同上)

袁枚的意见是，变唐诗者是宋元之诗人，而学习唐诗者没有比宋元之诗人更善于学习的了，也没有比明七子更不善于学习的了。明七子的学唐不传其心，只拘守其形迹。对上述这种善学不善学，袁枚还作了这样的比喻，恰如变尧舜者为汤武，而善于尧舜者莫过于汤武，鹦鹉能言，而只不过传其形迹而已(据同上)。

第四，谈到了今人树立门户的问题。

(276)大抵古之人先读书而后作诗，后之人先立门户而后作诗……七子狃于此习，遂皮傅盛唐，扼腕自矜，殊为寡识。(同上)

这里提到明七子，批判他们先立门户而后作诗，于表面的形式牵强附会，还扼腕自矜，真是没有识见。

要之，这篇文章中谈到了以下几个问题：(一)不能界分特定的时代和人物(引文272)。(二)性情说(引文273)。(三)“我”的主张(引文273)。(四)古今变迁论(引文274、275)。(五)对宋元诗的鼓吹(引文274、275)。(六)反七子之说(引文275、276)。袁枚的诗论在这篇文章中得到了比较集中的表现。

(二)不以特定的时代和人物分界

袁枚引用徐嵩之言说：

> (277)徐朗斋嵩曰：有数人论诗，争唐宋为优劣者，几至攘臂。乃援嵩以定其说。嵩乃仰天而叹，良久不言。众问何叹。曰：吾恨李氏不及姬家耳！倘唐朝亦如周家八百年，则宋元明三朝诗，俱号称唐诗，诸公何用争哉？须知论诗只论工拙，不论朝代。譬如金玉，出于今之土中，不可以谓非宝也。败石瓦砾，传自洪荒，不可谓之宝也。众人闻之，乃闭口散。余谓诗称唐，犹宋之斤、鲁之削也，取其极工者言，非谓宋外无斤、鲁外无削也。(《诗话》卷十六1a)

这段文字中先引用了徐嵩关于唐宋优劣论的看法。徐嵩认为如果唐朝也像周代一样延续八百年，那宋元明三代之诗也就自然可以称为唐诗了，所以没有必要争论唐宋的优劣。金与玉不管是古是今都是宝贝，败石瓦砾不管是古是今都不能说是宝贝。同样道理，论诗只论工拙，不能论朝代。袁枚对徐嵩的这个意见表示完全赞同，并认为诗称唐诗犹如称宋国之斧、鲁国之刀一样，是就其特产最好的给人看，并不是说宋国之外就没有斧子了，鲁国之外就没有刀了。同样道理，称唐诗不等于说唐之外就没有诗了。

袁枚还明确说“诗真岂在分唐宋”(《诗话》卷二9a)，要求好争唐宋的人要像杨龟山先生所说的那样，不应该以时代为区别，而应该以善恶为区别(《诗话》卷七6a)。像这样的不以时代为区别的主张，如引文247、248那样，是以“诗者各人之性情耳”这种观点为根本基础的。也就是袁枚回答排斥唐宋鼓吹宋诗的施兰垞时所主张的，诗没有唐宋之别，诗只是各人之性情，没有自得之性情就失去了诗之本旨。袁枚还驳斥施兰垞的唐诗旧宋诗新的看法说：

(278)夫新旧可以年代计乎？一人之诗有某首新某首旧者，一诗之中有某句新某句旧者。新旧存乎其诗，不存乎唐宋。(《文集》卷十七《答施兰垞论诗书》)

袁枚主张诗的新旧不能以时代定夺，新旧在于诗本身，与唐宋等时代没有关系。

像这样的唐诗宋诗优劣论本来就是门户之争的见解。明代不仅政坛上有之，诗坛上也有门户之争(引文234)。明茅坤编《唐宋八大家文钞》而于古文分八家也是这种门户之见。袁枚说：

(279)明代门户之习，始于国事，而终于诗文。故于诗则分唐宋，分盛中晚，于文又分为八，皆好事者之为也，不可以为定称也。(《文集》卷三十《书茅氏八家文选》

袁枚认为像这种分唐宋、分盛中晚、分八家的门户之习始于国事的门户之争，是好事者所为，所以不能作为定论。

袁枚还说富贵之诗有绝妙之作，贫士之诗也有绝妙之作，还引用唐人、宋人、元人、明人、清人之诗，说“皆绝妙也。谁谓欢娱之言难工耶”(《诗话》卷三2b)，又说：

(280)诗虽小技，然必童而习之。入手先从汉魏六朝，下至三唐两宋，自然源流各得，脉络分明。(同上卷四8b)

这样的意见正是出于不界分汉魏、六朝、三唐、两宋的立场。唐以后有排斥六朝诗的倾向，而袁枚认为“六朝诗有足法者”(《补》卷十1a)，把开口便称盛唐者比作“木偶演戏”(引文251)，故意走宋人冷僻之径者比作“乞儿搬家”(同上)，都予以排斥。

袁枚还引唐贺知章的《咏柳》诗句，批评说“皆雕刻极矣，得不谓之中晚乎”，引杜甫《风雨看舟前落花戏为新句》(《杜少陵诗集》卷二十三)“影遭碧水潜勾引，风妒红花却倒吹”之句、《江村》(同上卷九)“老妻画纸为棋局，稚子敲针作钓钩”之句，批评说“琐碎极矣，得不谓之宋诗乎”(《诗话》卷七 12b)，引施肩吾《古乐府》之诗句，批评说“如此雕刻，恰在晚唐以前”(同上)。总之，袁枚明确说：“论诗区别唐宋，判分中晚，余雅不喜。”(同上)

正因为袁枚不主张界分时代，所以他认为七言律诗中晚唐乃至宋元胜于盛唐，指责只以汉魏盛唐为理想的明七子不知其理(《诗话》卷六 4b)，批判于晚唐和盛唐之间划界的王阮亭说，阮亭不知晚唐和盛唐诗各有妙境，主张如果从浑成的角度看晚唐之诗胜于盛唐(同上卷七 6b)。袁枚还批判近人选诗作选集之人只是以管窥蠡测之选法，或者是以己履为标准削他人之足的选法选诗，论述其选诗有七病，主张如果或唐或宋，分时代而作界限，或附会杜甫、韩愈等大家，那么就不能判别作品的真伪，采撷其精华(同上卷十四 1a)

这里应该注意的一点是，袁枚虽然不主张界分特定的时代，但并不是说他认为唐代的诗文和宋元以后的诗文是具有同等价值的。袁枚根据他自己化合金、银、铜三品铸香炉的经验论诗说：

> (281)因之有悟于诗文之理。八家之文、三唐之诗，金银也。不搀和铜锡，所以品贵。宋元以后之诗文，则金银铜锡，无所不搀，字面缺雅驯，遂为耳食者所摈，并其本质之金银薄之，可惜也。(同上卷七 7b)

这就是说，唐宋八大家之文和三唐之诗是可以比作金银的逸品，而宋元以后的诗文有品质好的金银之作，也有品质劣的铜锡之作，只看皮相的耳食之徒以为宋元不如三唐而加以全盘抛弃，那是很“可惜”的。袁枚的这个意见既是对宋元劣于三唐的观点的批判，也是不把唐代诗文的价值与宋元划一看待的意见。

(三)具体的主张

理想的诗是什么样的诗？作诗时应该具备哪些条件？对以上问

题，袁枚有什么主张呢?

在引文250中，袁枚提出了作诗时不能不辨别清楚似是而非的概念，主张诗要淡、新、朴、健、华、清、厚重、纵横，与之相反，反对诗之枯、纤、拙、粗、浮、薄、笨滞、乱杂等。袁枚又说:

(282)诗有干无华，是枯木也。有肉无骨，是夏虫也。有人无我，是傀儡也。有声无韵，是瓦缶也。有直无曲，是漏卮也。有格无趣，是土牛也。(《诗话》卷七5b)

这就是说，诗既要有干、肉、人(普遍的)、声、直、格，也要有华、骨、我(个性的)、韵、曲、趣。而从这段文字的表达法考察，比起诗之干、肉、人(普遍的)、声、直、格来，袁枚明显地更重视诗之华、骨、我(个性的)、韵、曲、趣等要素。根据上面两段引文来看，可以知道袁枚很重视诗的淡、新、朴、健、华、清、厚重、纵横、骨、我、韵、曲、趣等要素。下面就其中比较明了的袁枚的主张有选择地进行概说。

1. 淡=澹=平淡的主张

关于“平淡”，袁枚引述《漫斋语录》“诗用意要精深，下语要平淡”之言，并说“吾爱其言”，为求“平淡”，每作一诗，总是努力改诗(《诗话》卷八8a)。朱子评梅圣俞诗不是平淡而是枯槁，袁枚解释其理由是因为圣俞诗太精深之故。郭攻甫评黄山谷诗太费力气，袁枚解释其理由是因为山谷诗不够平淡。袁枚认为精深和平淡应该是有适度的(同上)。与“淡”为近者有“朴”，与“朴”相对者有“巧”，与“淡”对立者有“浓”，关于这些关系袁枚说:

(283)诗宜朴，不宜巧，然必须大巧之朴。诗宜淡，不宜浓，然必须浓后之淡。(同上卷五7a)

据此可知，袁枚并不排斥与澹=淡相对立的“浓”，而是最崇尚“浓后之淡”。

这里要提一下的是，“平淡”与“平庸”是不同的。袁枚是排斥“平庸”而留心诗之“奇”的诗人，他曾经在给赵翼(字耘松，一字云菘)的回信中这样说：大概仆与先生，天分有余，往往不肯平庸，争奇竞巧。要惟持之以庄，运之以雅。云云”(《尺牍》卷八《复云松观察》)我认为袁枚主张“新奇”、“奇警”，也是基于这种想法的。而《续诗品三十二首)的最后一首《灭迹》中称赞白居易说“白傅改诗，不留一字。今读其诗，平平无异。云云”，看来，“平淡”的主张好像得自于白居易。

2. 朴与巧

在引文 283 中，袁枚崇尚“朴”，但也没有排斥与朴相对立的“巧”，而主张“大巧之朴”。关于不排斥“巧”在其它地方也多有论述。例如，他说：“用巧无斧凿痕，用典无填砌痕。此晚年成就之事”(《诗话》卷六 4a)，这就是主张用巧之时要去除费心，不能有斧凿之痕迹。袁枚还说“盖诗有从天籁来者，有从人巧得者，不可执一以求”(同上卷四 10a)，主张天籁即天然与人巧不可偏废，还引孔子“情欲信，词欲巧”(《礼记·表记》之语)之语，说“圣人修词尚不避巧字，而况今之为文章者乎”(《尺牍》卷十《答祝芷塘太史》)。

袁枚在主张为人贵“直”，作诗贵“曲”时，也引用了“情欲信，词欲巧”之语，并解释说“巧，即曲之谓也”(同上卷四 4b)，还引用了诗句以明确“曲”与“直”的区别(同上)。顾远芗用“即今人所谓相似的联想”(《随园诗说的研究)125 页)来解释“曲”，这大概是稳当的解释吧。我认为“曲”就是能引起丰富联想的具有暗示性的表现技巧。从这个角度看，“大巧之朴”(引文 283)的意思，或者“有直无曲，是漏卮也”(引文 282)的意思，或者把“朴”与“拙”相对立的理由(引文 250)也就都能理解了。

3. “新”的主张

在具体的主张中，袁枚很重视“新”这个主张。他说：

> (284)……不然，一切语，古人都已说尽，何以唐宋元明，才子辈出，能各自成家，而光景常新耶？(《诗话》卷一 7b)

所有的语词都已经被古人说尽了，而唐宋元明各代，才子辈出，都能自成一家，这是因为即情即景而得到其“新”的缘故。《二十四诗品》的著者司空图崇尚能得味外味，袁枚说今之作者连味内味也不能得。为了得到味外味，袁枚主张“以出新意去陈言为第一著”(引文253)。袁枚不仅主张“去陈言”的用词之新，还主张诗境、诗才之新。他说：“左思之才，高于潘岳。谢朓之才爽于灵运。何也？以其超隽能新故也。”(《补》卷十1a)从“超隽能新”的评语看，可以知道袁枚所说的新包括用词、诗境、诗才各个方面。

还有其它使用“新”来称赞诗人诗作的例子很多。如称刘春池(名芳织)《雨中海棠》诗“运用恰新”(《诗话》卷十三1b)，说宋人雪诗“已新矣”，而称郑所南《雪诗》“更新”，说萧德藻《梅花》诗“已新矣”，而称徐巢友《梅花》诗“更新”(同上卷七10a)，评徐巢友和怀宁老崇煦之诗“俱眼前语，而拈出便新”(《补》卷六5a)。这些都只不过是一部分例子。另外，“新秀”(《补》卷七10a)、“已极新艳”(评李啸村《虎丘竹枝词》之语)、“出新裁”(《诗话》卷一10a及《补》卷一5a)等有关“新”的熟语也应该包括在“新”的主张之中。

4.“我”的主张

袁枚引用孔子“无意，无必，无固，无我”(《论语·子罕》)之语，主张为人不能有“我”，而作诗则不能无“我”(引文254)。接着他列举在作诗作文时必须有“我”的古人之言说：

> (285)韩昌黎所以惟古于词必己出也。北魏祖莹云：文章当出机杼，成一家风骨，不可寄人篱下。(《诗话》卷七3b)

“己出”也好，“出机杼”也好，都是主张诗文要有“我”在。

诗题的种类有很多很多，袁枚列举古人各自擅长的诗人说，沈佺期、宋之问长于庙堂，王维、孟浩然长于风月，李白、杜甫长于登临，温庭筠、李商隐长于言情，元稹、白居易长于属事比事，陶潜、韦应物长于岩栖谷饮，韩愈长于咏古器物，而其理由是因为有“我”即诗人的个性在。

> (286)我辈宜兼收而并蓄之，到落笔时相题行事，方不囿于

一偏。迨至真积力久，神明变通之后，其中又有我在焉。自成一家，令人莫测其所由来，则于斯道尽之矣。(《尺牍》卷五《与梅衷源》)

袁枚的意见是，在学习众多的古人时，重要的是不能或唐或宋，囿于一偏，等到自己真正积力日久之后，其中有“我”在，就自然自成一家，而诗道就完成了。也就是说，成一家应该是在学习古人的基础上达到有“我”的境地。

通俗地说，“我”就是“个性”。人的性情有其个性。关于这一点，袁枚明确表示过“至于性情遭际，人人有我在”(引文273)的看法。袁枚认为，因为人人有个性，所以就有学杜甫不同于杜甫而自成一家的可能，如李商隐、白居易、杜牧、韩愈同样是学杜，而各具特色(据《诗话》卷七10b)。

袁枚接受司空图的影响，效仿其《二十四诗品》而作《续诗品三十二首》。其中有一首称《著我》。

(287)著我(续诗品三十二首　其二十七)(《诗集》卷二十)

不学古人，法无一可。竟学古人，何处著我？字字古有，言言古无。吐故吸新，其庶几乎？孟学孔子，孔学周公。三人文章，颇不相同。

就是说，作诗应该学习古人，但与古人相似，不著我在可不行。学习古人的时候，最重要的是要注意吐弃其“故”而吸收其“新”。孟子学习孔子，孔子学习周公，而三人的文章都不相同。这里强调“著我”，而与前项的“新”相关联，这值得注意。

5. 趣(味)的主张

引文282中的“有格无趣，是土牛也”这句话，无论是从文句的构造上，还是从“土牛”这个比喻看，很明显“趣”比“格”更受重视。关于“趣”，袁枚有“音律风趣能动人”(《诗话》卷三4a)的用法。因为重视“趣”，所以袁枚把知道真趣作为论诗的资格(引文291)，也把“趣”作为评论诗人和作品的标准。

关于受渔洋的影响而主张兴趣、神韵的问题在三之2项已经说明了，这里就其一般论进行考察。

有人把王勃《滕王阁序》这篇名文中的“落霞与孤鹜齐飞”句中的“落霞”解释为“飞蛾”，袁枚反驳说这“落霞”如果不解释为“云霞”的话就“味同嚼蜡”(《诗话》卷一8b)了。袁枚不喜欢黄山谷的诗，其理由是山谷诗“毕竟味少”(同上5a)。这种“味”的主张与“趣”的主张所指的都是相同的境地。因为“味”的内容就是引文253所说的“味外之味”，或者下面这段引文288中的“弦外之音”(也见于《补》卷七9a)的意思，同时与“诗无言外之意，便同嚼蜡”(《诗话》卷二4a)中的“言外之意”，或者引用严羽的诗论而说到的“不能得弦外之音，甘余之味”中的“甘余之味”等诗境也是同一的。

苏轼之长在古诗，这是众所公认的。袁枚评苏轼的近体诗说：

> (288)东坡近体诗少酝酿烹炼之功，故言尽而意亦止，绝无弦外之音，味外之味。阮亭以为非其所长，后人不可为法，此言是也。(《诗话》卷三2b)

据此可知，弦外之音，味外之味，来自于酝酿烹炼之功。这就是说，袁枚既重视有弦外之音、味外之味的诗境，同时也重视语言的酝酿烹炼的表达之功。

6. “清”的主张

袁枚要求诗人应该辨别诗之“清”与“薄”(引文250)，主张崇尚诗之“清”，而不能陷入诗之“薄”。在评论诗人和诗篇时，袁枚也爱用“清”字或者“清”的熟语。

关于使用“清”字论诗的例子，如他说“诗如言也，口齿不清，拉杂万语，愈多愈厌。云云”(《诗话》卷三7a)，又评陈明善之诗说“亦清才也”(同上卷七11b)，评李竹门之诗说“其诗颇清”(同上卷九2a)，评顾星桥说“诗才清，冠等夷家”(同上卷九2b)，评梁梦善之诗说“皆清词丽句”(同上卷时2a)，评刘潢说“有清才”(同上卷十三9a)，陈述喜爱方南塘的理由说“以其诗骨清也”(同上卷十三11a)，评施兰皋说“少有清才”(《补)卷七4a)。其它使用“清”字之熟语评论诗的例子很多。如：

(一)“清妙”之例：“清妙”(《诗话》卷一 1a、卷四 12a，《补》卷二 5a、卷三 2a，9a，卷四 6b，10b、卷九 1b、卷十 2a)，“天才清妙”(《诗话》卷八 8b)，“诗才清妙”(同上卷诗 13a、卷十一 4b，11b、卷十二 4a，4b，《补》卷六 3a，5a、卷七 10b、卷八 2a)，“诗思清妙”(《补》卷二 12a)，“天机清妙”(《补》卷九 4a、卷十 5b)。

(二)“清绝”之例：“清绝”(《诗话》卷一 2a、卷四 12b，13b、卷十四 14a，《补》卷九 2b)，“诗才清绝”(《诗话》卷三 3b、卷九 8a、卷十 10a)，“诗笔清绝”(同上卷八 6b)。

(三)“清雅”之例：“清雅”(《诗话》卷十四 15a)、“才本清雅”(卷二 6b)、“诗才清雅”(《补》卷八 8b)、“诗笔清雅”(《诗话》卷六 10b，《补》卷八 2b)。

(四)“清丽”之例：“诗笔清丽”(《诗话》卷诗 11a)、“清丽”(《补》)卷二 6b)、“诗才清丽”(《补》卷六 2a)。

(五)“清新”之例：“清新”(《补》卷二 9a、卷十 5a)。

(六)“清拔”(清新拔俗之意)之例：“清拔”(《补》卷一)、“清新拔俗”(《补》卷二 7a)。

(七)“清脆”之例：“清脆”(《诗话》卷诗 14a)、“音节清脆”(卷九 15b)、“清脆可歌”(卷七 13b)、“清脆绝尘”(卷十一 4b)。

(八)“清远”(清微委远之意)之例：“诗境清远”(《补》卷四 1b)。

(九)“清逸”之例：“清逸”(《诗话》卷九 1b、《补》卷五 7b)。

(十)“清真”之例：“清真”(《诗话》卷十 9a、同上卷十一 6b)。

(十一)“清妥”之例：“清妥”(《补》卷二 4b)。

(十二)“清老”之例：“清老”(《诗话》卷五 10a，《补》卷四 6b)、“风格清老”(《补》卷五 9a)。

(十三)“清旷”之例：“清旷”(《补》卷三 2b)。

(十四)“清苍”之例：“音节清苍”(《补》卷二 11a、卷四 8a)。

(十五)“清稳”之例：“风格清稳”(《补》卷四 8a)。

(十六)“清矫”之例：“诗笔清矫”(《补》卷四 8a)。

(十七)“清婉”之例：“诗才清婉”(《补》卷十 3a)。

(十八)“清超”之例：“清超”(《诗话》卷九 7a、卷十六 5a)。

从上面这些例子看，四字句的评语评论诗才的最多，其它是关于诗笔、风格、诗境、音节等的评论。

7.“真”的主张

袁枚论述千古文章传真不传伪说：

(289)尝谓千古文章，传真不传伪。故曰：诗言志。又曰：修词立其诚。然而传巧不传拙，故曰：情欲信，词欲方。又曰：神也者，妙万物而为言。古之名家，鲜不由此。(《文集》续卷二十八《钱玙沙先生诗序》)

“诗言志”是《书经·舜典》之语，“修词立其诚”是《易经·乾卦》之语“修辞立其诚，所以居业也”之引用，“情欲信，词欲方”是《礼记·表记》之语“情欲信，辞欲巧”之引用。根据《五经正义》的《周易》之疏，“辞”者文教之谓，业者功业之谓，“外则修文教，内则立其诚，内外相成，则有功业可居”。袁枚认为，千古文章传真不传伪，所以诗要言志，修辞要立其诚。

袁枚还明确阐述了毛诗三百篇为什么最尊贵的理由。

(290)三百篇不著姓名，盖其人直写怀抱，无意于传名，所以真切可爱。今人作诗，有意要人知有学问，有章法，有师承，于是真意少而繁文多。(《诗话》卷七6a)

这段文字的中心是“真”的主张。袁枚曾经指出宋诗容易陷入理路的弊病，关于防止陷入理路的问题，袁枚有“诗家有不说理，而真乃说理者”(同上卷三11a)的观点。这就是说，作诗之时诗人不自己说理，而如果诗真的话，其真本身就是一种说理。

食物不新鲜不行，花“趣”不真不行。明白此理者才有资格论诗。袁枚说：

(291)熊掌豹胎，食之至珍贵者也。生吞活剥，不如一蔬一笋矣。牡丹芍药，花之至富丽者也。剪彩为之，不如野蓼山葵

矣。味欲其鲜，趣欲其真。人必知此，而后可与论诗。(《诗话》卷一 8a)

“生吞活剥”见于《大唐新语》，比作盗用他人文章。盗用他人文章就是“陈腐”，就不能说“鲜”，其诗趣也不能说“真”。在这段论诗之语中大概袁枚也是为了重视内容之新鲜和兴趣之真实性，所以以熊掌豹胎、牡丹芍药为比喻的吧。

顾远芗说，袁枚所主张的“真”不是指理智的实在(Actuality)，而是指情绪的真实(Reality)(《随园诗说的研究》127 页)，这一点从上面所引诸例看也是极为明了的。

其它如引用王阳明“人之诗文，先取真意”之语评论诗文(《诗话》卷三 2a)，举曹廷栋(号慈山居士)晚年佳句“诗真岂在分唐宋，语妙何曾露雕刻”加以称赞，批评王渔洋主修饰而不主性情，可想见其诗所咏喜怒哀乐之不真(引文 268)，这些都是作诗贵“真”的主张。

但是，“真”是很难得到的。袁枚认为，要作真实的诗就必须有真实的性情。他说：

(292)诗难其真也，有性情而后真，否则敷衍成文矣。诗难其雅也，有学问而后雅，否则俚鄙率意矣。太白斗酒诗百篇，东坡嬉笑怒骂，皆成文章，不过一时兴到语，不可以词害意。若认以为真，则两家之集，宜塞破屋子，而何以仅存若干？且可精选者，亦不过十之五六。人安得恃才自放乎？(《诗话》卷七 10a)

在袁枚看来，李白、苏轼的诗文多有一时兴到之作，假如认为他们真能“斗酒诗百篇”或“嬉笑怒骂，皆成文章”，那他们的诗文就会多得“塞破屋子”了。所以他主张作诗不能恃才放纵，恃才放纵就不能有真性情的真诗。

8. 重视性情(＝情)的主张

在引文 292 中，袁枚认为是不是真诗由有无性情决定。关于重视性情的主张在第二项 1 之 A 之 b，第三项之 1、2 及第四项已经论述过了，这里只对还没有说尽或没有说到的作一些补充。

袁枚从诗题与性情的关系这个角度，关于无题诗、有题诗与性情的关系作了以下论述。

(293)无题之诗，天籁也；有题之诗，人籁也。天籁易工，人籁难工。三百篇、古诗十九首，皆无题之作。后人取其诗中首面之一二字为题，遂独绝千古。汉魏以下，有题方有诗，性情渐漓。至唐人有五言八韵之试帖，限以格律，而性情愈远。(《诗话》卷七7b)

袁枚的观点是，汉魏以下的有题诗是先有题而后有诗，与先有性情而作诗的《三百篇》、《古诗十九首》相比，性情就显得少了。至于唐人的试帖诗有格律的制限，性情就离得更远，不会有佳作。

袁枚还认为根据诗题分类，诗可以分为写景与言情二类(《补》卷十1a)，就难易而论，写景易于言情(引文240)。不用说，言情之诗就是以性情为主的诗，就是即景之诗，如果触目之景色不能动诗人之情，也不可能产生诗文。关于这个问题袁枚引黄宗羲之言说：

(294)黄梨洲先生云：诗人萃天地之清气，以月露风云花鸟为其性情。月露风云花鸟之在天地间，俄顷灭没，惟诗人能结之于不散。先生不以诗见长，而言之有味。(《诗话》卷三4a)

就是说，诗人集天地间之清气，能以自然界月露风云花鸟等为其性情。月露风云花鸟寓目于一时，顷刻灭没，而诗人能将其化为自己的性情，使之不散。袁枚认为黄宗羲的这个意见"有味"而作了引用。

根据上述的考察对袁枚的性情论可以作以下概述：情发自心，没有芬芳悱恻之怀，就不能使所有的人感动(引文243)。诗是诗人表达自己之感情的(引文241、244)，诗是人之性情，表达性情的佳作必须是其诗语能动读者之心，其色彩能夺读者之目，其诗味能适读者之口，其诗音能娱乐读者之耳的(引文267)。性情有厚薄之分，由性情之厚薄而产生诗境之深浅。性情浅薄之诗即使语言表达深奥，其诗境也是浅的；性情深厚之诗即使语言表达浅易，其诗境也是深的(引文

247)，像三百篇、古诗十九首等作是无题诗，而性情深厚，所以是千古绝调；汉魏以后之诗，是有题之诗，性情渐薄，所以少巧妙之作（引文293）。诗人能聚天地之清气于一身，通过月露风云花鸟这样的外景也能表达自己的性情（引文294），而性情之深远者是"无情之情"这种境地（《补》卷十1a）。

9. 老而莫作诗

《诗话》卷十四有"老而莫作诗"的主张。袁枚说：

> (295)诗者，人之精神也。人老则精神衰葸，往往多颓唐浮泛之词。香山、放翁尚且不免，而况后人乎？故余有句云：莺老莫调舌，人老莫作诗。(8a)

袁枚的意见是，诗是人的精神的发露，年老而精神衰竭，往往多颓唐浮泛之词，就是白居易、陆游这样的大诗人都在所难免，就不用说后世的诗人了。《诗集》卷二十五确实有题为《人老莫作诗》的作品。其前半所咏与上面的引文内容几乎相同，认为吾辈之凡才应该自戒老而作诗。其后半云：

> (296)其奈心感触，不觉口咿哑。譬知一年春，便有一年花。我意欲矫之，言情不言景。景是众人同，情乃一人领。

这就是说，老而想作诗，作言情之诗是可以的，而不要作写景之诗。因为观景众人相同，而情只是属于一个人的。我认为"情乃一人领"一句，可以解释为是对"情"之个性的说明。

袁枚在题为《老来》的诗中也说自己老而作诗少了。

> (297)老来(《诗集》卷二十五)
> 老来不肯落言诠，一月诗才一两篇。
> 我不觅诗诗觅我，始知天籁本天然。

一个月不过作一两首诗，而且这一两篇诗也不是自己要作的，而是成于天然的。这说出了作者老来的悟境。

10. 活句的主张

作诗作文需要读书(见下一项)，但是，满纸典故；自夸淹博，都只是些死诗文。袁枚指出这是当时诗流三病之一。

> (298)不料今之诗流有三病焉：其一填书塞典，满纸死气，自矜淹博。其一全无蕴藉，矢口而道，自奔真率。近又有讲声调而圈平点仄，以为谱者……盖诗境甚宽，诗情甚活，总在乎好学深思。(《补》卷三 lb)

这段话是袁枚对学诗之人的告诫，即为了诗境宽、诗情活，诗人要"好学深思"。

这种要求活句的主张在"谚云：死蛟龙不如活老鼠。可悟作诗文之旨"(《补》卷一 2a)这句话中也有所体现，在下面这首诗中也有所体现。

> (299)仿元遗山论诗(《诗集》卷二十七)
>
> 莫将死句入诗中，此诀传来自放翁。
>
> 扫尽粗豪见灵活，庑(借字，实际为上"广"下"吾")唐真比稼堂工。

据此可知，袁枚主张活句，告诫不要把死句写入诗中，这是受了陆游的影响。诗中"灵活"之语正是与性灵的性情说的主张者相称的用语。

11. 读书与诗文相关论

袁枚主张经史之学与诗词之作不可偏废。关于经史之学，他认为四子之书如户牖，九经如厅堂，十七史如正寝，杂史如东西两厢，注疏如枢闑，而诸子百家之诗文词如书舍花园(《诗话》卷诗 2a)。《续诗品三十二首》(《诗集》卷二十)其三《博习》诗有云："万卷山积，一篇吟成"，为了作成一篇之诗，有必要读万卷之书，这是强调读书于作诗作文的重要。下面这段话则是总括了读书与作诗的关系。

(300)余尝谓鱼门云：世人所以不如古人者，为其胸中书太少。我辈所以不如古人者，为其胸中书太多。昌黎云：非三代两汉之书不敢观。亦即此意。东坡云：孟襄阳诗非不佳，可惜作料少。施愚山驳之云：东坡诗非不佳，可惜作料多。诗如人之眸子，一道灵光，此中著不得金屑，作料岂可在诗中求乎？予颇是其言。或问：诗不贵典，何以少陵有读破万卷之说？不知破字与有神三字，全是教人读书作文之法。盖破其卷，取其神，非囫囵用其糟粕也。蚕食桑而所吐者丝，非桑也；蜂采花而所酿者蜜，非花也。读书如吃饭，善吃者长精神，不善吃者生痰瘤。(《诗话》卷十三 13a)

为了方便，把上文分成四段。第一段从开头至“亦即此意”，就读书作了一般的论述。认为世人不如古人之原因在于胸中无书，而像袁枚那样的“吾辈”不如古人的原因正好相反，在于胸中书太多，并引用韩愈之语，主张为了不像自己那样胸中有太多的书，就必须像韩愈那样不读三代两汉之后之书。我认为这种主张的本旨是强调读书多寡应该因人而异。

第二段到“予颇是其言”为止，就作诗与读书的效果关系作了论述。这里引述了苏轼与施闰章之语，以证明作品佳不佳不由“作料”即作诗之材料的多少来决定。施闰章的意见是人之眼睛有一道灵光，其眸子中不能有金屑。同样道理，诗如人之眸子，其中也有一道性情之光，不能搀杂如金屑的“作料”。袁枚赞成施闰章的这个观点。

第三段到“非囫囵用其糟粕也”为止，论述了读书之法。针对诗不贵典，为何杜甫有读破万卷之说的问题，袁枚指出杜甫的“破”与“有神”三字其实就是教人读书作诗之法。袁枚还进一步强调读书最重要的是领会其精神，为我所用，而不能囫囵吞枣，取其糟粕。

第四段到结束，以通俗易懂的例子说明读书与作诗的关系。袁枚主张读书应该如蚕食桑而吐丝，蜂采花而酿蜜一样，又说读书如吃饭，善吃的人长精神，不善吃的人只长痰瘤。总之，读书是作诗不可缺少的，而与读书的多少没有大关系，问题是如何读书，如何将书之精华变为自己的精神。

【评　介】

该文为松下忠博士学位论文《江户时代的诗风诗论——兼论明清三大诗论及其影响》中的一部分，后被卢永璘翻译，以《袁枚“性灵说”的特色——主张“性灵的性情”》为题发表在《文艺理论研究》1981年第2期。范建明译《江户时代的诗风诗论——兼论明清三大诗论及其影响》(学苑出版社 2008 年版)下编第二章第四节《袁枚的性灵说——主张性灵的性情》时，所译文字与卢氏译本略有出入，并附有原著第五部分《在明清诗论史上的地位》、第六部分《其他的诗论》。

松下忠(1908—1994)，日本熊本县人，文学博士。东京文理科大学文学科汉文学科毕业后，先后历任和歌山大学、日本大学教授等职。主要著作有《江户时代的诗风诗论——兼论明清三大诗论及其影响》、《纪州的藩学》、《明清三诗说》等，发表学术论文五十余篇，以博士学位论文《江户时代的诗风诗论——兼论明清三大诗论及其影响》获得日本学士院赏和恩赐赏。

该文由六部分组成：

一、梗概

首先简介了袁枚的生平行实、个性特征。然后针对郭绍虞先生把袁枚的性灵说称之为“修正的性灵说”，发表了自己的见解，认为只有把袁枚的“性灵说”解释为“性灵的性情说”，才能抓住袁枚诗论的特色，并提出五条缘由：

第一，关于理想的诗的内容上的要素，袁枚有淡、朴、新、我、趣(味)、清、真、性灵、性情等种种主张，而其中“性灵”和“性情”的主张则是袁枚诗论的中心。

第二，与袁宏道的性灵说相比较时，“性情”的主张宏道很少，而在袁枚那里正是其诗论的特色。而且，除了“性情”的主张，袁枚的诗论尽管与宏道的性灵说的相似点很多，但他却不认为自己是宏道性灵说的继承者。

第三，“就袁枚的诗论而言，性灵与性情其内涵是大同小异的”。

第四，“在学术界大都如铃木虎雄博士、顾远芗之说，多数人认为性灵说是与格调说和神韵说相对立的，而根据我的考察其对立主要表现在性情的主张”。

第五，“从当时的诗坛情势看，在反古文辞的主张中中郎的时代有必要主张性灵，而随园的时代没有这种必要，但有主张性情的必要”。

作者告知我们，该文是以袁枚“《随园诗话》、《随园诗话补遗》为中心，以《小仓山房文集》、《小仓山房诗集》以及《小仓山房外集》、《小仓山房尺牍》(版本据《随园三十种本》，分别简称为《文集》、《诗集》、《外集》、《尺牍》)为辅考察其诗论”。

二、性灵与性情大同小异

该文认为，“在袁枚的诗论中性灵与性情是大同而小异的。”

1. 大同

A. 从诗的定义看

a. 性灵的主张

袁枚用“性灵”一词给诗下的定义，“标举性灵”和“发舒怀抱”并提，讲的都是作诗之道，内容大体上相同。在袁枚诗论中，“都是性灵”、“主性灵”、“标举性灵”等正面主张“性灵”的论述固然不少，抨击反性灵行为的话更多。袁枚的诗论中，重视性灵，用品评诗人、作品的方法来说明“性灵”标准的话很多。

b. 性情的主张

袁枚给诗下定义，第二多的是用“情”字。袁枚认为，诗是由情产生的东西，最初的情是男女之情。他又认为，表现出来的情有大有小，男女之间的情是小的东西；忠臣孝子等关系到治国平天下的情是大的东西。他说情这种东西是充满天地间的。他以为如果把诗按题材分类，可以分成写景诗和言情诗两种，认为写景诗易作而言情诗难作。这种难易实际上因作者的性格气质而各不相同。他认为杜甫和欧阳修等人是长于言情的诗人，李白和苏轼等则是难于言情的诗人。

袁枚主张论诗不应按一定的时代、人物划分界限，而要以“性情论”为基准。袁枚在很多地方根据性情的有无、厚薄、多少来品第诗人，品评诗篇。他主张诗歌倘若议论多，性情就会乖离。他说杜甫不喜陶诗，欧阳修不喜杜诗，因为人各有性情，所以不能合意。

当论述中国的经学、思想学的时候，“性”和“情”可以很清楚地区分开来，但是在诗学上，“性情”这个普遍使用的概念，就成为和“情”大致同一内容的词汇了。在袁枚诗论里，“情”和“性情”二者内容相同，只不过名称各异而已。袁枚在给诗下定义时，“性灵”、“情”、“性情”都是通用的。“性灵”和“性情”是内容上大体相同的大同小异的两个概念。

B. 从对“三百篇”的解释来看

袁枚在很多地方引用了“三百篇”，但大都用自己的观点来加以解释。有时用“性灵”的概念，有时用“性情”、“情”(“言情”)的概念。袁枚是受了杨万里很多影响而大力提倡“性灵说”的学者。他在主张“性灵说”时，引用了杨万里“风趣专写性灵”的观点，杨把“格调说”的主张者们看成是天分低劣的人，断言他们根本不理解什么是风趣。说格调像个空架子，用话言描写很容易，风趣则是专门抒写性灵，非天才不能领会。依袁枚意见，只要有性情就会有格律，格律不在性情以外。他的论据是，《诗经》中有一半是从事苦役的男人和含悲相思的妇女的作品，即所谓“率意言情”的诗篇。这样，即使通过对诗人必读的经典“三百篇”的解释，也可以清楚地看到，袁枚的“性灵”和“性情”在内容上是大致相同的。

2. 小异——从性灵的语义看

按铃木博士和青木博士所论，袁枚诗论中“性灵”一词，其意义当是“性情的灵妙活用”，或者“人性的灵妙能力”。在袁枚学说中，“性灵”的意义包含着灵妙的、活动的意味。如果诗人天性灵敏，他的诗就会产生一种生气。他主张诗应该写得“厚重”而决不能陷于“笨滞”。袁枚对这种粗笨的即粗忽的性情，就用“性笨”的概念来表示，用以和“性灵”对立。“笨”也是应该加以避免的。

另外，在袁枚诗论中，“性情”和“灵机”是并提的。当时诗界有一种为了取得诗名而勉强作诗的不正之风。袁枚批评那些“强为之”的诗是既离了性情，又缺乏灵机的东西。“灵机”一词，见于王勃的《拜南郊颂并序》：“振长策以叙诸侯，设灵机而判群动。”这里，“灵机”的意义是和“长策”对称的，大致可释为“灵妙的计谋”。该文认为上面引文中袁枚说的“灵机”，是从王勃的话引申出来的，可以释为“灵妙的机能”。这就是该文所以把“性灵”一词说成是活动之意的理由。这种理解，是和铃木博士的定义(“可理解为尊重性情的灵妙的活用”)以及青木博士的定义(“所谓性灵，盖人性的灵妙力量，亦不过性情的美称”)等相一致的。两位博士解释成“灵妙的活用”或者“灵妙的力量”，也揭示出性情的活动能力，和该文对“夭阏性灵、塞断机括”的论述，有同样的见地。顾远芗把“灵机”释为“灵敏的感觉”和该文的解释略有不同。

“性灵”和“性情”确是有小异的。该文认为：“性灵”，系指活动起来、利用起来了的既灵妙又新鲜的状态中的人的性情；“性情”，系指人所固有的、平时处于静止状态的性情。

三、袁枚诗论的源流

着重探讨了以下两点：第一，袁枚反复古派的立场鲜明，用“性灵”、“性情”的主张批判了复古的格调派。第二，他继承中国自古以来的诗论传统，主张“性灵”、“性情”。其中，他继承“性灵说”的问题无需多赘，只要把袁宏道的诗论和袁枚讨论加以比较就会自然明白。但袁枚诗论和王渔洋的“神韵说”则本是一种源流关系，再上溯一下，得力于唐代司空图和宋代严羽诗论的地方很多。

1. 反格调派(反七子)的主张——以性情的主张为中心

和袁枚相对立的，是复古派的沈德潜的“格调说”。包括沈德潜在内的复古格调派，推许汉魏盛唐诗，以李杜为最理想，而排斥中晚唐和宋元诗。袁枚认为这是错误的，他主张不应该以特定的时代和人物划分诗的界限。他把沈德潜的诗论当成假想敌，他的《文集》卷十七中有《答沈大宗伯论诗书》、《再与沈大宗伯论诗书》两篇文章。其中前一篇是他的诗论的代表作，主要论点有：(1)以“诗有工拙，而无今古”立论；(2)展开古今变迁论，指出明七子不懂古今变化的道理；(3)抓住七子的“门户之见”以及鼓吹唐宋分界说、必传盛唐、排斥宋元诗的作法，斥责他们见识寡陋；(4)推许宋元诗；(5)提到“性情说”。

该文非常重视袁枚反对明七子、格调说这个问题。该文以为正是在这点上，形成了袁枚“性情说”的主张：他指摘明七子的复古弊端，但不是像袁中郎那样只是一味地、激烈地攻击，而是将正面主张“性情说”作为更大的目的；他主张不要以特定的时代和人物作为诗的好坏界限，而要以性情的有无作为基准；他说有性情便有格律，格律不在性情之外。

2. 对王渔洋的批判——性情的有无、多少

在袁枚继承传统理论的问题，该文认为最值得重视的一点，就是王渔洋“神韵说”对他的影响。如果再进一步探寻源流，则是作为严羽诗论特色的“兴趣”境界。袁枚既说严羽之论很对，又说它不过是诗中的一格。认为对严羽诗论全面奉戴、当作至谕的王渔洋和对它全面否定、斥为谬误的冯班，都不是真正懂诗者。

《沧浪诗话》中用的是“兴趣”、“妙处”等语，而袁枚引用时却说成了“有神韵可味”。该文以为这是借用王渔洋“神韵”的话，去解释严羽的“兴趣”、“妙处”。这适足证明他是受了王渔洋“神韵说”的影响。袁枚承认并且尊重渔洋的全部优点。尤其是在诗境论(兴趣论)上，和“神韵说”根本不矛盾。袁枚和王渔洋有对立的观点，这主要是在“性情”的主张上。袁枚所主张的“神韵”诗境，与“性灵”关系密切。根据“风趣专写性灵”的话已经很清楚。更何况他谈到“神韵”诗境，总和“情”、“性情”分不开。

袁枚批评了王渔洋的一些观点，这些观点中与他对立的，主要是“性情”的主张。渔洋诗论以禅悟为基准，世人尊奉为最高妙之论。袁枚对此进行驳斥，并在驳斥中阐明了自己的“性情论”。批评王渔洋的诗缺少性情，这是包括袁枚在内的当时一部分人的意见。

四、中郎主张性灵的必要性与袁枚主张性情的必要性

“性灵”一词，是指活动起来、利用起来了的既灵妙又新鲜的状态中的人的性情；“性情”一词，是指人所固有的、平时处于静止状态的性情。

第一，在袁中郎时代，必须用全力激烈地进攻风靡天下的复古派格调说的弊病，打败他们，以改变世人对于诗文的观点。为此，袁中

郎采用了富有新鲜意味的“性灵”一词，震惊了天下人的耳目，这是非常必要的。

第二，与此相反，袁枚的时代不需要那样做，不如索性利用古代的传统诗论，强调“性情说”。王世贞晚年以后，由于“公安派”、“竟陵派”的反复古理论非常盛行，复古派的理论已经衰落。又加上明末清初的钱谦益对复古派理论进行了体无完肤地攻击，因此已经获得了完全的胜利。和袁枚同时代的沈德潜，采取“格调”、“神韵”二说的优点，提倡“格调说”。但是正如铃木博士所指出的，沈是“温和的格调说”。因而，袁枚对“格调派”的主张，一直是持温和的批评态度。在这种情况下，“性情”的主张自然就成了袁枚诗论的中心。

第三，当时袁枚的想法，是要在文学领域另立一个对立面。他一方面认为方苞和王渔洋是文坛和诗坛的两家正宗，另一方面又贬低他们的诗文才力太薄。

作者总结，袁枚诗论的特点是“性灵”的主张和“性情”的主张并重。最好叫它“性灵的性情说”。“性灵”的主张和“性情”的主张形成了袁枚诗论的两大中心。所谓“性灵的性情”，就是纯真的性情结合真实的物象，所形成的灵妙、活跃的性情。而不是仅仅指那种始终静止不动的、实在的性情。这个理论在明清诗论史上很有地位。它一是补救了“复古派格调说”的短处；二是纠正了“公安派”、“竟陵派”行为过火的弊病；三是对“神韵说”的弱点也有所弥补；四是缓和了历来的“性灵说”与“格调说”、“神韵说”的对立，是力图把三种诗说进行融合的诗论主张。换言之，明七子一派的复古运动，激起了三袁一派的反拟古的论争。这时候王渔洋的“神韵说”也兴盛起来。但是袁枚的“性情”主张，不只是重复三袁一派的理论，而是展开了“性灵的性情”这种“新性情论，是一种向前发展的趋势。它想结束明清诗坛的论争，而企望构成一种尽可能立得住的诗论。该文认为对它的价值的评论，到现在为止还很不够，应该更高一些。

五、在明清诗论史上的地位

作者认为袁枚的性灵和性情的主张在明清诗论史上的地位与意义有以下四个方面：

其一，“补古文辞格调说之短”。

其二，“救公安、竟陵派矫枉过正之弊”。

其三，“也补救了神韵说的弱点”。

其四，“使得以前性灵说与格调说、神韵说之间的对立趋于缓和，形成三诗说相融和的诗论”。

作者还指出，“在纵览前七子至袁枚的诗论变迁史时，我主张这样的变迁过程：古文辞派的格调说——公安派的性灵说——王渔洋的神韵说——袁枚的性灵的性情说”。

进而指出，“袁枚对诗坛的对立攻讦是嗤之以鼻的。袁枚认为，明初高启、杨基、张羽、徐贲所谓吴中四杰的时代，诗道隆盛，没有树立门户之弊风，而前后七子以后，公安派、竟陵派、钱谦益等各张门户，相为争斗，是极其可笑的事，所以袁枚主张‘要平心静气，存其是而去其非’，提出了想折衷诗坛对立的意见”。实际上，袁枚对待各个诗派的立场是客观公正的，“袁枚立脚于反七子的主张，同时又肯定七子和格调说的长处”，“袁枚根据性情的有无、多少论难渔洋，同时又尊重渔洋而接受其神韵说的影响”。

该部分结尾，作者再次重申自己对袁枚的“性灵的性情说”的理解以及这个主张在明清诗坛论争上的终结性意义，“无论是中国的古人，还是明清时代的诗人们，或者是格调说、性灵说、神韵说的主张者们，都主张诗是吟咏性情的。我认为根据我上面的论述可以证明我的主张，即袁枚的诗论是想通过‘性灵的性情说’的主张，使诗坛的对立攻讦偃旗息鼓，使之恢复中国古来的诗之本道的诗论。换句话说，针对明七子的拟古运动，产生了三袁一派的反拟古的论争，其间还出现了渔洋的神韵说，而袁枚的诗论不只是性情的主张这种单纯的复古论，袁枚提出了性灵的性情这种新性情论，具有向前看的发展趋势，形成了能够为明清诗坛上的论争画上句号的诗论，其价值应该予以比过去更高的评价”。

六、其他的诗论

该部分开篇指出，“以上，弄清了袁枚的性灵说的特色在于性灵的性情说的主张，同时论述了性灵和性情的主张，并知道这两个主张形成了袁枚诗论的两大中心。以下要考察的是这两个中心周围的具体的诗论”。

1. 应该注目的资料

《答沈大宗伯论诗书》是袁枚诗论中最值得注目的资料，因为袁枚的诗论比较集中地体现在这篇文章中。

第一，“袁枚提出了‘诗有工拙，而无古今’的观点”。

第二，“袁枚展开了他的古今变迁论。袁枚主张唐人学汉魏而一变汉魏，宋人学唐而一变唐，本不是有一变之心，只是有不得不变之势”。

第三，“提到了明七子学唐不传其心，只拘守其形迹”。

第四，“谈到了今人树立门户的问题”。

该部分最后小结，“这篇文章中谈到了以下几个问题：(一)不能界分特定的时代和人物。(二)性情说。(三)“我”的主张。(四)古今变迁论。(五)对宋元诗的鼓吹。(六)反七子之说。袁枚的诗论在这篇文章中得到了比较集中的表现”。

2. 不以特定的时代和人物分界

袁枚认为，论诗只论工拙，不能论朝代；不应该以时代为区别，而应该以善恶为区别；诗没有唐宋之别，诗只是各人之性情，没有自得之性情就失去了诗之本旨；主张诗的新旧不能以时代定夺，新旧在于诗本身，与唐宋等时代没有关系。

作者特别指出，“袁枚虽然不主张界分特定的时代，但并不是说他认为唐代的诗文和宋元以后的诗文是具有同等价值的”。袁枚认为，“唐宋八大家之文和三唐之诗是可以比作金银的逸品，而宋元以后的诗文有品质好的金银之作，也有品质劣的铜锡之作，只看皮相的耳食之徒以为宋元不如三唐而加以全盘抛弃，那是很‘可惜’的。袁枚的这个意见既是对宋元劣于三唐的观点的批判，也是不把唐代诗文的价值与宋元划一看待的意见”。

3. 具体的主张

该部分开篇指出，“袁枚提出了作诗时不能不辨别清楚似是而非的概念，主张诗要淡、新、朴、健、华、清、厚重、纵横，与之相反，反对诗之枯、纤、拙、粗、浮、薄、笨滞、乱杂等”。

(1)淡=澹=平淡的主张

该文指出，“关于‘平淡’，袁枚引述《漫斋语录》‘诗用意要精深，下语要平淡’之言，并说‘吾爱其言’，为求‘平淡’，每作一诗，总是努力改诗”，“袁枚并不排斥与澹=淡相对立的‘浓’，而是最崇尚‘浓后之淡’”。

作者特别提示，“‘平淡’与‘平庸’是不同的。袁枚是排斥‘平庸’而留心诗之‘奇’的诗人”，“我认为袁枚主张‘新奇’、‘奇警’，也是基于这种想法的”。

(2)朴与巧

该文指出，“袁枚崇尚‘朴’，但也没有排斥与朴相对立的‘巧’，而主张‘大巧之朴’”，“主张用巧之时要去除费心，不能有斧凿之痕迹”，“主张天籁即天然与人巧不可偏废”。

(3)“新”的主张

袁枚认为，“所有的语词都已经被古人说尽了，而唐宋元明各代，才子辈出，都能自成一家，这是因为即情即景而得到其‘新’的缘故”，“袁枚不仅主张‘去陈言’的用词之新，还主张诗境、诗才之新”。

(4)“我”的主张

袁枚主张“为人不能有‘我’，而作诗则不能无‘我’”。作者指出，“袁枚的意见是，在学习众多的古人时，重要的是不能或唐或宋，囿于一隅，等到自己真正积力日久之后，其中有‘我’在，就自然自成一家，而诗道就完成了。也就是说，成一家应该是在学习古人的基础上达到有‘我’的境地”，“通俗地说，‘我’就是‘个性’”。

(5)趣(味)的主张

作者指出，“因为重视‘趣’，所以袁枚把知道真趣作为论诗的资格，也把‘趣’作为评论诗人和作品的标准”，“袁枚既重视有弦外之音、味外之味的诗境，同时也重视语言的酝酿烹炼的表达之功”。

(6)“清”的主张

作者指出，“袁枚要求诗人应该辨别诗之‘清’与‘薄’，主张崇尚诗之‘清’，而不能陷入诗之‘薄’。在评论诗人和诗篇时，袁枚也爱用‘清’字或者‘清’的熟语”。

(7)“真”的主张

作者指出，“袁枚认为，千古文章传真不传伪，所以诗要言志，修辞要立其诚”，“顾远芗说，袁枚所主张的‘真’不是指理智的实在(Actuality)，而是指情绪的真实(Reality)”，“袁枚认为，要作真实的诗就必须有真实的性情”。

(8)重视性情(=情)的主张

作者指出，“袁枚认为是不是真诗由有无性情决定”。

袁枚从诗题与性情的关系这个角度，关于无题诗、有题诗与性情的关系作了以下论述，“汉魏以下的有题诗是先有题而后有诗，与先有性情而作诗的《三百篇》、《古诗十九首》相比，性情就显得少了。至于唐人的试帖诗有格律的限制，性情就离得更远，不会有佳作”。

“袁枚还认为根据诗题分类，诗可以分为写景与言情两类，就难易而论，写景易于言情。”

行文至此，作者总结袁枚的“性情论”为：“情发自心，没有芬芳悱恻之怀，就不能使所有的人感动。诗是诗人表达自己之感情的，诗是人之性情，表达性情的佳作必须是其诗语能动读者之心，其色彩能夺读者之目，其诗味能适读者之口，其诗音能娱乐读者之耳的。性情有厚薄之分，由性情之厚薄而产生诗境之深浅。性情浅薄之诗即使语言表达深奥，其诗境也是浅的；性情深厚之诗即使语言表达浅易，其诗境也是深的，像三百篇、古诗十九首等作是无题诗，而性情深厚，所以是千古绝调；汉魏以后之诗，是有题之诗，性情渐薄，所以少巧妙之作。诗人能聚天地之清气于一身，通过月露风云花鸟这样的外景也能表达自己的性情，而性情之深远者是‘无情之情’这种境地。”

(9)老而莫作诗

“袁枚的意见是，诗是人的精神的发露，年老而精神衰竭，往往多颓唐浮泛之词，就是白居易、陆游这样的大诗人都在所难免，就不用说后世的诗人了。”“老而想作诗，作言情之诗是可以的，而不要作写景之诗。因为观景众人相同，而情只是属于一个人的”。

(10)活句的主张

袁枚认为，“作诗作文需要读书，但是，满纸典故，自夸淹博，都只是些死诗文。袁枚指出这是当时诗流三病之一。”“袁枚对学诗之人的告诫，即为了诗境宽、诗情活，诗人要‘好学深思’”。

(11)读书与诗文相关论

作者指出，“袁枚主张经史之学与诗词之作不可偏废”，“读书是作诗不可缺少的，而与读书的多少没有大关系，问题是如何读书，如何将书之精华变为自己的精神”。

近些年来，日本学术界对我国古代文艺理论的研究很重视，发表了许多专著和论文。该文总结了前人对袁枚诗论的研究成果，提出了自己的观点，主要有：①不同意郭绍虞先生关于袁枚诗论是“修正的性灵说”或“修改的性灵说”的观点，认为虽然袁枚诗论很全面，但性灵特别是性情的主张一直是其中心。②着重阐述了袁枚诗论中性灵、性情二者的关系，认为它们大体相同，但也有小异之处。③袁枚诗论与“公安派”的关系，有继承的一面，也有不同的一面，不同之处主要在于性情的主张上，“公安”很少论到，而这是袁枚的最主要特色。④袁枚诗论和王渔洋“神韵说”的关系，既有继承，又有不同，不同之点主要也是在性情的主张上。因此，作者认为袁枚诗论的地位应该再提高一些，说它既抓住了诗歌创作的最主要问题——性情，进行突出的强调；又避免了“公安”的过火、偏激之失，既批评了“格调派”、“复古派”的弊病，又纠正了“神韵派”的玄虚，是力图融合三家诗说，而以性情为主的一种“新性情说”，代表了明清诗论史上的进步趋势。⑤总结了袁枚的“性灵的性情”的主张在明清诗论史上的地位和意义。认为袁枚的诗论是想通过“性灵的性情说”的主张，使诗坛的对立攻讦偃旗息鼓，使之恢复中国古来的诗之本道的诗论。⑥主要考察了围绕袁枚诗论二大中心“性灵”和“性情”周围的具体的诗论。

作者试用“性灵的性情”说来概括袁枚诗论的特点，这种用法，从字面上看不大符合汉语语法习惯，但通观全文，就会十分明了他的用意是在于突出强调“性情说”，强调袁枚诗论和“公安派”的“性灵说”的不同之点。这个问题很少有人探讨过，因此在袁枚研究史上具有开创性功绩。

引申阅读：

1. 胡明：《论袁枚诗性灵说》，载《文学评论》1982 年第 6 期。

2. [日]横田辉俊著，乔力译：《袁枚的文学观》，载《江西社会科学》1995年第1期。

3. [日]松下忠著，乔力译：《袁枚的性灵说》，载《常德师范学院学报》1995年第2期。

4. [日]铃木虎雄著，许总译：《中国诗论史》第三篇《格调、神韵、性灵三诗说》第五章《性灵说》，南宁：广西人民出版社1989年版。

5. 顾远芗：《随园诗说的研究》，北京：中国书店1988年3月据商务印书馆1936年版影印。

6. 郭绍虞：《照隅室古典文学论集(上编)》，上海：上海古籍出版社1983年第1版，2009年第2版。

7. 王英志：《袁枚评传》第十一章《诗论与诗学批评》第二节《袁枚“性灵说”内涵》，南京：南京大学出版社2002年版。

8. 段宗社：《“性灵”说与诗法论——论袁枚诗学的综合向度》，载《陕西师范大学学报》2012年第1期。

松下忠袁枚研究主要作品目录：

1. [日]松下忠著，卢永璘译：《袁枚“性灵说”的特色——主张“性灵的性情”》，载《文艺理论研究》1981年第2期。

2. [日]松下忠著，乔力译：《袁枚的性灵说》，载《常德师范学院学报》1995年第2期。

3. [日]松下忠著，范建明译：《江户时代的诗风诗论：兼论明清三大诗论及其影响》，北京：学苑出版社2008年版。

27. 王英志《清乾嘉时期日朝对袁枚诗学的批评》

【引 文】

一、引言

清乾嘉时期诗坛盟主、性灵派主将袁枚(1712—1798)，字子才，号简斋，晚号随园老人、仓山叟等，驰骋诗坛近五十春秋，名闻天下，其所倡导的性灵说诗学，推动了清代诗歌的发展，在清诗史上具有重要意义。袁枚所处时代是所谓的"乾隆盛世"，学术思想十分活跃，崇理学与反理学、重汉学与反汉学斗争颇为激烈，袁枚坚定地站在反理学与反汉学的立场上；与学术思想上的碰撞相应，文艺上复古与反复古、重教化与主性灵的抗衡也一直未停止，袁枚则是乾隆诗坛反复古、主性灵思潮的杰出代表。其所倡导的性灵说诗学，旨在反对乾隆诗坛流行的主张复古与诗教的沈德潜格调说，并批评主张义理与文理的翁方纲的肌理说及其以考据为诗的风气①。袁枚最重要的著作《随园诗话》，是其宣传性灵说的主要载体，理论阐释并选录大量性灵诗歌进行印证，两相结合，通俗易懂。袁枚诗学不仅传遍中土，而且蜚声海外，引起了广泛关注与批评，褒贬不一，可见中外文化交流

① 袁枚性灵说的理论主旨是从诗歌创作的主观条件出发，强调创作主体表现具有真情、个性、诗才三方面的要素。在这三块理论基石上又生发出创作构思需要灵感，艺术表现应具有独创性并自然天成；作品内容以抒发真情实感、表现个性为主，感情所寄寓的诗歌意象要灵活、新鲜、生动、风趣；诗歌作品以感发人心，使人产生美感为其主要艺术功能等观点。参见拙著《袁枚"性灵说"新探》，载《清人诗论研究》，江苏古籍出版社 1986 年版，第 19～258 页。

之一斑，亦可见袁枚诗学传播之深远。

袁枚诗学于国内主要是正面影响，所得多为正面批评。蒋湘南《游艺录》有云："袁简斋独倡性灵之说，江南江北靡然从之。自荐绅先生下逮野叟方外，得其一字，荣过登龙，坛坫之局生面别开。"①江浙一带确实是袁枚的"势力范围"，不仅性灵派主要成员如性灵派副将常州赵翼、第一弟子常熟孙原湘等皆属"江南江北"之士，女弟子如常熟席佩兰、杭州孙云凤等多为吴越之女，而且非性灵派而受其熏陶者如黄景仁、陈文述等亦是江浙人士，皆靡然从之，而对于袁枚颇多赞词。但"江南江北"又不足以概括袁枚影响之区域，如从未与袁枚谋面的性灵派殿军四川张问陶，非性灵派的四川李调元、广东宋湘、京城蒙族法式善，等等，亦于袁枚多有褒奖，而他们崭露头角，同样与深受袁枚性灵说熏陶相关②。乾嘉"坛坫之局生面别开"，打破了复古格调诗的束缚，阻遏了学问考据诗的泛滥，大量涌现了抒写真性情、具有个性的性灵诗，袁枚功莫大焉。

袁枚诗学于国内得到之负面批评，表现在不乏对其性灵说诗学乃至其人进行批评或攻击者。如常州洪亮吉公开说其诗与袁枚"取径之不同"③，并于《北江诗话》中标举"性"为第一位，以与袁枚推重"情"为先相抗争，并以此作标准，批评袁枚"诗如通天神狐，醉即露尾"④，失之淫艳。又如章学诚因崇尚理学，对袁枚其人其诗亦大加挞伐："今乃丧心无忌，敢侮圣言，邪说猖狂，骇人耳目。六义甚广，而彼谓《雅》、《颂》劣于《国风》。《风》诗甚多，而彼谓言情妙于男女。凡圣贤典训，无不横征曲引，以为导欲宣淫之具，其罪可胜诛乎？自负诗才，天下第一，庸妄无知矣。"⑤焦循与章氏唱和，亦称"导淫教乱，其人虽死，其害尚存。一二同学之士愤而恨之，欲尽焚

---

① 蒋湘南：《游艺录》，资益堂馆民国二年(1912)刻本。

② 参见拙著《袁枚评传》，南京大学出版社2002年版，第583～593页。

③ 洪亮吉：《答随园前辈书》，《续同人集·文类》卷四，拙编《袁枚全集》第六册，江苏古籍出版社1997年修订版，第354页。

④ 洪亮吉：《北江诗话》卷一，人民文学出版社1983年版，第4页。

⑤ 章学诚：《文史通义校注》卷五，中华书局1985年版，第569页。

其书。"①据郭沫若考，其人即袁枚，其书即《随园诗话》②。此外，桐城姚鼐虽为袁枚撰写过《袁随园君墓志铭并序》，不无赞词，但因诗学观不同，而称袁枚性灵派为"诗家恶派"③，不一而足。

就在中国乾嘉诗坛对袁枚诗学的广泛流行而激起褒贬声浪的时候，日本与朝鲜也在发生着同样的事情。

二、日本江户时代后期对袁枚诗学的批判

姚鼐于《袁随园君墓志铭并序》中说袁枚"名越海邦"④，邱炜萲《五百石洞天挥麈》说得更具体："浙江钱塘袁简斋先生枚，《随园全集》及身而传，风行海内外，久而弥显。"⑤所谓"海邦"、"海外"就是说袁枚著述包括诗学已传及日本与朝鲜。

袁枚诗学对日本文坛的影响甚大，因此日人对其批评较多⑥。清代中日文化交流频繁，特别是江户时代(1603—1849)后期，清人诗集东进日本者可以百数计，汉学成为日本的显学。据日本学者松村昂1998年未刊稿《袁枚〈随园诗话〉在日本的影响》统计，从1791—1859年，袁枚的《随园诗话》、《小仓山房集》、《小仓山房尺牍》、《小仓山房文钞》、《随园三十种》都陆续传入日本。如市河宽斋(1749—1820)，名世宁，字子静，号宽斋，俗称小佑卫门，江户时代后期儒学家、汉诗人、书法家，他引入了《随园三十种》，还编纂了《随园诗抄》于文化十三年(1816)刊行，促成了袁枚性灵诗歌与性灵说的流行。曾为袁枚撰年谱的方濬师所引日人安积信《梅村诗抄》序，则较早透露出有关信息：

① 焦循：《刻诗品序》，《雕菰楼集》卷一五，道光四年刊本。

② 郭沫若：《读随园诗话札记》，作家出版社1962年版，第64页。

③ 姚鼐：《惜抱轩尺牍》卷四，清道光三年刻本。

④ 姚鼐：《惜抱轩诗文集》之《文集》卷一三，上海古籍出版社1992年版，第201～202页。

⑤ 拙编《袁枚全集》第八册附录三，第22页。

⑥ 本文论日本对袁枚诗学的批评，曾参考王晓平《江户折衷诗派的论诗诗》(《中国诗学》第4辑，南京大学出版社1995年版)，特致谢忱。

日本刊有《梅村诗钞》，其国人安积信（姓安积，名信，字思顺）序云："清朝右文，作者蔚兴，而王阮亭为一代冠冕。先阮亭而鸣者为吴梅村，后阮亭而鸣者为袁子才，并皆卓然成一家矣。近儒抄王、袁二家集，既刊行于世，而梅村不与焉……子才天分极高，学问极博，才华飘逸，惊心动魄，颇有李青莲之风，而其间未免纤巧奇僻之习。"①

安积信（1791—1860），字思顺，号艮斋，文学家，著有《艮斋文略》、《艮斋诗略》等，据《蕉轩随录》卷一二记载，他对吴伟业（号梅村）颇崇拜。此序称吴具王、袁等之"众美"，并赞同赵翼《瓯北诗话》"推梅村为大家"；但又遗憾其"事二朝"，不能"取义成仁"，也不能"隐身岩穴"，故慨叹不及"随园之清高远矣"。此序既可窥探清代重要诗人作品于日本流传的情况，也可见其于袁枚以褒扬为主，反映了日本汉学界主流对袁枚的态度。

18 世纪前期日本正德享保汉学界，兴起模仿明"七子"尊唐贬宋的诗风，俞樾《东瀛诗选序》评云："慨然以复古为教，遂使家有沧溟之集，人抱弇州之书，词藻高翔，风骨严重，几与明'七子'并辔齐驰。"②沧溟、弇州指中国 16 世纪明"后七子"之首李攀龙、王世贞，他们崇尚汉魏、盛唐诗，认为"贞元而后，方足覆瓿"③。虽然王世贞晚年尊唐贬宋的思想有所转变，但李、王基本上是倡言文必秦汉、诗必盛唐的。正德享保时期诗人模仿李、王诗集的格调，学习的是伪唐诗，自难有好诗，从而引起一些人的反感，于是 18 世纪中期宝历以后有人排斥伪唐诗，推重宋诗，又走向另一极端。但有识之士，则反对一味尊唐或片面崇宋的门户之见，于是有所谓的"折衷派"之出现。他们反对分唐界宋，主张"我自为我"，而袁枚诗学正适合了他

① 方濬师：《蕉轩随录》卷一二，中华书局 1995 年版，第 450 页。

② 俞樾：《东瀛诗选》卷首，光绪九年刻本。

③ 王世贞：《艺苑卮言》卷一，《历代诗话续编》，中华书局 1983 年版，第 960 页。

们批判日本复古派的需要。

中国诗坛自南宋以降，唐宋诗之争始终未止，至清代则愈演愈烈。清初期，以宗唐为主，但钱谦益开宗宋之先声，宗宋风气不断上升，唐宋诗之争甚是明显，其后互有消长。至清中叶乾隆时期，由于"盛世"的需要，吴地以沈德潜(字确士，号归愚)为代表的格调派，继续鼓吹宗唐思想，而贬抑宋诗；但浙地由于黄宗羲等的影响，以厉鹗(字太鸿，号樊榭)为代表的浙派则推崇宋诗，正如袁枚《随园诗话补遗》卷一〇所云："吾乡厉太鸿与沈归愚，同在浙江志馆而诗派不合。"①袁枚《答沈大宗伯论诗书》也说："先生(按，指沈德潜)诮浙诗，谓言宋习败唐风者，自樊榭为厉阶。"②但乾隆以前的清诗坛于宗唐、宗宋之外，还有第三种微弱的声音，就是调和唐宋。这种折衷的声音到了袁枚则逐渐变为鸿声大音，最后取宗唐、宗宋两大派势力而代之。袁枚既反对"明七子之学唐，是西施之影也"③，批评"抱杜、韩以凌人，而粗手笨脚者，谓之权门托足"的沈德潜与"仿王、孟以矜高，而半吞半吐者，谓之贫贱骄人"的王士禛之宗唐；也嘲笑"走宋人冷径者，谓之乞儿搬家"的厉鹗与"一字一句，自注来历者，谓之古董开店"的以考据为诗的翁方纲(字正三，号覃溪)之宗宋④。他于《答沈大宗伯论诗书》则云：

> 大抵古之人先读书而后作诗，后之人先立门户而后作诗。唐、宋分界之说，宋、元无有，明初亦无有，成、弘后始有之。其时议礼讲学皆立门户，以为名高。"七子"狃于此习，遂皮傅盛唐，扼腕自矜，殊为寡识。然而牧斋之排之，则又已甚。何也？"七子"未尝无佳诗，即公安、竟陵亦然。使掩姓氏，偶举其词，未必牧斋不嘉与。又或使"七子"湮沉无名，则牧斋必搜访而存之。无疑也。惟其有意于摩垒夺帜，乃不暇平心公论，此

---

① 拙编《随园诗话补遗》卷一〇，凤凰出版社2000年版，第617页。

② 袁枚：《小仓山房文集》卷一七，拙编《袁枚全集》第二册，第283页。

③ 拙编《随园诗话》卷五，凤凰出版社2000年版，第124页。

④ 拙编《随园诗话》卷五，凤凰出版社2000年版，第112页。

门户之见。①

袁枚明确反对分唐界宋特别是立门户之习，认为宋、元与明初都无此现象，其始自明“七子”之“皮傅盛唐”与钱谦益(号牧斋)之彻底排斥之。袁枚认为无论是宗唐的明“七子”还是宗宋的公安、竟陵派，“未尝无佳诗”，故不轩轾宗唐、宗宋。他之所以不界分唐、宋，是因为“诗者，人之性情；唐、宋者，帝王之国号。人之性情，岂因国号而转移哉?”②他更援引徐嵩反驳论诗争唐、宋优劣者之言：“吾恨李氏不及姬家耳！倘唐朝亦如周家八百年，则宋、元、明三朝诗，俱号称唐朝诗，诸公何用争哉！须知论诗只论工拙，不论朝代。”妙语解颐。袁枚进而补充说：“余谓诗称唐，犹称宋之斤、鲁之削，取其极工者而言；非谓宋外无斤，鲁外无削也。”③亦喻解深刻。

袁枚殁后七年即1804年，日本刊行了神谷谦编的《随园诗话》。有山北北山(1752—1812)的序云：

> 盖十年前伪《唐诗选》行而腐诗满于时，如宋东坡真正、明中郎清新，求奉之者，不能得数人矣。今日文明之化大敷，人之好尚亦从而换革，真诗盛起，伪诗辈仅仅如晨星也。试以平心公判诗世界，唐、宋岂有胜劣之分乎，况三唐之别乎?……袁枚子才贱其浅薄，主妙字，大排斥之。其言曰：诗妙则论唐、宋乎?④

山北北山，名信有，字天僖，号北山。其所谓伪《唐诗选》指明“后七子”代表李攀龙所编《唐诗选》，曾于日本风行一时。山北北山崇尚宋诗如苏东坡，推重明诗如公安派及其性灵说。他亦服膺袁枚性灵说，此处借用袁枚诗不论唐、宋的观点，反对伪唐诗，有为宋诗张目之

---

① 袁枚：《小仓山房文集》卷一七，拙编《袁枚全集》第二册，第284页。

② 拙编《随园诗话》卷六，第148页。

③ 拙编《随园诗话》卷一六，第402页。

④ 神谷谦编《随园诗话》卷首，日本文化元年(1804)崇文堂文会堂同刊本。

意，与袁枚还不尽同。另神谷谦编的《随园诗话》卷首还有大洼天民(1767—1837)的序亦云：

> 及我辈创立帜于清新性灵之真诗坛，伪诗城垒不攻而降，不战而破……所谓清新性灵者，吐自己之胸怀，不尝古人之糟粕是也。此之谓真诗，所谓专主于活，不参死句是也。我辈以此唱世十余年，于今而犹未恰于海内，何计随园先生亦在彼邦唱之。《随园诗话》之刻在壬子岁(引者按，即清乾隆五十七年，1792)，则去今十三年矣。与我辈之起，殊地同时，事之相遇，若合符节，是岂非天运之所然乎?①

大洼天民，名行，字天民，号诗佛。著有《诗圣堂集》。他与山北北山同样反对明"后七子"伪唐诗而主性灵，故十分推重袁枚《随园诗话》。其所论颇与袁枚性灵说相合，所谓"吐自己之胸怀"，就是袁枚所说的"独写性灵"②的意思，即抒发自己独有的感情，是性灵说的主要内涵。所谓"真诗"，就是袁枚所主张的"性情得其真"③，诗要有真情实感。其所谓的"主于活，不参死句"，就是袁枚所说的"一切诗文总须字立纸上，不可字卧纸上"④，"要教百字活，不许一字死"⑤。所谓"活"，即语言生动传神，有生气，有趣味，亦为性灵说的内涵之一。尽管他说二者是殊地同时，不谋而合，但至少当其读到《随园诗话》后，坚定了其反复古伪唐诗的信心。

日本江户后期的赖山阳(1780—1832)，受袁枚影响亦很明显。赖山阳，名襄，字子成，号山阳。为著名的历史学家与诗人。著有《日本政史》、《日本外史》，以及《山阳遗稿》等。《山阳遗稿》卷二收

---

① 神谷谦编《随园诗话》卷首，日本文化元年(1804)崇文堂文会堂同刊本。

② 拙编《随园诗话补遗》卷七，第489页。

③ 袁枚：《寄程鱼门》其六，《小仓山房诗集》卷六，拙编《袁枚全集》第一册，第93页。

④ 拙编《随园诗话补遗》卷五，第512页。

⑤ 袁枚：《答东浦方伯信来问病》，《小仓山房诗集》卷三七，拙编《袁枚全集》第一册，第924页。

其于文政十年(1828)所作《论诗绝句》二十七首，就是重要例证。据日本学者竹村则行考证，此组绝句与袁枚《仿元遗山论诗》绝句三十八首关系甚密切。袁枚《仿元遗山论诗》见于《小仓山房诗集》卷二七，写于乾隆四十六年辛丑(1781)。其小序云："遗山《论诗》古多今少，余古少今多，兼怀人故也。"其以清康熙诗人王新城(王士禛)开篇，以乾隆诗人"夫己氏"(即翁方纲)结束，所论及的六十余位诗人，十分之九是当朝乾隆诗人。而赖山阳论诗绝句也"以同代人为中心"，主要就是"以袁枚的论诗绝句为楷模而写的"，可看出袁枚《仿元遗山论诗》对赖山阳论诗绝句体制的提醒。袁枚《仿元遗山论诗》有的"兼怀人"，如论蒋苕生(蒋士铨)、赵云松(赵翼)云："云松自负第三人，除却随园服蒋君。绝似延平两龙剑，化为双管斗风云。"袁与赵、蒋有"乾隆三大家"之目，友情亦深厚，诗中赞赏中有怀念之情。又如论"家香亭"："香亭风味学家兄，宋氏郊祁各性情。此日岭南诗太守，弓衣绣满越王城。"①则充满对从弟袁树的手足之思。而赖山阳论诗绝句也如同"在撰述关系密切的友人的回忆录、交友录"②。袁枚《仿元遗山论诗》对赖山阳论诗绝句内容、意旨皆有启发。

对袁枚推重者还有加藤弘庵(1796—1863)，他在为田中恭所编《随园文钞》的序中，称其最欣赏的是"才子之文"，而才子之文的范例就是袁枚之文，誉之为"发挥新异，兼有诡谲，奇思独运，词必己出……矩矱自存，笔墨秀炼，无剿说之陋"③，对袁枚文之创新精神大力赞扬，可谓抓住了袁枚文的精髓。又如广濑旭窗(1807—1863)，名谦，字吉甫，号旭庄，别号梅墩，有《梅墩遗稿》等，论诗反对明"七子"，其《读盛明百家诗》云："我读有明诗，十篇九拟古。""死气蔽纸腾，掩卷几欲吐。"而于《论诗诗》主张："诗者人精神，何必立父祖。""宁创新翻词，休拟古乐府。"其主精神、性灵与重创新、反拟古

① 上引袁枚《仿元遗山论诗》，见《小仓山房诗集》卷二七，拙编《袁枚全集》第一册，第594—596页。

② 竹村则行：《袁枚论诗绝句与赖山阳论诗绝句》，载《中国典籍与文化》1992年第2期。

③ 加藤弘庵：《随园文钞·序》，日本明治十五年(1882)大阪群玉堂刻本。

的诗学思想皆同袁枚性灵说息息相关。因此他另有《咏诸家三首》之一专咏袁子才诗“流传早已动扶桑”，也就顺理成章的了①。此外菊池五山(1769—1849)、梁川星严、中岛松隐(1780—1856)、何野铁兜(1825—1867)等也皆接受了袁枚影响并给予好评②。

以上所述皆对袁枚诗学的正面肯定。袁枚诗学在日本也有负面评价。如上述赖山阳，其所处正是袁枚性灵诗歌与性灵说盛行时期。赖山阳虽然沾溉了袁枚的营养，但却对当代“满口说袁枚”的现象表示不满。其《论诗绝句》之十五云：“历城何及庆阳才，伪体从来缺别裁。竹垞渔洋浑不省，复为满口说袁枚。”历城指明“后七子”代表李攀龙，庆阳指明“前七子”代表李梦阳，两人相比，自然李攀龙不及李梦阳，论断甚当。诗前半是对日本复古派的批评。后半则是对当下日本诗人一味推崇袁枚的批评，他们不知清代诗人甚多，朱彝尊、王士禛都是大家，“浑不省”自然是眼光狭窄的表现。其《夜读清诗人诗戏赋》所谓“如何此间管窥豹，惟把一袁概全清”，质问得有理有力，有益于避免新的门户之习，当然其直接批判的对象并非袁枚。而《夜读清诗人诗戏赋》专论乾隆三大家仓山(袁枚)、瓯北(赵翼)、藏园(蒋士铨)：“健笔谁摩藏园垒，硬语难压瓯北营；仓山浮嚣笔输舌，心怕二子才纵横。③ 此是批判袁枚诗有轻佻之弊，以“浮嚣”概括，“笔输舌”当指词不达意，“心怕”句是说心胸不宽，批评甚苛。菊池海庄(1799—1881)亦于《论诗绝句二十首》对袁枚与赵翼及其诗话予以否定：“诗话也似含宿仇，浅近未足评千秋。霜剑翠蛾皆扮色，毕竟袁赵是老优。”④“话”指《随园诗话》与《瓯北诗话》，认为皆无甚价值。至于袁、赵只是老年优伶而已，装腔作势，亦不值钱矣。还有长野确(1783—1837)对袁枚人品与《随园诗话》皆有微词：“袁子才《随

① 引诗见王晓平《江户折衷诗派的论诗诗》，《中国诗学》第4辑。

② 拙著《袁枚评传》，第624~625页。

③ 上引赖山阳《论诗绝句》，见《山阳遗稿》卷二，日本明治十二年(1879)刻本。

④ 引诗见王晓平《江户折衷诗派的论诗诗》，《中国诗学》第4辑。

园诗话》，其所喜只是《香奁》、《竹枝》，亦可见其人品矣。”①此论与前引洪亮吉、章学诚之论几乎同调。

三、朝鲜王朝后期对袁枚诗学的批评

袁枚诗学于朝鲜王朝后期的影响不及于日本深广，袁枚于朝鲜受欢迎的程度也不及日本。但袁枚著作毕竟还是传入了朝鲜，并引起一定反响。只是人们对袁枚诗学于朝鲜王朝的影响还未给予关注。

袁枚活动的时期相当于朝鲜王朝或曰朝鲜时代(1392—1910)的后期。朝鲜(高丽)大约在18世纪即清乾隆后期对袁枚著作发生兴趣。袁枚自己就曾记载：“方明府于礼从京师来，说高丽国使臣朴齐家以重价购《小仓山房集》及刘霞裳诗，竟不可得，怏怏而去。亡何，金畹香秀才来，又说此事。与前年方公维翰所云相同；但使者姓名不同耳……外夷慕化，往往有之，况高丽原有箕子之余风乎?”②所说朴齐家(1750—1805)，字修其，一字次修，号检书，又号楚亭、贞蕤等。著有《北学议》、《明农初稿》等，属于18世纪朝鲜北学派或曰实学派文学之后期代表诗人。他曾任检书官，自乾隆四十三年(1778)后三次随高丽使节团来到中国，与许多中国诗人、书画家交往，并采购中国诗人的作品引入朝鲜。《小仓山房集》即是其欲采购的作品之一。考《随园诗话补遗》卷四有“余今岁约女弟子骆绮兰同游西湖”③语，而“今岁”为乾隆五十五年(1792)，则所记朴齐家求购《小仓山房集》事亦发生在此年，为朴齐家第二次入燕京时期。方濬师《随园先生年谱》亦云袁枚：“编《全集》六十卷，高丽使臣朴齐家等，曾以重价购之。”④蒋敦复《随园轶事·高丽使臣购〈随园集〉》的记载更详细：“高丽使臣李诚薰、洪大荣等，奉使来华，读先生(引者按，指袁枚)

① 长野确：《松阴快谈》卷三，《昭代丛书》本，上海书店出版社1994年影印。

② 拙编《随园诗话补遗》卷四，第507页。

③ 拙编《随园诗话补遗》卷四，第498页。

④ 拙编《袁枚全集》第八册，第17页。

集，竞相倾倒，各以重金购数十部，归国分赠侪辈。逾年，又特派人来购倍前数。嗣是络绎来购者不绝于时。"①可见当时高丽国人热衷引进袁枚著作之一斑。

17世纪至19世纪中叶朝鲜出现的北学派文学是进步流派的文学。其18世纪的代表作家有李德懋(1741—1793)、柳得恭(1748—?)、朴齐家、李书九(1754—1825)。此四人都是著名实学派学者、小说家朴趾源(1737—1805)的学生，都受到朴趾源实学思想的影响，先后到过中国，反对传统的华夷观点，而积极主张引进清朝的先进文化，坚持接受清朝的诗歌文学。如朴齐家《北学议·北学辨》云："今不识陆陇其、李光地之姓名，顾亭林之尊周，朱竹垞之博学，王渔洋、魏叔子之诗文，而断之曰'道学文章俱不足观，并与天下之公议而不信焉'，吾不知今之人，何恃而然欤。夫载籍极博，理义无穷，故不读中国之书者自画也，谓天下尽胡也者诬人也。"②对清代前期学者、诗人颇为推重，明确反对轻视"胡"即清朝的偏见。他们思想上反对朱子理学，反对空谈，主张研究实用学问，倡导社会改革与进步；在文学上主张创新，反对模仿，鄙弃吟风弄月、无病呻吟的作品。其文学观与袁枚有所相通，因此对袁枚诗学颇有好感。

朴趾源的《热河日记》，记录了作者于1780年(清乾隆四十五年)来到中国之所见所闻，于回国后的1784年(清乾隆四十九年)成书。据此书记载，他来到中国后曾向尹嘉铨问及中国当代诗人以谁为首时，尹嘉铨回答的是袁枚③。尹嘉铨字亨山，博野人。清雍正乙卯(1735)举人，历官大理寺卿。尹氏的回答当给朴趾源留下深刻印象，也会影响其弟子对袁枚诗学的看法。

朴趾源弟子李德懋，字懋官，号炯庵、雅亭等，著有《清脾录》四卷，收在其《青庄馆全书》中。此书共一百七十七条，"约七十来条

---

① 拙编《袁枚全集》第八册，第50~51页。

② 《贞蕤集》附《北学议》，《韩国史料丛书》第十二。韩国国立江陵大学中文系崔日义教授提供，特表谢忱。

③ 朴趾源：《热河日记》卷四，上海书店出版社1997年版，第268页。

评论中国诗人的诗作"①。他虽论及唐、宋、元、明诗人，但重点还是论清代诗人，如吕留良、魏际瑞、金圣叹、陈维崧、毛奇龄、王士禛、王士禄、李光地、严诚、沈德潜、潘庭筠、郭执桓、李调元、徐石麒，等等，当然还有袁枚，从清初论至清中叶。

李德懋与时在燕京的李调元有交往，为其"于友朋交际，情真语挚"所感动，赞其诗"步武腾骧，边幅展拓，每一读之，襟抱豁如，雄秀博达，浩无端倪"②，于《清脾录》摘录大量诗句。而李德懋与时在金陵随园的袁枚并未谋面，其论"袁子才"，是记录李调元的介绍：

> 袁枚字子才，李雨村称之曰："子才当今第一才人。子才著述甚富，今年七十余。以庶吉士改上元知县，官止于此，然天下知与不知，皆称道。余《尾蔗轩闲谈》备言其事。最工怀古。其《博浪城》诗云……"雨村又曰："袁子才、蒋士铨俱翰林，而高蹈不立朝，放荡于山水江湖……"③

李调元(字雨村)一生虽未与袁枚见面，但对袁枚极其崇拜，曾刻印《袁诗选》"以为多士式"，称"余诗不足学，诸生其学袁诗可也"，并誉袁诗"凌轹百代，自成一家"④。枚以此有"生前知己，古未有也"⑤之叹。而且袁枚亦知晓李调元在朝鲜的名气，誉云"西蜀多才今第一，鸡林合有绣图供"⑥，鸡林即谓朝鲜。李调元在李德懋面前大赞袁枚的为人与作品，对于扩大袁枚于朝鲜的名声不无作用。李德懋虽未加评论，但显然是赞同的。只是朝鲜当时正面、具体阐释袁枚诗学的文字似乎不多，而高度评价王士禛、朱彝尊、沈德潜、翁方纲诗学的文字则较多。

---

① 邝健行等选编《韩国诗话中论中国诗资料选萃》，中华书局 2002 年版，第 236 页。

② 邝健行等选编《韩国诗话中论中国诗资料选萃》，第 261 页。

③ 邝健行等选编《韩国诗话中论中国诗资料选萃》，第 262 页。

④ 李调元：《袁诗选序》，《童山文集》卷五，《丛书集成初编》本。

⑤ 拙编《随园诗话补遗》卷九，第 601 页。

⑥ 转引自罗焕章主编《李调元诗注·前言》，巴蜀书社 1993 年版。

朝鲜对袁枚大加非议的代表是金正喜(1786—1856)，字元春，号阮堂。其晚于李德懋、朴齐家等人三四十年，著有《阮堂集》，其中论诗文字十三则，名曰《阮堂诗话》，被邝健行等编入《韩国诗话中论中国诗资料选萃》。金正喜童年受业于朴齐家。“年二十四，己巳(引者按，时当清嘉庆十四年，1809)，但以进士出身，随家严酉堂为燕京使，后博访名家，中惟以阮芸台元、翁覃溪方纲为深知结交；然止竟执贽于覃溪门下”，其“始见覃溪处，仿佛乎苏子由得第于京师，拜见六一居士，想见天下文章尽在于此之景象”①。既为翁方纲弟子，金正喜的诗学观不能不深受老师的影响。对于虽已故去而生前对自己恩师曾嘲讽为“误把抄书当作诗”②的袁枚，自然不会褒奖。其评价清代诗人云：

> 诗道之渔洋、竹垞，门径不误。渔洋纯以天行，如天衣无缝，如华严楼阁，一指弹开，难以摸捉。竹垞人力精到，攀援梯接，虽泰山顶上，可进一步。须以竹垞为主，参之以渔洋色香声味，圆全无亏缺。至如牧斋，魄力特大，然终不免天魔外道，其最不可看。专从渔洋、竹垞下手为妙。下此又有查初白，是两家后门径最不误者也。由是三家进以元遗山、虞道园，溯回于东坡、山谷，为入杜准则，可谓功成愿满，见佛无怍矣。此外旁通诸家，左右逢源，在其心力眼力。并到处如镜镜相照，印印相合，不为魔镜所误也。覃集果难读，经艺、文章、金石、书画打成一团，非浅人所得易解。然细心读过，线路脉络，灿然具见。特世人不以用心，外舐没味，不知谏果之回甘、蔗境之转佳耳。以鄙见闻，乾隆以来，诸名家项背相连，未有如钱箨石与覃溪者，蒋铅山可得相埒。而如袁随园辈，不足比拟矣，况其下此

① 河谦镇：《东诗话》，邝健行等选编《韩国诗话中论中国诗资料选萃》，第346页。

② 袁枚：《仿元遗山论诗》其三十八，《小仓山房诗集》卷二七，拙编《袁枚全集》第一册，第596页。

者乎?①

金正喜对清前期至中期著名诗人一一进行了评骘，表明其于清诗是比较熟悉的，也有独到之见。他很欣赏前期“门径不误”的王士禛(渔洋)、朱彝尊(竹垞)，但又遗憾其“难以摸捉”，或须“进一步”；于查慎行(初白)则最满意，所谓“门径最不误者也”，惜语焉不详。对钱谦益(牧斋)则先褒后贬，而“其最不可看”之评，终是恶贬。对中期诗人最推崇的自然是其老师翁方纲(覃溪)，并为其诗“难读”辩解，认为是世人不用心体会，不懂其回甘之味、转佳之境。

同时对钱载(箨石)、蒋士铨(铅山)亦予好评。惟独对“袁随园辈”，即包括赵翼等性灵派，评价甚低，认为远不可与翁方纲相比。其对王、朱、查的评价还不无道理，对大家钱谦益的恶评显然是偏见②。对钱载与蒋士铨有些溢美。此皆不论。重点是对袁、翁之评，有颠倒是非之嫌。翁方纲诚然学问不错，乃经学家，金石书画家，但决不是出色的诗人。其标举肌理说，义理与文理并重。而其义理是指包括六经在内的学问，所谓：“士生今日经学昌明之际，皆知以通经学古为本务。而考订训诂之事与词章之事，未可判为二途。“士生今日宜博经史考订，而后其诗大醇。”③肌理说是乾隆汉学考据之风盛行的产物。它既是以经术学问救王士禛神韵诗之虚空，以“穷形尽变”之法，补救沈德潜格调诗摹拟之弊；同时也与袁枚性灵说分庭抗礼。《清史稿》翁方纲本传称翁“所为诗多至六千余篇，自诸经注疏以及史传之考订、金石文字之爬梳，皆贯彻洋溢于其中，盖以学为诗者”。既然以学为诗，则不重视真情与个性，亦无须凭借诗才灵性。其所作多为押韵的考订、金石文字而已。袁枚批评其“经学渊深，而诗多涩

① 金正喜:《阮堂诗话》，邝健行等选编《韩国诗话中论中国诗资料选萃》，第316页。

② 朴汉永之《石林随笔》有具体反驳意见，如云“清初诗人，以钱谦益、吴伟业为最……实可称为大家，即清诗人中亦未能或之先也”，等等，详见邝健行等选编《韩国诗话中论中国诗资料选萃》，第348页。

③ 翁方纲:《蛾术集序》，《复初斋集》卷四，光绪三年刻本。

闷，所谓学人之诗，读之令人不欢”①，又嘲笑有学问而无性灵者：“当为考据之学，自成一家，何必借为诗卖弄?”②翁方纲虽不无佳作，但其考据诗确实“难读”不“易解”，既无回甘，也无蔗境。金正喜从翁方纲学习考证学和金石学等学问，沉浸其中，翁方纲诗于他或许可解，有“线路脉络，灿然具见”的美感，但对大多数人则未必。他对袁枚的贬低，一是出于门户之见，惟翁师马首是瞻；二是对袁枚性灵说与性灵诗于清诗的开创性意义不能理解，或只看到性灵诗的缺点，以偏概全。他曾说：

> 然性灵格调具备，然后诗道乃工。然《大易》云：进退得丧，不失其正。夫不失其正者，以诗道言之，必以格调裁整性灵，以免乎淫放鬼怪，而后非徒诗道乃工，亦不失其正也。况于进退得丧之际乎?③

这是认为袁枚诗有所谓纤佻浮薄之弊，须以沈德潜格调说的诗教观去“裁整性灵”，以使其符合儒家“诗无邪”的正统观念，或翁方纲的“义理”要求。他不能认识性灵诗反传统的革新一面，袁诗与翁诗相比，后者不及前者远甚。后来的朴永汉(1870—1948)曾引时人之评，称翁方纲“文不及桐城与阳湖派，诗逊于沈归愚及袁、赵、庄三家”④，可称持平之论。

18世纪清诗人于朝鲜诗坛影响最大的是王士禛(阮亭)，朝鲜诗话论及王者最多⑤。王士禛于朝鲜诗歌也有所了解，其《论诗绝句》

---

① 拙编《随园诗话》卷四第89页。

② 拙编《随园诗话》卷五第110页。

③ 金正喜：《题彝斋东南二诗后》，金翊焕编《阮堂集》卷六，1934年京城永生堂刊行。韩国崔日义教授提供。

④ 按，“袁、赵、庄”当为乾隆三大家“袁(枚)、赵(翼)、蒋(士铨)”之误。引文见朴汉永《石林随笔》，邝健行等选编《韩国诗话中论中国诗资料选萃》，第347页。

⑤ 柳晟俊：《朝鲜王朝后期清诗研究概况——以王士禛为中心》，载《苏州大学学报》2007年第3期。

之一云："澹云微雨小姑祠，菊秀兰衰八月时。记得朝鲜使臣语，果然东国解声诗。"前两句就是朝鲜使臣金尚宪于明末过登州所作《登州次吴秀才韵》诗句。王士禛《渔洋诗话》抄录其诗作多首，曾记"康熙己未(1679)，遣侍卫郎曋、太学生孙致弥往朝鲜采诗"之事。王士禛《池北偶谈》中还抄录了《朝鲜采风录》中的大量诗歌，"皆近体诗"①。袁枚多次批评过王士禛，从而引起朝鲜诗家对袁枚批评的讨论。袁枚云：

> 本朝古文之有方望溪，犹诗之有阮亭，俱为一代正宗，而才力自薄。近人尊之者诗文必弱，诋之者诗文必粗，所谓佞佛者愚，辟佛者迂。②
>
> 不相菲薄不相师，公道持论我最知。一代正宗才力薄，望溪文集阮亭诗。③
>
> 严沧浪以禅喻诗，所谓"羚羊挂角"、"香象渡河"，有神韵可味，"无迹象可寻"。此说甚是。然不过诗中一格耳。阮亭奉为至论，冯钝吟笑为谬谈，皆非知诗者。④

袁枚认为王士禛乃康熙诗坛一代正宗，其清才雅调不可代替，神韵诗可成一家数。但其才力不厚，诗境较窄，又不可过誉。此确实是"公道持论"。朝鲜诗人在提到王士禛时，自要参考袁枚之评。金正喜对袁枚之评就提出异议与批评：

> 文章论定，古今所难，袁子才以阮亭诗为才力薄，而不得不推为一代正宗。是终不得掩其所占地位而并夺之也。假使若自反，才力与正宗，俱难议到耳……袁、蒋固当时只眼，犹未免于

---

① 上引王士禛诗文均见《带经堂诗话》卷二一《采风类》七，人民文学出版社1982年版，第616～617页。

② 拙编《随园诗话》卷二第36页。

③ 袁枚：《仿元遗山论诗》其一，《小仓山房诗集》卷二七，拙编《袁枚全集》第一册，第594页。

④ 拙编《随园诗话》卷八，第204页。

盗之招，况下此者耶！①

此评甚至怀疑袁枚欲夺王士禛之“地位”，并讥讽袁才力与正宗地位皆远不及王。后来的朝鲜学者金泽荣(1850—1927)，字于霖，号沧江，堂号韶濩堂主人，则认同袁枚对王士禛的评价：

> 王贻上(按，王士禛一字贻上)诗自是后代诗之偏调，不可得列于大家之数，然格法既极脱洒，而调律之妙尤不可及。其调律之妙，袁随园已说之详矣。②

此可视为对金正喜前辈的回应。

总的来看，袁枚在朝鲜的影响不及日本大，今见有关批评资料也较少。其原因韩国崔日义教授认为：一是袁枚没有编纂诗歌选集，而王士禛、沈德潜都编有诗歌选集。当时印刷术不发达，汉文典籍不能普遍流通，而朝鲜学者大部分都依靠中国诗歌选集学习汉语，并了解清代诗人的。二是袁枚不在燕京活动，因此当时来中国的朝鲜学者没有办法和袁枚结交，只能通过他人的介绍才能对袁枚的文学成就有所了解，自然了解有限，介绍不多了。此见解有一定参考价值。

(载《文艺研究》2008 年第 12 期)

【评　介】

王英志小传见前文。

该文在第一部分“引言”里，首先指出“袁枚诗学于国内主要是正面影响，所得多为正面批评”。并指出袁枚诗学的积极意义：“乾嘉‘坛坫之局生面别开’，打破了复古格调诗的束缚，阻遏了学问考据诗的泛滥，大量涌现了抒写真性情、具有个性的性灵诗，袁枚功莫大

① 金正喜：《杂识》，《阮堂集》卷八，韩国崔日义教授提供。

② 金泽荣：《杂言四》，《韶濩堂文集定本》卷八，中华南通翰墨林书局 1922 年版。

焉。”该文并没有忘记分析“袁枚诗学于国内得到之负面批评，表现在不乏对其性灵说诗学乃至其人进行批评或攻击者”。

该文第二部分分析了“日本江户时代后期对袁枚诗学的批判”。

该部分首先指出，“袁枚诗学对日本文坛的影响甚大，因此日人对其批评较多”。袁枚诗学对日本文坛大的影响主要表现在，“据日本学者松村昂1998年未刊稿《袁枚〈随园诗话〉在日本的影响》统计，从1791—1859年，袁枚的《随园诗话》、《小仓山房集》、《小仓山房尺牍》、《小仓山房文钞》、《随园三十种》都陆续传入日本”。并举例说明受袁枚诗学影响的诗人，“如市河宽斋(1749—1820)，名世宁，字子静，号宽斋，俗称小佑卫门，江户时代后期儒学家、汉诗人、书法家，他引入了《随园三十种》，还编纂了《随园诗抄》于文化十三年(1816)刊行，促成了袁枚性灵诗歌与性灵说的流行”。还指出，曾为袁枚撰年谱的方濬师所引日人安积信《梅村诗抄》序，“此序既可窥探清代重要诗人作品于日本流传的情况，也可见其于袁枚以褒扬为主，反映了日本汉学界主流对袁枚的态度”。

接下来，作者鸟瞰了18、19世纪日本诗坛生态状况，“18世纪前期正德享保汉学界，兴起模仿明‘七子’尊唐贬宋的诗风”。“于是18世纪中期宝历以后有人排斥伪唐诗，推重宋诗，又走向另一极端。但有识之士，则反对一味尊唐或片面崇宋的门户之见，于是有所谓的‘折衷派’之出现。他们反对分唐界宋，主张‘我自为我’，而袁枚诗学正适合了他们批判日本复古派的需要。”

而中国诗学界，袁枚诗学的优势正是在唐宋诗之争中逐渐凸显的，“中国诗坛自南宋以降，唐宋诗之争始终未止，至清代则愈演愈烈。清初期，以宗唐为主，但钱谦益开宗宋之先声，宗宋风气不断上升，唐宋诗之争甚是明显，其后互有消长。至清中叶乾隆时期，由于‘盛世’的需要，吴地以沈德潜(字确士，号归愚)为代表的格调派，继续鼓吹宗唐思想，而贬抑宋诗；但浙地由于黄宗羲等的影响，以厉鹗(字太鸿，号樊榭)为代表的浙派则推崇宋诗”。“但乾隆以前的清诗坛于宗唐、宗宋之外，还有第三种微弱的声音，就是调和唐宋。这种折衷的声音到了袁枚则逐渐变为鸿声大音，最后取宗唐、宗宋两大派势力而代之。”因为，“袁枚明确反对分唐界宋特别是立门户之习，认为宋、元与明初都无此现象，其始自明‘七子’之‘皮傅盛唐’与钱谦益(号牧斋)之彻底排斥之”。“他之所以不界分唐、宋，是因为‘诗者，人之性情；唐、宋者，帝王之国号。人之性情，岂因国号而转移哉?’”

继而分析了18世纪后期至19世纪日本诗坛接受袁枚诗学的诗人，袁枚殁后七年即1804年，日本刊行了神谷谦编的《随园诗话》，有山北北山(1752—1812)和大洼天民(1767-1837)的序，两人都“反对明‘后七子’伪唐诗而主性灵，故十分推重袁枚《随园诗话》”。而“日本江户后期的赖山阳(1780—1832)，受袁枚影响亦很明显。赖山阳，名襄，字子成，号山阳。为著名的历史学家与诗人。著有《日本政史》、《日本外史》，以及《山阳遗稿》等。《山阳遗稿》卷二收其于文政十年(1828)所作《论诗绝句》二十七首，就是重要例证。据日本学者竹村则行考证，此组绝句与袁枚《仿元遗山论诗》绝句三十八首关系甚密切。”因此，袁枚《仿元遗山论诗》对赖山阳论诗绝句的体制、内容和意旨皆有启发。

作者还指出，加藤弘庵(1796—1863)、广濑旭窗(1807—1863)、菊池五山(1769—1849)、梁川星严、中岛松隐(1780—1856)、何野铁兜(1825—1867)等也接受了袁枚影响并给予好评。

袁枚诗学除了上述在日本诗坛的正面的推重外，也有负面评价，“如上述赖山阳，其所处正是袁枚诗歌与性灵说盛行时期。赖山阳虽然沾溉了袁枚的营养，但却对当代‘满口说袁枚’的现象表示不满。”菊池海庄(1799—1881)亦于《论诗绝句二十首》对袁枚与赵翼及其诗话予以否定，而长野确(1783—1837)对袁枚人品与《随园诗话》皆有微词。

该文第三部分则重在论述朝鲜王朝后期对袁枚诗学的批评。

这部分首先总括了朝鲜后期诗坛对袁枚的接受情况，“袁枚诗学于朝鲜王朝后期的影响不及于日本深广，袁枚于朝鲜受欢迎的程度也不及日本。但袁枚著作毕竟还是传入了朝鲜，并引起一定反响。只是人们对袁枚诗学于朝鲜王朝的影响还未给予关注”。

继而指出，“袁枚活动的时期相当于朝鲜王朝或曰朝鲜时代(1392—1910)的后期。朝鲜(高丽)大约在18世纪即清乾隆后期对袁枚著作发生兴趣”。袁枚自己在《随园诗话补遗》就曾记载“高丽国使臣朴齐家以重价购《小仓山房集》及刘霞裳诗”，所说朴齐家(1750—1805)，“属于18世纪朝鲜北学派或曰实学派文学之后期代表诗人。他曾任检书官，自乾隆四十三年(1778)后三次随高丽使节团来到中国，与许多中国诗人、书画家交往，并采购中国诗人的作品引入朝鲜。《小仓山房集》即是其欲采购的作品之一”。

作者进而交代17世纪至19世纪中叶朝鲜诗坛状况，此时“出现的北学派文学，是进步流派的文学”。“其18世纪的代表作家有李德懋(1741—1973)、柳得恭(1748—?)、朴齐家、李书九(1754—1825)。此四人都是著名实学派学者、小说家朴趾源(1737—1805)的学生，都受到朴趾源实学思想的影响，先后到过中国，反对传统的华夷观点，而积极主张引进清朝的先进文化，坚持接受清朝的诗歌文学。”难能可贵的是，“他们思想上反对朱子理学，反对空谈，主张研究实用学问，倡导社会改革与进步；在文学上主张创新，反对模仿，鄙弃吟风弄月、无病呻吟的作品。其文学观与袁枚有所相通，因此对袁枚诗学颇有好感”。

对于袁枚诗学对北学派文学影响，据朴趾源的《热河日记》记载，他来到中国后曾向尹嘉铨问及中国当代诗人以谁为首时，尹嘉铨回答的是袁枚。尹氏的回答当给朴趾源留下深刻印象，也会影响其弟子对袁枚诗学的看法。朴趾源弟子李德懋，著有《清脾录》四卷，重点是论清代诗人。李德懋与时在燕京的李调元有交往，而且“李调元在李德懋面前大赞袁枚的为人与作品，对于扩大袁枚于朝鲜的名声不无作用。李德懋虽未加评论，但显然是赞同的。只是朝鲜当时正面、具体阐释袁枚诗学的文字似乎不多，而高度评价王士禛、朱彝尊、沈德潜、翁方纲诗学的文字则较多”。

朝鲜对袁枚大加非议的代表诗人为金正喜(1786—1856)，其晚于李德懋、朴齐家等人三四十年，著有《阮堂集》，其中论诗文字十三则，名曰《阮堂诗话》，入燕京后为翁方纲弟子。“他对袁枚的贬低，一是出于门户之见，惟翁师马首是瞻；二是对袁枚性灵说与性灵诗于清诗的开创性意义不能理解，或只看到性灵诗的缺点，以偏概全。”

本文进而指出，朝鲜后期诗坛对袁枚诗学的拒斥，除了上述原因，还因为“18 世纪清诗人于朝鲜诗坛影响最大的是王士禛(阮亭)，朝鲜诗话论及王者最多”。袁枚多次批评过王士禛，从而引起朝鲜诗家对袁枚批评的讨论，“袁枚认为王士禛乃康熙诗坛一代正宗，其清才雅调不可代替，神韵诗可成一家数。但其才力不厚，诗境较窄，又不可过誉。此确实是‘公道持论’。朝鲜诗人在提到王士禛时，自要参考袁枚之评。如金正喜对袁枚之评就提出异议与批评”，“甚至怀疑袁枚欲夺王士禛之‘地位’，并讥讽袁才力与正宗地位皆远不及王”。

此外，“袁枚在朝鲜的影响不及日本大，今见有关批评资料也较少。其原因韩国崔日义教授认为：一是袁枚没有编纂诗歌选集，而王士禛、沈德潜都编有诗歌选集。当时印刷术不发达，汉文典籍不能普遍流通，而朝鲜学者大部分都依靠中国诗歌选集学习汉语，并了解清代诗人的。二是袁枚不在燕京活动，因此当时来中国的朝鲜学者没有办法和袁枚结交，只能通过他人的介绍才能对袁枚的文学成就有所了解，自然了解有限，介绍不多了”。

综上所述，该文认为，清乾嘉时期性灵派主将袁枚，以其所倡导的性灵说诗学，反对主张复古与诗教的沈德潜格调说，并批评主张义理与文理的翁方纲肌理说及其以考据为诗之风，推动了清代诗歌的健康发展，在清诗史上具有重要意义。袁枚诗学不仅在国内影响深广，而且蜚声海外，于日本江户时代后期甚受重视，因其适合了“折衷派”批判日本诗坛复古派的需要，所以以获得正面批评为主。袁枚诗学于朝鲜王朝后期的影响则不及日本，虽然北学派对袁枚诗学颇有好感，但阐释文字不多，而其他人对其所进行的负面批评却更具体实在。因此，从该文我们既可见清乾嘉时期中外文化交流之一斑，亦可见袁枚诗学传播之深远。

引申阅读：

1. [日]竹村则行：《袁枚论诗绝句与赖山阳论诗绝句》，载《中国典籍与文化》1992 年第 2 期。

2. 王晓平：《江户折衷诗派的论诗诗》，载《中国诗学》第 4 辑，南京大学出版社 1995 年版。

3. 李鹏：《性灵派与江户后期汉诗诗坛——以袁枚、赵翼诗歌及诗话在日本的传播为中心》，载《中国典籍与文化》2004 年第 2 期。

4. 刘芳亮：《袁枚与日本江户汉文学——以与广濑淡窗诗论的比较为中心》，载《晋阳学刊》2008 年第 3 期。

5. [韩]崔日义：《韩国朝鲜后期诗坛接受袁枚诗学之状况》，载《苏州大学学报》2010 年第 2 期。

6. 王晓平：《近代中日文学交流史稿》第二章《袁枚〈随园诗话〉与广濑淡窗〈淡窗诗话〉》第一节《广濑淡窗与清中叶诗论》、第二节《〈淡窗诗话〉与袁枚性灵说》、第三节《和歌审美传统对汉诗理论的渗透》，长沙：湖南文艺出版社 1987 年版。

7. 王英志：《袁枚评传》第十五章《深远影响》，南京：南京大学出版社 2002 年版。

王英志袁枚研究主要作品目录：

参见前文。

28. 高玉海《“游戏谰言”与“孤愤之书”——袁枚与蒲松龄小说观比较》【存目】

【评　介】

该文发表在《明清小说研究》2009年第4期。

高玉海(1969—　)，黑龙江依兰人。1992年、1995年于东北师范大学先后获文学学士、文学硕士学位，2001年于华东师范大学获文学博士学位，2003—2005年在东北师范大学做博士后，现为浙江师范大学人文学院教授，硕士研究生导师，中国红楼梦学会理事。近年出版学术专著《明清小说续书研究》、《古代小说续书序跋释论》两部，主编《中国古代分体文学史》、《中国文学史》两部。在《中国文学研究》、《明清小说研究》、《红楼梦学刊》、《文献》等发表论文三十余篇。曾获辽宁省第八届社会科学优秀科研成果论文三等奖(2002)、浙江省第十三届哲学社会科学优秀科研成果著作三等奖(2006)。主持教育部规划项目一项(2009)、辽宁省教育厅科研项目一项(2003)、浙江省哲学社会科学规划项目一项(2005)，参加教育部规划项目一项。学术专长为先秦两汉文学研究、中国古代小说研究。

该文敏锐地抓住学界对于袁枚《子不语》是否为蒲松龄《聊斋志异》的模拟之作看法不一这个问题，从袁枚和蒲松龄的个人经历、《子不语》和《聊斋志异》各自序文以及两部小说集所表现出的迥异的艺术风格三个方面展开详细论证，从而得出“《子不语》与《聊斋志异》是截然不同的两部文言小说集”的可靠观点。

该文首先提出问题，分析学界对《子不语》和《聊斋志异》关系的看法。该文认为学界关于二者的关系有三种观点，“一种观点认为《子不语》是典型的‘蒲派’小说，即模拟《聊斋志异》而作。另一种观点认为《子不语》是‘反聊斋’小说，即不满《聊斋志异》而创作的小说。除上述两种截然相反的观点外，再有就是调和两派观点者”。

作者紧接着从袁枚与蒲松龄的身世经历、《子不语》和《聊斋志异》各自序文及《子不语》和《聊斋志异》艺术风格三个视角透析了袁枚与蒲松龄不同的小说观。

一、从袁枚与蒲松龄的身世经历，看二者性情的不同。

该文认为，袁枚与蒲松龄虽然同为寒门出身，但由于两人截然相反的性情，导致他们的人生经历是完全不同的两种际遇。

二、从《子不语》和《聊斋志异》各自序文看袁枚和蒲松龄的小说观。

该文认为，《聊斋志异》有蒲松龄所写自序性质的《聊斋自志》，袁枚在《子不语》前也写有一篇自序文章，两相比较可以见出两人小说创作动机的不同，“蒲松龄直言不讳称其书为‘孤愤之书’，大胆地将自己有感而发、有所寄托的主导思想公诸于众”。“这与袁枚‘戏编’、‘自娱’等表白形成鲜明的对比，而这两种截然不同的创作动机的表白，正是他们对社会、对人生不同态度的体现。”作者认为，《聊斋志异》是蒲松龄大半生的心血凝结而成的，袁枚《子不语》则在诗文及史学、考辨之余搜集编撰而成，袁枚在序文中表白创作此书目的：一是娱乐消遣，既自娱又娱人；二是要通过编撰《子不语》来陶冶性情，破除凡庸和惰性，起到振奋精神的作用。

该文认为判断《子不语》是否为《聊斋志异》仿作，如果能知道袁枚对《聊斋志异》有怎样的评价则更有说服力。袁枚对《聊斋志异》评价甚少，仅在其为《子不语》所作序言中提及一句，而这句又被袁枚在刊刻《子不语》时删掉了，这句话即“《聊斋志异》殊佳，惜太敷衍”。很多论者以为袁枚此语表明其对《聊斋志异》十分推崇，而断定《子不语》“不能不受其影响”。该文却认为，“袁枚此语主要是表明对《聊斋志异》的不满。实际上，袁枚对《聊斋志异》写法并不赞同，所谓敷衍，即指详细叙述并铺陈发挥之意。《聊斋志异》‘描写委曲，叙次井然’，袁枚对《聊斋志异》的委婉细腻的传奇笔法并不欣赏，在《子不语》中‘屏去雕饰，反近自然’”。

三、《子不语》和《聊斋志异》艺术风格的不同。

该文还从情节结构、故事内容、语言风格三个视点，通过具体例证深入比较了《子不语》和《聊斋志异》截然不同的艺术风格。

该文最后指出,《子不语》和《聊斋志异》尽管有相似之处,但就总体特征而言,无论是作者身世经历、创作动机,还是作品所表现的艺术风格来看,《子不语》和《聊斋志异》都难以相提并论。《子不语》既无意于模拟《聊斋志异》,袁枚也未必比之蒲松龄"心有余而力不足",二人一个以诗文著称于世,一个以小说泽被后人,各有千秋。

清代文言小说集《子不语》和《聊斋志异》在小说性质、小说史地位,以及由此对作者袁枚和蒲松龄的小说创作风格等方面的评价,长期以来存在模糊不清甚至相互矛盾的观点,该文从袁枚和蒲松龄身世经历、小说创作态度以及小说风格三个方面展开分析论证,尤其以袁枚对《聊斋志异》的评价为依据,从而纠正学界对《子不语》和《聊斋志异》小说风格评价的偏颇,为此后这两部文言小说集的研究廓清了道路。

王正兵《"孤愤之书"·"消遣岁月"·"游戏澜言"——蒲松龄、纪昀、袁枚小说创作心态之比较》(《社会科学辑刊》2010 年第 1 期)、《含笑看泰华　请各立一峰——〈子不语〉与〈聊斋志异〉、〈阅微草堂笔记〉关系辨析》(《社会科学辑刊》2011 年第 2 期)及张泓《纪昀对〈聊斋志异〉和〈子不语〉的态度》(《太原师范学院学报》2010 年第 3 期)等均是立足于袁枚《子不语》的独创性,并通过与其他文言小说集的深入比较来展开论析的。

引申阅读:

1. 陈文新:《通脱真率　以文为戏——论袁枚的志怪小说》,载《明清小说研究》1988 年第 4 期。

2. 李志孝:《〈聊斋志异〉与〈子不语〉比较研究》,载《天水师专学报》1998 年第 1 期。

3. 李志孝:《言鬼述异　各具情怀——〈聊斋志异〉与〈子不语〉比较三题》,载《蒲松龄研究》2000 年第 1 期。

4. 王正兵:《从〈子不语序〉看袁枚的小说思想》,载《扬州大学学报》2009 年第 1 期。

5. 王正兵:《"孤愤之书"·"消遣岁月"·"游戏澜言"——蒲松

龄、纪昀、袁枚小说创作心态之比较》，载《社会科学辑刊》2010 年第 1 期。

6. 张泓：《纪昀对〈聊斋志异〉和〈子不语〉的态度》，载《太原师范学院学报》2010 年第 3 期。

7. 张泓：《〈阅微草堂笔记〉与〈子不语〉反理学倾向之异同》，载《沈阳师范大学学报》2010 年第 4 期。

8. 王正兵：《含笑看泰华　请各立一峰——〈子不语〉与〈聊斋志异〉、〈阅微草堂笔记〉关系辨析》，载《社会科学辑刊》2011 年第 2 期。

9. 王英志：《袁枚评传》第十四章《小说观与〈子不语〉的思想价值》，南京：南京大学出版社 2002 年版。

高玉海袁枚研究主要作品目录：

高玉海：《"游戏谰言"与"孤愤之书"——袁枚与蒲松龄小说观比较》，载《明清小说研究》2009 年第 4 期。

29. 黄珅《清代学术中的性灵说》【存目】

【评　介】

黄珅(1949—　)，江苏海门人，文学硕士，华东师范大学古籍研究所研究员、中国古代文学专业博士生导师。长期从事古代文史及古代文论研究。著有《新译徐霞客游记》、《杜甫心影录》、《经典入门·论语》等。主编《中华古文观止》等。合著有《近代诗词文选》等。与人合编有《海藏楼诗集》等。参与《朱子全书》(任副主编)等书编撰。为《顾炎武全书》、《朱熹学术思想史》等书编撰工作的主要负责人。

该文载于《文艺理论研究》2009 年第 6 期，开篇就提出了论点，“在清代始终存在着汉学、理学双峰并峙的局面。”“一直被学术界轻视、冷落的袁枚，以一个诗人的身份，从文学的角度，对汉学、理学展开了也许是最彻底的批判。”

该文第一部分，通过逐一把袁枚与戴震、章学诚、翁方纲、姚鼐、纪昀等人关于词章观点的比较，指出袁枚当仁不让地担当起为词章正名、为文学争锋的历史责任，提出了“词章自有其独立的地位和价值，根本无需依附义理、考据而存在”的论战宣言。

该文第二部分主要论述了袁枚所面临的时代学术氛围，袁枚在诗坛获得空前成功的原因以及袁枚性灵说的内涵。

这部分首先指出，肯定文学的价值和地位，不是从袁枚开始的，但“袁枚诗论的最大特色(也可说是最大价值)，就在他冲破‘道’的束缚，站在纯文学的立场，以毫不妥协的态度、闪耀着批判锋芒的言词，完整地论述了文学艺术本身固有的价值”。

接着指明，袁枚所处时代的学术氛围，和明代已大不相同。“明代文人所争的是个人自适的权力，而清代文人首先得争学术地位。明代性灵说关心的是改变文风，清代则要求改变学风。同为性灵说，在明代是趋风气，到清代却是反潮流。明人只需面对自己，清人必须面对社会。”明代文人是为个性解放而争，清代文人是为文学地位争。“更何况心学的兴起为明人提供了张扬自我的机遇和条件，而清人(特别是在雍正、乾隆年间)却承受着政治和思想上的高压。”

进而指出，袁枚的挑战，虽然难以改变社会的学术风尚，但在当时诗坛，他获得了空前的成功。这倒不在于他长于辨说，也不在于他创立诗派，主盟文坛。而主要在于他开创风气，一时才俊，靡然从风，使诗歌创作的意识渗透到各个地方。并且特别声明，“平易决不是袁枚成功唯一的原因，甚至还不是根本的原因”。“袁枚的成功，关键在于他能正本清源，认清惟有真情才是诗歌的灵魂，惟有抒情才能激发创作的生命力，以此展开他的诗学理论——性灵说。”

作者还告诉我们，在袁枚笔下，“性灵”也常用“性情”替代。“‘性灵’虽已作为一个不可分割的文论术语，但对其内涵，却可将二字分离后解析。性(性情)是人的天性，是一种自然的、发自内在的情感，由于情感的抒发而激起创作的欲望；灵(灵机)是人的灵气，是一种活动的意识和感悟，由于感悟的高下而决定创作的气质才能。”并赞同郭绍虞对袁枚“性灵”内涵的“实感与想象的综合”、“情与才的综合”的解释。

该文第三部分重点指出，“重在自我，表现自我，是性灵说的核心”。也即诗是自我性情的真实流露。“但如上所说，性与灵又是两个不同的概念，因此袁枚用以批判的对象也有所区别。一般说，性主要用于针对当时恪守理学宗旨的格调派，而灵则主要用于针对迎合汉学的肌理派。当然，也有不少论述是兼指二者的。”

该部分首先总结了性灵说和格调说的分野，“性灵说和格调说在思想上的分歧，实际上也是袁枚和理学的分歧”。“性灵派都将作诗不本性情而拘泥于格律、依傍古人而丧失自我，作为对格调说批判的主要内容。”

针对性灵说与格调说在“性”与“情”认知上的分歧，作者指出，在理学家那里，不仅志有别于情，就连性与情也不相同。“而在性灵派看来，心即性情，并无二致，惟有在袒露、真实的情感中，才能发现人的本性，看到人的真心。这样就与理学家从看似相似的前提，得出完全不同的结论。”“理学家从善恶出发，将性情割裂；性灵派则从真假着眼，将性情合一。在性灵派的诗说中，真既是作者从事创作的前提，也是判别作品高下的准则。”“性灵派都反对尊性黜情。”分析了性灵派在“性情”上的基本态度之后，作者还指出人世间最真挚的感情一是家庭间的亲情，二是男女之间的爱情。时人常斥袁枚的诗为轻纤佻达，实际上成见太深。“其实袁枚的某些作品，特别是那些抒写亲情的诗，可谓出自至性至情，在有清诗坛，实不多见。”

该文第四部分侧重在论述“袁枚所倡导的性灵说，矛头所指，主要是以沈德潜为代表的格调说”。作者说明，作为传统诗教的温柔敦厚，为沈德潜论诗纲领，带有很强的伦理道德色彩。袁枚不得不担负起否定温柔敦厚在诗学中独尊的任务，袁枚“反对温柔敦厚独尊的实质，在于反对以伦理纲常作为判别是非善恶的标准，确立文学的独立地位”。

作者进而指明，谁也不会对“发乎情”提出异议，分歧在于对“止乎礼义”的认识，“简单说就是情与理关系的问题”。袁枚“不像汤显祖那样将情与理对立，也不像戴震那样调和情与理，而是将情置于理之上，以情之有无作为判别理之真伪的标准”。而在情与理的关系中，必然会涉及天理人欲的问题。在人的一切欲望中，最重要的无疑是饮食男女。理学家对袁枚好食好色，招收女弟子等行为的鄙薄，正是出于对叛逆思想的恐慌。

该文还指出，“沈德潜的格调说在一定程度上也是道统说在诗学中的体现”。袁枚则力主不拘格调，不傍门户，提出不断创新的思想和精神。

该文第五部分主要交代了袁枚对翁方纲肌理说的批评，也即对汉学的批评。

作者指出，“肌理说的核心就是求实。翁方纲将神韵说、格调说和性灵说的流弊，都归之于缺乏真才实学”。袁枚论诗，不废学问，但对于翁方纲的主张，他认为是以考据为诗，作了辛辣的讽刺。袁枚视汉学之弊更在理学之上，他“对肌理说的批评，集中在‘才’、‘趣’二字上”。袁枚十分强调才在创作中的作用，以此着眼，“性灵说也是才情说”。袁枚认为，“不能说从事考据、义理的人无才，但他们确实乏‘灵’”。“灵不仅是才气，还含有趣、味等成分，而这正是义理、考据学所缺少甚至还加以排斥的东西。”

作者还指出，袁枚有意回避和明代性灵派的传承关系，但毫不掩饰杨万里重趣对自己的影响。他对肌理派以考据为诗、毫无风韵情趣的批评，远甚于格调派。因为，“重趣，是词章有别于考据、义理的一个重要特征，趣与学无关，与理相乖，是强调诗的艺术功能而非认识功能、教化功能，因此也就有了更深刻的意义”。

据上所述，该文共有五部分组成，第一部分交代了诗人袁枚从文学的角度，对汉学、理学重义理考据、轻词章的倾向展开了也许是最彻底的批判；随后的第二部分告诉我们，袁枚所面临的学术环境与明代之差异，袁枚提倡“性灵”说成功的原因以及“性灵”说的内涵；第三部分则强调了性灵派与理学家在“性情”这个问题上的根本分歧；第四部分详细论述了性灵说和格调说在思想上的分歧，即袁枚和理学的分歧。格调派重诗教，性灵派重诗艺；格调派重天理，性灵派重人欲；格调派重道统，性灵派重独创。第五部分则举例论证了肌理派追随汉学风尚，使义理实学化，词章朴学化。性灵说和肌理说的区别，即有无才气的区别，有无情韵的区别，有无生趣的区别。

在诗学史上，袁枚“性灵”说与沈德潜“格调”说、翁方纲“肌理”说之争，并非新鲜的话题，但该文把三者之间的公案放在清代汉学、宋学与“性灵”说错综交织的时代学术背景下，细致辨析，论证周详，不失为一篇见解深刻的研究力作。

引申阅读：

1. 王英志：《袁枚与清代诗学批评》，载《文艺研究》2001 年第 6 期。

2. 宁夏江、魏中林：《袁枚的“诗”“学”观》，载《贵州文史丛刊》2009 年第 4 期。

3. 宁夏江、魏中林：《袁枚批判乾嘉考据诗风的反封建意义》，载《中州学刊》2010 年第 2 期。

4. 宁夏江、魏中林.《袁枚对乾嘉诗坛学问化风气批评的矛盾性和妥协性》，载《湖北民族学院学报》2010 年第 4 期。

5. 陈文新、王炜：《细节背后的文学史观——沈德潜三篇佚文的前后因缘之考察》，载《文艺研究》2009 年第 3 期。

6. 王炜：《沈德潜、袁枚的交往及诗学观略论》，载《长江学术》2011 年第 3 期。

黄珅袁枚研究主要作品目录：

黄珅：《清代学术中的性灵说》，载《文艺理论研究》2009 年第 6 期。

第二部分　袁枚研究论著提要（1900—2012）

1892 年

《随园三十种》

袁枚撰，上海图书集成书局 1892 年铅印本。

1897 年

《支那文学史》

[日]古城贞吉著，日本经济出版社 1897 年版。

1897 年(明治三十年)出版的该书，可以称得上日本第一部真正的《中国文学史》著作。该书分为九篇，加上序论，共有十个部分。第九篇《清朝文学》，叙述了袁枚的生平和诗歌特点。

1900 年

《小仓山房诗》一卷

袁枚撰，吴应和、马洵选，[日本]近藤元粹评订，日本嵩山堂 1900 年铅印版，1906 年铅印再版。该书为《评订浙西六家诗钞》之一。

《音注小仓山房尺牍》八卷、补遗一卷

袁枚撰、胡光斗笺释，上海慎记书局 1900 年朱墨套印刻本。

1904 年

《中国文学史》

林传甲著，最初为 1904 年京师大学堂国文讲义。上海科学书局据 1910 年武林谋新室校正本，1914 年出版了第 6 版铅印本，该书为《民国丛书》(第一编)之一，又被林传甲、朱希祖、吴梅著，陈平原辑《早期北大文学史讲义三种》(北京大学出版社 2005 年版)收录。

该书重点在于探讨文体的演进变化，对具体作家、作品涉及较少，对袁枚仅在第十六篇之十八“国朝骈文之盛”中有所提及，认为“钱塘袁简斋氏枚，能于骈体中独抒所见，辨论是非”。

1908 年

《牍外馀言》一卷、《续诗品》一卷

袁枚撰，清道光间吴江沈廷镛、吴江沈氏世楷堂刻本，1908 年刊，1911 年重印，1919 年再次刊印。

1910 年

《随园文集》二卷

袁枚撰，上海国学扶轮社 1910 年石印本。

《随园三十八种》、《随园三十六种》

袁枚撰，上海鸿文书局 1910 年石印本。

1912 年

《随园轶事》六卷

蒋敦复编，上海国学扶轮社 1912 年石印本。

《音注小仓山房尺牍》八卷

袁枚撰、胡光斗笺释，上海会文堂 1912 年石印本。

《随园全集》

袁枚撰，上海校经山房成记书局 1912—1949 年石印本。

《随园书牍》八卷、补遗一卷

袁枚撰、胡光斗笺释，上海广益书局 1912—1949 年石印本。

《诗法丛话》八卷

(署名)袁枚辑，碧梧山庄 1912—1949 年石印本。

《子不语》二十四卷、续十卷

袁枚撰，上海进步书局 1912—1949 年石印本。该书为《笔记小说大观》(第一辑)之一。

1913 年

《随园诗话》十六卷、补遗十卷

袁枚撰，上海扫叶山房 1913 年、1918 年、1921 年石印本。

《小仓山房尺牍》十卷、《牍外馀言》

袁枚撰，上海中华图书馆 1913 年石印本。

《小仓山房诗集》三十七卷、补遗二卷

袁枚撰，上海中华图书馆 1913 年铅印本。

1914 年

《绘图子不语正集、续集》

袁枚撰，上海锦章图书局 1914 年 6 月石印本。

《增图随园诗话》十六卷、补遗四卷

袁枚撰，上海鸿宝斋书局 1914 年石印本。

1915 年

《名人尺牍墨宝》三集十八卷

袁枚等撰并书，文明书局编，上海文明书局 1910—1915 年影印本。

1916 年

《续诗品》一卷

袁枚撰，上海文明书局 1916 年铅印本。

1917 年

《袁蒋赵三家诗选》

王文濡编选，上海文明书局 1917 年第 1 版。该书为文明书局《各家选定音注诗文读本》之一。

该选本从袁枚《小仓山房诗集》4000 多首诗歌中选出 85 首，其中五古 9 首；七古 11 首；五绝 10 首；七绝 16 首；五律 5 首；五排 4 首；七律 30 首。袁枚七律最优，所选也最多。并对所选每首诗进行了标校，还为疑难字词加了音注。

王文濡《清诗评注读本》(上海文明书局 1918 年版)也对袁枚诗歌进行了评注。

1918 年

《中国大文学史》

谢无量著，上海中华书局 1918 年版。后被收入《谢无量文集 · 第九卷》，中国人民大学出版社 2011 年版。

该书第五编《近世文学史》第三章《乾嘉文学》第二节《乾嘉诗体》

对袁枚基本沿用传统的观点，认为“其诗文甚富，兼长四六，而诗体有时流于谐谑，不无轻佻之弊。”

《随园全集》

袁枚撰，上海文明书局1918年石印本。

该书共40种64册。

《音注小仓山房尺牍》八卷、补遗一卷

袁枚撰、胡光斗笺释，上海铸记书局1918年石印本。

1919年

《随园老人轶事》

杨公道编，上海大华书局1919年版。

该书搜辑并记录了袁枚的一些逸闻轶事。

1921年

《注释小仓山房文集》十六卷

袁枚撰、雷瑨注释，上海扫叶山房1921年石印本。

1922年

《袁简斋诗钞》六卷

袁枚撰、周敦忠选，上海扫叶山房1922年石印本，该书为《赏花轩本清三家诗钞》之一。

《随园食谱》

袁枚撰，上海扫叶山房1922年石印本。

《新齐谐初集》四卷

袁枚编，上海云章书局1922年石印本。

《新体广注小仓山房尺牍》八卷

袁枚撰，胡光斗笺释、徐桢增注，上海广文书局1922年石印本第6版。上海世界书局1925年有石印本。

1923年

《子不语》二十四卷、续十卷

袁枚撰，上海文明书局1923年石印本。

1924年

《中国小说史略》

鲁迅著，北京大学新潮社1924年版。

该书第二十二篇《清之拟晋唐小说及其支流》对袁枚《新齐谐》的评价远较时人深刻："乾隆末，钱塘袁枚撰《新齐谐》二十四卷，续十卷，初名《子不语》，后见元人说部有同名者，乃改今称；序云'妄言妄听，记而存之。非有所感也'。其文屏去雕饰，反近自然，然过于率意，亦多芜秽，自题'戏编'，得其实矣。"直到今天，鲁迅的这一评价仍然不失为中肯之论。

《小仓山房文集》二十四卷、续集十一卷

袁枚撰，上海扫叶山房1924年石印本。

1925年

《随园诗话》

袁枚撰、雷缙笺注，上海扫叶山房1925年石印本。

《详注圈点诗学全书》

(署名)袁枚撰，上海华美书局1925年石印本。

《袁子才书札》

袁枚撰，英国伦敦大英博物馆1925年摄影本。

《百美新咏》四卷

袁枚撰，上海锡记书局1925年石印本。

1926年

《随园诗话》

袁枚撰、曹聚仁删订，上海梁溪图书馆1926年版。

《随园诗话》

袁枚撰、谢睿注，上海会文堂1926年版。

《批本随园诗话》十六卷、补遗十卷

袁枚撰、冒广生批评，上海中国图书公司和记1926年铅印本第

6版。

1927年

《大思想家袁枚评传》

杨鸿烈著，上海商务印书馆1927年第1版，该排印本为《国学小丛书》之一。上海书店1989年10月据商务印书馆1927年版影印，为《民国丛书》(第一编)之84。该书于1973年、1976年又以《袁枚评传》书名分别由台北文海出版社、牧童出版社影印出版，为《近代中国史料丛刊》第94辑之一。

杨鸿烈对袁枚"五体投地钦佩无极"，他在该书《导言》开头一句即称"袁子才是一位中国罕有的大思想家"。他认为袁枚思想的根本就是打破道统，其人生哲学是情欲主义，用科学家求知求理的态度作为应付人生问题的方法。由于该书颇多迥异前人乃至时俗的新异观点，从而1927年初版问世后，并于1931年、1933年、1935年连续三次再版发行。然该书读者虽多，却评者甚少。

该书共11章，第一章《导言》，第二章《年谱》，第三章《袁先生的思想的根本》，第四章《袁先生的人生哲学》，第五章《袁先生的文学》，第六章《袁先生的史学》，第七章《袁先生的政治经济学和法律学》，第八章《袁先生的教育学》，第九章《袁先生的民俗学》，第十章《袁先生的食物学》，第十一章《结论》。由此可知，该书的体例呈现出一种中西结合的特色，既有年谱这种中国典型的传统形式，又有"袁先生的政治经济学和法律学"、"袁先生的教育学"、"袁先生的民俗学"等西方学科的分类方法。

《中国文学批评史》

陈钟凡著，上海中华书局1927年版。

该书第十二章《清代批评史》肯定袁枚为"性灵说"的主倡者，然对袁枚的评论仅有两句话，一是指出袁枚论诗的特点，"袁枚论诗，主性灵之说，以为诗者人之性情，性情之外无诗也，与诸家之说立异"。二是说明袁枚论诗的弊端，"盖抹杀一切，惟尊性灵，然在不善学者，又将失之浮浅，有如村妪呴呴，皆以为诗，其流弊可胜言哉”。该书还指出，“夫言非可以一端尽，沈氏之说，诚未足了赅诗学之大全。然较之翁、袁两家持说，究近正规也”。由此可见，该书相比之下还是较为推崇沈德潜的“格调说”。

《随园女弟子诗选》六卷

袁枚选、陈德谦注，上海大统书局 1927 年石印本。

《续诗品》一卷

袁枚撰、无锡丁氏注，上海医学书局 1927 年铅印本再版。

《批本随园诗话》十五卷、补遗十卷、附录一卷

袁枚撰、冒广生批评，上海中国图书公司和记 1927 年铅印本第 7 版。

1928 年

《音注袁子才文》二卷

袁枚撰、曹绣君注，上海文明书局 1928 年版。

1929 年

《中国古代文艺论史》(下册)

[日]铃木虎雄著、孙俍工译，上海北新书局 1929 年第 1 版。上海师范大学图书馆 1993 年据上海北新书局 1929 年版影印。

铃木虎雄 1925 年出版的《支那诗论史》为三个长篇论文即《周汉诸家的诗说》、《魏晋南北朝的文学论》和《格调、神韵、性灵三诗说》的合集。此书被孙俍工用《中国古代文艺论史》的书名译出，分上下册，分别由上海北新书局 1928 年、1929 年出版。广西人民出版社 1989 年出版了许总的新译本《中国诗论史》。两个译本文字略有出入，但观点基本相同，具体内容参见前文。

《增广详注言文对照小仓山房尺牍》四卷

袁枚撰、吴骏公译，上海中西书局 1929 年石印本第 2 版。

《断句袁文笺证》十六卷、补注一卷

袁枚撰、石韫玉笺，上海中原书局 1929 年石印本。

1932 年

《笺注随园诗话》

袁枚撰、雷君曜注释，上海扫叶山房 1932 年石印本。

1933 年

《随园诗话》(1—6 册)

袁枚撰、许啸天点注，上海群学社 1933 年初版，1937 年第 3 版。

该书为《随园诗话》(十六卷、补遗十卷)的标点注释本。每节文字均加有小标题，后附白话注解。有点注者许啸天的代序《清朝人的诗》。精装本分订为 2 册。

《袁枚评传》

杨鸿烈著，上海商务印书馆 1933 年再版，该书为《国学小丛书》之一。

该书内容参见前文。

《删订随园诗话》

袁枚撰、寒梅居士删订，上海大中书局 1933 年再版。

该书为删订标点本，初版年月不详。

《随园先生年谱》

方濬师著、湘农点读，上海大陆书局 1933 年版，该排印本为《近代名人年谱丛刊》之一，此本封面题作《袁枚年谱》。民国年间，该书还有天津大公报社排印本。

咸丰进士安徽定远人方濬师，以袁枚诗集编年为纲，兼取文集、诗话中重要内容及行事，而于他人所撰志传，仅取其有关“政绩”行状，撰写了《随园先生年谱》。作为袁枚研究史上第一部年谱，方谱“漏”、“滥”之处在所难免，故后来杨鸿烈重撰《袁枚年谱》，于方谱便多所订正。但方谱发轫之功，仍不可没。

《广注语译小仓山房尺牍》

袁枚撰、章荣译注，上海国学整理社 1933 年版，1936 年再版。

该书分八卷，收《小仓山房尺牍》203 篇。每篇末均附注音和语译。

《中国文学史大纲》

谭正璧著，上海光明书局1933年版。

该书第十章《明清文学》的《诗坛鸟瞰》部分指出，“和王神韵说示反对者，有袁枚的性灵说”，“惟袁枚一派，主张诗是诗人性情的表现，舍性情外无诗，颇为一时宗尚”。该章的《聊斋志异、子不语与阅微草堂》部分指出，袁枚《子不语》“其文不尚雕饰，又大抵为片段之作，和《聊斋志异》的作风全然相反”。

1934年

《删订随园诗话》

袁枚撰、何友标点，上海新文化书社1934年第3版。

该书为删订新式标点本，初版年月不详。

《随园文选》

袁枚撰、胡文源选辑、朱太忙标点，上海大达图书供应社1934年版。

该书为新式标点本。

《随园诗选》

袁枚撰、胡寄尘选辑，上海大达图书供应社1934年版。

该书为新式标点本。

《正续随园诗话》(上、下)

袁枚撰、朱太忙标点，上海大达图书供应社1934年初版，1935年再版。

上海大达图书供应社1936年3月再版时，收入《国学基础丛书》。

该书为新式标点本。上册为《随园诗话》，下册为《随园诗话补遗》，书前有标点者朱太忙写于1934年5月的序。

《随园随笔》

袁枚撰、朱太忙标点，上海广益书局1934年版。

该书为新式标点本。

《子不语续编》

袁枚撰、潘敬元标点，上海大达图书供应社1934年第1版，

1935年第2版。

该书为新式标点本。

《批本随园诗话》

袁枚撰、舒氏批评，上海旧学庵1934年铅印本。

《中国文学批评》

方孝岳著，上海世界书局1934年版。

该书第四十四《随园风月中的“性灵”》专论袁枚性灵诗学。

1935年

《子不语正续》

袁枚撰，上海启智书局1935年版。

该书为新式标点本。

《随园食单》

袁枚撰、曹鹄雏标点，上海东方文学社1935年版。

该书为新式标点本。

《续子不语》十卷

袁枚撰、曹鹄雏标点，上海东方文学社1935年版。

该书为新式标点足本。

《随园诗话》补遗十卷

袁枚撰、曹鹄雏标点，上海九州书局1935年版。

该书为新式标点本。

《随园轶事》

蒋敦复著、周郁浩标点，上海大达图书供应社1935年版。

该书为新式标点本。

《随园随笔》

袁枚撰、朱太忙标点，上海大达图书供应社1935年再版。

该书为新式标点本。

《中国文学史大纲》

容肇祖著，上海开明书店1935年版，1939年再版。

该书第四十三章《清代的诗词》肯定了袁枚的诗歌成就，指出袁枚诗歌“任情而言，以清洁明白动人，为诗学之解放的第一步”的特点与功绩。第四十四章《清代的骈文与散文》指出，“至乾隆初，胡天游学唐张说之体，为袁枚所特称。袁枚文笔纵横，杂以议论，亦为骈文的作手”。第四十六章《清代的小说》认为，袁枚《子不语》“这书很有隽永的有趣味的故事，但太率意了，不免芜秽了”。

《中国文学通论》中卷

［日］兒岛献吉郎著、孙俍工译，上海商务印书馆 1935 年版。

该书梳理了“格调说”、“神韵说”和“性灵说”的优劣，并认为三诗说各执一端，均强调了诗歌的某一要素。还指出：“盖人情者无古今，无内外，无贵贱，无老幼，一人之情不但能尽千人万人之情，且能尽天下后世之情。”因而，认为“情”应该成为评判诗歌优劣的标准之一。另外，作者认为，立意比修辞更重要，即文学的内容大于形式，“诗以立意为主，以修辞为次”。依此观念来衡量三大诗说，作者对“性灵说”的好感是显而易见的。

1936 年

《随园诗说的研究》

顾远芗著，上海商务印书馆 1936 年版。1988 年 3 月中国书店据商务印书馆 1936 年版影印。

该书内容参见前文。

《子不语正编》

袁枚撰、朱太忙标点，上海大达图书供应社 1936 年第 2 版。

该书为新式标点本。

《随园诗选》

袁枚撰、朱太忙标点，上海广益书局 1936 年版。

该书为新式标点本。

《随园文选》

袁枚撰、胡寄尘选辑，上海广益书局 1936 年版。

该书为新式标点选本。

《随园随笔》

袁枚撰、胡协寅校阅，上海广益书局 1936 年再版。

该书为新式标点本。

《正续随园诗话》

袁枚撰，上海锦章书局1936年版。

该书为新式标点本。

《小仓山房诗文集》

袁枚撰，上海中华书局1920—1934年铅印本、1934—1936年重印。

该书共11册包括诗集：三十七卷、补遗二卷；文集：三十五卷。

《随园雅集图卷题咏》

袁枚辑，上海蟫隐庐刊1936年石印本。

《随园雅集图咏》

袁枚辑，上虞罗氏蟫隐庐刊，1936年影印本。

1937年

《袁枚文选》

成绍宗选注，上海北新书局1937年初版，1947年再版，该书为《列代名人诗文选注》丛书之一。

该书选袁枚散文三十篇加以注释，适合一般读者阅读。

《袁子才蒋心馀诗选》

王文濡编选，上海中华书局1937年版。

该选本对所选袁枚每首诗均进行了标校，并为疑难字词注音。

1941年

《中国文学批评论集》

朱东润著，上海开明书店1941年第1版，1947年第2版。

该书所收朱东润《袁枚文学批评论评述》一文，最早发表在武汉大学《文哲季刊》1936年第2卷第3号。在该文中，朱东润分诗、文两部分评论了袁枚的文学观。但朱东润颇重视袁枚古文，认为“如《祭妹文》之性情流露，《书鲁亮侪事》之生气跃然纸上，确有不可轻视者”。并认为，袁枚论文的贡献有三点：（一）创骈散互用论。（二）一反古文家言道之积习，痛快地抉出了千古道论的隐秘。（三）反对论文唯言八大家的门户之见。

袁枚诗论，朱东润认为其创见有四：(一)破《礼记》以来的论诗主“温柔敦厚”说。(二)主倡变古，“亦明创新之谛”，继承了叶燮的思想。(三)评诗唯论工拙而无古今、新旧之町畦。(四)论诗的总观点则是在独标“性灵”二字。

但朱东润对袁枚“性灵”诗说内涵的解释却与众不同，“要之随园之论，以神韵二字为宗旨，以性情，性灵二语为注脚”。因此，他认为，“在神韵二字之立足点上，渔洋随园，本无二致”，理由是他们的诗论渊源都“发源于司空表圣《诗品》”。他们之间的分歧是在于对神韵的理解不同。

正因为如此，朱东润认为，袁枚的“性灵”诗说与杨万里的主张没有继承关系，罕有相容之处。只是在创作上，由于两人诗境比较相近，故袁枚对于杨万里的诗歌十分推崇，认识也比较真切。反之，袁枚对于王渔洋的诗作，则多有讥弹。而袁枚对王渔洋的批评颇得“真相”、“语亦允”。

朱东润对袁枚抬高王次回香奁诗价值之说，多有驳论。

1944 年

《中国文学批评史大纲》

朱东润著，上海开明书店 1944 年版。

该书第六十九《袁枚》认为，清代诗人声气最广者，乾隆之时必推袁枚。袁枚论古文骈散并尊，反对道统文统之争。论诗认为有工拙而无古今。论诗不言格调，出于杨万里；言神韵，出于王士禛，但与王士禛略异。袁枚言神韵专主性情，性情二字与性灵同义。

该书认为袁枚“性灵说”的内涵有以下四点：第一，袁枚“性灵说”的最大突破，是直写性情，调和了唐宋诗之争；第二，袁枚所主张的“性情说”与“格调说”“神韵说”并不相背离；第三，袁枚性灵派诗歌的诗境极宽，“诗既为性情中事，人人有性情，即人人有诗，故其为境至宽”；第四，袁枚“性灵说”之失在“特重男女狎亵之情”。

1947 年

《中国文学批评史》下卷

郭绍虞著，上海商务印书馆 1947 年版。

1934 年，郭绍虞《中国文学批评史》上卷（先秦至北宋部分）由商务印书馆出版，1947 年商务印书馆又出版了《中国文学批评史》下卷。新中国成立后，这部批评史的修订本由上海新文艺出版社 1956 年出版；改写本名为《中国古典文学理论批评史》则由人民文学出版社 1959 年出版了上册。1979 年上海古籍出版社出版了两卷本的新 1 版。1999 年、2008 年百花文艺出版社分别出版了两卷本的第 1、第 2 版。

该书所收《性灵说》一文的具体内容，参见前文。

1948 年

《谈艺录》

钱锺书著，上海开明书店 1948 年第 1 版。

该书内容参见前文。

1949 年

《诗言志辨》

朱自清著，上海开明书店 1949 年再版本。

朱自清在该书《诗言志》篇第四节《作诗言志》中高度评价了袁枚的“诗缘情”在传统诗歌观念发展史中的贡献和地位，“清代袁枚也算得一个文坛革命家，论诗也以性灵为主；到了他才将‘诗言志’的意义又扩展了一步，差不离和陆机的‘诗缘情’并为一谈”。朱自清认为，与始终屹立着的“诗言志”古老传统相潜行的是“诗缘情”观念。但这一观念“却老只掩在旧传统的影子里，不能出头露面”，“这中间就是文坛革命家也往往不敢背弃这个传统，因为它古老了”。而袁枚在这方面却有突破，他把“言志”和“缘情”合而为一。

朱自清认为袁枚的“诗言志。劳人思妇都可以言，《三百篇》不尽学者作也”（《小仓山房文集》卷十九《与邵厚庵太守论杜茶村文书》）的观点，是前人未曾说过的。尽管袁枚在有些文章里曲解了陆机的“诗缘情”说的原义，可是他把“言志”扩大为广义的抒情诗概念却是袁枚的重大贡献。

朱自清把袁枚提倡“性灵”诗说，视作“求新的倾向”的新变派代表，不同于王士祯、沈德潜的“以复古为通变”，揭示了袁枚诗论的深远影响。朱自清从中国古代诗论流变史的宏观角度上考辨问题，才更清楚袁枚诗论的价值。

《小仓山房尺牍》

袁枚著，上海广益书局1949年新4版。

1950年

《中国传统思想总批判》

蔡尚思著，上海棠棣出版社1950年版。

该书的《传统思想的三个阶段》从思想史的角度对袁枚作出了评价。蔡尚思认为，自宋到清初的朝野思想界差不多为理学势力所独占，但也有与之对立的反对派，如，“以袁枚，戴震为首的那般感情派”。作者十分同意袁枚在《牍外馀言》卷一中对那些虚伪的儒家派庸人的批判，并认为袁枚对王阳明的批评尤其痛快之至，因此，他把袁枚看成是反对道统的旗帜之一。

1955年

《中国文学批评史》

郭绍虞著，上海新文艺出版社1955年版。

《随园诗话削繁》十二卷

袁枚撰，刘佩纕纂、钱建成补纂，该书为《得天爵斋丛书》(十种)之一，抄本，乌丝栏，1955年至1959年第22—27册。

1956年

《十八世纪的中国诗人袁枚》

[英]阿瑟·韦利著，伦敦阿伦与昂汶出版社1956年版，2011年再版。

该书中文信息见于张弘《中国文学在英国》(花城出版社1992年版)。

该书是韦利第三本中国诗人传记。韦利写这书的宗旨，是要破除英国人的陈见，不要以为只有在中国的古典时代才有出色的诗歌作品。同时韦利本人觉得袁枚性格可爱，机智宽宏，热情而有魅力，却又受到普遍误解。他衷心希望，通过这该书，会有更多读者分享他的一片钟爱之心。

韦利还注意到了袁枚在诗歌方面的独特见解，注意到了袁枚与沈德潜的对立；韦利同样重视袁枚《随园诗话》这本诗论专著。该书第七章有一多半内容是介绍这部诗话的。韦利因而选译了袁枚的不少诗篇，数量之多，以致他最后不得不承认，这本著作严格说来不像是一本传记，倒像是作品选集。但韦利未能对袁枚的诗歌艺术发表任何评论，他说这是一项极端困难的任务。韦利还说他这本传书，还够不上“评论性的传记”。确实，全书内容侧重在袁枚一生事迹的叙述，很少做出评价。

韦利统称袁枚《子不语》为“鬼故事”，这个概括当然不够全面，因为就像所有的笔记小说一样，《子不语》还有不少内容是传闻轶事。韦利认为，这些故事文学意味不浓，却反映了当时读书人的心态；尽管如此，假如当作单纯的文学故事，其中的荒诞与不合情理之处仍会让西方读者大吃一惊。

韦利对袁枚笔下涉及中西文化交往的文字尤为注意，认为袁枚不仅是一位因主“性灵”重感情、当时在海外就有影响的诗人，也是个关注着中国与外界交往的视野开阔、心宇宏大之士。

1958 年

《中国文学史》(下)

北京大学中文系 55 级编，北京人民文学出版社 1958 年版。

该书融入了新中国成立后学界浓厚的阶级斗争意识熏染下的重思想内容、轻艺术形式的批评意识，对袁枚采取了“一分为二”的批评模式，即肯定袁枚及其“性灵”说对封建正统诗学观念的冲击精神，否定其诗作中脱离民生疾苦的创作倾向。

1960 年

《随园诗话》

袁枚著、顾学颉校点，北京人民文学出版社 1960 年版，该书为《中国古典文学理论批评专著选辑》之一。

1960年顾学颉《随园诗话》校点本是根据乾隆庚戌和壬子随园自刻本加以校订和标点排印出来的。至于原书征引古书错误的地方，则仍未改动。

该书《校点后记》指出袁枚的"性灵"说就是辞贵自然，"他论诗的基本论点是'性灵'。所谓'性灵'，是自然地风趣地反映诗人一时的感受，不必讲境界的大小，格调的高下，若能做到这一点，就同样都是好诗"。

1962年

《读随园诗话札记》

郭沫若著，北京作家出版社1962年版。

郭沫若《读〈随园诗话〉札记》脱稿于1961年12月12日。最初分别发表在《人民日报》上，后由作家出版社于1962年出版单行本。

该书内容，参见前文。

《中国文学史》(三)

中国社会科学院文学研究所编，北京人民文学出版社1962年版。

该书认为，"从袁枚文学思想里所提倡和反对的具体内容看来，它是一种要求解放传统的束缚，要求文学上的自由主张"。但"从袁枚自己的实践看来，他正是凭借个人'灵犀'写诗，写他个人的'性情遭际'，这种'性情遭际'大都是关于生活琐事的咏叹和对风花雪月的歌唱，缺乏重大的思想内容"。

关于袁枚"性灵"说，该书认为是"性情"和"灵机"的结合，"袁枚的关于创作的正面主张是提倡写个人的'性情遭际'，写个人的灵感"。

1963年

《诗品集解　续诗品注》

《诗品集解》为司空图著、郭绍虞集解；《续诗品注》为袁枚著、郭绍虞辑注，北京人民文学出版社1963年第1版，1981年第2次印刷，1998年重印。该书为郭绍虞主编《中国古典文学理论批评专著选辑》之一。

该书是我国第一部袁枚《续诗品》的注本，也是为具有一定古典文学基础的研究者或爱好者阅读袁枚《续诗品》所注。该书摘取《随园诗话》以及袁枚诗文集所言，以袁注袁，相为印证，而于语句间则不复解释。书后附清人对袁枚《续诗品》的评价材料两种，一、序跋评论；二、江顺诒《补词品》。

《中国文学发展史》(下卷)

刘大杰著，中华书局上海编辑所 1963 年版。上海古籍出版社 1997 年第 2 版。

该书第二十九章《清代的诗歌》第五节《乾嘉诗风》认为，袁枚与沈德潜的《答沈大宗伯论诗书》、《再与沈大宗伯书》是两篇讨论诗歌的重要书信。争论点有二，首先，袁枚认为“诗有工拙，而无古今”。其次，是关于温柔敦厚的诗教、人伦日用以及艳体诗的问题。

刘大杰认为，从理论上说，他们各有是处，也各有所偏。作者不分清讽刺的对象，不表现鲜明的态度，要求作诗都要温柔敦厚、含蓄蕴藉，一概而论，那就错了。但含蓄蕴藉，确是一种表现方法，尤其在抒情诗中具有它的特点，也不能完全否定。袁枚主张诗有可尽说者，有不可尽说者，那是完全正确的。诗要关系人伦日用，自然不错，但要看人伦日用的内容如何？反对嘲风雪、弄花草是对的，要反映“古今成败兴坏之迹”更是对的，如果只限于圣道伦常，为封建制度服务，不许写男女爱情那就错了。但是，如果又只强调男女闺房的艳体，那当然也是不正确的。从总的倾向来说，沈德潜守旧的成分多，袁枚较有反传统的革新意义。

该书还指出，袁枚认为诗歌应当是性灵的表现，性灵就是性情。“而其渊源来自杨万里，不少论点则在袁宏道的基础上加以发挥，独创性虽不多见，但在当日诗坛，仍很有影响。”但袁枚的“创作并不能实践他的理论”。

该书还把袁枚的文学思想与时代特点结合起来，认为，袁枚论诗，在理论上具有反传统、破偶像、反模拟、求创新的浪漫主义精神的特点。刘大杰的这一观点，虽有当时阶级斗争意识形态的痕迹，但总的看来还是属于较为平允的评论。

1971 年

《閲微草堂筆記(抄)子不語(抄)他》

[日]今村与志雄等译，平凡社(中国古典文学大系)之 42，1971 年版。该书未见，存目。

1973 年

《袁枚诗论研究》

王纮久著，台湾政治大学中研所 1973 年版。

该书为作者台湾政治大学 1961 年同题硕士学位论文，该书第二章《袁枚简谱》据杨鸿烈《袁枚评传》所编年谱简编而成，较为简明。自康熙五十四年袁枚(1715)生时起，至嘉庆三年(1798)十二月入葬止。前有谱主简介。谱中简述袁枚仕历、交游、家事、著作等。1981 年台北天一出版社影印出版《袁枚传记资料》中附有此谱。

1976 年

《名人翰札墨迹》

袁枚等撰、虎头痴后藏，台北艺文印书馆 1976 年影印本。

1977 年

《清代诗学初探》

吴宏一著，台北牧童出版社 1977 年第 1 版。台湾学生书局 1986 年 1 月修订再版。

该书第七章《性灵说》第一节《袁枚》从三个角度论述了袁枚的诗学：

一、袁枚论神韵与格调。袁枚对王士禛的神韵说采取“不相非薄不相师”的态度。袁枚与沈德潜辩论的核心是：诗是否应该载道。

二、性灵说的意义及其来源。袁枚所谓性灵，是兼性情、灵机二者而言的。就表现内容言，性灵即性情；就表现形式言，性灵则指灵妙的写作技巧。至于袁枚性灵说的来源，最值得注意的有二人，杨万里和袁宏道。

三、袁枚的性灵说。(一)主性情而抑格调。袁枚以为只要是真感情，只要能感动人，所以不以艳情为忤。在袁枚的观念里，“格调”指的是作品的表现形式，大约等于所谓“格律”，但袁枚并不反对格律，也不反对学古，只是认为性情比格调要来的重要。(二)尚才情而不废学力。袁枚的诗，可以说他轻佻肤浅，但他的诗论却周到圆融，没有偏颇的弊病。袁枚对于修辞、音节、用典、学古之事，也都主张用心讲求，只是他要求的是做到“大巧之朴”，是那种绚烂之极、复归于平淡的自然。(三)诗论工拙而不分时代。

《袁文笺正》

袁枚撰、石韫玉笺，台北广文书局，1977年影印本。该书为《国学珍籍汇编》之一。

《新齐谐》

[苏联]费施曼翻译、编辑，莫斯科1977年版。

该书中文信息见于[苏联]李福清著、田大畏译《中国古典文学研究在苏联》(小说·戏曲)(书目文献出版社1987年版)。

费施曼该译本收入袁枚《新齐谐》中的小说和杂记共三百五十篇。凡未选译的篇目也都做了提要，夹在各篇译文之间。译本附有注释、地名简介、索引、讲述者人名索引。

译本的前言介绍了袁枚的生平，评述了袁枚各种文体的作品(古文、诗词)，主要部分是分析《新齐谐》的结构和内容，以内容分析为重点。作者认为这个集子明显反映出袁枚对民间流行的迷信传说怀着极大兴趣。袁枚的目的不是给读者以教导，仅仅是为了令读者发噱而已。可是集子里的小说仍然指明事件发生的地点和时间以及叙述者的姓名，借以证明这些见闻的“真实性”。

1979年

《袁枚传记资料》

朱传誉主编，台北天一出版社1979年初版，1982年、1985年影印本。该书为《中国历代名人传记资料》丛刊之一。

该书共五册，主要收录20世纪初至70年代学术界有关袁枚研究的论著资料。

1980 年

《迦陵论词丛稿》

叶嘉莹著，上海古籍出版社 1980 年版。

该书中的《〈人间词话〉境界说与中国传统诗说之关系》一文，认为袁枚“所标举之‘性情’、‘情景’、‘性灵’诸说，盖亦莫不重在心灵与外物相交的一种感发作用”。

《中国历代文论选》(第三册)

郭绍虞主编，上海古籍出版社 1980 年第 1 版，2001 年 10 月新 1 版。

该书所选袁枚《胡稚威骈体文序》一文的说明部分认为，袁枚并非尊骈而抑散，他认为两者是应该并行不悖的。袁枚论诗论文，尚才情，但并不废学问。

所选《答沈大宗伯论诗书》的说明部分认为，袁枚“性灵”之说吸收了“神韵说”的某些特点，但却不像“神韵说”那样的隐约朦胧，而是阐发得较为生动和具体。它一方面批判了翁方纲为代表的，以考据为诗的诗风。同时，对以沈德潜为代表的“格调说”也表示不满。这篇《答沈大宗伯论诗书》主要论述的是“性灵说”与“格调说”在诗歌内容和艺术风格方面的分歧，重点讨论了“性灵说”与“格调说”对“古”与“今”、继承与创新看法上的差异。袁枚性灵说的内涵，是性情与灵感并重。把真实的感受生动活泼地表现出来，这就是性灵之说的真谛所在。正因为袁枚的论诗从真实和新鲜两个方面着眼，所以他不以时废人，不以人废诗；就诗论诗，不拘一格，打破古今和门户的限制。

所收袁枚《与程蕺园书》一文的说明部分认为，这篇《与程蕺园书》是从文学的角度辨明古文与考据之间的关系，可以概括为下列三点：第一，古文源于六经、三传，是作不是述；考据源于郑笺、孔疏，是述不是作。有作而后有述，后者是依附于前者而存在的。第二，袁枚虽然认为古文托体甚尊，源于六经、三传，但并没有沾染一般古文家和道学家挟道以自重的酸腐习气。此文申论古文是词章之学，在艺术上有它自己的特点。第三，基于这样的认识，袁枚以为古文之传，另有其能事在。“纡徐层折”的境界，“似易实难”。

《与程蕺园书》的说明部分还指出，义理、考据、辞章三者合一之说，在当时盛为流行。姚鼐认为考据也可以有助于行文，是就题材而言，意谓古文的内容无所不包，可以拯救古文家空疏之弊；袁枚则是就古文和考据之学性质的不同而论说。两人从不同的角度立论，但对考据家以博杂为文，由此产生的拖沓文风在当时所起的不良影响，则同表不满。

《十七—十八世纪的三位中国短篇小说家：蒲松龄、纪昀、袁枚》

[苏联]费施曼著，莫斯科，1980年版。

该书信息见于[苏联]李福清著、田大畏译《中国古典文学研究在苏联》(小说·戏曲)(书目文献出版社1987年版)。

作者在书中设计出一种综合对照表，使蒲松龄、纪昀、袁枚三人文言小说中的故事与人物类型的异同一目了然。该书对三人进行比较后，认为各自的小说集有一种“统一的”主题，各自基于某种性质的对立(例如，袁枚小说主要记述民间迷信传说，因而以人鬼的对立为基础)。该书末尾得出结论：具有自由思想倾向，对传统持怀疑态度的袁枚，是要维护人们表达自然感情和意愿的权利。

《随园食单》

[日]青木正儿译注，岩波书店(岩波文库)1980年版。该书为《青木正儿全集》第8卷(春秋社1971年版)所收《随园食单》的文库本。

1981年

《小仓山房文集》六卷

袁枚著、沈云龙主编，台北文海出版社1981年1月影印版。该书为《近代中国史料丛刊续编》(第七十八辑)之一，共六册。

《历代论诗绝句选》

羊春秋等选注，湖南人民出版社1981年版。

该书收袁枚《仿元遗山论诗》八首，每首下均有“注释”和“简评”。

第一首评论方苞、王士禛。袁枚一方面承认他们的诗文是“一代正宗”，一方面又指出他们的“才力薄”，不能从理论上和实践上攀登更高的高峰。

第二首为品评吴伟业的诗歌。袁枚不以吴伟业在清初官至国子祭酒，而对他“以人废言”，把他的歌行和白居易的《长庆集》相提并论。

第三首论查慎行的诗。袁枚把他的诗风，比之于李公麟纯用线描不设色的人物画，既是对他纯用白描的诗风给予了肯定，又是对那些多用典故，好用奇字的“学人诗”，进行了含蓄的批评。

第四首是对黄之隽、潘耒两人的论诗绝句。注评指出，“袁枚标举性灵，作为诗歌创作的准则，强调艺术上新鲜活泼的灵感作用。”

第五首评论厉鹗和浙派后学。袁枚既肯定了厉鹗的“幽怀妙笔”，又批评了浙派后起词人的“割缀攒凑”，缺乏三百篇“饥者歌其食，劳者歌其事”的真感情，没有风人的旨趣。

第六首品评扬州八怪之一“金农”的诗。金农的青年时代，正是王士禛倡导的“神韵说”风靡诗坛的时候，但他自出机杼，诗风不同于李商隐、陆龟蒙，而又很接近李商隐、陆龟蒙。

第七首评程晋芳。在袁枚看来，程晋芳于诗学用工最深，成就最大的还是诗歌创作。

第八首品评蒋士铨与赵翼。乾隆三大家之间，在诗歌理论和创作实践上各有异同。但袁枚在这首论诗绝句中，不党同伐异，不抑彼扬此，把蒋士铨、赵翼比作化为双龙的宝剑，也见其胸襟不狭。

《中国文学理论批评史》(下)

敏泽著，人民文学出版社 1981 年版。

该书第二十三章《王士祯、沈德潜、翁方纲和袁枚》指出，在清代乾、嘉时期诗文坛上最活跃的是袁枚及其一派，成为当时的主要流派。继而介绍了袁枚受颜李学派进步思想的影响以及袁枚自身思想的矛盾性。最后分三部分介绍了袁枚主要的文艺理论观点：(一)“性灵说”。认为袁枚所提倡的“性灵”，其实有时也就是他的“性情”或“情”。在袁枚“性灵”说诗论的渊源上，敏泽认为袁枚只是继承了“公安派”的理论而无独创性发展。但敏泽不否认“公安派”与袁枚“性灵”说之间是有差别的：第一，袁枚反对“矢口而道”，不只是要求“任情而发”，同时要求功力、磨炼；第二，针对的对象不同，“公安派”是反复古，袁枚则是针对沈德潜、翁方纲的诗论而发的。(二)对于沈德潜和翁方纲的诗论的批判。认为袁枚在散文写作上提倡复古，是袁枚文论中的落后因素。(三)袁枚关于诗文的其他见解。如，骈散并尊等。

《且介亭杂文二集》

鲁迅著，人民文学出版社 1981 年版，载《鲁迅全集》第六卷。

该集收有鲁迅《从帮忙到扯淡》一文，鲁迅并不否认袁枚之才，也不否认《随园诗话》之文采，该文虽然只是偶尔涉及对《随园诗话》的看法，但却深刻地道出了其"帮闲"性质，"例如李渔的《一家言》，袁枚的《随园诗话》，就不是每个帮闲都做得出来的。必须有帮闲之志，又有帮闲之才，这才是真正的帮闲"。

《中国文学批评小史》

周勋初著，长江文艺出版社 1981 年版。

该书认为，袁枚是一个游离于统治集团当权派之外的文人，在文学思想上具有突破传统思想束缚的要求，具体地说，他标榜真感情来反对假道学，是他学术思想上的可贵之处，并指出，"这些地方还能看到李贽发展而来的思想余波"。

该书还指出，袁枚强调"情"与汤显祖等的尊情有显著差异，"袁枚论诗主情，而他又是一个追求享乐的文人，思想感情中有很多庸俗的东西。他说：'情所最先，莫如男女。'(《答蕺园论诗书》)似乎描写男女的欢爱之情最适合他的所谓'人情'。比起前代汤显祖等人的思想来，他所强调的'情'缺乏积极的思想解放的内容，因而并不值得重视"。

关于袁枚"性灵"说的渊源，该书认为："杨万里与公安派主性灵，袁枚继承此说，而又不废学习，主张博采众人之长而形成一家面目。"

1982 年

《中国诗的神韵格调及性灵说》

郭绍虞著，台北庄严出版社 1982 年版。该书为《古典新刊》之 80。

该书第(贰)部分《性灵说》分四节:(一)绪言;(二)杨万里;(三)袁宏道;(四)袁枚,该节详述了性灵说的内涵,内容及评价参见前文。

《随园诗话》

袁枚著、顾学颉校点,人民文学出版社1960年第1版,1982年9月第2版,1998年重印。该书为郭绍虞、罗根泽主编《中国古典文学理论批评专著选辑》之一。

1982年再版本,是在1960年顾学颉《随园诗话》校点本基础上重印,附录增加了满族人乌拉纳之子《批本随园诗话》批语及《冒广生〈批本随园诗话〉跋》、《张尔田〈批本随园诗话〉跋》等有关袁枚《随园诗话》重要资料,成为坊间通行本。此次再版,并对《批本随园诗话》逐条注明见某卷某页某条,以便检阅。其中误、漏、衍文,均经改正。该书《附记》中还交代了《批本随园诗话》的源流、版本及重要史料价值等,供中国古典文学理论研究工作者参考。

《诗经研究史概要》

夏传才著,中州书画社1982年版。

该书在对《诗经》研究史的简略回顾时认为,袁枚《随园诗话》对《诗经》的分析富有真知灼见,可与王夫之《姜斋诗话》相提并论,"清人的诗话,如《姜斋诗话》、《随园诗话》中对《诗经》艺术形式的分析,却有较久的生命力"。可惜,该书并未对袁枚关于《诗经》"有较久生命力"的见解有具体的阐述。

《袁枚》

杜松柏著,台北河洛出版社1982年版。

该书未见,存目。

1983年

《中国文学批评史大纲》

朱东润著,上海古籍出版社1983年新1版。

该书袁枚专章,参见朱东润前文。

《照隅室古典文学论集》(上编)

郭绍虞著,上海古籍出版社1983年第1版,2009年第2版。

该书所收《性灵说》一文，参见前文。

《随园食单》

袁枚著、关锡霖注释，广东科技出版社 1983 年版。

该书根据清乾隆壬子镌刻的小仓山藏版、光绪壬辰年勤裕堂校、1928 年易著堂印行的版本，并加了标点，作了注释。还根据光绪癸巳冬月仓山旧主校印的版本改正了一些错字，删补了衍漏字。重要的改动在注释中均有说明。为了便于读者了解原著及其作者的情况，该书附有关锡霖撰写的《袁枚与〈随园食单〉》一文，它有助于指导读者怎样去阅读这本书。

1922 年扫叶山房发行《随园食单》校正本时，可能是考虑到该书所记的菜式和点心，大多数既有菜名，也有做法，所以曾经改名为《随园食谱》。为了保存原著面貌，这次重印时仍按原名《随园食单》。

1984 年

《谈艺录》

钱锺书著，北京中华书局 1984 年版。

参见前文。

《随园食单》

袁枚撰、周三金等注释，中国商业出版社 1984 年版。该书为《中国烹饪古籍丛刊》之一。

为方便读者阅读，该书对原著加了注释，并把每则食单译为现代汉语。

《文学概论讲义》

舒舍予(老舍)著，北京出版社 1984 年版，该书写于 1930 年至 1934 年间。

老舍认为，袁枚提出的性灵诗论是诗的本体论，是空前的，“袁枚可以算作中国最大的文学批评家”。并遗憾地指出，“在论诗的方面有了袁枚，把一切不相干的东西扫除了去，可惜清代没有一个这样论文的了”。

《子不语》二十四卷

袁枚著，江苏广陵古籍刻印社 1984 年影印本。该书为《笔记小说大观》(第二十册)之一。

1985 年

《中国古典文学批评论集》

叶庆炳、吴宏一等著，台北幼狮文化事业公司 1985 年版。

该书收录吴宏一《〈随园诗话〉在袁枚诗学中的地位》一文，该文内容参看前文吴宏一《清代诗学初探》第七章《性灵说》第一节《袁枚》（台北牧童出版社 1977 年初版，台湾学生书局 1986 年修订版）。

《子不语》

袁枚著，陈铭选译，浙江古籍出版社 1985 年版。该书为《中国历代笔记小说选译丛书》之一。

该选本站在马克思主义文论观的基础上，认为鲁迅《中国小说史略》评价《子不语》的“芜秽”，是封建糟粕。因此，这部选译本，从《子不语》中选取 66 则尽可能少些“芜秽”，多些积极意义的篇章，附上注释和译文，也是希望有助于青年读者学习阅读文言作品。

《子不语》

袁枚著，朱纯点校，岳麓书社 1985 年版。

该书认为《子不语》版本有：乾隆五十三年随园刻本，嘉庆二十年美德堂刻本，随园三十八种本，清代笔记丛刊本，笔记小说大观本，莲溪书屋刊本，1914 年上海锦章书局石印本。该书点校者以随园刻本为底本，参照他本，做了分段、标点、改错的工作，删除了有意作伪、过于秽亵的《控鹤监秘记》一篇。删去各卷首原有“随园戏编”四字。

《中国文学思想史》

［日］青木正儿著、孟庆文译，沈阳春风文艺出版社 1985 年版。

针对袁枚“性灵说”实际上继承了晚明三袁的文学观念，而袁枚在其著作中只字未提的原因，该书认为袁宏道公安派的诗学思想在清初诗坛遭到了轻视，袁枚羞于作袁宏道的继承人，故而隐没了“性灵说”的最大思想来源。

1986 年

《袁枚诗学述论》

胡明著，黄山书社 1986 年版。

该书按内容可分为三大部分。第一部分，包含前三章，简介袁枚的生平、思想和基本的文学观，第三章则概述了袁枚时代的诗坛生态。第四章为第二部分，也是全书论述的重点——袁枚的性灵诗论。这部分从六个视角，一、《随园诗话》；二、性灵的内涵；三、性灵与学问；四、性灵的积极意义；五、性灵的渊源；六、性灵说的历史评价，详细分析了袁枚的性灵诗学。最后一部分，包括第五、第六两章，重点论述了袁枚的诗歌实践活动，并试图通过对袁枚诗歌的鉴赏和诗歌创作活动的分析，再次印证袁枚的性灵诗说。

《续子不语》

袁枚著，朱纯点校，岳麓书社 1986 年版。

岳麓书社已于 1985 年出版朱纯点校《子不语》二十四卷。该书收《续子不语》十卷，以随园刻本为底本，参照他本，做了分段、标点、改错的工作。限于体例删去各卷首原有“随园戏编”四字。

《新齐谐》

袁枚撰，崔国光校点，齐鲁书社 1986 年版，该书为《清代笔记小说丛刊》之一。

袁枚《新齐谐》二十四卷，初名《子不语》，因元说部中有同名作品，后改名《新齐谐》。

该书校点，以乾隆五十三年随园刻本为底本，校以嘉庆美德堂刻本、随园三十八种本、清代笔记丛刊本、笔记小说大观本以及上海锦章书局石印本。除明显错字予以改正外，一律保存原书面貌，以便为读者提供一个较为可靠的读本。但该书卷二十一《蔡京后身》、《梦魇婆》、《暹罗妻驴》及卷二十四《控鹤监秘记二则》四篇，有许多不妥当的描写，该书未予收录。

《袁枚年谱》

傅毓衡著，安徽教育出版社 1986 年版。

该书作者有感于对袁枚生平莫知其详，遂作《袁枚生平考略》发表在南京师范学院《文教资料简报》1982 年第 7—8 期上。后着手辑录袁枚事迹，详究其所以，依年次、月次、甚至日次列而出之，编成是编。本年谱有三部分组成，第一部分为年谱正文；第二部分列出了袁枚系年代考的诗文篇目；第三部分为附录，附录一《清代传记三十三种中有关袁枚的资料》、附录二《当代作家对袁枚的评价》。该书为后代研究袁枚生平著述打下了基础。但傅谱不足在于虽详于谱主生平行迹和诗文纪年，却对谱主交游、家人情实多所忽略，而这恰正是杨鸿烈《袁枚评传》所载袁枚年谱之所长。杨、傅二谱，交互参看，于袁枚生平则更为清晰。

《子不语》

袁枚编撰，申孟、甘林点校，上海古籍出版社 1986 年第 1 版，1998 年再版。

该书认为《子不语》版本，常见的有《随园三十种》本、《随园三十八种》本、《随园全集》本、嘉庆二十年美德堂刊本及《清代笔记丛刊》本、《笔记小说大观》本。这次整理，以乾隆年间所椠《随园三十种》本为底本，原本《新齐谐》二十四卷，署乾隆戊申（五十三年）刻；续仅八卷，较他本少二卷。该本卷二十三、二十四似乎已经增补改编，非戊申原刻，如卷二十三《十三猫同日殉节》篇已记乾隆己酉（五十四年）事，而卷二十三总目标三十四则，实有四十二则（较他本仍少十四则），卷二十四总目标五十三则，实止四十三则（它本同）；因据光绪十八年上海图书集成书局印本校补。个别误字，径行改正。原书卷二十一《蔡京后身》、《暹罗妻驴》，卷二十四《控鹤监秘记二则》，续书卷九《急淫自缢》等四篇，事涉淫秽，因予删去，其他个别字句，也偶有删削，并在原删处加括号注明。原书中卷二十二《万佛崖》、《大力河》二则与卷十六重出，今删去；卷二十三《雁荡动静石》与续卷六《动静石》所记为一事，因文字略有异，故两存之。

《清人诗论研究》

王英志著，江苏古籍出版社 1986 年版。

该书为新时期学界第一部专论清代诗论的著作。该书收录的《袁枚“性灵说”内涵新探》、《袁枚〈续诗品〉简论》二文已公开发表过。

在对清代诗论概括和透视的基础上，该书指出“袁枚的‘性灵说’诗论乃是清代诗论发展史的枢纽”。对“性灵说”本身的深刻认识，表现在该书对“性灵说”内涵的全面探讨之中。该书指出，袁枚的“性灵说”是清代许多诗论中有价值的美学思想的集大成体现，其中“真情论”、“个性论”、“诗才论”三大要素也是历代诗论精华的汇聚与发展。

《袁枚〈续诗品〉简论》一文则介绍了不为学界所重的《续诗品》的思想内容、品诗观点等重要内容，为学界全面深刻理解袁枚诗学体系奠定了基础。

《清人绝句五十家撷英》

王英志注评，山西人民出版社 1986 年版。这是王英志第一本关于清诗的选本。后改名为《历代名家绝句评点·清》(汕头大学出版社 2001 年版)。

该书选取清代有代表性的诗人五十家，336 首。每家选诗大体五至十首，只选五绝与七绝，每人名下有小传。“注释”侧重于释字义与词义(生僻字注音)，释词后酌附前人有关诗文名句为佐证；“评点”不拘一格，或涉及创作背景，或评内容意蕴，或评艺术特点。“评点”部分表明要“特别注意从诗人的理论与创作相互印证的角度进行阐述，试图使读者能借其诗作亦可略知其诗学观点之一斑。”这种“评点”尚无先例。

该书选了袁枚的十首绝句。

《桐城派研究论文选》

安徽省社会科学院文学研究所、安庆师范学院中文系、淮北煤炭师范学院中文系编，黄山书社 1986 年版。

该书收录了周本淳著《袁枚与桐城派》一文，详细内容，参见前文。

《随园诗话精选》

张健编选，台北文史哲出版社 1986 年版。

1987 年

《中国古典文学研究在苏联》(小说·戏曲)

[苏联]李福清著，田大畏译，北京书目文献出版社 1987 年第 1 版。台湾学生书局 1991 年版。

该书第一部分《小说》中的《清代笔记小说》详细评述了苏联女学者费施曼研究袁枚《新齐谐》的研究成果和研究方法。

《小仓山房尺牍》

袁枚著，范寅铮校注，湖南文艺出版社 1987 年版。

《小仓山房尺牍》在乾隆己酉年(1789)间有“随园藏版”。该书汇编一百四十九篇，系按广益书局 1949 年 2 月新四版编目，较随园藏版编目较少，实为选本。该书此次加注，没有增添，只与藏版详细核对，凡有差误，均加厘正，并将原序收入。共七万余字。

篇幅虽小，该书认为也可以于求学治文之道，从中受到启迪和教益。其中最令人心折者，一是袁枚治学之勤，从事著述以达到“语必惊人总尽情”的高超境界；二是袁枚待人以诚，尤于后进之勉励推崇，更是拳拳服膺，老而弥笃。至于论事则鞭辟入里，言情则直抒心灵，文词既典雅清丽，体裁亦骈古咸宜，因之被誉为尺牍中之散文，文言小品中之珍品。

该书还认为在古籍中，能用较短篇幅提供文言文之锤炼功底者，此书不失为一本较好的参考读物。

《清诗纪事》(八)乾隆朝卷

钱仲联编，江苏古籍出版社 1989 年版。

该书对于清人关于袁枚的传记资料、诗文评等内容，收录颇详，参考价值较大。

《袁枚诗选》

王名超选注，北方文艺出版社 1987 年版。

该书认为，袁枚一生写作了大约六千多首诗歌，经过自己选定编入《小仓山房诗文集》的有四千多首。其中不少是体现了他所主张的性灵理论的名篇佳作。感情奔放、议论新颖、语言明畅、笔调灵巧、清新自然、不事雕琢，是袁枚诗歌创作的最大特点。时值袁枚诞生二百七十周年之际，该书作者从《小仓山房诗文集》四千多首诗中选出一百五十一首编成这部选集，详加注释，献给对“性灵派”诗歌的爱好者。

《子不语全集》

袁枚著，河北人民出版社点校，河北人民出版社 1987 年第 1 版，2000 年重印。

该书根据乾隆间《随园卅种》为底本，参照《清代笔记丛刊》本，予以校点整理。由于正、续合在一起出版，所以题为《子不语全集》。原书中有一些篇章和段落文不雅驯，在《清代笔记丛刊》本中已被弃去，所以该书也不予收录。其余各篇仍然保留。

《近代中日文学交流史稿》

深圳大学比较文学所主编、王晓平著，湖南文艺出版社 1987 年版。

该书第二章《袁枚〈随园诗话〉与广濑淡窗〈淡窗诗话〉》的第一节为《广濑淡窗与清中叶诗论》、第二节为《〈淡窗诗话〉与袁枚性灵说》、第三节为《和歌审美传统对汉诗理论的渗透》。该书通过细致的文本对读，发现和辨析《随园诗话》对《淡窗诗话》的影响以及两者之间的差异。

《中国文学理论史》(四)(清代卷)

黄保真、蔡钟翔、成复旺著，北京出版社 1987 年版。中国人民大学出版社 2009 年 4 月再版本为《21 世纪中国语言文学系列教材》之一。

这部五卷本的《中国文学理论史》初版于 1987 年，是当时同类著作中规模最大、内容最翔实的一部。本卷第三章《清代的诗论》由成复旺撰写。

本卷第三章《清代的诗论》第六节《袁枚“性灵”说》认为，性灵说的基本宗旨，在于尊重个人的才情，反对传统规范的束缚，追求创作自由与艺术个性。性灵说的正式创始者是明后期的袁宏道，清代性灵说的代表者袁枚，袁枚之前，先有吴雷发；袁枚之后，继有赵翼；为清代性灵说的首尾。

该节第二部分《袁枚性灵说的理论体系》认为，袁枚“性灵说”的主要内容有三点，一是“性情”。袁枚所谓情，主要指男女之情。二是灵机。所谓“灵机”，是指一种具有先天性和自发性的特殊机能。就一个人能否成为诗人而言，是指与生俱来的艺术禀赋，袁枚称之为“天分”；就一首诗的具体创作而言，是指不谋而至的艺术灵感，袁枚称之为“天籁”。袁枚虽然强调“天分”和“天籁”，但他并没有因“天”而废“人”。三是“著我”。但他并不排斥学习古人，他是把学古与“著我”这两方面统一起来的。

该节第三部分《袁枚性灵说与王士禛神韵说、沈德潜格调说、翁方纲肌理说及袁宏道性灵说的关系》认为，主性灵者重在情之真与境之活，主神韵者重在诗之美与境之清。

袁枚直接向沈德潜质疑有三，首先，诗歌是否一定要关乎教化？其次，是否一定要温柔敦厚？再次，是否一定要合于古之高格？由此，袁枚提出诗无定格。

“考据之学离诗最远”，这是袁枚反驳以考据为诗的基本观点。

袁枚与袁宏道的主要差别在于，袁枚考虑“温柔敦厚”诗教是圣人之言，是不能违背的；袁枚还强调“雅”，主张雅俗之辨。因此，在学诗的问题上，袁枚仍然只盯着古人，而从未涉及新兴的市井民歌。有了上述差异，就明白袁枚何以不愿提及袁宏道，他要与袁宏道划清界限，袁宏道是“庞杂异端”。

该节第四部分《袁枚的文论》认为，袁枚的一般文论主要强调三点：其一是“自写胸襟”，强调文章为个人性情的表现；其二是“文贵曲”，强调文章的审美价值；其三是“神而明之”，强调作者的灵机。

袁枚的文体论，是骈散并尊论，而轻时文。袁枚之尊骈文，还因为比之古文，骈文是“修词之尤工者”。但袁枚是坚决反对把学术，尤其是考据学混入文学的。

袁枚的文论亦有颇迂腐者，以圣人为古文之祖，以古雅为古文之范，这就与桐城派沆瀣一气了。袁枚的文论比他的诗论保守，尤以对古文文体的论述最为明显。

《明代才子唐寅》

杜英穆编著，台北名望出版社 1987 年再版。

该书为“明代才子唐寅”与“名士郑燮”、“风流才子袁枚”的合订本，该书介绍了袁枚的生平事迹。

1988 年

《清代文学评论史》

[日]青木正儿著，杨铁婴译，中国社会科学出版社 1988 年版。

该书第六章《格调、性灵两诗说的对立》第二节《袁枚(随园)的性灵说》认为，袁枚继承杨万里说，认为有性情处即有格律，离开性情，则格律不复存在。但关于性灵与格调的关系，两人的看法似乎稍有不同。袁枚认为，所谓“性灵”盖指人性的灵妙的力量，不过是性情的美称，多用作同样的意思。性灵之说近有明末公安三袁，接着有竟陵钟、谭倡导，然而袁枚却将其说的先例远溯至杨万里偶然涉及这一问题的一句话，而对于三袁及钟、谭之倡导此说却只字未提。盖因清初以来，诗坛对三袁等，尤其是对钟、谭的评论并不佳，所以也许不敢公开声言其说之师承是在他们那里。

从袁枚致沈德潜信看，其反驳的要点是以下两个问题：一、针对沈偏重唐诗而斥宋诗一事，二、针对沈的观点中有道学气味一事。第二封信主要是关于沈德潜《清诗别裁集》中不选王次回艳情诗的问题，袁枚认为在吐露性情的诗中，艳情诗占有重要地位。

该书还认为，性灵、格调和神韵，可谓诗的三大要素。性情是诗的创作活动的根源，其灵妙的作用就是“性灵”。而将由于性灵的流露而产生的诗思加以整理的规格，就是“格调”。这样创造出来的艺术品中自然具备的优美风韵，就是“神韵”。以上，从诗的创作过程探讨了三者的关系。再就创作出来的作品而言，性灵是充实诗的内容的思想，格调是构成诗的外形的骨骼。而神韵则是建立在性灵和格调之上的风韵。极言之，没有性灵的诗、没有格调的诗、没有神韵的诗是不能成立的。三者完备最为理想。但是实际上，个人的喜好总难免倾向于某一方面。后来，翁方纲提出“肌理说”，试图去补救渔洋的弊端，但是它只不过是扩大了神韵说的范围。

《清朝文学》

张宗祥编著，上海三联书店 1988 年版。该书为上海三联书店影印的《近代名籍重刊》丛书之一。

该书第三章《乾隆文学概述》认为，袁枚年四十即致仕，筑随园于南京小仓山麓，赋诗吟咏，逍遥山水，主东南坛坫者，且五十年。当世识与不识，皆称为才子。其为文，骈散兼工，以惊才侧艳之笔，运流转横逸之思；用轻清俊快之语，化陈腐习见之典，独自成家，一代文豪。尔时诽议，或因其行止不检，放浪为怀，以人品之故，议及文品，岂笃论哉！

该书第八章《清诗概述》认为，乾隆时，王士禛一派肤廓浅陋之弊既日著，于是沈德潜倡为格调之说；袁枚又倡为性灵之说。袁枚之诗，才气纵横，灵动畅达，自是名家。同时赵翼、蒋士铨气体亦复相类，故并称三大家。惟袁枚诗时有轻佻之处；赵翼诗间亦有然。蒋士铨诗则具凄怆激楚之概，较为别致。三家之诗，虽以才著，然实未能出宋人之范畴。

《小仓山房诗文集》

周本淳标校，上海古籍出版社 1988 年版。上海古籍出版社 2006 年出版有《小仓山房诗文集》精装本。

该书包括诗集，文集、外集(骈文)三种，采用多种乾、嘉刻本为勘，是研究清代文学、历史必备的参考书。

该书指出，袁枚官沭阳令时县衙有两棵大柳树，袁枚曾以双柳轩名斋，江宁任上，有人刻他早期作品名《双柳轩集》。后来袁枚悔其少作，六十岁编定诗文时，只存少数篇章。他六十岁时自编诗文集，《诗集》编年共二十四卷，《文集》分体二十四卷，骈文分体七卷称《外集》。七十五岁时，因相士胡文炳“寿至七十六”的预言，又补编了一次诗文集，都增加到三十二卷(《文集》个别地方有修改)，《外集》八卷。七十六岁到临终，《诗集》增至三十七卷外加补遗二卷，《文集》增至三十五卷，《外集》仍为八卷。诗文集除随园自刻本外，各地多有翻刻。该书此次校点，《诗集》、《文集》以乾隆随园刊三十二卷本为底本。《诗集》部分，据嘉庆《诗集》单刻本校补，并校以嘉庆刊诗文合集本；《文集》部分，据嘉庆刊诗文合集本校补，并校以乾隆《文集》单刻二十四卷本。《外集》以嘉庆刊诗文合集本为底本，校以乾隆初刻诗文集《外集》七卷本及嘉庆鹤寿山堂刻石韫玉《袁文笺正》。凡明显误字及避讳字径行改正，不出校。

《袁枚研究》

简有仪著，台北文史哲出版社 1988 年版，该书为《文史哲学集成》之 186。

该书为较早的袁枚评传之一，共九章，第一章《袁枚的生平》；第二章《袁枚的年表》；第三章《袁枚的时代背景》；第四章《袁枚的诗论》；第五章《袁枚的文论》；第六章《袁枚的著作》；第七章《袁枚的评价》；第八章《袁枚的影响》；第九章《结论》。

该书将袁枚的生活、性格、思想、年表、时代背景、诗论、文论、著作、评价、影响等等，作了一番较有系统的客观探讨，以期在清代初期复古学风下，对这位“道人所不敢道，行人所不敢行”的典型文人，进行重新评价；以期使对袁枚有兴趣的人，能深入一层去研究袁枚；也希望一般的人，能以现代的文学观念去认识袁枚，好使袁枚得到应有的文学评价与地位。

该书认为，袁枚“性灵”说的涵义，“就表现内容来说‘性灵’就是性情；表现形式而言，‘性灵’即是灵妙的写作技巧。用现在的话说明，‘性灵’应该是‘自然与情感灵妙的活用’”。

《随园及其性灵诗说之研究》

司仲敖著，台北文史哲出版社 1988 年版，《文史哲学集成》之一。

作者认为袁枚性灵说有压倒王士禛神韵说、沈德潜格调说之势，“不惟有理论建树，且创作四千余首不同体裁之诗作，性灵说乃其创作实践之理论结晶。”“故就随园之生平、思想、交友进而稽求其性灵诗说。”

围绕上述观点，该书分九章进行了论述，第一章《生平》、第二章《思想》、第三章《交友》、第四章《著作》、第五章《性灵诗说述略》、第六章《性灵诗说底内容论》、第七章《性灵诗说底形式论》、第八章《性灵诗说底创作论》、第九章《性灵诗说底鉴赏论》，最后为《结论》部分。

《袁枚〈续诗品〉译释》

钟法、毛翰著，宁夏人民出版社 1988 年版。

该书有感于长期以来，袁枚《续诗品》一直门庭冷落，很少有人问津。仅仅可见的郭绍虞先生《续诗品注》(人民文学出版社 1981 年版)，采用的是“以袁注袁”——辑录袁枚《随园诗话》中一些有关言论，来印证、补充《续诗品》各章中的观点。这种注法适合于一部分研究人员的需要。而对于广大读者，该书认为，疏通文字、分析解释乃至今译的工作，还是不可缺少的。因此该书对袁枚《续诗品》三十二章全部进行了译释，每章的译释包括三部分。每章正文下，首先是对正文诗句的“今译”部分，然后是对正文诗句中的字词典故进行的

“注解”部分，最后是对整章内涵、袁枚诗论所作的“简释”部分。

《子不语选注》

袁枚撰、申孟选注，文化艺术出版社1988年版。该书为《历代笔记小说丛书》之一。

该书认为，《子不语》传世的版本很多，最早的是乾隆年间刻的《随园三十种》本，其中《子不语》署乾隆五十三年(1788)刻，《续子不语》未署刻年，当刊于嘉庆初。该书此次选注，即以此本为底本，校以光绪十八年(1892)上海图书集成书局印《随园三十种》本。个别误字，径行改正，不出校记。选篇着重于带有故事情节的，并力求选录艺术性与思想性结合得较好的篇目。凡注释均在首次出现时注明，以后出现，不再加注，以免繁琐。

1989年

《续诗品注评》

王英志著，浙江古籍出版社1989年版。

该书是为一般读者阅读袁枚《续诗品》所作的注评。该书由对袁枚《续诗品》的注释、今译、评说三部分内容组成。袁枚《续诗品》原诗三十二首系随意排列，该书改为按内容分类，每类前冠以小标题，概括其所论要旨。分类以该首诗的主要论旨为依据，有可兼列两类者只归一类。“注释”部分重在解释字、词义，并标明典故出处，释字、词本义多附例证。“今译”部分重在对诗句的串译，译法基本上采取直译，对少数诗句根据需要亦采用意译法。原诗韵脚或一韵到底，或四句一转韵，三十二首体例不一。译诗则全部采取一韵到底的九言诗形式，以求整饬统一。“评说”部分重在对每首诗论旨的评述，意在将该诗论旨与袁枚的“性灵说”诗论相联系进行阐发，间亦探讨其中诗学观点的渊源即与前人或时人的关系。全书最后附录有关袁枚的传记与清人对《续诗品》的评价材料(后者转引自郭绍虞先生《续诗品注》一书)，并予以注释。

《袁枚文选译》

袁启明译注，人民文学出版社1989年版，该书为《中国古典文学论今译丛书》之一。

该书选取袁枚的文章二十五篇，诗话二十则，先加以注释后有对应译文，为读者提供了一位曾在清代文坛上起过较大影响作家的侧面。

《中国诗论史》

［日］铃木虎雄著，许总译，广西人民出版社 1989 年版。

该书 1929 年被孙俍工以《中国古代文艺论史》的书名译出，该书第三篇《格调、神韵、性灵三诗说》第五章《性灵说》的详细内容，参见前文。

《袁枚诗选》

周舸岷选注，浙江古籍出版社 1989 年版，该书为《浙江历代名家诗选丛书》之一。

该选本据上海中华书局《四部备要》集部的《小仓山房诗集》，选录其中二百五十首，约占总数的二十分之一。原集基本按年代先后编次，为了查核方便，该书所选诗的先后编次，一依原集。

为了能让读者比较全面地了解袁枚的诗歌创作，该书选诗尽可能照顾到内容和题材的多样性。重点是：一、反映民生疾苦，揭露官场黑暗腐败的诗。二、感情真切，思想较为健康的交谊诗。三、有特色，有欣赏价值，艺术性较高的山水景物诗。四、语言清新，篇幅短小，或表现一种动人意境，或揭示一种理趣，很有思考和品位价值的小诗。

对所选诗注释简明，说明部分，一般是指出写作背景，主题或寓意以及思想和艺术上的主要特色。

为有助于加深读者对袁枚的了解，该书附录部分分为两类，一是袁枚年谱简编，二是前人评述袁枚及其诗文的部分资料。

1990 年

《袁枚与随园诗话》

王英志著，上海古籍出版社 1990 年版。该书是上海古籍出版社《中国古典文学基本知识丛书》之一。台湾万卷楼图书有限公司 1993 年出版了该书的繁体字版。

该书共八章，前三章介绍袁枚的生平、思想和诗歌创作，论述了袁枚的哲学、伦理思想、人生观中积极与消极的因素如何直接影响了其性灵说诗论与诗歌创作，在举例分析袁枚真情诗、讽谕诗和山水景物诗三类诗歌的基础上，指出其创作的得失。第四至第七章介绍袁枚的《随园诗话》，结合其散见在《文集》、《诗集》、《外集》、《尺牍》等著述中的诗论和诗评，就其性灵说诗论、采诗、记事三个主要方面作了深入考察。最后一章是总论袁枚在中国文学史上的地位，《随园诗话》在当时及后代的影响。

全书内容深入浅出，通俗易懂，文字清新优美。读者通过该书，当可了解袁枚和性灵说诗歌理论以及清代康乾诗坛的概况。

《袁枚诗文选译》

李灵年、李泽平译注，巴蜀书社1990年版，凤凰出版社2011年修订版，该书为《古代文史名著选译丛书》之一。

袁枚著述宏富，有《小仓山房文集》三十五卷，《外集》八卷，《小仓山房诗集》三十七卷，《随园诗话》十六卷，《补遗》十卷，《子不语》二十四卷，《续子不语》十卷等。该书从其诗文集中选录诗六十首、文二十二篇。选篇注意思想性与艺术性的统一，并尽量照顾到不同体裁和不同风格的作品。该书所选每篇诗文都是先有题解，后有本诗的译文，字词典故的注释则放在页下脚注里，简明精当，便于阅读与学习。题解部分则是关于本诗创作年代，主旨的交代，大都切中肯綮。该书不失为一本了解袁枚创作成就的优秀普及读物。

《中国文学在法国》

钱林森著，广州花城出版社1990年版。该书为乐黛云主编《中国文学在国外》丛书之一。

该书上编第二章《中国古典诗歌在法国》第一节《对东方文化奇葩的探究——中国古典诗歌在法国流布略述》指出，19世纪，法汉学界对宋诗、清诗也有所介绍，前法驻华领事C. 昂博尔·于阿里把中国古典诗歌分为三个时期，即古典时期，代表作是《诗经》；复兴时期，即唐代，是中国诗歌鼎盛时期；从宋到清，称为现代时期。他认为，在现代，诗坛上虽然充斥着模仿之风，但确有一些真正的诗人“力图把诗歌从庸俗、炫博和浮华之风中挽救出来”。因此，现代诗歌和上两个时期一样，有必要让欧洲了解，基于这样的目的，C. 昂博尔·

于阿里于1884年发表了《十八世纪中国诗人袁子才的生平及创作》一书；1886年发表了《十四世纪至十九世纪中国诗》选集。该书选译了苏轼、袁枚等古代诗人诗篇；1892年又出版了另一选集《中国现代诗》，选译了袁枚的《春寒》、《到家》、《新燕篇》、《除夕》、《元旦》、《随园杂兴》、《答人问随园》等十四首诗，对袁枚诗作极为赞赏。

法国大百科全书誉袁枚为“清代最富有独创精神的人物之一”。“他在精神上保持独立，反对正统的伦理道德，坚持为艺术而艺术，捍卫妇女从事文学的权利。”又认为袁枚的诗作和散文，“清新、生动、感情丰富，颇似法国巴罗克风格”。

《诗学全书》

袁枚著，潘中心、韩建芬校点，贵州人民出版社1990年版。

1991年

《随园轶事》(影印本)

蒋敦复撰，江苏广陵古籍刻印社影印1991年版。

该书为江苏广陵古籍刻印社1991年9月影印蒋敦复于同治三年编辑而成的《随园轶事》。蒋敦复由于仰慕袁枚奇人奇事，阅读袁枚《小仓山房诗文集》之余，结交袁枚二孙，兼听闻他人传言，不断收集整理袁枚逸闻轶事，于同治三年编辑成《随园轶事》，以广骚坛佳话及随园掌故。该书记述袁枚轶事共242则。书末附《随园姬人姓氏谱》和《随园女弟子姓氏谱》，为了解与袁枚有关的女性情况提供了资料便利。

《随园随笔》

袁枚撰，朱太忙标点，江苏广陵古籍刻印社影印1991年版。

朱太忙认为，乾嘉时考据之学特盛，而袁枚不喜之，盖考据非其所长。然袁枚涉览既博，参稽钩校，时时发见错误及异同处，皆信笔记录，穷究原委，备遗忘而冀补考，为学者应有之习，亦可见袁枚读书心得之一斑。《随园随笔》所载，大半已见袁枚他书，如《随园诗话》卷十五，有十余则与《随园随笔》雷同。其病似在分类有求全之过，既称随笔，若又分门类列，便失随字意义。然《随园随笔》乃袁枚积三十年读书之功而成，实为有用之书，非其他空疏浅陋诗人所能著，故不应妄加非薄。

《古典美学传统与诗论》

王英志著，南京出版社 1991 年版。

该书为王英志研究古典美学传统与诗论的论文集，收有《论“性灵”说》、《袁枚的地位与〈随园诗话〉的影响》、《〈续诗品〉十品阐释》和《袁枚“性灵”说的创作实践——论袁枚的性灵诗》四文，详细内容，参见王英志前文。

《明清文学史》(清代卷)

唐富龄编著，武汉大学出版社 1991 年版。

该书下编第二章《诗坛的成就》(下)第一节《性灵派诗人》认为，性灵派代表作家有郑燮、袁枚、赵翼、黄景仁、张问陶等人。袁枚是乾隆三大家中成就最高的诗人。他在文学史上的贡献主要在诗论方面，他的诗学杨万里诚斋体而参以白居易。

该书下编第六章《清代的诗论》第三节《清中叶的诗论——格调说、肌理说与性灵说的对立》认为，袁枚所说的性灵，主要是指性情，同时兼有灵犀、灵机、灵思之意。首先，他强调诗人必须具有真性情，诗歌必须表现真性情。其次，他要求诗歌所表达的真情还必须具有动人的艺术魅力。其三，他强调天才在诗歌创作中的作用，但也不忽视学识功力的修养。其四，他强调独创性和艺术个性，反对盲目拟古，但又不废学古。

该节还认为，袁枚的诗论既继承了杨万里、李贽、三袁等人进步的文学思想，又融入了当时创作实践中的许多体验，在与当时各种诗论的诘辩特别是在与格调说的交锋中，形成了以性灵为中心的诗学体系，充分论述性灵与格调、天分与学力、自然与雕饰、师心与学古之间互相对立或相反相成的关系，在体系的完备和论述的全面深刻方面，超过了公安派的理论。但在反传统的彻底性方面，却不及公安派，如对孔、孟的正统儒学有所保留，对通俗文学持卑视态度等等。另外，他所强调的性灵也如公安派一样过于强调向内心讨生活，忽视社会生活的源泉作用。

《随园食单演绎》

薛文龙著，南京出版社 1991 年版。

该书内容参看后文，薛文龙主编《随园食单演绎精品菜谱》（江苏科学技术出版社 2008 年版）。

1992 年

《袁枚与子不语》

阎志坚著，辽宁教育出版社 1992 年版。该书为侯忠义、安平秋主编《古代小说评介丛书・第九辑》之一。《古代小说评介丛书》是我国第一套全面系统评介古代小说史和小说作品的丛书。本丛书的特点是请专家给中学生写书，用通俗的文字和生动的形式，寓学术性于知识性、趣味性之中。

由于读者对象为中学生，因此，该书也是通俗性与学术性兼顾。该书分上下编。上编简要介绍袁枚的生活经历、思想性格及其文学成就，从一个侧面反映出袁枚成长过程及丰富的内心世界；下编着重评介《子不语》，对其思想内容、艺术特色进行客观分析，给予公允评价。在评价其艺术特点的章节中，不仅指出了《子不语》诙谐幽默的特色，还论述了《子不语》于少数篇章中表现出来的情节曲折、形象多样等艺术特色，并以单独章节就《子不语》的资料价值做了简单说明。

该书将人物介绍与作品评介相结合，并就同类作品进行比较分析，语言简洁，深入浅出，通俗易懂，具有较强的可读性，有助于读者较全面地了解袁枚及其作品。

《白话子不语》

袁枚著，施亮如编译，辽宁民族出版社 1992 年版。

该书认为现今市场上出售的《子不语》，有点校本、选注本以及选译本，种类确实不少。但一管难以窥全豹，故继《白话阅微草堂笔记》之后，编译《白话子不语》，以期与读者一起对《子不语》作全貌审视。

该书在编译过程中，首先匡正了原书从文字到史实的诸多舛误；又依据史书及其他书籍对它的不足之处加以补充；再进行从文字到内容的艺术加工。在编译风格上，尽力保存原文简洁风趣、亦庄亦谐的南国风味；在语言上则尽力通俗流畅。

《中国文学在英国》

张弘著，广州花城出版社1992年版。该书为乐黛云主编《中国文学在国外》丛书之一。

该书第四章《诗之魂——中国古代诗人在英国》第四节《袁枚》重点介绍了英国学者韦利袁枚研究专著——《十八世纪的中国诗人袁枚》(伦敦：阿伦与昂汶出版社)的主要内容。

《子不语》

袁枚著、古晔等译，中国国际广播出版社1992年版，该书为《古代笔记名著》之一。

该书为《子不语》文白对照的选译本。

《稀见中国地方志汇刊》(第一一册)

中国科学院图书馆选编，中国书店1992年12月影印本。

该书收录了袁枚修《江宁新志》。

1993年

《中国文言小说史稿》下

侯忠义、刘世林著，北京大学出版社1993年版。

该书《清代小说》(中)第二节《清代志怪小说的内容种类》的第壹类有《子不语》。该部分概述了袁枚的生平思想、文学成就以及《子不语》的成书过程、故事来源、创作动机、思想内容和艺术特点等方面的内容。

《袁枚诗选》

王英志编纂、注释、点评，中州古籍出版社1993年版。

袁枚《小仓山房诗集》存诗4000余首，该书精选150余首，内容上，真性灵诗、山水景物诗、怀古咏史诗、咏物讽谕诗、论诗题画诗尽备；形式上，律绝近体、歌行古体兼具；风格上，清新灵巧、豪放劲健悉见。一书在手，可见袁枚诗基本风貌。每诗除详作注释外，均加点评，点评不拘一格，特别注意结合性灵说观点评诗，以见袁枚的美学追求。书前有吴调公序。该书《前言》全面介绍袁枚生平思想与诗作成就；书后附袁枚传记、评论资料。

《袁枚全集》

王英志主编，江苏古籍出版社1993年第1版。1997年第2次印刷。

袁枚的著作内容丰富，体裁多样，卷帙浩繁，其编辑校定而付梓的他人著作亦种类众多。江苏古籍出版社于1993年首次组织出版了校点本《袁枚全集》，共八册。

《袁枚全集》由正编、副编、外编、附录部分组成。正编收袁枚本人著作。副编收经袁枚编选或编辑审定而作序付梓的他人著作。外编收作者署名袁枚，但基本可断定为伪托却有较高价值的著作，以备参考；明显伪托又无价值者不收。附录收清代、近代关于袁枚年谱、传记、评论、轶事的资料；已见于正编的他人序、跋、题辞与副编《续同人集》、《八十寿言》者不重录。有少量袁枚撰写的辑补文字，分类附于相关单集之后。

全集总目如下，正编：第一册《小仓山房诗集》；第二册《小仓山房文集》、《小仓山房外集》；第三册《随园诗话》；第四册《子不语》、《续子不语》；第五册《随园随笔》、《袁太史稿》、《小仓山房尺牍》、《牍外馀言》、《随园食单》，副编：第六册《续同人集》、《随园八十寿言》；第七册《红豆村人诗稿》《南园诗选》、《碧腴斋诗存》、《湄君诗集》《袁家三妹合稿》、《随园女弟子诗选》，外编：第八册《详注圈点诗学全书》、《怪异录》，附录：一、《随园先生年谱》；二、《袁枚传记资料》；三、《袁枚评论资料》；四、《随园轶事》。

全集正编、副编除《子不语》以乾隆刻本为底本外，其余各集皆以嘉庆随园藏版本为底本，主要参校光绪十八年(1892)勤恪堂排印本、光绪十八年上海图书集成印书局排印本、宣统二年(1910)上海鸿文书局石印本之《随园三十八种》和《随园三十六种》。外编《怪异录》以光绪十八年勤恪堂排印本为底本，《详注圈点诗学全书》以民国十四年(1925)上海华美书局石印本为底本，该二书均孤本，无他本可参校。

全集若干单集参校以出版的校点本或校注本：《小仓山房诗集》、《小仓山房文集》、《小仓山房外集》参校上海古籍出版社1988年版校点本，全集按语中简称为“乾隆校本”；《随园诗话》参校人民文学出版社1982年版校点本；《小仓山房尺牍》参校湖南文艺出版社1987年版八卷校注本；《子不语》、《续子不语》分别参校岳麓书社1985年、1986年版校点本；《随园食单》参校广东科技出版社1983年版校注本。

全集内容中用典使事有错误者不作校改，有常识性错误须改正者或缺字须补充者，以(按:)形式说明。全集采用繁体字，但原来文中有少量繁简并存者，一般取其简者。异体字、避讳字径改为通用字，通假字径改为本字，不采取“一仍其旧”的习惯做法，使全集文字尽量规范统一。明显错字、漏字均径改补，不另出校记。凡字迹模糊，空缺而无法校定者，以□代替。

全集文类除《袁太史稿》外，均酌情分段，诗文标题过长者酌情标点。全集中原有圈点符号均删除，“随园戏编”等字样亦删。《小仓山房诗集》、《随园随笔》、《小仓山房尺牍》、《红豆村人诗稿》、《南园诗选》、《碧腴斋诗存》、《袁家三妹合稿》篇名细目原无，系补编。

《袁枚评论资料》

王英志辑，江苏古籍出版社1993年版。

此书系王英志主编《袁枚全集》第八册之附录，内容包括：一、《随园先生年谱》；二、《袁枚传记资料》；三、《袁枚评论资料》；四、《随园轶事》。

《随园诗话》

王英志校点，江苏古籍出版社1993年版。

该书是王英志主编的《袁枚全集》繁体字校点本，以清嘉庆随园藏板为底本，并参校民国本。

《袁枚〈续诗品〉详注》

刘衍文、刘永翔合注，上海书店1993年再版本。

刘衍文、刘永翔父子既心折于袁枚“性灵说”之广大圆融，又抱憾于其《续诗品》三十二则韵文有时难免大视而细不明，甚至有削足适履之病，故广加搜辑，笺注其典，阐其微旨，以袁注袁，参较他说，并紧扣原著，自述见解。上海书店重版此书时，作者特为增补注文二十五条，约七千余字。

该书体例如下：一、凡属《续诗品》之正文，必语语讲其来历。其有“数典徵书”而原文较艰深或其义仍须探讨者，亦略加笺释，有注疏者择要录之，若有谬舛之处，必加考订：一则省读者翻检之劳，不致生“有注反晦”之叹；二则明他书之得失，庶免以讹传讹，贻误读者。故注文有时宁失之繁，而不欲苟以钞胥塞责。二、凡袁枚诗文、笔记、诗话等足以参证《续诗品》之说者，能附于各语注释之后者，分行用[ ]标明其出处而后录之；录后而有辨说及参证者用[——按]云云以别之。他家有相或相反之意见，或附于其后，或置诸其前，视具体情况而定。若加按语，则仅用[按]字别之，不复用破折号。三、袁氏诗文等语与每则内容整体有关而难以列入各句注释中者，则附于每则注释之末，每条用[ ]号以别之。他家之说与每则有关、或虽相反而足相参者，亦附列其后。两者若加按语，格式同于第二条所述。四、袁氏著述中颇多相类之语。注释中择其较完整者而录之，略去其他；然必注明某处亦有其语，以便读者参稽。其难于割爱者则两存之，或删其复而存其互异者。他家言论，采择亦同。五、所录袁氏之语，不以体裁分列，亦不以卷次作排，唯取内容之适为序。六、除每则注释中多有考辨外，另于每则之末，各为《小识》；其语多寡不一，要皆权衡其义，而以己意判焉。七、《知难》一则之注，除与各则体例大同外，在《小识》后还特列：(一)《创作经验余谈》；(二)《时文、诗文与剧曲》；(三)《文品与人品》；(四)《诗说、诗选与诗话》四项分而议之。

《袁枚》

[英]阿赛·瓦别著，李福德、姜能芳等译，李梦芳等注释，安徽文艺出版社 1993 年版。

阿赛·瓦别又译为阿瑟·韦利，该书内容可参看[英]阿瑟·韦利《十八世纪的中国诗人袁枚》(伦敦阿伦与昂汶出版社 1956 年版、2011 年再版)。

1994 年

《随园食单补正》

夏曾传撰，张玉范、王淑珍注释，中国商业出版社 1994 年版，该书为《中国烹饪古籍丛刊》之一。

夏曾传《随园食单补正》是在袁枚《随园食单》基础上增补而成。与《随园食单》相比，该书的特点为：一、在《随园食单》基础上加“糖色单”、“作料单”，增至十六单；增补随园所未收而常见的南北菜点167种，总计近500种。二、作者根据《随园食单》逐条笺证，其所引经、史、子、集四部之书达200余种，每目之下考其源流、证其原委，内容详实，具有较高的学术性。三、于每条之后据清王世雄所撰《随息居饮食谱》补入食品性能、医疗作用及食疗功效，增加了该书的知识性。四、作者还结合自身体会逐一详加评论，对《随园食单》中个别错误或有矛盾之处予以纠正补充。还记录了一些饮食中的掌故、趣闻轶事，读来妙趣横生，此又增加了趣味性。

作者将食单食谱之考据、食疗方、饮食史及饮食掌故、趣闻轶事等诸多方面的内容集于一书，这在有关饮食的书中是少见的。

为便于读者阅读，校注者在版式上予以区别：《随园食单》原文下加横线，引用他文用楷体，《随息居饮食谱》用仿宋，作者原文用宋体，校注内容均排列页下。

《随园诗话选注》

袁枚著，王镜海注释，王果选校，岳麓书社1994年版。

《中国古典文学在国外》

宋柏年主编，北京语言学院出版社1994年版。

该书第六编《清代文学在国外》第五章《清代戏曲和诗文》第二节《清代诗文》认为，广濑淡窗是幕府末年的著名诗人。他的《淡窗诗话》兼收并蓄，摄取众长，在许多观点上受到袁枚《随园诗话》的影响。

从《淡窗诗话》看，广濑淡窗对清代中叶的诗论都有所接触。淡窗的诗论在很大程度上是各家诗说的调和与融合。清代的诗评，多在调和与融合中以成一家之言。淡窗对各个诗派均不一笔抹杀，而采取有所分析、明辨其优劣得失的态度，在这一点上，与袁枚有相同之处。

《淡窗诗话》没有提到袁枚，而在论诗时却有不少与《随园诗话》接近的观点。袁枚主张写诗应抒写胸臆，辞贵自然，强调独创，淡窗则把这个意思说得更简明平易："于诗文之道，文主述意，诗主述情，如无情之人必不能作诗，作亦非诗。如此之人，虽为身正端严君子，其行事必有不近人情处"；袁枚论诗，着眼于一个"真"字，淡窗对于江户诗坛那些拟古的诗人批判的着眼点正在于他们的矫揉造作，无真情可言。

淡窗在论诗时所表现出来的观点，深深地受到袁枚的影响，从中也可以看出当时的日本诗坛在很大程度上受中国诗学的熏陶。

《袁枚散文选集》

袁枚著，李梦生选注，百花文艺出版社 1994 年第 1 版，2009 年第 3 版，该书为徐柏容、郑法清主编《百花散文书系 · 古代部分》之一。

该书认为当时乃至后世，人们真正奖挹推崇的主要是袁枚在诗歌上的造诣。至于袁枚的文，肯定他的骈文、尺牍甚至时文，而忽略他的古文，这种舍本逐末的不正常现象，正是清中后期文风的体现。有鉴于此，编选袁枚散文选集，意义也就不一般了。

该书选录了袁枚文章中的精品四十六篇，除了《答鱼门》、《答杨笠湖》两通书信选自《小仓山房尺牍》外，均录自《小仓山房文集》。在编排上，尽量按写作时间先后编排，这样可以使读者对袁枚文章发展的轨迹及各时期的创作特点有一个集中的印象。选入的各篇文章之后，一律附加简明题解和注释，简解题旨、背景，疏释较难理解的语词、典故、职官、器物及地名、引文等。

该书前有万余字的序言《袁枚和他的散文》，除简介袁枚生平、文学活动概况及时代与文学背景外，着重结合选入作品，评述其散文创作的思想和艺术特色、创作发展历程以及对后世散文创作的影响等，作为阅读欣赏、评价具体文章并进而研究袁枚及其散文的初阶。

《中国诗学通论》

袁行霈、孟二冬、丁放著，安徽教育出版社 1994 年版。

该书第六章《从王士禛〈带经堂诗话〉到王国维〈人间词话〉——中国诗学理论趋向多元化的时期》第三节《袁枚的"性灵"说》从四个角度论述了袁枚的"性灵"说。

一、袁枚对"神韵"、"格调"、"肌理"三说的批评。袁枚对渔洋的诗学是有所吸取与扬弃的，他对渔洋创作成就评价不高，且较为公允，对于渔洋的“神韵”说，他则作了部分消化与吸收，并化朦胧为具体，使之融入自己的诗学体系。

翁方纲的“肌理”说提倡以儒家经义与考据之学入诗，且能做到肌理细密，合乎法度。这与重独创、讲性灵的袁枚诗学是水火不相容的。袁枚“性灵”说与沈德潜“格调”说的对立集中表现在《答沈大宗伯论诗书》、《再与沈大宗伯书》二文中，其一，沈氏论诗重“温柔敦厚”，主张诗歌要“有关乎人伦日用”，袁枚认为“温柔敦厚”与“沉着痛快”不可偏废；与“人伦日用”有关者与无关者应并存。其二，沈德潜论诗主复古，尊汉、魏与唐，贬宋诗；袁枚则重“工拙”之分，反对朝代之别。其三，沈氏反对艳诗与险怪体，袁枚亦持不同意见。

二、袁枚“性灵”说的具体内涵。

“性”指性情，“灵”指灵机。统而言之，“其所谓性灵指诗人进行创作时那一片真情，一点灵犀”。

(一)关于“性情”。在袁枚诗学体系中，“性情”即等于情。袁枚对理学的否定，与戴震的观点十分接近。袁枚对诗中“男女之情”的礼赞，已露出民主思想的萌芽，表明他对“男尊女卑”的传统观念的否定，而其对“女人亡国”的“祸水论”的抨击，尤能见出其进步的妇女观。重“真情”，是袁枚“性灵”说的要义与精华所在。总之，袁枚论性情，尤重男女之情，并且强调绝假存真，深挚激切，重视诗人主体的独特感受和抒情言志的创新精神。

(二)关于“灵机”，有两重涵义：其一，对创作主体的诗人来说，是机灵与灵思，即敏锐的审美感受和灵巧的想象构思，亦即诗人把握现实世界及其形象特征的资禀和敏悟。袁枚讲诗人的灵机与灵思，首重“天分”。如何才算有“天分”，袁枚认为诗人首先要胸襟高洁脱俗，还强调天分与学力相结合。其二，“灵机”对审美对象——诗歌作品来说，是指它的灵动活脱的具体表征，即诗中应该显现出来的灵气飞动、活机脱逸的美感特色。其具体表现为：有味、有趣、意新、出色。

袁枚“性灵”说理论的创新与发展，首先，前人论性灵，多强调天才，而袁枚虽也重天分，但不废工力，主张以“人工”济“天巧”，所以他认为读书、积学同样是作出好诗的必要条件。其次，袁枚论诗反对分朝代，主张不拘一体、一格，只要能其意便是好诗。袁枚首先从“性情”的角度反对诗分唐、宋，另一个角度是诗“有工拙，而无古今”。

在袁枚的诗学体系中，师心与学古，天分与学力，自然与雕饰，内容与形式，都是相反相成的，而他特重师心、天分、自然等能自由抒发性灵的东西，而且袁枚所论都比较具体、全面，可以说他是一位集以往“性灵”说之长而又有重大创新的诗论家。

三、赵翼、洪亮吉、潘德舆、章学诚等人对袁枚“性灵”说的补充修正与批评。

四、刘熙载《艺概·诗概》对“性灵”说的发展及其独特贡献。

《丛书集成续编》

上海书店出版社 1994 年影印本。

该书收录了袁枚的著作及辑录的著述。

1995 年

《中国性灵文学思想研究》

吴兆路著，台北文津出版社 1995 年版。该书为《大陆地区博士论文丛刊》之一。

该书是作者 1993 年复旦大学博士学位论文，最早在台湾文津出版社出版，增修后更名为《性灵派研究》(甘肃教育出版社 2001 年版)。该书内容，参见后文吴兆路《性灵派研究》。

《白话全本子不语》

袁枚著，陆海明等译，上海古籍出版社 1995 年版。该书为《十大文言短篇小说今译丛书》之一。

该书据上海古籍出版社 1986 年版申孟、甘林的点校本《子不语》，全本今译。凡事涉淫秽的四篇及重出者二则已予删去，一从点校本之例。

《中国古典文学研究史》

郭英德、谢思炜、尚学锋、于翠玲著，中华书局 1995 年版。

该书第七章《清前期的文学研究》第四节《清前期对诗文艺术标准

的争鸣》之三《异军突起的性灵说》认为，袁枚的性灵说是针对沈德潜的格调说而发的。袁枚认为诗歌要大胆表现真实性情，格律应服从于抒写性情的需要。从这一观点出发，他不仅反对以格调束缚性情，而且肯定了某些有悖于封建礼教的言情之作，反对沈德潜所提倡的“温柔敦厚”的诗教。

性灵说的主旨在于指导创作，纠正形式主义诗风，因而袁枚很少像沈德潜和翁方纲那样条分缕析地剖析古代诗歌的艺术特点。但他在阐述自己的文学主张的同时，以性灵为标准去评析前人的作品，对古代诗歌的艺术问题表达了一些可贵见解。首先强调出新意，去陈言；其次是提倡艺术风格的多样化；再次是主张诗要自然而有生趣，性灵说非常重视诗人的才气和灵感。总之，强调诗歌以内在的生气和意趣感人，而不是以外在的形式因素取胜，是性灵说和格调、肌理两说在艺术论上的重要区别之一。

性灵说侧重于诗歌创作过程的探讨，尤为重视诗人真实性灵的自然流露，作为格调和肌理说对立面，性灵说对于纠正专以形式论诗的弊端，起了积极的作用。但提倡性灵的作家往往不屑于对形式和技法作琐细的解剖，因而他们对古代诗歌艺术性的研究，又不及上述诸家之具体、深入。

《袁枚的人生哲学——率性人生》

陈文新著，台北扬智文化事业股份有限公司 1995 年版。该书为扬帆主编《中国人生丛书》之十三。

该书采用随笔的文体与笔调，古今结合，史论结合，袁枚的人生与同时代平凡人物的人生相结合，并结合作者自己的人生阅历，写出对袁枚独特的人生体验。

该书共有五部分，一、《话说袁枚》，对袁枚的生平、仕历和思想以故事的形式进行了交代。二、《性灵的舒展》，介绍了袁枚反流俗的性灵思想。三、《诗情与游趣》，简介了袁枚诗歌的内容。四、《世情百态》，以随笔形式讲解了袁枚散文、小说之思想内容。五、《说文论史》，评述了袁枚的历史观和文论观。

《明清启蒙学术流变》

萧萐父、许苏民著，辽宁教育出版社 1995 年版。

该书将袁枚定位于一位集浙东之“贵专家”与浙西之“尚博雅”于一身的大学者。该书指出，袁枚不仅主张“文学不可纳诸德行”，争取文学的独立地位；在史学上，他也一针见血地抨击史学界津津乐道的“春秋笔法”，认为这是为统治者随便篡改历史剧情而张目，主张“作史者只须据事直书”，给历史独立的地位。他还主“废道统之说”，表现出一种多元开放的文化心态。这种学术品格的确具有了向近代转型的思想意义。该书将袁枚置于18世纪乃至明清以迄近代启蒙思潮的流变中予以考察，是一种很有见地的学术理路。

《随园诗话》

袁枚著，徐中玉主编，海南国际新闻出版中心1995年版。该书为《传世藏书集库文艺论评》之一。

《子不语》

袁枚著，江苏广陵古籍刻印社1995年影印本。该书为《笔记小说大观》(第十册)之一。

《白话子不语》

袁枚著，若水译，岳麓书社1995年版，该书为《古典名著今译读本》之一。

该书为《子不语》的选译本。

1996年

《子不语》

袁枚著，杨名标点，重庆出版社1996年第1版，2005年第2版，该书为《笔记小说精品丛书》之一。

该书选录了《子不语》中的491个故事，并把袁枚《续子不语》卷五中录入纪昀《阅微草堂笔记》的11篇，删去9篇，只保留了《唐公判狱》、《刘迂鬼》。虽然选入的故事不到全书的一半，但却保留了原书三分之二以上的篇幅。该书标点采用的是上海进步书局的版本，未对选入的作品作任何内容上的删改，只加上了现代标点符号，并改正了个别刊印上的错误。

《中国诗学思想史》

萧华荣著，上海华东师范大学出版社1996年版。

该书下篇《情理冲突(宋——清)》清代第七章《祧唐祢宋》第五节《潜移暗转:“性灵”与“肌理”》第二目《“性灵”说》认为，袁枚所谓“性灵”，简单说来即“性情”与“灵机”的综合。“性情”是作品的思想内容问题，其贵在“真”;“灵机”是作品的艺术形式问题，其贵在“巧”。二者合言，便是“情信词巧”，也便是“性灵”。

“性灵”说的两个方面——“性情”与“灵机”，都是针对“格调”说，因为“格调”说实际也包括两个方面——思想内容上的“温柔敦厚”和艺术形式上的“三唐之格”。先看“性情”方面。袁枚直言“情所最先，莫如男女”。沈德潜以及一切正统儒者论诗虽也讲性情，但那往往是“止于礼义”、“合乎天理”的“性情之正”。

再说“灵机”方面。“灵机”是性情的发露与表现。沈德潜承明代七子，主张模拟汉魏盛唐诗的体格声调。袁枚与公安派袁宏道一样，为了破除格调对抒写性灵的束缚，也反对唐、宋之分。但他颇宗不唐不宋的杨万里。单从“灵机”方面说，在袁枚那里大致含有三重意义。一是从诗人素质上说，要求富有对诗的“灵解”，他又称为“天”即天分、天才。二是诗歌发生的契机、灵感，袁枚又称为“兴”、“兴会”。“灵机”的第三重意义便是他引杨万里所说的“风趣”，他又称为“韵”、“情韵”、“神韵”、“味”等。这是呈现于作品审美层次上的活泼、流动风格。

考据派与浙派皆以学问为诗，其基本走向一致，故袁枚对浙派也颇致不满。袁枚论诗，实与王士禛有共通之处。“神韵”即“性情”，皆与“格调”相对立，只不过王士禛所主的“神韵”强调蕴藉朦胧，袁枚所主的“性灵”则更外露径直些。

袁枚的思想基本上是儒家的，自称论诗“折中于孔子”。与戴震一样，他的反“存理去欲”、主伸张个性的思想是从原始儒学引申开发出来的。因而他曾激烈攻击李贽、何心隐等人为“妖魅”、“盗贼”。袁枚在清代重学的氛围中，虽主“性灵”而又不废学问，并且不满于袁宏道的“根柢浅薄，庞杂异端”。这些都是袁枚与袁宏道诗学的重要歧异。

袁枚“性灵”说与后来龚自珍的“尊情”说虽有某些相通，但也有原则不同。龚自珍所推尊的情虽也包括人的个性自由，但更偏重于关怀国家世运的“万古之性情”，这主要是一种要求奋发踔厉的群体之情；袁枚的“性灵”说偏重于名士风流，才子风情，主要是摆脱拘牵的个体之情，加以他的诗常表现男女情事，因而被章学诚、梁启超等斥为“无行文人”。但不论如何，袁枚的诗学思想终究是乾隆中期以后人文思潮表露之一端。他与王士禛、沈德潜一样，都不属于清代诗学思想的主流派。而继承杜、韩、苏、黄的宋派诗，却是清代诗学的主流。

《袁枚》

丁昶著，江苏古籍出版社 1996 年版。

该书扼要介绍了袁枚的生平事迹。

《清代学术思想的变迁与文学》

马积高著，湖南人民出版社 1996 年第 1 版，2002 年第 2 版。该书为《学海一牛鸣》学术著作丛书之一。

该书第四章《乾嘉的汉、宋学术之争与诗风的嬗变》第二节《袁枚及其性灵派》认为，袁枚的思想核心是他的性情论。但袁枚的性情论有两个互相联系的特征：既明快，又比较浅薄。也可以说，它是一种较为通达的文人的理论，而不是经过精思的思想家的理论。

袁枚曾把他的性情论“推而至于论政论人”，袁枚的诗论和诗歌创作同样是他的性情论的推广。他承杨万里之说，认为诗当“专写性灵”。其所谓“性灵”，即是才情，而真性情则是其基础。他之异于公安派，最突出的一点是于性情之外，还强调学问，于真之外还强调雅。他重学问是要以学问来增长才、识，以便能更好地抒写自己的性情。袁枚论诗人的修养，每以才、学、识并提，而着重点不一。看似矛盾，实则互相发明。

袁枚的诗歌创作并未能完全实践他在诗论中提出的见解。他自己是以善于言情自负的，然而读他的诗，亦是饶风趣者多，富情韵者少，工于写景者多，深情者少。但袁枚诗更为突出的特点是比较尽情地表现自我。

倘要全面看待袁枚的成就，还应注意他的无题诗。从现存袁枚的诗来看，他这类诗的标题方法不一，题材也颇广泛。一种是表现他的一些反时俗的思想见解，有政治方面的，也有道德伦理和学风方面的；

另一种是写对某种社会、人生的体验和感慨。袁枚反对拘守程朱理学，又不喜考据学。但他的思路却又倾向于探求人情物理，尽管有时并不深刻，却饶有风味，颇类杨万里，而自有其时代特色和个人特色。

《中国文学批评通史——清代卷》

王运熙、顾易生主编，邬国平、王镇远著，上海古籍出版社1996年版。

该书第七章《清代中期的诗论》第二节《郑燮、袁枚、赵翼、洪亮吉、张问陶》第二部分《袁枚》诗论首先指出袁枚的思想颇有离经叛道的色彩，表现出强烈的反传统倾向，在汉、宋之学笼罩学术界和思想界的时代氛围中能别树一帜，开启了清代中后期个性解放的思潮。这种思想在他的诗论中也有充分的表现。其次重点论述了袁枚的诗论，

（一）性灵说之涵义。

袁枚论诗崇尚"性灵"，而"性情"和"灵机"构成了"性灵"说的基本内容。袁枚所谓的"性情"主要是指情感，袁枚认为"性"是虚位，"情"是实体，"性"通过"情"才能体现，因此袁枚所说的"性情"其实着重在"情"，他诗论中所谓的"性情"也主要指作者的思想感情。袁枚把诗歌表现性情的特征追溯到了"诗言志"这个中国诗论的"开山的纲领"，意在指出"言志"与"言情"的统一。袁枚还提出"情欲信"，即强调情感的真实，要求诗人"不失赤子之心"。对于言情的范围，袁枚的观念是很宽泛的，但袁枚在诸般感情之中最重男女之情，这是他反复辩难，始终坚持的观点。袁枚认为男女之情是一切情感中最本质最强烈的，而这种感情并不与人品名节相抵牾。袁枚与沈德潜关于诗歌争论的一个重要方面就是对情诗的态度。就"性情"二字而言，论诗者无不加以肯定，然于"性情"之内容则各自往往有不同的理解。袁枚所谓的"性情"偏重于个人一时一地之情感，而尤重于男女之情，这成为他以"性灵"论诗的一个特征。

袁枚所谓的"灵机"，就是指诗人应具有创作的灵性、灵感，由此而写出的作品则巧妙灵动。首先，就诗人而言，他必须具备一种特殊的天分。因此袁枚又提倡"天籁"，所谓"天籁"即是自然天成而富于情趣的诗，这里袁枚指出了创作中灵感的重要。袁枚虽也涉及了主客观的结合问题，但他显然更强调了诗人本身的心态，即将诗人本身

的创作欲望和冲动视为诗的根源。袁枚虽然也并不否认学力，但其偏重天赋灵感的倾向是十分鲜明的，这成为“性灵说”的一个标志，也是受时人及后人攻击的一个重点。“灵机”的内容除了强调天赋灵感外，还包含有对巧妙灵动的审美趣味的要求，袁枚一再指出诗宜巧不宜拙，袁枚所谓“巧”就是诗要有波折，不致一览无余，从而给读者以趣味。同时，袁枚还提出了活泼灵动的审美要求。他指出了语言的灵动活泼，乃是诗歌成功的一个重要条件。与巧妙、灵活相一致，袁枚还提出了“风趣”的要求。袁枚所谓的“风趣”更着重于诗的妙语解颐，趣味横生。

(二)批判精神。

袁枚的不少理论是在对稍前或同时诗人的批评和辩论中得以表现和阐明的。王士禛的诗偏于清雅，继承王、孟、韦、柳一路，不失为“一代名家”，所以袁枚对他的态度是“不相非薄不相师”。袁枚的有些论诗主张如提倡“兴会”、肯定“言外之意”等与渔洋的观点不无契合处。渔洋提倡“神韵”，意在抉发个人感受，写出悠远的意境，这就与袁枚所说的“性灵”较为接近，但他本乎“情欲信”的原则来检讨渔洋的诗便以为缺乏“真”。袁枚对渔洋之才力颇有微辞。因袁枚论诗十分注重才情，甚至以为诗才得自天赋，非人工所能及，而王士禛则被认为缺少那种富有自我创造力的才气。在袁枚看来，王士禛也是依靠揣摩古人而成其家法，只是取径较广，能于初、盛之外，兼及中、晚，但究其实质，毕竟与七子相去不远，都是靠着依傍古人，没有超越模仿的阶段而进入创造的境界。袁枚认为王氏所标榜的“神韵”也不过是诗中一格，不可以此为普遍的法则。

袁枚在当时最主要的辩论对象是标举“格调”的沈德潜，沈氏论诗有浓重的复古倾向，提倡“温柔敦厚”的诗教，排斥艳情之作，遂遭到袁枚尖锐的批评。

首先，袁枚对沈氏自标高格，厚古薄今的观点提出针锋相对的辩论，并表明了自己在宗唐还是宗宋这一当时聚讼纷纭问题上的看法。袁枚指出“变”为诗歌发展的必然趋势，就格律而言，古今如一，学者自宜取法前代；就性情而言，经历不同，则千变万化，不可强求一律。袁枚还是从诗本于性情的根本立场出发，指出唐、宋只是前代的国号，而与诗的性质了不相涉，故强分唐、宋显然是可笑的。然而袁枚不同于前代的论诗者往往从诗歌发展的历史上去寻找其变化的规律，而从诗歌抒写性灵的本质上去加以阐发，体现了他一贯的论诗宗旨。所以袁枚自己在唐、宋问题上非常谨慎，惟恐偏执一端。诗既无古今之异，那么荣古虐今的现象自然是不足取的，而学习古人的方式也就不必步趋而必须遗貌取神。他又提出“著我”的原则，“著我”即要求在博取众长的基础之上自成一家。袁枚对沈德潜“格调”说的批判即在指出其缺乏真我，墨守古人成法，不知诗本性情而仅断断于格律。

其次，袁枚对沈德潜的诗教论的批评更明显地表现了他反传统的思想倾向。沈德潜对于“温柔敦厚诗教”的推尊和提倡诗“必关系人伦日用”的教化作用，都本诸儒家功利主义的文艺观，其理论本身既有维护封建统治的消极一面，也有提倡风雅比兴、肯定文学的社会作用的积极一面。袁枚所攻击的正是为统治者立言的“褒衣大袑气象”，但袁枚并没有敢于摆脱儒家的最高权威——孔子的思想，只是力图以孔子的言论来破除后世学者的种种思想约束。

再次，于《再与沈大宗伯书》中袁枚专就诗歌是否宜表现男女之情的问题展开反复辩难，体现了他不顾封建礼教而主张个性解放的思想。除了理论上肯定男女之情外，他还谈到了诗歌创作题材和风格的多样性。但袁枚又将创作和评论区别开来，他以为就诗的创作而论，一家一派，宜有其擅长的题材和突出的艺术个性；但就评论而言，则必须有兼容并包的气度。他以为诗的风格取决于它的内容题材。

袁枚对当时诗坛的批判还表现在对以考据入诗风气的猛烈抨击。这种现象以稍后于袁枚的翁方纲为代表，翁氏标举“肌理”，欲以考据等内容来矫“神韵”说的空灵。然考察袁枚对以考据为诗的批判并不仅着眼于一翁方纲，而是对当时考据之风影响诗歌创作的一种反拨。袁枚于“肌理”之说也并未直接加以评说，这不仅是由于从时代上说翁氏的年齿略晚于袁枚，而且“肌理”说也并非即等于单纯的以考据为诗。

袁枚本人虽并不轻视学问，但他以为考据为形而下之学，次于著述一等，且就其个性而言，也不近于此。袁枚还是从其“性灵”说的根本立场出发，以为诗不必堆垛学问，故与考据无缘。虽然他以为学问未必无助写诗，但将考据入诗则丧失了诗的本性。“天涯有客”一首下自注“夫己氏”，然后人都以为是针对翁方纲而发的。袁枚将“性灵”说追溯到钟嵘的《诗品》，他又引萧纲的《与湘东王书》中的话，说明了同样的意思：诗以抒写情志和描绘景物为内容，不必模仿儒家经书的典雅古奥。袁枚的主张虽然也受到当时考据学家的反诘，但他强调了诗歌与学术的区别，肯定了诗歌的特性，可谓是不受时风所囿的卓见。

袁枚的理论表现出封建社会末期个性解放思想的觉醒，他对神韵、格调及以考据为诗等主张的批判，始终贯彻着他自己要求诗歌表现“性灵”的原则，敢于冲破传统和时代风尚，有破有立，因而理论上的总倾向十分显明。但在一些具体问题的表述中则难免有依违两可，前后不一的现象，如他对“神韵”的界定和评价，对“温柔敦厚诗教”的理解，对于学问与作诗关系的认识，都不无自相矛盾的说法，这又是袁枚诗论的弱点。

《随园诗话》

袁枚著，汪静韦、唐婷阳译，吉林人民出版社 1996 年版。

该书为《随园诗话》的文白对照译本。

《新齐谐　续新齐谐》

袁枚著，沈习康校点，人民文学出版社 1996 年版。该书为《中国小说史料丛书》之一。

该书认为，根据袁枚的遗嘱，此书在其生前已开雕刻印。现存的版本甚多，主要有乾隆年间随园刊本、嘉庆二十年美德堂刻本、同治五年三让睦记刊本、光绪十八年勤裕堂排印本、《笔记小说大观》本、1928 年易著堂铅印本、民国十九年国学书局铅印本等。作者此次校点整理是以乾隆年间随园刊本为底本，用光绪本、《笔记小说大观》本、易著堂本和国学书局本作校本，订正补阙，择善而从。此外，还收录了《小仓山房文集》卷二十八的《子不语序》一文附后，以资参考。

1997 年

《随园诗话》

王英志校点，江苏古籍出版社 1997 年修订再版。

该书是王英志主编的《袁枚全集》繁体字校点本，清嘉庆随园藏板为底本，并参校民国本。

《袁枚文选》

袁枚著，高路明选注，作家出版社 1997 年版。该书为《明清性灵文学珍品》之一。

袁枚最主要的文学观是性灵说，该书从袁枚卷帙浩繁的文集中精选出《杂著》17 篇，《书信》67 篇，《诗文序》9 篇，《人物纪事碑传》21 篇，《游记》19 篇，《随园食单》15 则，用以展示袁枚性灵文学的特色。而且，为方便读者阅读，对所选每篇散文的疑难字词进行了音注与释义。

《才子四书》

王雅红等编注，湖北辞书出版社 1997 年版。武汉崇文书局 2004 年新 1 版。

该书为苏轼《东坡志林》、李渔《笠翁别集》、张潮《幽梦影》和袁枚《牍外馀言》四才子书的汇编注本。其中袁枚《牍外馀言》部分由肖雨田编注。

肖雨田指出，《牍外馀言》是一篇笔记体的文字，万余言的篇幅，分为八十余则，每则平均仅百余字。在《牍外馀言》中，袁枚用不多的笔墨为自己勾勒出作为思想家的自画像。《牍外馀言》关于人性论的议论亦颇可观，一些格言和轶闻也颇资谈助。该书对每则文字中的生僻字词、典故、重要人名、职官均进行了注释，注释详略得当，既能发明文义，又能广人见闻，是《牍外馀言》诸多新刊本中较好的普及读物。

《近四百年中国文学思潮史》

陈伯海主编，东方出版中心 1997 年版。该书为《东方学术丛书》之一。

该书第二编《18 世纪中国文学思潮》第三章《性灵思潮崛起》认为乾隆时期的性灵思潮与明末公安三袁的性灵派是产生于不同历史时期的两种不同性质的文学现象。“异端”与正统，正是明末性灵派与乾隆性灵思潮的根本区别。乾隆时期的性灵思潮正统性质主要反映在理论上和创作两方面。从理论观念上说，性灵派仍然是以儒家的传统文论范畴和观念作为树帜立派的思想基石。从创作倾向上说，性灵派诗人的反复古主义的成就集中反映在革新诗体即解放诗体上。他们的作品在思想内容和主题上缺乏反正统的公安派诗人或近代诗人作品中所创造的新理想和新境界。因此，乾隆时期的性灵思潮虽是近代诗风的先驱，但还不能说已具有近代诗风的思想和格调。性灵派还尚未摆脱神韵、格调、肌理诸观念的纠缠而径直地走向近代。

第一节《性灵思潮的流变历程》主要介绍了清代性灵文学思潮的理论前驱、实践与鼓吹的先行者。第二节《袁枚：性灵思潮的一面旗帜》认为，袁枚之所以能成为性灵文学思潮的一面旗帜，至少有三方面的原因。首先是因着他的理论主张。他的性灵说具有集大成特色，从各个角度拓展了性灵的内涵，从而使之成为当时诗坛上最少束缚、最为自由同时也是最为追求表现诗人一己之个性和自我才情的文学主张。其次是由于他的创作实绩。袁枚的诗作多至5000余首。袁枚的七律造诣特深，独步一时。袁枚七律的特色就是在近体诗中追求性灵。最后尤须指出的是，袁枚将一大批有成就、有影响的诗人团结在性灵旗帜之下，而且奖掖后进、扶持新秀，使性灵文学思潮持续高涨30余年。

第三节《性灵思潮的近代倾向及其评价》认为，性灵文学思潮是中国文学在跨进近代门槛之前的一次文学革新思潮和文学解放运动。性灵诗派执意要独领有清一代诗坛之风骚，执意要开创出区别于唐宋元明面目的“清诗清文”风骨。性灵诗派及其所鼓荡起的性灵文学思潮的文学史意义和价值亦正在于此。而且，性灵文学思潮的思想解放特色与彼时画坛上以“扬州八怪”为代表的文人画新潮的思想解放特点相一致。

20年代杨鸿烈的《袁枚评传》是从思潮史角度观察袁枚的第一人。杨氏径直将袁枚视为“五四”新思潮的前驱者，敏锐地发现了袁枚的思想史价值远在其文学价值之上，认为他的文艺思想也远在其文学创作之上。杨鸿烈的贡献在于首先发现了袁枚及其性灵文学思潮的反传统倾向和人文思想因素。后一种因素，被不恰当地夸张了，但杨鸿烈的研究具有拓荒意义。杨鸿烈的研究至少留下一个深刻的课题：袁枚及其领导的性灵文学思潮与当时人文思潮的关系。杨鸿烈径直把二者等同起来，他的研究已经超越了对袁枚个人的道德评价及其创作成就的文学评价，高出一般文学史研究者。

力图以更科学的表述肯定袁枚及其性灵文学思潮的人文性质的，是著名的中国思想史学者蔡尚思。蔡尚思《袁枚思想体系纲目——一位不被重视的大思想家》从哲学、美学、经济、政治、法律、史学、文学、教育诸方面论述了袁枚的观点，得出的结论是：袁枚的思想中充满着一种反传统的人文精神。蔡尚思的这一判断依然失之偏高。如果说袁枚及其性灵文学思潮中闪烁着若干富有近代倾向的人文思想色彩，那就比较符合其实际面目了。

清代性灵思潮是作为复古文学思潮的对立面而树帜的，人文思潮则是以与整个正统文学思潮的逆动面目而出现的。前者虽时有突破传统的表现，但在总体上尚属封建文学范畴；后者尽管稚弱，却是在封建文学内部产生的具有近代性质的文学思潮。

《中国近三百年学术史》

钱穆著，商务印书馆 1997 年版。

该书第九章《章实斋附袁简斋汪容甫》中的《简斋论学语》一节涉及了袁枚的考据学，但没有深入。

《袁枚评传》

何琼崖著，香港天马图书公司 1997 年版。

该书收在《何琼崖文集》第二十四卷中。该书未见，存目。

《丛书集成三编》

王德毅主编、李淑贞等编辑，台北新文丰出版公司 1997 年影印本。

该书收录了袁枚著述和辑录的著作。

《子不语》

袁枚著，黑龙江人民出版社 1997 年版，该书为《中国古典小说精粹·聊斋系列小说集成》之一。

1998 年

《袁枚的思想与人生》

宋致新著，南京出版社 1998 年版。《明清文化名人丛书》之一。

该书以传记的形式，在叙述袁枚丰富多彩人生经历的过程当中，透视了他作为清代乾隆年间市民社会新型知识分子典型代表的多侧面思想。

该书认为，袁枚以思想家的人道情怀，揭露礼教“吃人”的本质，张扬个性解放，打破封建传统，成为“五四”学者“重新估计一切价值”、要求学术独立的先声；以“性灵”文学家的如椽诗笔，大胆抒发人生体验，从而领袖文坛五十余年，与海内才人同声相应；更以生活艺术家的独特个性，风流倜傥的传奇经历，开无限新风，启迪后人对人生、社会、历史的深刻思考。

《随园诗话》

袁枚著，萧枫主编，蓝天出版社 1998 年版。

该书是受毛泽东阅读《随园诗话》的启示，所做的文白对照豪华大字珍藏本。

《养生四书》

包括《摄生消息论》丘处机著、《食色绅言》龙遵著、《颐养》李渔、《随园食单》袁牧著。陈克炯、陶国良、何士龙译注，湖北辞书出版社 1998 年版。该书为《古籍今读精华第二辑》之一。2004 年武汉崇文书局再版新 1 版。

该书《摄生消息论》、《食色绅言》及《颐养》中的每篇均先有“注释”后有“译文”。《随园食单》由于其主要内容近于菜谱的体例，因而除序言有译文外，正文部分均只作注释。

《性灵派研究》

王英志著，辽宁大学出版社 1998 年版，钟林斌、李文禄主编《中国古代文学流派研究丛书》之一。

该书是第一部全面研究性灵派的专著。该书灵活运用宏观研究与微观研究相结合的方法，并从历史与逻辑的角度探讨了以下诸问题：性灵派产生的美学渊源与经济文化背景，性灵派存在的时空特征，性灵派的理论纲领，性灵派诗的共同特征，性灵派在海内外广泛深远的影响；而重点则在于勾勒性灵派以袁枚为中心的总体构成形态，具体分析其重要成员的思想、个性、创作得失及其在性灵派中所处的不同地位与各自的价值，使性灵派不再是一个笼统的模糊的流派概念，并希望当代诗歌创作能从性灵派创作的得失中汲取历史的经验与教训。该书共十一章，前五章和最后一章以宏观研究为主，六至十章则以微观研究为主，基本上围绕上述诸问题，着眼于“性灵说”之内在承传关系的研究，尽可能实事求是地分析了性灵派的构成、兴衰、价值与影响，勾勒出性灵派的总体风貌与性灵派诗的共同特征，并具体分析其主要成员的建树与不足。

该书的意义，不仅在于其对性灵派发展兴衰脉络的详尽展示和在此基础上对袁枚于清代诗坛之影响、作用的重新界定，更重要的，是其对这一向为学界所忽略的学术荒地的发现和开掘，从而填补了袁枚研究领域的一项空白，并为学界开辟出了一块新的学术园地。

《随园诗话》

袁枚著，江苏广陵古籍刻印社1998年5月据民国刊本影印。

《中国古代文学史》(四)

郭预衡主编，上海古籍出版社1998年版。

该书第八编《清代文学》第二章《清代诗文》第二节《中期诗文》之四《才人之诗文》认为，袁枚既是才人，也是狂士。由于退居不仕五十年，袁枚诗文都大有长进。他虽然早慧早熟，但主要成就是在晚年，学问文章，都有特点。读经而不肯穷经，为古文而不废骈俪。这在当时，是不同流俗的。袁枚自称为文“喜于论议”。袁枚的论说杂文为世传诵者，有《黄生借书说》。袁枚之文也有偏于抒情者，其为世传诵的一篇是《祭妹文》。袁枚于诗，主张“性灵”，自由抒写，不拘格套，和公安派的主张相似。今观其诗，大抵直抒胸臆，语言通俗，与白居易有些接近。洒脱、通俗，是其特色。

《国外中国古典文论研究》

王晓平、周发祥、李逸津著，江苏教育出版社1998年版。该书为《中国古典文学走向世界丛书》之一。

该书第十章《元明清文论研究》第二节《清代诗学外论丛录》之(一)刘渭平《清代诗学之发展》，介绍了澳籍华裔学者刘渭平《清代诗学之发展》一书的主要内容。刘著共分八章：第一章“导论”描述整个中国古典诗论的概貌；第二章为“清代诗论的若干源头”；第三章“清初诗论”述及江左三大家、南施北宋和明季遗民；第四至第六章分别评介王士禛的“神韵说”、赵执信的“格调”观、翁方纲的“肌理说”和袁枚的“性灵说”；第七章“晚清诗论”述及桐城派、同光派和维新派；第八章篇幅不长，对主要诗观作了简单的概括。其中“神韵”、“格调”、“肌理”和“性灵”四说是全书讨论的重点。

此节之(四)松下忠论袁枚“性灵的性情说”，主要介绍了松下忠把袁枚的“性灵”说解读为“性灵的性情说”的原因以及主要内容。

《子不语》

袁枚著，卢鹰注，陕西人民出版社1998年版。该书为《中国古代笔记小品丛书》之一。

该书是《子不语》的选注本。

《续子不语》

袁枚著，宋婉琴注，陕西人民出版社1998年版。该书为《中国古代笔记小品丛书》之一。

该书为陕西人民出版社出版的《子不语》选注本的续本，该注本以随园刻本为底本，参照笔记小说大观本，并做了标点、分段、改正错讹等项工作。

1999年

《袁枚》

王英志著，春风文艺出版社1999年版。该书为《插图本中国文学小丛书》之一。

袁枚是清代乾隆时期的著名文学家，为乾隆诗坛盟主、性灵派主将。该书既介绍了袁枚先仕后隐的人生道路与反叛传统的进步思想；又阐释了其“性灵说”诗论主真情、重个性、尚才气的内涵，评介了其真性情诗、山水诗、讽谕诗的思想内容与艺术表现。该书还论述了袁枚人物传记、山水游记、抒情记事与尺牍等散文的创作特色以及文言笔记小说《子不语》的精华与糟粕。全书内容简洁，分析精当扼要，语言典雅流畅，对读者了解袁枚与清代的文学创作具有参考价值。

《中国文学批评史》

郭绍虞著，百花文艺出版社1999年第1版，2008年第2版。

该书下卷第四篇《清代》(上)第二章《古文家之文论》第三节《桐

城派之羽翼》第一目《袁枚(程廷祚附)》认为，在“桐城派”正盛之时，也有同为古文而与桐城在离合之间不入其派者，又可称为桐城派之羽翼。其作风最不与桐城相近者为袁枚。在其同时人之中，足以影响袁枚者，恐怕只有程绵庄(程廷祚)。绵庄是颜、李学的信徒。然而袁枚受了颜、李学的影响，却甘心为诗人文人以终老。大抵袁枚之不为颜、李学，不外二因：(一)是自审个性的关系。(二)又是审度环境的关系。

袁枚求致用而不得，于是不得不发之于文，于是不得不成为颜、李派中的文人，然后知道袁枚论诗论文，不仅态度不同，即主张也不一样。论诗合时，而论文则主复古；论诗主性灵，而论文则重在有本。然后再知道袁枚所以分别古文与考据之故。袁枚所谓古文必有本而后可放为波澜，学问见识即所以培植其本，不过不同考据家之骛于博杂而已。

然后再知道袁枚为文，所以与桐城不同之故。他正因为要吃得住大题目，所以尚奇峭而不尚平钝，主宗唐而不言法宋。这可谓与桐城派的论调一样。然而其入手不同，桐城由时文入，而袁枚则最反对功令之文；其归宿又不同，袁枚兼取六朝骈俪，而桐城则只尚散行而远绝骈偶。袁枚远绝时文，故不言法。袁枚不远绝骈文，故又不废骈。清代文人之主骈散合一者，实以袁枚之论启其先声。他因为欲矫桐城作风之庸弱，所以主张字字能立，这才是袁枚论文通于论诗之处。颜、李学派乃与性灵派之文人发生了关系。

该书下卷第四篇《清代》(上)第三章《学者之文论》第二节《史学家》第二目《章学诚》第八款《对于袁枚的攻击》把袁枚与章学诚在学术上的贡献相提并论，认为章、袁之争还是中国学术上的问题，不是他们此是彼非的问题。理学心学之分歧到清代以后复演成各不相同的流变，一方面成为偏重史学的章学诚，一方面成为偏重文学的袁枚，于是两人虽有冲突，而一般人也不易察知其冲突之关系与原因了。章学诚攻击袁枚不外二点，一是议其无德，一是讥其不学，可谓对于袁枚的思想全未得其要领。

该书下卷第五篇《清代》(下)第四章《性灵说》第二节《袁枚》1938年曾发表在《燕京学报》第23期上，参见前文。

《袁枚：十八世紀中国の詩人》

アーサー・ウェイリー著、加島祥造・古田島洋介訳，东京平凡社(东洋文库)1999 年版。

该书未见，存目。

《红粉青山伴歌吟——袁枚传》

王英志著，东方出版社 1999 年版。王钟陵主编《中国文人传记丛书》之一。

该书是纪实性与文学性兼具的袁枚传记。该书分八章讲述了袁枚“红粉青山伴歌吟”的传奇人生。第一章，原是奇才应运生；第二章，关心循吏口碑悬；第三章，随园形胜俨蓬莱；第四章，何尝名教不风流；第五章，一代文章仰巨公；第六章，才女尽为诗弟子；第七章，万里江山助壮游；第八章，回首仓山各黯然。

该书是以散文笔法记述袁枚一生经历的传记。该书通过传记的形式，探索了袁枚的人生历程，把握了其思想发展的轨迹，摸清了其人际关系的概况，以及其他一些问题。

《中国文学史》

袁行霈主编，高等教育出版社 1999 年版。

该书第八编《清代文学》第七章《清中叶诗文词多元发展的局面》第一节《流派纷呈的诗坛和袁枚》认为，袁枚强调情是其诗论的核心，男女是真情本源。他与沈德潜等人反复辩论，公开为写男女之情的诗歌张目。袁枚论诗崇尚性灵。所谓“性灵”，其含意包括性情、个性和诗才。性情是诗歌的第一要素，而这种性情要表现出诗人的独特个性。没有个性，也就丧失了真性情。《续诗品》辟“著我”一品，就是明确提倡创写“有我”之旨。这是性灵说审美价值的核心。然而仅有个性、性情是不够的，还应具备表现这一切的诗才，艺术构思中的灵机与才气、天分与学识要结合并重。该节认为，这一在“吟咏性情”的基点上构成完整体系的诗歌理论，冲破了传统与时代风尚，对格调模拟复古、肌理考据学问、神韵纤巧修饰、浙派琐屑饾饤给予有力的冲击，是晚明文艺思潮的隔代复兴，为清诗开创了新的局面。

该节还认为，袁枚作诗以才运笔，抒发性灵，极有特色。他的笔触相当广泛，反映现实、咏物怀古、描绘山川自然和表现个人志趣，大都不受传统思想束缚和正宗格调限制，信手拈来，矜新斗捷，不尽遵轨范。而且清灵隽妙，具有感情奔放、议论新颖、笔调活泼、语言晓畅、句法灵巧等特点，从内容到形式都有一定的创新，显示出向近代文学演进的历史征兆。

《子不语》

袁枚著，北京大众文艺出版社 1999 年版。该书为《中国禁毁小说百部》之一。

该书为《子不语》点校选本。

《中国本草全书》第一一六卷

鲁军主编，中国文化研究会纂，北京华夏出版社 1999 年影印本。

该书收录袁枚《随园食单》。

《清代诗学研究》

张健著，北京大学出版社 1999 年版。

参见张健前文。

《蔡尚思自选集》

蔡尚思著，重庆出版社 1999 年版。该书是《上海著名学者文集》之一。

该书第三编《中国古代文化·学术·思想》的最后一部分专论袁枚，标题为《袁枚思想体系纲目——一位不被重视的大思想家》。1986 年 9 月，作者曾以此文纪念袁枚诞辰 270 周年，1988 年 1 月，再以此文纪念袁枚逝世 190 周年。该文还以《一位被冷落的大思想家——袁枚》为题发表在《文史哲》1988 年第 5 期上。具体内容，参见前文。

《随园诗话补遗选注》

袁枚著，王镜海选注，岳麓书社 1999 年版。

该书是对《随园诗话补遗》十卷的选注本。

《新齐谐》、《续新齐谐》

袁枚著，中国文史出版社 1999 年版。该书为齐豫生等主编《四库全书精编·子部》(第六辑)之一。

《随园诗话》

袁枚著，中国社会出版社 1999 年版。该书为《中国古典名著百部》之一。

《随园诗话》

袁枚著，伊犁人民出版社 1999 年版。该书为《文白对照传世名著·文论类》之 47。

该书为《随园诗话》文白对照全译本。

《清诗话研究》

[韩]柳晟俊著，韩国国学资料院 1999 年版。

该书被韩国文化部选定“1999 年度优秀学术图书”。该书是用韩文写作的韩国古代的诗论著作，其内容目次如下：《秋星阁诗话》之作诗六则；《蠖斋诗话》之唐诗论；《姜斋诗话》诗译之论旨；《漫堂说诗》与悟后境说；《谈龙录》之神韵说反论；《一瓢诗话》与中唐诗论；《贞一斋诗说》之论唐诗；《说诗菅蒯》之格调说反论；《诗学纂闻》之论唐诗；《香石诗话》等三种诗话之唐诗观；《清诗话》百种解题。该书特别选定清诗话中重要的诗话 100 种并详细介绍了各诗话的内容。

该书论文的主题是以王士禛、袁枚、沈德潜、翁方纲、王夫之、黄遵宪等作家作品和四大诗论为主的诗论，以及着重若干诗话的分析。

2000 年

《袁枚暨性灵派诗传》

王英志著，吉林人民文学出版社 2000 年第 1 版，2005 年第 2 版，该书为费振刚主编《中国历代名家流派诗传》之一。

该选本第一部分为论文《论袁枚暨性灵派》，该文从一、性灵派的文化背景；二、性灵派的时空特点；三、性灵派的主要成员；四、性灵派的理论纲领——性灵说；五、性灵派诗的思想、艺术特征；六、性灵派的影响六个角度，详细论述了袁枚性灵派形成的原因、发展的特点、主要的成员、重要的纲领、创作的特色和海内外的影响。

“诗选”为第二部分，选取了袁枚性灵派主要成员的 200 多首诗歌，其中袁枚 91 首，赵翼 48 首，何士颙 9 首，陈基 3 首，刘霞裳 4 首，袁树 10 首，陆建 10 首，胡德琳 5 首，袁机 6 首，袁棠 10 首，袁杼 8 首，席佩兰 15 首，严蕊珠 8 首，金逸 10 首，孙云凤 8 首，孙云鹤5首，潘素心3首，钱孟钿5首，汪玉轸8首，廖云锦5首，王倩6首，骆绮兰6首，归懋仪5首，鲍之蕙4首，吴琼仙5首，孙原湘27首，张问陶35首，舒位24首。另外，每首诗的注释部分，均先有题解，简要介绍该诗的创作时间、创作背景、诗歌主旨、艺术特点和主体风格等内容，然后对该诗的字词典故进行注释。

《随园诗话》

王英志校点，凤凰出版社2000年版。

1993年出版的王英志主编的《袁枚全集》校点本，对袁枚《随园诗话》重新进行了校点，1997年《随园诗话》再版时曾作修订。王英志此次以嘉庆随园藏板为底本，参校了《随园三十六种》本、《随园三十八种》本、顾学颉校点本等多种版本。该书此次采用简体横排，以1997年版《袁枚全集》校点本为基础，并参校民国十二年上海会文堂书局本对《随园诗话》重新校点，精益求精。

该书后三则附录：《批本随园诗话》、《冒广生〈批本随园诗话〉跋》及《张尔田〈批本随园诗话〉跋》，均为王英志据人民文学出版社1982年顾学颉校点《随园诗话》附录文字重新标校。

《清诗史》

朱则杰著，江苏古籍出版社2000年版。

该书第十一章为《袁枚和清诗的解放》。本章共四节，第一节《袁枚的生平》，简介了袁枚的传奇一生；第二节《袁枚的性灵说》，论说性灵说的内涵，“大抵不外乎性情要真、笔性要灵这两个方面。它首先要求诗歌抒写个人的性情，这种性情必须真实，符合诗人的‘自我’。其次它要求诗人具备一定的天分，在创作中发挥这种天分，努力创新，自成家数。”

第三节为《袁枚的性灵诗》认为：“袁枚的‘性灵’说强调诗歌抒写个人的真性情，在思想内容方面不受封建正统思想和伦理道德的约束，在艺术形式方面不受以往任何时代的传统格调限制，他本人的诗歌创作正是如此。”具体而言，其诗歌创作在内容上可分为三类，即“直接抨击封建制度”、“极其重视下层人民”和“大胆表现男女之情”，前二者倒还好说，后者则向为学界所诟病，也是袁诗不为世所重的主要原因。在对袁枚创作这类诗作的动机进行分析后，作者指出："袁枚在作品中大胆表现男女之情，这一方面有力地显示了其诗歌注重抒写个人真性情的创作特色，另一方面也明显地体现了反理学乃至反封建的思想精神。"至于袁枚在诗歌艺术上的特点，作者以为有二：其一，在艺术形式上"具有自由独创的特点"；其二，在风格特征上"风趣诙谐，时近幽默"。总之，"袁枚的诗歌创作确乎实践了他的理论主张"。无论是其思想还是艺术，"都极大地冲破了传统的束缚，形成了自我的面貌"，而"这种'性灵'诗，与唐、宋以及历代的传统诗歌都大不相同，真正显示了清诗自己的特色"，所以，如果说袁枚是清朝"第一个在自己的创作中真正显示出清诗特色的大家"，"这个评价倒显然是无可非议的"。

第四节《袁枚的地位和影响》，总结为，一是作品流传广泛。二是弟子门生众多。三是诗学影响深广。

《郭绍虞说文论》

郭绍虞著，上海古籍出版社2000年版。该书无《名家说——"上古"学术萃编》之一。

该书所收《性灵说》一文，参见前文。

《随园食单》

袁枚著，王英中标点，王英志校订，江苏古籍出版社2000年版。

该书选取清代嘉庆年间的随园藏板为底本，参校了乾隆随园刻本及其他有关版本，以校点为主要整理方法，在个别地方酌加按语。全书采用简体字横排出版，以便于广大读者阅读。

《清代诗学》

李世英、陈水云著，湖南人民出版社2000年版。该书为陆耀东主编《中国诗学丛书》之一。

该书第七章《性灵思潮》认为，袁枚的诗学思想核心便是他反复标榜的"性灵"。"性灵"可分为"性情"和"灵机"两个方面的内容。就"性灵"这一概念本身来说，它并非袁枚的发明，早在刘勰的《文心雕龙》就提出了。但作为一种诗学思想提出来，则是由公安派完成的。袁枚的"性灵"说受到公安派"独抒性灵，不拘格套"的影响，但又有自己鲜明的特点。

本章分三节详细阐述了上述观点，第一节《源于自然人性观的真情论》，一、以人为本。沈德潜的格调说虽说也讲“诗原本性情”，但要求必须“关乎人伦日用及古今成败兴坏”，是以维护社会的伦理道德秩序为根本原则的。袁枚从自然人性论的角度，为表现男女之情的情诗正名。

二、以真为贵。袁枚提倡的“真”，一是指人的情感的真实，二是指情感表现的真实。公安派强调的情感真实，源于“狂禅精神”，否定一切外在的经典与权威，袁枚强调的情感真实，则是通过对儒家经典的重新诠释来进行的。

三、以俗为雅。

第二节《注重审美愉悦的诗歌价值观》分以下三个论点，一、对“格调”说的批评——主张诗歌的非功利性。二、对“神韵”说的批评——提倡审美趣味的多样性。三、对“肌理”说的批评——学问考据与诗歌审美价值的冲突。

第三节《强调才情与灵机的诗歌创作论》也分三个论点，一、“诗文之道，全关天分”。袁枚所说的“天分”有两个方面的含义。一是指诗人要有高雅脱俗的审美情怀。二是指捕捉性情的“自然灵气”。二、以才役学。三、兴会与灵感。袁枚与明代公安派性灵说的区别之一，就是他既讲天分，也讲学力。

《子不语》

袁枚著，中国戏剧出版社2000年版。该书为《中国禁毁小说百部》之一。

该书是据乾隆间《随园卅种》为底本，参照《清代笔记丛刊》本，予以校点整理的足本。

《随园食单》

袁枚著，中国戏剧出版社2000年版。

《随园诗话》

袁枚著，远方出版社2000年版，该书为《天下第一书》（第三卷）之一。

《名家藏书第四十三卷·名家品位篇》

郑福田等主编，远方出版社2000年版。

该书收录袁枚《随园食单》一书。

《随园诗话》

袁枚著，浙江古籍出版社2000年版，该书为《百部中国古典名著》之一。

该书为《随园诗话》的校点足本。

2001年

《随园食单》

袁枚著，王英志校点，袁美勤译注，农村读物出版社2001年版。

译注者根据王英志先生点校本《袁枚全集》，抽取《随园食单》全文加工译注。在译注过程中，保留原文的“风格”，使读者能体味到《随园食单》的“原汁原味”。既适合宾馆酒店厨师参阅，也适合餐饮专业学生阅读，家庭备一本也不无裨益。该书的编排方式为，每则食单的原文后，先有生僻字词的注释，后有对该食单的白话译文，方便了读者阅读。

《历代名家绝句评点·清》

王英志注评，汕头大学出版社2001年版。

该书内容参看前文王英志注评《清人绝句五十家掇英》(山西人民出版社1986年版)。

《随园诗话》

袁枚著，兴华译，昆仑出版社2001年版。

该书为文白对照译本。该书译文谬误太多，洪肇然《〈随园诗话〉译文指谬》(《读书》2010年第3期)仅对该书词语的误译就指出二百条。洪文指出，该书的审校工作也很不到位。书中既有大段原文脱引，又有多处引文脱译；既有引文的错别字(从而引致译文沿谬踵误)，又有译文的错别字。全书的差错率，仅以错别字计，就高达万分之三，大大超过国家规定(差错率低于万分之一)的标准。

《子不语》

袁枚著，时代文艺出版社2001年版，2002年重印。该书为萧林主编《中国禁毁小说110部·世情、市井卷(一)》之一。

该书为全本《子不语》的校点本。

《中国文学批评史大纲》

朱东润撰，章培恒导读，上海古籍出版社2001年版，该书为《蓬莱阁丛书》之一。

该书内容参见朱东润前文。

《性灵派研究》

吴兆路著，甘肃教育出版社2001年版。

该书是在作者1993年复旦大学博士学位论文基础上增修而成的。该书着重从文学思想角度对性灵派进行了系统的研究。全书分为导论和上下两编，导论部分从哲学和语言学角度对“性灵”一词的意蕴进行了阐释，并对“性灵”这一文学理论术语的涵义作出了界定，认为性灵文学思想的全部意蕴，应该包括率真的性情、鲜明的个性、奇妙的灵感和本色的语言这四个方面的内容。

上编论述性灵派思想的历史发展，探讨其来龙去脉，是纵的考察；下编论述性灵派和其他文学现象、哲学、士人心态、地域文化等方面的关系，阐述性灵派产生、发展的诸种文化条件，是横的考察。该书在溯源时，指出性灵思想除庄子外，还接受杨朱人生观的影响，这是颇有见地的看法。该书末尾，特列专章论述性灵思想和南方地域文化的紧密联系，阐发了性灵派比较自由解放的思想和南方地域文化的特殊关系，也是富有启发性的看法。

该书上编《性灵的足迹》第四章《走向近代的性灵》第二节《性灵的发展》第三目《袁枚》认为，袁枚性灵说思想来源为三个人，钟嵘、杨万里和袁宏道。袁枚对王士禛“神韵”说基本上采取“不相菲薄不相师”的态度，而其锋芒主要是针对沈德潜的“格调”说和翁方纲的“肌理”说。袁枚性灵说包含的内容，首先是指写诗者的真性情。袁枚的性灵说和李贽的童心说并不完全相同。他所谓的性情，主要是就男女之情而言的。对男女之情的大力肯定，是他诗论中最为鲜明的特点，袁枚的性灵实又包含有反对程朱理学的思想内容。袁枚的性灵说，还涵有诗人的灵感成分，这就包含了两个方面的内容：一是强调了创作主体的才性；一是强调了创作构思时的灵感。袁枚多次谈到的所谓“灵机”，实际就是说“灵感”，或曰“兴会”。从表现诗人的真性情和强调诗人的灵性出发，袁枚的性灵说又特别推崇自然清新的天籁之作。袁枚所追求的是一种来自人工的天籁，是一种大巧之后的质朴。明代的公安派也提倡质朴自然，但他们反对人工修饰，这便与袁枚稍有异趣。

该节第四目《其他性情中人》认为，袁枚并非对性灵说有首创之功。袁枚性灵说的特点更明显地表现为一种对前人性灵主张的归纳、总结和调和，从而更具有清代文论的特色。

该书附论三《袁枚的异端思想及〈子不语〉的价值取向》一文认为，"性灵"说无疑是袁枚文学思想的核心内容，而其大量的诗文作品，正是这一思想指导下的具体实践。至于小说《子不语》，实际上也可视为"性灵"说的某种散文化、形象化的体现。作者不仅有感于学界对《子不语》的长期忽视，也是有感于其中所具有的不可抹杀的文学审美价值。它与袁枚其他的文学作品一样，都是袁枚的异端思想和文学观念的重要组成部分。

《袁枚的文学批评》

王建生著，台湾圣环图书股份有限公司 2001 年版。

该书是作者就读东海大学中文研究所时完成的硕士学位论文。该书主要目的是探讨袁枚的文学批评，共包括五章：第一章《袁枚的生平》，叙述袁枚的家世、生平，有助于了解袁枚的生平大事。第二章讲《袁枚文学思想渊源》，主要来自钟嵘、杨万里、袁宏道等人的文学理论。第三章论述《当时文坛上的文学批评》包括桐城古文家、王士禛神韵派、沈德潜格调派、翁方纲肌理派、朱彝尊浙派、赵执信声调派等文学批评。第四章《袁枚的文学批评》，首叙性灵说的意义，在于"我的"（个性）"真性情"及"空灵""灵机"；次说袁枚论作诗文的原理与方法、欣赏诗文标准、评论当时及古代作家等等。第五章《当时人及后人对于袁枚的文学批评的评论》，负面的抨击，如章学诚、梁启超等；亦有正面的称扬，如姚鼐、钱大昕、黄景仁、孙渊如、胡适等等推崇袁枚为一代文豪，"性灵说"为卓见。

《随园诗话》

袁枚著，时代文艺出版社 2001 年版，该书为《中国古典文化精华》之一。

《20世纪中国文学研究·清代文学研究》

本卷主编段启明、汪龙麟，北京出版社2001年版。

该书第四章《袁枚诗研究》具体内容，参见汪龙麟前文。

《随园诗话》

袁枚著，中国戏剧出版社2001年版，该书为《中国古典名著百部》之一。

《随园诗话》

袁枚著，远方出版社2001年版，该书为《中国古典名著百部》之一。

《子不语》

袁枚著，北京九州出版社2001年版。

该书是据乾隆间《随园卅种》为底本，参照《清代笔记丛刊》本，予以校点整理的插图足本。

《子不语：中国乡野神怪故事》

袁枚著，吴晓临编著，台北汉湘文化事业公司2001年版，该书为《中国文学精选》之八。

该书为《子不语》的白话选集。

《子不语》

袁枚著，内蒙古人民出版社2001年版，该书为《中国古代禁毁小说：珍藏秘本》(第一辑)之一。

该书为《子不语》的标点选本。

《随园诗话》

袁枚著，北京燕山出版社2001年版，该书为《中国古典文学荟萃》之一。

该书为《随园诗话》足本的文白对照译本。

2002年

《袁枚评传》

王英志著，南京大学出版社2002年版，2011年出版典藏版。该书为匡亚明主编《中国思想家评传丛书》之一。

该书主要探讨袁枚在人生关键时期的表现及一生思想发展的轨

迹，并穿插对其思想的评论，资料翔实，论述清晰，力求内容的开拓与见解的创新。

该书认为袁枚是清代乾嘉诗坛盟主、性灵派主将，以及文学家，小说家，大半生致力于诗文创作。其思想以孔、孟与庄子为基础。袁枚承袭晚明启蒙思想之遗风，尊孔而疑孔，入俗又超俗，旧习未尽却思想解放，是封建盛世向近代社会过渡时期杰出的文学家与思想学术批评家。

该书之“传”主要探讨袁枚于人生关键时期的表现及一生思想发展的轨迹，并穿插对其思想侧面的评论。该书之“评”集中阐释袁枚思想主旨、人生观、文学观、文学创作的思想价值，以及其深远的影响等。该书传占五分之二，评占五分之三。传主思想的非主要方面结合其生平于传论部分穿插评论；思想的主要方面则于评部分专门阐释。该书资料丰富翔实，论述清晰明了；在已有的研究基础上，力求内容的开拓与见解的创新；是建国以来第一部全面、深入地研究袁枚生平与思想的学术专著。

该书把袁枚定位为思想学术批评家，认为袁枚主要是在批判理学、汉学以及佛教等学术思想中显示自己的思想观点的，其诗论与古文论也是通过批判时弊显示其独特的观点，是所谓破中有立。其思想不仅高出世俗，而且时时惊世骇俗，对封建传统思想具有极大的破坏性，这正是其思想价值所在。该书还指出，我们有时会发现袁枚的思想不无矛盾之处，又表明他是一个过渡时期的思想家，是他在由封建社会像近代社会发展过程中新旧思想杂糅，或者说旧思想尚未蜕尽而新思想还不稳定、成熟的反映，这是袁枚思想及其矛盾的时代意义。

书末附录二则，一、方濬师编纂、王英志校注《随园先生年谱》，二、王英志编制《袁枚家族亲属一览表》、《袁枚著、编一览表》，供读者深入研究时参考。

《中国文学史》(四)

游国恩等主编，人民文学出版社 2002 年第 2 版(修订版)。

该书第八编《清初至清中叶的文学》第十章《清中叶的诗文》第一节《乾隆间的诗派和诗人》认为，袁枚对当时统治学术思想的汉、宋学派都有所不满，而特别反对汉学考据。他论诗倡导“性灵说”，主张作诗要有真性情，要有个性。在袁枚看来，“性情”是诗的根本，因此，他反对模唐仿宋、大谈格律、以书卷考据作诗的拟古诗风。袁枚论诗显然和郑燮一样，深受明末“公安派”的影响，但他的立论比之“公安派”要具体、系统得多。对于清初以来的著名诗派如“神韵派”、“格调派”等等，他并不一笔抹杀，而能有所分析，指出其优劣得失，对当时的拟古诗风，确乎起了很大的冲击作用。

袁枚的诗创作，确能如他自己所说，直抒“性情”，即写自己的生活感受，比之那些模拟格调或以考据文字为诗的作品，别具一种清新灵巧的风格。袁枚近体诗中的佳作大都意境明晰，自有韵味，而又不像“神韵派”那样朦胧隐约，不着实际。诗在袁枚手里，是一种运用自如的消遣，有的也就不免归于浮滑流易。

《中国诗学史》(清代卷)

陈伯海、蒋哲伦主编，刘诚著，厦门鹭江出版社 2002 年版。

该书第五章《王朝兴盛与学术繁荣下的诗学》(下)第二节《性灵说》认为，袁枚性灵说的主要观点有五，一、以“识”先行。二、诗由“情”生，有“情”而“真”。三、“天籁易工，人籁难工”。四、著作与考据：“形而上”与“形而下”的对立。五、“诗境甚宽”。他有时也注意挽回在倡说“性灵”时的偏激，或者说是不忘补苴罅漏。

袁枚以为作诗“才、学、识”三者宜兼。“才”是“性灵”说题中应有之义。“才”偏向于先天性。诗由情生的观点，通过“识”并成为坚定的信念。“识”并不参与诗歌的具体创作过程，但“识”对于诗学观念的确立起了先导的作用，从而能够指导创作。袁枚在强调“性灵”、“天分”时往往忽略甚而贬落“学”，但是，他关于“学”的正面论述仍值得关注，深湛的学问甚至考据并不总是妨碍好诗的产生，无考据诗这“一格”，宽大的诗道将有毫发之遗缺。袁枚还认为，“考据”于论诗也不是无关紧要的。

《文言小说审美发展史》

陈文新著，武汉大学出版社 2002 年第 1 版，2007 年第 2 版。为陈文新《古典文学论著四种》之一。

该书第二十一章《清代志怪小说》第一节从《池北偶谈》到《子不语》，讲到袁枚《子不语》以文为戏的审美特点，主要内容可以参看陈文新前文《通脱真率　以文为戏——论袁枚的志怪小说》(《明清小说研究》1988 年第 4 期)。

《华夏美学》

李泽厚著，天津社会科学院出版社 2002 年修订彩图版。

该书第六章《走向近代》第一节《"师心不师道"：从情欲到性灵》认为，袁枚是人性思潮的殿尾者，他的"性灵"说基础是"性情"。所谓"性情"主要是指"情"。袁枚强调"情"首先必是男女之情。不过，袁枚仍得打着孔子"兴观群怨"的招牌。但他又确乎显示了突出个性情欲、本能要求的背离倾向。并对袁枚在美学史上的历史地位进行了评价："清初是传统大总结的阶段……袁枚大概就是最能代表明中叶以来这股以男女情欲的解放(所谓'导欲宣淫')为基础，来突破儒家传统的近代倾向了。"

《清诗史》

严迪昌著，浙江古籍出版社 2002 年版。

该书第三编《"升平盛世"的哀乐心声：清中叶朝野诗坛》第三章《袁枚论》，第一节《"袁枚现象"的诗史意义》认为，袁枚是清代唯一全身心投入诗的事业者，是专业的诗人和诗学理论家。最重要的，袁枚还是清代诗史，也是整个中国封建诗史上最后一个全身心挽救诗的生命力的诗学改革家，而且是卓有建树，助益后世甚巨者。

第二节《"袁枚现象"的文化内涵及其构成过程·附表四种》认为，商贾文化意识是构成袁枚类型的诗文化形态的核心基因。还认为，袁枚说不上是个思想家，但不能否认他是从封建文化营垒中憋出来的一个破坏者，尽管有他不能自疗的不彻底性和各式各样的缺陷。

第三节为《袁枚文化意识对名教纲常的叛离性》认为，袁枚对名教纲常的叛离性，较集中地体现在批判假道学、申述人性本质的一篇理论文字《清说》当中。体现在诗理论中即是袁枚主性灵、讲情趣、反拘牵、厌唐宋界说门户、斥格调及肌理的寡情，以至肯定香艳体等等观念的反复阐述。

第四节《袁枚的诗史贡献》由三部分组成，一、《"性灵"说举要》认为，袁枚也许有时用词有"性灵"、"性情"的不同，然其本旨则是一致的。

二、《对“寒士诗”的揄扬》指出袁枚认为“天籁”极佳之音往往出之寒士的笔端。

三、《“随园女弟子”风潮附论：清代女性诗述略·汪端》认为，袁枚先后收列门墙的女性诗弟子包括其胞妹等在内总数在五六十人之多，并至少举行过二次大规模的“闺阁”社集活动。此后，陈文述的《碧城仙馆女弟子诗》之刻，其广收女诗弟子的行为，显然是袁枚传统的承续。陈文述媳妇汪端的诗词成就表明，文化世族网络对清代中后期女性作家的育成关系甚大。

第五节为《袁枚诗的成就》认为，论定袁枚的诗，应将视野集注于他的“真性情”上，他的诗创作实践是与其诗理论创导一致的，至少是同步的。亲情诗、说理诗及山水诗卓称名家。舒位《瓶水斋诗话》谈到袁枚七律最佳的问题，实际上是说袁枚主“天籁”，并未废“人功”的特点。

《韩国诗话中论中国诗资料选粹》

邝健行等选编，中华书局2002年版。

本书是以韩国著名学者赵钟业所编《修正增补韩国诗话丛编》为底本，从该书录存的韩国五十六种诗话著作中选取有关中国诗的内容，择其价值较大者，标点整理，重加编次而成，对研究中国古代诗歌及中韩文化交流史均具参考价值，其中涉及对袁枚的评论。

《清代诗话知见录》

吴宏一主编，台北“中央研究院中国文哲研究所”2002年版。

本书在香港研资局资助下，结合两岸三地的学者，将1000余种版本的清代诗话，撰写诗话考述及书目辑录，并进行汇整。内容以吴宏一教授的《清代诗话知见录》为底稿，参酌蔡镇楚、蒋寅、张寅彭的著作以及两岸三地的实际收集情形编写完成。书后附有《清代诗经著述现存版本目录初稿》、《清代诗话编著者生卒年表初编》等二种，以及书名索引、作者索引。本书对研究中国文学批评的学者，为一重要参考资料。

《随园诗话》

袁枚著，[越南]张庭芝译，胡志明文艺出版社2002年版。

2003 年

《读〈随园诗话〉札记[手稿本]》

郭沫若撰并书，北京古籍出版社 2003 年版。

郭沫若《读〈随园诗话〉札记》脱稿于 1961 年 12 月 12 日。由于当时作者正寄寓广东从化，身边携带的稿纸有限，所以脱稿以后只对部分初稿进行了誊写。数日后应《人民日报》之邀交寄北京。《读〈随园诗话〉札记[手稿本]》，为读者真实地呈现了作者手稿的原貌，由此既可以品味作者手泽，又能透视他的治学态度和思想轨迹。书中凡使用稿纸书写的章节为誊清稿，写于信笺的章节为初稿。

该书释文参照人民文学出版社出版的《郭沫若全集》文学编第十六卷所收《读〈随园诗话〉札记》，采用通行简化字排印。

《随园诗话》

袁枚著，齐豫生译，吉林摄影出版社 2003 年版。

《随园诗话》

袁枚著，陕西旅游出版社 2003 年版。该书为王辉主编《中国传统文化经典文库》(第 2 辑)之一。

该书为《随园诗话》十六卷的文白对照选本，并对所选每则诗话加有小标题。

《随园诗话》

袁枚著，云南人民出版社 2003 年版。

《袁枚诗论》

石玲著，齐鲁书社 2003 年版。

该书是在作者 1999 年山东大学博士学位论文的基础上扩充修改而成的。该书从诗人生活的时代背景、独特的人格精神内涵和美学特征等诸多方面，多角度地论述了清代乾嘉诗坛独领风骚的诗人袁枚诗歌创作风貌。该书冠名“诗论”，涉及的范围却不止诗之一端，而是扩及到了袁枚身外、身内的广泛领域，称得上一部袁枚论。首先是有关袁枚幼年生活的评述。其次，是关于袁枚人格与思想的深入探析。

该书重点是对袁枚诗歌的总体把握。该书在探讨袁枚诗歌的过程中审视他的诗学理论，诗论互解，以诗证论；诗是其外在主线，而论又成为其内在主线。书中关于袁枚诗歌的总体把握，又是跟前面袁枚人格的论断相沟通的。该书还论述了袁枚诗歌的历史地位，揭明其从晚明走向近代的过渡意义。

第十章《袁枚诗歌流传及接受述略》为全书的最后一部分，分别从朝廷公卿、市井负贩，随园弟子，二百余年袁枚研究回顾三个视角完成了对袁枚诗歌流传与接受的研究。

总之，该书从袁枚诗歌结构的最里层到最外层，即从其精神内涵、美学特征、题材、语言的白话化等方面，全面显示其诗歌摆脱传统理念的格调和格律，展示其通向现代诗的历史趋势。

《袁枚故事诗选》

欧阳剑平编著，百花洲文艺出版社 2003 年版。

作为诗选，该书另辟蹊径，以事为经，以人为纬，或以人为经，以事为纬，把袁枚与家庭、社会的一些事迹，分条目系统地用他自己的诗和交游者的诗介绍出来，萃编为 22 个故事单元，起了纪事本末的作用。该书分为上下两卷。卷上十章以亲缘为脉络，剖析了中国封建社会以家本位为中心的亲族之间的错杂关系；卷下十二章则以友缘为脉络，肯定了师友之间同声相应同气相求和君子道不同则不相为谋的执着风范。它从社会学角度描绘了中国封建社会的五伦关系，从而在微观上提供了研究中国封建社会有机构成的素材。

《子不语》

袁枚著，时代文艺出版社 2003 年版，该书为杨娜主编《中国禁毁小说精选百部·警世劝世卷·(二)》之一。

该书为《子不语》普及性的标点本。

《率性人生——袁枚》

陈文新著，河北人民出版社 2003 年版。该书为《人生案例丛书》之一。

该书原为台湾扬智文化事业股份有限公司 1995 年 12 月编辑出版的《中国人生丛书》之一——《袁枚的人生哲学——率性人生》，2003 年被收入河北人民出版社《人生案例丛书》时更名为《率性人生——袁枚》，参见前文。

《中国文学流派意识的发生和发展：中国古代文学流派研究导论》

陈文新著，武汉大学出版社2003年版。该书为陈文新主编《中国古代文学流派研究丛书》之一。

该书第一章《统系意识的发生和发展》第九节《清代的四大诗学流别之争》认为，清代的性灵派以袁枚为“班首”。袁枚所说的“言情之作”，其涵盖面是很宽的，但重心还是男女之情。袁枚真正继承的还是宫体诗和香奁诗的传统，于元白情诗亦多所取资。袁枚拈出“天分”来与格调说、神韵说、肌理说抗衡。袁枚以“天分”为理论支柱，落脚点则是标榜“风趣”。中国古代的主流诗学是拒斥俚、俗、俳的。然而，袁枚所谓“风趣”，其风格标志之一却正是俳谐。

该书第二章《盟主意识的发生和发展》第五节《清人的盟主意识及其流派策略》认为，清代虽然不可能没有流派之争，但他们都未大张旗鼓地组织过社团，而主要采取其他方式扩大影响，如编辑不定期刊物(袁枚《随园诗话》)贯彻其理论主张。而在阐释理论主张时，也刻意作出中庸的姿态，比如袁枚在《答沈大宗伯论诗书》中一方面明确地标举性灵；另一方面，又大力主张“平心公论”，反对“门户之见”。这里有几点值得注意：一是袁枚实为公安派的嫡传，但他与沈德潜论争的风格较之袁宏道抗击七子要平和得多；二是他并未将公安派的成就置于七子之上；三是他也没有坦承与公安派的关系。其主要目的之一是显示他与明人的区别：“明人热衷于意气之争”，而他则是站在学术的立场平心静气表达关于诗的理念。

《随园：袁枚的生平、文学批评及其诗歌》(Harmony Garden: The Life, Literary Criticism, and Poetry of Yuan Mei, 1716—1798)

[加拿大]施吉瑞(Schmidt, Jerry Dean)著，伦敦路特勒支出版社亚洲研究分部2003年版(London: Routledge Curzon, 2003)。

作者为加拿大皇家哥伦比亚大学东亚系教授，长期从事中国古代文学及比较文学研究。该书指出：袁枚是中国18世纪最受欢迎的诗人，他不仅在自己的时代产生巨大影响，而且决定了在他之后近百年的中国文学发展路径，另外他还对晚清和民国时代的中国现代性的发展贡献卓著。该书由五部分组成：第一部分包括三章，提供了细节翔实的袁枚生平介绍；第二部分也包括三章，探讨了袁枚的文学理论和实践；第三部分包括七章，研究了袁枚主要的诗歌风格和主题；第四部分附录，是对袁枚的住处——随园的描述；第五部分是附有注解的袁枚诗歌选的英语译文。

前三章的生平介绍以对袁枚童年生活的叙述开始。他出生于杭州一个贫寒之家，早年与同时代的学者和作家的结交，以及他在文学上的惊人的早熟，使得他年仅 23 岁即得中进士。尽管袁枚似乎曾试图谋求要职，但因为不通满文而未能进入中央政府。他先后在数个地方任职，最后在南京定居并度过余生。1748 年袁枚用官俸所得购置了南京城北的一处花园，并逐渐将其整修为当时最为漂亮的私人花园之一。第二年袁枚辞去官职，从此专事著述，这在他所处的时代是种与众不同的选择，很可能是因为他对政府执政方式有所不满。

辞去官职之后，没有了朝廷俸禄，袁枚依靠为富人写作散文和诗歌、出售自己在随园印制的作品原稿、投资农田以及搜集艺术珍品，来体面地养活一家老小。这种生活方式在进士阶层中非常少见，但自从辞去官职之后，袁枚就开始推崇叛逆思想，批评科举考试弊端，攻击儒家所提倡的价值观，并提出清代汉学对原创性思想与创造性写作的戕害。尽管袁枚在定居随园初期，就被诸多不幸所扰，并几近因为自己的思想和举止行为而被驱逐出南京城。但是生活状况最终随着袁枚个人声望的增长而逐渐好转，而袁枚也成为 18 世纪最受欢迎的诗人和散文家。晚年的袁枚甚至花费大量时间游览中国的名山，并创作了一些堪称中国文学史上最为出色的田园山水诗。1798 年 1 月 3 日，袁枚去世，享年 81 岁，此时乾隆皇帝治下的稳定繁荣的盛世，已经开始显现出未来灾难的征兆。尽管许多 19 世纪的作家反对袁枚的文学主张，他仍然对晚清甚至民国时代产生了巨大影响，而且极大地促进了中国现代性的发展。

这种影响在文学理论和评论领域特别突出，尤其是体现于袁枚的《随园诗话》，论诗系列——《续诗品》，以及数量众多的短篇散文、前言和书信。后世作家也许不一定喜欢袁枚诗歌的诸多方面，但许多 19 世纪作家都接受并发展了袁枚关于人性和性灵的基本理论。袁枚还把才、识、学话语推向深入，这一话语在以郑珍为代表的宋诗派的文学理论主张中非常重要，他们试图在“诗人之诗”和“学人之诗”之间求得一种完美平衡。也许对于19世纪现代性的发展来说，更为重要的是袁枚对于个性和原创性的强调。他对于早期诗歌的评论也产生了相当的影响。尽管他拒绝对始于严羽《沧浪诗话》而持续至清代的唐宋之争做出选择，但他决不同意明朝鼎盛时期对于宋诗的贬抑。他受到包括苏轼、杨万里在内的宋代诗人的诸多影响，同样也受惠于诸位唐代大家，尤其是白居易和韩愈二人。因此尽管晚清宋诗派反对袁枚的诗歌，但他的主张昭示了宋诗派自身对于宋代典范的遵从。这种主张一直持续到20世纪20年代，那时宋诗派成为中国最有影响力的文学流派。袁枚对于现代中国文学的发展也做出了重要贡献，他收纳女弟子，在自己的批评著述中讨论她们的作品，并帮助她们出版作品。

袁枚形成自己的主要风格和主题的方式是颇具独创性的，而且在他身后的一个世纪都影响甚巨。他的normal风格——一些现代中国批评家们称之为"性灵诗"——是他本人的个性与白居易及苏轼、杨万里等宋代诗人的影响两相融合的结果，而且这种诗歌中语言的机智和突出的风趣特色在19世纪仍不断得到实践。历史风格为袁枚的早期风格之一，其影响力相对较小，但与清代的考据之风紧密相关，这一学界风气源于对前代诠释中国历史方式的普遍不满，对未来却具有革命的可能性。同样，尽管袁枚强劲崎岖的政治风格仅仅对他的早期创作比较重要，但却预示了19世纪的某些诗歌主张。与其历史及政治风格相反，袁枚的说理风格实践贯穿了他的一生，可被视为以郑珍及其他诗人为典范的19世纪学问诗之先驱；这种风格最大的影响在于对明朝前七子、后七子所推崇的严羽所谓"诗有别趣，非关理也"这一观点的反叛。

影响更大的是袁枚的长篇叙事诗，这是严羽和明代复古派所嫌恶，却在清代得到最大发展的另一种形式。在清代早期，像吴伟业这样的大家的叙事诗创作早已经超越了杜甫、白居易等唐代作家。但是袁枚又在新颖的叙事结构、高度敏感的刻画以及将长篇叙事诗从历史、公共领域转向日常生活叙述等方面，超越了吴伟业。袁枚在长篇叙事诗方面的创新，为这种形式在19世纪的郑珍、金和及姚燮等人手中发展至顶峰奠定了基础。另外，袁枚还对怪体诗的创作做出了重要贡献，这与当时扬州八怪在绘画领域的艺术创新紧密相关，扬州八怪之一的罗聘当时就是袁枚的密友。尽管人们会认为在袁枚的时代不可能再对田园山水诗进行创新，但是袁枚还是为该领域开辟了新的疆域，这种创新又一次在之后郑珍的杰作中得到最佳呈现。

简而言之，袁枚绝对是18世纪最有影响力并且可能是最具创新性的诗人，而且是19世纪中国现代性崛起过程中的关键人物。他重申了宋代文学中许多早期现代性的特点，而且发扬了由晚明作家李贽和袁宏道所开创的新变之风。

该书要目：

参考书目

索引

《中国诗话的诗论》

[韩]柳晟俊著，韩国青思想社2003年版。

该书据作者自述是为了帮助韩国大众读者理解中国诗话，用比较平易的韩文所著。该书未见，存目。

《新订清人诗学书目》

张寅彭辑著，上海古籍出版社2003年版。

该书初稿为《清代诗学书目辑考》(《上海教育学院学报》1995年)，后经过较大修订充实易名为《新订清人诗学书目》。

该书汇辑现存清人有关诗学的著作单行本、诗文别集丛书中之单独卷者，约八百种，是一部了解清人诗学著述状况、研究清代诗学批评史的重要参考工具书。其中有现存袁枚诗学书目较为完整的记载。

2004年

《随园诗话》

袁枚著，吕树坤译评，吉林文史出版社2004年版。该书为《国文珍品文库》之一。吕树坤译评的《随园诗话》2009年4月又被选入徐潜主编的《国学一本通》(吉林文史出版社)之中，该版本双色印刷、装帧精美。

该书力争将《随园诗话》精华部分从“收取太滥”中筛选出来，原书近二千条，该书选入三百余条，不到原书的六分之一。

《随园诗话》中提到的古人极多，绝大部分所用的都是该人的字、号或别名。为方便阅读，尤其是为便于读者查阅相关资料，“译文”中力争标出实名。尚未查出实名者，只得一仍原书所用的字、号或别名。

该书以人民文学出版社1959年版本为底本。底本中的讹误有的可能是印刷过程中的漏校，有的则是原书作者袁枚的疏忽。在该书的“译文”中已予以订正。小标题系编者所加。所选每则诗话均由三部分组成：原文、译文和评点。

《随园诗话》

袁枚著，臧瀚之校译，京华出版社2004年版。

该书为《随园诗话》图文版的译本，无原文。

《随园诗话》

袁枚著，童凤畅译注，青海人民出版社 2004 年版。

该书为《随园诗话》普及性的全译注本。

《新齐谐——子不语》

袁枚著，崔国光校点，齐鲁书社 2004 年版。该书为《历代笔记小说丛书》之一。

该书为齐鲁书社 1986 年崔国光校点《新齐谐》的再版本，参见前文。

《清诗流派史》

刘世南著，人民文学出版社 2004 年版。

该书第十三章为《性灵诗派》，本章共五节，一、性灵派产生的原因；二、袁枚及其诗；三、赵翼及其诗；四、张问陶及其诗；五、性灵派的影响及其历史评价。即是从性灵派产生的缘由、性灵派三大家和性灵派的影响及其在中国诗歌史上的地位三个角度，专门探讨了性灵派的发生、发展及影响。专论“袁枚”一节，又从(一)进步的思想意识；(二)“性灵诗”的特色；(三)“性灵诗”的语言三个视角透视了性灵派最重要人物袁枚其人其诗。该书指出，“袁枚的诗，因为它公开否定了传统人格，打破了人性的枷锁，号召人性的全面复归，实在代表了历史前进的方向，真正体现了其作为‘清诗’的特色，对中国古典诗歌向近代以至‘五四’新诗的发展，作出了划时代的贡献”。

《随园诗话》

袁枚著，钟雷主编，哈尔滨出版社 2004 年版。该书为《中国传统文化精华》之一。

《随园性灵》

王英志著，东南大学出版社 2004 年版。该书为徐雁主编《松叶文丛》之一。

该书分为三辑。第一辑为“随园旧事”，是对清代寓居金陵小仓山随园的著名作家与思想家袁枚的有关生平、交游、创作、思想的记事与评述，虽然只是一鳞半爪，但也可见袁枚其人之一斑。第二辑为“文史谈片”，主要是文史读书札记，内容涉及评介著名文人、古代文论、诗歌与诗论等，偏于知识性，也有些学术性。第三辑为“书缘诗友”，一是作者本人部分著作前言与后记的选载及对若干新版图书的评介或感悟，学术含量稍高；二是对钱仲联先生等师友掌故旧闻、交往逸事的记载。书名“随园性灵”四字是丛书主编徐雁先生的想法：不仅书中表现随园先生袁枚性灵的篇章不少，而且其他文章也大多是抒写作者自己的性灵。

《随园食单》

二毛、李明、谢光帝译，中国轻工业出版社 2004 年版。

该书为《随园食单》文白对照译本。

《随园食单》

初志英编译，云南人民出版社 2004 年版，该书为《中国古代才子书》之一。

该书为《随园食单》的图文译本。

《袁枚书启集》

袁枚著，李剑波整理，山东画报出版社 2004 年版。

该书共八卷，包括书、启近百篇，今以嘉庆随园藏本《小仓山房文集》为底本整理。

《袁枚“日曜日の世紀”の一詩人》

[日]平川祐弘著，沖積舎 2004 年版。

该书未见，存目。

2005 年

《清诗话考》

蒋寅撰，中华书局 2005 年版。

该书上编《清诗话目录》第一章《清诗话见存书目》第 61 条讲述了“随园诗话 16 卷补遗 10 卷”的版本流变；第 64 条讲述了“随园诗话摘钞不分卷”的版本；第 65 条讲述了“随园诗话摘艳 1 卷”的版本；第 66 条讲述了“随园诗话钞 1 卷”的版本；第 67 条讲述了“随园诗话删订本”的版本；第 69 条讲述了“随园诗话削繁”的版本；第 70 条讲述了“删订随园诗话”的版本；第 71 条讲述了“随园诗话选钞”的版本；第 627 条讲述了“续诗品 1 卷”的版本流变；第 844 条讲述了“随

园闺秀诗话 1 卷”的版本流变；第 959 条讲述了题袁枚辑“评注圈点诗学全书 4 卷”的版本流变。

该书上编《清诗话目录》第二章《清诗话待访书目》第 64 条讲述了娄鹤田撰“随园诗话削繁卷数不详”的散佚情况；第 64 条讲述了待访的刘声木辑“随园诗话选腴 3 卷”的版本。

该书下编《清诗话经眼录》第二章《雍正、乾隆卷》第 173 条为“随园诗话十六卷卷补遗十卷”作了提要，本提要认为，袁枚《随园诗话》正编成书于乾隆五十五年(1790)，补遗迄病故未止。盖补遗随成随刻，故传世之本为四卷、八卷、十卷不等。此书在清诗话中卷帙最富，遭人议论亦最多。书中所述以本朝诗人居多，偶及前代，以述事为主，间出议论，必精警可喜。论人物亦多诛心之论。当时极为风靡，几家有其书，而身后颇遭非议。今括前人所指斥者，约有数端：一则侈谈性灵，空疏不学。其论诗本不放弃学问，然诗话予人之印象，则可弃书不观，故每招致后人责难。二则标榜风流。三则采摭之滥。四则杂以轻薄调笑。五则引古人诗及古籍多误。盖卷帙既富，删汰不精，至暇多而欲掩瑜。是故后人每欲删削芜杂，以显其精彩。本提要后附该书流传过程中的诸版本。

第 174 条为“续诗品一卷”作了提要，本提要认为，袁枚《续诗品》有上海古籍出版社 1978 年排印清诗话本。前有自序，后有道光二十六年(1846)杨复吉跋。此书系仿唐司空图《二十四诗品》之体而作，每首四言十二句，述作诗之要义，共分三十二目，言多胜解。然其立意异于司空图，后人或非议其书名与内容不称。其编次欠条理亦一憾。本提要后附该书流传过程中的诸版本。

《搞什么鬼：〈子不语〉精选集注》

袁枚著，王爰注释，广西师范大学出版社 2005 年版。

该书是作者从清代民间社会的视野，来为清代文人袁枚寓理于鬼、寓情于鬼的作品《子不语》所作的精彩导览和注解。该书为了兼顾不同读者群的喜好，《搞什么鬼》除将《子不语》里的狐鬼故事改写外，另附上原文及批注、批评，让对古典文学有兴趣，或想欣赏袁枚作品者，能更深入了解袁枚的创作意涵。该书把《子不语》中的鬼分为六大类，是为该书的六章，第一章《鬼头鬼脑》；第二章《各怀鬼胎》；第三章《人鬼之间》；第四章《生死之恋》；第五章《神鬼传奇》；第六章《地狱群像》，书前有《袁枚档案》，书末附录《鬼话连篇》四则。该书通俗易懂，妙趣横生，又不失学术价值。

该书共精选袁枚《子不语》与《续子不语》里的狐鬼传奇120则，在这些荒唐、逗趣、乌龙、爆笑、匪夷所思的故事里，我们不只看到鬼怪脱线与可爱的一面，透过他们的精彩演出，也仿佛看到了人生百态、社会万象。为让读者对"鬼"的世界更加了解，该书特别收录"鬼节庆""鬼家族""鬼事一箩筐"与"驱鬼秘方"，供读者做一参考。

《中国文学批评史新编》

王运熙、顾易生主编，复旦大学出版社2005年版。

该书第六编《清代前中期》第三章《清代前中期诗论》第五节《袁枚》认为袁枚的诗学观体现在以下几个方面，

一、标举"性灵"，"最爱言情之作"。袁枚所谓"性灵"是"性情"与"灵机"、"真"与"巧"的结合，而性情的真实诚信又是其诗歌学说最重要的基础。另外，对言情之章的大胆肯定和提倡也是袁枚诗论与当时正统的伦理观念和文学观念激烈冲突的一个方面。

二、袁、沈之争。这场争论是因沈德潜在《清诗别裁》中揭示其评选标准引起的。袁枚主要从四个方面对沈德潜的诗论展开批评：(一)反对片面尊唐；(二)反对呆板地服从传统诗教；(三)反对排斥艳体情诗；(四)袁枚在对沈德潜诗论的批评中还提出了诗歌创作的题材风格必须多样化的问题。

三、对"神韵"、宋调、"肌理"诸说的批评。袁枚认为，"神韵"乃诗歌中的一种风格、境界，确是有特色的，却不能作为普遍的法则，从而批评了王士禛与冯班的态度各有偏失。当时以厉鹗为代表的学宋一派势力颇壮，其好在诗中用冷僻典故的偏嗜，与随着汉学地位不断上升而产生的以翁方纲"肌理说"为代表的普遍以考据入诗的倾向相汇融，使诗歌创作走上了一条学问化的道路。袁枚据理力争捍卫诗歌的纯性，更契近于诗理。

邬国平、王镇远《清代文学批评史》通过对袁枚《钱玙沙先生诗序》一文的分析，认为："这里袁枚强调了两方面的问题：就诗歌的内容而言，他追溯到儒家‘诗言志’和‘修辞立其诚’的原则，要求诗歌表现真实的感情；就诗歌的表现形式而言，他又提出了‘巧’与‘妙’的审美标准，提倡灵活风趣的艺术风格。这两方面的内容袁枚用了四个字来加以概括，就是‘性情’与‘灵机’，更为简明的说法便是‘性灵’。”所以，“性情和灵机构成了‘性灵’说的基本内容”。

《中国古代文学通论·清代卷》

本卷主编蒋寅，辽宁人民出版社 2005 年版。

该书上编《清代文学的基本内容》第一章《清代诗歌概述》第一节《清代诗歌的发展历程》认为，袁枚在诗歌理论上倡导“性灵”说，强调性情要真，笔性要灵，同时必须充分发挥个人的天分，在创作中努力创新，自成家数。袁枚的“性灵”说，其本身虽然也是一种有意识的诗学理论，而实质上带来的却是诗歌的一场解放，为诗歌的创作大开了方便之门。袁枚本人的诗歌创作，往往大胆表现男女之情，追求个性自由解放。其语言通俗平易，风格诙谐幽默。

该书上编《清代文学的基本内容》第三章《清代骈文辞赋概述》第一节《清代骈文概述》认为，袁枚直以清代骈文第一手自命。袁枚学问渊博，天才横逸，故其为文仗才使气，文势雄奇，议论纵横。而在句法方面，袁枚喜欢取法宋人多用长联，使文章节奏和文气都奇特，富有个性。

该书上编《清代文学的基本内容》第八章《清代诗文批评概述》第一节《数量优势与分布密度》认为，《随园诗话》这种以诗坛盟主身份记录诗人、诗作、诗事的著作，至袁枚此著，竟达到两千余则之巨。这一方面与作者的自觉搜采有关，另一方面也是当时作诗风气的极大普及使然。

第二节《整合历代诗文观念的集成性》认为，袁枚的“性灵”说，不仅在“性”一方面将明人论及的“赤子之心”发展至“芬芳悱恻之怀”，而且克服了公安三袁有“性”无“灵”的跛脚病，同时强调了“灵”亦即“性”之表达、表现的一方面，致使历代诗人“寸心”所出的各种创作原则和大量表现法则，被融于一个堪称最少片面性的诗学体系之中。他的《续诗品》论创作问题，便体现了这种全面性：《随园诗话》中诸多论述所具有的开悟启智之效，也每有圆融大度的气象，而绝不局于一家一法。

《〈随园诗话〉中清代人物索引》

王建生编，台北文津出版社2005年版。

该书以王英志主编《随园诗话》（江苏古籍出版社）及台湾汉京出版社出版的《随园诗话》为底稿，搜集《随园诗话》中所提及清代人物共1991位，以姓氏笔画为先后次序。由于袁枚交游广，提倡女子教育，该书对于研究袁枚及当时文学家、清代女性文学研究有相当大的帮助。

《随园食单》

袁枚著，别曦注译，三秦出版社2005年版，该书为《中国饮食文化》丛书之一。

该书是《随园食单》普及性的注译本。

2006年

《随园诗话》

徐寒等译，中国三峡出版社2006年版，该书为《中华典籍珍藏书系》丛书之一。

该书是《随园诗话》普及性的文白对照译本。

《都是性灵食色》

柯平著，重庆出版社2006年版。

该书第二章《随园食事及其他》用轻松幽默的笔调讲述了袁枚等人性灵食色的文人生活。

《随园食单》

袁枚著，凤凰出版社2006年版。

袁枚所著《随园食单》主要介绍江浙一带富有特色的饮食的制作方法，因此它是一本地域性的“江浙食单”，集中了江浙厨师长期积累的丰富的烹饪经验，弥足珍贵。该书是它的图文版。

《随园食单》

李红译注，中国纺织出版社2006年版。

该书为《随园食单》的译注本。

《袁枚散文选精注译》

陈建群选编，晨光出版社2006年版。

该选本所选袁枚散文侧重于狭义的散文，包括赋颂、记传、序跋、书论等。袁枚的散文创作，取法韩、柳，而又有其鲜明的个性。选文也侧重在表现袁枚属文中体现“性灵”的篇章，当然也尽可能地选取若干能表现他识见的佳作。

该选本以王英志先生主编的《袁枚全集》[全八卷，江苏古籍出版社1993年版]为底本精心择选，并参照云南省图书馆藏《小仓山房文集》[二十四卷、续集十一卷。民国十三年(1924年)上海扫叶山房石印本]、《小仓山房尺牍》[八卷，清光绪十四年(1888年)古越奎照楼重排套印本]、民国上海中华书局《小仓山房文集》四部备要排印本，以及乾隆随园初刻本诗集附文四卷本，详加勘校。诸本中文字(包括标点)误、讹、脱、衍，均一一订正。本选本收袁枚散文五十八篇，编排体例基本依照作者原来编定文集，小有调整，仍是为方便读者阅览计。文集以外选入文章，则缀于作者相应创作时段文体秩序中。

该选本每篇选文均由四部分组成：一、原文；二、注释；三、译文；四、简评。书中“注释”着力最精。从有利于阅读、鉴赏的角度选择条目，决定文字的多寡。“简评”是对写作背景的介绍，对作者思想的理解，艺术手法的剖析，其中有许多独到的见解。对袁枚文章的优长，固然着力肯定彰扬，对其某些弱点缺点也予以指出。评论重点突出，文字简约。简评除有利于阅读鉴赏外，作为一家之言，也可资研究者参考。

《食经》

袁枚等原典，李三译注，中国纺织出版社2006年版。

该书将元、明、清三代的著名饮食文化专著《随园食单》、《闲情偶寄·饮馔部》、《养小录》、《饮食须知》汇编于一体，保持原著风格的同时，将译文润色得直白易懂，便于随时学习使用。我国饮食文化源远流长，该书将从饮、食、品、理、法等方面为读者呈现中餐历史的原貌，使读者从一个侧面了解古代文化和古人生活。

《随园食单》

袁枚著，周立峰译，文汇出版社2006年版。

《随园食单》不仅蕴涵了袁枚对饮食的理解，也包含了他对生活品位的独特评价和独到见地。为了推广普及《随园食单》，该书在每则正文下，均有精当的翻译。为了增加阅读的趣味，更直观地了解中国的传统饮食文化，该书与“成都随园食坊”合作，将“食坊”取清人袁枚诗话之意、融现代饮食文化之风，形成的独特的川菜文化转化成精美的图片插入书中。

《随园诗话》

袁枚著，李捷译注，远方出版社2006年版。该书为李捷主编《中华传世名著经典丛书》(第一辑)之一。

该书所选《随园诗话》每则均由原文、注释、译文三部分组成。原文部分校勘后加标点，加小标题；注释部分对生僻字词进行释义；译文部分力求流畅通达、明白如话。

《白话子不语》

袁枚著，吴晓临编著，黄山书社2006年版。该书为《中国文学典藏》之一。

该书为《子不语》的选译本，全书共56回。

《百美新咏图传：历朝名女诗文图记》

颜希源编撰，袁枚等诗词，王翙绘画，连震译校，中国文联出版社2006年版。该书为《史海遗珍丛书》之一。

该书是一部集图像、传记、诗词及书法于一体的版画明珠和文学瑰宝。它初刻于乾隆年间，收录了杨贵妃、赵飞燕、西施、王昭君、蔡文姬等历代名媛的小传百篇、配图百幅及袁枚等学者的咏词二百余首。由清代著名学者颜希源编撰，并由当时曾供奉清宫内廷的著名画师王翙绘画。现代著名学者郑振铎在其《中国古代木刻版画史略》中，曾给本书以很高评价。然而，几百年来它的文学价值往往被人们忽视，甚至其中很多精品力作如袁枚的咏词作品，都没有被收入袁枚的文集中，此书的再版，弥补了这一憾事。

《中国诗话的理解》

[韩]柳晟俊著，韩国玄学社2006年版。

该书据作者自述是为了帮助韩国人理解中国诗话所著，内容涉及对袁枚《随园诗话》理解和评论。此书的阅读对象是大众读者，用比较平易的韩文叙述。该书未见，存目。

2007 年

《中国诗论史》

霍松林主编，漆绪邦、梅运生、张连地撰著，黄山书社 2007 年版。

该书第六章《清代四个重要诗派的诗论(下)》第一节《性灵派的代表人物袁枚及其理论主张》认为，袁枚在中国诗论史上的成就和影响，主要体现在他所倡导的性灵说：

一、袁枚在继承晚明公安派以来关于性灵观念的思想理论基础上，丰富和充实了性灵说的理论内涵，在清代四派诗论中有其重要地位和较高的审美理论价值。

《答沈大宗伯论诗书》一向被认为是表现袁枚“说诗之旨”的重要文章。其中主要提出三个观点：其一，“诗有工拙，而无古今”。批判沈德潜的复古主义；其二，反对用格调束缚创作，要求诗歌必须表现自己的“性情遭遇”；其三，反对装腔作势的说教，并怀疑《礼记》所载“温柔敦厚”的诗教，未必是孔子说的话。

袁枚对翁方纲以考据为诗的肌理说也进行了批判，袁枚不废学问，但认为读书积学只是作诗的基础。袁枚从重视真情实感和形象意境的创造角度肯定王士禛的言论，也说明神韵说有与性灵说相通之处。

二、性灵说的内涵包括性情与灵机两方面的内容，前者强调诗歌表现内容的特点；后者突出诗歌艺术创造的特殊规律，两者的共同特点都是要求在创作过程中必须充分发挥诗人的主体作用。

袁枚把男女之情视为人间最真挚的感情，主张诗歌应以表现男女之情为主；袁枚另外一个观点是，表现男女之情，与诗人的人品无关。

三、性灵另一方面的内涵是灵机。

《钱玙沙先生诗序》中提出诗歌创作的两个原则：“传真不传伪”，是要求诗歌创作必须表现真性情；而“传巧不传拙”，则专从诗歌的艺术创造方面提出要求。性情与灵机都是诗人主体在创作中所必须具备的基本条件。

袁枚认为，诗文固然须要后天的积学，但更主要的还是先天所具有的才能。简言之，诗才就是天才。该部分认为，袁枚并没有否定学力，但他是把后天的积学和功力只当成辅助的手段，实际是颠倒了先天禀赋与后天积学和功力的关系，是他诗学理论的重要缺陷。

《再现随园食单》

张文彦主编，周秀来副主编，北京科学技术出版社2007年版。

该书对《随园食单》所涉及的389种菜肴点心（原目录为326种）逐一进行研究复制。该书精华部分是对每个菜单的解析，对该品种的发展沿革、营养价值、技法得失，对用料的产地、质地、上市期及食疗价值等相关知识进行的评述和分析。

该书对《随园食单》的四单（须知单、戒单、饭粥单、茶酒）的编写体例分为“原文、注释、解析”三部分。

对其余十单菜点谱进行了“珍品再现”，这部分的编写体例又分为“原文、珍品再现、解析”三部分。其中有23个品种只涉及原料，未涉及菜品。对这部分品种，该书采取较为慎重的态度，有通用制法的，将其列出以备参考；对已经失传或制法不详的进行了试制或说明。

《中国诗学批评史》

陈良运著，江西人民出版社2007年版。

该书第四篇《明清近代流派理论的拓展与诗学本体的深化》第二十二章《清代四大流派的诗学观》第三节《袁枚“性灵”说——诗人“天分”论》认为，袁枚的《答沈大宗伯论诗书》与《再与沈大宗伯书》两“书”对沈氏的复古倾向尤其是“温柔敦厚斯未极则”之说表示强烈的反对意见。在前书中，首先批驳沈氏厚古薄今的诗学史观。袁枚既重性情，在后一“书”中，当然重视表现男女爱情的诗作，从重“情”这点来说，他甚至把男女情诗提高到诗之众格的首位。

袁枚所言的“性灵”与前人所言“性灵”基本是一致的。袁枚将钟嵘的《诗品》推为言“性灵”的始祖。

袁枚“性灵”是有些独特内涵的，与李贽“童心”说、汤显祖“灵性”说更多相通之处。袁枚心目中的“性灵”，是“天性”与“灵机”的融合。充分表现了诗人“天分”的作品，袁枚以“天籁”目之。“天籁”有两大审美特征：一是从内心自然流露出来的真情，二是诗语自然清新有“天趣”。

袁枚“性灵”说之要义，较之明代的“性灵”说似乎更系统一些，其核心要点是诗人之“天分”，以“天分”运其个性、真情而发挥于“天才”。虽然“天籁最妙”，袁枚认为只是诗中一格，只要是“独写性灵”，以“学力”成“人籁”亦无可无不可。

袁枚论诗也多有矛盾之处。袁枚的“性灵”说只是对“格调”说有冲击作用，但反得不够彻底；对诗歌美学方面的贡献，也逊于王士禛。当然，较之稍后翁方纲的“肌理说”，还是远在其上的。

《随园诗话》

袁枚著，韩虚子编译，当代世界出版社 2007 年版。

《随园诗话》这部优秀的笔记体作品，内容博杂，文章排列也没有先后的顺序，该书在选译时，基本保留了作品篇目和原貌，尤其是那些偏重情趣及人生感悟的篇章该书悉数进行了翻译；但也因为其中确实有一些过于陈旧的东西，尤其是补遗部分并无多少艺术上的实质性价值可言，该书都酌情删去了。译选原则跟大多数选本不一样，该书只译文字部分，诗歌部分保留原文。为节省篇幅，该书直接呈现译文，原文不再胪列。

《中国古代文学史长编》(四)

郭预衡主编，上海古籍出版社 2007 年版。

该书《清代编》之第二章《清代诗文》第二节《中期诗文》之四为《才人之诗文》，这部分的观点与前述郭预衡主编《中国古代文学史》(四)(上海古籍出版社 1998 年版)观点相同，此处不再赘述。

《续子不语》

袁枚著，远方出版社 2007 年版，该书为《中国图书馆基本馆藏系列》之一。

该书是《续子不语》普及性的标点本。

《随园诗话》

袁枚著，雷芳注译，崇文书局 2007 年版。该书为《中华国粹经典文库》之一。

该书是《随园诗话》的选译本，并为所选篇目加了标题。

《清代诗话东传略论稿》

张伯伟著，中华书局2007年版。该书为张伯伟主编《域外汉籍研究丛书》之一。

该书第三章《清代诗话东传朝鲜之时间及数量》，第24条为《袁枚〈随园诗话〉及〈补遗〉、〈续诗品〉》，该部分认为，《承华楼书目》曾著录《小仓山馆尺牍》和《随园随笔》。李德懋《清脾录》卷四有“袁子才”条。《清脾录》的写作有初稿及修改稿之不同，且时间跨度较大。经过李德懋的宣传，必然会引起朝鲜文坛对袁枚的重视，其文风也开始流行。乾隆五十五年（1790）和五十七年（1792），袁枚刊行了他的《随园诗话》十二卷和《补遗》十卷，此后不久便传入朝鲜。李钰的《百家诗话抄》，号称“百家”，实则“一家”，乃全部抄自《随园诗话》。由此可推知，《随园诗话》传入朝鲜的时间当不晚于正祖朝末期。

《续诗品》原来就在《小仓山房诗集》中，至少在洪奭周时已见到袁枚的集子，《续诗品》就随之传入。不过，就此书的反响而言，直到朴汉永《石林随笔》及佚名之《东诗丛话》才见引用阐发，这时已到了朝鲜朝末期。

第25条为袁枚《圈点诗学全书》，该部分认为，此书乃后人辑录袁枚论诗语而成。据张寅彭《新订清人诗学书目》，此书有民国十四年（1925）石印本。此书似当在纯宗（1906—1910年在位）前传入朝鲜，则张氏说言民国十四年印本或非初印本。

第四章《清代诗话东传朝鲜之反响》，第7条为《袁枚〈随园诗话〉、〈续诗品〉》，该部分认为，在诗学主张上，袁枚以“性灵说”而著称，其诗风和诗论风靡一时。他在诗歌上强调性灵，在生活态度上风流潇洒，如多招女弟子，又极口称颂女弟子诗，并且将二者相贯通。在儒家性理之学传统深厚的朝鲜，袁枚的主张和行为容易招致排斥，所以，在当时的东亚汉诗学圈中，袁枚在朝鲜是最不走红的。也正因为如此，袁枚对朝鲜诗坛的影响力便大为削弱。

真正弘扬袁枚诗学观的，是撰《百家诗话抄》的李钰，该书实际上就是袁枚一家诗话。李钰抄《随园诗话》而为《百家诗话抄》，应该是出于彼此文学观上的接近。但由于袁枚的文学创作和理论不能为当时朝鲜的主流思想所接纳，所以，他不敢明目张胆地加以抄录，遂托之于“百家诗话”之名。李钰的文学观与袁枚有密切联系，他强调文学写情，尤其是男女之情；他强调文学的“真”，鄙视“学古而伪”。因此，尽管李钰没有公开直接呼应袁枚，但实际上，他已经把袁枚的诗学观以一种特殊的方式在朝鲜文坛传播开来。

袁枚《续诗品》在朝鲜亦有反响，但已在李朝末年，相关信息记载见于朴汉永《石林随笔》及佚名之《东诗丛话》。陈陈相因，历来是朝鲜诗学中需要解决的重大问题，《东诗丛话》以朝鲜诗作为讨论的主要对象，但依然抄录了《续诗品》，并借题发挥，以针砭当代诗坛。

第五章《清代诗话东传日本之时间及数量》，第21条为《袁枚〈随园诗话〉、〈续诗品〉》，该部分认为，《商舶载来书目》须字号宽政三年(1791)有《随园诗话》，宽政十年有《小仓山房尺牍》和《文钞》传入。目前所看到的《随园诗话》的最早刊本是乾隆五十五年(1790)本，次年便传入日本，其速度之快可谓惊人。《齎来书目》宽政六年南京船有《随园诗话》二十部二十套，《小仓山房》十五部十五套。《落札帐》在天保十五年(1844)《随园三十种》、《随园诗话》输入。《书籍元帐》载天保十二年传入《随园诗话》并附补遗。总之，在江户时代，《随园诗话》甚为风行。

袁枚著作之流传日本，最先似乎就是其《随园诗话》。由于该书深受时人欢迎，在文化元年(1804)就有和刻本《随园诗话》及《补遗》十二卷问世。袁枚《续诗品》的传入时间也可大致推断在享和年间(1801—1804)，至嘉永四年(1851)而有和刻本——《二家诗品》，乃合司空图《诗品》与袁枚《续诗品》为一本。

第六章《清代诗话东传日本之反响》第三节《清代诗话理论命题之延伸》第3条为《袁枚及其诗说》，本条认为，《随园诗话》传入十年后在日本翻刻，这与诗坛风气的变化密切相关。和刻本《随园诗话》十卷《补遗》二卷，并不是简单的中国本的翻刻，而是从《随园诗话》中选出“合法之诗及论数十百首”，是经过日本汉诗人眼光筛选的。当时彰扬袁枚主要在以下几点：一是去除唐宋门户之见，并以王士禛、沈德潜作比较，扬袁而抑王、沈。二是强调性灵，而大窪诗佛等人主张的“清新性灵”之诗，自谓与袁枚不谋而合。三是以袁枚所肯定之诗作为入门的向导。江户后期诗坛上有一个重要的动向，即关注清诗尤胜于唐宋诗。在清代诸家诗中，一度又以袁枚诗最为风行。将袁枚作为清诗的惟一代表，固然给他带来一些不虞之誉，但也引起了某些莫名的指责。袁枚的影响甚至延续到明治时期，黄遵宪在其《日本杂事诗》中就有这方面的记录。曾被当时人评为“本邦之袁子才”的菊池五山，仿《随园诗话》而作《五山堂诗话》。

袁枚《续诗品》也引起一定的反响。嘉永三年(1850)横山卷舒将司空图《二十四诗品》与袁枚《续诗品》合刻。袁枚的著作在江户时代的反响特别大，即便是同一人同一书，也往往是对袁枚的表彰和批评并存。

第七章《清代诗话东传朝鲜、日本之比较》认为，即便是传入同样的清诗话，但由于思想背景的差异，在传入时也会受到不同待遇，或欢迎或抵制。受到袁枚的影响，菊池五山本人被时人评为“本邦之袁子才”。鲈松塘女儿能诗，门下女弟子颇多。《随园诗话》在日本大受欢迎。相反，朝鲜由于受到道学思想的深刻影响，女子能诗不受到提倡。袁枚的为人行为难以被接受，所以《随园诗话》在朝鲜不走运。日本文学传统中不排斥艳情，也不排斥女子创作，有不少日本古典名著就出于女性之手。所以，日本女性能够写作汉诗，就容易得到包括男性在内的社会舆论的赞赏。

《闲情偶寄　随园诗话》

李渔著，袁枚著，王辉编译，三秦出版社2007年版。该书为《国学大书院》丛书之一。王辉编译的《随园诗话》2008年8月又被三秦出版社收入《中华国学百部》之中。该书为普及版的选译本。

《子才子——袁枚传》

罗以民著，浙江人民出版社2007年版，万斌主编《浙江文化名人传记丛书》之一。

该书通过“袁枚的童年”、“从钱塘县学到万松书院”、“自广西赴京”、“流落京师”、“中举连捷”、“坚拒出山”、“随园的生活”等章节向读者介绍了清代才子袁枚的一生。

该书是把袁枚作为一个乾隆时期浙江籍文化人所作的历史人物传记，因此更注重一种“浙江视角”，即凡是与浙江有关的人与事都予以特别关注。该书试图从史学的角度勾画出一个比较接近历史真实的袁枚，注重的是袁枚的平民生活和他的文化活动。因此这本传记不是把袁枚作为中国的思想家，而是比较强调袁枚“风流”的历史人物特征，再现袁枚当时的生存环境。该书发现了袁枚的佚作《随园集外诗》，并把对其的考辨列入了附录。

《中国文学史新著》

章培恒、骆玉明主编，复旦大学出版社 2007 年版。

该书第九编《近世文学·嬗变期》第二章《袁枚及其同调与异趋——乾隆中叶至嘉庆时期的诗文》认为，乾隆二十五年或稍前，袁枚写《答沈大宗伯论诗书》给沈德潜，公然向其“诗教”说挑战。以后他逐渐成为文坛领袖，倡导“性灵”。黄景仁、张问陶、舒位、彭兆荪、沈复，在诗文的自抒心声上均可视为袁枚的后继者，与龚自珍及新文学也均有其相通之处。

本章分七节讲述了袁枚及其同调与异趋，其中第一节《袁枚》论袁枚侧重于三个视角：一、《袁枚的生平、思想和诗论》，二、《袁枚的诗歌创作》，三、《袁枚的文章》。通过上述三个视角，该节指出，袁枚的出现，把晚明以李贽“童心说”、袁宏道“性灵说”为代表的合乎人性的文学思想重又标举了出来，并直接影响到晚清王国维等对于“赤子之心”式的文学的推崇。从而使清代诗文的发展，开始出现力图摆脱理学控制，回复合乎人性的表现形态的转折性趋向。袁枚感觉敏锐，才力充沛，在创作中确实达到了独辟蹊径，自成一家的水准。

《清代诗学话语》

李剑波著，岳麓书社 2007 年版。该书为《中国古代文学研究丛书》之一。

该书第四章《性灵诗学话语》从五个视角，详述了性灵诗学话语的内涵，第一节《性灵诗学的核心——古代情感理论》；第二节《明代的性灵文学思潮》；第三节《清代的性灵诗学》；第四节《性灵诗学的关键词》；第五节《清代性灵诗学关注的诗人》。

第三节《清代的性灵诗学》认为，袁枚的性灵说包括两个方面：

一是性情，就是要表现真情，其中尤为强调男女之情；同时，要表现诗人的独特个性，勇于创新。二是灵机，首先就是要有天分、天赋；其次是灵感、灵思，亦即“兴会”，兴会中作诗便是“天籁”。寻找兴会、灵感，就要向生活学习。其三是风趣，诗要有生气、生趣，艺术表现则要灵巧。

第四节《性灵诗学的关键词》认为，性灵诗学的关键词主要包括情(情感)、真(真实)、俗、自然、独创(创新)、我(个性)、趣等审美范畴。

第五节《清代性灵诗学关注的诗人》认为，袁枚主要以白居易、杨万里为异代知己，并从他们身上寻找到了性灵说在创作上、理论上的依据。

《随园诗话》

袁枚著，邹德金、冯雷刚整理，中国戏剧出版社 2007 年版。该书为《古典珍品系列丛书》之一。

该书对所选《随园诗话》内容进行了标点，并加了小标题。

《随园诗话》

袁枚著，北京燕山出版社 2007 年版。

该书为《随园诗话》十六卷的译本。

《清代の女性詩人たち　袁枚の女弟子点描》

[日]蕭燕婉著，(东京)中国書店 2007 年版。

该书未见，存目。

2008 年

《业外杂谭录：袁枚食色及其他》

陈存仁著，广西师范大学出版社 2008 年版。

该书包括袁子才随园史话、袁子才食色风流、徐福祭典及考证、徐福与阴阳之道、光绪帝的病与死、我刚从日本归来、韩国崛起与飞跃、韩国风气与民俗、亲历伦敦香港节、沧桑澳门话古今十章内容。

这是一本一边游历一边品古论今的杂谈录，作者将自己的游历和见识水乳交融地融为一篇篇通俗而又耐读的文章，文笔生动。该书详细考证了三位古人的相关事迹：徐福、袁枚和光绪帝。

《随园食单演绎精品菜谱》

薛文龙主编，江苏科学技术出版社2008年版，该书为《中国古代烹饪名著》之一。

该书为薛文龙著《随园食单演绎》（南京出版社1991年版）的升华版。薛文龙，特一级厨师，中国烹饪协会理事，江苏省烹饪协会常务理事。他运用袁枚的烹饪理论，即袁枚在《须知单》中提出的20个操作要求，以及《戒单》中提出的14个注意事项，同时借助于本人善治江、浙菜肴的丰富经验和金陵饭店现代化的厨房设施，将《随园食单》中精选出的100多个菜肴加以挖掘整理，演绎创新，从而使随园菜从乾隆时的官府家厨走向现代化宾馆的餐桌，其中有些菜谱也可供一般家庭选用。

薛文龙从《随园食单》中精选演绎出的100多种随园系列菜肴，在编排时仍按原著顺序排列，并在每种菜前附上袁枚的原文，同时，还将《随园食单》中的《须知单》、《戒单》附在最后，以便读者领会原著的烹饪理论，并鼓励读者对作者的演绎成果进行鉴定和指正。

《漫画〈随园食单〉》

袁枚著，扬眉编绘，中信出版社2008年版。

《漫画〈随园食单〉》以《随园食单》原文为脚本，构思了袁枚、厨师、管家等人物形象与袁家的生活场景，在真实反映原著的思想与精髓之余，处处体现自然饮食的天然旨趣，又不拘泥于饮食本身，更注重传统文化在饮食层面的现代化表达。

《城市知识分子的社会形态：袁枚及其交游网络的研究》

王标著，上海三联书店2008年版。

该书从前近代中国城市知识分子社会形态的角度来论述袁枚及其交游网络，着重研究处在前近代城市空间网络中的知识分子如何应用各种文化策略，以适应城市空间这个充满激烈竞争的社会，属于一种文学社会学意义上的研究。因此，本书在分析问题时往往是从社会学的角度出发，注重袁枚及其性灵派在社会生活方面的“细节”问题，而较为忽略各种社会团体活动中体现出来的文学意义以及作品本身所体现的文学自律性。文学社会学研究有别于一般的文学史研究，从社会学的角度切入文学，可以发现许多被人们忽视的事实。但是不能否认，它在某种意义上，又是以牺牲探讨文学的自身价值为代价的。

该书所使用的文学社会学研究方法，并不完全恪守布尔迪厄社会学的文学方案，在研究过程中，也弹性地使用了其他的社会学理论。该书广泛吸纳了社会流动、文化权利、网络理论、媒介理论等社会学的概念方法，并不是对某种现代社会学理论的简单应用，而是从各种社会学理论中提取出更为切合前近代中国城市社会历史真实的解释框架。

中国前近代城市化进程有着很大的不均衡性。该书主要以江南城市地域为对象，探讨城市知识分子的社会空间，试图通过袁枚及其交游网络的典型分析，把握前近代中国城市知识分子的社会形态。但是由商业化和城市化高度发展的江南地域城市知识分子群体研究而获得的社会模式，能否成功地运用于江南以外例如华北这样的地域，仍是一个悬而未决的问题。另外，该书在理论切入上角度新颖，颇具创意，但未能与文学文献紧密结合，论述方面似有观点先行的缺憾。

该书由绪论、八章、附录构成：绪论，前近代中国城市社会网络中的知识分子；第一章，城市知识分子的社会形态——清代中期苏州、扬州、南京的比较研究；第二章，造访随园的人们；第三章，正统性是如何被生产的——袁枚的社会威信在苏州的扩张；第四章，湖楼会考——袁枚晚年在杭州的文化活动；第五章，作为媒介的《随园雅集图》；第六章，袁枚雅集活动的意义解读——文人雅集的仪式化特征；第七章，泛文与泛情——袁枚交游网络的共有话语；附章，十八世纪中国知识分子的华夷观——以《四库全书总目提要》为中心。

《随园食单》

袁枚著，广陵书社2008年4月影印本。该书为广陵书社《文华丛书》之一。

《随园诗话》

袁枚著，万卷出版公司2008年版。该书为《家藏四库系列》之一。

该书以民国上海扫叶山房《正续随园诗话》足本为基础，同时参照满洲伍拉那之子《批本随园诗话》以及顾学颉点校本，力争在版本上正本溯源，在文字方面杜绝错讹。

在篇目的选择上，考虑到一般读者的接受水平、兴趣及作品本身的难易等因素，所选作品全部为《随园诗话》的精髓文章，力求将作者的思想原原本本地传达给读者。注释方面，对于文中一些难以理解的术语作出解释，在于精而不在于多；在译文方面，集合了现今各类译本，博采众长，尽量以更简洁、更明白易懂的译文，以飨读者。并对文中的部分生僻字词，加以注音。随书附有大量的插图，这些插图与文意相匹配，图文并茂，让读者在品读文章的同时鉴赏画面，从而感受到双重的审美效果。

《随园诗话》

袁枚著，三秦出版社 2008 年版。该书为《中华国学百部》之一。

该书为《随园诗话》的点校选本。

《江户时代的诗风诗论：兼论明清三大诗论及其影响》

[日]松下忠著，范建明译，学苑出版社 2008 年版。

该书《袁枚的性灵说——主张性灵的性情》这一节与松下忠著、卢永璘译《袁枚“性灵说”的特色——主张“性灵的性情”》(《文艺理论研究》1981 年第 2 期) 的观点基本相同，差别在于翻译者不同，文字表达不同。具体内容评介，参见前文。

《随园诗话》

袁枚著，陈君慧注译，线装书局 2008 年版。2010 年 1 月线装书局又出版了陈君慧注译《随园诗话》绣像精装本。

该书对生僻字词典故进行了注释，并对原著进行了全文翻译。

《清诗与传统——以山左与江南个案为例》

石玲、王小舒、刘靖渊著，齐鲁书社 2008 年版。该书是王志民主编《齐鲁文化与中国古代文学研究丛书》之一，也是国家社科基金项目《清代诗歌与中国传统诗学》的结项成果。

该书选取山东与江南地区，王士禛、沈德潜、袁枚三位代表诗人，以及高密派一个诗歌流派作为“清诗与传统”关系研究的切入点，从承传因革的角度，进入清诗本体的研究，通过对代表诗人的创作和诗篇结构、表现艺术的研究，把溯源与解析紧密联系在一起，从而发现了一些清诗创作和发展演变中的饶有意义的现象。

该书共分七章，内容包括：第一章《王士禛诗歌与神韵诗的发展》；第二章《神韵论的历史流程》；第三章《沈德潜的诗歌理论》；第四章《沈德潜的诗歌创作》；第五章《笔扫千人：独树一帜袁枚诗》；第六章《“兼览各家”：袁枚与传统诗歌》；第七章《高密派的诗歌理论与创作》。

该书第五章从以下六个角度分析了在乾隆诗坛独树一帜的袁枚性灵诗：一、乾隆诗坛创作力量结构；二、袁枚崛起；三、袁枚的创作道路；四、袁枚诗歌的精神内涵；五、袁枚对乾隆诗坛的贡献。

该书第六章从三个视角透析了袁枚与传统诗歌的关系：一、传统的双重力量：滋养与压迫；二、穿行于传统诗歌之林；三、袁枚诗歌的诗史意义。

《清诗话与朝鲜诗话之唐诗论》

[韩]柳晟俊著，韩国青思想社2008年版。

该书分上中下三编。上编为《清诗话中的唐诗论》，分成七章，分别为：第一章《蠖斋诗话》对杜甫及王维诗派的品评；第二章《漫堂说诗》的作者及唐诗和“悟后境”说；第三章《谈龙录》的反神韵论说及唐诗意识；第四章《一瓢诗话》的文学观及中唐诗人论；第五章《贞一斋诗说》的唐诗形式论及风格论；第六章《诗学纂闻》的唐四家诗评及唐诗体论；第七章《香石诗话》对唐诗人及《粤岳草堂诗话》的唐诗论评。中编为《朝鲜诗话》，分成五章，分别为：第一章《晴窗软谈》的诗学思想及唐诗论；第二章《霁湖诗话》的主题及唐诗形式论；第三章《鹤山樵谈》及“三唐诗人”的诗论；第四章《芝峰类说》文章部的构成及李白诗评论；第五章《芝峰类说》文章部的李商隐诗评及比较。下编为《清诗话》与《朝鲜诗话》解题，分别对111种清代诗话以及32种朝鲜诗话进行解题简评。

《閲微草堂筆記·子不語·続子不語》

[日]福田素子等译注，明治書院(中国古典小説選)之11，2008年版。

该书刊于日本，存目。

2009 年

《袁枚赵翼集》

王英志编选，凤凰出版社 2009 年版。该书为《历代名家精选集》之一。

该书认为性灵派主将袁枚与副将赵翼以及殿军张问陶支撑起乾嘉时期队伍庞大的性灵派，为使文学特别是诗歌创作回归表现真情、个性的健康轨道，扫除模拟复古的风气，发扬开辟新径的创造精神，都作出了卓著贡献。袁枚作为主将不仅在诗歌理论、诗歌创作，而且在散文、尺牍、笔记小说等方面都卓有建树，是性灵派三大家中文学创作成就最高的作家。该书选取了袁枚《小仓山房诗集》中 52 首诗，《小仓山房文集》中 17 篇古文，《小仓山房尺牍》中 9 篇尺牍，《随园诗话》中 54 则诗话，《子不语》中 18 篇小说，并进行了注释与评点，大体可以反映出性灵派代表人物的主要文学成就。

《袁枚诗选》

王英志选注，人民文学出版社 2009 年版。该书为《明清十大家诗选》之一。

该书是以随园自刻本《小仓山房诗集》为底本，并参照四部备要本，择善而从。凡异体字、繁体字皆改为规范简体字，避讳字、通假字亦径改通用字。入选诗于每首诗题的注释中标明该诗的写作时间，说明其所在原诗集的卷数，及对该诗思想或艺术的简短说明文字。注释侧重于释字(冷僻字注音，并附常见同音字)与词。每句的释词列为一条。释词后一般附列前人较早的书证。典故尽量注明出处，说明其在诗中的意义。个别诗句予以串解。书末附录有关袁枚的传记、年谱、评论资料、家族及编著一览表，供读者深入研究时参考。该书共选袁枚诗 200 多首，可更充分地反映袁枚诗歌的成就与特点。

《随园食单·白门食谱·冶城蔬谱·续冶城蔬谱》

(清)袁枚、(民国)张通之、(清末民初)龚乃保、(民国)王孝煃撰，卢海鸣点校，南京出版社 2009 年版。该书为李海荣主编《南京稀见文献丛刊》之一。

该书汇集了南京历史上传世的四部著名食谱，为读者了解南京饮食文化的源流和饮食习俗的变迁提供了十分珍贵的文献资料。此次点校，《随园食单》一书，以上海图书馆嘉庆元年(1796)本为底本，同时参考了中国商业出版社1984年出版的周三金等人的标点本和江苏古籍出版社出版的《袁枚全集》八卷本中的王英志标点本。

《随园诗话》

袁枚著，徐潜编，吕树坤译，吉林文史出版社2009年版。该书为《国学一本通》丛书之一。中国三峡出版社亦出版过徐潜编《随园诗话》(2006年1月第1版)。

该书是《随园诗话》的彩图全解译本。

《随园诗话》(套装4册)

袁枚著，吉林大学出版社2009年版。该书为《理想藏书系列》之一。

该书是《随园诗话》的普及本。

《随园诗话》

王英志批注，凤凰出版社2009年版。该书为《历代诗话丛书》之一。

该书认为《随园诗话》是袁枚性灵说的主要载体，也是袁枚影响最大的著作。《随园诗话》一方面对性灵说作理论上的阐释，一方面选录大量符合性灵说理论要求的诗歌作品进行印证，通俗易懂，广受青睐。《随园诗话》的精华在于“话”，而基础却在于“诗”。《随园诗话》之采诗、论诗，对集结起队伍宏大的性灵派，进行反拟古、反以考据为诗的斗争，引导诗歌创作回归抒写真性情的轨道作出了重要贡献。《随园诗话》最早校点本为人民文学出版社1960年的顾学颉校点本。其后有王英志主编的《袁枚全集》繁体字校点本(江苏古籍出版社1993年初版、1997年修订再版)，以及王英志根据《袁枚全集》本校订的简体字本(凤凰出版社2000年版)，皆据清嘉庆随园藏板为底本，并参校民国本。该书根据简体字本再加校订，是最接近文本原貌的本子。该书为便于读者了解袁枚《随园诗话》的写作背景、涉及的清代重要诗人，以及认识袁枚的诗学思想，对比较重要的内容进行了注释与批点。

《点食成经：袁枚〈随园食单·须知单〉新解》

朱振藩著，台北麦田出版社2009年版，该书为《麦田文学》系列之一。

该书是作者对袁枚《随园食单·须知单》的新解。深具古典涵养的现代美食家朱振藩，以其自身对美食的深厚认知以及对料理的透彻理解，为读者解析《随园食单》的精辟文意，以现代人的观点重新审视经典的精髓，赋予经典重现的摩登生命。作者旁征博引为《随园食单》作注的目的，就是古为今用，既彰显其时代意义，且扩大其影响面。该书从"须知单"入手，共分二十个小单元，涉及烹饪的选料、初步加工、配菜、火候、调味、装盘、上菜等环节，论述精彩，耐人寻味。

《子不语》

袁枚著，[越南]高自清译，胡志明西贡文化出版社2009年版。

该书未见，存目。

《清代诗论与杜诗批评：以神韵、格调、肌理、性灵为论述中心》

徐国能著，台北里仁书局2009年版。

该书未见，存目。

《子不語》(全5卷)

[日]手代木公助訳注，平凡社(東洋文庫)2009—2010年。

该书未见，存目。

2010年

《清代闺秀诗话丛刊》

王英志著，凤凰出版社2010年版。

该书汇集了反映清代女性诗歌创作风貌的诗话著作正编十四种、附录六种，涉及清初至民国初期的闺秀诗人数以千计，保存了大量反映清代女性文学创作的历史资料，是研究中国妇女文学史与中国古代文学史不可或缺的文献，具有较高的文学文献价值。全书内容范围广泛：一是介绍有清一代闺秀诗人的生平履历，才学素养、创作特点；二是选录不同朝代闺秀诗人的佳作，多有总集别集未收，或无诗集作者的零散之作，可作为总集别集的补充；三是对闺秀作品进行评点；四是记载闺秀结社、倡和的诗歌活动，可视为具体生动的清代女性诗歌史。

《随心随性　随情随缘——袁枚诗学研究》

沈玲著，南京大学出版社2010年版。

该书是在作者2005年扬州大学博士学位论文的基础上修改完善而成。该书从袁枚独特的诗歌创作实践入手，揭示其诗学思想中为研究者所忽视但却很重要的主张，同时从美学角度对他的诗歌进行阐析。遵照这一指导思想，该书分为四章，前两章解剖袁枚其人和他的诗歌文本，第三章分析他的诗学理论，最后一章论述他诗歌作品中透露出的美学思想。

《随园食单》

袁枚著，陈伟明编著，中华书局2010年版。该书为《中华生活经典》之一。

该书认为《随园食单》不但是一部中国饮食文化的百科全书，还是一部中国饮食文化的形象之书、理论之书。

该书以清嘉庆年间的随园藏板为底本，并参考了其他较为通行的版本，以点校、注释、翻译、点评等形式进行了整理。希望读者通过阅读此书对中国传统文化有更多的了解与认识。该书每则食单均由四部分组成，原文、注释、译文、点评。为便利读者阅读，注释部分还对生僻字词进行了注音。

《含笑看泰华　请各立一峰——袁枚〈子不语〉研究》

王正兵著，南京大学出版社2010年版。

该书为作者2009年扬州大学博士学位论文。该书在结合袁枚“全人”和全部作品基础之上进行《子不语》的专书研究，以厘清《子不语》的具体生成以及与袁枚其他作品的关系；具体考察《子不语》的传播，以梳理其与清代特定文化环境的关系；结合袁枚的“性灵”文学思想和小说观念，深化《子不语》本体研究，以更加清晰、深刻地把握其思想特色和文学成就；在中国文言小说史、特别是在清初文言小说繁盛的特定文化背景下考察《子不语》，以重新确定其在清代小说史上之地位。

该书创新之处：一、在学术界已有研究成果的基础上，提出创新性也是“性灵”说内涵之一，并结合《子不语·序》的具体分析，阐发其小说观所受之影响，把《子不语》的创作与袁枚“性灵”理论有机结合，弥补了以往对此关注、重视的不足。

二、详细梳理《子不语》的版本流变，仔细比勘各版本之间的异同；结合清朝禁毁小说的宽严情况，揭明某些篇章的删存原因。

三、全面、系统地研究了《子不语》的思想内容和创作特点，详细而有重点。

四、将《子不语》与《阅微草堂笔记》、《聊斋志异》进行比较，这是该书的一大特色。该书有待进一步完善之处：在《子不语》思想内容和创作特点的阐发上，较多注意了积极意义的一面而缺乏全面的考察；在对清初三大文言小说作对比性研究时，对三者文学品位上的差别考辨也略显粗疏。

《新编中国文学理论史》

成复旺著，中国人民大学出版社 2010 年版。该书为《21 世纪中国语言文学系列教材》之一。

该书是在蔡钟翔、黄保真、成复旺著，原五卷本《中国文学理论史》的基础上，吸纳近年来的研究成果，重新撰写的一部中国文学理论史。原《中国文学理论史》(四)(清代卷)第三章《清代的诗论》是由成复旺撰写，因此成复旺此次著《新编中国文学理论史》清代的诗论部分(包括袁枚诗论)，除个别地方略有删节之外，大体上保持了原貌，这从章节目录上就可以看出。具体内容，参见前文。

《随园诗话》

袁枚著，北京燕山出版社 2010 年版，该书为《国学精品书院精品典藏》之一。

该书为《随园诗话》的普及本。

《随园诗话》

袁枚著，内蒙古人民出版社 2010 年版，该书为吕春生主编《中华古典史文精选》之一。

该书为《随园诗话》的普及本。

《性灵诗人与志怪小说家的自我观照：袁枚生死书写之研究》

张正良著，台北花木兰文化出版社 2010 年版。该书为《古典文学研究辑刊·初编》之七。

该书是作者在中正大学中国文学研究所 2005 年硕士学位论文基

础上修订而成。

《艺术与人生的性灵之舞：袁枚“性灵论”研究》

陈国雄著，湖南人民出版社2010年版。

该书是在作者2008年武汉大学博士学位论文《袁枚“性灵论”研究》的基础上修订而成，该书主要从艺术与人生两个方面切入，具体分析和研究了袁枚的“性灵论”美学思想。

《大思想家袁枚评传》

杨鸿烈著，台中文听阁图书有限公司2010年再版。

该书内容参见前文。

2011年

《随园诗话》

袁枚著，浙江古籍出版社2011年版，本书为《古典名著聚珍文库》之一。

该书对《随园诗话》的点校，以清乾隆五十五年(1790)随园自刻本为底本，参校清同治五年(1866)三让睦记刊《随园三十种》本、1934年上海广益书局本等，择善而从，集中体现了袁枚作诗尚“性灵”的主张。

《随园诗话》

袁枚著，吉林大学出版社2011年版。该书为《国学经典》丛书之一。

该书为《随园诗话》的普及本。

《白话随园食单》

袁枚著，白常继译，中国商业出版社2011年版。

该书为北京南北一家餐饮有限公司行政总厨白常继师傅根据自己多年的烹饪经验和研读《随园食单》的体会并结合现实烹饪技法，以通俗易懂的语言逐条点评了《随园食单》的内容。该书除了亦庄亦谐的文笔之外，还特别在意讲解烹饪原料和烹调方法。

《中国文学俄罗斯传播史》

李明滨著，学苑出版社2011年版，阎纯德、吴志良主编《列国汉学史书系》之一。

该书第十三章《清代文学在俄罗斯》第五章《费什曼论清代笔记小说的专著〈17 至 18 世纪的三位中国短篇小说作家：蒲松龄、纪昀、袁枚〉》，关于此部分的内容，可以参看前文[苏联]李福清著、田大畏译《中国古典文学研究在苏联》(书目文献出版社 1987 年版)。

《荒野的狐灯：〈子不语〉里的人鬼故事》

袁枚著，风林火山改编，武汉出版社 2011 年版。

该书为鬼事新编，为一般读者了解袁枚《子不语》提供了一个便捷的视角。该书共有五章，每章有五至六篇从《子不语》中精选出来的鬼故事组成。每篇鬼故事，先用传奇小说的语言对原故事进行改编，再附上原文，以便读者参阅。

《袁枚年谱新编》

郑幸著，上海古籍出版社 2011 年版。

该书是作者博士学位论文，曾被评为上海市优秀博士论文。该书采用此前诸家袁枚年谱未曾利用的袁枚早年单刻别集《双柳轩诗文集》，同时细心比较其晚年全集《小仓山房诗文集》历次增刻本之异同，来考述谱主一生行迹变化。作者致力于追索谱主著述尽可能早的文本，重视谱主自述性材料之外的佐证文献，并以此作为年谱编纂的基础文献，彰显出谱主利用晚年重刻、增修的机会对早年生平作主观性粉饰，从而呈现出一个更具历时性、更真实、更全面的袁枚形象。在这一基础上，更可进一步探讨著名文人自述性文字的写实程度，及其晚年粉饰行为对其个案研究以及整个文学史研究所带来的影响。从这个意义上来说，本年谱的撰写，实际上是对古人(尤其是古代著名作家)年谱编纂方式的一种全新尝试。

该年谱除“前言”、“凡例”外，还有“世袭考略”、“传略”两部分，以交代谱主家世背景。年谱部分分上、下两编，以袁枚的三十三岁，即其辞去江宁知县一职、寓居随园的这一年作为分界，来表现其辞官前后不同的创作和思想面貌。

《袁枚与沭阳》

韦泽洋、杨鹤高主编，方志出版社 2011 年版。

该书主要介绍了袁枚在沭阳为宰时的事迹，该书内容包括：宰沭两年效袁安；遍查灾情亟捕蝗；培育英才荐贤人；狱岂得情宁结早；

吟诵唱和结友情；旧治重游忆华年；他生愿作司香尉等。

2012 年

《清诗考证》

朱则杰著，人民文学出版社2012年版。该书为《国家清史编纂委员会·研究丛刊》之一。

该书第一辑《文献专书类》第六《钱钟书〈谈艺录〉涉及清代诗歌的若干疏忽》第三节《关于袁枚诗句》纠正了钱锺书引用袁枚诗句的两处错误。

第三辑《作家作品类》第六九《袁枚〈随园诗话〉称引金农诗》申说了袁枚《随园诗话》五处称引金农诗。

第三辑《作家作品类》第八〇《袁枚诗集编年干支及其他》指出袁枚诗集原刻本编年干支及上海古籍出版社1988年《小仓山房诗文集·诗集》印刷校对错误以及袁枚最初辞官年龄为三十三岁较为合适。

第三辑《作家作品类》第八一《袁枚〈随园诗话〉误引前人论王士禛诗句》指出袁枚《随园诗话》论王士禛诗为"绝代消魂王阮亭"的作者应为陈维崧而非宋琬。

第三辑《作家作品类》第八二《杭州西泠印社袁枚诗歌碑刻》指出此诗碑刻的价值以及涉及有关丁敬的问题。

第三辑《作家作品类》第八三《袁枚蒋士铨之订交》考证了袁枚蒋士铨订交的全过程并指出作者本人编订的著作也并非完全可以相信。

第三辑《作家作品类》第八四《蒋士铨题寄袁枚赵翼的若干集外诗文》通过辑录蒋士铨的七篇集外诗文澄清了蒋士铨与袁枚、赵翼之间的关系，并订正了钱锺书《谈艺录》第四十则"袁蒋赵三家交谊"关于三人关系的谬误。

第三辑《作家作品类》第八五《蒋士铨梦偕袁枚登山诗》及第八七《蒋士铨梦做冥官时间》指出袁枚著作中关于蒋士铨的多处记载错误。

《子不语全译》

袁枚著，陆海明等译，上海古籍出版社2012年版，该书为《中国古典小说名著丛书》之一。

该书据上海古籍出版社1986年版申孟、甘林的点校本今译，凡事涉淫秽的四篇及重出者二则已予删去，一从点校本之例。

《文采风流：袁枚传》

王英志著，东方出版社2012年版。

该书是在作者《红粉青山伴歌吟——袁枚传》（东方出版社1999年版）的基础上，修订增补而成的插图本袁枚传记。全书内容共有八章，第一章《原是奇才应运生》；第二章《关心循吏口碑悬》；第三章《随园形胜俨蓬莱》；第四章《何尝名教不风流》；第五章《一代文章仰巨公》；第六章《才女尽为诗弟子》；第七章《万里江山助壮游》；第八章《回首仓山各黯然》。

第三部分 袁枚研究大事记（1900—2012）

1900 年

(清)吴应和、(清)马洵选，[日本]近藤元粹评订《小仓山房诗》一卷，日本嵩山堂出版铅印版。

(清)胡光斗笺释《音注小仓山房尺牍》八卷、补遗一卷，上海慎记书局出版朱墨套印刻本。

1908 年

(清)道光间吴江沈廷镛《牍外馀言》一卷、《续诗品》一卷刻本由吴江沈氏世楷堂刊印出版。

1910 年

上海鸿文书局出版《随园三十八种》、《随园三十六种》石印本。

1912 年

上海校经山房成记书局出版《随园全集》石印本。

上海进步书局出版《子不语》二十四卷、续十卷石印本，该书为《笔记小说大观》(第一辑)之一。

1913 年

上海扫叶山房出版《随园诗话》十六卷、补遗十卷石印本。

上海中华图书馆出版《小仓山房诗集》三十七卷、补遗二卷铅印本。

1914 年

6 月，《绘图子不语正集、续集》由上海锦章图书局出版石印本。

1917 年

王文濡编选《袁蒋赵三家诗选》由上海文明书局出版。

1918 年

上海文明书局出版《随园全集》40 种 64 册的石印本。

1922 年

上海扫叶山房出版《随园食谱》石印本。

1926 年

冒广生批评《批本随园诗话》十六卷、补遗十卷，由中国图书公司和记出版铅印本第 6 版。

1927 年

杨鸿烈著《大思想家袁枚评传》由商务印书馆出版。

袁枚选、陈德谦注《随园女弟子诗选》六卷由上海大统书局出版石印本。

1928 年

曹绣君注《音注袁子才文》二卷由上海文明书局出版。

1929 年

(清)石韫玉笺《断句袁文笺证》十六卷、补注一卷，由上海中原书局出版石印本。

1932 年

雷君曜注释《笺注随园诗话》由上海扫叶山房出版石印本。

1933 年

9 月，杨鸿烈著《袁枚评传》由商务印书馆再版，该书为《国学小丛书》之一。

方濬师著，湘农点读《随园先生年谱》大陆书局出版铅印本，该书为《近代名人年谱丛刊》之一。

章荣译注《广注语译小仓山房尺牍》由国学整理社出版。

1934 年

3 月，朱太忙新式标点《随园文选》由大达图书供应社出版。

同年，朱太忙新式标点《正续随园诗话》由大达图书供应社出版，朱太忙新式标点《随园随笔》由上海广益书局出版。

1935 年

3 月，潘敬元新式标点《子不语续编》由大达图书供应社再版。

9 月，启智书局出版《子不语正续》新式标点本。

曹鹄雏新式标点《随园食单》、《续子不语》由东方文学社出版。

(清)蒋敦复著、周郁浩新式标点《随园轶事》由大达图书供应社出版。

1936 年

顾远芗著《随园诗说的研究》由商务印书馆出版。

2 月，朱太忙新式标点《子不语正编》由大达图书供应社再版。

7 月，锦章书局出版《正续随园诗话》新式标点本。

上海中华书局出版《小仓山房诗文集》11 册包括诗集：三十七卷、补遗二卷；文集：三十五卷的铅印本。

袁枚辑《随园雅集图卷题咏》由上海蟫隐庐出版石印本。

1937 年

6 月，成绍宗选注《袁枚文选》由上海北新书局出版，该书为《列代名人诗文选注》丛书之一。

1947 年

郭绍虞著《中国文学批评史》下卷，由上海商务印书馆出版。

1956 年

[英]阿瑟·韦利著《十八世纪的中国诗人袁枚》由伦敦阿伦与昂汶出版社出版。

1960 年

5 月，顾学颉校点《随园诗话》第 1 版由人民文学出版社出版。

1962 年

9 月，郭沫若著《读随园诗话札记》由作家出版社出版。

1963 年

10 月，郭绍虞辑注《诗品集解　续诗品注》第 1 版由人民文学出版社出版。

1972 年

杨鸿烈著《袁枚评传》由台北文海出版社出版。

1973 年

5 月，王纮久著《袁枚诗论研究》由台北政治大学中文所出版。

1976 年

杨鸿烈著《袁枚评传》由台北牧童出版社出版。

1977 年

[苏联]费施曼《关于蒲松龄与袁枚的作品》被选入《第八次〈中国国家与社会〉科学会议(俄)》(莫斯科出版社 1977 年版)。

本年费施曼还翻译和编辑出版了袁枚的《新齐谐》(莫斯科出版 1977 年版)。

1979 年

日本东京岩波书店将《随园食单》译成日文出版发行。

《袁枚传记资料》作为朱传誉主编《中国历代名人传记资料》丛刊之一，由台北天一出版社出版。

1980 年

[苏联]费施曼《十七—十八世纪的三位中国短篇小说家：蒲松龄、纪昀、袁枚》莫斯科出版。

1981 年

1 月，沈云龙主编《小仓山房文集》六卷，由台北文海出版社出版。

9 月，人民文学出版社第 2 次印刷郭绍虞辑注《诗品集解　续诗品注》，该书为郭绍虞主编《中国古典文学理论批评专著选辑》之一。

1982 年

9 月，顾学颉校点《随园诗话》第 2 版由人民文学出版社出版，该书为郭绍虞、罗根泽主编《中国古典文学理论批评专著选辑》之一。

郭绍虞著《中国诗的神韵格调及性灵说》由台北庄严出版社出版。

1978 年以来第一篇全面、系统地研究袁枚性灵说，挖掘其美学价值并给予科学阐释的是王英志 1982 年撰写的硕士论文《袁枚"性灵说"新探》。该文最初分三部分《袁枚的诗才论——"性灵说"内涵新探之一》(《学术月刊》1982 年第 8 期)、《袁枚的真情论——"性灵说"内涵新探之一》(《浙江学刊》1983 年第 1 期)和《袁枚的个性论——"性灵说"内涵新探之一》(湖南师院学报哲学社会科学版 1983 年第 2 期)单独发表。

1983 年

9 月，关锡霖注释《随园食单》由广东科技出版社出版。

12 月 17 日至 22 日在苏州举行了全国首届清诗讨论会，会上以钱仲联先生为代表的学者对清诗历来遭贬的社会原因、清诗的流派和特点、清诗研究的思想方法等都作了深入的阐述，这对新时期的清诗研究起到了有力的推动作用。

1983 年 10 月，中国美学史学术讨论会在无锡召开，王英志的《袁枚〈续诗品〉发微》被选入 1984 年出版的《中国美学史学术讨论会论文选》。

1984 年

6 月，周三金等注释《随园食单》由中国商业出版社出版，该书为

《中国烹饪古籍丛刊》之一。

1985 年

6 月，陈铭选译《子不语》由浙江古籍出版社出版，该书为《中国历代笔记小说选译丛书》之一。

11 月，朱纯点校《子不语》由岳麓书社出版。

本年《第一届全国桐城派学术讨论会》在安徽桐城召开，周本淳的《袁枚与“桐城派”》被收入《第一届全国桐城派学术讨论会论文集》。

本年《首届全国蒋士铨学术讨论会》在江西上饶召开，邵海清的《袁枚和蒋士铨》被收入《蒋士铨研究论文集》。

1986 年

4 月，胡明著《袁枚诗学述论》由黄山书社出版。

5 月，朱纯点校《续子不语》由岳麓书社出版。

5 月，崔国光校点《新齐谐》由齐鲁书社出版，该书为《清代笔记小说丛刊》之一。

10 月，傅毓衡著《袁枚年谱》由安徽教育出版社出版。

11 月，申孟、甘林点校《子不语》第 1 版由上海古籍出版社出版。

11 月，王英志著《清人诗论研究》由江苏古籍出版社出版。

1987 年

5 月，范寅铮校注《小仓山房尺牍》由湖南文艺出版社出版。

7 月，王名超选注《袁枚诗选》由北方文艺出版社出版。

7 月，河北人民出版社点校《子不语全集》由河北人民出版社出版。

1988 年

1 月，司仲敖著《随园及其性灵诗说之研究》由台北文史哲出版社出版，该书为《文史哲学集成》之一。

3 月，顾远芗著《随园诗说的研究》由中国书店据商务印书馆1936 年版影印再版。

3 月，周本淳标校《小仓山房诗文集》由上海古籍出版社出版。

4 月，简有仪《袁枚研究》由台北文史哲出版社出版，该书为《文史哲学集成》之一。

10 月，钟法、毛翰著《袁枚〈续诗品〉译释》由宁夏人民出版社出版。

12 月，申孟选注《子不语选注》由文化艺术出版社出版，该书为《历代笔记小说丛书》之一。

1989 年

1 月，王英志著《续诗品注评》由浙江古籍出版社出版。

1 月，袁启明译注《袁枚文选译》由人民文学出版社出版，该书为《中国古典文学论今译丛书》之一。

10 月，周舸岷选注《袁枚诗选》由浙江古籍出版社出版，该书为《浙江历代名家诗选丛书》之一。

10 月，杨鸿烈著《大思想家袁枚评传》，上海书店作为《民国丛书》(第一编)之一据商务印书馆 1927 年版影印再版。

本年中国烹饪协会、湖南省烹饪协会共同举办的《烹饪理论与实践——首届中国烹饪学术研讨会》在长沙召开，杜莉的《论袁枚对中国烹饪的三大贡献》被选入《烹饪理论与实践——首届中国烹饪学术研讨会论文选集》。

1990 年

4 月，王英志著《袁枚与随园诗话》由上海古籍出版社出版，该书是上海古籍出版社《中国古典文学基本知识丛书》之一。

6 月，李灵年、李泽平译注《袁枚诗文选译》由巴蜀书社出版，该书为《古代文史名著选译丛书》之一。

1991 年

4 月，王英志《古典美学传统与诗论》由南京出版社出版。

9月，(清)蒋敦复撰《随园轶事》由江苏广陵古籍刻印社影印出版。

9月，朱太忙标点《随园随笔》由江苏广陵古籍刻印社影印出版。

1992 年

10月，阎志坚著《袁枚与子不语》由辽宁教育出版社出版，该书为侯忠义、安平秋主编《古代小说评介丛书·第九辑》之一。

8月，施亮如编译《白话子不语》由辽宁民族出版社出版。

1993 年

4月，王英志编纂、注释、点评《袁枚诗选》由中州古籍出版社出版。

9月，王英志主编《袁枚全集》由江苏古籍出版社出版。

王英志校点《随园诗话》繁体字校点本由江苏古籍出版社出版。

12月，刘衍文、刘永翔合注《袁枚〈续诗品〉详注》再版本由上海书店出版社出版。

[英]阿赛·瓦别著，李福德等译《袁枚》由安徽文艺出版社出版。

王英志著《袁枚与随园诗话》繁体字版由台湾万卷楼图书有限公司出版。

1994 年

3月，(清)夏曾传撰，张玉范、王淑珍注释《随园食单补正》由中国商业出版社出版，该书为《中国烹饪古籍丛刊》之一。

6月，王镜海注释、王果选校《随园诗话选注》由岳麓书社出版。

12月，李梦生选注《袁枚散文选集》由百花文艺出版社出版，该书为徐柏容、郑法清主编《百花散文书系·古代部分》之一。

1994年由桓台县人民政府、淄博市文化局共同举办的《桓台国际王渔洋讨论会》在山东淄博市桓台县召开，来自海内外的专家学者对清代前期诗文进行了广泛深入的探讨。王英志的《不相菲薄不相师——袁枚对王士禛的评价》入选会议论文集。

1995 年

1 月，吴兆路著《中国性灵文学思想研究》由台北文津出版社出版，该书是作者 1993 年复旦大学博士学位论文，列入文津版《大陆地区博士论文丛刊》之一。

10 月，陆海明等译《白话全本子不语》由上海古籍出版社出版，该书为《十大文言短篇小说今译丛书》之一。

12 月，陈文新著《袁枚的人生哲学——率性人生》由台北扬智文化事业股份有限公司出版，该书为扬帆主编《中国人生丛书》之十三。

若水译《白话子不语》由岳麓书社出版。

1996 年

1 月，杨名标点《子不语》由重庆出版社出版。

丁昶著《袁枚》由江苏古籍出版社出版。

5 月，汪静韦、唐婷阳译《随园诗话》由吉林人民出版社出版。

12 月，沈习康校点《新齐谐　续新齐谐》由人民文学出版社出版，该书为《中国小说史料丛书》之一。

1997 年

5 月，高路明选注《袁枚文选》由作家出版社出版，该书为《明清性灵文学珍品》之一。

5 月，王雅红等编注《才子四书》由湖北辞书出版社出版，其中第一部分袁枚《牍外馀言》由肖雨田编注。

7 月，王英志主编《袁枚全集》由江苏古籍出版社第 2 次印刷。

王英志校点《随园诗话》繁体字校点本修订再版，由江苏古籍出版社出版。

何琼崖著《袁枚评传》由香港天马图书公司出版。

1998 年

1 月，宋致新著《袁枚的思想与人生》由南京出版社出版，该书为《明清文化名人丛书》之一。

3 月，萧枫主编《随园诗话》(文白对照豪华大字珍藏本)由蓝天出版社出版。

4 月，陈克炯、陶国良、何士龙译注《养生四书》由湖北辞书出版社出版，该书为《古籍今读精华第二辑》之一。

5 月，王英志著《性灵派研究》由辽宁大学出版社出版，该书为钟林斌、李文禄主编《中国古代文学流派研究丛书》之一。

11 月，申孟、甘林点校《子不语》第 2 版由上海古籍出版社出版。

卢鹰注《子不语》由陕西人民出版社出版。

宋婉琴注《续子不语》由陕西人民出版社出版。

1999 年

1 月，王英志著《袁枚》由春风文艺出版社出版，该书为《插图本中国文学小丛书》之一。

7 月，王英志著《红粉青山伴歌吟——袁枚传》由东方出版社出版，该书为王钟陵主编《中国文人传记丛书》之一。

王镜海选注《随园诗话补遗选注》由岳麓书社出版。

2000 年

1 月，王英志著《袁枚暨性灵派诗传》由吉林人民文学出版社出版，该书为费振刚主编《中国历代名家流派诗传》之一。

5 月，王英志校点《随园诗话》由凤凰出版社出版。

7 月，王英中标点、王英志校订《随园食单》由江苏古籍出版社出版。

10 月 25 日，中国社会科学院文学研究所、遂宁市人民政府共同举办的《张船山全国学术研讨会》在四川遂宁召开，杜贵晨的《从张船山与袁枚的交往看其诗史地位》和胡邦炜《文心要自争千古　何止随园一瓣香——张问陶散论》被选入《张船山全国学术研讨会论文集》。

2001 年

2 月，王英志校点、袁美勤译注《随园食单》由农村读物出版社出版。

9 月，吴兆路著《性灵派研究》由甘肃教育出版社出版，该书是在作者1993年复旦大学博士学位论文基础上增修而成的。

11月15日至17日，复旦大学中国古代文学研究中心和浙江师范大学中国文学与文化研究所在上海联合举办了“中国文学古今演变研究”国际学术研讨会，石玲《论袁枚诗歌的历史过渡意义》被选入章培恒、梅新林主编《中国文学古今演变研究论集》(上海古籍出版社2002年版)。

王建生著《袁枚的文学批评》由台湾圣环图书股份有限公司出版，该书是作者就读东海大学中文研究所时完成的硕士学位论文。

吴晓临编著《子不语：中国乡野神怪故事》由台北县汉湘文化事业公司出版。

张健的《袁枚的不饮酒诗二十首析论》被选入《第五届清代学术研讨会论文》(彰化师范大学国文系编，台北万卷楼图书股份有限公司2001年版)。

2002年

5月，王英志著《袁枚评传》由南京大学出版社出版，该书为匡亚明主编《中国思想家评传丛书》之一。

2002年高大威的《典律重构：袁枚论〈诗经〉》被收入彰化师范大学国文系编《第六届中国诗学会议论文集》(台北万卷楼图书股份有限公司2002年版)。

2002年黄仪冠的《园林空间与女性书写——论清代随园与袁枚女弟子的诗歌创作》、邱燮友的《袁枚〈落花〉诗探微》被收入彰化师范大学国文系编《第六届中国诗学会议论文集》(彰化师范大学国文系编，台北：万卷楼图书股份有限公司2002年版)。

[越南]张庭芝译《随园诗话》由胡志明市文艺出版社出版。

2003年

1月，郭沫若撰并书《读〈随园诗话〉札记》(手稿本)由北京古籍出版社出版。

1月，齐豫生译《随园诗话》由吉林摄影出版社出版。

6月，石玲著《袁枚诗论》由齐鲁书社出版。

8 月，欧阳剑平编著《袁枚故事诗选》由百花洲文艺出版社出版。

9 月，陈文新著《率性人生——袁枚》由河北人民出版社出版，该书为《人生案例丛书》之一。

[加拿大]施吉瑞著《随园：袁枚的生平、文学批评及其诗歌》由伦敦路特勒支出版社亚洲研究分部出版。

2003 年《徐霞客与越文化暨中国绍兴旅游文化研讨会》在浙江绍兴召开，朱睦卿的《袁枚笔下的徐霞客——读《子不语》“徐崖客”篇》被选入《徐霞客在浙江·续二——徐霞客与越文化暨中国绍兴旅游文化研讨会论文集》。

2004 年

1 月，吕树坤译评《随园诗话》由吉林文史出版社出版，该书为《国文珍品文库》之一。

1 月，崔国光校点《新齐谐——子不语》再版本由齐鲁书社出版，该书为《历代笔记小说丛书》之一。

6 月，二毛、李明、谢光帝译《随园食单》由中国轻工业出版社出版。

6 月，初志英编译《随园食单》由云南人民出版社出版。

李剑波整理《袁枚书信集》由山东画报出版社出版。

8 月，王英志著《随园性灵》由东南大学出版社出版，该书为徐雁主编《松叶文丛》之一。

2005 年

1 月，王爰注释《搞什么鬼：〈子不语〉精选集注》由广西师范大学出版社出版。

王建生编《〈随园诗话〉中清代人物索引》由台北文津出版社出版。

7 月，王英志著《袁枚暨性灵派诗传》由吉林人民文学出版社再版，该书为费振刚主编《中国历代名家流派诗传》之一。

2005 年 10 月，西北大学于西安承办《中国古代文学理论学会》第十四次年会暨国际学术研讨会，李鹏提交了论文《时代学风及个人才性对乾嘉诗学家持论的影响——以袁枚、翁方纲、赵翼为中心》，后被收入徐中玉、郭豫适主编的《中国文论的情与体：古代文学理论研究(第二十五辑)》(华东师范大学出版社 2008 年版)。

2005 年 7 月 10 日，复旦大学第二届中国文论国际研讨会召开，石玲的《袁枚与高密派：乾隆时期诗学流派的交融与分野》和台湾中央大学王力坚的《〈名媛诗话〉的性灵诗学思想》被选入黄霖、邬国平主编的《追求科学与创新——复旦大学第二届中国文论国际研讨会论文集》(中国文联出版社 2006 年版)

2006 年

6 月，袁枚《随园食单》(图文版)由凤凰出版社出版。

11 月，陈建群选编《袁枚散文选精注译》由晨光出版社出版。

11 月，李三译注《食经》由中国纺织出版社出版。

12 月，周立峰译《随园食单》由文汇出版社出版。

周本淳标校《小仓山房诗文集》(精装版)由上海古籍出版社出版。

《世界汉诗协会 2006 年工作年会》在湖南张家界举行，翟耀文《读〈随园诗话〉随笔》被选入《世界汉诗协会 2006 年工作年会论文集》。

2007 年

2 月，张文彦主编、周秀来副主编《再现随园食单》由北京科学技术出版社出版。

3 月，韩虚子编译《随园诗话》由当代世界出版社出版。

8 月，罗以民著《子才子——袁枚传》由浙江人民出版社出版，该书为万斌主编《浙江文化名人传记丛书》之一。

2007 年 8 月 16 至 19 日，复旦大学中国古代文学研究中心举办“现代视野下的中国古代文学与文论国际学术研讨会”。复旦大学陈正宏教授以袁枚早期别集《双柳轩诗文集》为例，提出古代作家诗文集前后刊刻过程中往往存在作者自我窜改的现象，引起与会者的关注。

廖美玉《世变之后的诗人选项——同榜异轨的沈德潜与袁枚》被选入《东西方研究国际学术研讨会论文集》(香港大学 2007 年版)。

廖美玉《记忆苏小——由袁枚诗看情欲理的搀合与肆行》被选入《〈明清文学思想中之情、理、欲国际学术研讨会〉论文》(台北"中研院文哲所"2007 年版)。

2008 年

2008 年 1 月 29 日，中国民俗学会主办的第四届"东岳论坛"国际学术研讨会在桂林召开，李乔的《子不语书谭》被选入《第四届"东岳论坛"国际学术研讨会论文集》。

1 月，陈存仁著《业外杂谭录：袁枚食色及其他》由广西师范大学出版社出版。

1 月，薛文龙主编《随园食单演绎精品菜谱》由江苏科学技术出版社出版，该书为《中国古代烹饪名著》之一。

2 月，扬眉编绘《漫画〈随园食单〉》由中信出版社出版。

3 月，王标著《城市知识分子的社会形态：袁枚及其交游网络的研究》由上海三联书店出版。

10 月，[日]松下忠著、范建明译《江户时代的诗风诗论：兼论明清三大诗论及其影响》由学苑出版社出版。

11 月，陈君慧注译《随园诗话》(全 4 册)由线装书局出版。

2009 年

1 月，王英志编选《袁枚赵翼集》由凤凰出版社出版，该书为《历代名家精选集》之一。

1 月，王英志选注《袁枚诗选》由人民文学出版社出版，该书为《明清十大家诗选》之一。

4 月，徐潜编、吕树坤译《随园诗话》由吉林文史出版社出版，该书为《国学一本通》丛书之一。

4 月，《随园食单 · 白门食谱 · 冶城蔬谱 · 续冶城蔬谱》由南京出版社出版，该书为李海荣主编《南京稀见文献丛刊》之一。

6 月，李梦生选注《袁枚散文选集》由百花文艺出版社出版第 3 版，该书为徐柏容、郑法清主编《百花散文书系 · 古代部分》之一。

12 月，王英志批注《随园诗话》由凤凰出版社出版，该书为《历代诗话丛书》之一。

朱振藩著《点食成经：袁枚〈随园食单·须知单〉新解》由台北麦田出版社出版。

[越南]高自清译《子不语》由胡志明市西贡文化出版社出版。

徐国能著《清代诗论与杜诗批评：以神韵、格调、肌理、性灵为论述中心》由台北里仁书局出版。

2010 年

1 月，陈君慧注译《随园诗话》精装本由线装书局出版。

4 月，王英志著《清代闺秀诗话丛刊》精装本由凤凰出版社出版。

7 月，沈玲著《随心随性　随情随缘——袁枚诗学研究》由南京大学出版社出版。

9 月，陈伟明编著《随园食单》由中华书局出版，该书为《中华生活经典》之一。

11 月，王正兵著《含笑看泰华　请各立一峰——袁枚〈子不语〉研究》由南京大学出版社出版。

张正良著《性灵诗人与志怪小说家的自我观照：袁枚生死书写之研究》由台北花木兰文化出版社出版。

陈国雄著《艺术与人生的性灵之舞：袁枚“性灵论”研究》由湖南人民出版社出版。

2011 年

1 月，白常继译《白话随园食单》由中国商业出版社出版。

1 月，浙江古籍出版社出版《随园诗话》点校本。

5 月，李灵年、李泽平译注《袁枚诗文选译》由凤凰出版社出版修订版，该书为《古代文史名著选译丛书(修订版)》之一。

10 月，风林火山改编《荒野的狐灯：〈子不语〉里的人鬼故事》由武汉出版社出版。

10 月，郑幸著《袁枚年谱新编》由上海古籍出版社出版。

韦泽洋、杨鹤高主编《袁枚与沭阳》，由方志出版社出版。

《2011杭州·亚洲食学论坛》在杭州举行，赵荣光《中华饮食文化五千年历史节点上的〈随园食单〉》被选入《留住祖先餐桌的记忆：2011杭州·亚洲食学论坛论文集》。

2012年

6月，陆海明等译《子不语全译》由上海古籍出版社出版。

6月，王英志著《文采风流：袁枚传》由东方出版社出版。

第四部分　袁枚研究期刊论文和学位论文索引（1900—2012）

一、1900—2012年袁枚研究期刊论文、重要报纸文章

杨鸿烈．袁枚评传．晨报副刊，1925-02-23-26

拯众．评大思想家袁枚评诗．文社月刊，1926，3(1)

袁蒋赵三家诗之研究．北京益世报，1926-04

素痴．评杨鸿烈《大思想家袁枚评传》．大公报文学副刊，1928-10-29

李振东．袁枚文论类抄．燕大月刊，1929，4(2)

朱聚之．诗人袁枚底自状．新晨报副刊，1929-07-29

钱文晋．袁枚的文学论战．中央大学半月刊，1929，1(2)

李辰冬．袁枚的文学批评．天津益世报副刊，1930-04-09—10

师隐．随园的诗学观．天津益世报副刊，1931-07-21—22

周劭．袁子才与郑板桥之幽默．论语，1935，64

竹君．关于袁枚．大公报剧坛，1935-03-06—9

丰子恺．随园诗话．文学，1935，4(6)

知堂．谈桐城派与随园．宇宙风，1935，6

袁子才与郑板桥之幽默．论语，1935，64

王延杰．袁枚与清代妇女诗坛．近月中刊，1936，3(4)

方珍．袁子才的文学观．复旦学报，1936，3

朱东润．袁枚文学批评论述评．文哲季刊，1936，2(3)

顾远芗．性灵诗说的臆解．天籁，1937，2(22)

白衣香．袁子才之文学与思想．民治月刊，1937，13

锦文．王渔津与袁随园性灵和神韵的比较．庸报，1938-03-22—24

杨玉．袁子才的《随园诗话》(上)．庸报，1938-08-11

游叔有．清诗神韵、格律、性灵之总检讨．协大艺文，1938，9

郭绍虞．性灵说．燕京学报，1938，23

马念祖．袁简斋《小仓山房尺牍》中所表现之学术思想．中日文化月刊，1941，1(6)

谦．评《袁枚评传》．金声(上海)，1941，3(1)

郭绍虞．袁简斋与章实斋思想与其文论．学林，1941，8

唐景崧．关于随园诗话丛考．国文月刊，1944，31、32

刘晨．从袁枚论诗谈到“厚今薄古”．光明日报，1958-06-22

万后．从沈琼枝说到袁枚．羊城晚报，1959-11-02

陈友琴．袁枚的《黄生借书说》译意．人民日报，1961-01-23

陈垣．《黄生借书说》句读有误．人民日报，1961-01-30

金达凯．袁枚诗的评论．文学世界，1961-06-01

贾德坤．袁子才的诗论．羊城晚报，1961-08-28

陈赓平．袁枚的性灵说——读《随园诗话》．文学遗产增刊，1961，8

马卓荣．“随园”探胜．文汇报，1961-12-20

郭沫若．读《随园诗话》札记．人民日报，1962-02-28；1962-03-02、1962-03-14、1962-03-21；1962-04-04、1962-04-10、1962-04-18；1962-05-09；1962-06-10；1962-07-01；1962-08-22

雷石榆．诗的艺术真实与艺术加工——袁枚诗论简评之一．河北日报，1962-04-10

雷石榆．诗的内容与形式——袁枚诗论简评之二．河北日报，1962-04-24

雷石榆．诗的艺术技巧与创作个性——袁枚诗论简评之三．河北日报，1962-05-15

戴镏龄．古刺水能不能作饮料．光明日报，1962-07-26

冯时熙．漫谈随园老人．文艺世纪，1963-10-01

[韩]许世旭．清诗话之类别与其渊源研究．省谷论丛，1972，3

[日]船津富彦．有关《随园诗话》的几点特殊性．东方学，1973(46)

[韩]崔奉源．袁枚论诗文之研究．中国学报，1977(18)

姚芳．袁枚和他的诗话．海洋文艺，1978-01-10

黄诗苑、芥子．不取亦取虽师勿师．光明日报，1979-04-01

张志烈．吮精去粕　破卷取神——学习郭老《读随园诗话札记》．四川大学学报，1979(4)

昆中．袁枚和他的桂林山水诗．广西日报，1979-09-16

罗继祖．随园遗事．中华文史论丛，1980(2)

吴蕴章．袁子才论诗——读《随园诗话》札记．徐州师范学院学报，1980(3)

张维庆．读《随园诗话》札记．大众日报，1980-05-03

周舸岷．读袁枚的《黄生借书说》．浙江师院学报，1980(12)

张赣生．小说一知谭．天津社会科学，1981(1)

钱文辉．谈袁枚的《黄生借书说》．语言文学，1981(1)

吴孝成．《黄生借书说》译注．伊犁师院学报，1981(1)

胡文彬．袁枚和《随园食单》．中国烹饪，1981(1)

严迪昌．袁枚《黄生借书说》简析．南通师专学报，1981(1)

焦文彬．“书非借不能读”——读袁枚《黄生借书说》．中学语文教学参考，1981(1、2)

岳斌．读《黄生借书说》．中学语文教学，1981(2)

涂普生．一首形象化的抒情律诗——浅谈袁枚的《赤壁》．黄冈师专学报，1981(2)

[日]松下忠著，卢永璘译．袁枚“性灵说”的特色——主张“性灵的性情”．文艺理论研究，1981(2)

梁扬．袁枚与广西．广西大学学报，1981(2)

醉秋．袁枚《续诗品》简说(一)．泰安师专学报，1981(2)

梁扬．袁枚两次来广西．语文园地，1981(3)

赵浩如．《黄生借书说》析．云南教育，1981(3)

严僮伦．《黄生借书说》语言二题．唐山师专学报，1981(3)

陈维刚．袁枚从师．南宁晚报，1981-03-24

[韩]金政六．袁枚之性灵说与其先声．中国语文学，1981(3)

一德．“人人不解，五日难传”．古代文学理论研究丛刊，1981(4)

小禾．“学”与“似”．古代文学理论研究丛刊，1981(4)

王广新．《黄生借书说》简析．陕西教育，1981(5)

王英志．“一个西湖一才子”漫忆清代诗人袁枚．西湖，1981(12)

卢永璘．“不是此诗恰是此诗”．诗探索，1982(1)

单锦珩．简论袁枚选诗——读《随园诗话》．浙江师范学院学报，1982(2)

涂普生．气象壮阔　情味隽永．湖北日报，1982-02-10

雨岑．张船山与袁随园．社会科学研究，1982(3)

王英志．袁枚“性灵说”探源．云南师范大学学报，1982(4)

奚锦顺．抓特点、写个性——读袁枚的《书鲁亮侪》．新闻大学，1982(5)

胡明．论袁枚诗性灵说．文学评论，1982(6)

[日]船津富彦．袁枚小说论：关于鉴前与本音．东洋大学文学部纪要(东洋学论丛)，1982(7)

王英志．袁枚的诗才论——“性灵说”内涵新探之一．学术研究，1982(8)

王英志．袁枚的真情论——“性灵说”内涵新探之一．浙江学刊，1983(1)

陆海明．袁枚的文学批评论．文艺理论研究，1983(1)

沈树华．藉性情以求妙，假苦心而传情——浅析袁枚《续诗品》．艺谭，1983(1)

王英志．袁枚的个性论——“性灵说”内涵新探之一．湖南师院学报，1983(2)

余雷．《新齐谐》与袁枚的尊重个性思想．浙江学刊，1983(2)

那宗训．随园诗观：读诗入门．南港工职学报，1983(3)

王英志．《袁枚“性灵论”内涵新探》内容提要．江苏美学通讯，1983(3)

王英志．袁枚“性灵说”诗例一则——简析《陇上行》．名作欣赏，1983(4)

周本淳．《小仓山房诗文集》校点前言．淮阴师范学院学报，1983(4)

胡舜庆．袁枚与随园：介绍袁起绘《载酒访随园图》．文博通讯，1983(5)

夏麟勋．《黄生借书说》教学二题．语文教学，1983(6)

张志明．《随园食单》中的苏杭点心．中国食品，1983(7)

严善新．小谈袁枚评黄山诗．安徽日报，1983-07-17

张士魁．有感于袁枚改诗．江苏教育，1983(8)

劳在鸣．谈袁枚的《祭妹文》．教学通讯，1983(11)

刘诚．诗人蒋士铨与袁枚、赵翼．宜春师专学报，1984(1)

王立．文以情生　情以文存——袁枚《祭妹文》浅议．殷都学刊，1984(1)

刘世潭．袁枚的文学主张．连云港教育学院学报，1984(1)

钟木庵．寓情于事　一字一泪——读袁枚的《祭妹文》．中学语文教学，1984(1)

张鹄．别开生面　情韵悠然——《峡江寺飞泉亭记》赏析．文艺生活，1984(2)

王树芳．痛伤之情　溢于言表．教学通讯，1984(2)

沈乃薇．读《祭妹文》．语文教研，1984(2)

姜汉林．《祭妹文》试析．北京师范大学学报，1984(2)

惠尚学．吴镇与袁枚．西北师院学报，1984(2)

正纶．《新齐谐》著作时间应先于《阅微草堂笔记》——与薛洪勋等同志商榷．浙江学刊，1984(2)

徐应佩、周溶泉．心哀情惨　词清语婉——谈袁枚三妹素文的诗．语文学习，1984(3)

张志善．《祭妹文》浅说．信阳师院学报，1984(4)

钟贤培．论袁枚的反理学思想及其诗文创作．华南师范大学学报，1984(4)

刘伯涵．袁枚和他的三妹素文．历史知识，1984(4)

田春效．袁枚在沭阳．传媒观察，1984(5)

李运瑛．何必．事事关情　语语入情——《祭妹文》浅析．中学语文，1984(5)

陈汝法．袁枚《祭妹文》三题．中学语文教学，1984(5)

王英志．清际著名的文学批评专著《随园诗话》．文史知识，1984(6)

王英志．袁枚"性灵诗"的特色．学术月刊，1984(6)

胡明．袁枚诗歌初探．江海学刊，1984(6)

刘伯璜．袁枚芜湖留诗踪．大江，1984(7、8)

江之文．一部欠严肃的注释本——简评关注《随园食单》．中国食

品，1984(10)

蔡义江．袁枚和他的《祭妹文》．语文战线，1984(10)

[日]竹村则行．论诗绝句中的王士禛的神韵说与袁枚的性灵说．德岛大学教养学部纪要，1984(18)

凌云(编者注：王英志笔名)．袁枚《续诗品》简论．苏州大学学报，1985(1)

陆海明．袁枚诗论的主情特征及其历史地位．江海学刊，1985(1)

奚锦顺．山水多姿神情各别——析袁枚的《浙西三瀑布记》．语文学习，1985(1)

吴宗海．试论袁枚《续诗品》对写作理论的贡献．镇江师专学报，1985(2)

张子才．读袁枚《祭妹文》札记．苏州教育学院学报，1985(2)

姚品文．哀楚声声斥礼教——读袁枚的《祭妹文》．读写月报，1985(3)

王英志．袁枚关于诗歌风格之品鉴：《续诗品》选评．南通师专学报，1985(3)

王英志．袁枚论诗人应博习戒偏——《续诗品》译评三则．淮阴师专学报，1985(3)

周本淳．袁枚与“桐城派”．淮阴师专学报，1985(4)

曾一书．袁枚《祭妹文》中的悲．西南民族学院学报，1985(4)

梁扬、盛东明．“性灵”诗人袁随园．语文园地，1985(6)

杨东甫．《祭妹文》三题．语文园地，1985(6)

青山．论诗惟以妙为主．古代文学理论研究丛刊，1985(10)

王英志．才子袁枚育诗才．文史知识，1985(7)

钟法、毛翰．袁枚《续诗品》选释．和田师专学报，1985(9)

赵荣光．美食家的袁枚和他的《随园食单》．商业研究，1985(9)

赵荣光．美食家的袁枚和他的《随园食单》(续)．商业研究，1985(10)

李家骧．袁枚的作者修养论．湘潭大学学报，1985(S2)

孙爱琴、胡苏陵．袁枚与沭阳．沭阳文史资料，1985(2)

[澳大利亚]刘渭平．清代诗学之发展．中国文化1985至1987，26(4)-28(3)

邵海清．袁枚和蒋士铨．杭州大学学报，1986(1)

陆海明．袁枚文学理论新探．资料与研究，1986(1)

王英志．袁枚论创作态度——读《续诗品》札记．扬州师院学报，1986(2)

王英志．袁枚论诗之形式美——《续诗品》译评之一．盐城师专学报，1986(2)

王英志．袁枚的山水景物诗．浙江学刊，1986(6)

马襄．袁枚《续诗品》校记．湘潭大学学报，1986(S1)

李家骧．袁枚的《续诗品》．湘潭大学学报，1986(S1)

胡明．袁枚古文观试探．古代文学理论研究(第十一辑)，上海古籍出版社，1986：296

李梦生．袁枚《子不语》浅探．中国古典文学论丛(4)，人民文学出版社，1986：256-271

王英志．袁枚的真性情诗．苏州大学学报，1987(1)

钟法、毛翰．袁枚"续诗品"简论．沧州师范专科学校学报，1987(1)

陈少松．袁枚与赵翼的诗和诗论．文学遗产，1987(2)

王英志．袁枚的讽谕诗．齐鲁学刊1987(2)

祝德顺．袁枚与"扬州八怪"比较研究——兼谈清初的诗歌与绘画．东南文化，1987(3)

赵伯陶．张问陶与"性灵"说．宁夏社会科学，1987(3)

宗鸣安．平常之中蕴奇崛——读袁枚《子不语》．唐都学刊，1987(3)

张士魁．《随园食单》中的蕈．食用菌，1987(3)

喻蘅．郑燮与金农、袁枚交谊考辨．复旦学报，1987(4)

周舸岷．《袁枚诗选》前言．浙江师范大学学报，1987(4)

傅继宗、王文志．论袁枚《祭妹文》的哀婉美．黑龙江教育学院学报，1987(4)

连波．行神如空　行气如虹——读袁枚《题柳如是画像》．殷都学

刊，1987(4)

王英志.《随园诗话》的记事. 浙江师范大学学报，1987(4)

黄炳麟. 袁枚得诗于民间. 阅读与写作，1987(6)

江应龙. 风流儒雅一奇才——袁枚与随园. 国文天地，1987(6)

成九田、李可风. 古代文论之“性灵”说. 教学与管理，1987(8)

胡明. 袁枚的思想哲学和文学观念. 文史知识，1987(11)

[韩]许文瑄. 性灵说研究. 蘭香中文，1988(1)

程正江. 袁枚《书鲁亮侪》析. 渭南师专学报，1988(1)

王英志. 论《随园诗话》的采诗. 中州学刊，1988(2)

姚文放. 论袁枚的诗文美学. 扬州师院学报，1988(3)

刘友蕙、王名超.“非真有才者不能怜才”——略论袁枚培育女诗人的人才思想. 中国人才，1988(3)

阳晓儒. 试论袁枚诗论的理论体系. 社会科学家，1988(4)

陈文新. 通脱真率　以文为戏——论袁枚的志怪小说. 明清小说研究，1988(4)

陈穆. 评韩愈、欧阳修、袁枚的哀悼文章的代表作. 盐城师专学报，1988(4)

蔡尚思. 一位被冷落的大思想家——袁枚. 文史哲，1988(5)

郑隐. 江左大才子袁枚轶事. 南京史志，1988(5)

沈金浩. 袁枚经济思想略论——兼谈与文学思想之关系. 苏州教育学院学报，1988(11)

陆海明. 袁枚研究五十年. 古代文学理论研究(第十三辑)，上海古籍出版社，1988：347

陶继明. 袁枚和妇女诗歌. 上海师范大学学报，1989(1)

丁集之.“性灵”巨擘张船山. 天津师范大学学报，1989(1)

白少玉. 情欲其真味欲其鲜——《随园诗话》中的“性灵说”. 荆州师专学报，1989(1)

刘敬圻. 析袁枚《苔》. 名作欣赏，1989(2)

凌云(编者注：王英志笔名). 袁枚《续诗品》阐释. 苏州大学学报，1989(Z1)

储有明. 袁枚“性灵说”初探. 上海教育学院学报，1989(3)

王英志．袁枚的地位与《随园诗话》的影响．宁波师院学报，1989(3)

张实．袁枚的生活、思想与创作．长沙水电师院学报，1989(3)

张佳生．袁枚与八旗诗人——兼谈满汉诗歌的关系．满族研究，1989(4)

周舸岷．独树一帜的袁枚游记文．浙江师范大学学报，1989(4)

阳晓儒．明清社会思潮对袁枚思想及诗论的影响．社会科学家，1989(5)

李朝正．张船山诗歌理论对性灵诗派的贡献．贵州社会科学，1989(10)

吉明周．唯思之精　屈曲超迈：评王英志《续诗品注评》．古籍整理出版情况简报，1989(216)

余崇生．袁枚的思想与文学观．中华文化复兴月刊，1989(6)

吴调公．《袁枚诗选》序．苏州大学学报，1990(1)

杨胜宽．郭沫若与袁枚诗论的比较研究——兼评《读〈随园诗话〉札记》．郭沫若学刊，1990(1)

王英志．人化的自然　旷达的性灵——读袁枚《游黄山记》．名作欣赏，1990(4)

张天来．古代诗歌的情感结构——从袁枚沈德潜诗论谈起．学术研究，1991(1)

傅明英．论《谈艺录》对《随园诗话》的批评．宁波师范学院学报，1991(1)

孙兰廷．垂老灯窗墨尚磨——读袁枚的几首治学诗．语文学刊，1991(3)

周舸岷．有寄无求与无求有得——晚年生活心态与事业述评．浙江师范大学学报，1991(4)

沈金浩．袁枚人论述评——“性灵说”相关要素研究之一．浙江学刊，1991(5)

阳晓儒．袁枚美学理论之我见．辽宁大学学报，1991(6)

王英志．笛音一曲情思无限：读袁枚的一首闻笛诗．语文月刊，1991(9)

王丽斐．袁枚与妇女文学．台南师院学生学刊，1991(13)

沈金浩．袁枚价值观述论：性灵说相关要素研究之二．广州师院学报，1992(1)

[日]竹村则行．袁枚论诗绝句与赖山阳论诗绝句．中国典籍与文化，1992(2)

阳晓儒．袁枚诗歌理论评述．社会科学家，1992(3)

王英志．顾校本《随园诗话》标点失误举要．苏州大学学报，1992(4)

周舸岷．贾宝玉和袁枚．浙江师范大学学报，1992(4)

周舸岷．江山成就六年诗：袁枚晚年创作的山水诗．古典文学知识，1992(4)

宾之．袁枚论“温柔敦厚”．西北师大学报，1992(4)

谢逸．袁枚为何挨骂？瞭望，1992(20)

顾之川、顾大功．论《子不语》的思想意义．青海民族学院学报，1993(1)

暴鸿昌．袁枚与乾嘉考据学．史学月刊，1993(1)

王英志．字字是血声声是泪——读袁枚《祭妹文》．名作欣赏，1993(1)

刘明华．芬芳悱恻解杜转益多师学杜：袁枚对杜诗学的贡献．杜甫研究学刊，1993(1)

邹国平．其人与笔两风流：记袁枚．古典文学知识，1993(2)

连文萍．袁枚研究数据目录初编．国立中央图书馆馆刊，1993(2)

何金铭．读《随园诗话》．人文杂志，1993(2)

贺国鉴．《随园诗话》中的贵州轶事．贵州文史丛刊，1993(2)

汤国铣．一种非科学的批评——读郭沫若《读随园诗话札记》．贵州社会科学，1993(3)

王英志．袁枚与《袁枚全集》．苏州大学学报，1993(3)

王振忠．袁枚与淮、扬盐商——十八世纪士、商关系的一个考察．盐业史研究，1993(4)

王瑞鹏．集思广益　显微阐幽——袁枚性灵说初探．内蒙古电大

学刊，1993(4)

张靖龙．试论袁枚的仕途进退观．浙江学刊，1993(4)

张贤义．袁枚诗歌创作的思想基础．河南财经学院学报，1993(4)

胡遂、邓立勋．袁枚《随园诗话》论“性灵”．湖湘论坛，1993(5)

张建林．古代饮食诗文译注——随园食单·配搭须知．中国食品，1993(8)

吴兆路．性灵文学思想探源．学术月刊，1993(12)

文家典．从《祭妹文》看袁枚“性灵说”．内蒙古教育学院学报，1993(Z2)

[韩]崔日义．袁枚《续诗品》的诗论体系考察．中国诗与诗论，1993

[韩]崔日义．袁枚《续诗品》的创作原理论考察．中国文学，1993(20)

王英志．袁枚著述考辨——写于《袁枚全集》编后．古籍整理出版情况简报，1993(268)

张一民．随园藏书的聚与散．图书馆，1994(1)

胡遂．佛性·童心·性灵——禅宗与诗话理论关系探讨之一．求索，1994(1)

王英志．关于《袁枚全集》．湖北大学学报，1994(2)

王英志．关于《袁枚全集》．中国典籍与文化，1994(2)

王英志．袁枚著编考辨．宁波师院学报，1994(2)

关玉林．论《随园诗话》评杜诗．杜甫研究学刊，1994(2)

钱仲联、严明．袁枚新论．文学遗产，1994(2)

吴艳红．袁枚佚文《星湖诗集序》．文献，1994(2)

毛正树．袁枚与花草树木．森林与人类，1994(3)

凌燕．体例新·内容全·考辨精·校点细——评王英志主编的《袁枚全集》．南京师范大学学报，1994(3)

王英志．袁枚诗选．中国典籍与文化，1994(3)

罗永生．古籍整理研究的重要成果：王英志主编《袁枚全集》评介．苏州大学学报，1994(3)

苏迅．国家古籍整理“八五”计划重点项目《袁枚全集》出版．华东师范大学学报，1994(4)

闻讯．《袁枚全集》出版．社科信息，1994(4)

周烈贵．王英志主编《袁枚全集》评介．南通师专学报，1994(4)

陈才开．从袁枚的游记看其诗论与文论．广东教育学院学报1994(4)

王英志．大家之女与贫者之妇——随园女弟子钱孟钿与汪玉轸．苏州大学学报，1994(4)

朱安华．论袁枚的“性灵说”．洛阳师专学报，1994(4)

尹芳林．解用何尝非俊物：袁枚《咏钱》诗赏析．名作欣赏，1994(6)

陈居渊．清代性灵说与王学．文史哲，1994(6)

郭阳．袁枚解纷．阅读与写作，1994(8)

[韩]宋永珠．袁枚的性灵说上之诗鉴赏论法．中国语文学，1994(23)

童元方．萧条异代却同时——曹雪芹与袁枚．中国文化，1995(1)

孟庆生．袁枚“神悟说”新解．诗探索，1995(1)

[日]横田辉俊著、乔力译．袁枚的文学观．江西社会科学，1995(1)

钱仲联、严明．袁枚和陈衍——论诗坛盟主对清诗发展的积极影响．江海学刊，1995(1)

韩石．“恶”的展现：论袁枚和《子不语》．南京师范大学学报，1995(1)

张丽生．樊明征与吴敬梓、袁枚交游考论．镇江师专学报，1995(1)

李剑波．试论袁枚性灵说的历史意义．中国韵文学刊，1995(2)

[日]松下忠著，乔力译．袁枚的性灵说．常德师范学院学报，1995(2)

李端俊．袁枚的养生之道．食品与健康，1995(3)

林集．袁枚的花鸟情．花木盆景，1995(3)

吴兆路．性灵学说与地域文化．文学评论，1995(4)

王子宽．好山好水好文章——读袁枚《游武夷山记》．文史知识，1995(4)

王英志．论袁氏家族男性诗人之功过——性灵派研究之一．苏州大学学报，1995(4)

王英志．此篇随笔太“随便”——评伍立杨《风流生涯说袁枚》．名作欣赏，1995(4)

皮力．《随园女弟子卷》简析．文物，1995(5)

王英志．不相非薄不相师——袁枚对王士禛的评价．古典文学知识，1995(5)

王英志．性灵派女诗人“袁家三妹”．复旦学报，1995(5)

吴兆路．性灵文人与阳明心学．文史知识，1995(5)

张梅芝．袁枚断案的启示．决策与信息，1995(5)

黄卓越．晚明性灵说之佛学渊源．文学评论，1995(5)

[日]野田善弘著、林章文译．袁枚的圣人观——探索他与彭绍升的往来书简．江苏社会科学，1995(6)

赵来时．浅析袁枚的两首《马嵬》诗．陕西教育，1995(7)

沈金浩．诗风与为人的局部写真——袁枚《雨过湖州》解析．中文自修，1995(8)

张梅芝．袁枚断案的启示．秘书之友，1995(8)

张慧．独任性灵　自具韵味——袁枚《独秀峰》赏析．文史知识，1995(9)

吴兆路．性灵文学思想探源．学术月刊，1995(12)

张慧珍．袁枚游记作品之探讨．辅英学报，1995(15)

王晓平．江户折衷诗派的论诗诗．《中国诗学》．南京大学出版社，1995(4)

刘世南．论袁枚思想及其性灵诗．江西师范大学学报，1996(1)

风雨．苏东坡与袁子才．书屋，1996(1)

谭再励．《随园诗话》初论．湘潭师范学院学报，1996(2)

高翔论．十八世纪中国知识界的反传统倾向．中国人民大学学报，1996(2)

关玉林．评袁枚《随园诗话》论杜诗．重庆广播电视大学学报，1996(3)

王英志．张问陶性灵诗论略——性灵派研究之一．江苏社会科学，1996(4)

[韩]同人．清代袁枚诗论之诗论史上的位相考察．人文学报，1996(21)

王英志．性灵派之忧愁诗人——袁枚之外甥陆建．古典文学知识，1997(1)

王英志．袁枚的个性与主将作用．古典文学知识，1997(1)

黄德智．《随园食单》与肉食．肉类研究，1997(1)

杜贵晨．吴敬梓、袁枚异同论．明清小说研究，1997(2)

刘云兴．读袁枚《鬼买缺》和《枯骨自赞》．学习与探索，1997(2)

王英志．山水的性灵化——论袁枚的山水诗．安徽师范大学学报，1997(2)

任公伟．我不觅诗诗觅我——浅谈袁枚论作诗全凭天分说．华北电力大学学报，1997(2)

石玲．袁枚与清中叶妇女诗歌创作．中华女子学院山东分院学报，1997(3)

葛胜华．“窀穸”表里说——袁枚《祭妹文》探微．阅读与写作，1997(3)

吴光正．明清诗歌创作和理论纷争的四大特征．海南大学学报，1997(3)

王英志．性灵说的渊源与性灵派的背景．湖北大学学报，1997(3)

王英志．论性灵派存在的时空性．社会科学战线，1997(3)

王永厚．袁枚的饮食名著《随园食单》．中国食物与营养，1997(3)

崔建明．解读袁枚．新东方，1997(5)

傅书松．袁枚断案、劝食的启示．学习月刊，1997(6)

黄南珊．二袁性灵论的情感美学内涵．人文杂志，1997(6)

凌晨．袁枚自律健身四法．长寿，1997(7)

李金坤．即景成趣　独抒性灵——袁枚《苔》诗品读．文史知识，1997(12)

朱则杰．袁枚与永嘉楠溪江．风景名胜，1997(12)

张健．袁枚的不饮酒诗二十首析论．明道文艺，1997(261)

欧阳健．明义《题红楼梦》的辨伪和袁枚《随园诗话》的认真．红楼梦学刊，1998(1)

侯敏．试论袁枚的“性灵说”与杨格的“独创论”．求索，1998(1)

李志孝．《聊斋志异》与《子不语》比较研究．天水师专学报，1998(1)

张慧珍．袁枚文论“复古说”之商榷．大陆杂志，1998(1)

王英志．论袁枚的散文创作．西南民族学院学报，1998(2)

杨子才．袁枚《续诗品三十二首》译说．新闻窗，1998(2)

严寿澄．近代实用型儒家循吏之学——袁简斋论治发微．国立编译馆馆刊，1998(2)

王英志．出游天台　石梁观瀑——袁枚晚年壮游纪事．古典文学知识，1999(2)

昝亮、李丹博．袁枚骈文试论．广西师范大学学报，1998(2)

程林辉．袁枚诗论三题．抚州师专学报，1998(3)

良人．袁枚《随园诗话》论改笔．修辞学习，1998(3)

廖文婷．“盖天盖地”与“蕴藉风流”——浅析袁宏道与袁枚“性灵”之不同．上海大学学报，1998(3)

林彬晖．袁枚抒情诗浅论．镇江师专学报，1998(4)

王英志．袁枚性灵派在近代的影响．文史哲，1998(4)

王英志．袁枚与蒋士铨——袁枚纪事之一．文史知识，1998(4)

石玲．绚丽奇诡　腾踔万千——袁枚《同金十一沛恩游栖霞寺望桂林诸山》诗赏析．名作欣赏，1998(4)

宋燕冰．呕心泣血的长诗——读袁枚的《祭妹文》．社科纵横，1998(4)

王英志．性灵派殿军张问陶．苏州大学学报，1998(4)

李剑波．性灵说成因试探．湘潭大学学报，1998(5)

彭年德．袁枚江宁撰新志．紫金岁月，1998(5)

王英志．袁枚与赵翼——袁枚纪事之二．文史知识，1998(7)

陈松青．诗心一点贯古今——真山民《杨妃》与袁枚《马嵬》对读．阅读与写作，1998(8)

[韩]柳晟俊．清代雍正以后诗话要解．韩国外大中国研究所《中国研究》，1998(22)

李剑波．袁枚诗略论．中国韵文学刊，1999(1)

王成．袁枚“性灵说”论略．淮北煤师院学报，1999(1)

王英志．袁枚与吴门闺秀——袁枚纪事之三．文史知识，1999(1)

欧阳健．重新面对袁枚．江苏教育学院学报，1999(1)

李志孝．审丑：《子不语》的美学视点．甘肃高师学报，1999(1)

苗宝明．抒性灵的袁枚山水游记．学术交流，1999(1)

[韩]柳晟俊．韩国的中国宋明清诗歌研究现状．北京教育学院学报，1999(2)

王英志．结交扬州八怪——袁枚纪事之四．文史知识，1999(2)

石玲．论袁枚古体诗创作．文史哲，1999(2)

罗惠予．浅谈《批本随园诗话》．中国韵文学刊，1999(2)

石玲．袁枚研究的回顾与思考．兰州大学学报，1999(2)

胡传淮．性灵派研究的开山之作：王英志《性灵派研究》评述．盐城师专学报，1999(2)

文．袁枚一生只作一首词．古典文学知识，1999(3)

吕斌．是谁首倡“性灵”说．广西师院学报，1999(4)

程相占．评王英志《性灵派研究》．文学研究，1999(4)

王英志．袁枚大弟子孙原湘论——性灵派研究之一．安徽大学学报，1999(4)

王英志．龙湫作歌仙都悟理——袁枚万年壮游纪事．古典文学知识，1999(6)

王志刚．价值观念与文学思潮及文学流派．吉林大学学报，1999(6)

倪其心．古典诗歌的新鲜感——读李白《蜀道难》和袁枚《游栖霞寺望桂林诸山》．文史知识，1999(8)

刘咏聪．“曲园不是随园叟　莫误金钗作贽人”——袁枚与俞樾对女弟子态度之异同．岭南学报，1999(10)

杨子才．袁枚《续诗品》译释——兼谈文章写作技巧．新闻爱好者，1999(1)

杨子才．袁枚《续诗品》译释——兼谈文章写作技巧．新闻爱好者，1999(2)

杨子才．袁枚《续诗品》译释——兼谈文章写作技巧．新闻爱好者，1999(3)

杨子才．袁枚《续诗品》译释——兼谈文章写作技巧．新闻爱好者，1999(4)

杨子才．袁枚《续诗品》译释——兼谈文章写作技巧．新闻爱好者，1999(5)

杨子才．袁枚《续诗品》译释——兼谈文章写作技巧．新闻爱好者，1999(6)

刘长泉．以真达情——袁枚抒情诗的特色．湖南教育学院学报，1999(S2)

[韩]元钟礼．性灵与神韵之美的考察．中国文学，1999(32)

朱达艺．钱维乔与袁枚——竹初研究系列之十七．戏文，2000(1)

云瀑．具有学术品位的论著：评王英志《性灵派研究》．苏州大学学报，2000(1)

胡遂．突破与超越——试论禅宗思想对中国诗学的影响．西北师范大学学报，2000(1)

李志孝．言鬼述异　各具情怀——《聊斋志异》与《子不语》比较三题．蒲松龄研究，2000(1)

王英志．袁枚《随园诗话》简介．古典文学知识，2000(1)

王英志．袁枚家族考述．聊城师范学院学报，2000(1)

[新加坡]王力坚．性灵・佛教・山水——南朝文学的新考察．海南师范学院学报，2000(1)

程敬．袁枚《子不语》的幽默艺术．修辞学习，2000(2)

王英志．袁枚京城应试考述．聊城师范学院学报，2000(2)

顾农.“诗境甚宽”：袁枚论诗的基点和策略.青海师专学报，2000(2)

王英志.袁枚为庶吉士与外放考述.阴山学刊，2000(2)

王英志.袁枚于乾嘉诗坛的影响.扬州大学学报，2000(3)

朱则杰.袁枚与蒋士铨订交考.苏州大学学报，2000(3)

邵江天.真火隐于石——袁枚《牍外馀言》振襞.名作欣赏，2000(3)

申屠炉明.论章学诚对袁枚的学术评价.烟台师范学院学报，2000(3)

李明杰.随园新话：袁枚与图书编撰.编辑学刊，2000(3)

王英志.袁枚《随园诗话》述评.井冈山师范学院学报，2000(3)

樊美筠.袁枚美思想管窥.广东社会科学，2000(3)

陈正宏.袁枚全集校补.中国文学研究，2000(3)

林一顺.《随园食单》的写作特色.河海大学学报，2000(4)

陈玉兰.灵性的聚合和性灵的歌唱——评介王英志著《袁枚暨性灵派诗传》.宁波大学学报，2000(4)

高翔.论清前期中国社会的近代化趋势.中国社会科学，2000(4)

巩志.清代著名诗人袁枚与武夷岩茶.农业考古，2000(4)

姜桂亮.一部研究性灵派的力作：读王英志《性灵派研究》.锦州师范学院学报，2000(4)

石玲.袁枚诗歌的美学特征.兰州大学学报，2000(5)

崔秀霞.从袁枚到龚自珍看清代文坛个性思想的发展和推进.德州学院学报，2001(1)

魏鹏.举兴会于刹那——比较袁枚与佩特的诗学观.呼兰师专学报，2001(1)

王英志.袁枚初归随园考述.锦州师范学院学报，2001(1)

王英志.袁枚七载县令考述.苏州大学学报，2001(1)

陈少松.袁枚佚文两篇.文学遗产，2001(1)

刘凤云.清代文人官僚与城市私家园林的兴衰.故宫博物院院刊，2001(1)

王英志．袁枚隐居复出纪事．文史知识，2001(2)

严行方．袁枚游名山不信荒诞．科学与无神论，2001(2)

王英志．袁枚与蒋士铨交游考述．江淮论坛，2001(2)

钱竞．袁枚诗论与明清学术思想史的关系．文学评论，2001(2)

王英志．袁枚辞官考述．古典文学知识，2001(2)

赵庆元、余丹．从张问陶的爱情诗窥其对“性灵说”的继承与发展．阜阳师范学院学报，2001(2)

张连第．诗情贵真诗艺贵巧——袁枚的“性灵说”探析．安徽师范大学学报，2001(2)

袁枚吟诗话养生．当代审计，2001(2)

山海夫．读《随园诗话》．重庆日报，2001-02-02

吕宪平．袁枚吟诗话养生．中国老年报，2001-02-06

王英志．是真名士自风流——论袁枚对女性的关爱．福州大学学报，2001(3)

沈金浩．论袁枚的男女关系观及妇女观——兼谈两者与其文学活动、文学创作间的关系．深圳大学学报，2001(3)

赵杏根．袁枚文章理论研究．江苏理工大学学报，2001(3)

王英志．袁枚提携后学考述．西北师大学报，2001(4)

杨艳华．袁枚文学通变观论略．广播电视大学学报，2001(4)

王英志．袁枚性灵诗的艺术特征．江苏社会科学，2001(4)

时志明．以妄驱庸以骇起堕——论袁枚的志怪小说《新齐谐》．苏州职业大学学报，2001(4)

王英志．袁枚“一造三改”随园考述．中国典籍与文化，2001(4)

王进驹．“葺城女士”非“松江张宛玉”辨——兼及吴敬梓与袁枚关系问题．明清小说研究，2001(4)

周新道．袁枚文论初探——兼论与桐城派的关系．江淮论坛，2001(6)

王英志．袁枚与清代诗学批评．文艺研究，2001(6)

李国涛．闲时读闲书——关于《随园食单》．山西老年，2001(6)

苏晨．《随园食单》和生活艺术．广东艺术，2001(6)

李洪甫．袁枚的吃戒．华人时刊，2001(8)

李君明．性灵派领袖——袁枚．玉溪师范学院学报，2001(S1)

尹志刚．一唱三叹赋深情——读袁枚的《祭妹文》．甘肃教育学院学报，2001(S1)

朱则杰．袁枚《仿元遗山论诗》王士禛之蓝本．古典文学知识，2002(1)

王英志．袁枚《子不语》的思想价值．明清小说研究，2002(1)

王进驹．介绍一篇袁枚集外文．苏州大学学报，2002(1)

时志明．其人与笔两风流　绿水青山伴白头——清代诗人袁枚山水诗论．苏州铁道师范学院学报，2002(1)

王英志．袁枚对汉学的批评．宁波大学学报，2002(1)

王英志．袁枚神交张问陶．古典文学知识，2002(1)

石玲．袁枚诗歌的禅影踪迹．文史哲，2002(1)

赵秀娟．袁枚诗论及其评价．贵州工业大学学报，2002(1)

陈玉兰．袁枚佚文与异文两篇．文献，2002(1)

王英志．袁枚与扬州八怪交谊考述．扬州大学学报，2002(1)

王英志．袁枚与赵翼交游考述．徐州师范大学学报，2002(1)

王英志．关于随园女弟子的成员、生成与创作．井冈山师范学院学报，2002(1)

巩志．著名诗人袁枚与武夷岩茶．福建茶叶，2002(1)

王英志．袁枚的生死观．锦州师范学院学报，2002(2)

王英志．袁枚批评理学与佛教．苏州大学学报，2002(2)

王英志．三分孔孟二分庄——袁枚的思想基础．齐鲁学刊，2002(2)

傅金泉．读《随园食单》谈黄酒开发．酿酒科技，2002(2)

巩志．"我来竟入茶世界"——清代江南才子袁枚的武夷茶缘．福建茶叶，2002(3)

桑道之．《随园食单》及其他．沧桑，2002(3)

王英志．袁枚的古文观．江海学刊，2002(3)

王英志．袁枚批评浙派．浙江大学学报，2002(3)

陈寒鸣．袁枚反正宗传统的早期启蒙思想．中国社会科学院研究生院学报，2002(3)

王进驹．袁枚研究的重要成果——读《袁枚评传》．苏州大学学报，2002(4)

陈炎、邓东．《随园诗话》中的儒、道、屈、禅．理论学刊，2002(4)

凌云(编者注：王英志笔名)．袁枚评传．中国典籍与文化，2002(4)

冯佐哲．福康安、和琳与袁枚的诗文交往．紫禁城，2002(4)

万少菊．袁枚与《随园食单》．中医文献杂志，2002(4)

王瑞生．袁枚养生诗话．金秋，2002(5)

石玲．承递与开启：袁枚诗歌的过渡意义．山东师范大学学报，2002(5)

王英志．我写《袁枚评传》．古典文学知识，2002(6)

王英志．写于《袁枚评传》杀青之后．博览群书，2002(11)

李剑波．性灵说与文学解放．玉林师范学院学报，2003(1)

王顺娣．"味"在三部《诗品》中的演变及其原因．南昌大学学报，2003(1)

李莉．浅析《子不语》卷五之《奉行初次盘古成案》．青海民族学院学报，2003(1)

杨波．袁枚的"自律健身四法"．大众卫生报，2003-01-15

单有方．性灵说与童心说．殷都学刊，2003(2)

许伯卿．解识袁枚是此传——读王英志《袁枚评传》．东南大学学报，2003(2)

蒋艳、方百寿．李渔与袁枚的饮食观比较及其现实意义．九江师专学报，2003(2)

王忠禄．论袁枚诗歌的民主意识．甘肃教育学院学报，2003(2)

陈文新．中国古代四大诗学流别的纵向考察．文学评论，2003(3)

包云志．《随园诗话》有关《红楼梦》一段话及其版本考释．明清小说研究，2003(3)

进驹．袁枚研究的又一成果——评介《袁枚评传》．中国图书评论，2003(3)

袁进．试论清代中期“神韵”“格调”“性灵”“肌理”诸说消长中的诗史观．社会科学，2003(4)

李哲理．袁枚“性灵论”探微．北华大学学报，2003(4)

囡囡．肯德基和《随园食单》．食品与生活，2003(5)

潘荣生．今钞本《随园诗话稿本》述略．古籍整理研究学刊，2003(6)

张蕊青．《燕山外史》与性灵文学思潮．江海学刊，2003(6)

张佳音．袁枚“性灵”说的灵感阐析．文史知识，2003(6)

王绯、毕茗．最后的盛宴最后的聚餐——关于中国封建末世妇女的文学/文化身份与书写特征．文艺理论研究，2003(6)

王兆胜．林语堂与袁枚：人品与学术．学术研究，2003(9)

王新霞．仙亭飞瀑　奇趣盎然——袁枚《峡江寺飞泉亭记》赏析．名作欣赏，2003(12)

杨书铭．应用诗例谈——读《随园诗话》札记．新闻天地，2003(Z1)

包云志．从袁枚佚札佚文看《随园诗话》版本及刻书时间．古籍整理研究学刊，2004(1)

沈玲．论袁枚的画艺观．内蒙古大学艺术学院学报，2004(1)

[韩]朴英顺．严羽诗学与明清时期的“性灵”说．阜阳师范学院学报，2004(1)

汪龙麟．清代袁枚研究发微．阜阳师范学院学报，2004(1)

李鹏．性灵派与江户后期汉诗诗坛——以袁枚、赵翼诗歌及诗话在日本的传播为中心．中国典籍与文化，2004(2)

朱则杰．从存世碑刻考清代诗歌．苏州大学学报，2004(2)

黄爱平．袁枚经学观及其疑经思想探析．清史研究，2004(3)

车振华、王芳．试论袁枚的传记文创作．枣庄师范专科学校学报，2004(3)

双兰斋主．探寻“袁枚遗砚”．中国商报，2004-03-25(第T00版)

王兆胜．林语堂与袁枚．湖南师范大学社会科学学报，2004(3)

刘靖渊．个性的守望：解读随园诗歌．光明日报，2004-04-29

王英志．《怪异录》非袁枚作考论．明清小说研究，2004(4)

王顺娣．论三部《诗品》中的“雅”．南昌大学学报，2004(4)

徐丰梅．袁枚、杭世骏交游考论．浙江树人大学学报，2004(4)

王小舒．读石玲《袁枚诗论》．山东师范大学学报，2004(4)

徐萍．袁枚与儿童文学．云南民族大学学报，2004(4)

袁世硕．走进袁枚的精神世界——读石玲《袁枚诗论》．东岳论丛，2004(5)

石玲．袁枚与高密派：乾隆时期诗学流派的交融与分野．文艺研究，2004(6)

陈书录．士商契合与明清性灵思潮的演变．南京师范大学学报，2004(6)

寸雨．袁枚养生诗话．科学养生，2004(6)

耿朝霞、宋白菲．袁枚诗书媲美．中国商报，2004-07-08

吴功正．“性灵”说的经典之作——解读袁枚《峡江寺飞泉亭记》．名作欣赏，2004(10)

林媛．《随园食单》：历久弥新的美食经典．全国新书目，2004(10)

戎霞．从《不饮酒》看袁枚对陶渊明的解构．阅读与写作，2004(12)

[韩]彭铁浩．格调说神韵说性灵说之相关关系．中国文学，2004(41)

徐国华．新发现的一首袁枚集外诗．苏州大学学报，2005(1)

徐国华．《蒋太史答随园先生二书》辨析——兼议蒋士铨与袁枚之交谊．闽江学院学报，2005(1)

汪龙麟．20世纪后20年袁枚研究述评．苏州大学学报，2005(1)

黄红日．绝地通天一枝笔　请看依傍是何人——论袁枚性灵诗论特征．兰州学刊，2005(2)

范洁．新时期袁枚研究引发的启示．山西煤炭管理干部学院学报，2005(2)

范洁．袁枚诗论的影响．太原师范学院学报，2005(2)

沈玲．袁枚的王学批判述论．扬州大学学报，2005(2)

孙红梅．浅谈庄子的生死观和人格定位对袁枚的影响．绥化学院

学报，2005(2)

张桂甫、蒋珊燕．探讨《随园食单》中的七类菜肴．烹调知识，2005(2)

[韩]柳晟俊．朝鲜朝后期以来清代诗学研究概况．中国韵文学刊，2005(2)

包云志．袁枚、刘墉、周永年、吴大澂未刊信札四通考释．中国典籍与文化，2005(2)

林和生．卡夫卡的中国文化情结及其深层心理内涵——以卡夫卡对袁枚《寒夜》一诗的"着迷"为例．中华文化论坛，2005(3)

王英志．袁枚求学受业考述．西北师大学报，2005(3)

石玲．袁枚诗与白居易诗之"貌类"及内在成因．文学评论，2005(3)

孙爱玲．论"性灵说"之人文意义．厦门教育学院学报，2005(3)

杜贵晨．"为天强派作诗人"——袁枚散馆外放的"前因"及其婉拒乾隆临幸随园考论．华中师范大学学报，2005(3)

包云志．《随园诗话》中有关《红楼梦》一段话的前后变化——兼谈《随园诗话》的版本．红楼梦学刊，2005，4

丁俊玲．任情适性：论性灵说的生命意绪．西南师范大学学报，2005(4)

李永祥．袁枚和《随园食单》．美食，2005(5)

车振华．妙笔写性灵——袁枚《兴安》赏析．名作欣赏，2005(6)

王英志．新发现的一首袁枚佚诗．江海学刊，2005(6)

苏虹．张问陶与"性灵诗派"．天中学刊，2005(6)

王英志．《诗学全书》非袁枚作考论．文艺研究，2005(10)

黄红日．对袁枚诗论批评方法的反思．理论界，2005(11)

竺柏岳．袁枚《随园诗话》摘译．阅读与写作，2005(11)

梁扬、戎霞．汪为霖与袁枚．阅读与写作，2005(11)

马杰、龚建平．袁枚个性思想对性灵说的影响．求索，2005(12)

沈玲．品画先神韵　论诗重性情——袁枚题画诗研究．内蒙古大学艺术学院学报，2006(1)

马杰．袁枚"性灵说"的诗艺追求．石家庄学院学报，2006(1)

赵雪梅．众人皆醉我独醒——论袁枚诗歌的幽默特质．青岛职业技术学院学报，2006(1)

沈玲．论袁枚的诗歌接受理论．社会科学家，2006(1)

雨莲．明清文人的性灵食色．中国图书商报，2006-01-20

晏萌芳、裴香玉．论袁枚性灵说情感理论的自然主义偏向．湖南工程学院学报，2006(2)

丁俊玲．发愤不平——论性灵说的生命意绪．上海大学学报，2006(2)

马杰．颜元与袁枚的"性灵说"．邵阳学院学报，2006(2)

赵维平．《子不语》鬼怪故事与作者鬼神观今解．小说评论，2006(2)

罗四鸰．柯平：用笔逼问文人真面目．文学报，2006-02-09

康棣棣．才胆力识的浸透——读《随园诗话》．时代文学，2006(3)

胡俊华．同中求异　穷形尽态——袁枚《浙西三瀑布记》赏析．阅读与写作，2006(3)

黄根柱．袁枚的饮食名著《随园食单》．现代养生，2006(3)

黄红日．学古与著我——试论袁枚诗论关于继承与革新的辩证观．丽水学院学报，2006(4)

李广柏．袁枚所知曹雪芹之点滴．红楼梦学刊，2006(4)

祝伊湄．章学诚对《随园诗话》的批评．华侨大学学报，2006(4)

苏爱琴．袁枚的"天籁"说．晋中学院学报，2006(4)

郑丽霞．论袁枚的女性观．龙岩学院学报，2006(4)

顾震．袁枚判牍论析．南京师范大学文学院学报，2006(4)

赵桂香．由袁枚的话想到的．河北自学考试，2006(5)

梁结玲．袁枚诗歌的生命意识．学术探索，2006(5)

沈玲．随任性情的私语化创作——论袁枚的诗歌创作风格．云梦学刊，2006(5)

朱琴．袁枚与《随园食单》．海内与海外，2006(5)

沈玲．袁枚的生态美学思想研究．云南行政学院学报，2006(6)

郑家治．张问陶袁枚诗论异同简论．四川师范大学学报，2006(6)

沈玲．袁枚的诗歌采录标准探究．牡丹江师范学院学报，2006(6)

[加拿大]施吉瑞．十八世纪的怪诗怪画——袁枚、罗聘和金农．深圳画院，2006-06-13

周秀来、秋实．《再现随园食单》精彩演绎历史美食谱．中国食品，2006(8)

朱则杰．蒋士铨题寄袁枚、赵翼的若干集外诗文辑考．广州大学学报，2006(9)

张文萍．天真自是一家言——袁枚"性灵"说简论．文教资料，2006(27)

许韧．袁枚沭阳任上诗词简论．语文学刊，2006(10)

谢苗苗．从《随园诗话》看袁枚的女性意识．语文学刊，2006(11)

梁结玲．浅谈袁枚的诗才论．社科纵横，2006(12)

孙雪梅．另一个世界——《新齐谐》所构建的鬼神世界．社会科学家，2006(S1)

王铮．浅谈袁枚的诗才论．广西大学学报，2006(S1)

陈正宏．随园老人的吴江缘．新民晚报，2006-12-05

徐卫东．一首别开生面的马嵬诗——袁枚《马嵬》赏读．语文天地，2006(22)

[越南]胡志明市执行班、胡志明共产青年团．《随园诗话》——对越南古代文学的影响及其价值．越南2006年第八届EURÉKA.

苏金成．随园怡情娱文艺——袁枚其人其艺评介．剧影月报，2007(1)

侯富芳．小仓山房佚作掇拾．苏州大学学报，2007(1)

王红蕾．性灵说的缘起与发生．社会科学辑刊，2007(1)

韩益民．袁枚与童钰交谊考辨．华南师范大学学报，2007(1)

邓伟龙．浅谈章学诚对袁枚的批评．中国文学研究，2007(2)

王英志．袁枚《写心杂剧》题词．新民晚报，2007-02-10

[韩]柳晟俊．朝鲜王朝后期清诗研究概况——以王士禛为中心．

苏州大学学报，2007(3)

王文捷．袁枚山水旅游诗歌与山水审美探析．广西民族大学学报，2007(3)

罗以民．《随园集外诗》考辨．文献，2007(3)

林香娥．袁枚遭谤的背后：道德价值观念之争．浙江学刊，2007(3)

李祥林．随园门下红粉多——闲话袁枚及其妇女观．文史杂志，2007(4)

随园食单．深交所，2007(4)

放眼读书以养其气　开襟饮酒用全吾真　随园老人袁枚对联赏析．对联，2007(5)

温秀珍．张问陶性灵诗论兼与袁枚、赵翼性灵说之比较．苏州大学学报，2007(5)

石旻．阻隔的一时双璧——关于《随园诗话》忽略清溪吟社之分析．苏州大学学报，2007(5)

邱世鸿．理学与性灵．艺术百家，2007(5)

赵培衍．论性灵与性情的关系——从《随园诗话》看袁枚“性灵”．现代语文，2007(5)

陈国雄．袁枚园林美学思想研究．学术论坛，2007(7)

孙红梅．试论诚斋山水诗对袁枚之影响．现代语文，2007(8)

徐成文．从袁枚的《随园食单》到清宫御膳．东方食疗与保健，2007(8)

王英志．《百美新咏图传》袁枚集外诗文考释．文艺研究，2007(10)

李振松．风流名士之真性情——袁枚“嫖客性情”之我见．现代企业教育，2007(20)

张绍华．为生命而歌——袁枚自嘲、自赠类诗作简论．楚雄师范学院学报，2007(11)

程章灿．随园先生袁枚．南京日报，2007-12-17(第B06版)

李波．《随园诗话》诗论的辩证性及其意义．新西部，2007(9)

王建生．袁枚赵翼蒋士铨三家同题诗研究．东海中文学报，

2007(19)

陈正宏．从单刻到全集：被粉饰的才子文本——《双柳轩诗文集》、《袁枚全集》校读札记．中山大学学报，2008(1)

龚贤．性灵说溯源．衡阳师范学院学报，2008(1)

王英志．袁枚集外文十三女弟子湖楼请业图二跋考——兼订正其两次湖楼诗会时间的误记．中国典籍与文化，2008(1)

邓瑞全、张振利．袁枚论考据——从《神仙不解考据》说起．广州城市职业学院学报，2008(1)

孙敏明．袁枚“性灵说”再认识．浙江万里学院学报，2008(1)

陈国雄．袁枚《续诗品》新论．中国韵文学刊，2008(1)

余群．论袁枚对“情”范畴的拓展．上饶师范学院学报，2008(1)

马大勇．伪名儒不如真名妓——袁枚与杨潮观的一场“诽谤”官司．文史知识，2008(1)

[韩]柳晟俊．半世纪来韩国国内清代诗学研究概况．武汉科技大学学报，2008(2)

张绍华、张友．君怀佳人兮不能忘：由袁枚吟咏女性诗作看其性灵思想的性别指向．中国韵文学刊，2008(2)

郑幸．袁枚佚文三篇辑考．厦门教育学院学报，2008(2)

魏珉．《随园食单》与“文人菜”．中国食品报，2008-02-01(第007版)

陈文新．“郑孔门前不掉头”——袁枚眼中的乾嘉考据．光明日报，2008-02-03(第007版)

李艳艳．《子不语》对传统习俗的叛逆与反思．阅读与写作，2008(3)

曾玲．清诗的解放——清代性灵诗论略．乐山师范学院学报，2008(3)

刘芳亮．袁枚与日本江户汉文学——以与广濑淡窗诗论的比较为中心．晋阳学刊，2008(3)

李乔子．不语书谭．博览群书，2008(3)

肖桃．戴着镣铐的人生——《子不语》中的女性生活．现代语文，2008(3)

丁昊．性灵文学思潮简述．文教资料，2008(8)

李瑞豪．不一样的“性情”——洪亮吉与袁枚“性情”观的差异．文艺理论研究，2008(4)

叶林．读《随园诗话》．中华诗词，2008(4)

郑艳玲、麻玉霞．袁宏道与袁枚的“性灵”之异．燕山大学学报，2008(4)

马燕、孙纪文．歌德与袁枚文论思想的异同——以《歌德谈话录》和《随园诗话》为中心．宁夏师范学院学报，2008(4)

蔡丹．论袁枚的超俗意识．牡丹江教育学院学报，2008(4)

丁昊．交相辉映中的排斥与贯通——载道文学与性灵文学之比较观照．名作欣赏，2008(5)

王英志．《文心雕龙》与袁枚性灵说．文学评论，2008(5)

王英志．袁枚集外序三篇考释(一)．光明日报，2008-05-01

鲍衍海．乾隆三大家咏王安石诗歌比较．沈阳大学学报，2008(6)

赵厚均．袁枚集外诗文二十二则．苏州大学学报，2008(6)

赵晓丽．性灵论与人文精神．安徽文学，2008(6)

王英志．袁枚书法作品中的集外诗词九首考释．文学遗产，2008(6)

郑幸．袁枚佚札四通考述——兼及袁枚、杨芳灿交游考．苏州大学学报，2008(6)

刘思龙．《随园食单》中的配菜技巧．美食，2008(6)

顾晓鸣．思者的性情　精神的自在——读蔡尚思评袁枚想到．文汇报，2008-06-09(第008版)

王新环．洪亮吉与袁枚的忘年之谊．兰台世界，2008(7)

王正兵．身隐心未隐　盛世放悲歌——袁枚《悼松》诗赏析．名作欣赏，2008(8)

李百浩、李彩、吴巍．袁枚的造园思想和造园实践．华中建筑，2008(8)

郑国平．试论袁枚美学思想与儒家美学思想之异同．现代语文，2008(10)

郑幸．上海图书馆藏袁枚家谱及其文献价值．图书馆杂志，2008(10)

王英志．清乾嘉时期日朝对袁枚诗学的批评．文艺研究，2008(12)

陈国雄．情感的内涵转换与审美提升——袁枚性情理论研究．社会科学家，2008(12)

孙红梅．腾空之笔落响不凡——论袁枚古体山水诗之奇美风格．内蒙古电大学刊，2008(12)

丁蔚．袁枚：美人诗．老年教育，2008(12)

余群．语必惊人总近情——袁枚对杜甫天性多情的推崇及其对后人的影响．黑龙江史志，2008(20)

手抄本袁枚日记被发现．语文教学与研究，2008(32)

孙文刚．“性灵派”研究绝对不能忽视李调元——兼就“乾隆三大家”的有关问题与当代“性灵派”研究者商榷．中华文化论坛，2009(1)

武维春．“雍乾盛世”江南文人的生存方式——以扬州八怪、袁枚、吴敬梓为例．书屋，2009(1)

王正兵．从《子不语序》看袁枚的小说思想．扬州大学学报，2009(1)

邹华秀．刍议袁枚的诗才论．湖南科技学院学报，2009(1)

陆德海、李学辰．章学诚与袁枚诗学差异发微．中南大学学报，2009(1)

王正兵、许建中．从《子不语》看袁枚的吏治思想．明清小说研究，2009(1)

赵清．以现代工艺还原古籍气质——《随园食单精品菜谱》的意境设计．中国新闻出版报，2009-01-21(第004版)

王正兵．简而有法　率中寓谐——袁枚《子不语》的语言艺术．长城，2009(2)

王宏林．《清诗别裁集》选诗宗旨与格调性灵之争．南阳师范学院学报，2009(2)

沈博．浅谈《随园食单》对中国饮食文化的贡献．河北旅游职业

学院学报，2009(2)

王英志．袁枚闺秀诗话．苏州大学学报，2009(2)

丁玉勇、王斌．读《随园食单》创新菜．四川烹饪，2009(2)

杨有山．性灵诗派源头考辨．中国文学研究，2009(2)

李铁婷．袁枚《续诗品》诗论思想研究．山西煤炭管理干部学院学报，2009(2)

郑幸．户部档案中所见袁枚欠征案考．历史档案，2009(2)

陈文新、王炜．细节背后的文学史观——沈德潜三篇佚文的前后因缘之考察．文艺研究，2009(3)

王新环．"极山林之乐获文章之名"——清代学者袁枚的性情与学术．沧桑，2009(3)

曾明．"性灵"语源探——兼论《诗品》重"天才"．文学评论，2009(3)

王正兵．从《子不语》看袁枚的重情思想．社会科学辑刊，2009(3)

侯丽杰．论袁枚《子不语》的语言风格．沈阳大学学报，2009(3)

任先大．袁枚《随园诗话》中的"联话"研究．云梦学刊，2009(3)

赵厚均．袁枚集外手札七篇考释．南京师范大学文学院学报，2009(3)

李永贤、吕会玲．赵翼、袁枚诗学观异同初探．南京师范大学文学院学报，2009(3)

王英志．袁枚集外序文二篇．文献，2009(4)

宁夏江、魏中林．袁枚的"诗""学"观．贵州文史丛刊，2009(4)

谢永芳．略论乾隆词坛的词学面貌——以袁枚词学活动考论为中心．江西师范大学学报，2009(4)

黄义枢．袁枚集外诗文拾遗．厦门广播电视大学学报，2009(4)

高玉海．"游戏谰言"与"孤愤之书"——袁枚与蒲松龄小说观比较．明清小说研究，2009(4)

王正兵．耻：袁枚辞官原因新论．名作欣赏，2009(4)

郑家治．张问陶与袁枚诗文交往论考——兼论张问陶的诗学渊源．四川职业技术学院学报，2009(4)

刘善伟．袁枚和《随园食单》．养生大世界，2009(5)

石玲．清中叶山左诗人与性灵说．齐鲁学刊，2009(5)

郜彦杰．《随园食单》方言词语札记．新余高专学报，2009(5)

宁夏江．真情真性　率尔自然——袁枚词赏析．古典文学知识，2009(5)

吕会玲．赵翼"气"深层意义初探———兼与袁枚比较．沧桑，2009(6)

杜桂萍．论袁枚与乾嘉戏曲作家的交往．学习与探索，2009(6)

黄珅．清代学术中的性灵说．文艺理论研究，2009(6)

薛公忱．诗人袁枚笔下的名医薛雪．中医药文化，2009(6)

张慧姝．饮与不饮之间的逍遥——袁枚的饮酒观研究．时代文学，2009(6)

陈夏颖．鬼乎？人乎？——《子不语》中的鬼修辞．青年文学家，2009(7)

温秀珍．张问陶诗论对袁枚"性灵说"的补救与反拨．山东文学，2009(8)

王欢、杨小娜．公安三袁与袁枚性灵说的比较．安徽文学，2009(9)

李国文．吃的享受和学问——读袁枚《随园食单》．海内与海外，2009(9)

梁讯、王红岩．"性灵说"的回顾与反思．社科纵横，2009(11)

梁琨．袁枚诗歌中的女性意识．语文学刊，2009(16)

郑幸．袁枚、沈德潜诗学论争缘由新考．古代文学理论研究(第29辑)，华东师范大学出版社，2009

陆德海．论袁枚"形而上"的古文观．古代文学理论研究(第27辑)，华东师范大学出版社，2009

陈盈妃．袁枚在女性墓志铭中所反映的思想．彰化师大国文学志，2009(19)

刘善伟．袁枚和《随园食单》．团结报，2009-12-26

王英志．手抄本《袁枚日记》(一)．古典文学知识，2009(1)

王英志．手抄本《袁枚日记》(二)．古典文学知识，2009(2)

王英志．手抄本《袁枚日记》(三)．古典文学知识，2009(3)
王英志．手抄本《袁枚日记》(四)．古典文学知识，2009(4)
王英志．手抄本《袁枚日记》(五)．古典文学知识，2009(5)
王英志．手抄本《袁枚日记》(六)．古典文学知识，2009(6)
王英志．手抄本《袁枚日记》(七)．古典文学知识，2010(1)
王英志．手抄本《袁枚日记》(八)．古典文学知识，2010(2)
王英志．手抄本《袁枚日记》(九)．古典文学知识，2010(3)
王英志．手抄本《袁枚日记》(十)．古典文学知识，2010(4)
王英志．手抄本《袁枚日记》(十一)．古典文学知识，2010(5)
王英志．手抄本《袁枚日记》(十二)．古典文学知识，2010(6)
王英志．手抄本《袁枚日记》(十三)．古典文学知识，2011(1)
王英志．手抄本《袁枚日记》(十四)．古典文学知识，2011(3)
王英志．手抄本《袁枚日记》(十五)．古典文学知识，2011(4)
郑幸．《袁枚年谱新编》示例．厦门教育学院学报，2010(1)
沈菲．论“性灵说”对沈善宝诗歌的影响．文学界，2010(1)
王正兵．“孤愤之书”·“消遣岁月”·“游戏澜言”——蒲松龄、纪昀、袁枚小说创作心态之比较．社会科学辑刊，2010(1)
于洪江．袁枚论诗人之真性情．安徽文学，2010(1)
王英志．袁枚新传．文史知识，2010(1)
徐国华．袁枚佚文补辑．文献，2010(1)
宁夏江、魏中林．袁枚批判乾嘉考据诗风的反封建意义．中州学刊，2010(2)
王易华．论《随园诗话》与清代主潮诗学．安徽广播电视大学学报，2010(2)
[韩]崔日义．韩国朝鲜后期诗坛接受袁枚诗学之状况．苏州大学学报，2010(2)
王长印．从《随园诗话》看袁枚诗学批评的美学渊源．电影评介，2010(2)
徐萍．红妆也操觚——袁枚与女性文学．湖北师范学院学报，2010(2)
任先大．漫谈袁枚的楹联理论．对联，2010(2)

郑家治．张问陶袁枚诗风异同初探．四川职业技术学院学报，2010(2)

袁梅．性灵说对格调说的诘难——袁枚答沈大宗伯的两封论诗书．语文学刊，2010(2)

王英志．清代性灵派乃江南诗派．河北学刊，2010(3)

孙红梅．机颖清妙　性灵微至——论袁枚的写景诗．赤峰学院学报，2010(3)

张泓．纪昀对《聊斋志异》和《子不语》的态度．太原师范学院学报，2010(3)

沈玲．从随园看袁枚的园林美学思想．三峡大学学报，2010(3)

洪肇然．《随园诗话》译文指谬．读书，2010(3)

张泓．《子不语》研究综述．忻州师范学院学报，2010(3)

赵厚均．袁枚集外书札十九通考释．南京师范大学文学院学报，2010(3)

王亚平．"性灵说"扫描．中华诗词，2010(4)

张泓．《阅微草堂笔记》与《子不语》反理学倾向之异同．沈阳师范大学学报，2010(4)

解旬灵．高密李怀民论袁枚及其诗作．文艺评论，2011(4)

陈聪发．试论袁枚的审美理想．淮北煤炭师范学院学报，2010(4)

胡贤林．从两次论辩看袁枚的汉学观．贵阳学院学报，2010(4)

宁夏江、魏中林．袁枚对乾嘉诗坛学问化风气批评的矛盾性和妥协性．湖北民族学院学报，2010(4)

邹鹏．张问陶与袁枚诗派传承关系之慎论．求索，2010(4)

孙福轩．新发现袁枚佚文一则．江海学刊，2010(5)

王亚峰．论《随园诗话》中袁枚对唐宋诗的态度．内蒙古农业大学学报，2010(6)

王正兵．袁枚诗歌真情论．盐城师范学院学报，2010(6)

冯尉蓝．"钱塘苏小是乡亲"——袁枚素描．文化交流，2010(7)

腾卉荣．袁枚(一)搜集证据找线索　小县令智断疑案．中国县域经济报，2010-08-23(第003版)

腾卉荣．袁枚(二)——官声好　人气旺　循吏美名扬．中国县域经济报，2010-08-26(第003版)

腾卉荣．袁枚(三)选材如当破石拔玉．中国县域经济报，2010-08-30(第003版)

孔菁菁、孔锦宇．袁枚艺术技巧论——读《随园诗话》．宜宾学院学报，2010(8)

腾卉荣．袁枚(六)为民请命不懈怠　消极厌世欲隐退．中国县域经济报，2010-09-16(第003版)

腾卉荣．袁枚(七)为民忙碌心甘情愿　为官作奴心力交瘁．中国县域经济报，2010-09-20(第003版)

范功．诗评书论两相宜——袁枚《随园诗话》的书学解读．文艺生活，2010(9)

鲁湾．袁枚：养生的天道和人道．科学养生，2010(9)

叶小文．“子不语”的可语之理．人民日报海外版，2010-09-09

袁枚致尤荫手札．青少年书法，2010(10)

梁颖珠．袁枚的性灵说及其诗歌创作．阅读与写作，2010(11)

史飞翔．袁枚的生死大限．晚报文萃，2010(21)

梁结玲．袁枚的诗歌创新理论．湖南科技学院学报，2011(1)

冉耀斌．袁枚集外文一篇——兼谈袁枚晚年与吴镇的一段文字因缘．文献，2011(1)

张春田、孔健．关于章学诚的古文创作理念——兼论章学诚对袁枚的批评．南京师范大学文学院学报，2011(1)

刘诚龙．袁枚怎么那么富裕呢？文史月刊，2011(1)

贾君．“随园情结”与性灵诗美——浅析袁枚的组诗《随园二十四咏》．长安学刊，2011(1)

秦晋．卡夫卡和袁枚(下)．中华读书报，2011-01-05

王正兵．含笑看泰华　请各立一峰——《子不语》与《聊斋志异》、《阅微草堂笔记》关系辨析．社会科学辑刊，2011(2)

雷娜、胡慧荣．袁枚性灵说的诗学价值．齐齐哈尔大学学报，2011(2)

王英志．《随园集外诗》的价值．江苏社会科学，2011(2)

李国文．吃喝有学问——读袁枚《随园食单》．档案天地，2011(2)

杨凌峰．《随园诗话》中的诗歌用典观念论略．河南广播电视大学学报，2011(2)

陈汝洁．雅雨堂本《谈龙录》删节因园本条目补正——兼论袁枚误解《谈龙录》的因由．山东理工大学学报，2011(2)

蒲友俊．走进随园——《〈随园诗话〉译解》序．辽东学院学报，2011(2)

羊列荣．“性灵”说在日本的流变．中国文学研究(辑刊)，2011(2)

王英志．袁枚是这样“富裕”起来的．文史月刊，2011(3)

朱则杰．清诗丛考——以全祖望、袁枚、黄遵宪等为中心．闽江学院学报，2011(3)

王炜．沈德潜、袁枚的交往及诗学观略论．长江学术，2011(3)

王建刚．袁枚、袁杼及其《哭儿诗》．胜利油田党校学报，2011(3)

戈丹．太白后身是紫岘——从《随园诗话》所录诗歌论及张九钺其人其诗．科教导刊，2011(4)

耿传友．艳诗该如何对待——由袁枚、沈德潜之争谈中国艳诗的历史命运．文艺理论研究，2011(4)

梁结玲．乾嘉学派与袁枚的诗学观念．文艺评论，2011(4)

程美华．乾嘉之际诗风的异动——以孙原湘与袁枚关系为例．安徽大学学报，2011(4)

王正兵．从“小说之禁”看袁枚《子不语》的版本流变．南京师范大学文学院学报，2011(4)

王菲．袁枚的“沙弥思老虎”与薄伽丘的“绿鹅”故事之比较．环球市场信息导报，2011(4)

牟国相．人老心不老　身在即是宝——读袁枚《喜老》诗．老人世界，2011(4)

杨凌峰．《随园诗话》中的诗歌用典观．浙江树人大学学报，2011(5)

左东黎.《白话随园食单》在京发布．中国食品，2011(5)

敬尧．袁枚谈“言情”．作文教学研究，2011(5)

杨欢．人也通脱文也性灵——试论袁枚对“性灵”说的实践．文艺生活，2011(5)

雷艳平.《人间词话》对“才”的认知——兼谈王国维词学观与袁枚诗学观的比较．文艺生活，2011(6)

张绍华．各有心情在——由袁枚山水咏物诗看其性灵说的自然旨趣．常州工学院学报，2011(6)

崔晓、李雪．探袁枚“性灵说”之艺术源流．青春岁月，2011(6)

陈庭平．诗歌就是性情——读《随园诗话》．书屋，2011(6)

杨遇青．章学诚的袁枚批评考述——以乾隆六十年至嘉庆三年为中心．西北大学学报，2011(6)

於悦．袁枚：一代文星兼寿星．中老年保健，2011(6)

王英志．袁枚的《随园食单》．古典文学知识，2011(6)

赵兴勤、赵韡.《袁枚书法作品中的集外诗词九首考释》辨误．河池学院学报，2011(6)

代亮．袁枚诗歌中的书斋趣味．哈尔滨师范大学学报，2011(6)

罗姗．袁枚的“因人论诗”和“因势论诗”．人民政协报，2011-08-15(第C02版)

白常继、胡元骏．揭秘《随园食单》．东方养生，2011(9)

聂欣晗．两性性灵诗说的“和而不同”．新闻爱好者，2011(9)

张健．袁枚的怀古诗．中国语文，2011-09

刘洁．女性意识的觉醒与缺失——微探袁枚的女性观．东京文学，2011(10)

林硕、白常继、付西．随园食单：知音难知味则更难．天下美食，2011(11)

唐韧．袁枚的食戒．上海支部生活，2011(11)

刘蕾．月夜笛声传心音——袁枚《夜过借园见主人坐月下吹笛》赏析．新课堂：初中语文，2011(11)

徐怀谦．安妥自己的心灵．芳草，2011(11)

邹鹏．“性灵派”谱系的理论缺陷及就宗派立论的误区．社会科学

家，2011(11)

范学亮．从《随园诗话》看商盘的诗歌观点．阅读与写作，2011(12)

孙宝根、袁灿兴．才子袁枚缘何富得流油．艺林，2011(20)

赵丹琦．从袁枚的金陵诗探秘袁枚的金陵"深度游"．前沿，2011(24)

段宗社．"性灵"说与诗法论——论袁枚诗学的综合向度．陕西师范大学学报，2012(1)

韦丽华．试论袁枚与佛教的关系——以《小仓山房诗集》为例．钦州学院学报，2012(1)

颖子．清代诗人袁枚的理财之道．老人世界，2012(1)

伏涛．试论"随园第一女弟子"席佩兰的科举诗．菏泽学院学报，2012(1)

颜湘洲．浅论袁枚的礼学观．文艺生活，2012(2)

王伟凯．论《随园食单》的饮食理念及当代启示．社科纵横，2012(2)

张更祯．浅谈袁枚女性诗作中的性灵思想．现代语文，2012(2)

李童．随意人生：袁枚与《随园食单》．人物，2012(2)

王顺贵．袁枚诗歌辑补二十二首．文献，2012(2)

普慧．佛教思想与文学性灵说．文学评论，2012(2)

郑幸．随园藏书考略．中国典籍与文化，2012(2)

郑幸．袁枚骆绮兰交游考订．厦门广播电视大学学报，2012(2)

包蕾．清代民间果报信仰中反映的三教关系——以志怪小说《子不语》为例．内蒙古农业大学学报，2012(2)

耿传友．《随园轶事》真伪考．明清小说研究，2012(2)

张泓．《子不语》中的狐仙形象及其文化意蕴．佳木斯大学社会科学学报，2012(2)

张毅．唐诗"格调"论与诗人"性灵"说．文学与文化，2012(2)

李勇．"性灵说"的现代学术境遇．商洛学院学报，2012(3)

聂广桥．论袁枚"性灵说"之流变．漯河职业技术学院学报，2012(3)

蒋寅．“神韵”与“性灵”的消长——康、乾之际诗学观念嬗变之迹．北京大学学报，2012(3)

万攀．性灵派研究——袁枚性灵思想成因浅析．剑南文学，2012(3)

陈陶然．袁枚品茶心得．美食，2012(3)

高云亮．情到真处方成诗——浅论袁枚诗歌的创作风格．甘肃高师学报，2012(3)

吴根友．简论晚明以降诸“性灵”说．船山学刊，2012(3)

耿传友．关于《随园集外诗》的真伪问题．文献，2012(3)

武晨雨、张立娜．从《随园诗话》看诗歌的“随意”性．商品与质量，2012(S4)

李淑岩．袁枚序法式善诗集考——兼论袁、法二人的忘年之谊．文艺评论，2012(4)

章原．袁枚：红粉青山伴白头．东方早报，2012-05-19

伊凡．从“隋园”到“随园”地名演变小议．中国地名，2012(5)

张泓．清代笔记小说对文字狱的述载——以《子不语》和《阅微草堂笔记》中的吕留良案为例．河北联合大学学报，2012(5)

张强．袁枚的养生观．保健与生活，2012(7)

刘新宁．《随园诗话》中的两处奇观到底是什么？飞碟探索，2012(7)

徐铭壑．淡雅秀逸——袁枚诗卷书法赏析．书法，2012(8)

袁枚作品选．书法，2012(8)

殷洁洁．袁枚《随园诗话》简论．北方文学，2012(8)

王彩红．袁枚《随园食单》编纂特色试探．编辑之友，2012(8)

胡贤林．论袁枚《随园诗话》的编辑．编辑之友，2012(8)

郑幸．是谁在改变文本？——关于《袁枚年谱新编》．文汇报，2012-08-18

刘春明．袁枚性灵人格和审美情韵探幽．名作欣赏，2012(23)

二、1900—2012 年袁枚研究硕士博士学位论文

王纮久．袁枚诗论研究．政治大学 1961 年硕士学位论文

张简坤明．袁枚与性灵诗论研究．中国文化大学 1974 年博士学位论文

吴玉惠．袁枚《子不语》研究．东海大学 1977 年硕士学位论文

张慧珍．袁枚小品文研究．政治大学 1978 年硕士学位论文

彭国强．袁枚的诗论．香港大学 1978 年硕士学位论文

王颂梅．明清性灵诗说研究．东吴大学 1979 年博士学位论文

王英志．袁枚“性灵说”内涵新探．苏州大学 1982 年硕士学位论文

周佩芳．袁枚诗论美学研究．台湾师范大学 1987 年硕士学位论文

朴承圭．性灵诗论研究．台湾师范大学 1987 年博士学位论文

沈金浩．袁枚思想行为系统研究．杭州大学 1987 年硕士学位论文

张琼分．乾嘉士人鬼神观试探——以纪昀、袁枚为中心．“清华大学”1988 年硕士学位论文

吴玉惠．袁枚《子不语》研究．东海大学中国文学研究所 1988 年硕士学位论文

吴圣青．《阅微草堂笔记》与《子不语》中两性关系研究．中国文化大学 1989 年硕士学位论文

沈金浩．性灵诗与明清文化．苏州大学 1990 年博士学位论文

张慧珍．袁枚小品文研究．政治大学中国文学研究所 1990 年硕士学位论文

王镱容．传播．声誉．性别——以袁枚《随园诗话》为中心的文化研究．暨南国际大学 1991 年硕士学位论文

林纯祯．袁枚诗中“趣”的研究．彰化师范大学 1992 年硕士学位论文

施幸汝．随园女弟子研究——清代女诗人群体的初步探讨．淡江大学 1993 年硕士学位论文

张正良．性灵诗人与志怪小说家的自我观照：袁枚生死书写之研究．中正大学 1993 年硕士学位论文

吴兆路．中国性灵文学思想研究．复旦大学 1993 年博士学位

论文

刘珍龙. 袁枚性灵说及其评唐诗. 厦门大学1993年硕士学位论文

[韩]崔日义. 袁枚诗学理论研究. 国立汉城大学1995年博士学位论文

叶又菁.《子不语》鬼神故事研究. 高雄师范大学1995年硕士学位论文

陈幼君. 袁枚《续诗品》论诗歌创作. 佛光大学1995年硕士学位论文

吴佼融. 袁枚的思想探源. 高雄师范大学1995年硕士学位论文

李志桓. 袁枚性灵诗说诠释. 中正大学1996年硕士学位论文

陈静慧. 袁枚《随园食单》研究. 淡江大学1996年硕士学位论文

黄建功. 袁枚的学术思想."清华大学"1996年硕士学位论文

黄佩玲. 子不语之研究. 中国文化大学1996年硕士学位论文

林彬晖. 真情、灵机与个性的展现——论袁枚诗歌创作的特色. 湖南师范大学1997年硕士学位论文

苏宗毅. 袁枚中岁以降居游与行游之书写研究. 中正大学1997年硕士学位论文

王怡云. 安居随园——袁枚诗中所映现的生命向度. 成功大学1997年硕士学位论文

赖亮吟. 袁枚《随园食单》与盛清江南饮食文化. 东吴大学1997年硕士学位论文

陈佳琳. 袁枚的妇女观研究. 高雄师范大学1997年硕士学位论文

陈靖怡. 风月与风教:李渔与袁枚小说之研究. 政治大学1998年硕士学位论文

林容榆. 袁枚随园诗话中的女性群像研究. 东海大学1998年硕士学位论文

廖文婷."盖天盖地"与"蕴藉风流"——析袁宏道与袁枚"性灵"说之不同. 华东师范大学1998年硕士学位论文

石玲. 袁枚论. 山东大学1999年博士学位论文

吴杰．袁宏道和袁枚“性灵说”之比较．北京师范大学 1999 年硕士学位论文

安莉．袁枚的人文主义思想在《子不语》中的体现．北京师范大学 1999 年硕士学位论文

朱爱梅．人性的真实与艺术的怪诞——论《子不语》的思想特征和艺术风格．曲阜师范大学 1999 年硕士学位论文

杨艳华．袁宏道与袁枚文变观论略．内蒙古师范大学 1999 年硕士学位论文

刘兴仁．袁枚古体诗研究．佛光大学 1999 年硕士学位论文

郭佳燕．袁枚诗论之实践研究．台湾师范大学 1999 年硕士学位论文

蔡明哲．袁枚《新齐谐》讽喻手法之研究．云林科技大学 1999 年硕士学位论文

杨淑玲．袁枚赠答诗研究．成功大学 2000 年博士学位论文

吴秋美．袁枚《仿元遗山论诗》研究．中兴大学 2000 年硕士学位论文

廖芫培．明清文人的两难——以李贽、李渔、袁枚为例．高雄师范大学 2000 年硕士学位论文

崔秀霞．从“性灵”到“尊情”——启蒙思潮在文学上的一次跃进．山东师范大学 2000 年硕士学位论文

张军刚．袁枚的反传统思想初探．内蒙古大学 2000 年硕士学位论文

丁俊玲．性灵说研究．复旦大学 2001 年博士学位论文

曹柯新．论袁枚的思想及创作．苏州大学 2001 年硕士学位论文

冯运军．袁枚“性灵说”研究．四川师范大学 2001 年硕士学位论文

郑艳玲．公安三袁与袁枚性灵说的比较研究．新疆大学 2002 年硕士学位论文

刘希．论袁枚的人生哲学及文学观念．四川大学 2002 年硕士学位论文

韩胜．南北随园诗论对比研究．河北大学 2002 年硕士学位论文

周新道．袁枚文论初探．南京师范大学2002年硕士学位论文

张丽华．论袁枚的性灵散文．内蒙古师范大学2003年硕士学位论文

王标．城市知识分子的社会形态：袁枚及其交游网络的研究．大阪市立大学大学院文学研究科2004年博士学位论文

杜娟．论清代中叶的“性灵词派”．中国人民大学2004年硕士学位论文

封万超．春墨写性灵：袁枚的人生与诗学．山东大学2004年硕士学位论文

车振华．论袁枚散文．山东师范大学2004年硕士学位论文

赵波．析袁枚论“性情”．西北大学2004年硕士学位论文

赵健．《子不语》初探：袁枚照世之哈哈镜．复旦大学2004年硕士学位论文

赵杏根．乾嘉代表诗人研究．苏州大学2005年博士学位论文

孙红梅．论袁枚的山水诗．中央民族大学2005年硕士学位论文

张正良．性灵诗人与志怪小说家的自我观照：袁枚生死书写之研究．中正大学中国文学研究所2005年硕士学位论文

李然．乾隆三大家诗学比较．华东师范大学2005年博士学位论文

沈玲．袁枚诗学思想述论．扬州大学2005年博士学位论文

罗永青．略论袁枚诗歌美学——从《随园诗话》入手探讨．武汉大学2006年硕士学位论文

师雅惠．袁枚诗学的一个核心观念——情韵．中国社会科学院2006年硕士学位论文

陈敏．论性灵派诗话．湖南师范大学2006年硕士学位论文

朱述超．袁枚“性灵”美学思想研究．重庆师范大学2006年硕士学位论文

邹华秀．袁枚性灵说之美学研究．湖南师范大学2006年硕士学位论文

陈法强．明清“性灵说”对作文教学的启示．首都师范大学2007年硕士学位论文

何懿.《阅微草堂笔记》与《新齐谐》的比较研究. 四川大学 2007 年硕士学位论文

宋燕. 袁枚两性关系观与女性观研究. 首都师范大学 2007 年硕士学位论文

张灵.《子不语》研究. 湖南师范大学 2007 年硕士学位论文

晏萌芳. 社会批判与游戏笔墨——袁枚《子不语》研究. 湘潭大学 2007 年硕士学位论文

张绍华. 诗人之诗：性灵主题与袁枚诗歌的审美特征. 安徽师范大学 2007 年硕士学位论文

由亚萍. 随园女弟子及其创作探论. 福建师范大学 2007 年硕士学位论文

陈国雄. 袁枚"性灵论"研究. 武汉大学 2008 年博士学位论文

忻凌辰. 从《随园诗话》看乾隆时期的江南诗坛. 上海大学 2008 年硕士学位论文

杨海凤. 袁枚《子不语》研究. 扬州大学 2008 年硕士学位论文

杨倩. 袁枚《子不语》研究. 山东师范大学 2008 年硕士学位论文

王璐. 袁枚旅游研究. 上海师范大学 2008 年硕士学位论文

刘芸. 摘掉鬼神的面具——《子不语》中的神鬼形象分析. 中国海洋大学 2008 年硕士学位论文

张申.《子不语》研究状况及资料价值考证. 东北师范大学 2008 年硕士学位论文

尤青松. 清代民间法律意识的一种解读——以《子不语》为中心的考察. 中山大学 2008 年硕士学位论文

罗刚. 论杨万里和袁枚诗歌的相近性及其文学史意义. 北京师范大学 2008 年硕士学位论文

肖桃. 太平风景供诗才——论袁枚笔下的民俗与文学. 南京大学 2008 年硕士学位论文

陈斋亮. 袁枚的古文理论及其古文创作. 深圳大学 2008 年硕士学位论文

王正兵. 含笑看泰华　请各立一峰——袁枚《子不语》研究. 扬州大学 2009 年博士学位论文

高歌．试论袁枚的妇女观及其女子教育实践．中央民族大学2009年硕士学位论文

詹萍．随园女弟子之冠——席佩兰研究．中南大学2009年硕士学位论文

贾婷婷．袁枚《子不语》鬼小说研究．首都师范大学2009年硕士学位论文

郑幸．袁枚年谱新编．复旦大学2009年博士学位论文

李秋霞．袁枚与唐宋诗关系研究．江西师范大学2009年硕士学位论文

于洪江．袁枚性灵说之“真情”观探幽．曲阜师范大学2010年硕士学位论文

张慧姝．袁枚与饮食文化研究．山东师范大学2010年硕士学位论文

冯辰．袁枚“性灵”美学精神的反叛性及其影响．辽宁大学2010年硕士学位论文

孔燕妮．袁枚诗歌理论与实践研究．复旦大学2011年博士学位论文

周静．袁枚《子不语》研究．东南大学2011年硕士学位论文

刘畅．《随园诗话》采诗论诗标准新探．玉溪师范学院2011年本科学位论文

刘慧慧．“才子之笔”与“才子之书”——《聊斋志异》与《子不语》比较研究．山东师范大学2012年硕士学位论文

后　　记

首先感谢武汉大学陈文新教授的信任和美意，邀请编著《袁枚研究学术档案》，对百年来的袁枚研究做一总结，并列入《中国学术档案大系》丛书中出版，这给了笔者一个把多年研习明清文学及袁枚研究的相关信息予以汇总整理的机会。在百川汇海般的汇总相关资料信息之后，更能感受到在专题研究方面登高望远的辽阔眼界及舒畅心境，对于众多前贤琳琅满目的研究成就，自然充满着美不胜收的喜悦和百尺竿头的期待。

其次感谢本书第一部分“袁枚研究重要论著评介”原文作者们的版权授予。除了版权超期的著作外，得到原文作者版权授予之后，我们在本书中援引了其著作的部分原文，以飨读者。谨向原文作者们视学术为公器的博大胸怀以及对推进学术研究的诚恳热忱表达敬意！

再次感谢为本书提供各种编著信息的众多海内外同仁朋友，其中有加拿大汉学家施吉瑞先生，他提供了欧美袁枚研究的相关信息；感谢来上海师范大学攻读博士学位的武氏鸣凤女士，她提供了越南袁枚研究的相关信息。对韩国、日本的多位朋友的热心相助也一并致谢！

最后应该感谢的还有为本书原文录入作出辛苦工作的刘平梅、倪碧玉两位研究生！

通过本书的归纳总结，可以看出，袁枚研究在中国古代作家研究中还处于比较薄弱的环节，谨希望通过本书提供的资料线索，为推动袁枚研究的进一步深入发展贡献绵薄之力。但由于自身能力和条件所限，本书收录袁枚研究的范围虽然比较明确，但还是难以完全做到对相关研究信息的“竭泽而渔”（尤其是海外相关论著）。为此，我们真诚期待并欢迎广大读者随时提供遗漏的信息，以便在本书修订时能够予以增补。

>>> 后　　记 <<<

一项课题的完成除了研究者自身的努力之外，始终离不开外界的种种襄助，本书的编著也不例外。在此特别感谢武汉大学出版社朱凌云女士认真细致的辛勤编辑，并对所有关心和帮助本课题完成、本书出版的师友们表示由衷的谢意！

严明　陈清云

2012 年 11 月 10 日于上海师范大学